IT융합 시대의

개정3판

멀티미디어 배움터 2.0

최윤철 · 임순범 지음

생능출판

머리말 – 「IT융합 시대의 멀티미디어 배움터2.0」

「멀티미디어 배움터」를 발간한 지 벌써 10년이란 세월이 흘렀습니다. 그 동안, 전국 100여 개 이상의 대학에서 교재로 사용해 주었고 좋은 반응에 감사드립니다. 그러나 멀티미디어 기술이 나날이 발전하고 새로운 기술이 출현하면서, 보다 최신 정보와 멀티미디어 활용기술을 소개할 필요가 생겨 새로운 책을 출간하게 되었습니다. 더불어, 멀티미디어의 기술 및 환경적 관점에서 몇 가지 큰 변화가 있었습니다. 첫째, 인터넷 데이터 전송속도와 메모리 용량의 급성장에 따라 동영상이 실시간에 가능하게 되었습니다. 이제는 모든 종류의 멀티미디어 정보를 실시간에 주고받는 데 아무런 제약이 없게 되었습니다. 둘째, 모바일 환경이 크게 발전하고 확산하여 이제는 스마트폰, 무선인터넷 응용, 전자책과 같은 모바일 애플리케이션이 우리 사회에서 매우 중요한 역할을 담당하고 있습니다. 셋째, 웹2.0 개념이 출현하여 개방, 참여, 공유가 이상적인 개념을 뛰어넘어 지식정보사회에서 중요한 실질적 이슈로 떠오르게 되었습니다.

이러한 환경 및 기술적 변화와 발전에 따라, 「멀티미디어 배움터」를 완전히 새롭게 개정할 필요가 생겨나게 되었습니다. 첫째는, 지난 10년간의 멀티미디어 활용의 발전과 변화입니다. IT기술의 발전(프로세서, 미디어 프로세서, 메모리 장치, 디지털 카메라 및 비디오 장치, 인터넷, 미디어 표준화 등)으로 미디어 정보의 생성, 이용, 공유 및 전달이 용이하게 되었으며 확산되는 추세입니다. 예를 들어, 웹페이지와 인터넷 쇼핑사이트의 다양한 멀티미디어 정보, 블로그 사이트, YouTube, Facebook, Flickr, UCC 사이트와 같은 SNS 사이트, 애플 앱스토어, Google Apps 등과 같은 애플리케이션 사이트의 다양한 멀티미디어 활용이 최근 급격히 증가하고 있습니다.

둘째는, 이제 IT기술이 융합적으로 활용되는 시대가 되었습니다. 멀티미디어가 인터넷, 모바일 및 사이버 환경에서 주어진 목적과 의도를 성취하기 위해서 다른 IT기술 및 다른 분야의 기술과 창의적으로(예, iPhone, iTunes와 iPod, Google의 앱스토어, 매핑 서비스와 LBS 응용) 또는 융합적으로 활용되는 추세입니다. 마지막으로, 멀티미디어 2.0 개념에 입각하여 멀티미디어를 이해해야 할 필요성이 대두되었습니다. 멀티미디어는 일방적이 아닌 상호대화식이며 상대방과 공유하는 방식이 되어야 합니다. 예를 들어, IPTV, 소셜네트워크 서비스(SNS), UCC, 블로그와 같이 참여하고 개방하며 상대방과 공유하는 개념이 중요하게 인식되고 있습니다.

이러한 이유로, 새로운 책의 이름을 「IT융합 시대의 멀티미디어 배움터$^{2.0}$」으로 명명하였습니다. 그러나 10년 전과 마찬가지로 멀티미디어의 궁극적 목적은 효과적인 커뮤니케이션 수단입니다. 비디오, 오디오(음악, 목소리), 애니메이션, 사진과 같이 미디어가 그 자체 목적으로 사용되는 경우이거나, 웹페이지, 인터넷 쇼핑, e-러닝, 게임, 사이버스페이스와 같이 효과적인 정보전달의 수단으로 멀티미디어를 활용하거나, 멀티미디어가 효과적인 UI(사용자 인터페이스)의 도구로 사용되는 경우도 모두 커뮤니케이션 수단으로서의 멀티미디어를 이해하는 것이 중요합니다.

결론적으로, 본서의 목적은 미디어의 특성과 미디어 처리기법을 이해하고, 미디어의 활용 환경(인터넷, 모바일, 사이버스페이스)을 이해하며, 멀티미디어가 활용되는 방식과 적용사례를 공부하는 것입니다. 새로운 책의 구성을 '1부 멀티미디어의 개요, 2부 멀티미디어 데이터의 처리, 3부 멀티미디어 기술의 활용환경, 4부 멀티미디어 콘텐츠, 5부 멀티미디어의 발전과 미래'의 5부로 새롭게 구성하였습니다. 당연히, 새로운 버전에서 최신의 멀티미디어 기술 발전과 활용 내용으로 업데이트시켰고 기존의 내용을 보다 체계적으로 정리하고 이해하기 쉽게 설명하였습니다.

이 책은 전체적으로 5부, 12장으로 구성되어 있으며 각 장의 내용을 간단히 소개하면 다음과 같습니다. 1장에서는 멀티미디어의 개념과 정보화사회에서 멀티미디어의 역할에 대하여 소개하였고, 2장에서는 멀티미디어 하드웨어 및 소프트웨어 환경과 표준에 대하여 다루었습니다. 3, 4, 5, 6장에서는 멀티미디어 콘텐츠의 구성 요소인 이미지와 그래픽, 사운드, 애니메이션, 비디오 데이터에 관한 내용을 각각 심도 있게 다루었습니다. 각 장에서 미디어의 기본 개념, 미디어 처리기법, 미디어 편집 소프트웨어, 미디어의 활용에 관하여 소개하였고 가급적 실용적 측면에서 유용한 지식과 정보를 담도록 노력하였습니다. 7, 8, 9장에서는 인터넷 환경, 모바일 환경 및 가상환경의 특성과 각 환경에서 멀티미디어 기술의 활용에 대하여 설명하였습니다. 또한, 10장은 디지털 콘텐츠의 개요 및 종류, 문화와 디지털 콘텐츠에 대하여 다루었고, 11장에서는 멀티미디어 콘텐츠의 개발과정과 개발 기법에 대하여 간단히 소개하였습니다. 마지막으로, 12장에서는 미래의 멀티미디어 기술의 발전 방향과 환경의 변화에 대하여 설명하였습니다.

이 책은 대학에서의 강의 교재로서뿐만 아니라 멀티미디어 콘텐츠 기획자, 웹 디자이너, 미디어 전문가, 멀티미디어 프로그래머 교육 과정에서도 효과적으로 쓰일 수 있다고 생각합니다. 지난 10년 동안 이 책을 교과서로 사용하여 주시고 좋은 조언을 주신 많은 교수님들께 진심으로 감사드립니다. 또한, 이 책의 출판을 위하여 적극적으로 후

원하여 주신 생능출판사 김승기 사장님과 직원 여러분께 감사드립니다.

2010년 1월

IT융합 시대의 멀티미디어 배움터$^{2.0}$〈개정3판〉을 출간하며...

2000년 「멀티미디어 배움터」 초판을 출간하였고 2010년 「IT융합 시대의 멀티미디어 배움터$^{2.0}$」을 출간하였습니다. 그 동안 우리 사회는 유무선 인터넷을 통해 더욱 네트워크화되어 이제 초연결사회(Hyper-connected Society)로 들어가고 있습니다. 모바일, 소셜미디어, 클라우드 컴퓨팅, 빅데이터, IoT와 같은 개념과 기술이 우리 사회를 이러한 방향으로 변화시키고 있고 멀티미디어 기술과 활용에도 영향을 미치고 있습니다. 또한 멀티미디어 환경도 지능화되고 있으며 가상현실 기술이 현실화되고 있습니다. 이러한 배경과 변화를 책의 곳곳에 반영하여 개정판을 발간하게 되었습니다. 9장(가상환경과 멀티미디어)은 거의 새롭게 구성하였고 12장(멀티미디어 환경변화와 미래)도 많은 변화를 주었습니다. 그 외 장들에서는 새롭게 변화한 부분들을 반영하였습니다. 또한 각 장에 다양한 연습문제(5지선다형, 괄호넣기, 주관식)들을 새롭게 넣었습니다. 그리고 책의 부록에 멀티미디어 프로젝트를 첨부하였습니다. 이 프로젝트들은 실제 저자들이 학기 중에 사용해 왔던 프로젝트임을 밝힙니다.

2016년 8월
저자 일동

이 책의 활용

이 책은 멀티미디어를 처음 접하는 사람뿐 아니라 멀티미디어 기술을 심도 있게 학습하고자 하는 사람들에게 적합하도록 구성되어 있습니다. 그 동안 이 책은 대학교 강의교재로 널리 채택되고 있으며 주로 1~2학년의 입문 과정이나 3~4학년의 본격적인 이론 과목의 교재로 활용되고 있습니다.

1~2학년의 입문 과정의 경우 인터넷이나 모바일 개론 등을 다른 과목에서 배울 수 있다면 이 책의 Part 3을 생략하고 다른 부분을 차근차근 이해하도록 여유 있게 교과과정을 구성해도 좋습니다(아래 왼쪽 표 참조). 만약 3~4학년의 심화과정에서 이론 위주의 강의를 진행한다면 부록에 있는 실습문제를 활용하여 실제 프로그래밍을 겸하면서 멀티미디어 기술의 전반을 충분히 이해하도록 교과과정을 구성할 수 있습니다(아래 오른쪽 표 참조).

또한 이번 개정판에서 수업에 효과적으로 활용할 수 있도록 연습문제를 다양하게 구성하였습니다. 각 장별로 객관식 문제, 괄호 넣기 문제, 주관식 문제, 그리고 부록에 실습문제도 포함하여 다양한 방법으로 강의에 활용할 수 있도록 하였습니다.

강의 교과과정 구성 예

1~2학년 입문 과정

주	내용
1	01장 멀티미디어와 정보화사회
2	02장 멀티미디어 시스템의 환경
3	
4	03장 이미지와 그래픽 기술
5	
6	04장 사운드 처리 기술
7	
8	중간고사
9	05장 애니메이션 기술
10	
11	06장 비디오 처리 기술
12	
13	10장 디지털 콘텐츠와 멀티미디어
14	
15	11장 멀티미디어 콘텐츠의 제작
16	기말고사

3~4학년 심화 과정

주	내용
1	01장 멀티미디어와 정보화사회
2	02장 멀티미디어 시스템의 환경
3	03장 이미지와 그래픽 기술
4	04장 사운드 처리 기술
5	05장 애니메이션 기술
6	06장 비디오 처리 기술
7	프로그래밍 실습 과제 1
8	중간고사
9	07장 인터넷 환경과 멀티미디어
10	08장 모바일 멀티미디어
11	09장 가상환경과 멀티미디어
12	10장 디지털 콘텐츠와 멀티미디어
13	11장 멀티미디어 콘텐츠의 제작
14	12장 멀티미디어 환경변화와 미래
15	프로그래밍 실습 과제 2
	기말고사

차례

PART 01 멀티미디어의 개요

PART 02 멀티미디어 데이터의 처리

CHAPTER 03 이미지와 그래픽 기술

PART 03

멀티미디어 기술의 활용 환경

CHAPTER 07 인터넷 환경과 멀티미디어

CHAPTER 08 모바일 멀티미디어

PART 04

멀티미디어 콘텐츠

PART 05

PART 05 멀티미디어의 발전과 미래

01

PART

멀티미디어의 개요

01
CHAPTER

멀티미디어와 정보화사회

정보화사회에서 멀티미디어는 매우 효과적인 정보전달 수단의 역할을 하고 있다. 최근 인터넷의 데이터 전송속도가 지속적으로 빨라지면서 나날이 더 많은 멀티미디어 정보가 인터넷 환경에서 생성되어 이용되고 있다. 이러한 추세는 앞으로 더욱 가속화될 것으로 예상된다. 이 장에서는 멀티미디어의 특성과 효과에 대하여 공부하고 멀티미디어의 활용이 급성장하게 된 배경에 대하여 알아본다. 그리고 앞으로 멀티미디어의 발전 방향과 정보화사회에 미치는 영향에 대하여 생각해 본다.

1.1 멀티미디어의 의미와 특성

인간은 오래전부터 미디어라는 수단을 통해 정보와 지식을 공유하여 왔다. 이러한 미디어가 컴퓨터의 발전과 더불어 디지털 데이터로 변환되면서 멀티미디어라는 새로운 개념이 출현하게 되었다. 이 절에서는 멀티미디어를 정의하고 멀티미디어의 특성과 그 활용 효과를 알아본다.

1.1.1 미디어와 멀티미디어의 개본 개념

미디어, 즉 매체란 인간 상호 간에 정보, 지식, 감정, 의사 등을 전달하는 수단을 의미한다. 미디어의 원래 어원에서 알 수 있듯이 상대방에게 지식이나 정보를 알려줌으로써 서로 나눠 갖는다는 뜻을 포함하고 있다. 인류의 역사를 통해 매체의 발전과정을 살펴보면, 과거에는 종이라는 매체에 지식이나 정보를 기록함으로써 다른 사람에게 정보나 지식을 전달하거나 후세에 남겼다. 인쇄기술이 발달함에 따라 정보를 종이 위에 활자로 인쇄하여 책이나 신문 만들어 남기게 되었다.

20세기에 들어와서 과학이 발달함에 따라 전신, 전화 등을 이용하여 먼 거리에 있는 사람에게 정보를 전달할 수 있게 되었고, 라디오, TV가 발명됨에 따라 소리와 영상 등의 정보를 먼 거리까지 전달할 수 있게 되었다. 오늘날에도 책, 신문, 전화, 라디오, TV 등은 정보를 가장 잘 전달할 수 있는 매체의 역할을 담당하고 있다.

| 그림 1-1 전통적인 미디어

1945년 컴퓨터가 개발되면서 컴퓨터가 정보처리는 물론 정보저장 수단으로 등장하게 되었다. 뿐만 아니라, 컴퓨터의 자기테이프나 하드디스크가 가장 효율적인 정보전달 수단의 하나로 이용되기 시작하였다. 오늘날 정보통신 기술이 발전함에 따라 디지털 통신기술이 먼 거리에 있는 장소에 정보를 신속히 전달해 줄 수 있는 가장 편리한 매체의 하나로 등장하게 되었다. 20세기 중반 이후 컴퓨터 저장장치와 디지털 통신망은 가장 훌륭한 정보전달 및 저장매체로서 각광받고 있으며, 21세기에는 다양한 컴퓨터 저장장치와 디지털 통신기술이 발달할 것으로 기대되면서 가장 바람직한 정보전달 매체로 활용될 것이 확실시된다. 이러한 미디어들의 등장은 정보화시대의 기반이 되었고 우리 사회의 거의 모든 분야에서 혁명적이고 획기적인 변화와 영향을 끼치게 되었다.

미디어 정보의 종류

컴퓨터 저장장치나 컴퓨터 통신망을 이용하여 저장되고 전달되는 정보의 종류는 여러 가지가 있다. 과거에는 주로 숫자나 문자와 같은 단순한 정보가 주종을 이루었으나, 오늘날 정보표현 기술의 발달과 정보 저장장치 발달에 힘입어 숫자, 문자뿐만 아니라 소리, 음악, 그래픽, 애니메이션(Animation), 정지화상(Still Image) 및 동화상(Moving Image)에 이르기까지 정보의 종류가 다양해졌다.

따라서 오늘날에는 컴퓨터나 정보통신 수단을 이용하면 숫자, 문자뿐만 아니라 소리, 음악, 그래픽, 애니메이션, 정지화상 및 동화상(동영상) 정보도 효율적으로 생성하고 저장하며 전달할 수 있다. 책, 전화, 라디오, TV와 같은 정보전달 수단을 미디어라고 하고, 또 동시에 이러한 정보전달 수단을 이용하여 저장하고 전달할 수 있는 정보의 종류도 미디어라고 부른다. 즉, 전자는 정보전달 수단으로서의 미디어이고 후자는 정보의 종류로서의 미디어를 의미한다. 아래 표는 미디어를 다각적인 관점과 이해에 따라 분류해 놓은 것이다. 표 1-1에서 알 수 있듯이 미디어의 의미는 상황에 따라 여러 가지 측면에서 이해될 수 있다.

| 표 1-1 미디어의 유형별 분류

지각 매체 (Perception medium)	청각, 시각, 촉각
표현 매체 (Representation medium)	문자, 소리, 정지화상, 동화상(동영상)
프리젠테이션 매체 (Presentation medium)	출력장치: 컴퓨터 모니터, 종이, 프린터, 스피커, 모바일 기기 입력장치: 키보드, 마우스, 마이크, 디지털 카메라, 스캐너
저장 매체 (Storage medium)	하드디스크, 광디스크, CD/DVD, 플래시 메모리(USB), 클라우드 스토리지
전송 매체 (Transmission medium)	동축 케이블, 광 케이블, 이동통신망
무선계 매체	지상방송(라디오 방송, TV 방송), 위성방송, 무선인터넷, DMB 방송
유선계 매체	전화, 전신망, 케이블 TV, 인터넷

멀티미디어의 의미

이제, 전통적인 미디어와 디지털 시대에서 멀티미디어의 의미가 어떻게 다른지 알아보자. 한 가지 종류의 정보를 단일미디어(Monomedia)라고 부른다. 예를 들면, 문자는 단일미디어가 된다. 정보전달 방식이 소리 한 가지로만 이루어진다면 이것도 역시 단일미디어에 속한다. 그러나 두 가지 종류 이상의 정보가 동시에 제공될 때 우리는 이것을 멀티미디어(Multimedia)라 부른다. 즉, 멀티미디어란 다수(Multiple)와 매체(Media)의 합성에서 나온 말이다. 따라서 멀티미디어란 과거 숫자와 문자 위주로만 된 컴퓨터 데이터를 벗어나 소리, 음악, 그래픽, 정지화상(이미지) 및 동영상(비디오)과 같은 여러 형태의 정보를 컴퓨터를 이용하여 생성, 처리, 통합, 제어 및 표현하는 개념을 담고 있다(그림 1-2).

| 그림 1-2 멀티미디어 구성요소의 종류

그렇다면 TV는 멀티미디어라고 할 수 있는가? TV는 소리, 영상 및 문자 등의 정보를 복합적으로 시청자에게 보내주기 때문에 가장 대표적인 멀티미디어로 생각할 수도 있다. 그러나 엄밀한 의미와 범주에서 이야기한다면 과거의 전통적인 TV는 결코 멀티미디어라 할 수 없다. 왜냐하면 시청자는 TV 프로그램을 일방적으로 받아보기만 하기 때문이다. 또한 과거에는 TV를 통해 보고 들을 수 있는 영상과 소리는 방송국에서 전파라는 아날로그 신호로 송신한 것이다. 이와 같이 다수의 미디어를 상호대화식(Interaction)으로 제어할 수 없거나 이러한 복합미디어가 아날로그 데이터로 수신될 경우에는 일반적으로 멀티미디어 범주에서 제외시킨다. 상호대화식이란 정보의 수신자(또는 사용자)가 정보의 송신자에게 실시간에 정보를 전달할 수 있거나 저장되어 있는 복합미디어를 일방적으로 받는 것이 아니라 원하는 정보를 선택하여 원하는 형태로 받을 수 있는 기능을 의미한다. 그런 의미에서 전통적인 TV 프로그램이나 비디오 DVD는 송신되거나 저장된 상태 그대로의 정보를 단지 볼 수밖에 없기 때문에 멀티미디어라 할 수 없다.

그러나 웹TV나 IPTV 및 스마트 TV에서와 같이 이용자가 원하는 프로그램을 선택하거나 추가적인 정보를 검색하여 디스플레이 하는 것과 같은 상호대화식 기능이 존재할 경우에는 당연히 멀티미디어라 부를 수 있다. 상호대화식이란 멀티미디어에서 매우 중요한 개념이다.

| 그림 1-3 전통적 TV와 상호대화식 스마트 TV

멀티미디어의 조건

여기서 멀티미디어라고 부를 수 있는 몇 가지 조건을 기술하기로 한다. 첫째, 멀티미디어는 상호대화 형태이어야 한다. 즉, 멀티미디어에 상호작용성을 부여하여 사용자는 어떤 정보를 언제 어떠한 형태로 얻을 것인지를 제어할 수 있어야 한다. 둘째, 멀티미디어 데이터는 디지털 형태로 생성, 저장, 처리 및 표현되어야 한다. 셋째, 멀티미디어란 당연히 다수의 미디어 정보를 동시에 포함하여야 한다. 마지막으로 멀티미디어 정보는 컴퓨터를 이용하여 생성, 저장, 처리 및 표현됨을 의미한다. 이러한 네 가지 조건을 만족시킬 때 비로소 진정한 멀티미디어라고 부를 수 있다.

멀티미디어 구성요소의 특성

컴퓨터에서 다루는 미디어로는 텍스트(Text), 사운드(Sound), 그래픽(Graphic), 정지화상(Still Image), 애니메이션(Animation) 및 동화상(Moving Image)이 있는데, 그림 1-4는 이러한 미디어들을 시공간측면과 미디어의 획득 방법에 따라 분류해 놓은 것이다. 즉, 텍스트, 그래픽과 애니메이션은 처음부터 컴퓨터를 이용하여 생성된 것인 데 비해, 소리, 정지화상과 동화상(동영상)은 실세계에서 획득하여 컴퓨터에서 이용할 수 있도록 처리된 매체이다. 다른 한편으로, 소리, 애니메이션과 동화상은 시간의 흐름에 연속적(Continuous)으로 표현되는 매체인 데 비하여, 텍스트, 그래픽과 애니메이션은 이러한 매체들이 출력화면의 정해진 장소에 단순히 디스플레이 되며 시간을 고려할 필요가 없는 비연속적인(Discrete) 특성을 가지고 있다.

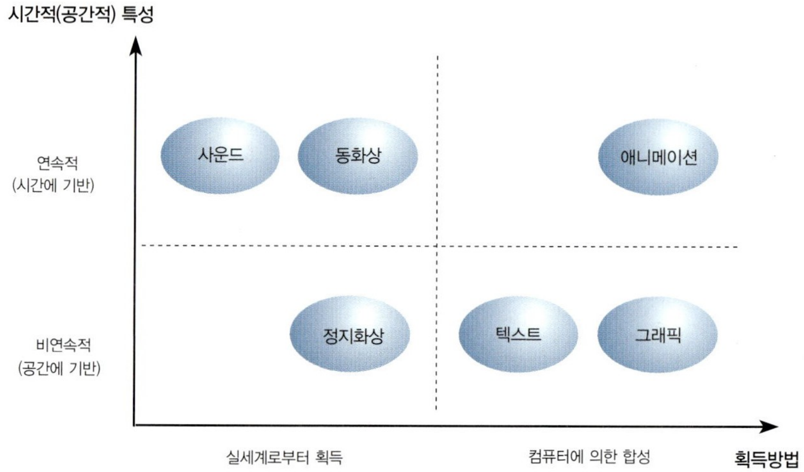

| 그림 1-4 멀티미디어 구성요소의 유형

Tip • 뉴미디어

최근 뉴미디어(New Media)라는 용어가 많이 사용되는데, 이것은 멀티미디어와는 다소 차이가 있는 개념이다. 뉴미디어란 기존의 매체에 대하여 전자 및 디지털통신 신기술에 의하여 개발된 새로운 매체를 의미하며, 정보를 전달하고 전달받는 과정에서 정보나 뉴스를 다양화시키고 고도화하는 데 적합한 서비스를 제공한다. 즉, 신문, 잡지, 라디오, 텔레비전 등 기존 미디어 외에 전자통신기술의 발달로 지금까지 없었던 새로운 정보교환 및 통신수단을 뉴미디어라 부른다. 경우에 따라서는 지금까지 각각 독립적으로 존재하면서 기능을 발휘하던 기존 미디어가 다른 미디어의 기술적 특성과 융합(Media Convergence)하여 보다 편리하고 진보된 새로운 기능과 실용성을 갖게 될 때도 뉴미디어라 부를 수 있다. 뉴미디어의 예로는 전자책(eBook), 디지털 멀티미디어방송(DMB), 화상전화, 문자를 디스플레이할 수 있는 라디오 등을 들 수 있다.

1.1.2 멀티미디어의 특성

멀티미디어 정보의 특성

컴퓨터를 이용한 멀티미디어의 특성은 무엇인가? 우선 컴퓨터에 멀티미디어를 저장한다는 것은 나중에 이 멀티미디어 정보를 꺼내 볼 수 있게 하기 위해서이다. 이것을 우리는 멀티미디어 정보의 검색이라 부른다. 일반적으로 이 멀티미디어 정보는 방대하고 다양하기 때문에 정보검색 방식이 간단하고 편리하여야 한다. 따라서 컴퓨터는 멀티미디어 정보의 검색을 위하여 일반적으로 그래픽 사용자 인터페이스(GUI : Graphical User Interface)기법을 제공한다. 한 예로, 인터넷 환경에서 원하는 웹페이지 정보를 검색하기 위하여 우리는 흔히 익스플로러 브라우저나 파이어폭스, 크롬과 같은 브라우저를 사용하는데, 이러한 브라우저는 사용자가 이용하기에 편리하도록 그래픽 사용자 인터페이스를 제공하고 있다. GUI 외에도 멀티미디어 정보를 입력, 처리, 제어하기 위하여 컴퓨터에서는 다양한 인간-컴퓨터 상호작용(HCI: Human-Computer Interaction) 기술을 활용하고 있다. 그래픽 사용자 인터페이스는 멀티미디어 정보의 검색뿐만 아니라, 요즈음 개발된 거의 모든 소프트웨어의 정보검색 방식으로 이용된다.

멀티미디어 정보의 양은 매우 방대하다. 숫자나 텍스트와 같은 정보를 컴퓨터에 저장하면 비교적 적은 양의 컴퓨터 데이터로 저장되는 데 비하여 소리, 음악, 영상 등의 정보는 매우 방대한 컴퓨터 데이터로 저장된다. 따라서 이러한 방대한 양의 데이터를 저장할 정보 저장장치가 요구된다. 물론 이때, 멀티미디어 데이터는 디지털화하여 컴퓨터에 저장되게 된다. 비록 원래 매체가 아날로그 형태로 존재한다 하더라도 이들이 멀티미디어 형태로 존재하기 위해서는 내부적으로 디지털 정보로 변환되어야 한다. 따라서 소리(음악), 사진, 비디오와 같은 아날로그 정보를 디지털 정보로 변환하는 것은 매우 중요한 멀티미디어 기술에 속한다.

앞에서 설명한 대로 멀티미디어는 상호작용성이 지원되어야 하며, 최근의 추세는 멀티미디어 정보가 네트워크상에서 많은 사용자에 의하여 공유되고 있다는 점이다. 결론적으로 그림 1-5에서 보는 바와 같이 정보의 디지털화, 상호작용성의 지원, 네트워크를 통한 정보의 공유, HCI 기술의 활발한 적용을 멀티미디어의 특성으로 들 수 있다.

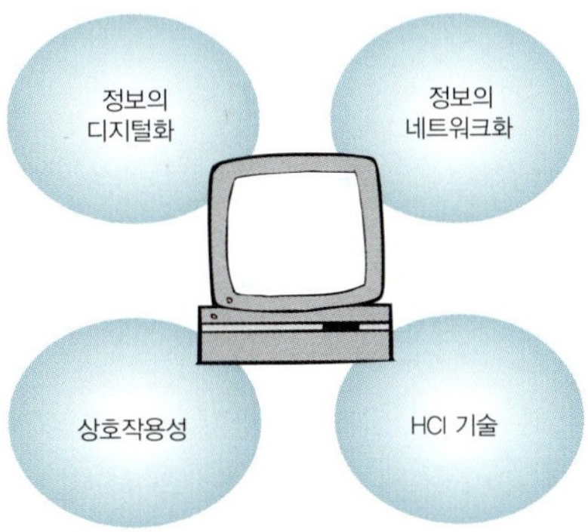

| 그림 1-5 멀티미디어의 특성

디지털 정보의 이점

멀티미디어 정보를 디지털화하는 이유는 무엇인가? 우선 컴퓨터는 모든 데이터를 디지털 형태로 저장하고 처리한다는 사실을 상기하기 바란다. 멀티미디어 정보가 디지털 정보로 저장, 처리될 때의 장점은 첫째, 디지털 정보는 가공과 편집이 용이하다는 점이다. 아날로그 정보는 주어진 그대로 받을 수는 있으나 그것을 가공하거나 편집하거나 변화시키기는 매우 어렵거나 거의 불가능하다. 이에 반해, 디지털 정보는 자유롭게 변환 및 조작할 수 있어 상호작용성을 부여할 수 있다. 다른 말로 표현하면 멀티미디어 정보에 상호대화 형태의 조작이 가능하게 된다.

둘째, 디지털화된 정보는 전송이나 출력에 의한 정보의 질적 저하를 방지할 수 있다. 즉, 디지털정보는 아날로그 정보에 비해 잡음제거가 용이하다. 예를 들면, 과거 TV 수신 장애지역에서 아날로그 TV 신호를 질 좋은 TV 신호로 복원한다는 것은 거의 불가능한 일이다.

셋째, 디지털 정보는 정보의 검색이 용이하다. 즉, 정보를 직접 액세스하여 원하는 정보만 효율적으로 찾아볼 수 있는 장점이 있다.

마지막으로 패킷(Packet) 통신기술 등 디지털 통신기술이 매우 발전하여 디지털 정보를 송수신 하기에 매우 적절하다. 이러한 이유에서, 멀티미디어 정보는 모두 디지털화된 것을 의미하며, 따라서 아날로그 방식의 TV 프로그램이나 과거의 VTR을 이용한 비디오는 멀티미디어라 할 수 없다.

1.1.3 멀티미디어의 효과

이러한 멀티미디어 정보의 효과와 장점은 무엇인가? 과거 컴퓨터에서 처리한 정보의 결과는 프린터 용지 위에 수많은 숫자나 문자로 출력되었다. 지금도 물론 숫자와 문자가 매우 중요한 출력방식인 것만은 틀림없으나, 요즘은 화려한 컴퓨터 그래픽이나 애니메이션 또는 정지화상이나 동영상도 컴퓨터 출력의 중요한 부분을 차지하고 있다. 그래픽, 사운드, 애니메이션 등은 숫자나 문자 출력에 비하여 인간에게 정보를 훨씬 효과적으로 전달해 줄 수 있다. 뿐만 아니라, 정보의 사용자들은 감각적으로나 미학적으로 훨씬 만족감을 느끼게 된다.

정보전달 수단으로서의 멀티미디어

신경 생리학자 폴 매클린은 1970년대 뇌의 3층 모델을 제시하였다(그림 1-6(a)). 그의 뇌 3층 모델에 의하면, 인간의 뇌는 생명의 기본 기능을 제어하는 심층뇌, 감정과 감각을 제어하는 중간층 뇌, 그리고 논리를 제어하는 표층뇌로 구성되어 있다. 폴 매클린은 인간이 가장 편안하고 효과적으로 정보를 전달받는 뇌의 부분은 중간층뇌를 통해 정보를 전달받는 방식이라 하였다. 이 중간층뇌는 멀티미디어와 관련된 소리, 영상, 그래픽 등을 시청각적으로 흡수하고 제어한다. 그림 1-6(b)에서 보듯이 인간은 보고 듣고 실습하는 것(상호작용형 멀티미디어)의 80%를 기억할 수 있다고 한다. 멀티미디어를 통하여 정보를 전달할 때, 인간은 같은 시간 내에 더 많은 정보를 즐거운 기분으로 편안하게 흡수할 수 있기 때문에 정보전달 수단으로서 멀티미디어는 매우 효과적이라 하겠다.

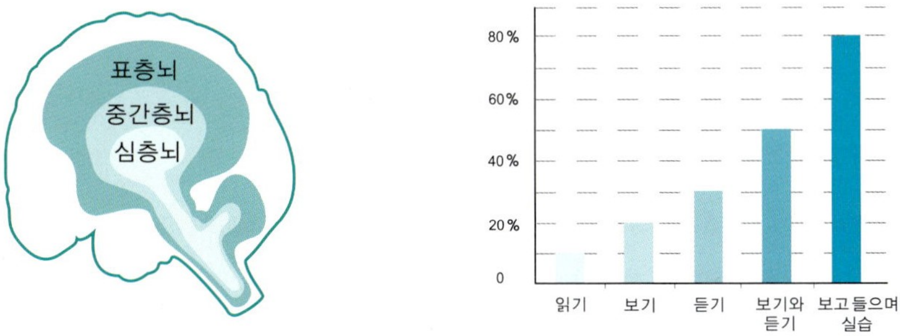

(a) 매클린의 뇌 3층 모델

(b) 상호작용성 멀티미디어의 효과

| 그림 1-6 매클린의 뇌 3층 모델과 멀티미디어의 효과

1.1.4 멀티미디어의 활용

멀티미디어 활용의 다양한 사례

우리는 컴퓨터나 인터넷을 통하여 다양한 형태의 멀티미디어 정보를 이용하고 있다. 예를 들어, 웹 문서나 PowerPoint 자료는 이미지, 그래픽, 애니메이션 등을 포함하고 있고, 웹 환경에서 인터넷 방송이나 음악을 들을 수 있다. 또한 MP3 플레이어를 통해 원하는 MP3 음악이나 비디오를 찾아서 듣거나 볼 수 있다(그림 1-7(a)). 그림 1-7(b)는 Apple사의 iPhone으로, iPhone은 전화, 인터넷 서비스 및 iPod 기능을 합쳐 놓은 것이다. iPhone의 전화 기능은 목소리뿐만 아니라 사진, 멀티미디어 메시지 등을 전송할 수 있고, 인터넷 서비스를 이용하면 e-메일 전송 외에도 Google의 Maps 및 YouTube도 이용할 수 있다. 이와 같이 iPhone은 다양한 멀티미디어 기능을 지원하고 있으며 이용자는 iPhone이 제공하는 상호작용성을 통해서 원하는 기능을 수행하고 결과를 플레이할 수 있다.

(a) MP3 플레이어 iPod와 iTunes 사이트 (http://www.apple.com)

(b) iPhone

| 그림 1-7 Apple사의 iPod와 iPhone을 이용한 멀티미디어 활용 사례

또한 Apple사의 iLife는 iPhoto, iMovie, iDVD, GarageBand 등의 기능을 지원하는데, iPhoto를 이용하면 이용자의 사진을 편집하고 관리할 수 있으며 iMovie를 이용하면 비디오 클립을 편집, 관리할 수 있다. 이러한 것들을 iDVD를 이용하여 DVD로 제작할 수 있게 하며, GarageBand는 이용자로 하여금 음악을 작곡하고 편집하여 연주할 수 있게 해 준다. 즉, iLife를 이용하여 개인의 사진, 비디오 등을 생성, 편집하고 저장할 수 있게 해 줌으로써 자신의 삶을 더 풍요럽게 해 준다. 그림 1-8은 iLife와 iPhoto에 관한 화면을 보여주고 있다.

| 그림 1-8 Apple의 iLife와 iPhoto

한편, Google Maps는 원하는 지역의 지도와 더불어 자세한 위성사진도 볼 수 있게 해 준다. 최근 개발된 Google Street는 세계 일부 도시의 거리를 비디오로 촬영하여 보여주고 있다. 지도와 위성사진을 활용한 예로 미국의 부동산 정보사이트인 www.realtor.com을 들 수 있는데, 이용자가 특정 지역 내의 집들 중에서 원하는 가격과 조건에 맞도록 찾아서 그 집 주변의 지도와 위성사진을 동시에 볼 수 있다. 뿐만 아니라, 집의 곳곳

을 촬영한 사진들을 볼 수 있고 때로는 비디오나 가상현실 기술을 이용하여 제작된 집의 동영상이나 파노라마 뷰를 통하여 집의 구석구석을 둘러볼 수 있다(그림 1-9 참조).

| 그림 1-9 부동산 사이트 www.realtor.com의 사례

멀티미디어의 활용 영역

멀티미디어의 활용분야는 매우 다양하여 과거에는 CD/DVD타이틀, 프리젠테이션 시스템(Presentation System), 웹페이지에서 멀티미디어 활용, 교육 훈련이나 모의 실험기(Simulator), 화상회의(Video Conference), 키오스크(Kiosk), 온라인 게임, 애니메이션 영화, 전자출판(Desktop Publishing) 분야에 주로 활용되었다. 그러나 이제는 YouTube와 같은 UCC사이트, 소셜미디어, 스마트폰, 스마트 TV, 주문형 비디오(VOD : Video on Demand), 대화형 온라인쇼핑, 원격의료, Second Life와 같은 사이버스페이스, 가상 비즈니스(Virtual Business), 사이버 박물관 등의 다양한 분야에서 매우 활발하게 이용되고 있다.

1.2 멀티미디어의 발전 배경

정보화사회에서 멀티미디어 기술의 활용은 매우 중요한 핵심 과제이다. 그러나 멀티미디어가 현실생활과 사회에서 활용되기 시작한 것은 매우 최근의 일이다. 멀티미디어가 등장하고 활용분야가 질적으로나 양적으로 확대되고 각광받게 된 배경이 무엇인지 살펴보기로 한다.

1.2.1 컴퓨터 성능의 향상

하드웨어의 발전

1945년 펜실베이니아 대학의 모클리(John Mauchly)와 에커트(Presper Eckert)에 의해 개발된 최초의 컴퓨터 에니악(ENIAC)은 약 18000개의 진공관으로 이루어진 기계로 무게가 약 30톤에 달하는 획기적인 발명품이었다. 이 초기의 컴퓨터는 너무 커서 그 당시 체육관에 설치해야 했고 따라서 전력 소모량도 엄청났다.

그러나 에니악의 성능은 오늘날의 PC에도 훨씬 못 미쳤다. 컴퓨터가 발명된 이후 지난 70여 년간 컴퓨터의 성능은 놀랍게 발전했다. 컴퓨터의 계산능력을 기본 명령어 처리 회수 측면에서 비교할 때, 1950년대에 초당 1000회, 1960~1970년대에 초당 100만 회가 되었고, 1990년대에는 초당 60억 회에 이르게 되었다. 그리고 2000년대에는 초당 1조 회, 2010년대에는 초당 50조 회에 다다르게 되었다. 또한 마이크로프로세서(MPU)의 성능은 지난 10년간 약 1000배 증가하였다. 컴퓨터 처리속도의 증가뿐만 아니라 주기억장치인 DRAM의 용량도 최근 해마다 두 배씩 증가할 만큼 급격한 발전을 거듭하였다. 무어(Moore)에 의하면 마이크로칩의 성능은 18개월마다 2배씩 증가한다고 한다. 이것을 '무어의 법칙'이라 하고, 이 법칙은 지난 40년간 매우 정확하게 맞아 왔으며 앞으로도 계속 유효할 것으로 전문가들은 예측하고 있다. 뿐만 아니라, 컴퓨터의 구성요소들 간의 데이터 전송회로인 시스템 버스의 데이터 전송속도도 많이 빨라졌다. 이러한 컴퓨터 성능의 향상은 멀티미디어가 가능하게 된 가장 중요한 원동력이 되었다.

멀티미디어 정보의 크기

소리, 음악, 그래픽, 이미지, 애니메이션 및 비디오 등으로 구성된 멀티미디어 정보는 디지털화하여 컴퓨터에 저장될 때 기존의 숫자나 텍스트와는 달리 엄청난 양의 기억장소를 필요로 한다. 예를 들면, 1메가바이트(MB : Mega Byte)의 저장장치에 A4 용지의 텍스트 500장을 저장할 수 있는 데 비하여 이미지는 한 장만을 저장할 수 있다. 그리고 오디오 CD 수준의 음악을 1분 저장하는 데는 약 10MB의 기억용량이 필요하다. DVD 저장장치, Blu-ray DVD와 같은 차세대 저장장치, USB 메모리와 같은 플래시 메모리 장치 등의 개발이 멀티미디어 활용의 확산에 큰 역할을 하고 있다.

오늘날 디지털 정보의 압축기술이 발달함에 따라 훨씬 적은 기억용량에 저장할 수 있게 되었지만, 그래도 숫자나 텍스트 데이터에 비하면 엄청난 기억용량을 필요로 하게 된다. 이렇게 방대한 양의 정보를 실시간에 처리하기 위해서는 당연히 매우 빠른 컴퓨터의 처리속도가 요구된다. 따라서 과거에 컴퓨터의 기억용량과 처리속도가 멀티미디어 정보를 다루기에 부적합하였으나, 최근에 컴퓨터 성능의 급격한 향상에 힘입어 비로소 가능하게 되었다. 컴퓨터의 성능향상이 앞으로도 계속 될 것이기 때문에, 지속적인 멀티미디어 기술과 활용의 발전을 기대할 수 있을 것이다.

1.2.2 멀티미디어 기술의 발전

컴퓨터 하드웨어의 발전과 더불어 멀티미디어 자체 기술의 발전도 매우 빠르게 진행되고 있다(표 1-2 참조). 다양한 미디어를 처리할 수 있는 기술이 개발되면서 CD/DVD 저장매체가 출현하게 되었다. CD는 데이터를 저장하거나 읽을 수만 있는 매체로서 약 650MB의 데이터 저장용량을 갖는다. 이것은 신문의 경우 23만 장에 해당하고 사진의 경우는 7천 장을 저장할 수 있는 대용량의 저장장치일 뿐 아니라, 다른 기억장치에 비하여 매우 값싼 저장장치이다. 또한 현재 자주 이용되고 있는 DVD 저장장치는 영화 한 편을 고해상도와 스테레오 사운드 수준으로 저장할 수 있는 용량을 가진 저장매체로, 최근 그 이용이 급속히 확산되고 있다.

멀티미디어 정보의 압축/복원 기술

정보의 압축/복원 기술의 발전이 멀티미디어 기술의 발전에서 핵심적인 역할을 하고 있다. 앞에서 언급한 대로 멀티미디어 데이터의 용량은 매우 방대하다. 이 방대한 데이터를 현재 수준의 기억장치로는 데이터 압축없이 저장하기가 어려울 뿐만 아니라, 멀티미디어 데이터의 전송을 위해서도 너무 많은 시간이 소요된다. 따라서 멀티미디어 데이터의 압축을 통하여 데이터 저장용량을 대폭 줄일 수 있고 데이터 전송시간도 크게 줄일 수 있는 효과를 얻을 수 있다. 압축된 데이터를 처리하고 프레젠테이션하기 위해서 다시 원래의 데이터로 복원해주는 과정이 필요하다.

| 표 1-2 대표적인 멀티미디어 관련 기술

CD 저장매체	650MB 정도의 용량에 신문 23만 장(2년분), 사진 7천 장
DVD 저장매체	7.4GB 정도의 용량, 영화 한 편을 디지털 형태로 한 장의 디스크에 저장 가능
클라우드 서비스	소셜미디어, 동영상 등 대용량 데이터를 장소(Any Place), 시간(Any Time) 및 기기(Any Device)에 상관없이 제공
멀티미디어 관련 주변장치	사운드 카드, 그래픽/비디오 가속 보드 등
정보 압축/복원 기술	JPEG, MPEG, MP3 등
아날로그-디지털 데이터 변환 기술	데이터 통합 및 활용이 가능
멀티미디어 소프트웨어 도구의 개발	멀티미디어 저작도구, 애니메이션/비디오 편집 기능 등
하이퍼미디어 기술	링크를 통한 정보공간 항해(WWW으로 발전)
멀티미디어 정보의 호환성을 위한 표준화	JPEG, MPEG, XML, SMIL, SVG, HTML5 등
운영체제(OS)	Microsoft Windows, MacOS, Linux, Android, iOS 등
모바일 멀티미디어	Wi-Fi, 휴대인터넷(LTE), DMB

멀티미디어 소프트웨어의 발전

멀티미디어 데이터는 원래 아날로그 형태로 존재하는 정보를 디지털화하는 것이 일반적이다. 사진, 음악, 사람의 목소리, 비디오, TV 프로그램 등은 대부분 아날로그 형태로 존재하게 된다. 이러한 아날로그 정보는 컴퓨터가 저장, 처리할 수 있는 디지털 형태로 변환되어 하나의 시스템에서 통합된 정보로서 활용될 수 있다. 그러므로 이러한 디지털 멀티미디어를 생성, 저작, 저장, 편집하고 프레젠테이션할 수 있는 소프트웨어가 필요하게 된다. 이러한 멀티미디어 소프트웨어는 단일미디어를 생성, 편집하고, 프리젠테이션할 수 있는 편집 소프트웨어와 여러 미디어를 통합하여 멀티미디어 응용시스템을 저작할 수 있는 저작 소프트웨어로 나누어 볼 수 있다.

단일미디어의 생성, 편집을 위한 대표적인 소프트웨어로는 그래픽 소프트웨어, 사운드 편집기(Sound Editor), 이미지 편집기(Image Editor), MIDI 시퀀서(MIDI Sequencer), 애니메이션 소프트웨어, 비디오 편집기(Video Editor) 등을 들 수 있다. 이러한 소프트웨어들은 그 종류와 기능이 매우 다양하여 응용분야와 필요에 따라 적절히 선택하여 사용하게 된다. 멀티미디어의 저작자나 사용자 입장에서 볼 때 이러한 다양한 소프트웨어의 개발이 멀티미디어 CD/DVD 타이틀, 멀티미디어 웹페이지, 멀티미디어 정보시스템 등을 개발하는 데 직접적인 도움을 주게 되었다.

또한 상호 연관된 정보 간의 관계를 링크(Link)로 연결하여 정보를 항해(Navigation)할 수 있게 해 주는 하이퍼미디어(Hypermedia) 기술이 웹(WWW)을 통하여 활성화됨에 따라, 멀티미디어 정보 이용자는 보다 편리하고 효율적인 방식으로 멀티미디어 정보를 접근할 수 있게 되었다.

멀티미디어 정보의 표준화

멀티미디어 정보가 각기 다른 방식으로 생성, 저장된다면 멀티미디어 정보 간에 호환성이 결여되게 된다. 즉, 어떤 컴퓨터 시스템에서 개발된 멀티미디어 정보가 하드웨어 및 소프트웨어 환경이 다른 환경에서 이용될 수 없다면 정보의 효용가치가 떨어지게 된다. 멀티미디어 정보를 생성하는 데는 많은 비용과 노력이 필요하기 때문에 멀티미디어 정보의 호환성이란 매우 중요한 과제이다. 따라서 멀티미디어 기술이 발전하고 정보의 호환요구가 증가함에 따라 자연히 표준화 기술이 출현하게 되었다. 멀티미디어 분야의 표준은 여러 가지가 있는데, 하나의 예로 멀티미디어 정보의 자료구조 및 압축/복원 측면에서의 표준화를 들 수 있다.

정지화상의 압축/복원 표준기술로서 JPEG(Joint Photographic Experts Group)이 많이 알려져 있고(그림 1-10 참조), 동영상의 압축/복원 기술로는 MPEG(Motion Picture Experts Group), 화상전화 및 화상회의 시스템에서는 H.261과 H.263, H.264 표준이 널리 사용되고 있다. 따라서 멀티미디어 관련 기업은 이러한 표준에 맞게 하드웨어와 소프트웨어를 개발하려는 경향이 있다.

이외에도, 멀티미디어 정보의 논리적 구조를 표현하는 수단으로 XML(eXtensible Markup Language), VRML/X3D, SMIL, SVG, HTML5 표준 등이 잘 알려져 있다.

(a) 10:1 압축(39KB)　(b) 30:1 압축(16KB)　(c) 50:1 압축(9KB)

| 그림 1-10 JPEG 이미지 압축 기술

1.2.3 인간-컴퓨터 상호작용(HCI: Human Computer Interaction)

초기의 컴퓨터는 수리계산기에 지나지 않았다. 복잡한 방정식의 해를 구한다거나 포탄의 궤적을 계산한다거나 복잡한 공학 및 물리학 계산을 빨리 하는 데 주로 이용되었다. 그러나 오늘날에는 컴퓨터가 이러한 수리계산 분야보다는 오히려 비수리적 영역에서 더욱 많이 이용되고 있다. 워드프로세서(Word Processor)나 스프레드시트(Spreadsheet) 등의 활용은 매우 일반화되어 더 이상 생소하지 않다. 이외에도 CAD나 그래픽스 소프트웨어의 이용도 우리 주변에서 흔히 볼 수 있다.

사용자 인터페이스의 발전

이렇듯 컴퓨터가 다루는 정보의 종류가 다양해지고 컴퓨터 활용분야가 사무실, 학교, 가정에 이르기까지 확산되면서 컴퓨터는 과거에 비해 인간과 더욱 가까워졌고, 이제는 우리에게 필수불가결한 도구로 자리잡게 되었다.

이렇게 컴퓨터의 활용이 확산되면서 컴퓨터의 이용자는 컴퓨터 전문가가 아닌 일반인인 경우가 더 많게 되었다. 따라서 컴퓨터를 보다 편리하고 쉽게 이용할 수 있는 기술이 요구되었고, 최근에 개발된 소프트웨어는 대부분 사용자에게 편리한 인터페이스를 제공하기에 이르렀다. 물론 아직도 어떤 소프트웨어를 잘 활용하기까지는 많은 시간과 노력의 투자가 요구되지만, 과거의 소프트웨어에 비하면 사용방식이 훨씬 사용자에게 편리하게 설계된 것은 틀림없는 사실이다. 컴퓨터의 윈도우(Window) 환경이나 메뉴(Menu), 버튼(Button), 아이콘(Icon) 등이 대표적인 편리한 사용자 환경을 제공하고 있다(그림 1-11). 그래픽스 기술이 사용자의 편리성 제공에 큰 역할을 담당하고 있으며, 이러한 편리한 사용자 인터페이스를 GUI(Graphical User Interface)라 한다. 이 GUI 기술은 멀티미디어의 발전에도 큰 역할을 담당하였다. 멀티미디어 소프트웨어는 매우 다양한 정보를 통합적으로 구성해야 하기 때문에 멀티미디어 정보의 생성, 처리, 프리젠테이션을 위해서는 사용자가 편리하게 이용할 수 있도록 GUI 기술을 적용한 소프트웨어 개발이 필수적이라 하겠다.

내추럴 유저인터페이스(NUI) 방식의 사용자 인터페이스

또한 사용자의 목소리를 인식하여 멀티미디어 정보를 검색할 수 있는 음성인식 기술이 개발되기 시작하였고 텍스트 정보를 음성합성을 통하여 소리로 출력하는 기법도 이용되고 있다. 이러한 기술은 사용자가 컴퓨터를 보다 편리하고 쉽게 사용할 수 있게 해주는 기술로, 앞으로 더욱 발전하여 소프트웨어 사용자 인터페이스 방식의 하나로 자리잡을 것으로 예상된다. 최근 각광을 받고 있는 제스처 인식기술도 사용자와 상호작용할 수 있는 가장 자연스러운 방법의 하나라 할 수 있다.

1.2.4 정보통신 기술의 발전

초고속 정보통신망

앞에서 언급하였듯이, 멀티미디어 데이터는 그 크기가 텍스트 데이터에 비해 매우 크며 일반적으로 생성하는 데 많은 비용과 시간이 소요된다. 따라서 효율성뿐만 아니라 경제성 측면에서도 멀티미디어 정보를 상호 공유한다는 것은 매우 중요한 일이다. 그러나 CD/DVD 저장 매체를 이용한 멀티미디어 데이터의 저장과 공유는 한계가 있을 수밖에 없다. 따라서 데이터 전송속도가 빠른 정보통신망의 발전은 멀티미디어 활용영역의 확산에 절대적으로 필요한 요소이다. 40여 년 전 UCLA 대학 Kleinrock 교수에 의해 처음 시작된 인터넷 실험은 여러 발전과정을 거쳐 최근 웹 환경으로 발전하면서 인터넷 속도로 인한 병목현상이 문제가 되고 있다. 이것은 인터넷 사용자 수가 급증하기 때문이기도 하지만, 웹 환경에서 멀티미디어 기술의 활용과 멀티미디어 데이터의 양이 급격히 증가하고 있기 때문이다. 이러한 문제점을 해결하기 위하여 선진국들은 초고속 정보통신망 인프라를 경쟁적으로 구축하여 왔다.

길더의 법칙

미국은 1996년 시작하여 2002년에 완성한 NGI(Next Generation Internet) 계획을 통하여 기존의 인터넷보다 1백~1천 배 빠른 교육연구망 구축에 착수하였다. 또한 1998년에는 '아빌렌(Abilene)'이라 불리는 인터넷2 프로젝트를 통하여 초당 2.4Gbps의 데이터 전송속도를 지원하는 학술연구망을 구축하였으며, 2006년에는 100Gbps의 전송속도를 목표로 진행하여 왔다. 이러한 고속 네트워크를 이용하여 인체의 3차원 모형, 사이버 의학, 복잡한 분자모형, 자동차 디자인 등 멀티미디어 정보를 병목현상 없이 실시간에 공유할 수 있는 환경을 구축하게 되었다. 이러한 속노력들은 이미지, 사운드나 비디오 같은 멀티미디어 정보를 빠른 시간 내에 전송하는 데 그 목적이 있다. 일반적으로 광섬유의 대역폭, 즉 전송속도는 6개월에 2배 또는 12개월마다 3배씩 증가한다고길

더(Gilder)는 주장하였다. 이것을 '길더(Gilder)의 법칙'이라 하며, 따라서 앞으로 인터넷 가상공간에서 대량의 멀티미디어 정보를 서로 공유하는 데 매우 희망적이라 하겠다.

현재 우리 주변의 멀티미디어 활용영역의 상당부분이 인터넷을 지원하는 정보통신망 인프라가 없으면 실현되기 어려운 응용들이다. 인터넷은 이용자로 하여금 시·공간을 초월하여 정보를 공유하게 해줌으로써, 과거에는 생각하기 어려운 여러 가지 멀티미디어 기술의 활용을 창출하게 하였다. 21세기에는 이러한 현상이 더욱 두드러져 멀티미디어 기술의 활용이 대부분 인터넷 환경에서 이루어질 것으로 예측된다. 예를 들어, 대화형 인터넷쇼핑, 온라인 게임, 주문형 비디오, 화상회의, 원격의료, 가상대학 등은 멀티미디어 기술이 가장 다양하게 활용되는 분야로서 이러한 응용은 모두 초고속인터넷 환경이 적절히 구축되어 있지 않으면 실현되기 불가능한 분야들이다.

1.2.5 컴퓨터 활용의 변화

컴퓨터의 발전과 활용을 시기적으로 대략 1950년~1980년대 중반의 과학/공학/데이터처리 연산기계 시기, 1980년대 중반~2000년대 중반 시기의 소프트웨어 중심, 그리고 2000년대 중반 이후의 애플리케이션/콘텐츠 중심의 시기로 나누어 볼 수 있다(그림 1-11 참조). 1980년대 이전에는 보다 성능이 우수한 컴퓨터 하드웨어의 개발과 컴퓨터 자원을 효율적으로 이용자에게 제공하는 운영체제(OS)의 개발이 중요하게 인식되었다. 1970년대 후반 PC가 출현하면서 컴퓨터의 활용이 비즈니스, 사무용 소프트웨어 및 정보처리를 위한 데이터베이스가 중심 이슈로 떠오르게 되었다. 2000년 이후에는 인터넷과 웹이 확산되고 특히 2010년경 모바일 기기가 일반화되면서 모바일 환경에서 애플리케이션 및 콘텐츠 그리고 콘텐츠를 제작, 공유할 수 있게 해주는 플랫폼이 더욱 중심 이슈로 인식되고 있다.

이제는 과거 컴퓨팅 파워의 제한이나 메모리 용량, 인터넷의 속도와 같은 한계성이 사라지게 되었고 클라우드 서비스를 통해 언제, 어디서나 다양한 스마트 기기를 통하여 애플리케이션과 콘텐츠를 이용할 수 있게 되었다. 애플리케이션/콘텐츠 중심 시대에서 대부분의 활용이 멀티미디어 기술을 기반으로 하고 있고 이러한 서비스를 가능케 하는 플랫폼도 이용자들에게 멀티미디어를 편리하고 효율적으로 지원하는 환경을 제공하고 있다. Cisco 자료에 의하면 전 세계적으로 모바일 트래픽에서 동영상이 차지하는 비율이 2014년 55%에서 2019년 72%로 증가할 것으로 예상하고 있다. 모바일 환경뿐만 아니라 인터넷 환경에서 이미지, 음악, 동영상, 게임, 지도 서비스, 가상현실과 같은 멀티미디어 데이터가 차지하는 비율이 매우 크고 앞으로 더욱 증가할 것으로 예측되고 있다.

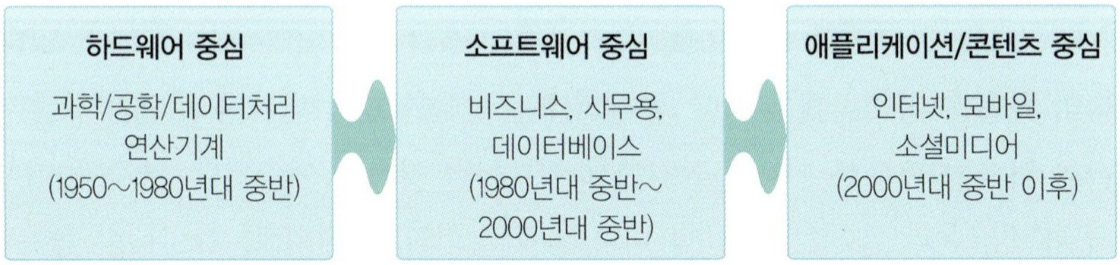

| 그림 1-11 시대별 컴퓨터 활용의 변화

1.3 정보화사회에서 멀티미디어의 발전 방향과 역할

멀티미디어 기술은 하루가 다르게 발전하고 그 활용영역이 확대되고 있다. 이러한 멀티미디어 기술이 앞으로 어떠한 형태와 방향으로 발전해 나갈 것인지, 또한 정보화사회에서 멀티미디어는 어떠한 의미와 역할을 하는지 알아보자.

1.3.1 멀티미디어의 발전 방향

과거에는 멀티미디어 콘텐츠(Multimedia Contents)의 대부분이 CD-ROM 형태로 존재하였다. 이는 CD-ROM의 기억용량이 크고 가격이 매우 저렴하기 때문이다. 그러나 앞에서도 이야기했듯이 멀티미디어 데이터는 매우 방대한 기억용량을 필요로 하기 때문에, 한정된 기억용량을 가지는 CD/DVD로는 기억용량이 매우 부족하다. 따라서 컴퓨터 네트워크를 통하여 멀티미디어 데이터를 공유하는 형태의 이용이 더욱 급속하게 증대될 것이다. 일반적으로 멀티미디어는 크게 세 가지 형태로 존재한다.

멀티미디어의 세 가지 유형

첫째 유형은 CD/DVD 저장매체를 이용한 패키지형, 둘째 유형은 네트워크형 멀티미디어이고, 셋째 유형은 전자 동물원, 전자 박물관, 전자 미술관과 같은 전용극장

(Theater)형이다.

멀티미디어 콘텐츠들은 CD/DVD를 이용한 패키지 계열의 단계를 거쳐 네트워크 계열로 이행되어 왔다. 전용극장형은 주로 가상현실 기술을 이용하여 구축되며 비용이 매우 많이 소요되기 때문에, 수적으로 제한적으로 존재할 것으로 예측된다. 또한 대용량 멀티미디어 데이터가 한 곳에 모두 저장되기에는 한계가 있으므로, 멀티미디어 정보를 여러 곳에 분산화할 필요성이 대두되었다. 따라서 분산환경에서의 멀티미디어 정보를 공유하기 위하여 디지털 통신망이 필요하게 되었다. 과거에는 디지털 데이터의 송수신을 위하여 주로 기존의 전화선을 이용하였다. 모뎀(Modem)을 이용하여 디지털 데이터를 보낼 때 전송속도가 최대 54Kbps 정도이므로, 이는 멀티미디어 데이터를 전송하기에는 매우 불충분한 전송속도이다. 그러나 ADSL/VDSL을 거쳐 최근에는 광케이블을 이용하여 멀티미디어 데이터를 전송하게 되면서 과거에 비하여 속도가 훨씬 빠르므로 전송속도의 제한성을 상당 부분 해결할 수 있게 되었다. 또한 최근에는 Wi-Fi와 같은 무선인터넷망의 데이터 전송속도가 빨라지고 LTE와 같은 초고속 휴대인터넷 서비스가 개발됨에 따라 모바일 환경에서 멀티미디어의 활용이 가능하게 되었다. 과거 휴대폰이 소리나 텍스트 메시지를 전달하는 수단으로 사용되었다면 오늘날의 스마트폰은 다양한 멀티미디어 정보를 무선인터넷망을 통하여 제공받기 위하여 이용되고 있다.

특히 광섬유기반 초고속 정보통신망을 이용하면, 전화선의 전송속도에 비해 만 배 정도의 전송속도를 기대할 수 있으므로 분산 멀티미디어 환경에서 핵심 인프라 역할을 담당할 수 있다. 초고속 정보통신망은 광케이블을 이용하여 최대 초당 수십 기가비트(Gb: Giga bit) 단위의 데이터 전송을 가능케 해준다.

멀티미디어 정보의 호환성

이러한 초고속 정보통신망의 인프라가 구축되면서, 대부분의 경우 CD/DVD보다는 네트워크를 이용하여 다양한 멀티미디어 정보를 액세스하여 활용할 수 있게 되었다. 이때 가장 기본적인 요구조건이 멀티미디어 정보의 호환성이다. CD/DVD의 경우 저장되는 멀티미디어 데이터의 형식이 사용하는 소프트웨어에 따라 각기 달라 멀티미디어 데이터 간의 호환성이 결여되어 있다. 따라서 멀티미디어 데이터의 표준화가 매우 중요하게 대두되고 있다. 멀티미디어 데이터의 형식이 표준화되면 컴퓨터 네트워크를 통해 정보의 공유가 가능하게 된다.

하이퍼미디어 기술

멀티미디어에서 중요한 기술의 하나가 하이퍼미디어 기술이다. 하이퍼텍스트(Hypertext) 또는 하이퍼미디어(Hypermedia)라 불리는 이 기술은 상호연관성 있는 정보나 데이터 간의 연계를 구축하여 정보검색 시 매우 효율적으로 원하는 정보를 찾아내는 기법이다. 상호연관성 있는 정보 간에 링크로 연결하고 사용자는 이러한 링크들을 따라 정보공간을 항해(Navigation)하게 된다. 이 하이퍼미디어 기술은 전자도서, 전자백과사전, 전자매뉴얼과 같은 CD/DVD타이틀의 개발이나 멀티미디어 정보시스템 및 인터넷의 WWW(World Wide Web)에서 널리 사용되고 있다. 앞으로 하이퍼미디어 기술이 더욱 고차원적으로 응용될 것으로 기대된다.

다양한 미디어의 융합

멀티미디어 소프트웨어를 개발하기 위해서는 컴퓨터 기술뿐만 아니라 미술, 음악, 음향, 비디오, 영상분야의 다양한 기술이 요구된다. 이러한 기술에 기반하여 제작된 미디어들을 통합하고 제작할 수 있는 능력이 무엇보다도 필요하다. 뿐만 아니라, 멀티미디어 소프트웨어를 제작하기 위해서는 이러한 미디어들을 새로 생성하여 하나의 멀티미디어 소프트웨어로 구성하거나 기존의 서적, 음악, 비디오, 애니메이션 등의 미디어들을 활용하여야 한다. 따라서 멀티미디어 산업을 컴퓨터, 통신, 방송, 신문, 영화, 출판 등의 산업이 융합하여 이루어낸 종합기술의 산물이라 할 수 있다. 최근 미국을 중심으로 하여 앞의 다양한 분야의 기업들이 서로 합병하고 협조하는 추세가 확산되고 있다.

1.3.2 정보화사회에서 멀티미디어의 역할

현대사회와 21세기 사회를 묘사하는 여러 가지 단어들이 있다. 일찍이 다니엘 벨(Daniel Bell)은 '탈공업화 사회'라는 용어를 사용했고, 앨빈 토플러(Alvin Toffler)는 '제3의 물결'이라는 말로, 마샬 맥루한(Marshall McLuhan)은 '지구촌(Global Village)'으로 묘사하였다. 이외에도 '정보 혁명', '국경 없는 사회'라는 말로 정보화사회를 기술하고 있다.

최근에는 초고속 정보통신망과 멀티미디어라는 용어가 언론매체를 통하여 거의 매일 우리에게 다가온다. 이러한 정보화사회는 컴퓨터와 통신이라는 두 가지 기술에 의하여 가능하게 되었고 우리사회를 혁명적으로 변화시키고 있다. 특히 멀티미디어 사회에서는 지금까지 피라미드 형의 조직 사회를 벗어나 개인과 조직의 유연성이 중요시되고, 통신망을 이용하여 여러 가지 다양한 정보를 빠른 시간 내에 확보하는 개인이나 기업이 경쟁의 우위를 차지하게 된다.

디지털 경제로 변화

지식의 양은 과거에는 10년에 2배로 증가하였으나 지금은 3~5년에 2배로 증가하고 있다. 지식의 증가속도는 점점 더 빨라지고 있고, 우리 주변에는 우리가 일생을 노력해도 도저히 다 흡수할 수 없을 만큼의 지식과 정보가 산재해 있다. 생산이 자동화되고 생산성이 향상되면서 20세기의 제조업 경제가 21세기에는 디지털경제(Digital Economy) 또는 지식정보경제로 변화되고 있다.

이러한 사회에서는 정보가 국가나 사회의 가장 중요한 자원으로 인식된다. 그러나 우리 주위에는 너무나 많은 양의 정보가 산재해 있어서, 미국의 경우 전체 정보의 5%만이 실제 활용되고 있는 형편이다. 따라서 이러한 지식위주의 사회에서는 우리가 지금 얼마나 많은 지식이나 정보를 갖고 있느냐보다는 어떻게 양질의 정보를 남보다 먼저 확보하느냐가 더 중요한 과제이다. 이러한 사실을 미국의 전 대통령인 클린턴은 "Not only what you know today, but what you are capable of learning tomorrow."라는 말로 설명하고 있다.

초고속 정보통신망의 구축

정보화사회에서 정보란 텍스트나 숫자 정보뿐만 아니라 이미지, 그래픽, 소리, 음악, 애니메이션, 비디오 등 다양한 형태의 멀티미디어 정보를 의미한다. 이러한 멀티미디어 사회의 특징을 간파한 미국에서는 1993년 멀티미디어 정보 인프라를 구축하기 위해서 NII(National Information Infrastructure) 계획을 수립하였다. 이 계획에 의하면 2015년까지 미국의 전역을 광섬유를 이용한 초고속 정보통신망으로 연결하여 멀티미디어 정보가 매우 빠른 속도로 전송될 수 있도록 한다는 것이다. 미국에서 시작한 초고속 정보통신망 구축계획은 즉시 일본, 유럽은 물론 우리나라에까지 영향을 미쳐 각국은 2010년 또는 2015년까지 단계적으로 이와 같은 통신망을 구축하였고 세기말 멀티미디어 정보화 실험을 하고 있다. 이러한 국가들에서는 고속 정보통신망을 이용한 인터넷 인프라를 구축하고 주문형 비디오(VOD), 대화형 홈쇼핑, 대화형 게임, 화상회의 서비스, 원격의료, 원격학습, 가상대학 분야에서 멀티미디어 기술을 이용하여 실현하고 있다.

초연결사회와 멀티미디어

21세기 지식정보사회에서는 매우 방대하고 다양한 형태의 멀티미디어 정보와 멀티미디어 콘텐츠가 존재하게 될 것이다. 이러한 멀티미디어 정보를 효율적으로 관리하고 원하는 정보를 검색하는 기술과 데이터를 빠르게 전송하는 인터넷 인프라가 경쟁적으로 구축되고 있다. 그림 1-12에서 보듯이 정보화사회에서는 정보가 보조적 수단으로 사용되었으나 지식정보사회에서는 정보 자체가 국가나 기업의 경쟁력을 결정하는 가장 중요한 관건이 된다. 또한 앞으로의 초연결사회에서는 다양한 정보가 스마트 기기와 센서들을 통해 주고받으며 생성된 데이터가 프로세서에 의해 실시간에 처리되고 분석되어 활용되는 사회로 발전해 나갈 것이다. 지식정보사회나 초연결사회에서 생성되고 처리되는 정보의 대부분은 텍스트 정보 외에도 사운드, 이미지, 비디오와 같은 멀티미디어의 형태를 가질 것으로 예상된다. 따라서 멀티미디어 정보는 지식정보사회를 이끄는 원동력이라 할 수 있다.

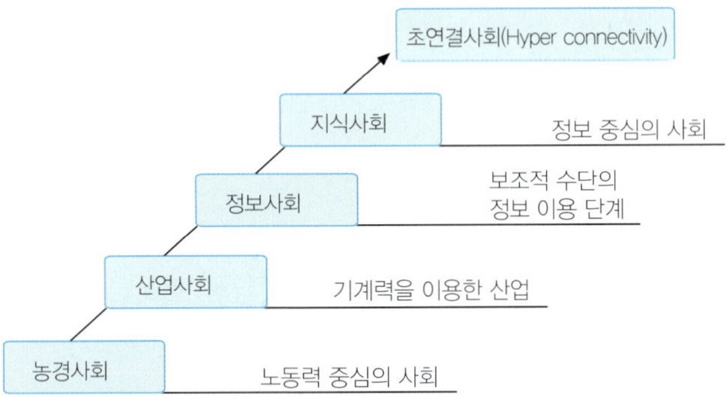

| 그림 1-12 멀티미디어 정보는 지식사회를 이끄는 원동력

1.4 참고자료

- Digital Multimedia, 3rd Edition / N. Chapman and J. Chapman / John Wiley & Sons, 2009
- Multimedia: Making It Work, 9th Edition / T. Vaughan / McGraw Hill, 2014
- digital.life ITU International Report 2006 / ITU(International Tele communication Union), December 2006
- "Looking Back at the Start of Revolution", D. PAGE and C. LEE, UCLA Today
- BusinessWeek, http://images.businessweek.com
- Wikipedia, www.wikipedia.org
- Flickr, www.flickr.com
- iTunes Music Store, Apple, www.apple.com/itunes

연습문제

5지 선다형

1-1 다음 중 멀티미디어를 구성하는 미디어가 아닌 것은?

(a) 텍스트 (b) 사운드 (c) 메뉴 (d) 그래픽 (e) 동영상

1-2 다음 중 멀티미디어라고 부를 수 있는 조건에 속하지 않는 것은?

(a) 디지털 형태로 존재 (b) 상호작용성 (c) 다수의 미디어 포함
(d) 컴퓨터를 이용하여 생성 및 처리 (e) 메모리에 저장 가능

1-3 다음 중 멀티미디어의 특성에 속하지 않은 것은?

(a) 정보의 디지털화 (b) 정보의 네트워크화 (c) HCI 기술의 적용
(d) 정보검색의 용이성 (e) 상호작용성의 지원

1-4 폴 매클린의 뇌 3층 모델에서 멀티미디어와 관련된 정보를 흡수하고 제어하는 뇌의 부분은?

(a) 중간층 뇌 (b) 심층뇌 (c) 좌측 뇌 (d) 우측 뇌 (e) 표층뇌

1-5 다음 중 멀티미디어 기술의 발전과 가장 관련성이 적은 것은?

(a) 멀티미디어 압축/복원 기술 (b) 하이퍼미디어 기술
(c) 멀티미디어 정보의 디지털화 (d) 저장매체의 발전
(e) 멀티미디어 표준화

1-6 멀티미디어 정보의 호환성을 위해 가장 중요한 사항은?

(a) 디지털화 (b) 표준화 (c) 상호작용성 (d) 보안성 (e) 압축률

1-7 광섬유의 대역폭, 즉 데이터 전송속도는 6개월에 2배 또는 12개월마다 3배씩 증가한다고 주장한 사람은 ?

(a) 무어 (b) 마샬 맥루한 (c) 다니엘 벨 (d) 길더 (e) 앨빈 토플러

1-8 다양한 정보를 스마트 기기와 센서들을 통해 주고받으며, 생성된 데이터가 프로세서에 의해 실시간으로 처리되고 분석되어 활용되는 사회를 무엇이라 하는가?

(a) 초연결사회　(b) 소셜미디어 사회　(c) 정보사회
(d) 지식기반사회　(e) 정보혁명 사회

1-9 멀티미디어 정보를 활용하기 위해 가장 발전한 형태의 사용자 인터페이스는?

(a) GUI 방식　(b) NUI 방식　(c) 메뉴 방식
(d) 명령어 방식　(e) 마우스 방식

1-10 다음 중 멀티미디어 표준 기술에 속하지 않는 것은?

(a) MPEG　(b) JPEG　(c) XML　(d) HTML5　(e) e-Book

괄호넣기

1-1 멀티미디어란 다수(Multiple)와 (　　　　)의 합성에서 나온 말이다. 따라서 멀티미디어란 과거 숫자와 문자 위주로만 된 컴퓨터 데이터를 벗어나 소리, 음악, 그래픽, 정지화상(이미지) 및 (　　　　)과 같은 여러 형태의 정보를 컴퓨터를 이용하여 생성, 처리, 통합, 제어 및 표현하는 개념을 담고 있다.

1-2 텍스트, 그래픽과 애니메이션은 처음부터 (　　　　)를 이용하여 생성된 것인 데 비해, 소리, 정지화상과 동화상(동영상)은 (　　　　)에서 획득하여 컴퓨터에서 이용할 수 있도록 처리된 매체이다.

1-3 멀티미디어의 특성은 정보의 디지털화, (　　　　), 네트워크를 통한 정보의 공유, HCI 기술의 활발한 적용을 멀티미디어의 특성으로 들 수 있다.

1-4 폴 매클린은 인간이 가장 편안하고 효과적으로 정보를 전달받는 뇌의 부분은 (　　　　)를 통해 정보를 전달받는 방식이라 하였다. 이 (　　　　)는 멀티미디어와 관련된 소리, 영상, 그래픽 등을 시청각적으로 흡수하고 제어한다.

1-5 마이크로칩의 성능은 18개월마다 2배씩 증가한다고 한다. 이것을 (　　　　)이라 하고, 이 법칙은 지난 40년간 매우 정확하게 맞아 왔으며 앞으로도 계속 유효할 것으로 전문가들은 예측하고 있다.

1-6 멀티미디어 정보를 생성하는 데는 많은 비용과 노력이 필요하기 때문에 멀티미디어 정보의 호환성이란 매우 중요한 과제이다. 따라서 멀티미디어 기술이 발전하고 정보의 호환요구가 증가함에 따라 자연히 ( )이 출현하게 되었다.

1-7 일반적으로 광섬유의 대역폭, 즉 전송속도는 6개월에 2배 또는 12개월마다 3배씩 증가한다고 알려져 있다. 이것을 ( )이라 하며, 따라서 앞으로 인터넷 가상공간에서 대량의 멀티미디어 정보를 서로 공유하는 데 매우 희망적이라 하겠다.

1-8 앞으로의 ( )에서는 다양한 정보를 스마트 기기와 센서들을 통해 주고받으며, 생성된 데이터가 프로세서에 의해 실시간으로 처리되고 분석되어 활용되는 사회로 발전해 나갈 것이다. 지식정보화사회나 ( )에서 생성되고 처리되는 정보의 대부분은 텍스트 정보 외에도 사운드, 이미지, 비디오와 같은 멀티미디어의 형태를 가질 것으로 예상된다.

1-9 지식의 증가속도는 점점 더 빨라지고 있고, 우리 주변에는 우리가 일생을 노력해도 도저히 다 흡수할 수 없을 만큼의 지식과 정보가 산재해 있다. 생산이 자동화되고 생산성이 향상되면서 20세기의 제조업 경제가 21세기에는 ( ) 또는 지식정보경제로 변화되고 있다.

1-10 멀티미디어 콘텐츠의 첫째 유형은 CD/DVD 저장매체를 이용한 패키지형, 둘째 유형은 ( )이고, 셋째 유형은 전자 동물원, 전자 박물관, 전자 미술관과 같은 전용 극장(Theater)형이다.

주관식

1-1 멀티미디어 활용의 확산과 발전에 영향을 미친 멀티미디어 기술들을 간략하게 기술하라.

1-2 HCI 기술의 발전이 멀티미디어의 확산과 활용에 큰 영향을 미치고 있다. 전통적 데이터베이스 활용(DB Application)에 비해 HCI 기술이 어떻게 멀티미디어 활용 분야에 중요한지 설명하라. 구체적인 예들을 들어도 좋다.

1-3 컴퓨터를 이용한 멀티미디어 시스템에서 멀티미디어의 특성이 무엇인지 논하라.

1-4 소프트웨어의 발전에서 새로운 인간-컴퓨터 상호작용(HCI) 기술이 언제 출현하였는지 역사적 발전 과정을 알아보고, HCI 기술이 소프트웨어 활용에 어떠한 영향을 미쳤는지 설명하라.

1-5 멀티미디어 데이터는 크게 연속적(Continuous) 미디어와 비연속적(Discrete) 미디어로 구분할 수 있다. 각각 어떠한 미디어가 연속적 또는 비연속적 미디어에 속하는지 언급하고, 이러한 구분에서 미디어 간의 특성상 차이점(예, 메모리 용량, 데이터 압축, 전송상의 특성 등)을 비교, 설명하라.

1-6 멀티미디어의 특성에서 상호작용성(Interactivity)이 요구되는 이유를 설명하고 현실세계에서 그 유용성을 설명하라.

1-7 멀티미디어의 개념을 정의하고, 멀티미디어 발전의 배경을 하드웨어와 정보통신망의 관점에서 간략하게 논하라.

02
CHAPTER

멀티미디어 시스템의 환경

1장에서 멀티미디어의 개념과 특성, 멀티미디어의 발전배경에 대하여 살펴보았다. 멀티미디어는 다양한 미디어를 이용하여 정보를 효과적으로 전달한다. 사운드, 이미지, 비디오 데이터의 입출력을 위해서는 컴퓨터 이외의 보조장치를 이용하여야 하며 데이터를 디지털 형태로 변환하여 저작자가 원하는 형태로 편집하고 통합하여 결과물을 저장하여야 한다. 또한 멀티미디어 정보는 상호 데이터 교환을 위해 표준을 따라야 한다.

이 장에서는 멀티미디어 정보를 이용하기 위해 필요한 입출력 장치와 멀티미디어 정보를 생성하고 통합하기 위한 편집도구와 저작도구에 대해 알아보고, 멀티미디어에 관련된 표준과 멀티미디어의 활용분야에 대하여 알아본다.

2.1 멀티미디어 시스템

멀티미디어 시스템의 구성요소

멀티미디어 시스템은 텍스트, 이미지, 그래픽, 사운드, 애니메이션 및 비디오 등 다양한 미디어를 이용하여 하나의 멀티미디어 콘텐츠를 제작하기 위해 필요한 하드웨어와 소프트웨어로 구성되어 있다. 그림 2-1에서 보듯이 하드웨어는 프로세서(CPU), 미디어 처리장치, 입력장치, 출력장치 및 저장장치를 말하며 이들이 멀티미디어 시스템의 구성요소가 된다. 멀티미디어 시스템의 소프트웨어는 시스템 소프트웨어와 소프트웨어 도구로 크게 나눌 수 있다. 시스템 소프트웨어는 멀티미디어 자원을 관리하고 운영하는 운영체제(OS: Operating System), 하드웨어 장치들의 입출력을 처리하는 장치 드라이버(Device Driver), 멀티미디어 데이터를 저장하고 관리해 주는 DBMS(Database Management System)를 포함한다. 멀티미디어 콘텐츠를 제작하기 위해서는 각종 미디어를 생성, 편집하는 미디어 편집 소프트웨어와 미디어들을 통합하여 멀티미디어 콘텐츠로 제작하기 위한 저작도구(Authoring Tool)가 필요하다. 이러한 하드웨어와 소프트웨어들이 합쳐져서 멀티미디어 시스템을 구성하게 된다.

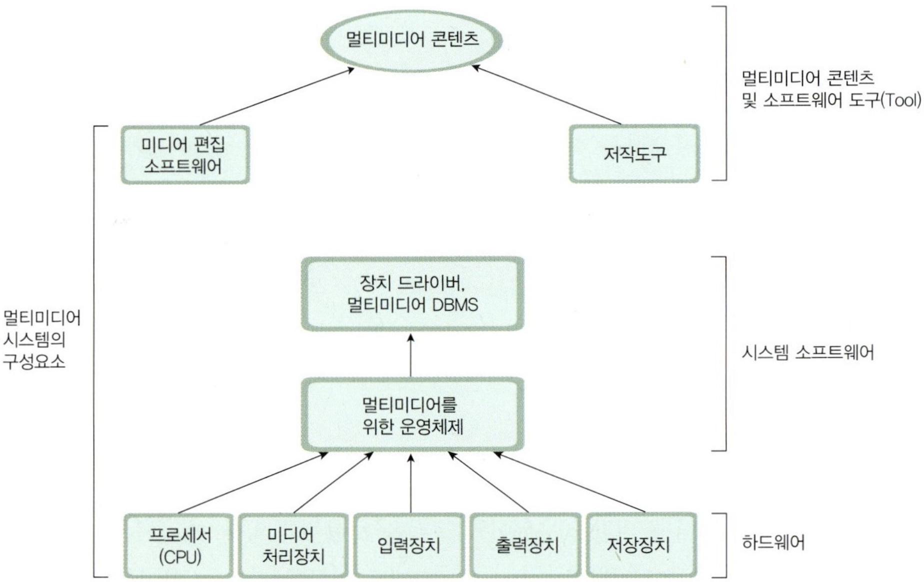

| 그림 2-1 멀티미디어 시스템의 계층구조

멀티미디어 플랫폼

멀티미디어 시스템의 궁극적인 목적은 앞에서 설명하였듯이 멀티미디어 콘텐츠를 제작하고 사용자로 하여금 이 콘텐츠를 재생할 수 있게 하기 위함이다. 따라서 멀티미디어 시스템은 목적에 따라 멀티미디어 콘텐츠를 저작할 수 있는 기능과 환경을 제공하는 저작시스템(Authoring System)과 단순히 멀티미디어 콘텐츠를 이용하고 재생하기 위한 재생시스템(Presentation System)으로 나눌 수 있다. 저작 시스템은 멀티미디어 데이터를 생성, 편집, 재구성하여 멀티미디어 콘텐츠로 저작하기 위해 스캐너, 디지털 카메라, 캠코더, 비디오 압축보드와 같은 하드웨어 장치, 그리고 다양한 미디어 편집 소프트웨어와 저작도구가 갖추어진 멀티미디어 시스템을 말한다. 이에 비하여, 재생시스템은 멀티미디어 콘텐츠를 재생하기 위한 음성출력 및 영상출력을 실행할 수 있는 최소한의 하드웨어와 소프트웨어를 포함하고 있다. 멀티미디어 하드웨어 환경과 소프트웨어 환경에 대해서는 2.2절과 2.3절에서 각각 자세히 설명하기로 한다. 멀티미디어 콘텐츠를 제작하고 재생하는 하드웨어 환경과 소프트웨어 환경을 합쳐서 멀티미디어 플랫폼(Multimedia Platform)이라고도 부른다.

2.2 멀티미디어 하드웨어 환경

멀티미디어 시스템을 구성하는 하드웨어는 멀티미디어 데이터의 입력과 출력을 담당하는 입출력장치, 이들을 컴퓨터와 연결하여 사운드나 그래픽 등의 미디어 정보를 처리하는 미디어 처리장치, 그리고 저작된 멀티미디어 정보를 보관하기 위한 저장장치 등으로 나눌 수 있다. 여기서는 멀티미디어 정보 처리를 위한 컴퓨터, 미디어 처리장치, 각종 입출력 장치, 저장장치에 대하여 알아본다.

2.2.1 멀티미디어 시스템의 구성

그림 2-2는 멀티미디어를 위한 하드웨어의 구성을 보여주고 있다. 컴퓨터를 중심으로 가장 기본적인 입력장치인 키보드와 마우스, 그래픽 입력장치인 디지타이저, 이미지의 입력을 위한 스캐너와 디지털 카메라, 비디오 입력을 위한 비디오 카메라, 사운드의 입력을 위한 MIDI와 마이크가 있다. 이러한 입력장치들이 그래픽카드와 비디오보드, 사운드카드에 연결되어 있다. 그래픽카드와 비디오보드는 모니터나 프로젝터에 연결되어 사용자에게 시각적 정보를 제공하며, 사운드카드는 스피커와 연결되어 소리정보를 전달한다. 또한 입력장치를 통하여 입력된 데이터를 CD나 DVD 등의 저장장치에 저장하여 재생할 수 있다. 그리고 그림에는 나타나지 않았으나 이러한 장치들을 구동, 관리, 운영하기 위해서는 대부분의 경우 별도의 장치 드라이버(Device Driver)라 불리는 소프트웨어가 필요하다.

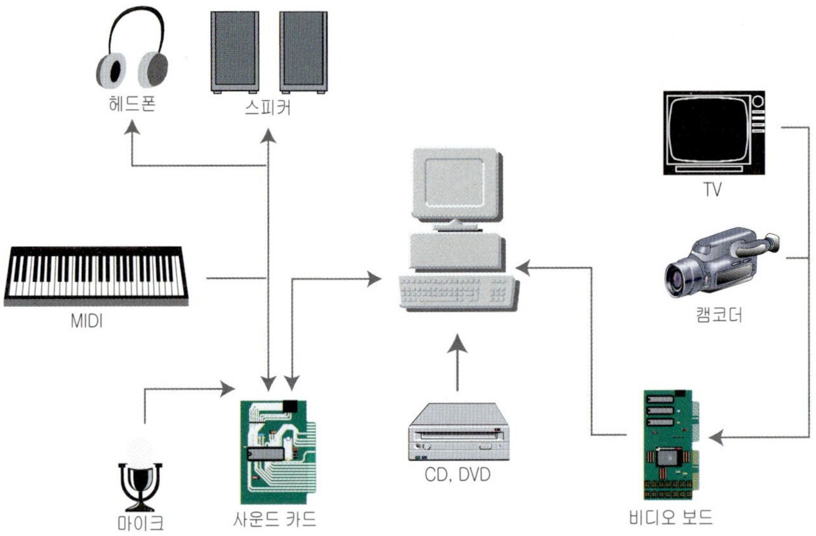

| 그림 2-2 멀티미디어 하드웨어의 구성

멀티미디어 PC(MPC: Multimedia PC)

일반적으로 멀티미디어 데이터는 대용량의 저장공간을 필요로 한다. 또한 동화상 및 사운드 등은 실시간에 재생되어야 사용자가 실생활에서 보고 듣는 것과 같은 효과를 얻을 수 있다. PC의 성능이 지금보다 훨씬 미약할 때인 1990년대 초반 Microsoft, Fujitsu, Philips 등 세계 유수의 PC 관련 업체들은 상호 협의하여 멀티미디어 정보의 재생을 위해 요구되는 MPC의 성능에 대한 기준을 마련하였다. 1996년 확정한 MPC Level 3에서 16비트 사운드 카드, 4배속 이상의 CD-ROM 속도, 540MB 이상의 하드디스크, 펜티엄 75MHz 이상의 CPU, 동영상 표준인 MPEG을 지원할 것을 규정하였다. 그러나 현재 생산되는 모든 PC는 이러한 기준을 충분히 만족시키고 있으므로 MPC 하드웨어 표준은 더 이상 큰 의미가 없다.

그래픽 워크스테이션(Graphic Workstation)

컴퓨터 모니터에 멀티미디어 정보를 빠른 시간 내에 디스플레이하기 위해서는 처리되어야 할 데이터의 양이 매우 많기 때문에 고성능의 컴퓨터 하드웨어를 요구한다. 그래픽 워크스테이션에는 렌더링(Rendering), 쉐이딩(Shading), 텍스쳐 매핑(Texture Mapping) 등 그래픽 엔진에 해당하는 기능을 실시간으로 처리하는 전용 하드웨어가 장착되어 있다. 이러한 그래픽 워크스테이션을 기반으로 하여 다양한 입출력 장치와 사운드 카드, 비디오 카드 등을 장착하여 멀티미디어 워크스테이션으로 사용할 수 있다.

GPU 또는 GPGPU(General Purpose Graphic Processing Unit)

오늘날 컴퓨터는 그래픽 워크스테이션이 아니라도 데스크톱, 노트북, 태블릿 PC 심지어는 스마트폰에서는 모든 멀티미디어 콘텐츠를 무리 없이 재생할 수 있다. 또한 보다 빠른 멀티미디어 데이터 처리를 위해 많은 컴퓨터가 GPU나 GPGPU 칩을 장착하고 있다.

GPU 또는 GPGPU는 컴퓨터 그래픽, 이미지 및 비디오 처리에 매우 효율적인 수많은 병렬처리 프로세서를 가지고 있어 그래픽 및 이미지처리 알고리즘의 매우 빠른 처리와 조작에 적합하게 구성되어 있다. GPGPU는 칩 내의 수백 ~ 수천 개 이상의 코어(Core)를 활용하여 연산을 병렬적으로 처리할 수 있는 구조를 가지고 있다. GPGPU는 그래픽 및 이미지처리는 물론 병렬처리가 효과를 발휘할 수 있는 다양한 활용 분야에서 이용되고 있다. 예를 들어, 비주얼 컴퓨팅, 증강 현실(AR: Augment Reality), 머신 러닝, 음성 인식, 암호학, 선형대수, 통계처리 등의 분야가 이에 속한다. 그림 2-3(b)는 Nvidia GTX680로 4개의 GPC(Graphics Processing Cluster)를 가지고 있으며 각 GPC는 다시 192개의 CUDA Core로 이루어져 GTX680 칩은 총 1536개의 CUDA Core를 가지고 있다.

(a) Quad Core CPU (b) 1536개의 CUDA Core로 구성된 GTX680

| 그림 2-3 CPU와 GPGPU의 비교

2.2.2 미디어 처리장치

미디어 처리장치는 입출력 장치를 컴퓨터와 연결하는 인터페이스 기능과 멀티미디어 데이터의 압축 기능을 지원하기도 한다. 사운드 카드는 소리 정보의 입출력을 지원하면서 소리정보를 압축, 저장하고 복원하는 기능을 가진다. 그래픽 가속보드는 고해상도의 그래픽을 고속으로 처리할 수 있다. 비디오 보드는 동화상을 압축, 저장하고 이를 복원하여 고속으로 재생할 수 있도록 해준다.

(1) 사운드 카드

컴퓨터의 CD 드라이브를 오디오 CD 플레이어처럼 사용하려면 CD에 저장된 디지털 정보를 소리 정보로 해석하는 사운드 카드가 필수적이다. 일반적으로 사운드 카드는 마이크와 스피커를 연결할 수 있는 단자를 제공하여 사운드의 입출력을 가능케 한다. 이러한 사운드 카드에는 Creative사의 SoundBlaster 시리즈(그림 2-4), ASUS사의 Volcano 시리즈 등이 있다.

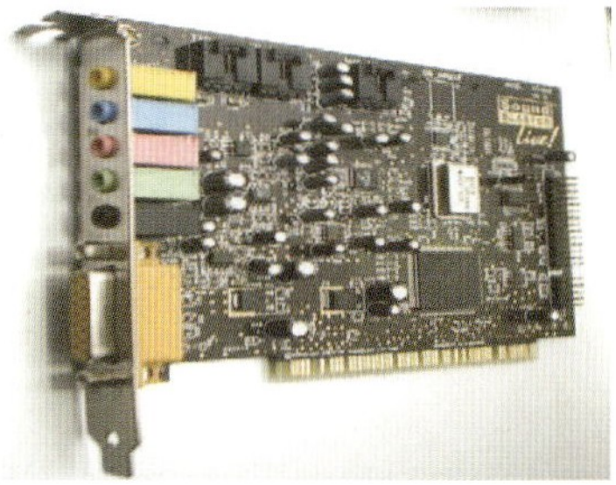

| 그림 2-4 사운드 카드 (SoundBlaster)

(2) 그래픽 가속보드

VGA(Video Graphic Adaptor)와 같은 기본적인 그래픽 보드는 컴퓨터 메인보드에 필수적으로 부착되어 있다. 그러나 별도의 그래픽 가속보드를 사용하면 3차원 그래픽과 같은 고품질의 해상도를 얻거나 렌더링 속도를 향상시킬 수 있다.

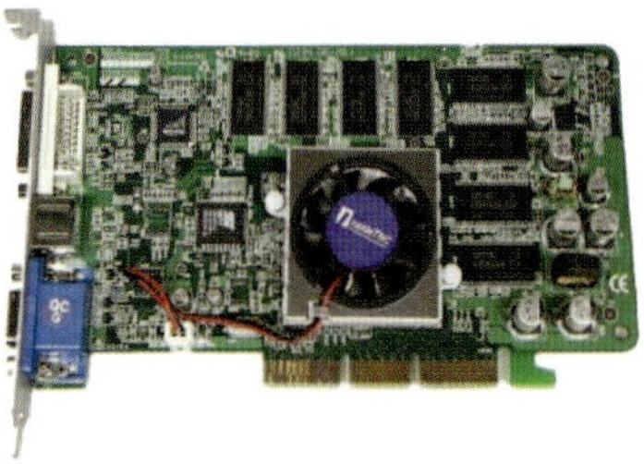

| 그림 2-5 그래픽 카드 (Geforce4 MX440))

가속보드는 3D 컴퓨터 그래픽 연산에 사용되는 것으로 PC에서 3D 그래픽의 처리속도를 증가시키기 위해 사용된다. 특히 고속의 렌더링을 요구하는 게임의 경우에는 가속보드를 많이 채용하고 있다. 가속보드는 탑재된 그래픽 프로세서인 GPU(Graphic Processing Unit) 칩에 따라 성능이 좌우된다. 현재 NVIDIA사의 Geforce 칩이 가장 대표적이며 Intel사와 AMD사가 GPU 칩을 생산하고 있다. 가속보드는 NVIDIA사의 Geforce, ATI의 Radeon, Matrox의 G시리즈 등이 있다.

(3) 비디오 보드

컴퓨터의 CD 드라이브나 DVD 드라이브로부터 비디오 영상을 보려면 저장된 디지털 데이터를 영상 정보로 해석하여 컴퓨터 화면에 재생하여야 하는데, 비디오 보드가 이러한 기능을 담당한다. 비디오 정보는 데이터 양이 방대하므로 저장/재생하기 전에 압축/복원하여야 한다. 비디오 보드는 비디오 데이터를 고속으로 압축/복원하여 모니터상에 재생하는 기능을 지니고 있으며, 현재 대부분의 PC에서 메인보드에 비디오 보드의 기능을 포함시키고 있다.

또한 특수기능을 포함하는 비디오 보드에는 아날로그 영상을 디지털 영상으로 변환시켜 컴퓨터 내부에 저장시켜 주는 프레임 그래버 보드(Frame Grabber Board), 컴퓨터 내에서 생성된 텍스트, 이미지/그래픽 정보와 TV와 같은 외부 영상정보를 중첩하여 나타내주는 비디오 오버레이 보드(Video Overlay Board), 디지털 방송이나 DMB를 수신하여 볼 수 있는 TV 수신카드 등도 있다.

2.2.3 입력장치

입력장치는 소리, 화상 등의 데이터를 컴퓨터 내부로 읽어들이는 장치이다. 입력장치로는 소리 및 음성 데이터를 위한 마이크, 정지화상의 입력을 위한 스캐너와 디지털 카메라, 동영상을 위한 디지털 캠코더(Camcorder), 문자 데이터나 그래픽의 생성을 위한 태블릿(Tablet) 등이 있다.

(1) 스캐너(Scanner)

사진이나 그림 등과 같은 이미지를 읽어들여 메모리에 비트맵 형태의 디지털 데이터로 저장하는 장비이다. 과거에는 흑백 스캐너를 많이 사용하였으나 컬러 스캐너의 가격이 점차 하락하여 이제는 대부분의 경우 컬러 스캐너를 사용하게 되었다. 스캐너가 읽어들이는 화상의 품질은 스캐너의 해상도에 의존한다. 스캐너의 해상도는 화상에서 1인치를 표현하는 점의 개수, 즉 dpi(dot per inch)로 나타낸다.

스캐너는 용도에 따라 다음과 같은 종류가 있다.

평판 스캐너

가장 대중화되어 있는 스캐너로서 종이 등에 인쇄된 화상을 줄(Line) 단위로 읽어들이는 센서를 이용한다. 다양한 크기의 화상을 입력할 수 있으며 데이터 입력 시 오류가 적고 안정적이다. 스캐너는 해상도에 따라 종류가 매우 다양하나 보통 600~2400dpi 정도의 스캐너를 많이 사용한다. 한편, 양면 스캔이 가능한 양면 휴대용 스캐너도 사용되고 있다(그림 2-6).

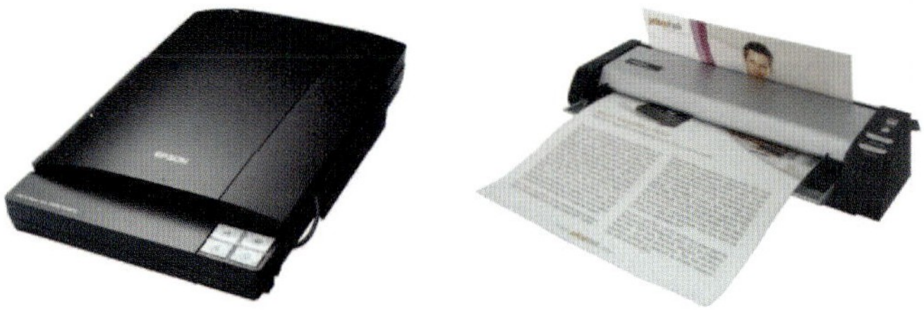

| 그림 2-6 평판 스캐너 및 휴대용 스캐너

필름 스캐너

현상된 네거티브 필름(Negative Film)을 스캐닝하는 장치로, 원래의 색상이 그대로 나타나도록 사진 인쇄용지에 프린트할 수 있다. 즉, 현상된 화학 필름을 스캐닝함으로써 인화된 사진을 제작하는 것과 같은 효과를 얻을 수 있다.

(2) 디지털 카메라(Digital Camera)

기존의 아날로그 카메라는 빛의 밝기에 의해 변색의 정도가 다르게 나타나도록 화학 처리된 필름을 물체로부터 반사되어 나오는 빛의 강도로 감광시킴으로써 물체의 상을 만든다. 그리고 필름을 현상하고 인화하여 사진을 만들 수 있다. 그러나 디지털 카메라는 실세계의 장면을 촬영하여 카메라에 내장된 메모리에 디지털 이미지의 형태로 직접 저장하게 된다. 저장된 이미지는 컴퓨터에 전송되어 기억장치에 저장될 수 있으며, 그래픽/이미지 편집 소프트웨어를 이용하여 조작할 수 있다.

디지털 카메라는 데이터를 메모리 카드, 메모리 스틱, 미니 하드디스크 등에 저장한다. 촬영된 이미지는 버튼 조작을 통하여 카메라에 부착된 화면에 나타낼 수 있으며 삭제할 수도 있다. 디지털 카메라의 품질은 화상을 표현하는 화소의 개수로 표시한다. 일반적으로 1600×1200 크기의 화면을 표현할 수 있는 200만 화소 이상을 지원하고 있으며, 최근 고사양의 제품들은 2000만 화소 이상을 지원하는 경향이 있다.

| 그림 2-7 디지털 카메라

(3) 디지털 캠코더(Digital Camcorder)

디지털 캠코더는 동영상의 입력과 저장에 주로 사용된다. 렌즈부분과 제어부분으로 구성되어 있으며 A/D(D/A) 변환용 비디오 캡쳐(Video Capture) 보드가 캠코더에 장착되어 있다. 현재 대부분 USB 포트 또는 HDMI(High Definition Multimedia Interface) 포트를 지원하는 디지털 캠코더를 사용하고 있다. 720×480 크기의 표준 영상 및 1920×1080 크기의 HD급 영상을 입력할 수 있으며, 데이터는 일반적으로 SD 및 MMC 방식의 메모리카드에 저장한다.

| 그림 2-8 디지털 캠코더

(4) 웹캠(Webcam) 또는 PC캠(PC Cam)

카메라 렌즈와 비디오 캡쳐 기능만을 포함하여 대부분 작은 크기로 제작되어 있으며, 경우에 따라서는 노트북이나 모니터에 내장하기도 한다. 카메라의 제어는 PC에 연결하여 프로그램에서 제어하도록 되어 있다. 컴퓨터 모니터에 부착하거나 책상위에 설치하여 화상회의 용으로 사용되기도 하며 특정한 위치에 부착시켜 감시/관찰용 카메라로 사용되기도 한다.

(5) 그래픽 태블릿(Graphic Tablet)

평판 태블릿, 마우스와 스타일러스(Stylus)로 구성되어 있으며, 대형 그래픽 도면, 손으로 쓴 글씨 등의 입력에 사용된다(그림 2-9). 그래픽 태블릿은 각종 도구상자(Tool Box)나 아이콘 등이 그려져 있는 것도 있으며 마우스 등을 이용하여 정보를 입력한다. 태블릿은 30cm×30cm 정

| 그림 2-9 그래픽 태블릿과 스타일러스

도의 소형부터 110cm×150cm보다 큰 것도 있다. 또 격자모양이 그려져 있는 태블릿을 이용하면 정확한 위치 정보의 입력이 가능하다.

펜 모양의 스타일러스는 선의 입력이나 아이콘 등을 포인팅하기 위해 사용된다. 스타일러스는 태블릿의 접촉 부분에 바늘과 같은 것이 부착되어 있어 태블릿과의 접촉을 감지하여 입력신호를 컴퓨터로 전송한다. 스타일러스를 사용하면 곡선을 자유롭게 그릴 수 있으며 섬세한 그림을 매우 손쉽게 제작할 수 있다.

그림 2-10(a)는 그래픽 태블릿에서 스타일러스를 이용하여 제작한 그림이고, 그림 2-10(b)는 태블릿 PC의 모니터상에서 스타일러스를 이용하여 스케치한 그림을 보여주고 있다.

(a) 스타일러스로 그린 그림 (http://www.wacom.com)

(b) 태블릿 PC와 스타일러스 (http://gadgetvenue.com)

| 그림 2-10 스타일러스를 이용하여 그린 그림

2.2.4 출력장치

멀티미디어 정보를 사용자가 이용할 수 있도록 표시하는 장치로 스피커/헤드폰, 컴퓨터 모니터, 프린터 등이 이에 속하며 최근에는 많은 사람이 동시에 볼 수 있도록 프로젝터가 사용되기도 한다. 또한 가상현실이 점차 보편화됨에 따라 HMD(Head Mounted Display)와 같이 사용자의 몰입감을 증대시키는 출력장치도 등장하고 있다.

(1) 모니터(Monitor)

모니터는 문자, 이미지, 그래픽, 동영상 등의 정보를 화면상에 출력하는 장치이다. 모니터의 해상도는 그래픽 카드의 종류에 따라 1024×768, 1280×1024, 1600×1200 화소를 표시할 수 있으며, 모니터의 해상도는 그래픽 카드가 지니는 VRAM(Video RAM)

의 용량에 따라 제한된다. 과거에는 14~17인치 모니터가 주로 사용되었으나 최근에는 가격의 하락에 힘입어 점차 대형 모니터를 사용하는 경향이 있으며 20인치 이상의 모니터도 사용하고 있다.

액정 디스플레이(LCD: Liquid Crystal Display)의 가격이 하락하고 해상도가 높아져 액정모니터가 일반화되었으며, 액정 디스플레이는 노트북 컴퓨터에서는 물론 일반 PC와 휴대폰 및 TV에서도 많이 사용되고 있다. 액정 디스플레이는 CRT(Cathode Ray Tube) 모니터와는 달리 두께가 얇아 대형 벽걸이 모니터용으로도 사용되고 있다.

(2) 컬러 프린터(Color Printer)

문자, 이미지, 그래픽 등을 프린트하는 장치이다. 초기의 프린터는 도트 임팩트(Dot Impact) 방식이 주로 사용되었으나 요즈음에는 잉크젯(Ink Jet) 및 레이저 방식의 프린터가 많이 사용되고 있다(그림 2-11).

| 그림 2-11 잉크젯 컬러 프린터

프린터의 출력 품질은 스캐너와 같이 dpi(dot per inch)로 나타내고 성능은 분당 출력되는 종이의 매수로 나타낸다. 잉크젯 프린터는 보통 A4나 Letter 크기, 또는 엽서 크기의 종이에 인쇄할 수 있으며, 레이저 프린터는 카셋트를 바꾸어 끼우면 다양한 크기의 용지에도 인쇄할 수 있다. 잉크젯 컬러 프린터는 컬러 레이저 프린터에 비하여 가격이 저렴하여 일반 가정에서도 많이 사용하고 있다.

표 2-1은 인쇄 방식에 따른 프린터의 특징을 나타낸 것이다.

| 표 2-1 컬러 프린터의 인쇄 방식과 특징

방식		특징	용도
잉크젯	노즐에서 나오는 잉크를 열이나 압력을 이용하여 한 방울씩 종이에 분사시켜 인쇄한다.	내수성 결여, 저속, 가격이 저렴	개인용 컬러 프린트
레이저	레이저 광선에 의해 감광된 드럼(Drum)에 토너를 부착시킨 후 용지에 흡착시킨다.	고화질, 고속, 가격이 높음	사무용

(3) 프로젝터(Projector)

프로젝터는 컴퓨터 모니터상에 나타나는 출력을 대형 스크린에 디스플레이함으로써 많은 사람에게 동시에 멀티미디어 정보를 제공하는 외부 출력장치이다. 이전에는 회의자료 등의 작성을 위해 프린터나 카메라 등을 이용하여 자료를 종이 또는 필름의 형태로 출력한 뒤, OHP 자료나 슬라이드를 제작하였다. 그러나 프로젝터가 점차 보편화되면서 컴퓨터 모니터상에 나타나는 정보를 프로젝터를 통하여 다수에게 동시에 제시할 수 있게 되었다(그림 2-12).

| 그림 2-12 프로젝터를 이용하여 교육하는 모습

(4) HMD(Head Mounted Display)

머리 장착형 디스플레이는 일종의 안경으로 눈에 착용하면 양쪽 눈에 각각의 화면이 나타나는데, 이 양쪽 화면 내의 물체의 위치에 약간의 차이가 있다. 사용자는 이 시각차에 의해 3차원 물체를 보는 것과 같은 느낌을 갖게 된다. HMD는 현실감 있는 장면을 사용자에게 제공하므로 가상현실 등과 같은 응용분야에 많이 이용된다. 그림 2-13은 HMD를 착용한 모습이다.

| 그림 2-13 HMD를 착용한 모습

(http://wearableinrealife.com/?p=438)

2.2.5 저장장치

멀티미디어 데이터를 기록하기 위한 저장장치는 CD나 DVD와 같은 대용량의 저장장치가 사용된다. CD는 점차 가격이 하락하여 대중화되었고 DVD도 가격이 하락하여 보급이 확산됨에 따라 최근에는 CD-RW와 DVD-ROM을 동시에 지원하는 콤보 드라이브가 PC의 기본 사양으로 장착되고 있다.

(1) CD(Compact Disk)

CD는 지름 12cm의 원반에 650MB 정도의 데이터를 장기간 보관할 수 있어 1990년대부터 주목받기 시작하였다. 오디오 CD로부터 시작된 CD-ROM은 대용량 멀티미디어 콘텐츠의 저장 및 배

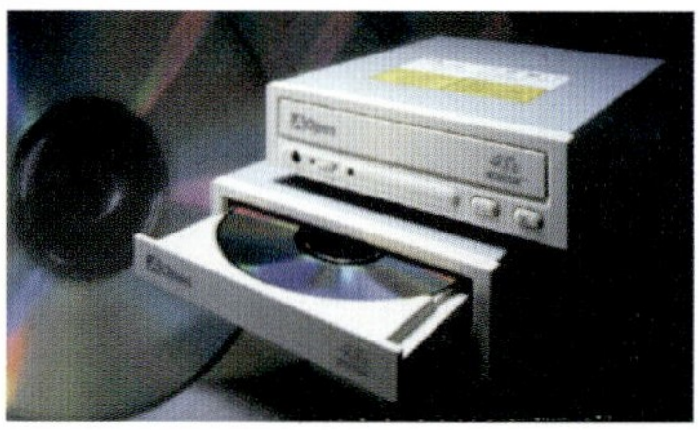

| 그림 2-14 CD와 CD 드라이브

포 용도로 널리 사용되고 있다. 또한 재기록이 가능한 CD가 출현함에 따라 멀티미디어 시대의 가장 보편적이고 필수적인 데이터 저장장치로서 각광을 받았다. 그림 2-14는 CD-ROM과 이를 삽입하여 작동시키는 CD드라이브를 보여주고 있다.

CD-ROM이 출시되었을 때 CD-ROM으로부터 주기억 공간으로의 데이터 전송속도는 1배속의 경우 150Kbps였다. 그 후 성능이 향상되어 16배속, 32배속 및 52배속 CD드라이브가 출현하였다. 배속이란 CD-ROM이 처음 생산되어 상업화되었을 때의 데이터 전송속도를 기준으로 한 비율을 말한다. 예를 들어, 48배속 CD드라이브는 150Kbps×48, 즉 7,200Kbps의 전송속도를 갖는다.

CD의 역사는 1981년 필립스사와 소니사에 의해 공동 개발된 오디오 CD(CD-DA)로부터 시작되었다. 처음 개발된 오디오 CD에 관련된 기술의 확산을 위해 'Red Book'이라는 표준을 만들었다. 'Red Book'규격의 발표 이후 주로 음악용으로 사용되던 CD의 용도를 컴퓨터 저장장치로 사용하기 위한 연구가 진행되어 1983년 'Yellow Book'이라는 규격으로 발표되었다. 이 단계에서 발표된 표준은 CD-ROM이라는 용어를 사용하게 되었는데, 이는 CD에 저장된 정보를 오직 읽을 수만 있다는 의미를 나타내는 것이다.

단계적으로 발표된 다양한 CD-ROM 관련기술들은 저장매체로서 CD-ROM이 갖는 의미를 더욱 증대시켰지만, 읽기만이 가능한 CD-ROM이 갖는 특징은 단점으로 부각되었다. 1995년 'Orange Book'으로 발표된 CD-R(Recordable) 또는 CD-RW(ReWritable) 등의 기술들은 바로 이러한 CD-ROM이 갖는 단점을 극복하기 위한 것이다. CD-R은 데이터를 한 번만 CD에 기록할 수 있다. 데이터를 기록할 때는 CD 표면에 착색되어 있는 유기 색소를 레이저로 분해하여 CD 표면을 변형시켜 정보를 저장한다. CD-RW는 레이저로 디스크의 결정 구조를 변화시켜 데이터를 반복적으로 기록한다.

그 동안 CD는 대용량의 데이터를 저장하는 데 사용되었지만, 근래에는 저장용량이 더 큰 DVD가 널리 보급됨에 따라 저장장치의 역할보다는 가격이 매우 저렴한 콘텐츠 배포용 매체로서 사용되고 있다. 그림 2-15에서는 작은 크기와 다양한 형태의 미니 CD를 보여주고 있다. 미니 CD는 디바이스 드라이버와 같이 작은 용량의 데이터를 배포하는 데 효과적이다. 80mm의 싱글 CD는 최대 24분의 음악 또는 210MB의 데이터를 저장할 수 있으며, 비즈니스 카드 형태의 미니 CD는 대개 30MB에서 100MB 정도의 저장 용량을 가진다.

| 그림 2-15 미니 CD의 크기와 다양한 형태(http://standardmedia.ca)

(2) DVD(Digital Video Disk 또는 Digital Versatile Disk)

DVD는 1990년대 초 도시바, 타임워너, 소니, 필립스 등의 회사들이 CD와 동일한 크기의 디스크에 대용량의 정보를 저장할 수 있는 차세대 저장장치로 개발하기 시작하였다. 1995년 9월에 DVD포럼을 구성하여 표준규격을 정하는 노력을 해왔으며, 그 후 대량생산과 가격인하에 힘입어 최근에 많이 보급되고 있다. DVD 포럼은 DVD-ROM, DVD-R, DVD-RW, DVD-RAM, DVD-Audio, DVD-Video의 6가지 DVD 관련 표준규격을 제정하여 놓았다. DVD는 비디오에 국한된 저장장치가 아니라 DVD-Audio, DVD-ROM, DVD-RAM 등의 광범위한 용도로 이용되기 때문에 'Video' 대신에 'Versatile'이라고 불려지는 추세이다.

DVD의 비디오/오디오 압축방식은 MPEG-2 국제표준을 사용하며, MPEG-2는 디지털 TV 중HDTV에서도 사용하는 압축방식으로 고선명 화질을 지원한다. 또한 오디오는 돌비 디지털 5.1 채널의 서라운드 사운드 기술을 채택하고 있다. DVD 한 장에 약 135분 길이의 고품질 비디오나 오디오를 저장하여 PC 또는 TV를 통하여 재생할 수 있다.

DVD-ROM은 크기와 모양은 CD-ROM과 유사하나 저장용량은 약 4.7GB이며 최근에는 17GB까지 저장할 수 있는 DVD-ROM도 개발되었다. DVD 플레이어는 원래 DVD-ROM을 재생하는 장치이나 CD-ROM의 재생에도 사용할 수 있으며 대부분의 경우 DVD-R과 DVD-RW도 재생할 수 있다.

DVD-ROM은 원래 비디오 데이터를 저장하기 위해 개발된 것이나 음악 등을 기록하기 위한 DVD-Audio도 개발되어 있다. DVD-R은 1회만 기록이 가능하며, DVD-RW는 반복기록(Rewritable)이 가능한 매체이고, DVD-RAM은 반복기록이 가능할 뿐 아니라 데이터 기록 시 오류발생률이 낮고 상대적으로 빠른 탐색시간(Faster Random Access)을 지원하기 때문에 PC 사용자에게 매우 적합한 저장매체이다.

그림 2-16은 CD 드라이브와 모습이 유사한 DVD 및 DVD플레이어이다.

(a) DVD

(b) 휴대용 DVD 플레이어

| 그림 2-16 DVD와 플레이어

표 2-2는 CD와 DVD의 주요 규격을 비교한 것이다.

| 표 2-2 CD와 DVD의 비교

구분	CD	DVD
디스크 크기	120mm	120mm
디스크 두께	1.2mm	1.2mm
디스크 구조	단면	단면 또는 양면
저장 용량	약 650MB	단면: 4.7GB, 양면: 8.5GB

(3) 블루레이 DVD

DVD보다 훨씬 많은 양의 정보를 저장할 수 있는 고선명 비디오 저장매체(HD: High Definition)로서 소니사의 블루레이(Blue-ray) 디스크와 도시바사의 HD-DVD가 존재했다. 기존의 DVD나 CD 플레이어는 650나노미터의 적색 레이저를 사용하는 반면 차세대 DVD는 405나노미터의 청색 레이저를 이용하여 디스크를 읽는다.

블루레이 디스크는 최고 50GB를 저장할 수 있기 때문에 차세대 대용량 저장매체로 주목받고 있으며, 디지털 방송시대에 적합한 매체로 기대되고 있다. 일본의 소니사를 대표로 하여 많은 회사들이 개발과 표준화에 동참하고 있으며, 2002년 표준규격으로 통일하였다. HD-DVD는 일본의 도시바와 NEC가 주축이 되어 개발하였다. 그러나 2008년 도시바가 HD-DVD 사업을 포기함으로써 실질적인 DVD 표준으로 블루레이 DVD가 자리잡았다.

(a) 블루레이 DVD와 HD DVD (b) 블루레이 DVD 플레이어

| 그림 2-17 블루레이 DVD와 플레이어

(4) 보조 메모리

멀티미디어 데이터를 저장할 수 있는 외부 메모리 장치로 플래시메모리, USB 등이 존재한다. 플래시메모리는 소형 메모리 장치에 멀티미디어 데이터를 빠른 속도로 쓰고 읽을 수 있는 기술로 SD카드, USB, Wireless Stick 등 여러 가지 형태로 존재한다. USB 메모리의 용량은 최대 512GB까지 존재하며 비교적 저렴한 가격으로 멀티미디어 데이터를 포함한 다양한 데이터를 저장할 수 있다. Wireless Stick은 플래시 메모리를 내장하며 다수의 사용자가 무선으로 동시에 메모리를 접근하여 데이터를 상호 공유할 수 있는 방식을 지원한다.

(a) 플래시 메모리와 USB (b) Wireless Stick

| 그림 2-18 USB와 Wireless Stick

(5) 클라우드 저장장치

멀티미디어 데이터를 유무선 인터넷을 통해 클라우드에 저장할 수 있다. 클라우드를 이용하면 보다 안전하고 유연성 있는 데이터의 저장이 가능하다. 클라우드를 통하여 언제, 어디서나 다양한 기기를 이용하여 클라우드에 저장된 멀티미디어 데이터를 접근할 수 있다. 클라우드 저장장치를 통해서 이용자는 IT 자원의 경제성(Economy of Scale), 보다 높은 신뢰성(Reliability), 위치와 장치에 상관없이(Device and Location Independence) 이용할 수 있는 IT 자원 및 필요의 증감에 따라 유연하게 제공되는

(Elasticity) IT 자원의 혜택을 볼 수 있다. 이것은 마치 각 가정이 전기 및 가스, 수도와 같은 유틸리티 서비스를 이용하기 위하여 각 자의 발전기나 상수도원을 가지고 있지 않아도 전기회사, 가스회사 및 수도국으로부터 기본 유틸리티를 제공받고 사용한 양 만큼 비용을 지불하는 경우와 유사하다.

현실적으로 이용자가 직접 인식하지 못하지만 사용자의 대용량 사진이나 동영상, 음악 파일, 소셜 미디어 등도 클라우드 메모리 장치를 이용하여 저장되고 서비스 되고 있다(그림 2-19 참조). 대표적인 클라우드 저장장치로 Google Drive, Apple iCloud, Amazon S3, Dropbox, MS One Drive 등이 있다. 클라우드 저장장치는 일반적으로 수십 GB까지는 무료로 제공되고 그 이상은 일정한 비용을 지불한다.

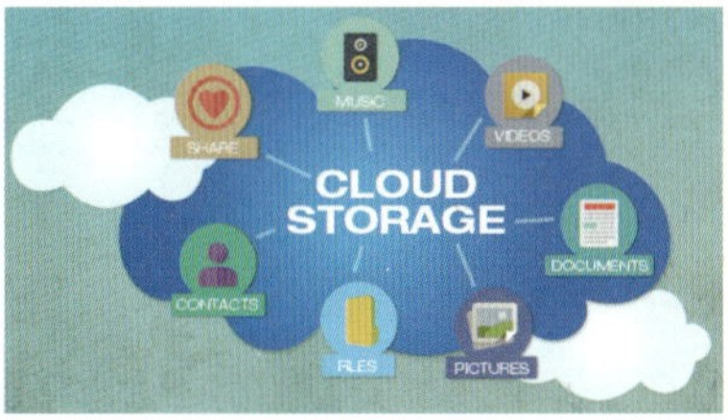

(a) 클라우드 스토리지

(b) Google의 클라우드 데이터 센터

| 그림 2-19 다양한 멀티미디어 데이터를 저장하는 클라우드 스토리지(http://www.ostrik.org)

2.3 소프트웨어 환경

멀티미디어를 위한 하드웨어 환경이 구축되면 이를 위한 운영체제가 필요하다. 또 사운드나 비디오와 같은 미디어 데이터를 생성, 편집하기 위한 도구가 필요하며, 생성된 여러 종류의 미디어 데이터를 결합하여 하나의 통합된 멀티미디어 정보를 구성하기 위한 소프트웨어도 필요하다. 멀티미디어를 위한 소프트웨어는 그림 2-20과 같이 계층적으로 구분할 수 있다.

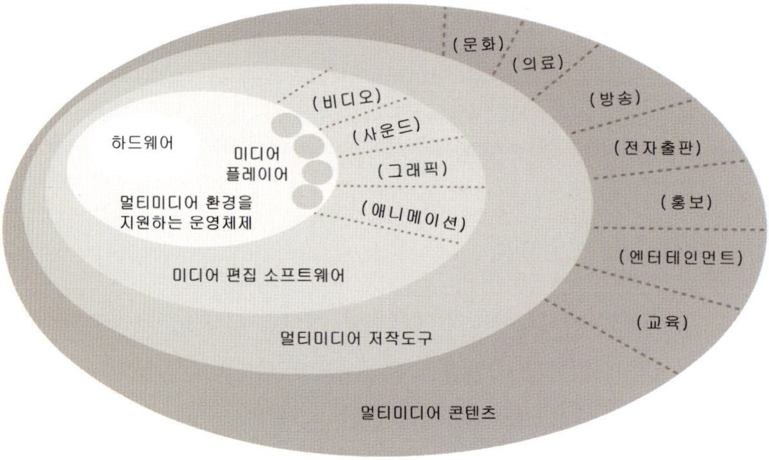

| 그림 2-20 멀티미디어 소프트웨어의 계층

운영체제(OS: Operating System)

멀티미디어는 여러 종류의 하드웨어를 사용하므로, 이를 간편하게 사용하고 관리할 수 있는 운영체제가 필요하다. 하드웨어의 발전 속도는 점차 빨라지는 경향이 있으므로 이에 대한 적응성이 높은 운영체제는 필수적이다.

미디어 플레이어

텍스트, 이미지, 그래픽, 오디오, 비디오 등 각 미디어별로 각종 형식의 파일을 재생할 수 있어야 한다. 각종 미디어 플레이어는 운영체제나 웹브라우저에 기본적으로 포함하여 지원하거나, 플러그인 형태로 설치하여 실행할 수 있다.

미디어 편집 소프트웨어

멀티미디어는 다양한 미디어를 이용하므로 미디어별로 하드웨어를 이용하여 입력된 데이터를 저작자의 의도에 따라 간편하게 수정, 편집하고 재생할 수 있어야 한다.

멀티미디어 콘텐츠 저작도구

편집도구를 이용하여 생성한 미디어 데이터는 서로 통합되어 사용자에게 전달되어야 그 효과를 얻을 수 있다. 각각의 미디어 데이터를 통합하여 CD 타이틀을 구성하고 웹 페이지를 제작하는 데 필요한 소프트웨어를 콘텐츠 저작도구라 한다.

멀티미디어 타이틀 또는 멀티미디어 콘텐츠

저작자의 의도에 따라 만들어진 최종 멀티미디어 내용물로서, 교육, 엔터테인먼트, 홍보, 전자출판, 문화 등의 분야에서 매우 광범위하게 개발되어 있다.

2.3.1 멀티미디어를 위한 운영체제

멀티미디어 소프트웨어와 하드웨어는 운영체제의 제어로 실행되므로 운영체제의 특성을 반영하게 된다. 멀티미디어를 지원하는 운영체제는 멀티미디어 장치와 편집 소프트웨어, 저작도구 간의 인터페이스를 제공해야 한다. 운영체제는 사용자가 하드웨어를 손쉽게 설치하고 관리할 수 있도록 도와주어야 한다. 80년대 초반의 DOS와 같은 운영체제는 멀티미디어가 출현하기 전에 개발된 운영체제이므로, 사용자가 컴퓨터 내부구조를 상당히 알고 있어야만 하드웨어의 추가 설치가 가능했다. 이러한 환경하에서 많은 사람들이 멀티미디어에 친숙해지기란 매우 어려운 일이었다. 또 PC와 워크스테이션에서 사용되는 대부분의 운영체제는 호환되지 않으므로 동일한 멀티미디어 데이터도 호환이 불가능할 수 있다. 이러한 경우에는 각자 사용하는 운영체제에서 실행되는 소프트웨어를 설치하여 사용하여야 했다.

멀티미디어 기능의 지원

Microsoft사는 Windows 3.x에서 GUI(Graphical User Interface) 환경을 통해 사용자가 손쉽게 다양한 멀티미디어 기능을 사용할 수 있도록 지원하기 시작하였다. Windows 95에서는 플러그앤플레이(PnP: Plug & Play)라는 신기술을 채택하였는데, 사용자는 하드웨어를 컴퓨터에 연결하고 장치 제어기능의 GUI를 통하여 목록에서 해당 하드웨어를 선택만 하면 자동으로 설치하여 관리할 수 있게 되었다. PnP를 이용할 수 있는 멀티미디어 장치를 PC에 장착하여 사용하면 보다 편리한 멀티미디어 환경을 손쉽게 조성할 수 있다.

Windows 98은 멀티미디어라는 측면에서는 DVD를 본격적으로 지원하며 Microsoft사의 웹브라우저인 익스플로러를 기본으로 제공하는 등의 변화가 있었으나 사용법에 있어선 Windows 95와 큰 차이가 없다. 그러나 Windows 2000부터 Microsoft사의 Windows 제품군에서는 'Windows Media Technology'라는 이름으로 멀티미디어 관련기능을 통합하여 지원하였다. 그 후, Windows XP를 거쳐 Windows VISTA 및 Windows 7에서는 3차원 웹브라우저 등 보다 강화된 멀티미디어 기능을 지원하고 있다. 현재 Windows 운영체제에서 미디어의 재생, 편집, 배포, 응용 프로그램 개발용 SDK 등 필요한 대부분의 기능을 지원하고 있다.

멀티태스킹 기능

멀티미디어는 여러 미디어 정보가 실시간으로 동시에 재생되어야만 정보 전달효과를 극대화시킬 수 있다. 따라서 운영체제는 멀티태스킹(Multitasking) 기능을 지원하여야 한다. 멀티태스킹이란 한 대의 컴퓨터가 다수의 작업을 동시에 수행하는 것을 말한다. 예를 들어, 모니터상에 여러 개의 윈도우를 생성시킨 뒤 한 윈도우에서는 인터넷을 통하여 이미지를 전송받고 다른 윈도우에서는 오디오 CD를 재생시켜 음악을 감상하고, 또 같은 시각에 다른 윈도우에서는 문서를 작성하는 것과 같은 것이다. 윈도우 시스템이 도입된 후 일반 사용자는 이러한 멀티태스킹 기능을 매우 손쉽게 이용할 수 있게 되었다.

2.3.2 미디어 편집 소프트웨어

미디어 편집 소프트웨어란 하드웨어를 통하여 입력된 데이터를 컴퓨터가 처리할 수 있는 디지털 데이터로 변환시킨 뒤, 수정, 편집하여 새로운 정보를 구성하는 데 사용되는 소프트웨어이다. 대부분의 경우 미디어에 따라 사용할 수 있는 소프트웨어가 구분되어 있으며 동일한 미디어 데이터를 취급할 수 있는 소프트웨어도 제작 회사에 따라 여러 종류가 있다.

표 2-3은 각 미디어별로 사용 가능한 소프트웨어를 정리한 것이다. 물론 하나의 소프트웨어라도 여러 종류의 미디어 데이터를 취급할 수 있는 기능이 있으므로 절대적인 분류는 아니나 가급적 주 기능을 위주로 분류하였다.

| 표 2-3 미디어 편집 소프트웨어

페인팅과 드로잉	Illustrator, CorelDraw, Painter
이미지 편집	Photoshop, PaintShop Pro, PhotoStyler
3D 그래픽	MAYA, SoftImage XSI, 3D Studio MAX
사운드 편집	WaveEdit, Encore, Audition, SoundEdit, Goldwave
MIDI 소프트웨어	Cakewalk, Finale
Animation GIF 편집	Animation Pro, Ulead GIF Animator, Microsoft GIF Animator
애니메이션 제작	Director, TOONZ, Flash
비디오와 영화제작	Premiere, Ulead Media Studio, Morph

그림 2-21은 이미지 편집 기능이 뛰어난 Adobe Photoshop의 작업 화면을 보여주고 있다.

| 그림 2-21 Adobe Photoshop 작업 화면

미디어 편집도구는 과거 CD에 저장되어 제공되었으나 요즈음은 클라우드 컴퓨팅 서비스를 통해 제공되는 경우가 있다. 클라우드 서비스는 이용자의 관점에 따라 IaaS(Infrastructure as a Service), PaaS(Platform as a Service), SaaS(Software as a Service)로 나누어진다. IaaS는 서버, 저장장치(2.2.5절 (5)의 클라우드 저장장치 참조), 네트워크와 같은 IT자원을 의미한다. 이에 비하여 SaaS는 클라우드 컴퓨팅 서비스로부터 이용자가 임대하여 사용할 수 있는 응용 소프트웨어를 말한다. Adobe사는 Adobe Creative Cloud를 통해 표 2-3의 Adobe사 미디어 편집 소프트웨어인 Illustrator, Photoshop, Audition, Flash, Premier와 같은 미디어 편집도구를 클라우드 서비스를 통해 SaaS 형태로 제공하고 있다. 클라우드 서비스의 이

용자는 데스크톱이나 모바일 등 어떤 기기를 이용해도 어느 곳에서나 Adobe Creative Cloud 제품군에 속한 편집도구를 이용할 수 있다. 또한 새로운 버전의 소프트웨어로 업그레이드될 때 자연스럽게 새로운 버전을 이용할 수 있는 장점이 있다.

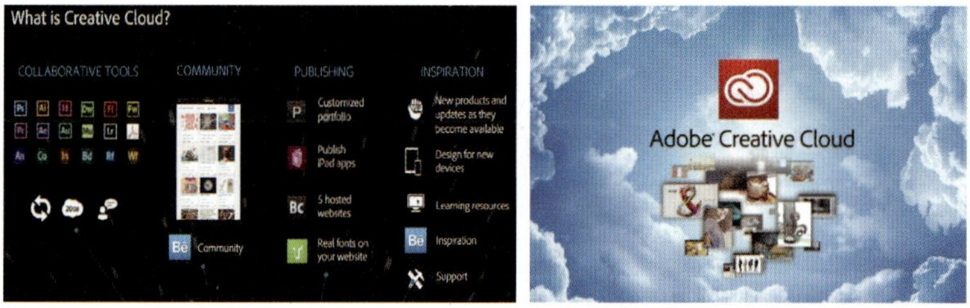

| 그림 2-22 Adobe Creative Cloud의 개념과 제품군

2.3.3 멀티미디어 콘텐츠 저작도구

멀티미디어 콘텐츠(Multimedia Contents)는 일반적으로 CD-ROM이나 DVD-ROM과 같은 저장장치에 기록하는 방식과 인터넷을 이용하여 원격지의 사용자에게 제공하는 방식이 있다. 멀티미디어 콘텐츠 또는 멀티미디어 타이틀 저작도구도 이와 같이 이용환경에 따라 두 종류로 나눌 수 있다.

(1) CD/DVD 타이틀 저작도구

각 미디어별로 데이터를 생성, 편집하여 미디어 정보를 구성한 후, 미디어 데이터들을 통합하여 멀티미디어 콘텐츠로 구성하여야 한다. 이와 같이 각 미디어 편집 소프트웨어를 사용하여 만들어진 데이터를 통합하는 소프트웨어를 저작도구(Authoring Tool)라고 한다.

CD/DVD 타이틀 저작도구는 그래픽과 사운드를 비롯한 모든 멀티미디어 자원을 통합하고 이를 CD/DVD에 저장하기 위한 소프트웨어 환경을 제공한다. CD/DVD 타이틀 저작도구는 아이콘, 메뉴 등과 같은 다양한 GUI를 지원함으로써, 사용자가 원하는 내용을 편리하고 손쉽게 편집할 수 있는 환경을 구축할 수 있어야 한다. 또한 상호작용성을 지원하기 위해 저작도구는 구조화된 방법이나 스크립트 언어를 제공한다.

CD/DVD 타이틀 저작도구의 유형

CD/DVD 타이틀 저작도구는 아이콘기반 또는 흐름도(Icon-based 또는 Flow chart) 방식, 시간선 또는 스코어(Time-based 또는 Score) 방식, 카드 또는 책(Card 또는 Book) 방식으로 나눌 수 있다.

흐름도 방식의 저작도구는 아이콘 등을 이용하여 타이틀의 동적인 제어 흐름을 표현하는 방식이다. 타이틀의 동적인 흐름을 원활히 제어하기 위해 대화상자를 이용하기도 한다. 대표적인 저작도구로는 Authorware, IconAuthor 등이 있다.

시간선 방식의 저작도구는 책 방식의 저작도구와 같이 사용자의 입력에 따른 흐름을 제어하기 위해 스크립트 언어를 이용한다. 이 방식은 영화 제작을 위한 비디오와 사운드의 결합에서 보듯이 여러 미디어 간의 동시 실행 관계를 프레임 단위로 기술한다. 애니메이션 저작도구나 비디오 편집도구와 유사한 형태를 취한다. 대표적인 것으로는 Director, Premiere 등이 있다.

책 방식의 저작도구는 타이틀이 여러 장의 카드로 구성되어 있다는 개념에 기반하여 CD/DVD 타이틀을 저작한다. 스크립트 언어라는 간단한 프로그래밍 언어로 버튼과 같은 GUI를 제어함으로써 카드 간의 이동을 구현한다. ToolBook과 1980년대 후반 Macintosh 컴퓨터에 기본적으로 제공된 HyperCard 등이 이런 유형의 대표적인 저작도구이다(그림 2-23).

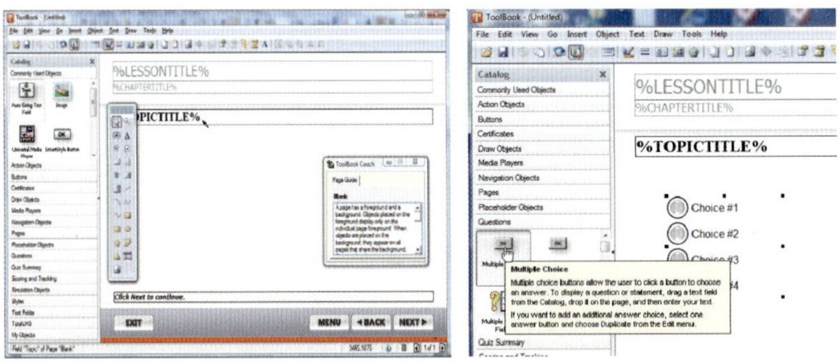

| 그림 2-23 e-러닝 콘텐츠 저작도구 ToolBook 10.5

(2) 웹 페이지 저작도구

웹 브라우저는 컴퓨터 화면에 한 번에 표현할 수 있는 크기가 기본 단위로 하여 스크롤을 하므로 웹페이지 저작도구는 페이지 단위로 멀티미디어 콘텐츠를 구성할 수 있어야 한다. 웹 페이지 저작도구는 페이지기반 저작도구에서 발전되었다. 웹 브라우저가 HTML 문서 표준을 따르고 있으므로 저작도구도 이를 지원하여야 한다. 표준화된 문서 양식을 사용하므로 별도의 재생 소프트웨어가 없어도 웹 브라우저로 결과를 출력할 수 있다.

이러한 저작도구에는 Microsoft사의 Expression Web, Kompozer, Adobe사의 Dreamweaver, 나모 인터랙티브사의 나모 웹에디터 등이 있다. 그림 2-24는 Expression Web과 Dreamweaver를 이용하여 웹페이지를 저작하는 장면이다.

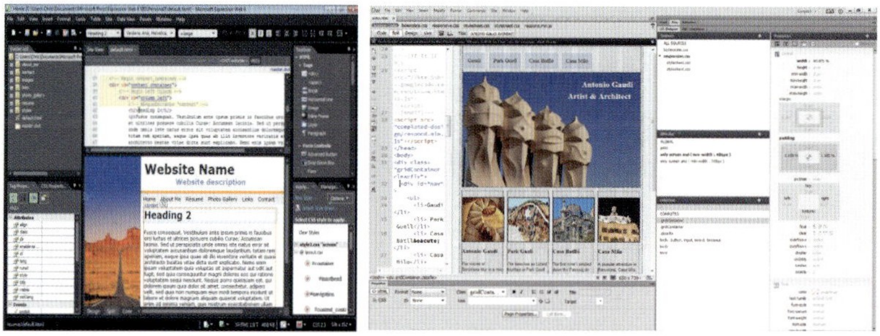

| 그림 2-24 웹페이지 저작도구 Expression Web과 Dreamweaver

2.3.4 HCI와 인터랙션

멀티미디어 데이터를 생성, 처리, 활용하는 것은 정형화된 데이터베이스의 경우와 달리 매우 다양하고 복잡한 형태의 활용을 요구하고 있다. 따라서 사용자의 편리성이 매우 중요한 이슈로 떠오르게 되었다. 초창기에는 컴퓨터나 IT기기의 성능이 더 우선시 되었지만 이제는 사용 편리성이나 사용자 경험(User Experience)에 대한 만족도가 매우 중요해지고 있다. 최근의 IT기기의 사용자 인터페이스 (User Interface)는 시각, 청각, 촉각 등 다양한 형태로 필요한 정보를 입력하여 원하는 정보를 얻을 수 있는 상호작용성과 사용자의 경험을 잘 반영하는 방향으로 발전하고 있다.

이와 같은 인간과 컴퓨터간의 상호작용에 관한 연구를 HCI(Human Computer Interaction)라 하며 궁극적으로 사용자와 멀티미디어 시스템이 조화를 이루어 사용자에게 최적의 경험을 제공하는 것이 목표이다. 1968년 엔겔바트(Douglas Engelbart)는 최초의 마우스를 이용하여 컴퓨터의 윈도우, 메뉴, 아이콘 등에 기반한 그래픽 인터페이스(GUI)를 개발하였고 최근에는 인간의 정보처리 및 인지과정을 연구하며 사용자 경험을 극대화 하고 인간의 감성까지 인지하는 인터페이스로 발전하고 있다.

인터페이스 기술의 발전

최근의 인터페이스 기술이 더욱 발전하여 그래픽뿐만 아니라 음성이나 촉각, 동작, 표정 등 사람의 자연스러운 행동을 인식하여 인터랙션을 처리해 주는 NUI(Natural User Interface) 기술이 많은 주목을 받고 있다. NUI의 궁극적인 목표는 영화 '마이너리티 리포트'나 '아이언맨'에서 보듯이 사람끼리 의사소통 할 때처럼 멀티미디어 시스템과 자연스러운 상호작용을 지원하는 것이다. 즉, 말하고 동작하고 표정 등의 인식이 인간 수준에 가깝게 표현되도록 입력, 출력, 제어 기술에 대한 발전을 추구하는 것이다.

1) 음성인식 및 합성(Voice Recognition and Speech Synthesis) 기술

음성인식 기능은 두 손을 다 사용하여 키보드 입력이 어려운 상황이거나, 모바일기기 혹은 내비게이션 등과 같이 움직이며 IT기기를 사용하는 상황에 매우 긴요한 인터페이스이다. 최근에는 단순히 음성을 인식하는 수준을 넘어서 자연어처리 기능을 연동한 의미추출 기능까지 적용하여 인식률을 높이고 있다. 이미 아이폰에서는 시리(Siri)라는 음성인식 프로그램이 애용되고 있으며, 안드로이드 스마트폰에서 구글토크(Google Talk)가 널리 사용되고 있다. 한편 음성합성(Text-to-Speech or Speech Synthesis) 기술은 글을 말로 바꾸는 기술로 아직은 기계적인 목소리에 대한 거부감 때문에 자동응답이나 시각장애인용 시스템 등 제한된 영역에서 이용되고 있다.

2) 동작인식 인터페이스(Gesture Interface)

사람 몸의 움직임이나 손가락의 움직임을 인식하여 사용자의 의도를 입력하는 인터페이스로서 최근 활발히 개발되어 관련 제품들이 선보이고 있다. 닌텐도(Nintendo)사의 게임 리모콘인 Wii에서는 사용자가 리모콘을 흔드는 동작을 중력센서로 감지하여 여러 가지 게임을 할 수 있도록 하였다. 마이크로소프트의 키넥트(Kinect)는 대표적인 동작인식 카메라로서 원래 게임기인 Xbox용으로 만들었지만 컴퓨터나 모바일 기기에서도 Kinect SDK를 이용하여 손쉽게 다양한 어플리케이션을 개발할 수 있다. 키넥트에서는 사람의 관절모형(skeleton)의 움직임을 인식하여 원하는 정보를 입력하게 되어있다.

한편 영화 '마이너리티 리포트'에서처럼 손가락을 움직이거나, 펼치거나, 집는 등의 제스처를 통해 원하는 정보를 입력하는 립모션(Leap Motion)이라는 인터페이스 기기도 주목을 받고 있으며, 인텔사에서도 사람의 동작을 트래킹하여 정확히 인식할 수 있는 '리얼센스(Real Sense) 3D 카메라'를 발표하였다.

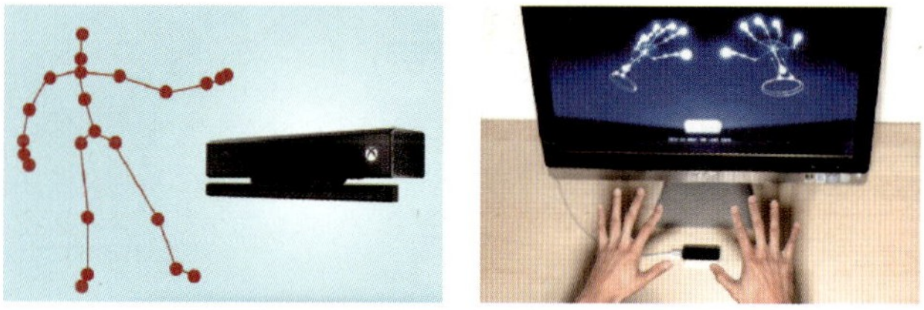

(a) 마이크로소프트 Kinect (b) Leap Motion 콘트롤러

| 그림 2-25 동작인식 인터페이스

3) 생체측정 인터페이스(Biometric Interface)

최근에는 인간의 생체정보까지 인지하여 더욱 다양한 입력이 가능하도록 하는 인터페이스 기술이 개발되고 있다. 이미 얼굴인식(Face Recognition)을 통하여 누구인지 구분하고 표정까지 읽어 내는 연구가 활발히 진행되고 있으며, 눈동자 인식(Eye tracking)을 통해 눈동자가 화면상에서 응시하는 위치를 추적하여 마우스 대신 커서를 제어하는 데에도 활용되며, 사용성 평가에 이용되어 웹페이지에서 위치에 따른 광고 단가를 결정하기도 한다. 더 나아가 뇌파의 신호를 부위별로 감지하여 인터랙션을 수행하고자 하는 뇌파제어 인터페이스(BCI; Brain Computer Interface) 기술도 개발하고 있다.

4) 착용형 인터페이스(Wearable Interface)

사람과 컴퓨터 사이에 좀 더 자연스럽게 인터랙션이 가능하려면 사람의 행동에 제약이 줄어들어야 한다는 측면에서 착용형 인터페이스 기술이 발전하고 있다. 대표적인 착용형 인터페이스 기기로 머리의 HMD(Head Mounted Display)가 있으며 머리의 움직임을 감지하여 그에 맞는 출력을 안경에 디스플레이해 준다. 최근에는 경량화되어 VR(Virtual Reality) 헤드셋이라는 명칭으로 활발히 개발되고 있으며, 한편으로는 안경형태로 유명한 구글 글래스(Google Glass)도 있다. 맥박이나 체온 등 생체 정보를 획득하거나 촉각 등의 감각 표현에 유리하고 이동에도 편리한 손목 밴드나 시계 등 손목 착용형 기기도 많이 개발되고 있다. 또한 섬유의 전도성을 이용하여 의류의 인터페이스화를 시도하는 등 다양한 개발이 진행되고 있다.

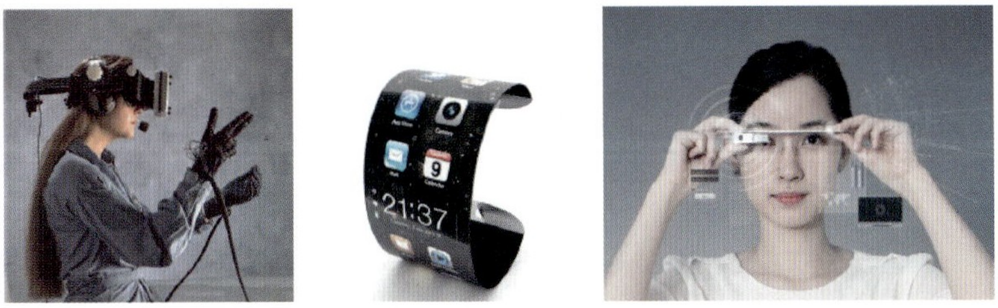

(a) HMD와 햅틱 글로브　(b) 스마트 워치　(c) 구글 글래스

| 그림 2-26 착용형 인터페이스

2.4 멀티미디어 표준

멀티미디어 데이터의 표현 형식은 저작자와 저작 소프트웨어 제작 업체에 따라 달라진다. 다양한 형식의 멀티미디어 데이터를 플랫폼(Platform)에 독립적으로 만들어 이를 공유하고 호환성을 유지하기 위해 국제기구에서 표준화 작업을 진행하고 있다. 멀티미디어 데이터의 표준화는 이미지나 동화상과 같은 미디어 데이터의 압축/복원 및 저장 방식에 관한 것과 이들을 포함하는 문서 표준화로 구분할 수 있다.

2.4.1 표준의 필요성

멀티미디어 데이터는 방대하므로 대용량의 저장공간을 필요로 하며 전송 시에도 많은 시간이 소요된다. 또한 다양한 미디어를 이용하여 제작되는 멀티미디어 문서는 저작자에 따라 매우 다양하다. 예를 들어, 이미지를 저장하는 데 서로 다른 압축률을 지원하는 이미지 편집 소프트웨어 간에는 원래 이미지가 동일하더라도 압축된 이미지는 상호 호환성이 없게 된다. 뿐만 아니라, 압축된 이미지의 크기가 동일하더라도 압축기법이 상이한 경우에는 이미지 데이터를 복원할 수 없다. 따라서 압축에 사용되는 기법을 몇 가지로 표준화하고 압축된 데이터를 표현하는 방법도 통일시켜 이를 공유한다면 정보의 전달과 공유가 매우 원활해질 것이다.

멀티미디어가 점차 보편화되면서 기존의 종이 문서 대신에 최근에는 그래픽, 오디오, 비디오 등을 포함하는 멀티미디어 문서가 출현하게 되었다. 이러한 전자문서는 특정 응용 프로그램으로 작성되어 있어서 서로 다른 프로그램에서 작성된 문서와 호환되지 않으며, 문서를 저장하는 파일 형식이 시스템에 의존적이므로 서로 다른 기종의 컴퓨터 간에 파일을 주고받을 수 없다. 네트워크가 발전하기 전에는 이것이 별 문제가 되지 않았으나, 모든 컴퓨터가 네트워크로 연결되어 있는 현 시점에서는 다른 기종의 시스템 간에도 파일이 호환되어야만 정보를 원활히 주고받을 수 있다.

멀티미디어 표준은 앞과 같이 화상 데이터의 압축/복원 및 저장 방식을 규정하고 있으며, 각종 미디어 데이터를 포함하는 전자문서는 마크업 언어로 기술하여 플랫폼에 독립적으로 작성, 표현함으로써 정보전달 효과를 증가시켰다. 또한 이러한 표준화 작업에 참여하는 기업, 연구소 또는 국가가 제안하여 채택된 국제 표준안을 따르는 기술의 지적 소유권으로 인하여 산업 경쟁력과도 직결된 문제이다.

2.4.2 표준화 기구

현존하는 세계의 주요 표준화 기구는 멀티미디어가 탄생하기 이전부터 공업제품 등의 표준 규격을 제정하여 왔다. 멀티미디어의 개념이 생겨난 이후에는 이에 관련된 표준화 작업을 위해 새로이 결성된 표준화 기구도 존재하나 기존의 기구가 멀티미디어와 관련한 표준화 작업을 담당하게 된 것도 있다.

아래의 국제 표준화 기구와 지역별(국가별) 표준화 기구는 멀티미디어 개념이 탄생하기 전부터 존재하던 기구이나 점차 영역을 확장하여 멀티미디어와 관련된 표준화 작업도 취급하게 되었다.

국제 표준화 기구

ISO(International Standard Organization), IEC(International Electro technical Commission), ITU-T(International Telecommunications Union-Telecommunication Standardization Sector)

지역별 표준화 기구

ANSI(미국), IEEE(미국), BSI(영국), JIS(일본), KS(한국)

컨소시엄

IMA(Interactive Multimedia Association)와 W3C(World Wide Web Consortium)는 멀티미디어와 웹의 표준화 작업을 위해 결성된 표준화 기구이다.

ISO와 IEC는 정보통신 및 멀티미디어 분야의 가장 중요한 표준화 기구로서 공동으로 ISO/IEC JTC(Joint Technical Committee)를 운영하며, JTC1이 멀티미디어 분야의 국제 표준화를 담당하고 있다.

| 그림 2-27 ISO/IEC JTC1 로고

JTC1 산하에는 18개의 분과위원회(SC: Subcommittee)가 구성되어 있으며, 각 분과위원회마다 별도의 워킹그룹(WG: Working Group)을 구성하여 표준안 제정의 중추적 역할을 담당하고 있다. 이 가운데 멀티미디어와 관련이 많은 분과위원회는 다음과 같다.

- SC23은 광학디스크 기록 매체에 대한 표준을 담당하며, CD 및 DVD의 포맷에 관한 표준안을 제정한다.
- SC24는 컴퓨터 그래픽스 및 화상처리 분야의 표준을 담당한다. 이러한 표준에는 GKS, PHIGS, CGM, SEDRIS, X3D 등이 있다.
- SC29는 멀티미디어 정보의 코딩 표현을 담당한다. 대표적인 멀티미디어 정보코딩 표준에는 JPEG, MPEG 등이 있다. 특히 SC29 산하의 제1워킹그룹(WG1)은 정지화상의 부호화(JPEG), 제11워킹그룹(WG11)은 동영상 및 오디오 부호화(MPEG)를 담당한다.

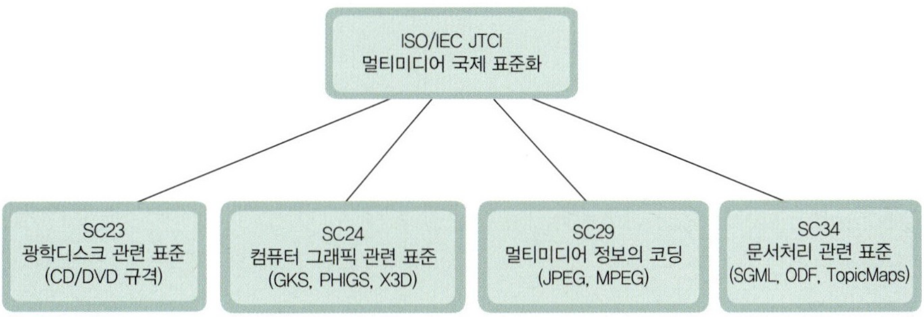

| 그림 2-28 JTC1의 멀티미디어 관련 분과위원회

표준안은 완성도에 따라 가장 처음에 작성된 워킹그룹 초안(WD: Working Draft)으로부터 위원회 초안(CD: Committee Draft), 국제 초안(DIS: Draft International Standard), 완성된 표준안인 국제 표준안(IS: International Standard) 등으로 나뉜다. 예를 들면, 비디오를 압축/복원하는 MPEG 표준안의 번호는 ISO 11172이다.

국제표준화는 다음과 같은 절차에 의해 이루어진다.

① 각 국가로부터 제안서 접수
② 워킹그룹에서 워킹그룹안(WD)을 작성
③ 위원회초안(CD)을 마련한 뒤 손질하여 국제초안(DIS)을 작성
④ 국제초안을 바탕으로 국제표준안(IS)을 완성
⑤ JTC1 총회에서 국제표준안(IS)을 채택함으로써 확정됨

2.4.3 압축 및 저장에 관한 표준

멀티미디어와 관련한 표준안은 매우 다양하다. 여기서는 그래픽, 정지화상, 동영상 및 사운드에 관련한 대표적인 표준안 몇 가지를 소개한다.

(1) 정지화상(Still Image)

이미지 데이터는 큰 저장공간을 필요로 한다. 예를 들어, 이미지 한장의 크기가 512×512 픽셀(Pixel)의 크기를 가지며 각 픽셀을 적색, 녹색, 청색(RGB) 24비트로 표시한다면 약 768KB의 저장공간을 필요로 한다. 그러나 인접 픽셀 간의 유사성을 감안하여 그 차이만을 기록하거나 수학적 변환을 이용하면 저장공간을 상당히 줄일 수 있다. 이와 같은 방법으로 압축된 이미지는 원본 이미지와 거의 차이를 느낄 수 없다. 정지화상에 관한 표준은 이미지의 압축 및 저장에 관한 표준을 포함하고 있다.

JPEG(Joint Photographic Experts Group): ISO 10918-1, 10918-2

흑백 및 컬러 정지화상을 위한 국제 표준안으로 이미지의 압축 및 복원 방식에 관한 표준이다. 그림 2-29는 이미지를 JPEG으로 압축한 예를 보여주고 있다. 8:1로 압축한 경우에는 화질의 차이를 거의 느낄 수 없으나 100:1로 압축한 이미지는 화질에 손상을 입었음을 알 수 있다. 이외에도 정지화상의 압축, 복원 및 저장에 관한 파일 형식으로 GIF(산업체 표준), BMP, TIFF 및 PCX 등이 존재한다.

(a) 원본 이미지　　(b) 8:1 압축 이미지　　(c) 100:1 압축 이미지

| 그림 2-29 JPEG 표준으로 압축한 이미지의 예

PNG(Portable Network Graphics)

손실압축 기법을 사용하는 JPEG에 반하여 비손실 압축 기법을 사용하는 그래픽 파일 형식이다. 특허문제가 얽혀 있는 GIF 형식의 문제를 해결하기 위하여 고안된 파일 형식으로 2003년 ISO/IEC와 W3C의 표준으로 확정되었다.

(2) 동영상

동영상은 각 프레임을 정지화상으로 취급하여 저장할 수도 있으나, 인접 프레임의 대응 픽셀 간에는 상당한 유사성분이 존재한다는 성질을 이용하여 모든 프레임들을 일일이 저장하는 데 필요한 기억용량보다 훨씬 적은 크기로 줄일 수 있다. 예를 들어, 10프레임의 연속된 정지화상으로 구성된 동영상을 저장할 때, 10프레임의 정지화상으로 저장하면 전체 3MB 정도의 기억용량이 소요되는 데 비해, 압축하여 저장하면 3MB보다 훨씬 적은 기억공간에 동영상을 저장할 수 있다. 동영상에 관한 표준은 이와 같은 압축, 복원 및 저장 파일의 형식에 관한 사항이 규정되어 있다.

MPEG(Moving Picture Experts Group): ISO 11172

동영상의 압축을 위한 표준으로서 MPEG-1, MPEG-2, MPEG-4, MPEG-7, MPEG-21 등이 제정되어 있다. MPEG-1은 동영상을 압축하여 CD-ROM에 저장한 뒤 최대 1.5Mbps의 속도로 전송할 때 화질의 저하를 최대한 줄이는 것을 목표로 제정되었으며, MPEG-2는 약 2~45Mbps의 속도로 전송할 때 디지털 TV나 DVD 수준의 영상을 유지할 목적으로 제정되었다. MPEG-4는 전화선이나 무선인터넷 망에서 비디오 전화나 화상회의 시스템 등 대화형 멀티미디어를 가능케 하기 위한 비디오 및 오디오 데이터의 압축에 관한 표준이다. 이에 비하여, MPEG-7은 멀티미디어 정보검색을 효율적으로 수행하기 위한 내용기반 정보검색의 요소기술에 관하여 제안된 표준이고, MPEG-21은 전자상거래 환경에서 멀티미디어 콘텐츠를 전송, 이용, 결제하기 위하여 필요한 요소 기술과 관련된 표준을 담고 있다. 이외에도 산업체에서 동영상의 표준을 위해 AVI, MOV 등의 파일 포맷도 제정하였다.

(3) 사운드

사운드는 동영상과 함께 영화나 광고 등에 사용된다. 사운드의 압축 및 복원에 관한 표준은 동영상의 표준과 함께 MPEG 등에 규정되어 있다. 플랫폼에 따른 파일 저장을 위해 WAV, AIFF 및 AU 등의 포맷이 제정되어 있다. 이 밖에 디지털 악기들 간의 인터페이스는 MIDI에서 규정하고 있다.

MIDI(Musical Instrument Digital Interface) MIDI

다른 표준안과는 달리 사운드의 표준안은 디지털 악기 제조업체 및 관련 산업체들의 컨소시엄을 통해 개발된 표준안이다. MIDI 표준에는 여러 디지털 악기들 간의 인터페이스에 필요한 정보에 관한 규격이 포함되어 있다.

2.4.4 문서 관련 표준

멀티미디어 문서는 텍스트와 표 이외에도 이미지, 동화상, 사운드 등과 같은 데이터를 포함하며 경우에 따라서는 사용자의 상호작용도 포함한다. 또한 멀티미디어 문서는 인터넷을 통하여 타인에게 제공되기도 한다. 여기서는 이와 관련하여 문서를 플랫폼에 독립적으로 제작하고 재생할 수 있도록 제정된 SGML, HTML, XML, ODF, OOXML 등에 대하여 알아본다.

(1) SGML(Standard Generalized Markup Language) : ISO 8879

SGML은 미국 주도의 전자문서 표준안으로, 미 국방성 등의 CALS(Commerce At Light Speed) 문서, 미국 출판협회 등에서 사용되고 있다. SGML 문서는 사용되는 문자의 종류 등을 기술하는 선언부, 문서의 구조를 기술하는 문서구조 정의부(DTD: Document Type Definition), 실제 문서(DI: Document Instance)로 구성되어 있다. 사용자는 태그를 이용하여 문서의 특정 부분을 표시(마크업)하는데, SGML에서는 태그의 형태만을 결정하고 사용자가 태그의 의미와 위치 등을 결정한다. SGML 표준에서는 별도의 파일에 저장된 사운드나 동영상 등을 호출하는 방식으로 SGML 문서 내에서 포함시킬 수 있다. 또한 웹의 HTML 등에서 사용되는 구조도 SGML로 정의하여 사용하고 있다.

SGML DTD의 예

```
<!ELEMENT book - - (head, body)>
<!ELEMENT head - o #PCDATA>
<!ATTLIST head id #IMPLIED
               name #REQUIRED>
<!ELEMENT body - - (paragraph)*>
```

SGML 문서의 예

```
<!DOCTYPE book SYSTEM>
<book>
    <head>SGML이란?</head>
    <body>SGML은 1986년 JTC1/SC18/WG8에 의해
        ISO 8879 표준으로 정착된...
    </body>
</book>
```

(2) HTML(HyperText Markup Language)

HTML은 웹상에서 이용되는 하이퍼미디어 문서를 기술하는 방식이다. HTML 문서의 논리적 구조는 SGML로 기술될 수 있다. HTML은 SGML과 마찬가지로 문서를 기술하기 위해 태그(Tag)를 사용한다. 태그에는 하이퍼텍스트의 기능을 지원하기 위한 링크, 사용자의 입력을 받을 수 있는 폼(Form) 태그, 이미지의 특정 영역에 링크를 제공하는 이미지 맵(Image Map) 기능을 위한 태그 등을 포함하고 있다.

HTML 문서의 예

```
〈HTML〉
  〈HEAD〉〈TITLE〉HTML 개요〈/TITLE〉〈/HEAD〉
  〈BODY〉
    〈H1〉HTML이란?〈/H1〉
    〈P〉HTML은 SGML에 기반하여 하이퍼텍스트의 논리적 구조를 정의한...〈/P〉
  〈/BODY〉
〈/HTML〉
```

(3) XML

사용자는 SGML을 이용하여 멀티미디어 문서의 형식을 자유로이 정의할 수 있으므로 상당히 다양한 문서를 만들어 사용할 수 있었다. 그러나 SGML은 복잡하기 때문에, 사용자가 SGML을 배워서 이용하기 위해서는 많은 노력을 기울여야 하며 응용프로그램을 개발하기 어렵다. XML은 사용자가 임의의 문서를 간편하게 작성하여 웹에 수록할 수 있도록 하였다. XML은 SGML과는 달리 문서의 구조를 사용자가 정의하지 않을 수도 있으며, 또한 SGML의 각종 규칙을 많이 제거하였으며 크기도 축소시켰다.

1998년 W3C 컨소시엄은 XML 1.0 표준안을 확정하였으며 기능을 추가시키며 표준안을 계속 발전시켜 나가고 있다. 또한 2000년에는 차세대 HTML 포맷으로 XHTML 1.0 버전이 표준안으로 채택되었으며 2004년 XML과 XHTML을 발전시켜 HTML의 새로운 표준인 HTML5를 표준으로 정하였다. 그림 2-30은 W3C 컨소시엄에서 XML에 관한 기사를 HTML로 작성한 웹페이지이다.

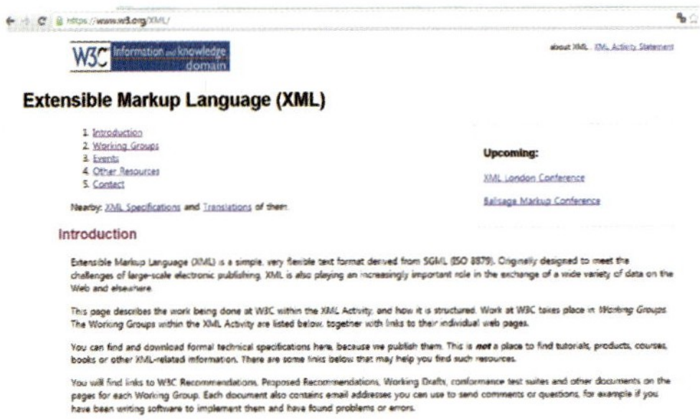

| 그림 2-30 W3C 컨소시엄의 XML 홈페이지(https://www.w3.org/XML)

(4) 오피스 문서표준

오피스 문서란 전용 문서편집기에서 생성된 전자문서를 의미하며 최근 글이나 마이크로소프트 오피스 등의 소프트웨어에서 생성된 전자문서는 일반 사무용의 범위를 넘어서 온라인 전자상거래 환경에서까지 사용되고 있다. 일반적으로 문서편집기에서 생성된 전자문서 형식은 특정 업체에 종속된 바이너리 형식을 따르게 된다. 그러나 최근 웹의 활용성 측면이 강조되면서 XML에 기반을 둔 개방형 문서형식에 대한 요구가 높아졌다. 국제표준으로는 IBM과 SUN Microsystems사 등의 기업연합이 추진하는 ODF(Open Document Format)와 Microsoft사가 주도하는 OOXML(Office Open XML)이 대표적인 오피스 문서표준이다.

2.4.5 그래픽 관련 표준

(1) 그래픽

그래픽을 위한 하드웨어와 소프트웨어는 종류가 많고, 소프트웨어 업체에 따라 매우 다양하다. 그래픽에 관한 표준안은 드로잉을 위한 기본 그래픽 요소를 지정하고 이를 이용하여 2차원 및 3차원 물체를 플랫폼에 독립적으로 묘사하고 저장하기 위한 그래픽 API(Application Program Interface)를 규정하고 있다.

OpenGL

그래픽 API로 가장 널리 사용되고 있는 OpenGL은 표준화 기구가 제정한 표준사양이 아니고 Silicon Graphics사가 만든 그래픽 API를 확장한 산업체 표준이다. OpenGL은 컴퓨터 플랫폼이나 운영체제에 독립적으로 사용될 수 있는 그래픽 API이다. SGI, IBM, Intel, Microsoft 등이 ARB(Architecture Review Board)를 구성하여 정기적인 회의를 통하여 OpenGL의 기능을 향상시켜 나가고 있다. 그림 2-31은 OpenGL로 제작한 3차원 그래픽 장면을 보여주고 있다.

| 그림 2-31 OpenGL로 제작한 3차원 그래픽(출처: SGI)

(2) VRML/X3D 표준

가상현실이란 컴퓨터와 기계 및 전자 장치로 구성된 하드웨어와 컴퓨터 소프트웨어의 도움을 받아 현실세계와 같은 느낌이 나도록 조성한 가상의 환경(Virtual Environment)을 말한다. 이러한 환경에서는 사용자의 간단한 움직임을 가상세계에서 대응물체 움직임으로 표현함으로써 현실세계에서와 같은 현장감과 몰입감을 느낄 수 있다. 이러한 가상환경이 컴퓨터 네트워크로 상호 연결이 되어 참가자들이 서로 말하고, 듣고, 접촉할 수 있는 세계를 사이버스페이스(Cyberspace)라고 부른다. 사이버스페이스는 가상환경이 주로 컴퓨터 모니터상에 실현되므로 가상환경의 구축을 위해 그래픽, 애니메이션, 사운드, 문자 등의 미디어를 사용하게 된다. VRML은 이러한 사이버스페이스를 웹 환경에서 간단하게 구축하기 위해 개발된 표준언어이다. 그림 2-32는 VRML을 이용하여 제작한 사이버스페이스의 예를 보여주고 있다.

(a) 사이버박물관[국가문화유산포털]　(b) 사이버 모델하우스(출처: VR-net)

| 그림 2-32 VRML/X3D로 제작한 사이버스페이스의 예

VRML(Virtual Reality Modeling Language)/X3D(eXtensible 3 Dimension)

VRML은 3차원 사이버스페이스를 텍스트 형태로 기술하기 위한 모델링 언어라고 할 수 있다. 사이버스페이스 내부에 존재하는 물체들은 VRML이 제공하는 기본적인 물체들의 조합으로 표현된다. VRML은 웹상에 사이버스페이스를 구축할 수 있도록 함으로써 원격지의 사용자와 함께 가상공간을 공유할 수 있도록 하였다. VRML은 그래픽 기능뿐만 아니라 이미지, 사운드, 동화상 등 각종 멀티미디어 데이터를 사이버스페이스에 통합하는 기능도 지원하고 있다.

VRML은 다양한 사용자 상호작용 및 자바와 같은 다른 언어와의 연동이 가능하다. 따라서 VRML이 제공하지 않는 기능은 이러한 언어로 프로그램을 작성하여 연동할 수 있다. 그러나 이러한 VRML의 장점에도 불구하고 현실적으로 웹문서 환경에서 VRML

이 그렇게 활발히 이용되지 못하고 있기 때문에 웹3D 컨소시엄(Web3D)에서는 다년간 연구를 통해 웹 환경에서의 3차원 그래픽스를 위해 VRML을 XML에 기반하여 확장한 X3D(Extensible 3D)표준을 최종 드래프트로 제정하였다. X3D는 웹 환경에서 3D 그래픽스의 구현을 위한 차세대 개방형 표준안이라 할 수 있다.

VRML 문서의 예

오른쪽의 VRML 파일을 실제 브라우저에서 본 모습

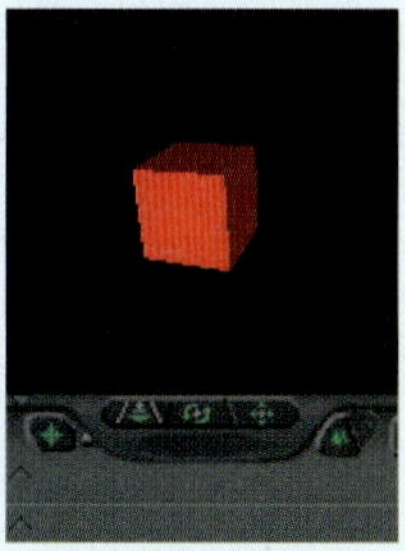

```
#VRML V2.0 utf8
Transform {
    children [
        Shape {
            appearance Appearance
                { material Material
                    { diffuseColor 1 0 0 } }
geometry Box {}
}
]
}
```

2.5 미디어 플레이어와 플러그인(Plug-In)

멀티미디어 콘텐츠는 사용자가 운영체제나 웹 브라우저에 독립적으로 실행할 수 있다. 그러나 일부 미디어 정보를 재생하기 위해서는 별도의 프로그램으로 제공되는 미디어 플레이어를 설치하여 사용하여야 하며 웹브라우저에서는 플러그인 형태로 제공된다.

(1) 플러그인

플러그인은 미디어 데이터를 처리하여 재생함으로써, 브라우저의 기능을 확장시켜 주는 프로그램이다. Windows 운영체제나 웹 브라우저는 기본적으로 텍스트, 압축된 화상(JPEG, GIF)과 사운드(WAV 파일)를 재생할 수 있으나 비디오, 애니메이션, VRML과 같은 멀티미디어 파일을 재생하기 위해서는 해당 플러그인을 설치하여 기능을 확장하여야 한다.

웹 브라우저는 플러그인을 직접 실행, 작동시키므로 사용이 편리하다. 같은 미디어로 저작된 정보도 이를 재생하기 위해서는 저장 포맷에 따라 상이한 플러그인을 사용한다. 그러나 많은 저작자들이 주로 이용하는 저장 포맷이 대개 몇 가지로 한정되므로 일반 사용자는 미디어별로 한두 가지의 플러그인으로도 대부분의 웹 사이트를 탐색할 수 있다.

(2) 플러그인의 종류

다음은 전달 미디어에 따라 지원되는 플러그인들 중 자주 사용되는 몇 가지를 열거한 것이다.

애니메이션(Animation)

웹상에서 2차원 애니메이션을 볼 수 있도록 해주는 플러그인으로서 Adobe사의 Flash가 대표적이다. 그러나 요즈음에는 브라우저에서 기본적으로 내장하거나 없는 경우 자동으로 설치해주므로 별도로 설치할 필요가 없다. 그림 2-33은 Flash를 이용하여 제작한 간단한 애니메이션을 보여주고 있다.

| 그림 2-33 Flash를 이용한 애니메이션

비디오(Video)

운영체제 또는 웹상에서 비디오를 볼 수 있도록 해주는 플러그인으로서 QuickTime Movie, Real Player, 곰플레이어 등이 있다. 그림 2-34는 Real Player와 곰플레이어를 이용하여 비디오를 재생하고 있는 장면이다.

(a) Real Player 실행화면　　　　(b) 곰플레이어 실행화면

| 그림 2-34 비디오 클립의 재생

이미지/그래픽(Image/Graphic)

웹의 표준 그래픽 파일 포맷인 GIF와 JPEG 이외의 이미지와 그래픽을 볼 수 있도록 플러그인이 필요하며, 대표적인 것으로는 Adobe SVG Viewer, QuickTime 3D 등이 있다.

사운드(Sound)

WAV 파일 이외의 사운드, MIDI 사운드 및 실시간으로 사운드를 재생해 주는 플러그인으로는 Winamp, RealAudio, Windows Media Player가 자주 사용된다.

문서(Document)

문서 플러그인으로는 Adobe사의 PDF Reader가 있다(그림 2-35).

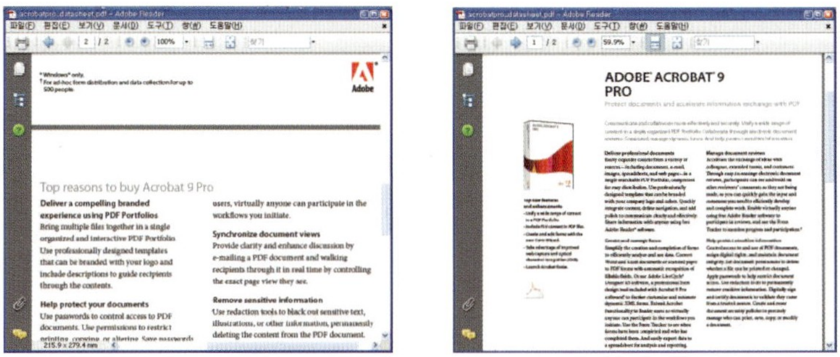

| 그림 2-35 Adobe사의 PDF 문서

VRML 및 기타

가상현실 및 3차원 그래픽 데이터를 보기 위한 플러그인으로 대표적인 것으로는 Cosmo Player, QuickTime VR 등이 있다(그림 2-36).

| 그림 2-36 QuickTime VR 플러그인을 이용한 브라우징

표 2-4에 가장 자주 사용되는 플러그인에 관한 정보를 간단히 수록하였다.

| 표 2-4 플러그인의 종류

Real Player	제조회사 : RealNetworks 다운로드 : www.real.com - 가장 대표적인 스트리밍 방식의 오디오 및 비디오 재생기 - 50여 가지 이상의 멀티미디어 파일 재생 - 멀티미디어 및 오디오 재생 관리를 위한 다양한 기능을 제공
QuickTime	제조회사 : Apple 다운로드 : www.apple.com/quicktime/ - 동영상 포맷인 MOV파일을 재생해 주는 프로그램 - 비디오, 사운드, 애니메이션, 3D 그래픽 등의 다양한 미디어를 지원하며 360도 회전하는 3D VR 장면을 연출할 수도 있다.
곰 플레이어	제조회사 : (주)그래텍 다운로드 : gom.gomtv.com - 별도의 코덱 설치 없이 다양한 미디어 형식 지원(MPEG, AVI, WMV, ASF, DIVX 등) - 재생 중인 동영상과 일치하는 자막을 찾아주는 자막도우미 기능 제공
SVG Viewer	제조회사 : Adobe Systems 다운로드 : www.adobe.com/devnet/svg - 웹 그래픽스 표준인 SVG 파일을 보여준다. - HTML 문서에 embed되거나 별도의 창에서 실행된다.

Adobe Reader	제조회사 : Adobe Systems 다운로드 : www.adobe.com/products/reader.html - PDF 파일을 보여준다. - PDF 파일은 설치된 글꼴이나 소프트웨어, 사용 시스템의 운영체제와 상관없이 동일한 결과를 출력한다.
Cosmo Player	제조회사 : Silicon Graphics 다운로드 : ovrt.nist.gov/cosmo - 웹에서 3차원 가상공간의 표준인 VRML 2.0을 지원한다. - 3차원 가상공간의 탐색항해(Navigation)가 가능하다.

2.6 참고자료

- Multimedia: Making It Work, 9th Edition / T. Vaughan / McGraw Hill, 2014
- Fundamentals of Multimedia / Z. Li and M. S. Drew / Pearson Education, 2004
- 컴퓨터와 IT기술의 이해(개정판) / 최윤철, 한탁돈, 임순범/ 생능출판사, 2016
- Silicon Graphics, http://www.sgi.com, Silicon Graphics사의 홈페이지
- SoundBlaster, http://www.soundblaster.com, Creative사의 SoundBlaster 사이트
- nVIDIA, http://www.nvidia.com, nVIDIA 그래픽카드에 관한 정보
- Watcom, http://www.wacom.com, 그래픽 태블릿에 대한 제품정보와 그림
- Photoshop, http://www.adobe.com/products/photoshop, Adobe사의 Photoshop 사이트
- Director, http://www.adobe.com/kr/products/director/, Adobe사의 Director 사이트
- W3C(World Wide Web Consortium), http://www.w3c.org, 웹 기술의 발전과 웹표준 제정에 관한 다양한 활동을 수행하는 국제조직
- JTC1(Joint Technical Committee), http://www.jtc1.org, ISO와 IEC의 공동표준위원회인 JTC1의 조직에 관련된 사항

연습문제

5지 선다형

2-1 다음 중 멀티미디어 시스템의 구성요소가 아닌 것은?

(a) 저작도구 (b) 미디어 편집 소프트웨어 (c) 장치 드라이버
(d) 웹 브라우저 (e) 멀티미디어 DBMS

2-2 다음 중 미디어 처리장치에 속하지 않은 것은?

(a) 사운드 카드 (b) 그래픽 가속보드 (c) 블루레이 DVD
(d) 비디오 보드 (e) GPU

2-3 각각의 미디어 데이터를 통합하여 멀티미디어 콘텐츠나 웹페이지를 구성하는 데 필요한 소프트웨어를 무엇이라 하는가?

(a) 미디어 편집 소프트웨어 (b) 미디어 플레이어 (c) 멀티미디어 타이틀
(d) 멀티미디어 재생시스템 (e) 콘텐츠 저작도구

2-4 컴퓨터가 다수의 미디어 정보를 실시간으로 동시에 재생될 수 있도록 운영체제가 다수의 작업을 동시에 처리하는 방법을 무엇이라 하는가?

(a) 멀티프로세싱 (b) 멀티태스킹 (c) 병렬처리
(d) 멀티코어 (e) 멀티스레딩

2-5 정보통신 및 멀티미디어 분야의 표준화 기구와 가장 관련성이 적은 기구는?

(a) SDK (b) ISO (c) IEC (d) W3C (e) IMA

2-6 표준안은 완성도에 따라 워킹그룹 초안, 위원회 초안, 국제 초안, 국제 표준안으로 나뉜다. 다음 중 가장 완성도가 높은 표준안은?

(a) DIS (b) WD (c) IS (d) CD (e) FD

2-7 다음 중 압축 및 저장에 관한 국제 표준이 아닌 것은?

(a) JPEG (b) W3C (c) MPEG (d) MIDI (e) PNG

2-8 그래픽 도면, 손으로 쓴 글자, 도형 등을 손으로 그려 입력할 수 있는 장치는?

(a) 그래픽 스캐너 (b) 태블릿 PC (c) 라이트 펜
(d) 그래픽 태블릿 (e) Painter

2-9 Nvidia GTX680과 같이 칩 내의 수백 ~ 수천 개 이상의 코어를 활용하여 연산을 병렬적으로 처리할 수 있는 구조를 가지며 그래픽 및 이미지처리를 병렬적으로 수행할 수 있는 프로세서는?

(a) GPU (b) Multi-Core (c) 병렬 프로세서
(d) 멀티 스레드 (e) MIMD

2-10 클라우드 저장장치의 특성과 가장 관련성이 적은 사항은?

(a) IT 자원의 경제성 (b) 보다 높은 신뢰성 (c) 위치와 장치에 상관없음
(d) 필요의 증감에 따라 유연하게 제공 (e) 빠른 속도감

괄호넣기

2-1 멀티미디어 콘텐츠를 제작하기 위해서는 각종 미디어를 생성, 편집하는 미디어 편집 소프트웨어와 미디어들을 통합하여 멀티미디어 콘텐츠로 제작하기 위한 ( )가 필요하다.

2-2 멀티미디어 콘텐츠를 제작하고 재생하는 하드웨어 환경과 소프트웨어 환경을 합쳐서 ( )이라고도 부른다.

2-3 보다 빠른 멀티미디어 데이터 처리를 위해 많은 컴퓨터가 ( )을 장착하고 있다. ( )는 컴퓨터 그래픽, 이미지 및 비디오 처리에 매우 효율적인 수많은 병렬처리 프로세서를 가지고 있어 그래픽 및 이미지처리 알고리즘의 매우 빠른 처리와 조작에 적합하게 구성되어 있다.

2-4 멀티미디어 데이터를 유무선 인터넷을 통해 ( )에 저장할 수 있다. ( )를 이용하면 보다 안전하고 유연성 있는 데이터의 저장이 가능하다. ( )를 통해서 이용자는 IT 자원의 경제성, 보다 높은 신뢰성, 위치와 장치에 상관없이 이용할 수 있는 IT 자원 및 필요의 증감에 따라 유연하게 제공되는 IT 자원의 혜택을 볼 수 있다.

2-5 Adobe사는 Adobe Creative Cloud를 통해 미디어 편집 소프트웨어인 Illustrator, Photoshop, Audition, Flash, Premier와 같은 미디어 편집도구를 (   )를 통해 (   ) 형태로 제공하고 있다.

2-6 DVD보다 훨씬 많은 양의 정보를 저장할 수 있는 고선명 비디오 저장매체(HD: High Definition)로서 소니사의 (   )와 도시바사의 HD-DVD가 존재했다. (   ) 는 최고 50GB를 저장할 수 있기 때문에 차세대 대용량 저장매체로 주목받고 있으며, 디지털 방송시대에 적합한 매체로 2008년 실질적인 고선명 DVD 표준으로 자리잡았다.

2-7 멀티미디어는 여러 미디어 정보가 실시간으로 동시에 재생되어야만 정보 전달효과를 극대화시킬 수 있다. 따라서 운영체제는 (   ) 기능을 지원하여야 한다. (   )이란 한 대의 컴퓨터가 다수의 작업을 동시에 수행하는 것을 말한다.

2-8 CD/DVD 타이틀 저작도구는 아이콘기반 또는 흐름도(Icon-based 또는 Flow chart) 방식, 시간선 또는 스코어(Time-based 또는 Score) 방식, (   )으로 나눌 수 있다.

2-9 (   )은 미국 주도의 전자문서 표준안으로, 미 국방성 등의 CALS 문서, 미국 출판협회 등에서 사용되고 있다. (   ) 문서는 사용되는 문자의 종류 등을 기술하는 선언부, 문서의 구조를 기술하는 문서구조 정의부(DTD), 실제 문서(DI)로 구성되어 있다.

2-10 그래픽 API로 가장 널리 사용되고 있는 (   )은 표준화 기구가 제정한 표준사양이 아니고 Silicon Graphics사가 만든 그래픽 API를 확장한 산업체 표준이다. (   )은 컴퓨터 플랫폼이나 운영체제에 독립적으로 사용될 수 있는 그래픽 API이다.

주관식

2-1 멀티미디어 시스템의 계층적 구조에 대하여 그림으로 간단하게 설명하라. 교과서에 제시된 그림을 그려서 설명하라.

2-2 멀티미디어 표준의 필요성을 설명하라. 또한, 일반적인 멀티미디어 표준화 과정을 기술하고 멀티미디어와 관련하여 어떠한 표준화 기구가 있는지 기술하라.

2-3 각자 사용하고 있는 PC에는 어떠한 미디어 처리장치가 장착되어 있는지 알아보고 자세한 사양을 조사해 보자.

2-4 이미지를 스캐너 장치를 이용하여 입력할 경우와 디지털 카메라를 사용하여 직접 컴퓨터로 입력할 때의 장단점을 비교하라.

2-5 현재 DVD가 어떠한 영역에서 주로 사용되는지 조사해 보자.

2-6 멀티미디어 환경을 지원하는 운영체제의 특성이 기존의 운영체제와 어떠한 점에서 차이가 있는지 설명하라.

2-7 멀티미디어 콘텐츠를 제작하기 위하여 요구되는 소프트웨어의 종류를 기술하고 각 소프트웨어의 기능과 역할에 대하여 간단히 설명하라. 또한 멀티미디어를 지원하기 위한 운영체제가 해야 할 기능은 무엇인가?

02

PART

멀티미디어 데이터의 처리

03
CHAPTER

이미지와 그래픽 기술

이미지와 그래픽은 가장 자주 이용되는 미디어이다. 책의 경우에 내용을 보다 잘 이해할 수 있도록 사진이나 그래픽을 많이 사용하고 있어서 우리에게 매우 친근한 미디어의 형태이다. 또한 이미지와 그래픽은 대체적으로 쉽게 획득하거나 생성할 수 있어 이용 빈도가 더욱 높다 하겠다. 이 장에서는 디지털 이미지와 그래픽의 기본 개념을 이해하고 이러한 미디어를 생성하고 출력하는 장치에 대하여 설명한다. 그리고 이미지의 압축기법과 필터링을 공부하고 2차원 그래픽과 3차원 그래픽의 원리를 이해하며 이미지/그래픽 편집 소프트웨어에 대하여 알아보자.

3.1 이미지와 그래픽의 기본 개념

인간은 일상생활에서 무수히 많은 여러 종류의 정보를 받아들이는데, 그중에서 시각적인 정보는 전체 정보의 상당 부분을 차지하며 그만큼 중요한 위치를 차지한다. 단순히 텍스트로만 이루어진 정보를 받아들일 때보다 시각적인 정보를 같이 받아들일 때 기억 효과가 증가한다는 사실에서도 시각적 정보의 중요성을 알 수 있다. 또한 디자인 측면에서도 이미지와 그래픽은 멀티미디어 디자인에서 가장 중심적인 위치를 차지하고 있다. 디자인을 표현할 때 텍스트 데이터만을 사용하여도 어느 정도 디자인 효과를 낼 수 있겠지만, 효과적인 디자인 결과를 얻고 사용자의 요구에 부합하기 위해서는 이미지와 그래픽을 사용하는 것이 바람직하다.

일반적으로 이미지와 그래픽은 다음과 같이 구분된다. 이미지는 스캐너나 디지털 카메라와 같은 입력 장치를 이용하여 생성된 그림을 의미하며, 컴퓨터 내에 디지털 형태로 저장된다. 이에 비하여, 그래픽은 일러스트레이터(Illustrator)와 같은 컴퓨터 소프트웨어를 통하여 생성된 그림을 지칭한다. 이미지와 그래픽은 컴퓨터 내부에서는 같은 디지털 데이터이기 때문에 자유로운 합성이 가능하다. 그림 3-1은 스캐너로 입력받은 집의 이미지와 그래픽 소프트웨어를 이용하여 생성된 그래픽을 합성한 것을 보여주고 있다.

| 그림 3-1 이미지와 그래픽

3.1.1 픽셀(Pixel)의 이해

픽셀과 비트맵

픽셀은 'Picture Element'의 합성어로 화면을 구성하는 가장 기본이 되는 단위를 뜻한다. 즉, 쉽게 말해서 모니터의 화면에 나타나는 각각의 점을 픽셀이라 한다. 따라서 이미지는 픽셀을 기본 단위로 하는 집합으로 표시된다. 이렇게 표시된 이미지는 픽셀 단위로 저장하는 비트맵(Bitmap) 방식으로 저장장치에 기록된다. 그림 3-2는 물고기를 모니터의 기본 단위인 픽셀로 표현한 그림으로, 비트맵 방식의 좋은 예이다.

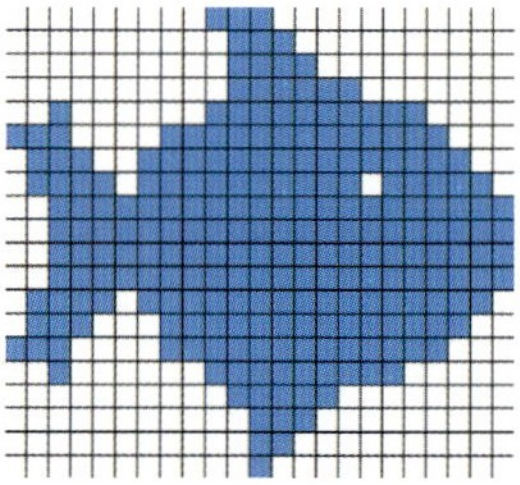

| 그림 3-2 물고기 모양의 비트맵 표현

이렇게 저장된 비트맵을 모니터에 나타낼 때 모니터상에 나타나는 각 픽셀들은 적색(Red), 녹색(Green), 청색(Blue)의 값을 적절히 배합시켜 색을 나타내며, 각 픽셀이 가질 수 있는 컬러의 종류는 각 픽셀에 몇 비트를 할당하느냐에 달려 있다. 즉, 할당된 비트의 수(Depth)가 클수록 더 많은 컬러를 가질 수 있고, 할당된 비트의 수가 작을수록 더 적은 컬러를 가지게 된다. 예를 들어, 5비트의 비트 수를 갖는 픽셀은 32(2^5)가지, 8비트의 경우는 256(2^8)가지의 색상을 가질 수 있다. 픽셀당 비트 수에 따른 사용 가능

| 표 3-1 비트 수와 색상의 관계

비트 수	색상의 수	참고 사항
1	2 (2^1)	흑백
4	16 (2^4)	팔레트 사용 (인덱스 컬러)
8	256 (2^8)	팔레트 사용 (인덱스 컬러)
16	65,536 (2^{16})	하이컬러(R:G:B = 5:5:5)
24	16,777,216 (2^{24})	트루컬러(R:G:B = 8:8:8)
32	16,777,216 + 8비트 알파 채널	트루컬러 + 알파 채널

한 컬러 수는 표 3-1과 같다. 표 3-1을 살펴보면, 256가지 이하의 색상에 대해서는 팔레트를 사용하는 것을 볼 수 있다. 여기서 팔레트란 사용자가 필요한 색상만을 모아놓은 컬러 테이블이다. 예를 들어, 흑백화상에 대한 팔레트는 검은색부터 흰색까지 순차적으로 변하는 회색의 색상들을 가지고 있다.

픽셀의 비트수

24비트를 사용하는 트루컬러(True Color)의 경우 적색, 녹색, 청색 중의 한 가지 원색에 대해 각각 256(2^8)가지의 색상 변화를 표현할 수 있다. 또한 32비트 컬러에서는 트루컬러 외에 투명도를 나타낼 수 있는 알파채널을 포함하고 있다. 알파채널은 RGB채널 이외의 채널로서 256(2^8)단계를 가지며, 색상정보를 가지지 않는다. 알파채널이 투명도를 나타낼 때 0은 완전 불투명한 상태, 255는 완전 투명한 상태를 나타내며, 그 중간의 값은 반투명을 나타낸다. 그림 3-3은 같은 사진을 1비트에서 16비트까지 변화시킬 경우의 차이를 보여주고 있다. 1비트만으로 표시할 때는 검은색과 흰색의 2가지 색상으로 표시되며, 비트 수가 많을수록 다양한 색상을 표현할 수 있으므로 보다 실제에 가까운 이미지를 나타낼 수 있다. 8비트 컬러는 GIF에서 쓰이는 방식으로, 여기에 적절한 디더링 및 필요한 색상만 선택하여 쓴다면 원본과 큰 차이를 보이지 않는다. 16비트 컬러를 사용하는 경우는 원본 이미지와 거의 동일한 이미지를 재현시킬 수 있다.

| 그림 3-3 비트 수에 따른 이미지의 변화(출처: Adobe Photoshop의 샘플 이미지)

3.1.2 해상도(Resolution)

해상도는 이미지 스캐닝, 화면 디스플레이, 프린터의 출력 이미지 등에서 데이터의 양이나 컬러 정보를 가리킬 때 쓰는 단어로, 정확한 정의는 단위 길이당 표시할 수 있는 픽셀 또는 점의 수이다. 단위 길이로는 인치를 많이 사용하며, 이 경우 해상도의 단위는 dpi(dot per inch)로 표현된다. 해상도가 높을수록 정교한 이미지를 얻을 수 있다. 주변에서 흔히 볼 수 있는 출력장치의 경우, 레이저 프린터는 300dpi 이상의 해상도를 가지며 모니터는 85~120dpi 정도의 해상도를 가진다. 여기서 알 수 있듯이 스크린 이미지는 프린터 출력 이미지에 비해 해상도가 크게 낮다.

장치 해상도와 이미지 해상도

해상도는 두 가지로 나누어지는데, 장치 해상도(Device Resolution)는 출력장치가 단위 면적에 표현할 수 있는 픽셀 수를 말하며, 이미지 해상도(Image Resolution)는 장치와는 무관하게 이미지 자체의 해상도를 말한다. 4인치 길이의 사진의 경우 약 1000dpi의 해상도를 가지며 이를 스캐너로 입력하면 스캐너의 성능에 따라 300~600dpi 정도의 해상도를 가지는 이미지로 전환된다.

또한 이미지를 프린터로 출력할 때는 우선 프린터가 지원하는 해상도 범위 내에서 결정을 해야 하며, 출판물 인쇄 등의 특수한 경우를 제외하고는 이미지 해상도와 동일한 해상도로 출력하는 것이 무난하다. 그러나 대부분의 프린터는 해상도 수치를 마음대로 입력할 수 없으며 몇 가지 중에서 한 가지를 선택하도록 되어 있다. 예를 들면, 300dpi와 600dpi 해상도 중 하나를 선택해야만 한다. 이럴 경우에는 이미지 자체의 해상도보다 높은 해상도를 선택하여 출력하도록 한다.

3.1.3 이미지와 래스터/벡터 그래픽

그래픽을 표시하는 방법에는 픽셀 단위로 표현하는 래스터(Raster) 방식과 기하적인 객체들로 표현하는 벡터(Vector) 방식이 있다.

래스터 그래픽

래스터 그래픽은 픽셀단위로 저장하는 방식이기 때문에 파일의 크기는 해상도에 비례한다. 그리고 화면을 확대할 때 화질이 떨어지게 된다. 이러한 래스터 그래픽은 칠하기 도구(Painting Tool)에 의해 픽셀들의 형태로 생성된다. 그림 3-4는 이렇게 생성된 래스터 그래픽을 확대했을 때의 모습을 보여주고 있다. 확대된 화면을 보면 픽셀단위로 구성되어 있기 때문에 계단 현상이 나타나는 것을 볼 수 있다.

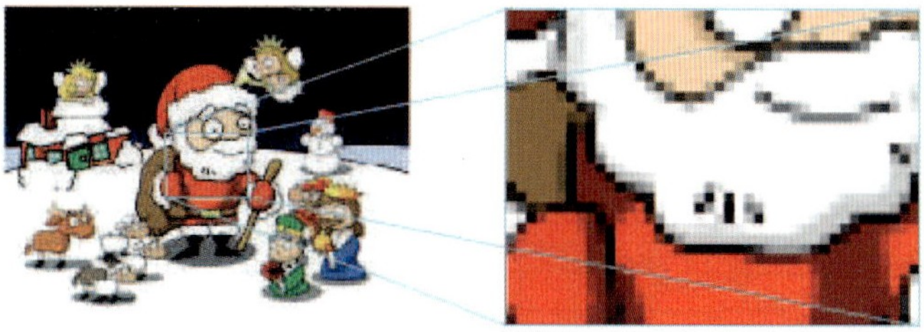

| 그림 3-4 래스터 그래픽의 확대

벡터 그래픽

벡터 그래픽은 기하적인 객체들을 표현하는 그래픽 함수들로 표현되기 때문에, 일반적으로 파일의 크기가 래스터 그래픽 방식에 비해 작다. 벡터 그래픽은 점, 선, 곡선, 원 등의 기하적 객체로 표현되므로, 화면 확대 시 화질의 저하가 발생하지 않는다. 또한 화상의 특성상 페인팅한 그림보다는 일러스트레이션(Illustration)에 적합한 방식이다. 이와 같은 영상은 그래픽 소프트웨어 중 그리기 도구(Drawing Tool)를 이용하여 점, 선, 곡선, 원 등과 같은 기하적 객체로 생성한다. 그림 3-5는 앞의 예제와 같은 그림을 벡터 그래픽으로 제작하였을 때 확대한 모습을 보여준다. 벡터 그래픽에서는 확대한 후에도 매끄러운 경계선을 볼 수 있다. 이러한 이유는 그림이 픽셀의 형태로 저장되는 래스터 그래픽과 달리 그림을 이루는 물체들을 수학적인 수식으로 저장하기 때문이다.

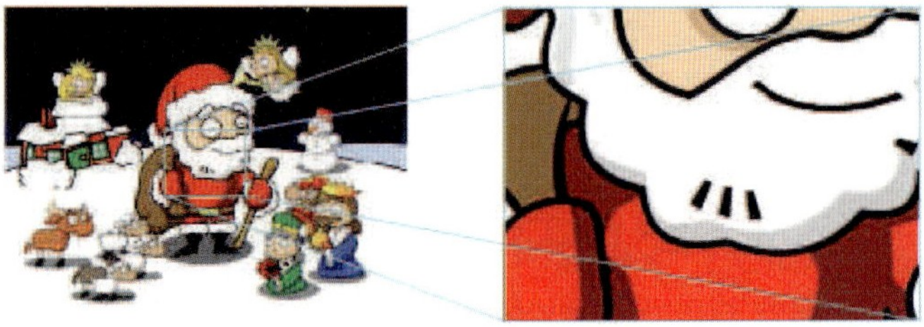

| 그림 3-5 벡터 그래픽의 확대

이미지의 표현

이미지의 경우도 래스터 그래픽처럼 픽셀 단위로 이루어져 있다. 이미지는 디지털 카메라 혹은 스캐너 등을 이용하여 현실 세계의 사물을 촬영하거나 스캐너로 사진이나 그림을 디지털 형태로 받아들인 것이다. 그림 3-6은 이런 방식으로 입력받은 이미지를 확대했을 때의 모습을 보여주고 있다. 래스터 화상에서와 같이 확대하면 계단현상이 발생한다는 것을 알 수 있다.

| 그림 3-6 이미지의 확대

3.1.4 컬러 모델(Color Model)

컬러 모델은 어떤 특정 상황 안에서 컬러의 특징을 설명하기 위한 방법이다. 그런데 하나의 컬러 모델을 사용하여 컬러의 모든 성질을 설명하기는 불가능하기 때문에, 일반적으로 컬러의 특성을 표현하기 위하여 여러 종류의 컬러 모델을 정의하여 사용한다. 이러한 컬러 모델들은 보통 세 가지 요소를 사용하여 색을 표현하기 때문에, 각각의 요소를 하나의 축으로 하는 3차원 좌표 시스템에 대응시킬 수 있다. 여기에서 살펴볼 컬러 모델은 가장 많이 쓰이는 RGB 모델, CMY 모델, HSV 모델의 세 가지이다.

(1) RGB(Red, Green, Blue) 모델

RGB 모델은 빛의 삼원색으로 불리는 적색, 녹색, 청색이 기본이 되는 컬러 모델로서, 각 색상은 그림 3-7에서 보는 것처럼 3차원 좌표공간에서 세 좌표축을 나타낸다. 빛은 여러 컬러의 빛이 더해질수록 흰색을 나타내며, 빛이 전혀 없으면 검은색을 나타낸다. RGB 모델은 이러한 빛의 성질을 이용하여 컬러를 표현하는 컬러 모델이다. 즉, 세 가지 기본색이 존재하며 이 색들이 합쳐져서 그림 3-7처럼 결과가 나타나게 된다. 원점의 색상은 검은색이며, 원점에서 가장 먼 곳의 꼭짓점은 흰색이 된다. 검은색의 경우는 3가지 기본 색상이 전혀 더해지지 않은 경우이고, 흰색의 경우는 3가지 기본 색상이 모두 최대의 값으로 더해진 경우이다. 흰색부터 검은색까지 연결되는 직선상에 있는 컬러는 회색이 된다. 컬러는 기본 색상들을 더하여 혼합하며, 이 모델은 그림 3-7과 같이 빛의 혼합에 의해 표현되기도 한다. 각 원색들이 혼합되어 새로운 색상인 청록색(Cyan), 심홍색(Magenta), 노란색(Yellow)을 만들어낸다. RGB 모델은 기본이 되는 세 가지 색을 더하여 색을 만들어내기 때문에 가산 모델(Additive Model)이라고 불리며, 빛의 성질을 이용한 특성 때문에 CRT 모니터 등 빛으로 컬러를 표현하는 곳에서 많이 사용한다.

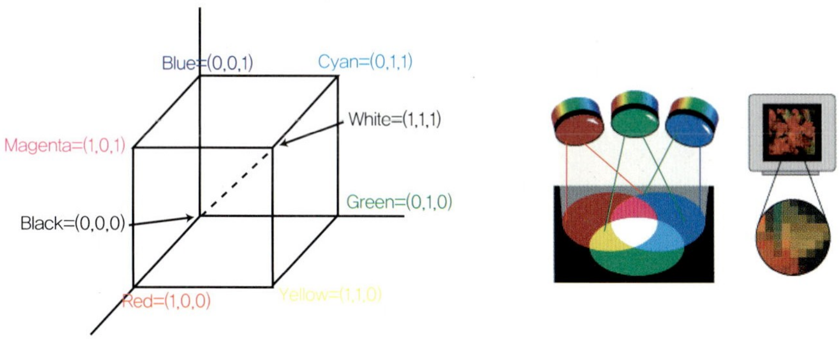

| 그림 3-7 RGB 컬러모델과 가산 혼합

(2) CMY(Cyan, Magenta, Yellow) 모델

CMY 모델은 빛의 반사에 의해 발생하는 2차 색상들, 즉 청록색(Cyan), 심홍색(Magenta), 노란색(Yellow)을 기본으로 하는 컬러모델로서, 각 색상은 RGB 모델에서와 같이 그림 3-8에서 보는 것처럼 3차원 좌표공간의 세 좌표축을 이룬다. CMY 모델에서 컬러를 표현하는 방식은 RGB 모델과는 정반대이다. 예를 들어, 그림 3-8과 같이 자연광인 백광(White Light Source)이 하늘색 물체에 비칠 때 물체는 하늘색을 반사하고, 이 하늘색이 우리 눈으로 들어와서 우리는 그 물체가 하늘색이라는 것을 인지하게 된다. 여기서 하늘색은 백광에서 빨간색을 뺀 색이 되는데, 이렇게 하나의 색에서 다른 색을 제거함으로써 다른 색상을 생성할 수 있다. CMY모델은 이러한 감산 혼합(Subtractive Mixture)에 의해 컬러가 결정된다. 따라서 CMY 모델을 감산 모델(Subtractive Model)이라 부르기도 한다. CMY 모델과 RGB 모델의 관계를 그림 3-8의 벡터식으로 나타낼 수 있다. 즉, 청록색(C), 심홍색(M), 노란색(Y)은 빨간색(R), 녹색(G), 청색(B)과 보색관계이다.

CMY 모델에서 색상을 결정하는 이러한 방법들은 물감이나 잉크 등의 성질을 이용하는 특성이므로 컬러 프린터나 인쇄 등에서 유용하게 쓰인다. 그런데 실제로 적용할 때는 CMY 모델보다는 CMYK 모델을 더 많이 사용한다. 여기서 K(Kappa, Black)는 검은색을 의미하며 이론적으로는 CMY의 모든 컬러를 더하면 검은색이 되어야 한다. 그러나 인쇄 등의 분야에서 CMY 모델의 세 가지 기본 색상의 잉크를 섞어 검은색을 만들 경우 만족스러운 검은색을 얻을 수 없을 뿐만 아니라 기본 색상 잉크의 낭비가 심하게 되는 이유로 검은색의 잉크를 따로 사용하고 있다.

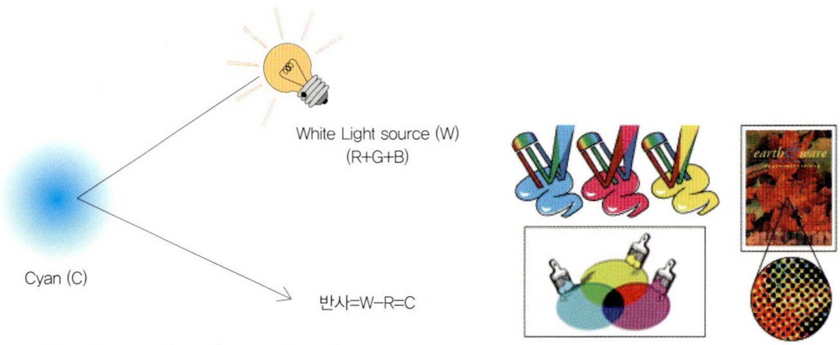

$$\begin{bmatrix} C \\ M \\ Y \end{bmatrix} = \begin{bmatrix} W \\ W \\ W \end{bmatrix} - \begin{bmatrix} R \\ G \\ B \end{bmatrix}$$

| 그림 3-8 CMY 컬러모델과 감산 혼합

(3) HSV(Hue, Saturation, Value) 또는 HSB(Hue, Saturation, Brightness) 모델

기타 다른 컬러 모델이 하드웨어 중심적인 데 비해 HSV(HSB) 모델은 인간의 시각 모델과 흡사한 컬러 모델로서, 인간의 직관적인 시각에 기초를 두고 있다. HSV 모델은 RGB 모델에서 농도 레벨에 의해 규정된 색을 색상(Hue), 채도(Saturation), 명도(Value 또는 Brightness)의 세 가지 속성으로 변환하여 사용하며, 색상 좌표계는 RGB 및 CMY와는 다르게 육각뿔 또는 원뿔 모양의 좌표 시스템을 사용하고 있다. 그림 3-9에서 세로축은 명도를 나타내며, 위쪽은 흰색, 아래쪽은 검은색을 나타낸다. 중심에서 벗어난 정도는 채도로서, 축에 가까운 색일수록 흰색에 의해 희석된 색이다. 기준각(0° 빨간색)에서 얼마큼 이동했는가에 대한 지표는 색상을 나타낸다. 즉, 순수 파란색을 가리키는 위치는 세로축에서 가장 멀리 떨어져 있으면서, 각도상으로는 240°인 경우이다. 0°는 빨간색, 120°는 녹색, 240°는 파란색을 나타내며, 60°는 노란색, 180°는 하늘색, 300°는 분홍색을 각각 나타낸다. 인간은 128단계의 색상 및 130단계의 채도, 23단계의 명도를 구별할 수 있으므로, 모두 128×130×23=382,720가지의 색을 구별할 수 있다. 그러나 일반적인 그래픽에서는 128가지 색상, 8가지 채도, 16가지 명도 단계 정도면 충분하며, 이 경우에 표현할 수 있는 색상의 수는 16,384가지가 된다.

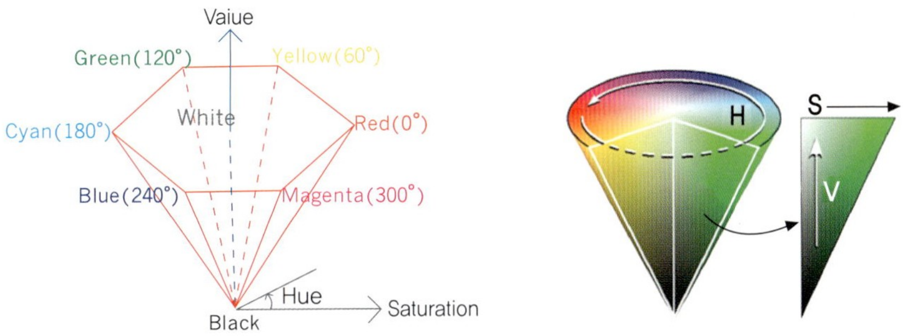

| 그림 3-9 HSV 컬러모델

RGB 모델, CMY 모델, HSV 모델 간의 변환

지금까지 살펴본 세 가지 컬러 모델들 사이에는 변환이 가능하다. 앞에서 언급하였듯이 RGB 모델과 CMY 모델은 그림 3-10에 나와 있는 수식과 같은 관계가 있으며, RGB 모델과 HSV 모델 사이의 변환 역시 가능하다. 따라서 CMY 모델과 HSV 모델 간의 변환 또한 가능하다. 그림 3-10은 RGB 모델과 다른 컬러모델 간의 변환 관계를 보여주는 프로그램으로, 이 그림에서는 RGB 모델을 HSV 모델로 변환하고 있다.

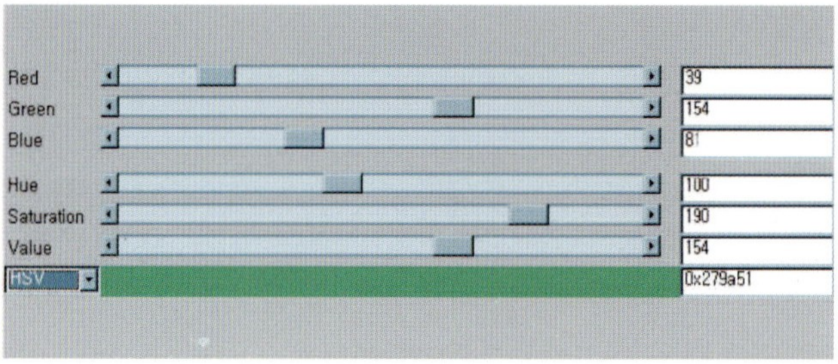

| 그림 3-10 RGB 모델과 HSV 모델 간의 변환

인덱스 컬러(Indexed Color)

모든 컴퓨터 시스템들이 24비트 컬러를 한 화면에 나타낼 수 있는 그래픽 카드를 갖추고 있는 것은 아니지만 대부분 8비트 컬러는 나타낼 수 있다. 이러한 시스템에서 256(2^8)가지 색은 0에서 255까지의 숫자로 인덱스 번호가 붙여지고, 번호마다 각각의 색상들을 가지는 색상 보기표(CLUT:Color Look-Up Table)라는 기억장소에 저장된다. 화면상의 한 점은 이에 대응되는 메모리 영역의 주소를 가지고 있으며 이 메모리 영역에는 그 점이 나타낼 색상의 RGB 값이 기억되어 있다. 이런 식으로 색상을 표시하는 방식을 인덱스 컬러(Indexed Color)라고 한다. 그림 3-11은 화면과 색상 보기표의 관계를 도식화한 것이다.

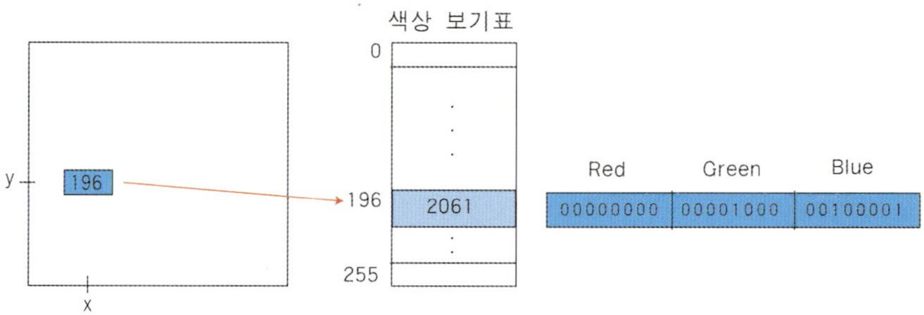

| 그림 3-11 색상 보기표(Color Look-Up Table)

인덱스 컬러를 사용할 때 화면에 표시할 256가지의 색상은 미리 정의되어 있기도 하고 사용자가 정의할 수도 있다. 예를 들어, 탁상 출판(DTP)에서는 HSV, RGB, CMY(K) 컬러 모델 이외에 자체적으로 미리 조합한 값을 정의한 데이터베이스를 사용하는 경우도 있다. 시스템에 기본적으로 정의되어 있는 시스템 팔레트는 최대한 다양한 컬러를

표현하려 하기 때문에 그 색상이 고르게 분포되어 있다. 반면에 사용자 정의 팔레트는 이미지의 질을 높이기 위하여 이미지에서 실제 사용할 색을 중심으로 컬러를 할당한 것이다.

그림 3-12는 시스템 팔레트를 썼을 때와 사용자 정의 팔레트를 썼을 때의 차이를 보여 준다. 그림 3-12(a)의 시스템 팔레트는 각종 색상을 골고루 가지고 있으므로 정작 이미지에 사용하는 색상의 수는 적어진다. 따라서 그림에서 보듯이 이미지의 미세한 색상변화가 부드럽게 나타나지 않는다. 그러나 그림 3-12(b)의 사용자 정의 팔레트는 이미지에서 많이 사용되는 계열의 색상을 주로 선정하여 새로운 팔레트를 만든 것이다. 같은 256컬러를 사용한 경우에도 그 이미지에 얼마나 적합한 사용자 정의 팔레트를 사용하는가에 따라 색상의 표현에 차이가 생긴다.

(a) 시스템 팔레트 사용　　　(b) 사용자 정의 팔레트 사용

| 그림 3-12 인덱스 컬러의 사용 예

3.2 입출력장치

일반적인 입력장치는 컴퓨터 시스템에 사용자의 명령을 전달하기 위한 장치로, 대표적인 것으로는 문서 입력 등에 쓰이는 키보드와 지시 장치(Pointing Device)로 널리 쓰이는 마우스 등이 있다. 그런데 멀티미디어 시스템에는 이 기본적인 장치들 외에 멀티미디어 데이터의 입력을 위한 다양한 입력장치들이 필요하다. 우선, 이미지나 동화상을 입력하기 위한 장치로 이미지 스캐너와 디지털 카메라, 디지털 캠코더 등이 있다. 또한, 그래픽 소프트웨어를 편리하게 사용하기 위한 라이트 펜(Light Pen)이나 태블릿

(Tablet) 같은 장치도 있다. 뿐만 아니라, 음성이나 사운드 데이터의 입력을 위한 마이크도 입력장치에 포함된다. 한편, 컴퓨터 시스템에서 멀티미디어 결과물을 출력하기 위하여 널리 이용되는 장치로는 디스플레이와 프린터가 있다.

3.2.1 이미지 스캐너(Image Scanner)

이미지 스캐너는 문서, 사진, 필름 등의 아날로그 데이터를 컴퓨터가 처리할 수 있는 디지털 데이터로 변환하는 이미지 입력장치이다. 스캐너는 스캐닝할 이미지에 빛을 비춘 다음 반사되어 돌아오는 빛을 CCD(Charge Coupled Device)를 통해서 받아들여 그 빛의 양을 측정하는 원리로 작동한다. 그 빛의 양에 의해 영상의 밝기 등을 감지할 수 있다. CCD는 자신이 받아들인 빛의 양에 비례하여 전압을 발생시키고 이 전압은 스캐너에 내장된 회로에 의해 본래의 이미지에 해당하는 픽셀 패턴으로 전환된다. 이미지 스캐너의 해상도는 CCD입자의 정밀도에 비례하며 이를 '광학 해상도'라고 한다.

이렇게 픽셀패턴의 신호로 변환된 디지털 데이터를 컴퓨터에 전송하여 이미지 파일의 형태로 보관하게 된다. 일반적으로 스캐너의 구조는 센서부, 제어부, 이미지처리부, 데이터전송부로 구성되어 있다. 그렇다면, 이러한 스캐너는 어떻게 사용하는지 살펴보도록 하자.

스캔받을 대상(사진이나 그림) 등을 스캐너의 오른쪽 위로 밀착되게 정렬한 후, 스캔 프로그램으로 예비스캔(Preview : 저해상도로 일정 영역을 빠른 속도로 스캔하는 것)한다. 스캔 프로그램의 실행 화면에서 예비스캔 영역에 미리보기 그림이 나온다. 그중에서 사용자가 원하는 영역만을 선정한 후 사용자가 원하는 색상(컬러, 흑백), 해상도를 지정한 후 스캔한다. 스캐닝 해상도는 인치당 도트수(dpi)에 의해 표현된다. 스캐닝하는 정보의 양이 많으면 그만큼 기록된 이미지는 정밀해지며, 파일의 크기 또한 커진다. 그림 3-13은 Epson Perfection v600 스캐너와 함께 제공되는 소프트웨어의 실행 화면을 보여준다.

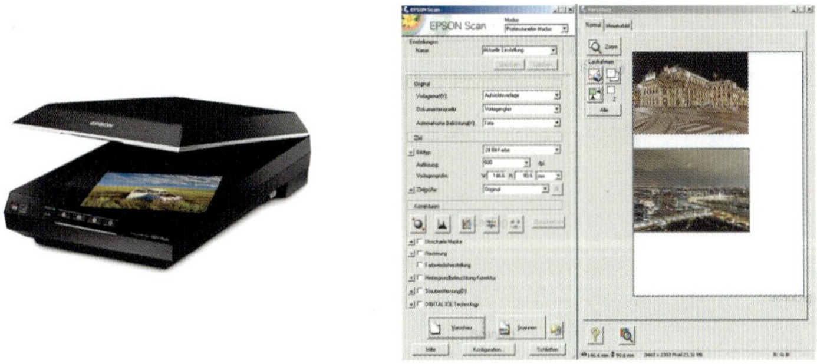

| 그림 3-13 Epson 스캐너와 스캔 소프트웨어

3.2.2 디지털 카메라(Digital Camera)

디지털 카메라는 사진으로 찍은 화상을 인화과정 없이 컴퓨터에 직접 연결하여 바로 쓸 수 있도록 해주는 카메라이다. 따라서 필름을 사용하지 않으며, 자체 메모리를 사용하여 이미지를 저장한다. 사진 이미지를 저장하는 메모리는 디지털 카메라의 기종에 따라 다양한데, 일반적으로 메모리스틱을 널리 사용한다. 저장된 이미지는 별도의 장치 없이 바로 컴퓨터로 연결하여 쓸 수 있도록 하고 있다.

디지털 카메라는 일반 카메라와는 달리 해상도에 따라 구분할 수 있다. 즉, 해상도는 가로×세로 화소 수인 픽셀 수의 곱으로 나타낼 수 있다. 일반적으로 200만~1200만 화소를 지원하나 전문가용 디지털 카메라의 경우에는 1500만 화소 이상을 지원하는 경우도 있다. 예를 들어, 600만 화소의 카메라는 최대 3000×2000 정도의 해상도를 갖고 1200만 화소의 경우에는 4000×3000 정도의 해상도를 지원한다. 디지털 카메라의 저장은 대부분 JPEG 압축방식을 채택하고 있으나, 때로는 보다 높은 화질을 위해서(예, 작품 사진 등) 비압축모드인 TIFF나 CCD-RAW를 지원하는 카메라도 있다.

디지털 카메라의 메모리는 저장할 수 있는 사진의 개수와 밀접한 관계를 가지고 있다. 일반적으로 수십 장 정도의 사진을 촬영할 수 있는 메모리를 가지고 있으나, 이는 내장 메모리나 별도로 장착이 가능한 확장 메모리 카드의 용량에 좌우된다. 디지털 카메라에서 획득한 이미지를 컴퓨터에서 보려면 반드시 접속 장치가 필요하다. 과거에는 직렬 접속방식(RS-232)을 통해 사진을 전송하는 방식을 사용하였으나, 최근에는 USB 포트나 Firewire 포트를 이용하여 컴퓨터에 직접 접속하는 방식이 많이 이용되고 있다.

최근에는 전자제품의 소형화에 발맞추어 주머니에 들어갈 수 있는 크기의 디지털 카메라도 출시되고 있으며, 휴대폰, 스마트폰 및 태블릿 PC에도 고해상도의 카메라가 장착되어 있다.

(a) 스마트폰 (b) 태블릿 PC

| 그림 3-13 다양한 디지털 카메라의 활용

3.2.3 펜 입력장치

페인터(Painter)와 같은 칠하기 소프트웨어를 이용하여 그래픽 전문가들이 화면에 직접 그림을 그릴 때 스타일러스(Stylus)와 같은 펜 입력장치를 사용한다. 2.2.4절에서 설명하였듯이 펜 입력장치는 일반적으로 그래픽 태블릿(Tablet)과 스타일러스로 구성되어 있다.

펜 입력장치의 원리는 스타일러스의 압력에 의해 태블릿으로 입력된 전기신호를 입력 포트를 통해 컴퓨터에 전달하는 것이다. 상대적 위치로 움직이는 마우스와는 달리 좌표는 태블릿에 대해 절대 좌표를 갖는다. 그림 3-15에서 보듯이 펜 입력장치를 이용하면 펜이나 붓과 비슷하기 때문에 마우스보다 섬세한 움직임과 세밀한 작업이 가능하다.

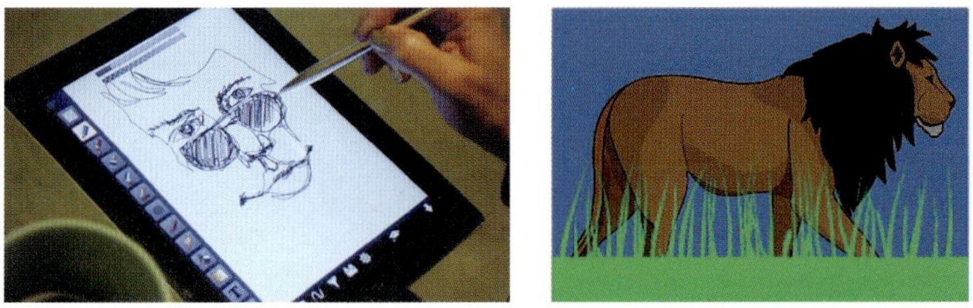

| 그림 3-15 그래픽스 태블릿과 펜 입력장치로 그린 그림(http://www.corel.com)

3.2.4 디스플레이 장치

컴퓨터 시스템에서 디스플레이는 멀티미디어 영상정보를 출력하는 데 사용되며 TV와 모니터가 가장 흔히 볼 수 있는 장치이다. 과거에는 CRT(Cathode-Ray Tube)가 많이 사용되었으나 근래에는 LCD(Liquid Crystal Display)나 PDP(Plasma Display Panel)가 주종을 이루고 있다. 한편, 차세대 디스플레이로 유기 OLED 방식이나 전자책용 e-Ink 디스플레이가 개발되고 있다. 이 절에서는 우선 디스플레이의 가장 중요한 속성인 활성화율을 살펴보고 CRT, LCD, 차세대 디스플레이 장치의 특성을 공부한다.

활성화율(Refresh Rate)

활성화율은 초당 화면이 몇 번 디스플레이되는가를 나타내는 횟수로서, 헤르츠(Hz: Hertz)로 표현된다. 활성화율이 낮으면 화면이 심하게 깜빡거리며, 이것은 사용자에게 피곤함과 두통을 유발시킬 수 있다. 반면에 높은 활성화율은 깜빡임을 없애 주고 눈을 덜 피로하게 한다. 모니터가 어느 해상도에서 얼마의 활성화율을 지원하는가는 모니터의 성능을 좌우한다. 일반적으로 주파수가 75Hz 이상으로 설정되어야 깜빡임 없이 화면을 볼 수 있으며 VESA의 권장규격은 85Hz이다.

CRT

CRT는 1897년 독일의 과학자, Ferdinand Braun에 의해 발명되었고, 텔레비전에서 처음으로 사용된 것은 1940년부터이다. 비록 모니터는 영상의 질을 높이기 위해 계속 발전되어 왔으나 기본적인 원리는 초기의 CRT를 여전히 따르고 있다.

전자총(Electron Gun)에 의해 발사된 전자빔(Electron Beam)은 편광판 사이를 지난다. 편광판은 코일 뭉치로 이루어져 있는데, 여기에 가해지는 전압의 크기에 따라 전자빔의 방향이 바뀌게 된다. 따라서 편광판에 적절한 전압을 가하면 전자빔을 원하는 위치에 도달하도록 할 수 있다. 이렇게 방향이 정해진 전자빔은 섀도우 마스크(Shadow Mask)라는 금속판을 거친다. CRT 표면에는 전자빔이 닿으면 빛을 발하는 형광 물질이 발라져 있는데, 섀도우 마스크는 전자빔이 특정 위치의 형광 물질에 정확히 도달하도록 돕는 역할을 한다. 컬러 CRT는 빛의 삼원색인 적색, 녹색, 청색의 세 가지 색을 사용하여 화면을 표시하며, 각각의 색에 대응하는 세 종류의 전자총을 가진다. 그림 3-16은 CRT의 작동 원리를 보여주고 있다.

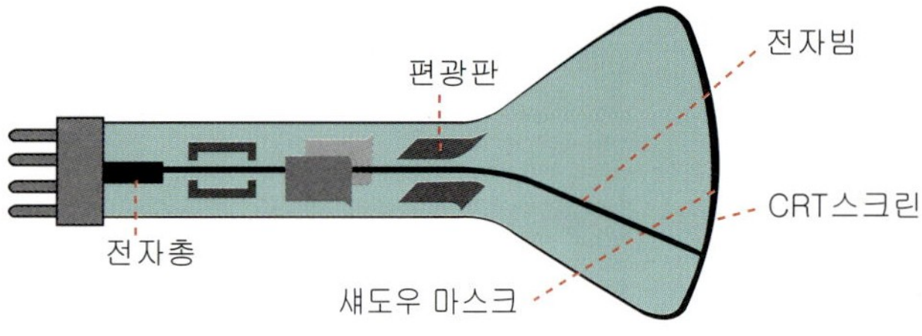

| 그림 3-16 CRT 모니터의 작동 원리

LCD(Liquid Crystal Display, 액정 디스플레이)

| 그림 3-17 LCD 모니터

LCD는 근래 가장 널리 사용되고 있는 디스플레이로서 모니터와 TV, 휴대전화 화면 등에 널리 사용된다. LCD의 기본 원리는 두 개의 편광 유리판 사이에 모니터의 해상도에 따른 격자모양의 셀을 만들어 액체 상태의 결정(액정 크리스탈)을 주입하고, 이 사이에 전압의 세기에 따라서 빛을 투과시키는 방식이다. 각 셀은 투명 전극이 연결된 액정으로 되어 있고, 양쪽에는 서로 수직인 편광 필터가 있어서, 평상시에는 편광 필터가 빛을 차단하지만 액정에 전압을 걸면 액정이 빛의 위상을 꼬아서 빛이 통과하게 된다. LCD 디스플레이는 CRT와는 달리 두께가 얇으므로 데스크탑뿐만 아니라 노트북이나 벽걸이 TV에도 널리 사용되고 있다.

차세대 디스플레이

차세대 디스플레이 기술의 한 종류인 OLED(Organic Light-Emitting Diode, 유기발광 다이오드) 디스플레이(그림 3-18(a))는 반응시간이 빠르고 해상도가 높고 선명한 색상을 표현하며, 전력 소모가 적어서 미래의 모니터와 TV를 대체할 것으로 기대되고 있다. 또한 그림 3-18(b)와 같이 종이처럼 매우 얇고 휘어지는 디스플레이에 속하는 전자잉크(e-Ink), 전자종이(e-Paper), 두루마리 디스플레이 등은 매우 얇고 가벼우며 전력 소모가 적은 장점이 있다. 최근 전자잉크(e-Ink) 기술은 전자책 전용 단말기의 디스플레이로 각광받고 있다.

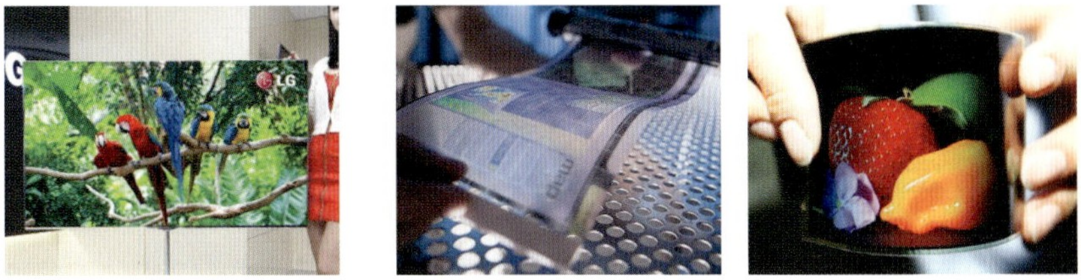

(a) 초박형 OLED TV (b) 전자잉크를 이용한 두루마리 디스플레이(http://en.wikipedia.org)

| 그림 3-18 차세대 디스플레이

3.2.5 프린터

프린터는 시스템 출력장치의 하나로 원하는 문서나 이미지를 종이에 인쇄하는 기능을 가지고 있다. 우선 간단하게 프린터의 종류와 작동 원리를 알아보기로 하자. 프린터는 크게 충격(Impact) 방식과 비충격(Non-impact) 방식으로 나눌 수 있다. 충격 방식은 잉크가 묻어 있는 프린터 리본을 종이에 대고 조그마한 망치가 리본에 충격을 가함으로써 글자나 이미지를 출력하는 방식이다. 도트매트릭스 방식이 대표적인 충격 방식 프린터이다. 이 방식은 유지비가 적게 드는 장점이 있으나 소음이 크고 인쇄 품질이 떨어져 멀티미디어 시스템에는 부적합하다.

비충격 방식은 다시 여러 종류로 나누어지는데, 레이저 방식과 잉크젯 방식이 대표적이다. 레이저 방식은 드럼에 레이저로 인쇄할 이미지를 따라 전기장을 만들고 여기에 토너를 묻혀 종이에 인쇄한다. 잉크젯 방식의 경우 미세한 잉크 방울을 분사할 수 있는 노즐이 내장되어 있어 종이에 잉크를 분사하는 방식이다. 레이저 방식 프린터의 경우 인쇄 품질이 매우 뛰어나지만 가격이 비싸고 유지비가 많이 든다. 반면에 잉크젯 프린터는 품질은 레이저 프린터보다 좀 떨어지지만 사용하기에 큰 무리가 없으며 가격이 저렴해서 개인 사용자들이 많이 사용한다. 특히 요즘의 컬러 잉크젯 프린터는 기술이 발전해서 고품질의 인화지를 사용할 경우 사진에 가까운 품질의 인쇄를 얻을 수 있어 이미지 출력이 잦은 멀티미디어 시스템에 적합한 모델이라 할 수 있다. 그림 3-19는 컬러 잉크젯 프린터와 레이저 프린터의 모습이다.

(a) 잉크젯 프린터

(b) 컬러 레이저 프린터

| 그림 3-19 프린터의 종류

3.3 이미지의 처리와 압축

이미지는 앞에서 살펴본 바와 같이 멀티미디어에서 중요한 위치를 차지하고 있다. 또 그만큼 자주 이용하게 된다. 그러나 이미지는 필요한 경우에 적절히 사용하는 것이 중요하다. 또한 여러 가지 필터링 기법들로 이미지를 조작하면 원본 이미지를 그대로 사용하는 것보다 디자인적인 측면에서 더 뛰어난 효과를 얻을 수도 있다. 여기서는 이미지를 효율적으로, 그리고 디자인 측면에서 효과적으로 사용하기 위해 이미지 처리 기법과 압축 기법에 대해 살펴보도록 한다.

3.3.1 이미지의 디지털화

광학 카메라를 이용하여 얻은 이미지를 아날로그 이미지라 한다. 아날로그 이미지는 컴퓨터에서 직접 저장하거나 처리할 수 없으므로, 일단 픽셀들로 구성된 디지털 이미지로 변환시켜야 한다. 여기서 아날로그 이미지는 표본화(Sampling) 및 양자화(Quantization) 과정을 거쳐 디지털 이미지로 바뀌게 된다. 표본화 과정이란 위치를 나타내는 연속적인 데이터를 일정간격으로 나누는 작업이다. 즉, 위치 좌표를 일정 간격으로 나누어 연속적인 위치 데이터를 불연속화하는 작업이다. 또 양자화 과정이란 각 위치에서 표현되는 색상값의 일정 범위를 대표하는 값으로 근사시킴으로써 불연속화하는 작업이다. 이 두 과정을 거치고 나면 아날로그 데이터는 디지털 데이터로 변환된다.

(1) 표본화(Sampling)

아날로그 이미지의 위치 데이터를 표본화하면 그 표본점(Sample Point)은 픽셀로 표현된다. 즉, 이미지를 화소단위로 쪼개는 것을 말한다(예: 512 pixel×512 lines). 표본화를 진행할 때 그 간격을 적게 할수록 고해상도가 되며, 그 간격이 클수록 저해상도가 된다. 그림 3-20은 표본화 과정을 거친 이미지를 나타낸 것이다.

| 그림 3-20 표본화를 거친 이미지

(2) 양자화(Quantization)

양자화란 연속적인 색상의 값을 이산치(양자화 레벨(Level), 화소값)로 변환하는 것을 말한다. 표본화 과정에서 표본 위치를 결정하였다면 이 위치에서의 색상값은 각 위치마다 다르며 이러한 색상값들은 일반적으로 연속적인 분포를 이루게 된다. 그러나 디지털 데이터를 처리하는 컴퓨터는 이러한 연속적인 색상값을 기록할 수 있는 방법이 없다. 따라서 양자화란 각 화소의 밝기 또는 색을 컴퓨터에서 인지할 수 있는 숫자로 표현하는 과정이다(예: 1비트, 8비트, 24비트). 일반적으로 흑백 사진은 256 레벨(8bit), X선 이미지는 1024 레벨(10bit)이다. 양자화할 때 양자화 에러(Quantization Error)라고 하는 오류가 발생할 수 있는데, 이는 양자화 레벨이 불충분할 때 발생하며 계단현상이 나타날 수 있다(3.1.1절의'비트 수에 따른 색상'참고). 그림 3-21은 표본화를 거친 이미지에 대해 다시 한 번 작은 양자화 레벨로 양자화를 거친 이미지이다.

| 그림 3-21 양자화를 거친 이미지

3.3.2 이미지 필터링(Filtering)

필터링이란 기본 이미지에 임의의 변환을 가하여 특수한 효과를 얻는 것을 말한다. 카메라 등에서는 매우 어렵거나 불가능한 효과들이 필터링을 통해서는 가능하다. 필터링의 사용 용도는 이러한 특수 효과에만 국한되는 것이 아니다. 스캐너나 디지털 카메라와 같은 입력장치를 통해 들어온 이미지는 잡음이나 왜곡으로 인해 그 품질이 손상되기 쉬운데, 필터링을 사용하면 잡음이나 왜곡으로 인해 변형된 이미지를 원래의 품질로 복원시킬 수도 있다. 실제 이미지 편집 소프트웨어는 매우 다양한 필터기법을 지원하며, 여기서는 몇 가지 필터를 소개하기로 한다.

윤곽선 추출(Edge Detection)

이 필터는 이미지의 그레이 레벨(Gray Level)이 급격하게 변하는 부분을 감지하여 표시하는 필터로 주위 픽셀값과의 차이를 이용하여 구한다. 픽셀값의 급격한 변화는 곧 이미지의 모서리를 의미하는 것이므로, 이 필터를 적용하면 이미지 윤곽선을 추출해 낼 수 있다. 필터 알고리즘으로는 Sobel 알고리즘과 Kirsch 알고리즘 등이 있다. 그림 3-22는 이미지에 Adobe Photoshop의 윤곽선 추출 필터를 적용시켜 본 것이다.

(a) 원본 이미지 (b) 윤곽선 추출 필터로 처리한 이미지

| 그림 3-22 윤곽선 추출 필터의 적용

평균값 필터(Average Filter)

이미지의 각 픽셀에서 일정한 주위의 픽셀값의 평균치를 구하며 현재 픽셀값을 대체시키는 필터이다. 즉, 한 픽셀에 이 필터를 적용하는 것은 주위 픽셀값들의 평균값으로 대체하는 것이므로 주위 영역에 대해 손으로 문지른 것처럼 흐려지게 된다. 이 필터를 적용할 경우의 첫 번째 특징은 잡음을 감소(Noise Reduction)시킬 수 있다는 점이다.

왜냐하면 잡음은 일반적으로 한 픽셀에 국한되는 경우가 많기 때문이다. 이런 잡음은 쉽게 생각해서 손으로 문지르면 주위의 픽셀값과 섞여서 잡음이 감소되는 효과를 볼 수 있다. 두 번째 특징은 경계가 흐릿해(Edge Blurring)진다는 점이다. 이 이유도 앞서와 비슷한 원리이다. 그림 3-23(b)는 이미지에 평균값 필터를 적용시켜 본 것이다.

(a) 원본 이미지

(b) 평균값 필터로 처리한 이미지

| 그림 3-23 평균값 필터의 적용

밝기 조절 필터(Brightness Filter)

이미지의 밝기 값을 변경시키고자 할 때 쓰는 필터이다. 이 방법에서는 픽셀값을 전체적으로 일정 값만큼 곱하여 처리한다. 디지털 이미지에서 픽셀값이 작을수록 어둡고 클수록 밝으므로, 그 값을 특정수로 곱하여 변경시키면 이미지의 밝기 값을 바꿀 수 있다. 그림 3-24는 이미지에 밝기조절 필터를 적용시켜 어둡게 만든 결과이다.

| 그림 3-24 밝기 조절 필터의 적용

예술적 필터(Artistic Filter)

최근 이미지처리 기술과 컴퓨터 그래픽스 기술이 발전함에 따라 예술적인 효과를 나타낼 수 있는 다양한 필터가 개발되었다. 유화나 수채화 효과는 물론 각종 연필로 스케치한 효과, 찢어붙이기 효과, 모자이크 효과, 나이프 유화 등 각종 붓이나 물감의 종류에 따른 효과를 보여줄 수 있는 필터가 제공되고 있다. 그림 3-25는 이미지에 붓찍기(Crystal) 효과와 수채화(Watercolor) 효과를 나타내는 필터를 적용시켜 본 것이다.

(a) 붓찍기(Crystal) 필터로 처리한 이미지 (b) 수채화(Watercolor) 필터로 처리한 이미지

| 그림 3-25 예술적 필터의 적용

히스토그램 평준화(Histogram Equalization)

그림 3-26의 왼쪽 그림은 히스토그램 평준화를 수행하기 전의 이미지로 전체적으로 어두운 것을 볼 수 있다. 그림 3-26의 오른쪽 그림은 왼쪽 이미지에 대해 같은 명암도를 가지는 픽셀의 수를 그래프로 나타낸 것이다. 즉, x축은 명암도, y축은 픽셀의 수를 나타내는데, 이러한 그래프를 이미지 히스토그램이라 한다. 또한 히스토그램을 보면, 어두운 영역으로 그래프가 밀려 있는 것을 볼 수 있다. 이렇게 한쪽으로 밀려 있는 히스토그램을 그림 3-27처럼 전체적으로 넓게 분산되도록 만드는 것이 히스토그램 평준화이다.

히스토그램의 평준화란 이미지에서 명암도에 따른 픽셀의 수를 고르게 분포시키는 기법이다. 이때 각 픽셀의 명암도에 따른 순서는 변하지 않도록 한다. 이미지에 대해 히스토그램 평준화를 시키면 어두운 이미지는 전체적으로 밝아져서 어두운 부분에서의 명암차이를 쉽게 구분할 수 있으며, 밝은 이미지는 전체적으로 어두워져서 밝은 부분의 명암차이가 쉽게 구분된다. 이와 같이 히스토그램 평준화를 시키면 이미지의 밝고 어두운 부분이 거의 균등하게 분포된다. 그림 3-26과 그림 3-27을 비교해 보면 히스토그램 평준화의 효과를 좀 더 쉽게 알 수 있을 것이다. 그림 3-27은 이러한 히스토그램 평준화의 과정을 거쳐서 생성된 이미지로, 그림 3-26과 비교했을 때 전체적으로 좋은 대비(Contrast)를 갖는 것을 볼 수 있다.

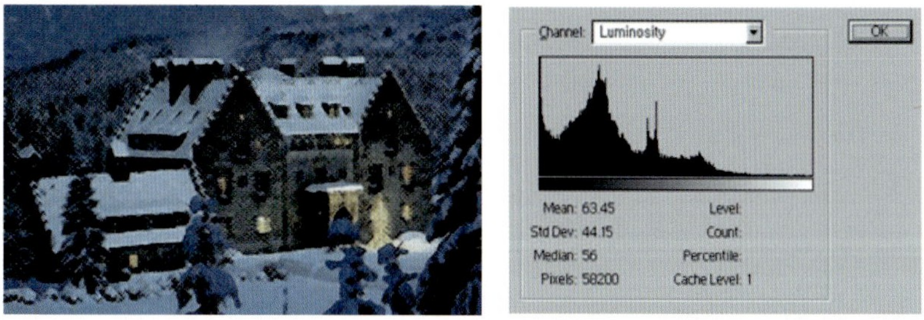

| 그림 3-26 대비(Contrast)가 낮은 경우와 히스토그램

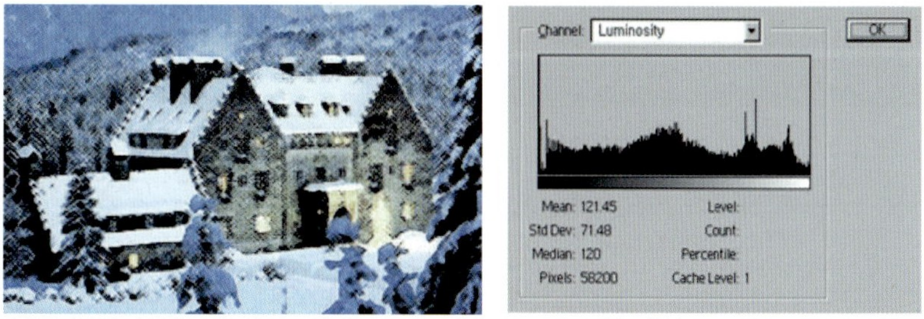

| 그림 3-27 대비(Contrast)가 높은 경우와 히스토그램

3.3.3 이미지의 압축

압축되지 않은 이미지 데이터들은 큰 저장공간을 필요로 한다. 저장공간의 절약적인 측면뿐만 아니라 통신을 이용한 전송에 있어서도 빠른 전송을 위해서는 압축된 데이터가 더 유리하다. 압축된 데이터는 적은 통신 대역폭을 요구하기 때문이다. 이를 위해서는 불필요한 데이터를 제거하고 가능하면 의미의 전달 효율이 좋은 데이터의 형태를 선택해야 하고 데이터를 디지털 방식으로 압축해야 한다. 또한 가능하면 처음부터 작은 데이터를 만들면 좋다. 이미지는 표현 색상과 화상의 크기에 의해 데이터 크기가 결정된다. 화상 데이터의 양을 줄이기 위해서는 화소당 데이터의 양을 줄이는 방법, 화상을 구성하는 화소의 수를 줄이는 방법, 압축기법을 이용하는 방법이 있다. 각각의 경우를 살펴보자.

한 화소당 데이터의 양을 줄이는 방법

화소당 데이터 양을 줄이면 전체적인 데이터의 양이 줄어들어 압축 효과를 얻을 수 있으나, 화소당 데이터의 양이 적을수록 미묘한 농도의 화상을 표현하기 어렵게 되는 단점이 있다. 일반적으로 자주 쓰이는 색으로만 구성된 팔레트를 구성하여 표현해야 할 색상의 수(비트수)를 줄임으로써 해결하기도 한다. 이러한 팔레트는 대부분의 이미지 편집 소프트웨어에서 자동으로 생성해준다.

이미지를 구성하는 화소의 수를 줄이는 방법

화소의 수를 줄일 경우 파일의 크기는 줄어들지만 섬세한 선을 표현하기 어려워지며, 모자이크 현상이 발생할 수 있다. 따라서 선명도와 파일 크기를 모두 고려해서 적절하게 선택해야 하는데, 최소의 파일 크기를 갖도록 하고 이미지의 섬세함이 어느 정도 유지되어야 한다.

데이터를 압축하는 방법

앞선 두 가지 경우보다 좋은 방법이라 할 수 있는데, 그 이유는 화상의 변질을 최소화하면서 데이터 크기를 줄일 수 있기 때문이다. 데이터를 압축할 때 시각적인 영향이 적은 부분의 정보량을 줄인다. 즉, 인간은 색상보다 명암에 더 민감하므로 시각적인 영향이 적은 부분인 색상 영역에서의 정보량을 줄이는 것이 효과적이다. 이와 같은 원리를 따르는 대표적인 압축방식으로 JPEG이 있다. 또한 이웃한 화소들이 같은 값을 가질 때 이들을 압축하는 방법이 있는데, 대표적인 압축방식으로 GIF가 있다. GIF 압축과 JPEG 압축은 인터넷 환경에서 사용하기에 적합한 방식이다.

(1) GIF 압축

PC통신에서의 이미지 파일전송 시간을 줄이기 위해 Compuserve사에서 개발한 압축방식이다. GIF는 LZW(Lempel-Ziv-Welch) 알고리즘을 사용하였는데 이는 RLE(Run Length Encoding) 방식을 응용한 알고리즘이다. RLE란, 같은 값이 몇 번 반복되는가를 나타냄으로써 압축하는 방식이다. 즉, ABBBBBBBBA의 경우 A1B8A1과 같은 식으로 표현하는 것이다. 그림 3-28은 RLE 압축을 그림으로 나타낸 것으로 'B'가 압축대상 코드로 8번 반복됨을 알 수 있다.

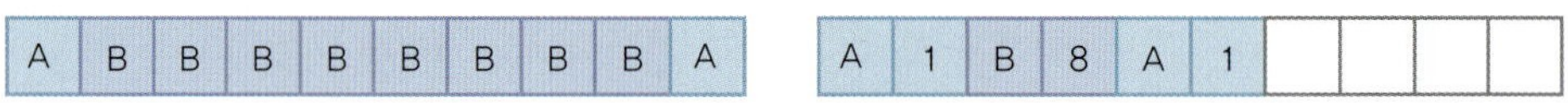

| 그림 3-28 RLE 압축 방식

GIF는 수평으로 데이터를 읽으며 압축이 수행되기 때문에, 수평으로 같은 색을 갖는 이미지의 경우 압축 효과가 더 크다. 또한 디더링을 할 경우 인접한 픽셀의 색상이 달라질 수 있으므로 디더링된 이미지의 경우 오히려 파일크기가 커질 수 있다. 그림 3-29는 이러한 GIF 압축 시 이미지의 특성에 따라 어떤 파일 크기를 보이는지 나타낸 것이다. 실제로 주황색으로만 구성된 이미지는 풍경을 나타낸 이미지에 비해 2% 정도의 크기밖에 갖지 않는다. 또한 그림 3-29(c)는 그림 3-29(b)를 90° 회전시킨 그림이지만, 그림(b)에 비해 수평으로 같은 색이 나오지 않으므로 파일크기가 커짐을 알 수 있다. 이러한 특성으로 인하여, GIF 압축은 사진 이미지보다는 그래픽에 더 높은 압축률을 보이며 더 많이 사용된다.

| 그림 3-29 이미지의 특성에 따른 GIF 압축 비교

(2) JPEG(Joint Photographic Experts Group) 압축

특별히 컬러 정지화상(사진)의 압축을 위하여 1992년 국제 표준으로 JPEG 알고리즘이 확정되었다. JPEG에는 다양한 압축 모드가 있는데, 그중 무손실(Lossless) 압축은 X-레이나 CT사진에서와 같이 픽셀 하나하나가 중요한 경우에 사용되며, 손실(Lossy) 압축은 JPEG에서 일반적으로 쓰이는 방식이다. JPEG은 24비트 컬러를 사용하며, 압축 특성으로 인해 일러스트레이션을 압축할 경우 그림 3-30과 같이 색 번짐 현상이 나타날 수 있다. 한편, 1996년부터 검토를 시작하여 2002년 새 버전이 발표된 JPEG2000은 최신 JPEG 표준으로 웨이블렛 기법(Wavelet Technology)에 의한 이미지 압축기법을 따르며, JPEG2000 사양에서는 점진적인 압축, 무손실 압축, 높은 압축효율, 다중 해상도 등의 특성이 포함되어 있다.

(a) GIF 그림의 확대 (1,910 bytes) (b) JPEG 그림의 확대 (1,040 bytes)

| 그림 3-30 JPEG에서의 색번짐

JPEG의 압축과정은 다음과 같다.

① RGB 모델에서 YIQ 모델로 변환

우선 YIQ 모델에 대해서 간단히 알아보자. YIQ 모델은 TV 방송 표준의 하나인 NTSC에서 사용하는 모델로, Y는 밝기(Luminance 또는 Brightness) 정보를 가지며, 색상(Hue) 및 순도(Purity) 정보는 I와 Q에 포함되어 있다. 좀 더 자세히 살펴보면, I는 오렌지색-청록색(Orange-Cyan) 색상 정보를 가지고 있으며, Q는 녹색-심홍색(Green-Magenta) 색상 정보를 가지고 있다. 밝기 정보를 Y가 가지고 있으므로 흑백 텔레비전의 경우는 Y값만을 사용한다. JPEG 압축 과정에서 RGB 모델을 YIQ 모델로 변환하는 이유는, 인간의 시각이 색상보다는 화상의 밝기에 더 민감하다는 원리에 착안하여 Y에 대하여 더 정교하게 압축하기 위해서이다. RGB 모델을 YIQ 모델로 변환하는 것은 아래의 간단한 행렬곱에 의해 계산될 수 있다.

$$\begin{bmatrix} Y \\ I \\ Q \end{bmatrix} = \begin{bmatrix} 0.299 & 0.587 & 0.114 \\ 0.596 & -0.275 & -0.321 \\ 0.212 & -0.523 & 0.311 \end{bmatrix} \begin{bmatrix} R \\ G \\ B \end{bmatrix}$$

② YIQ의 매크로 블록(Macroblock)화

이미지를 미리 정해진 크기인 16×16 픽셀영역으로 나누며 이것을 매크로 블록화라 부른다. 16×16 크기의 매크로 블록은 압축의 기본 단위이며, Y 매크로 블록은 그대로 두고 I와 Q 매크로 블록은 다시 한 픽셀씩 뛰어넘어 8×8 픽셀 크기로 표현한다(Color Subsampling). 그 이유는 인간이 화상의 밝기(Y)에는 민감하나 색상(I와 Q)에는 덜 민감하기 때문에 서브 샘플링을 통해 표본화(Sampling)를 줄이기 위해서이다.

③ 매크로 블록을 8×8 블록화

JPEG 압축은 8×8 픽셀 블록 단위로 나누어 압축을 수행한다. 따라서 Y, I, Q 매크로 블록은 각각 4개, 1개, 1개의 8×8 픽셀 블록단위로 나누어진다.

④ DCT(Discrete Cosine Transformation) 변환

DCT 변환은 2차원 평면공간의 픽셀값을 2차원의 주파수 정보로 푸리에 변환(Fourier Transform)하는 과정이다. 이 과정을 거치면 인간의 시각에 민감하게 반응하는 부분과 그렇지 않은 부분을 구분할 수 있게 된다. N×N 픽셀 블록 A 행렬에 DCT 변환을 수행하여 DCT 계수 행렬 B를 구하는 공식이 아래에 나와 있다.

$$B(u, v) = \frac{C(u)C(v)}{\sqrt{2N}} \sum_x \sum_y A(x, y) \cos\left\{\frac{(2x+1)u\pi}{2N}\right\} \cos\left\{\frac{(2y+1)v\pi}{2N}\right\}$$

$$\text{단, } C(u) = \begin{cases} \frac{1}{\sqrt{2}} & if\ u = 0 \\ 1 & otherwise \end{cases}$$

그림 3-31에서 보듯이 DCT 변환을 거치면 64개의 DCT 계수를 얻게 되는데, 이 중에서 가장 처음에 얻는 값 B(0, 0)를 DC(Direct Current) 계수라고 하며 8×8 픽셀 블록의 평균값을 나타내고 나머지 63개를 AC(Alternate Current) 계수라 하며 DC 계수와의 차이값을 나타낸다. 이 64개의 DCT 계수를 8×8 블록의 형태로 배열하는데, DC 계수는 왼쪽 맨 위에 위치하며, 왼쪽 위로 갈수록 낮은 주파수의 DCT 계수가, 오른쪽 아래로 갈수록 높은 주파수의 DCT 계수가 위치하게 된다. 인간의 시각은 저주파수에는 매우 민감하지만 고주파수에는 민감하게 반응하지 않는 성질이 있다. 따라서 이미지를 압축할 때 높은 주파수대는 이미지 인식에 큰 영향을 미치지 않는 부분이므로 이 부분을 더 압축하더라도 이미지의 질에는 큰 문제가 없다.

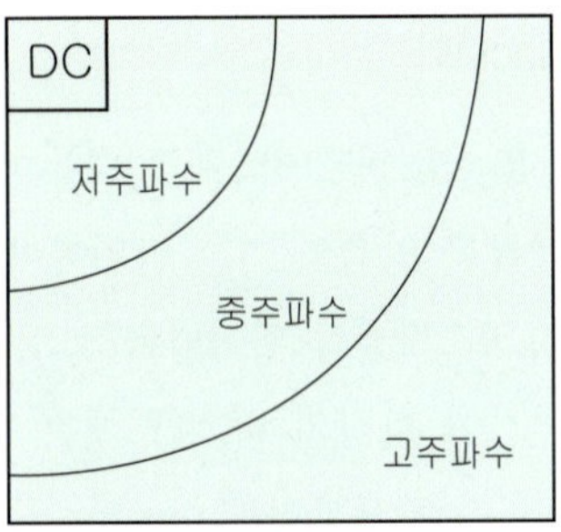

| 그림 3-31 8×8 픽셀 블록에서 DCT 계수의 주파수 분포

⑤ 양자화(Quantization)

양자화란 인간의 감각 능력으로는 구별하기 힘든 범위 내에서 DCT 계수를 정수로 나누어 반올림하는 과정을 말한다. 이 과정에서 DCT 변환을 통해 얻은 DCT 계수를 각각 미리 정의된 상수로 나누고 그 결과를 정수값으로 반올림한다. 여기에서 사용하는 상수는 1보다 크거나 같으며 주파수의 높낮이에 따라 그 크기가 모두 다르다. 즉, 인간의 눈이 민감하게 반응하는 낮은 주파수는 작은 상수로 나누어 원래 값과 큰 차이가 없도록 하며, 높은 주파수는 원래 값과 어느 정도 차이가 나더라도 잘 인식하지 못하기 때문에 큰 수를 사용하여 나누게 된다. 여기서 나누는 값으로 사용하는 양자화 행렬을 Q라 하고, DCT 계수의 행렬 B의 각 원소를 Q의 원소로 나누어 얻어진 행렬을 Z라 하면 Z_{ij}는 다음과 같이 표현된다. 행렬 Q 값의 한 예가 아래에 나타나 있다.

$$Z_{ij} = \text{IntegerRound}\{B_{ij}/Q_{ij}\}$$

$$Q = \begin{bmatrix} 3 & 5 & 7 & 9 & . & . & \\ 5 & 7 & 9 & . & . & & \\ 7 & 9 & . & . & & & \\ 9 & . & . & & & & \\ . & . & & & & & . \\ . & & & & & . & 29 \\ & & & & . & 29 & 31 \end{bmatrix}$$

실제 이 과정을 거치고 나면 낮은 주파수의 계수는 0이 아닌 값이 되고 높은 주파수의 계수는 거의 대부분 0이 된다. 양자화 과정에서 사용하는 행렬 Q의 값은 표준으로 정의되지 않았기 때문에 JPEG 압축을 수행하는 프로그램에서 자체적으로 정의한 값을 사용해야 한다. 이 양자화 과정은 가장 큰 데이터 압축이 일어나는 부분이며, 동시에 가장 데이터 손실이 많은 부분이기도 하다.

⑥ 지그재그 스캐닝(Zig-zag Scanning)

양자화 과정을 거친 데이터에서 DC 계수에 대하여 다음의 간단한 연산을 수행한다. 즉, DC 계수는 보통 AC 계수와는 다른 값을 가지기 때문에 엔트로피 코딩(Entropy Coding)을 쉽게 하기 위해 이전 블록의 DC 계수와 차를 계산하여 그 결과를 저장한다. 그러고 나서, 그림 3-32에서 보는 바와 같이 계수를 지그재그 형태로 읽어 일차원 형태로 배열하는데, 이러한 형태로 읽어들이면 낮은 주파수의 계수는 앞쪽에, 높은 주파수의 계수는 뒤쪽에 위치하게 된다.

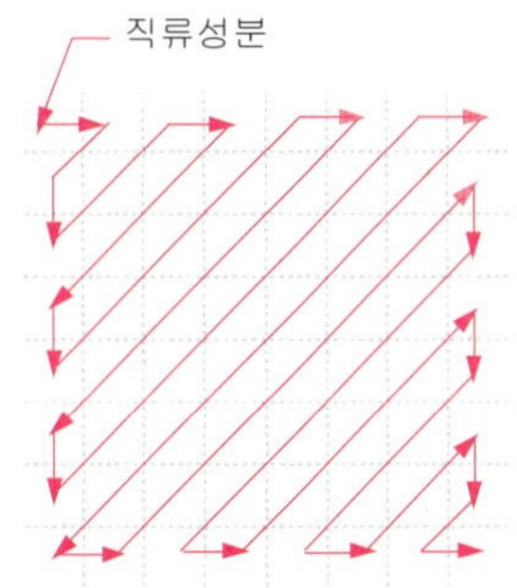

| 그림 3-32 DCT 계수 및 지그재그 스캐닝

⑦ 엔트로피 코딩(Entropy Coding)

JPEG 알고리즘의 마지막 단계로 무손실 압축을 사용하여 최종 압축을 수행하는 과정이다. 엔트로피 코딩에는 RLE 방식과 허프만 코딩(Huffman Coding)의 두 가지 방법이 있는데 일반적으로 허프만 코딩을 많이 사용한다. 허프만 코딩은 출현 빈도가 높은 값에는 짧은 길이의 부호를 할당하고, 출현빈도가 낮은 값에는 긴 길이의 부호를 할당해서 전체 길이를 줄이는 압축 방식이다. 양자화를 거치면서 많은 계수가 0이 되고, 이들 계수를 지그재그 스캐닝하면 64개의 수가 존재하며 이들 간에 같은 값이 가지는 빈도가 높게 된다. 따라서 이들을 허프만 코딩을 통해 압축하면 그 크기가 줄어들게 된다.

그림 3-33은 JPEG에 의한 이미지 데이터의 압축 및 복원 과정을 그림으로 나타낸 것이다.

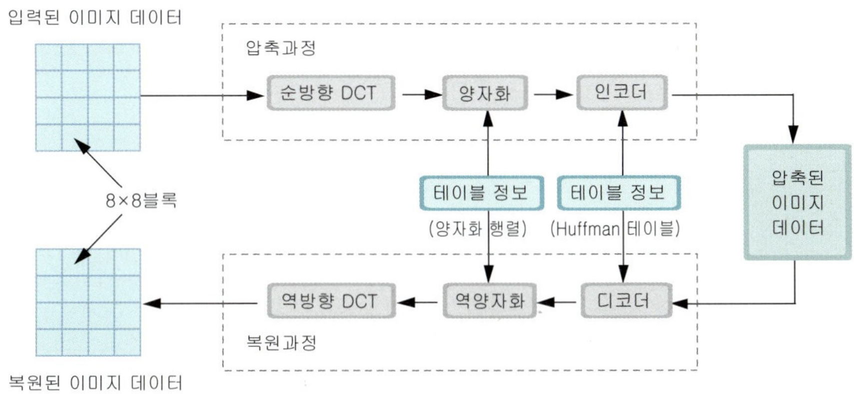

| 그림 3-33 JPEG에 의한 이미지의 압축/복원

3.4 2D/3D 그래픽스

컴퓨터 그래픽스는 크게 2D 그래픽스와 3D 그래픽스로 나눌 수 있다. 컴퓨터에서 2D 그래픽스의 데이터와 3D 그래픽스의 데이터를 다루는 방법이 각각 다르므로, 두 가지 분야에 대하여 좀 더 알아볼 필요가 있다. 여기서는 2D 그래픽스에서 도형을 그리는 과정과 앤티앨리어싱(Antialiasing) 기법, 3D 그래픽스에서 객체를 모델링하고 렌더링하는 과정에 대하여 알아보겠다.

3.4.1 문자 폰트(Character Font)

그림 3-34와 같이 래스터 폰트(Raster Font, Bitmap Font)는 글자를 표현하기 위해 픽셀들의 위치를 기억한다. 이에 비하여 벡터 폰트(Vector Font)의 경우는 선과 선의 연결 좌표 및 선의 종류와 그에 따른 여러 가지 인수들을 기억한다. 이러한 이유로, 래스터 폰트의 경우 확대 시에 계단 현상이 나타나며, 벡터 폰트의 경우 확대 시에도 깨끗한 글자를 유지할 수 있다(그림 3-35 참조). 반면 래스터 폰트는 화면에 표시하는 것이 간단하고 빠르지만 벡터 폰트는 래스터 폰트에 비해 모니터상에 디스플레이하기가 어렵고 계산이 필요하므로 더 많은 시간을 요구한다. 하지만 요즈음은 하드웨어가 발전하여 상호 간의 속도차를 거의 느낄 수 없다. 과거 DOS를 이용하던 시절에는 벡터폰트를 이용하려면 고가의 소프트웨어가 필요했으나, 현재 Windows의 경우는 기본 폰트 및 대부분의 폰트가 벡터 폰트로 되어 있다.

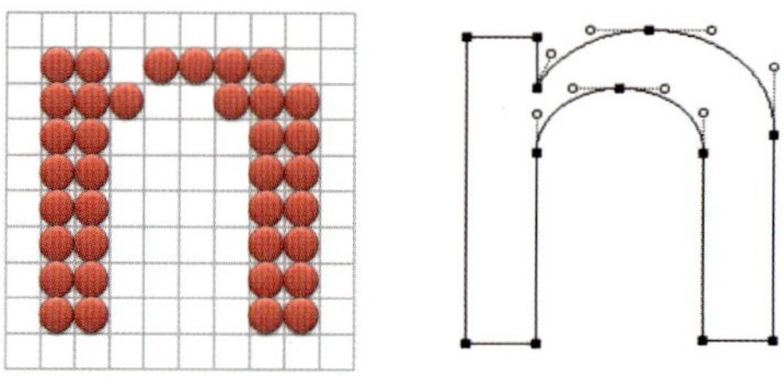

(a) 래스터 폰트 (b) 벡터 폰트

| 그림 3-34 래스터 폰트와 벡터 폰트의 원리

(a) 래스터 폰트 (b) 벡터 폰트

| 그림 3-35 래스터 폰트와 벡터 폰트의 비교

3.4.2 2D 그래픽스

2차원 그래픽은 XY 평면상에서 물체를 표현하는 방법으로서 3차원 그래픽에 비해 계산량이 적으므로 간단한 처리 방법과 빠른 처리속도를 갖는다. 그러나 3차원 물체를 실감나게 표현하지 못하는 단점을 가지고 있다. 2차원 그래픽을 구성하는 단위인 기본 도형(Primitive)으로는 점, 선, 원, 타원, 다각형, 곡선 등이 있다. 2차원 그래픽스에서 이와 같은 도형을 그리는 과정과 앤티앨리어싱 기법을 공부하자.

선분 그리기

2D 벡터 그래픽스에서 아무리 복잡한 그림이더라도 이들의 모양은 기본 도형인 선, 원, 타원, 다각형, 곡선 등의 조합으로 구성되어 있다. 또한 이들 기본 도형은 일반적으로 작은 선분으로 나누어 그리게 된다. 따라서 선분을 생성하고 그려진 도형의 내부를 채우는 일이 2차원 그래픽스에서 가장 기본적인 작업이 된다. 선분 그리기는 XY 평면상에 양끝 점이 주어지고 두 점 사이의 선분에 해당하는 픽셀을 찾아내는 작업으로 브레젠햄(Bresenham) 알고리즘이 널리 사용되고 있다. 그림 3-36은 선분 그리기 과정을 보여주고 있다.

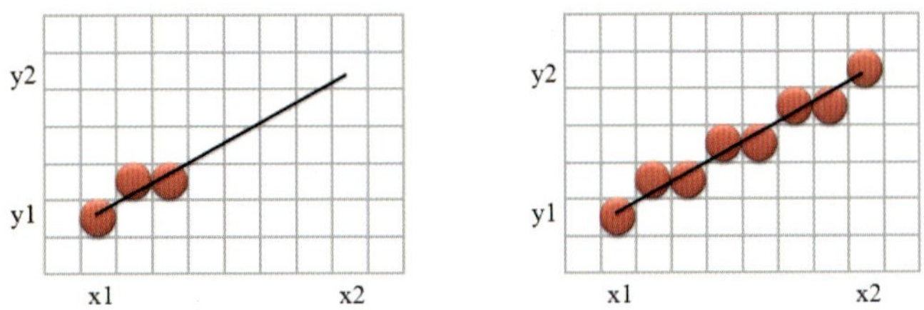

| 그림 3-36 2차원 그래픽스의 선분그리기 과정

내부 채우기

2D 그래픽스에서 다양한 면으로 이루어진 그림은 각 면의 윤곽선을 생성한 후 각각의 내부를 원하는 색상으로 채워주어야 한다. 이때 윤곽선을 먼저 그리고 난 후 내부 영역을 채우는 방식과 윤곽선의 픽셀을 구하면서 동시에 채우기를 하는 방식이 있다. 그림 3-37(a)는 영역 채우기(Region Filling) 방식으로 그림의 내부를 채우는 과정을 보여주고 있다. 채우기를 처음 시작할 시드 픽셀이 주어지면 그 픽셀로부터 경계를 만날 때까지 사방으로 채우기를 진행해 나간다. 주로 칠하기(Painting) 프로그램에서 널리 사용하는 방식이다. 그림 3-37(b)는 다각형 채우기(Polygon Filling) 방식으로서 스캔라인 순서대로 윤곽 픽셀과 내부 픽섹을 찾아나가면서 내부 채우기를 한다. 2D 벡터 그래픽스에서 다각형 도형으로 표현되는 그림의 채우기나 그리기(Drawing) 방식의 프로그램에서 주로 사용된다.

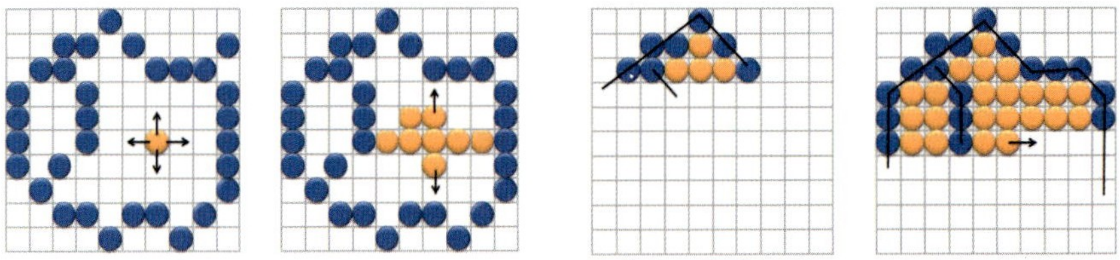

(a) 영역 채우기 방식　　(b) 다각형 채우기 방식

| 그림 3-37 2차원 그래픽스의 내부 채우기 과정

앤티앨리어싱(Antialiasing)

물체의 윤곽선이 사선인 경우에 앤티앨리어싱을 적용할 수 있는데, 사선의 경우 배경과의 접촉면은 계단 형태로 표시되어 미관상 부자연스럽다. 이때의 경계선을 앨리어스(Aliased)되었다고 말한다. 이러한 계단 모양의 부자연스러움을 없애기 위해 앤티앨리어싱 기법이 사용된다. 앤티앨리어싱은 물체 경계면의 픽셀을 물체의 색상과 배경의 색상을 혼합해서 표현함으로써 물체의 경계면을 부드럽게 보이도록 하는 방법이다. 물체 색상과 배경 색상을 섞을 때는 현재 점의 주위에 배경 색상의 픽셀이 많은지, 아니면 물체 색상의 픽셀이 많은지를 조사하여 색상의 정도를 결정한다. 즉, 현재 점의 주위에 배경 색상을 가진 픽셀이 더 많다면 배경 색상을 더 많이 섞어 중간 색상을 만들고, 물체 색상의 픽셀이 더 많다면 물체 색상을 더 많이 섞어 중간 색상을 만든다.

그림 3-38은 앤티앨리어싱의 예를 보여주고 있다. 왼쪽의 그림은 앤티앨리어싱 처리를

하지 않은 원본 그림이며 오른쪽의 그림은 앤티앨리어싱을 사용한 그림이다. 왼쪽 그림에서는 계단 현상을 확연하게 볼 수 있는데, 이를 앤티앨리어싱 기법을 적용하면 오른쪽 그림처럼 부드러운 느낌의 경계면을 가지는 이미지를 생성할 수 있다.

(a) 앤티앨리어싱 전 (b) 앤티앨리어싱 후

| 그림 3-38 앤티앨리어싱의 예

3.4.3 3D 그래픽스

3차원 그래픽스의 가장 큰 목적은 그림을 좀 더 실감나게 하는 것이며, 2차원의 설계 도면을 입체적으로 표현하는 데 적용될 수 있다. 또한 3차원 그래픽은 실세계에 존재하지 않는 물체의 형상을 입체적으로 표현할 수 있다.

일반적인 3차원 그래픽의 생성 과정은 먼저 물체의 기하학적인 형상을 모델링(Modeling)하고, 이후 필요에 따라 3차원 물체를 2차원 평면에 투영한다(Projection). 이렇게 생성된 3차원 물체에 색상과 명암을 나타낸다(Rendering). 각 과정을 세부적으로 살펴보면 다음과 같다.

(1) 모델링(Modeling)

3차원 컴퓨터 그래픽스에서 하나의 장면을 완성하기 위하여 사용되는 모든 대상물을 모델(Model)이라 한다. 모델링이란 이러한 모델들을 만들어 나가는 것으로, 실세계나 상상 속에 존재하는 물체를 3차원 좌표계를 사용하여 컴퓨터로 물체의 모양을 표현하는 과정을 일컫는다. 이렇게 만들어진 모델들을 3차원 공간상에 배치시키는 과정도 모델링 과정에 포함된다.

모델링에는 와이어프레임(Wireframe) 모델, 다각형 표면(Polygon Surface) 모델, 솔리드(Solid) 모델 등이 있다. 와이어프레임 모델은 그림 3-39와 같이 물체의 골격만을 표현한 모델이고, 다각형 표면 모델은 삼각형이나 사각형 같은 면을 이용하여 3차원 모델을 표현한다. 다각형 표면 모델에서는 하나의 물체를 표현하기 위하여, 적게는 수십 개에서 많게는 수십만 개의 다각형을 사용한다. 그림 3-39는 테이블 위에 있는 다양한 3차원 물체를 와이어프레임과 다각형 표면으로 모델링한 장면이다.

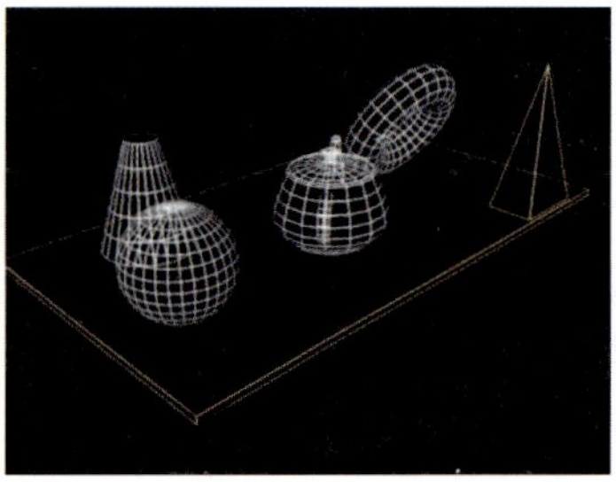

| 그림 3-39 3차원 물체의 모델링

3차원 스캔에 의한 모델링

3차원 스캔에 의한 모델링은 다각형(Polygon)이나 스플라인(Spline)과 같이 수작업으로 모델링하는 방법과 달리, 실제 사람의 얼굴 모양이나 실제 물체의 모양을 사용하여 모델링하는 방법을 말한다. 초기 시스템은 단순한 3차원 좌표를 얻는 수준이었지만 현재 시스템은 모델링하려는 물체의 텍스쳐(Texture)까지 얻을 수 있다. 공간적 위치를 측정하기 위하여 실제 사람 혹은 물체의 표면에서 좌표를 얻는 3차원 디지타이저(그림 3-40(a) 참조)와 레이저 광선을 모형에 쏘아 반사되어 되돌아올 때까지의 시간을 측정하여 모델링 데이터로 변환하는 3차원 레이저 스캐너가 있다. 그림 3-40(b)는 3차원 스캐너를 이용하여 실제 사람의 얼굴을 모델링한 예이다.

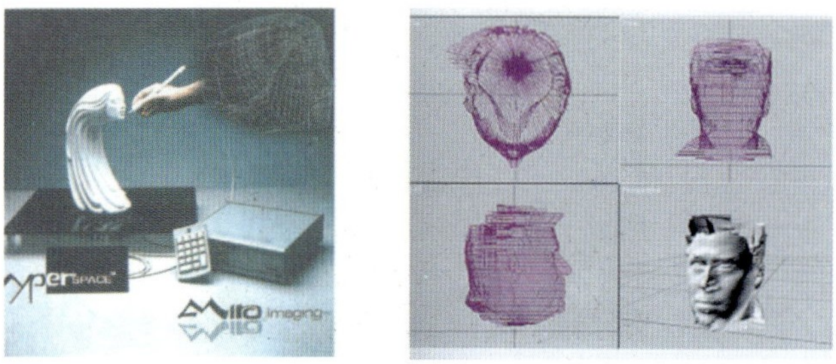

(a) 3차원 디지타이저 (b) 3차원 스캐너를 이용한 모델링

| 그림 3-40 3차원 스캐너를 사용한 사람 얼굴의 모델링

(2) 투영(Projection)

3차원 물체를 2차원 평면에 투영하는 방법에는 평행투영법과 원근투영법이 있다. 그리고 2차원적으로 투영된 평면을 보면서 모델을 수정해 나갈 수 있다. 그림 3-41은 간단한 물체를 사용하여 평행투영법과 원근투영법의 차이를 보여주고 있다.

(a) 평행투영법 (b) 원근투영법

| 그림 3-41 평행투영법과 원근투영법

(3) 렌더링(Rendering)

렌더링이란 컴퓨터 그래픽에 그림자나 색채의 변화와 같은 3차원적인 질감을 더하여 현실감(Realism)을 추가하는 과정으로, 와이어프레임 이미지를 명암이 있는 이미지로 바꾸는 데 사용되는 기법을 말한다. 초기의 렌더링 기법은 보이지 않는 면을 어떻게 처리할 것인가에 초점이 맞추어져 있었고 그 이후에는 사실적인 렌더링 기법을 연구하는 데 초점이 맞추어졌다. 렌더링은 감추어진 면의 제거(Hidden Surface Removal), 쉐이딩(Shading), 텍스처 매핑(Texture Mapping)을 포함한다. 그림 3-42는 그림 3-39에서 보는 3차원 물체들을 렌더링한 장면이다.

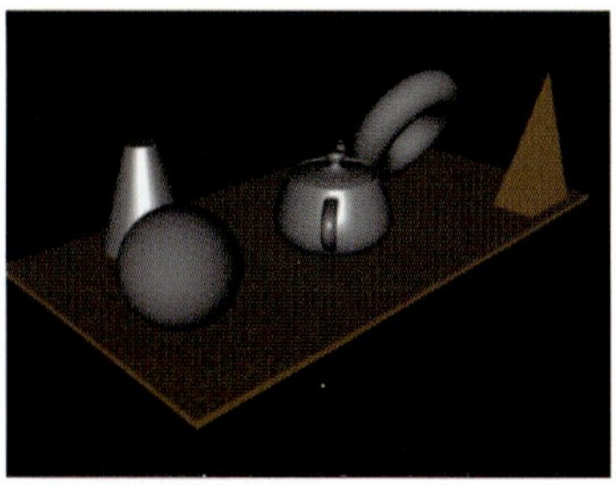

| 그림 3-42 3차원 물체의 렌더링

은면의 제거와 쉐이딩

은면 제거 방법 중 가장 널리 쓰이는 Z 버퍼 기법은 한 번에 하나의 픽셀씩, 카메라의 시점으로부터 물체를 볼 수 있는지 여부를 판단한다. 픽셀에 투영되는 직선상에 여러 물체가 걸치는 경우에는 물체들의 깊이를 비교하여 깊이가 가장 얕은 물체, 즉 카메라에서 가장 가까운 물체만이 그려지게 된다. 이러한 가시성(Visibility)의 판단은 모든 픽셀에 대해서 수행된다. 그리고 물체의 입체감을 나타내기 위하여 물체의 표면에 색상과 명암을 표현하는데, 이 과정이 쉐이딩이다. 그림 3-43은 보이지 않는 면을 제거하기 전과 후의 그림을 비교하고, 보이지 않는 면이 제거된 이미지에 쉐이딩 작업을 수행한 결과를 보여주고 있다.

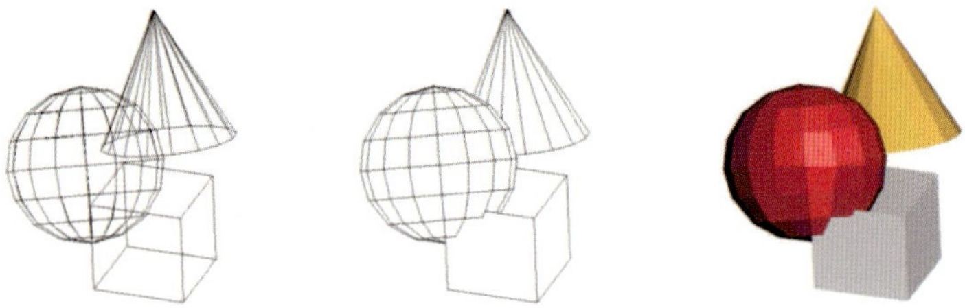

| 그림 3-43 Z-버퍼 기법을 사용하여 쉐이딩하는 과정

레이 트레이싱(Ray Tracing) 기법은 3차원 장면의 사진과 같은 사실적 이미지를 만들 수 있는 렌더링 기법이다. 레이 트레이싱은 렌더링의 한 장면에 존재하는 모든 광선이 카메라에 다다를 때까지 추적하여 모든 빛을 계산해내기 때문에 가장 발전되고 정확한 기법 중의 하나이다.

텍스쳐 매핑(Texture Mapping)

텍스쳐 매핑은 3차원 그래픽에서 물체 표면의 표현 방법 중 하나로, 실제 사진으로 기하모델의 표현을 에워싸는 기법이다. 텍스쳐는 색깔이나 밝기와 같은 2차원적인 질감뿐만 아니라 물체의 투명과 반사 방법과 같은 3차원적인 특성을 표현할 수 있다. 일단 텍스쳐가 정의되면 텍스쳐 매핑이라는 과정을 통하여 3차원 물체의 표면을 나타낸다. 그림 3-44는 3차원 물체들에 텍스쳐 매핑을 한 그림으로 테이블, 사면체, 구와 주전자에 텍스쳐가 입혀진 것을 볼 수 있다.

| 그림 3-44 3차원 물체의 텍스쳐 매핑

3.5 이미지와 그래픽의 파일 포맷

이미지와 그래픽의 파일 포맷은 래스터 방식과 벡터 방식, 3차원 그래픽 파일로 나눌 수 있다. 여기서는 가장 자주 이용되는 파일 포맷들을 알아보고 그 특성과 차이점을 알아보자.

3.5.1 래스터 방식의 파일 포맷

BMP

Microsoft사에서 지원하는 가장 단순한 파일 포맷으로서 비트맵 방식에서는 가장 기본이 되는 포맷이다. 즉, 파일의 크기를 비롯한 파일 관련 정보를 파일 헤더에 두고 각 픽셀의 컬러 값을 그대로 표시하는 방법이다. 모든 이미지 편집 프로그램과 대부분의 워드프로세서에서 지원한다. 압축하지 않기 때문에 파일 크기가 큰 것이 단점이다.

TIFF(Tagged Image File Format)

Aldus사와 Microsoft사가 공동으로 개발한 이미지 저장 포맷으로, 1980년대 스캐너에서 일반적인 파일 포맷으로 사용하기 위하여 개발되었다. TIFF 파일은 스캐너뿐 아니라 일반적으로 널리 사용되는 그래픽 이미지 포맷 중의 하나로 탁상출판, 팩스, 의료 이미지 처리 및 3차원 응용 프로그램에서도 사용되고 있다.

GIF(Graphics Interchange Format)

Compuserve사에서 통신을 이용한 이미지 파일 전송을 목적으로 개발되었다. 팔레트를 사용하는 8비트 컬러만을 지원하는 대표적인 압축 포맷이다. 앞에서 설명한 GIF 압축 알고리즘의 특성상 사진의 경우는 압축 효과가 크지 않으나, 일러스트레이션용으로 제작된 그래픽 파일의 경우에는 압축 효과가 높다. 소규모의 파일 크기를 중요시하는 웹에서 JPEG 포맷과 함께 가장 널리 사용된다. 1989년에 개정된 GIF89 포맷에는 256개 컬러 중 투명색(Transparent Color)을 지정할 수 있으며, GIF89a에서는 애니메이션 기능을 제공하고 있다.

PNG(Portable Network Graphics)

비손실 그래픽 파일 포맷으로 GIF의 LZW 알고리즘에 대한 특허 문제와 256 컬라의 제한을 개선하고자 공개형식으로 개발하였다. 대부분의 경우 PNG는 GIF보다 압축률이 더 높으며 24비트 트루컬러를 지원하여 원본의 색을 다 저장할 수 있다. 반면, PNG에서는 애니메이션을 지원하지 않는다.

JPEG

특별히 사진의 압축을 위해 고안된 파일 포맷이다. 자연 현상 중에 급격한 색상의 변화는 드물게 일어난다는 사실에 바탕을 두고 만들어진 기법이다. 즉, 사진에서 얻어진 이미지의 경우 한 픽셀의 컬러 값은 바로 옆 픽셀의 값과 큰 차이를 보이지 않는다는 사실을 이용하였다. 그리고 사람의 눈은 색상보다 명암에 더 민감하다는 사실도 활용하고 있다.

JPEG와 GIF의 압축 방식이 다르므로 다른 종류의 이미지에 대해 다른 압축률을 보인다. 일반적으로 큰 사진을 다루는 경우나 많은 컬러를 가지는 큰 이미지를 다룰 경우에는 JPEG이 더 적합하다. 그러나 적은 컬러를 가지지만 넓은 영역을 갖는 간단한 선들로 이루어진 경우, 즉 클립아트의 경우나 투명한 이미지를 원하는 경우 또는 그림에 애니메이션을 주고 싶은 경우에는 GIF가 더 적합하다. 그림 3-45를 보면 그 차이를 볼 수 있다. 즉, 적은 색상의 그림은 JPEG보다 GIF가 더 압축률이 좋다. 참고로 GIF에서 제공하는 최대의 컬러 수는 256가지이다.

비 압축된 원본 이미지 (BMP 파일)	압축	JPEG 이미지	압축률	GIF 이미지
 416KB	→	 19.8KB(21.0:1)	<	 4.91KB(84.7:1)
 1641KB	→	 84.2KB(19.49:1)	>	 168.0KB(9.77:1)

| 그림 3-45 GIF와 JPEG의 비교

위에서 살펴본 파일 포맷들은 현재 널리 사용하고 있는 그래픽스 소프트웨어들, 예를 들어 Photoshop 같은 소프트웨어들에서는 포맷들 사이의 변환을 기본적으로 지원하고 있어 포맷 간의 변환에 있어서는 불편함이 없다.

3.5.2 벡터 그래픽의 파일 포맷

벡터 방식의 파일 포맷 역시 매우 다양하게 존재한다. 이는 소프트웨어에 따라 각기 다른 형태의 포맷을 지원하기 때문이다. 이 다양한 포맷들은 벡터 방식으로 저장된다는 것 외에는 공통점이 없어 사실상 상호 간의 변환이 반드시 필요하다고 할 수 있다. 따라서 각 소프트웨어에는 자신의 포맷 외에 몇 가지 포맷을 읽어들이는 기능이 포함되어 있다.

EPS(Encapsulated Postscript)

프린터에 그래픽스 정보를 보내기 위해 등장한 Postscript언어를 활용한 포맷이다. 텍스트의 그래픽 구조 및 폰트, 비트맵 정보를 표시한다. 개발 목적에 따라 프린터 제어나 전자출판에서 널리 사용된다.

WMF(Windows Meta File)

WMF는 Windows에서 사용하는 파일 방식으로 그리기 도구(Drawig Tool) 프로그램에서 공통적으로 지원하는 포맷이다. Microsoft Office 등에서 클립아트(Clip Art)로 제공되는 포맷이기도 하다. 비트맵과 벡터 정보를 함께 표현하고자 할 경우에 적합하다.

AI

Adobe Illustrator에서 최초로 사용된 파일 포맷으로서, Photoshop 등의 그래픽스 소프트웨어에서도 읽을 수 있다.

CDR

Corel Draw에서 사용되는 파일 포맷이다. 그리기 도구를 위한 포맷이므로 일반 그래픽스 프로그램에서는 보기만 가능할 뿐 편집은 Corel Draw에서 해야 한다. Adobe사의 Illustrator에서처럼 객체들을 도형 형태, 즉 벡터 방식으로 저장한다.

3.5.3 3차원 그래픽 파일 포맷

3차원 그래픽에서 사용되는 파일 포맷 중 대표적인 것으로는 다음과 같은 것들이 있다.

3DS

3D Studio MAX에서 사용하는 파일 포맷이다. 대부분의 3차원 그래픽 소프트웨어에서 지원하고 있다.

DXF

Autodesk사의 AutoCAD에서 사용하기 위해 개발된 것으로서 벡터 속성을 갖는 파일 포맷이다. CAD 소프트웨어에서 널리 사용된다.

WRL

VRML을 위해 개발된 포맷으로서 3차원 객체에 대한 모양 정보 및 공간에서의 위치

정보를 담고 있다. VRML 2.0부터는 애니메이션 및 사용자 입력을 위한 스크립트를 제공한다.

위의 포맷 외에도 여러 가지 형식의 포맷들이 존재하는데, 이는 3D 그래픽스 소프트웨어들이 표준 포맷을 가지고 있는 것이 아니라 각자 독자적인 포맷들을 사용하기 때문이다. 따라서 3D 그래픽스 소프트웨어 업체들은 사용자의 편의를 위해 플러그인 프로그램 형태로 파일 포맷 변환 소프트웨어를 제공하고 있다. 간혹 이들 업체에서 제공되지 않는 변환도 있을 수 있는데, 이러한 것들은 업체들과는 무관한 프로그래머들 또는 제3의 업체들(이들 모두를 보통 3rd party라고 부른다)이 자체적으로 제작하여 배포하기도 한다.

3.6 이미지/그래픽스 편집 소프트웨어

각 편집소프트웨어들은 크게 이미지 편집도구, 그리기 도구(Drawing Tool), 칠하기 도구(Painting Tool), 3차원 그래픽스 도구(3D Graphic Software)로 구분할 수 있다. 하지만 최근의 프로그램들은 각자의 특성 외에도 다른 프로그램들의 특성을 조금씩 가지고 있어 어느 한 영역에만 국한시킬 수 없는 경우도 있다. 가령 유명한 이미지 편집 프로그램인 Photoshop은 이미지 편집 기능 외에 그리기 도구와 칠하기 도구 등을 지원하고 있다. 이 그리기 도구와 칠하기 도구는 전문적이지는 않지만 간단한 작업을 하기에는 충분한 기능을 제공하고 있어 복잡하지 않은 작업의 경우 다른 소프트웨어를 사용하지 않고도 해결할 수 있다. 그림 3-46은 이미지 편집 도구, 그리기 도구, 칠하기 도구와 3차원 그래픽스 소프트웨어의 관계를 보여주고 있다.

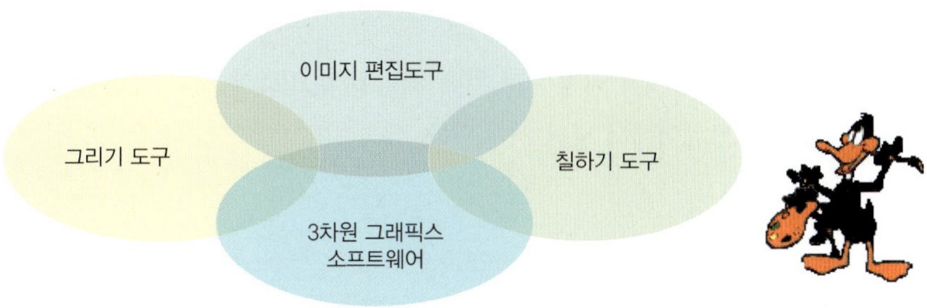

| 그림 3-46 이미지 편집도구, 그리기 도구, 칠하기 도구와 3차원 그래픽스 소프트웨어

3.6.1 그리기 도구(Drawing Tool)

그리기 도구는 벡터 방식을 기본으로 취하고 있는 프로그램이다. 즉, 원, 사각형 등의 기본 형상과 직선, 곡선 등과 같이 기하적인 형태로 그리는 기능을 가지고 있다. 따라서 이렇게 만들어진 데이터들은 벡터 형태를 취하므로 이동, 확대/축소 등이 용이하다. 요즘의 대부분의 저작도구에서는 기본적으로 그림 그리기를 제공하므로 간단한 그림의 경우 저작도구 안에서 해결을 하거나 기타 다른 도구를 이용하여 그리기도 한다. 이와 같은 프로그램으로는 Adobe사의 Illustrator와 Corel사의 Corel Draw가 있다.

Illustrator

Illustrator는 Adobe사에서 개발한 그리기 도구로, 최고의 그리기 계열 소프트웨어로서 인정받고 있으며 그래픽 디자이너, 일러스트레이터 및 전문가들이 선호하고 있다. Corel Draw와 비슷한 기능을 가지고 있으나 그래픽 전문가들이 많이 사용하는 매킨토시에서는 Corel Draw보다 Illustrator가 많이 사용된다. Illustrator는 Corel Draw와 더불어 일러스트레이션 및 바탕그림 제작에 많이 쓰인다. 또한 독자적 데이터 형식을 가지고 있으면서 래스터 그래픽 정보에도 대응할 수 있는 EPS(Encapsulated PostScript) 형식을 지원하고 있으며, 다른 그래픽 소프트웨어와 데이터 공유가 가능하다.

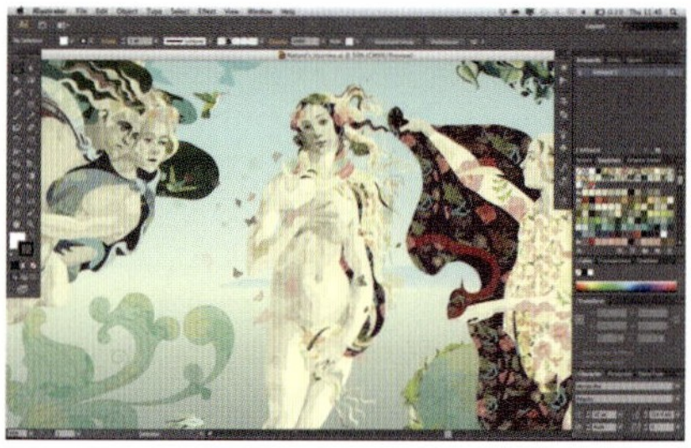

| 그림 3-47 Adobe Illustrator CS6의 작업화면

CorelDraw

CorelDraw는 벡터 방식을 지원하는 캐나다의 Corel사에서 개발한 그리기 도구이다. 특징으로는 레이어를 이용한 벡터 일러스트 기능과 페이지 레이아웃 기능이 탁월하다. 현재까지 많은 그래픽스 프로그램들은 매킨토시를 기반으로 이루어져 왔지만 최근에는 저렴한 가격과 빠른 속도를 갖는 PC에서도 많이 작업하고 있다. 그 중에서도 CorelDraw는 컴퓨터 그래픽스 프로그램이라고 부를

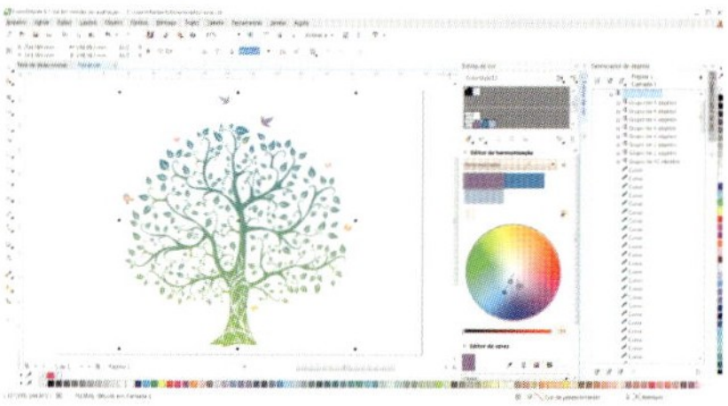

| 그림 3-48 CorelDraw의 작업화면

수 있는 거의 모든 종류의 그래픽스 프로그램들을 하나의 패키지 형식으로 묶어 놓아, 사용자에게 비교적 쉽고 편리한 인터페이스를 제공하는 CorelDraw의 사용이 눈에 띄게 늘어가고 있다. 사용 분야로는 주로 일러스트레이션에 쓰이며, CI(Corporation Identification), 간행물 표지 디자인, 브로슈어 제작 등에도 쓰인다.

3.6.2 칠하기 도구(Painting Tool)

칠하기 도구는 붓으로 그림을 그리듯 사용하는 프로그램이라고 생각하면 된다. 즉, 칠하기 도구는 픽셀 단위를 기본으로 하는 래스터형 데이터를 가진다. 이러한 기능을 하는 대표적인 프로그램으로는 MacPaint, SuperPaint, Painter 등이 있다. 이 소프트웨어에서 다루는 데이터는 래스터 데이터이므로, 영역 단위의 변환만이 가능하며 그리기 도구의 데이터에 비해 데이터 사이즈가 커진다. 파일 형식으로는 PCT, TIFF, JPEG, GIF 등이 있다.

Painter

| 그림 3-49 Painter X3의 작업화면

Painter는 Photoshop 플러그인(Plug-in)인 KPT로 유명한 Metacreation사에서 개발하고 현재 Corel사에서 판매 중인 칠하기 도구이다. 이는 실세계의 회화 기법을 컴퓨터에서 적용하기 위한 가장 좋은 도구이다. 즉, 사용자는 붓칠을 하듯 펜입력장치 등을 통하여 원하는 그림을 그릴 수 있으며, 단순히 붓뿐이 아닌 목탄, 연필, 수채, 유채물감 등과 같은 다양한 종류의 칠하기 도구들을 제공한다. 또한 기존의 페인트 프로그램에서 보기 힘든 강력한 되돌리기(Undo)기능을 제공하고 있다. 이와 같은 페인트 계열 프로그램들은 완성된 클립들에 원하는 모양이나 색으로 칠할 때 유용하게 쓰인다.

3.6.3 이미지 편집 도구(Image Editing Tool)

스캐너나 디지털 카메라 등과 같은 입력장치를 통해 얻은 사진이나 이미지에 다양한 그래픽 처리를 하기 위한 소프트웨어이다. 이러한 기능으로 이용하여 스캐너로 읽은 사진의 색상이 변질된 것을 보정하고 싶을 때 사용될 수 있다. 대표적인 프로그램으로는 Photoshop과 PaintShopPro가 있다. 이와 같은 이미지 편집 소프트웨어는 언뜻 보면 페인트 계열 소프트웨어와 비슷해 보일 수 있으나, 화상의 색과 대비(Contrast) 조정, 화상의 인상을 뚜렷하게 하거나 흐리게 하는 다양한 필터처리 등의 기능을 갖는 것이 페인트 계열의 소프트웨어와 다르다. 그리고 이미지의 해상도 조정 기능, 레이어(Layer) 기능, 인쇄용 색 표현 방법인 CMYK, GIF를 위한 256 인덱스 컬러로의 변환, 화상처리 등 다양한 기능을 제공한다. 또한 Kai's Power Tool과 같은 플러그인 소프트웨어를 통하여 기본 기능을 확장할 수 있다.

Photoshop

Photoshop은 Adobe사에서 개발한 이미지 편집 도구로서, 그 유명도는 타의 추종을 불허할 정도이다. 특히 Photoshop은 강력하고 다양한 필터를 가지고 있으며, 이미지 편집 도구의 표준이라 할 만큼 널리 알려져 있다. 실제로 이미지 편집에 필요한 기능들 중에 가지고 있지 않은 것이 없을 정도이며, 제3의 회사에 의한 플러그인 필터를 지원하여 필요한 필터들을 거의 무제한적으로 추가할 수 있다. 몇몇 고급 기능들을 제외하면 일반인들도 책으로 충분히 습득할 정도의 난이도를 가지고 있다. 이 프로그램은 이미지 처리(필터링, 합성, 복원)에 있어서 사실상 표준이라 할 수 있다.

| 그림 3-50 Adobe Photoshop CS6의 작업화면

PaintShopPro PHOTO

PaintShopPro는 원래 JASC사에서 래스터 그래픽 방식의 칠하기 도구로 개발되었다. 최근에 2D 그래픽 시장에서 Adobe사와 양대 산맥을 이루고 있는 Corel사로 인수되면서 PaintShopPro PHOTO X6 버전이 출시되었다. 현재에는 칠하기 도구보다는 디지털 이미

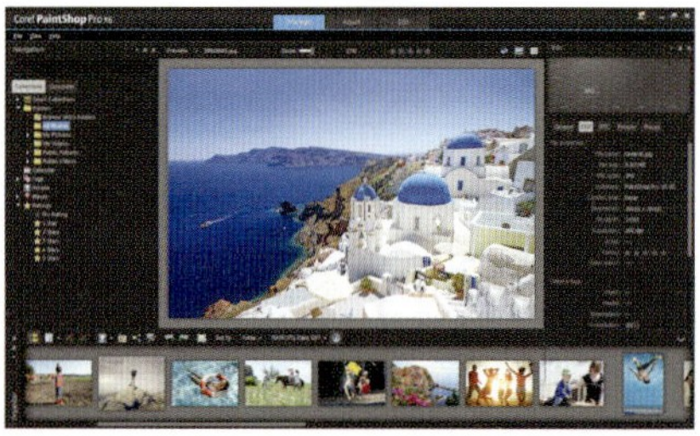

| 그림 3-51 PaintShopPro PHOTO X6의 작업화면

지 편집 및 웹 그래픽 제작 소프트웨어로 사용되고 있다. 디지털 사진 편집 기능 및 보정 기능을 강화하였으며, 특히 인물 보정이나 풍경사진 작업 시 마우스 조작을 간단히 할 수 있는 사용자 인터페이스를 제공하고 있다.

3.6.4 스크린 그래버(Screen Grabber, Screenshot)

스캐너나 디지털 카메라를 통하지 않고 컴퓨터 스크린의 화면이나 동연상의 일부를 캡처할 수 있는 소프트웨어가 매우 유용하게 사용된다. 이러한 소프트웨어를 스크린 그래버라 부르며 대표적인 소프트웨어로 Snagit, Camtasia Studio, Adobe Captivate, Bandicam 등이 있다. 스크린 그래버를 이용하면 컴퓨터 스크린 상의 특정 영역을 지정하여 이미지 상태로 저장하고 이미지를 편집 할 수 있다. Camtasia Studio를 이용하면 원하는 Recorder를 통하여 동영상의 비디오와 오디오 부분을 캡쳐하여 편집하고 다시 타임라인 인터페이스를 지원하는 멀티미디어 저작도구 Camtasis Studio Editor를 이용하여 외부 동영상을 임포트하거나 통합하여 새로운 콘텐츠를 제작할 수 있다. 그림 3-52는 스크린 그래버 소프트웨어의 사례들을 보여주고 있다.

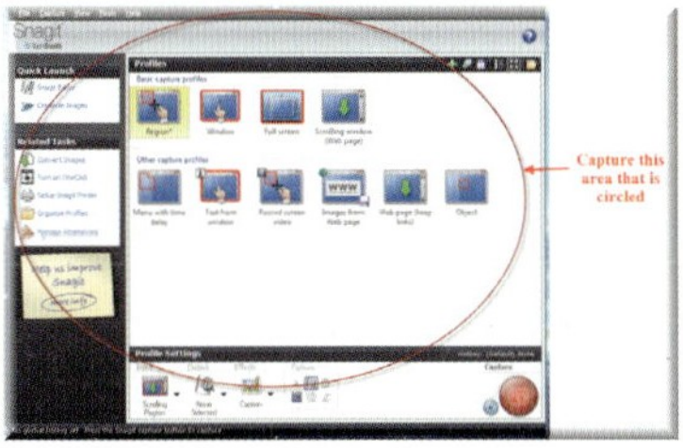

(a) Snagit을 이용한 스크린 캡처

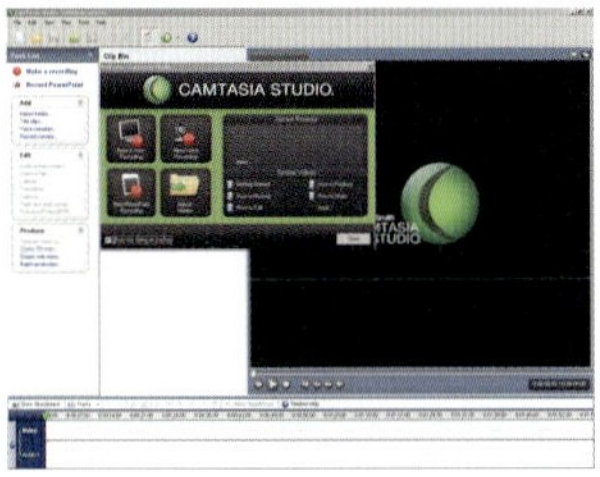

(b) Camtasia Studio를 이용한 비디오 캡처 및 저작

| 그림 3-52 스크린 그래버를 이용한 스크린 캡처(https://en.wikipedia.org)

3.6.5 3차원 그래픽스 소프트웨어(3D Graphics Software)

3차원 그래픽을 생성하는 과정을 크게 물체의 모델링 과정과 표면에 재질을 입히는 렌더링 과정으로 나눌 수 있다. 그러나 현재 대부분의 프로그램들은 과거 모델링 소프트웨어(Modeling Software)와 렌더링 소프트웨어(Rendering Software)로 구분되었던 것과는 달리 모델링과 렌더링 기능을 하나의 프로그램에서 제공하고 있는 추세이다. 대

표적인 소프트웨어에는 3D Studio Max, MAYA, SoftImage XSI 등이 있다.

3차원 그래픽스 소프트웨어는 파일 변환 등을 이용하여 독자적인 포맷의 데이터를 여러 프로그램 간에 주고받을 수 있도록 하고 있다. 모델링은 평면도, 입면도 및 측면도의 입력 또는 회전 등을 통해 3차원 물체를 만든다. 이렇게 만들어진 물체를 편집하기 위해 분할이나 조합에 의해 형상을 조정하게 된다. 데이터는 3차원 형상을 표현하는 수치 데이터가 기본이다(그림 3-52(a)).

렌더링 기능은 모델에 쉐이딩, 텍스쳐, 표면처리 등을 지정하는 작업을 수행한다(그림 3-52(b),(c)). 기본 기능으로는 소재나 모양을 지정하는 속성 지정 기능, 지정된 조건하에 화면에 모델링 결과를 즉시 보여주는 기능 등이 있다. 또한 가상 카메라로 촬영한 효과를 낼 수도 있다. 렌더링시에는 GUI를 통하여 계속 시행착오를 거치며 가장 만족할 만한 결과가 나올 때까지 렌더링한다.

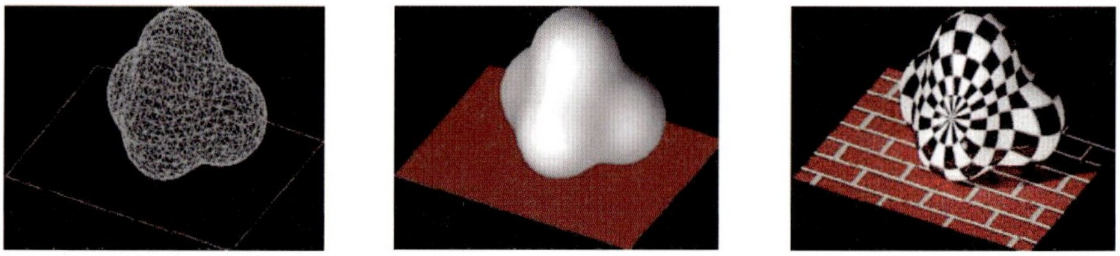

(a) 모델링 (b) 쉐이딩 (c) 텍스쳐 매핑

| 그림 3-52 모델링과 렌더링 과정

3ds MAX

3ds MAX는 Autodesk사에서 개발한 3차원 그래픽 도구로 뛰어난 모델링과 렌더링, 애니메이션 기능을 가지고 있다. 직관적인 사용법과 고가의 프로그램에서나 제공하는 여러 다양한 기능, 다양한 플러그인을 가지고 있으며 많은 사용자층을 갖고 있다. 하지만 배우기 어렵다는 단점이 있다. 이 프로그램은 시각화(Visualization), 모델링, 애니메이션 및 물리적 시뮬레이션에 쓰인다.

| 그림 3-53 3ds MAX의 작업화면

MAYA

MAYA는 Silicon Graphics사가 Alias Wavefront를 대대적으로 수정, 확장하여 만든 차세대 그래픽 소프트웨어로서, Alias Power Animator, Explore, Dynamation, Kinemation 등의 장점을 통합해서 1998년에 발표한 소프트웨어이다. 여기서 말하는 장점이란 Power Animator의 너브 모델링(NURBS Modeling), Explore의 다각형 모델링(Polygon Modeling), Dynamation의 미립자 시스템(Particle System)을 말한다. 이들의 기능은 각각 별개의 프로그램으로 존재했는데 MAYA는 이러한 장점들을 통합한 것이다. 현재 MAYA는 Autodesk사에서 소유하고 있으며, 고급(High-end) 3차원 그래픽 소프트웨어 시장에서 많이 사용되고 있다.

| 그림 3-54 MAYA의 작업화면

SoftImage

SoftImage는 캐나다 몬트리올에 위치한 SoftImage사에서 개발한 3D 애니메이션 전용 소프트웨어 SoftImage 3D에서 시작하였고, 현재 Autodesk사에서 판매하고 있다. 모델링을 하고 색을 입히고 움직임을 주는 3D 애니메이션 소프트웨어인데, 다른 소프트웨어에 비해 간편한 사용자 인터페이스와 쉽게 조작할 수 있는 애니메이션 기능이 강점이기 때문에, 캐릭터 애니메이션 분야에서 독보적인 위치를 차지하고 있다. 많은 게임들과 영화들이 SoftImage의 힘을 빌려 3D 애니메이션이나 특수 효과 등을 수행할 수 있었다. 그 뛰어난 기능만큼 가격도 비싸 개인 사용자들은 접해보기 힘든 소프트웨어이며, 시스템 요구사항 또한 만만치 않다. SoftImage는 본래 그래픽 전용 워크스테이션에서만 실행이 가능했는데, 최근 버전은 Windows용으로도 출시되어 있다.

| 그림 3-55 Autodesk Softimage 2015의 작업화면

3.7 참고자료

- Digital Multimedia, 3rd Edition / N. Chapman and J. Chapman / John Wiley & Sons, 2009
- Multimedia: Making It Work, 9th Edition / T. Vaughan / McGraw Hill, 2014
- 컴퓨터 그래픽스 배움터(개정 3판) / 최윤철, 임순범 / 생능출판사, 2015
- 3D User Interfaces / D. Bowman, etc. / Pearson Education, 2005
- Computer Graphics with OpenGL, 4th Edition / D. Hearn and M. P. Baker/ Person Education, 2010
- The Magic of Image Processing / Mike Morrison / Sams Publishing
- Digital Image Processing Algorithms / Ioannis Pitas / Prentice Hall / 1993
- Epson, http://www.epson.com, 엡손 스캐너 및 프린터에 대한 제품정보
- Digital Camera Magazine, http://www.digicamera.com, 디지털 카메라에 대한 웹진
- e-Ink, http://www.e-ink.com, 전자잉크 디스플레이
- JPEG homepage, http://www.jpeg.org, 이미지 압축 표준의 하나인 JPEG의 홈페이지
- Adobe Illustator 홈페이지, http://www.adobe.com/kr/products/illustrator
- Corel Draw의 소개 페이지, http://www.corel.com/servlet/Satellite/kr/kr/Product/1191272117978
- Adobe Photoshop 홈페이지, http://www.adobe.com/kr/products/photoshop
- 3D Studio Max의 홈페이지, http://www.autodesk.com/3dmax
- MAYA의 홈페이지, http://www.autodesk.com/maya
- SoftImage사의 홈페이지, http://www.softimage.co.kr

연습문제

5지 선다형

3-1 8비트 컬러를 사용하는 GIF에서 표현할 수 있는 컬러의 수는?

(a) 1024 (b) 128 (c) 256 (d) 4096 (e) 65536

3-2 래스터 그래픽과 가장 관련성이 높은 소프트웨어는?

(a) Illustrator (b) 칠하기 도구 (c) CorelDraw
(d) 3ds MAX (e) Photoshop

3-3 벡터 그래픽 방식의 소프트웨어와 가장 관련성이 높은 것은?

(a) Illustrator (b) Painter (c) Photoshop
(d) 칠하기 도구 (e) 3ds MAX

3-4 CMY 컬러 모델에 기반하고 있는 장치는?

(a) LCD 모니터 (b) CRT 모니터 (c) 디지털 카메라
(d) 잉크젯 프린터 (e) 이미지 스캐너

3-5 아날로그 사진을 디지털화 과정에서 1024 × 512 화소로 표본화하고 각 화소를 16비트로 표현할 때 이 사진에 소요되는 메모리 용량은?

(a) 0.5 MB (b) 1 MB (c) 2 MB (d) 4 MB (e) 8 MB

3-6 사람이 그린 그림을 압축하기 위하여 가장 적합한 압축 방식은?

(a) JPEG2000 (b) JPEG (c) GIF (d) EPS (e) BMP

3-7 다음에서 JPEG에서 압축을 위한 과정과 관련성이 없는 과정은?

(a) RGB 모델에서 YIQ 모델로 변환 (b) 이미지의 표본화
(c) 양자화 과정 (d) 엔트로피 코딩 (e) DCT 변환

3-8 3차원 그래픽스 처리과정과 가장 관련성이 적은 것은?

(a) 영역 채우기 (b) 모델링 (c) 텍스쳐 매핑
(d) 렌더링 (e) 은면의 제거

3-9 다음 중 래스터 방식의 파일 포맷이 아닌 것은?

(a) BMP (b) GIF (c) PNG (d) JPEG (e) EPS

3-10 다음 중 이미지 편집 기능을 가장 잘 지원하는 소프트웨어는?

(a) Illustrator (b) CorelDraw (c) Painter
(d) Photoshop (e) 3ds MAX

괄호넣기

3-1 (　　　)은 'Picture Element'의 합성어로 화면을 구성하는 가장 기본이 되는 단위를 뜻한다. 즉, 쉽게 말해서 모니터의 화면에 나타나는 각각의 점을 의미한다.

3-2 해상도는 두 가지로 나누어지는데, (　　　　)는 출력장치가 단위 면적에 표현할 수 있는 픽셀 수를 말하며, 이미지 해상도(Image Resolution)는 장치와는 무관하게 이미지 자체의 해상도를 말한다.

3-3 (　　　　)은 픽셀단위로 저장하는 방식이기 때문에 파일의 크기는 해상도에 비례한다. 그리고 화면을 확대할 때 화질이 떨어지게 된다. 이러한 (　　　　)은 칠하기 도구(Painting Tool)에 의해 픽셀들의 형태로 생성된다.

3-4 (　　　　)은 기하적인 객체들을 표현하는 그래픽 함수들로 표현되기 때문에, 일반적으로 파일의 크기가 래스터 그래픽 방식에 비해 작다. (　　　　)은 점, 선, 곡선, 원 등의 기하적 객체로 표현되므로, 화면 확대 시 화질의 저하가 발생하지 않는다.

3-5 (　　　　)은 빛의 삼원색으로 불리는 적색, 녹색, 청색을 더하여 색을 만들어내기 때문에 가산 모델(Additive Model)이라고 불리며, 빛의 성질을 이용한 특성 때문에 CRT 모니터 등 빛으로 컬러를 표현하는 곳에서 많이 사용한다.

3-6 아날로그 이미지는 컴퓨터에서 직접 저장하거나 처리할 수 없으므로, 일단 픽셀들로 구성된 디지털 이미지로 변환시켜야 한다. 여기서 아날로그 이미지는 표본화 및 (　　　　) 과정을 거쳐 디지털 이미지로 바뀌게 된다.

3-7 (　　　　　　)란 이미지에서 명암도에 따른 픽셀의 수를 고르게 분포시키는 기법이다. 이때 각 픽셀의 명암도에 따른 순서는 변하지 않도록 한다. 이미지에 대해 (　　　　　)를 시키면 어두운 이미지는 전체적으로 밝아져서 어두운 부분에서의 명암차이를 쉽게 구분할 수 있으며, 밝은 이미지는 전체적으로 어두워져서 밝은 부분의 명암차이가 쉽게 구분된다.

3-8 컬러 정지화상(사진)의 압축을 위하여 1992년 국제 표준으로 JPEG 알고리즘이 확정되었다. JPEG에는 다양한 압축 모드가 있는데, 그중 (　　　　　)은 X-레이나 CT사진에서와 같이 픽셀 하나하나가 중요한 경우에 사용되며, 손실 압축은 JPEG에서 일반적으로 쓰이는 방식이다.

3-9 일반적인 3차원 그래픽의 생성 과정은 먼저 물체의 기하학적인 형상을 (　　　　)하고, 이후 필요에 따라 3차원 물체를 2차원 평면에 투영한다. 이렇게 생성된 3차원 물체에 색상과 명암을 나타낸다.

3-10 (　　　　)이란 3차원 컴퓨터 그래픽에서 그림자나 색채의 변화와 같은 3차원적인 질감을 더하여 현실감을 추가하는 과정으로, 와이어프레임 이미지를 명암이 있는 이미지로 바꾸는 데 사용되는 기법을 말한다.

주관식

3-1 GIF 압축은 비손실압축 방식이고 JPEG은 일반적으로 손실압축 방식이다. 그 이유가 어디에 있다고 생각하는가?

3-2 JPEG 압축이 만족해야할 성질이 무엇인지 본인의 생각을 기술하고, 이 JPEG 압축과정에서 가장 압축이 많이 발생하는 과정이 어떤 부분인지 설명하라.

3-3 사진과 같은 이미지를 디지털화 하는 과정을 기술하고, 각 과정에서 발생할 수 있는 에러(Error)에 대하여 기술하라.

3-4 가장 자주 이용되고 있는 이미지 압축 알고리즘인 JPEG은 데이터 압축율을 높이기 위해 일반적으로 손실압축 기법을 이용한다. JPEG 손실압축 과정에서 데이터 손실(Data loss)이 일어나는 과정을 기술하고 데이터 손실이 발생하는 이유를 구체적으로 설명하라.

3-5 이미지, 래스터 그래픽 및 벡터 그래픽의 차이점을 설명하라.

3-6 이미지의 디지털화 과정에서 표본화(Sampling)와 양자화(Quantization)는 무엇을 위미하는가?

3-7 아날로그 이미지를 디지털 이미지로 변환하는 과정에 대하여 기술하라.

3-8 이미지 필터링이 무엇인지 설명하고, 그 중 히스토그램 평준화(Histogram Equalization) 개념을 설명하라.

3-9 이미지 압축을 위한 기법 중 GIF 압축과 JPEG 압축의 특성과 적용 분야의 차이점을 설명하고, 각각 어떠한 경우에 적합한 압축 기법인지 설명하라.

3-10 벡터 폰트와 래스터 폰트의 개념적 차이점을 설명하고, 특히 벡터 폰트의 장점을 서술하라.

3-11 이미지/그래픽 편집 소프트웨어 중 그리기도구(Drawing Tool)와 칠하기도구(Painting Tool)의 차이점을 설명하고 실제 두 가지 소프트웨어의 기능적 차이점과 유사점을 조사해 보라.

04
CHAPTER

사운드 처리 기술

사운드란 귀로 들을 수 있는 모든 정보를 말한다. 사운드는 음악이나 음성과 같이 단독으로 사용되기도 하지만, 멀티미디어 환경에서는 다른 정보를 전달할 때 보조적인 역할로 주로 사용된다. 사운드를 음악, 음성, 음향효과의 세 가지로 나눌 수 있는데, 이 세 가지 중 음악과 음성(대화)은 단독으로 사용될 수 있지만, 멀티미디어 환경에서는 이 세 가지가 복합적으로 다른 미디어와 함께 사용되는 것이 일반적이다. 이 장에서는 이러한 사운드의 종류와 기본 개념 그리고 컴퓨터에서의 사운드 처리 방법에 따른 디지털 오디오와 미디(MIDI)에 대해 살펴보고, 최근에 많은 발전을 하고 있는 입체음향(3D Sound)에 대해 알아본다.

4.1 사운드의 개요

사람이 가지는 감각은 크게 시각, 청각, 후각, 촉각, 미각의 다섯 가지가 있다. 이 오감 중에서 가장 많이 사용되는 정보 전달수단이 시각과 청각이다. 시각 정보가 중심이 되는 경우는 책, 그림 등이 있고, 청각 정보가 중심이 되는 경우는 대화, 연설, 음악, 뉴스 등이 있다. 그리고 비디오와 애니메이션에서는 이 두 가지 정보가 함께 사용되고 있다. 컴퓨터에서는 주로 이 두 가지 감각을 이용하고 있고, 사운드는 그중 하나이므로 컴퓨터를 이용한 정보 전달에서도 매우 중요한 역할을 차지한다.

또 다른 측면에서 볼 때, 멀티미디어 정보에서 사운드를 사용하는 이유는 정보전달 시 미디어의 상승효과와 동기유발에 있다. 예를 들어, 정보를 전달할 때 시각적 방식과 청각적 방식을 동시에 사용하여 정보를 전달하면 정보전달 효과가 커지는 것으로 알려져 있다. 또한 사운드를 사용하게 되면 정보를 전달받는 사람의 동기나 흥미를 유발시켜 멀티미디어 정보를 효과적으로 전달할 수 있다.

4.1.1 사운드의 종류

사운드는 일반적으로 음성(Voice), 음악(Music), 음향효과(Sound Effect)의 세 가지로 분류할 수 있고, 컴퓨터에서 처리하는 방법에 따라서는 디지털 오디오(Digital Audio)와 미디(MIDI)로 분류할 수 있다.

(1) 일반적인 분류

음성(Voice)

음성은 정보를 전달하는 주요한 수단 중 하나이다. 컴퓨터에서 음성을 사용하면 텍스트(Text)를 사용하는 경우보다 정보를 더 빠르고, 이해하기 쉽고, 설득력 있게 전달할 수 있다. 컴퓨터에서 사용하는 음성은 디지털화된 음성과 합성된(Synthesized) 음성으로 나눌 수 있는데, 디지털화된 음성은 사람 음성에 가깝지만 많은 용량을 차지하고, 합성된 음성은 용량은 작지만 자연스럽지 않다. 우리가 SF영화 같은 데서 들을 수 있는 로봇 음성은 합성된 음성의 좋은 예이다.

음악(Music)

음악은 감상용으로 사용하는 경우도 있지만, 멀티미디어 정보를 전달하는 데 부수적인 효과를 제공한다. 예를 들어, 분위기나 장면의 전환, 감정의 고조 등을 나타내는 데 사용된다. 특히 텍스트나 이미지와 같은 시각적인 정보를 전달할 때, 음성과 음향효과를 같이 사용하면 효과가 더욱 커지게 된다.

음향효과(Sound Effect)

음향효과는 단독으로 사용되기보다는 정보를 전달할 때 강조하거나 보조하는 수단으로 사용된다. 음향효과는 자연적인(Natural) 것과 합성한(Synthetic) 것으로 나눌 수 있다. 자연적인 것은 일상적인 주변에서 일어나는 소리를 의미하고, 합성한 음향효과는 인공적으로 만들어진 소리를 의미한다. 음향효과는 배경 효과로 사용되어 특정 장소나 상황을 좀 더 실감 있게 전달할 수 있고(비오는 상황이나 공사장 등), 어떤 특정한 정보를 나타내기 위해 사용될 수 있다(영화에서 전화 오는 소리나 보이지 않는 상황에서의 그릇 깨지는 소리 등).

(2) 컴퓨터에서 처리하는 방법에 따른 분류

디지털 오디오(Digital Audio)

디지털 오디오는 아날로그 파형(Analog Wave)을 디지털 형태로 변환한 것으로 원음에 가깝게 재생하기 위해서는 많은 정보가 필요하다. 우리가 듣는 음악 CD의 수준으로 디지털 오디오를 만들려면 3분 정도의 음악을 위해 약 30MB 정도가 필요하다. 디지털 오디오는 사람의 음성이 존재하거나, 디지털화된 소리를 처리할 수 있는 컴퓨터 환경이 지원될 때, 또는 연주하는 각 악기에 대한 제어를 할 수 없는 경우에 사용된다. 디지털화된 소리를 처리하기 위해서는 메모리나 하드디스크의 용량이 크고 CPU의 성능도 좋아야 한다.

미디(MIDI: Musical Instrument Digital Interface)

전자 악기와 컴퓨터 간에 정보를 전송하기 위해 만든 통신 프로토콜로서 음악을 표현하기 위해 사용된다. 미디는 음 자체에 대한 파형정보를 가지고 있는 것이 아니라 음을 연주하는 방법과 연주시기 등에 대한 정보를 가지고 있다. 음 자체에 대한 정보를 가지고 있지 않기 때문에 파일 크기는 작고, 음의 질은 실제 음에 대한 정보를 가지고 있는 음원의 영향을 받는다. 3분 정도의 미디 음악을 듣기 위해서는 약 8KB가 필요하다. 미디는 사람의 음성이 존재하지 않고, 연주할 각 악기에 대한 제어가 가능하고, 좋은 음원 모듈을 가지고 있을 경우에 이용된다. 특히 음악에 대해 어느 정도의 지식을 가진 사람은 미디 프로그램을 통해 손쉽게 음악을 작곡, 편곡할 수 있다.

4.1.2 사운드의 제작 과정

그림 4-1은 디지털 사운드의 제작과정을 간략하게 표현한 것이고, 실제적으로 각 단계에서 일어나는 작업은 다음과 같다.

① 계획(Plan)

어떤 작업을 할 것인지에 대한 계획을 세우고, 필요한 조건들을 검토한다. 그리고 최종 결과에서 사용될 사운드에 대한 설계를 한다.

② 녹음(Record)

사람의 음성이나 현실 세계의 소리를 사운드 도구를 이용하여 녹음한다. 컴퓨터를 이용하는 경우에는 녹음과 함께 디지털로의 변환이 동시에 이루어진다. 이렇게 직접 녹음하는 것이 사용하고자 하는 목적에 가장 잘 부합되지만, 인터넷에서 음향효과를 모아 놓은 사이트나 사운드 클립(Sound Clip) CD를 이용할 수도 있다. 이 경우에는 사운드가 일반적으로 디지털 형태로 존재하기 때문에 변환 과정이 필요없다. 그러나 이러한 경우에도 목적에 완전히 맞는 경우는 드물기 때문에 편집과정을 거쳐 목적에 맞게 바꾸어 주어야 한다.

③ 변환(Capture)

기존의 카세트 테이프나 CD 등에 녹음되어 있는 음성이나 음악 등을 컴퓨터에서 사용하기 위하여 디지털 사운드로 변환한다. 일반적으로 아날로그 파형은 디지털로 변환되나 이미 디지털로 되어 있는 경우는 전송만 하면 된다.

④ 편집(Edit)

원하는 목적에 맞게 사운드 편집 프로그램을 이용하여 편집(Edit) 또는 믹싱(Mixing)한다. 예를 들어, 녹음한 것 중에서 제일 좋은 것을 선택하여 원하는 부분만을 뽑아내어 에코(Echo) 효과 등을 줄 수 있다.

⑤ 저장(Store)

편집이 끝난 중간 결과를 원하는 포맷으로 저장한다. 다운샘플링(Down Sampling: 음의 원래 표본화율이나 해상도를 낮추는 것)하여 저장할 수 있고, 다른 프로그램과 호환이 되게 하기 위한 포맷으로 저장할 수도 있다.

⑥ 통합(Integration)

최종 결과를 만들기 위해 저장된 사운드들을 다른 프로그램(예를 들어, 동영상이나 프리젠테이션 프로그램 등)과 통합한다.

⑦ 재생(Playback)

최종 결과를 재생하여 보완될 점을 고친다.

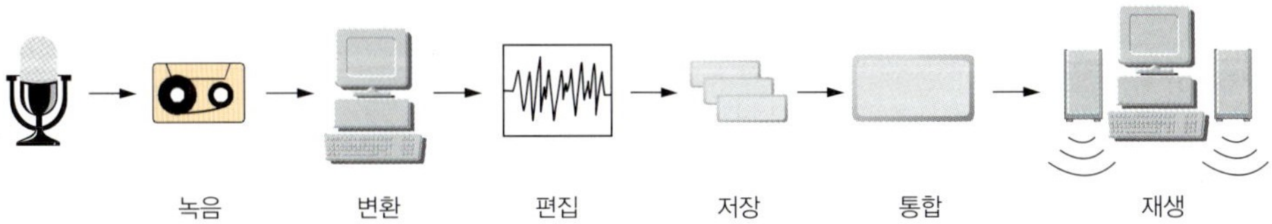

| 그림 4-1 디지털 사운드의 제작과정

4.2 사운드의 기본 개념

사운드는 물체가 진동하여 만들어진다. 진동이 발생할 때 그 주위의 공기압에 변화가 생기고 공기압의 변화가 파형(Waveform)의 형태로 우리 귀에 전달된다. 우리가 보통 사운드를 처리한다는 것은 이러한 파형을 가공, 편집하는 것이다.

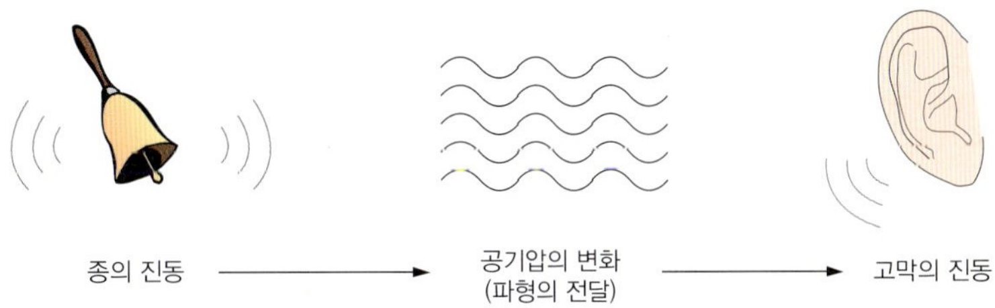

| 그림 4-2 소리가 전달되는 과정

4.2.1 사운드의 기본 요소

사운드 파형은 일정한 시간 간격마다 동일한 모양으로 반복되는데, 동일한 부분을 사이클(Cycle)이라 하고 한 사이클이 걸리는 시간을 주기(Period)라고 한다. 음파는 자연적으로 생성되기 때문에 완전히 균일한 주기를 갖고 있지는 않다. 그러나 어느 정도 주기적인 소리가 그렇지 않은 소리보다는 음악적으로 들린다. 사운드는 음의 높낮이와 관련이 있는 주파수(Frequency), 음의 크기와 관련이 있는 진폭(Amplitude), 각 음의 특성인 음색(Tone Color)의 세 가지 요소로 구성된다.

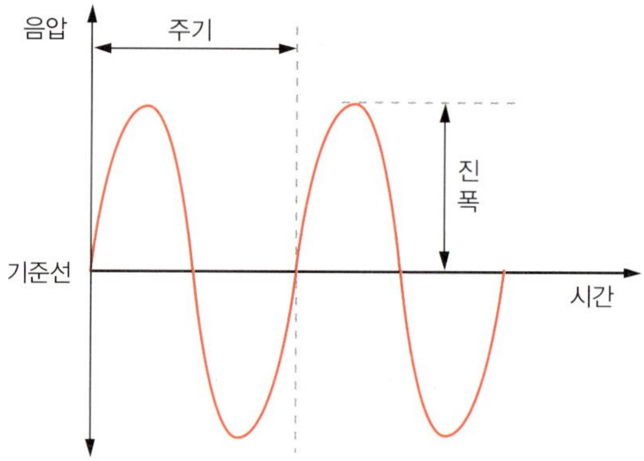

| 그림 4-3 주기와 진폭

(1) 주파수(Frequency)

주파수는 초당 사운드 파형의 반복 횟수를 의미하며 주기와 역수 값의 관계가 있으며 소리의 높낮이를 결정한다. 즉, 주파수가 크면 고음이고 작으면 저음이 된다. 측정 단위로는 Hz가 사용되며 이것은 초당 진동 횟수를 의미한다. 일반적으로 사람이 낼 수 있는 주파수대는 약 100Hz~6KHz이다. 또한 가청 주파수대는 약 20Hz~20KHz 사이이고, 사람의 청각은 1KHz~6KHz에서 가장 민감하다. 사람의 가청 주파수대를 오디오(Audio)라고 구분하며, 오디오를 처리하는 것이 사운드를 처리하는 것이라 생각하는 사람도 있다. 참고로 각 악기들의 주파수 대역은 그림 4-4와 같다.

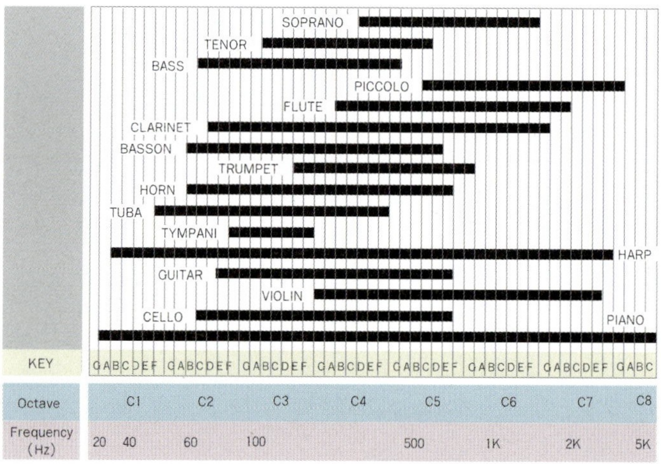

| 그림 4-4 각 악기별 주파수 대역

(2) 진폭(Amplitude)

사운드 파형의 기준선에서 최고점까지의 거리를 의미하며 소리의 크기와 관련이 있다. 소리의 크기는 에너지로 측정하지 않고 음압의 변화로 나타낸다. 이 음압을 표현하는 단위로 bar라는 것이 있는데, 사람의 귀는 아주 작은 음압의 차이라도 민감하게 감지할 수 있기 때문에 바(bar)의 백만분의 1인 μbar를 사용한다. 사람의 귀가 음파를 소리로 감지할 수 있는 최소 음압은 0.0002μbar이며 최대는 200bar이다. 그러나 사람의 청각은 음압에 비례해서 소리의 크기를 느끼지 못한다. 즉, 소리의 크기가 1에서 2로 변했을 때와 2에서 4로 변했을 때 동일한 소리크기의 변화가 있는 것으로 느끼며, 1에서 2, 2에서 3으로 변했을 때에는 같은 1만큼의 변화이지만 2에서 3으로 변화한 쪽이 더 작은 변화인 것으로 느낀다. 이처럼 소리에 대한 감각은 변화의 차이에 관계있는 것이 아니라, 변화의 비율 더 정확히는 로그 비(Logarithm Ratio)에 따라 정해진다. 따라서 소리의 크기(음압)를 표시할 때에는 소리의 크기에 로그값을 취한 벨(bel)로 표시한다. 그리고 실제 사용시에는 벨값을 10배한 데시벨(dB: decibel)을 주로 사용한다. 기준 음압을 P0(0.0002μbar), 현재 음압을 P라 하면

$$\text{음압 레벨(dB)} = 10 \times 2 \log \frac{P}{P_0}$$

로 표현된다. 사람이 가장 편하게 들을 수 있는 소리의 범위는 0dB~90dB 사이이다. 우리가 일상생활에서 들을 수 있는 소리와 음의 크기와의 관계가 표 4-1에 나타나있다.

| 표 4-1 음의 크기와 소리의 예

음의 크기(dB)	소리의 예
160	가까운 곳에서 들리는 제트기의 소리
140	청취하기에 고통스러운 소리
120	공항 활주로에서 들리는 소리
100	지하철에서의 소음
80	일반적인 공장에서의 소음, 번잡한 거리에서의 소음
60	일상적인 대화 소리
40	나직한 대화 소리
20	조용한 거실에서 들리는 소리
0	최저 가청음

(3) 음색(Tone Color)

같은 음의 높이와 크기를 가져도 악기마다 고유한 소리의 특징이 있다. 이러한 특징을 음색이라고 한다. 악기에는 각 악기마다 고유의 주파수(기본파)가 있다. 그런데 이 기본파는 각 악기마다의 특성인 울림통에서 진동하며, 기본파 외에 그 악기의 기본파의 정수배에 해당하는 고조파라는 것을 생성하게 된다(그림 4-5). 그리고 이러한 기본파와 고조파가 합성이 되어, 그 악기의 고유한 소리가 생성된다.

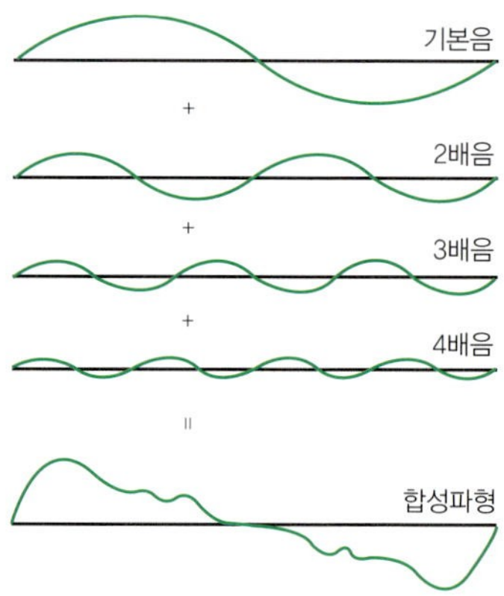

| 그림 4-5 음색의 생성 원리

4.2.2 디지털 사운드로의 변환

일상적인 사운드는 아날로그 형태인데, 컴퓨터에서 처리하기 위해서는 디지털의 형태로 변환되어야 한다. 이러한 작업은 그림 4-6에서 보듯이 ADC(Analog-to-Digital Converter) 장치에서 이루어지는데, 여기서 표본화(Sampling) 및 양자화(Quantizing) 과정을 거쳐서 디지털 형태로 출력이 된다. 그리고 이러한 디지털 형태로 바뀐 소리를 실세계에서 듣기 위해서는 반대의 과정인 DAC(Digital-to-Analog Converter)를 거쳐 아날로그 형태로 바뀌어야 한다.

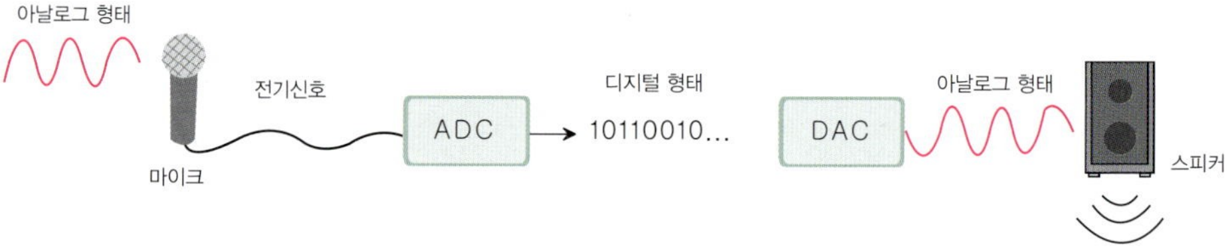

| 그림 4-6 아날로그 신호와 디지털 신호 간의 변환 과정

(1) 표본화(Sampling)

표본화란 아날로그 파형을 디지털 형태로 변환하기 위해 표본을 취하는 것을 말한다(그림 4-7). 사운드의 표본화율(Sampling Rate)은 1초 동안에 취한 표본수(디지털화하는 횟수)를 말하며, 단위로는 주파수 단위와 같은 Hz를 사용한다.

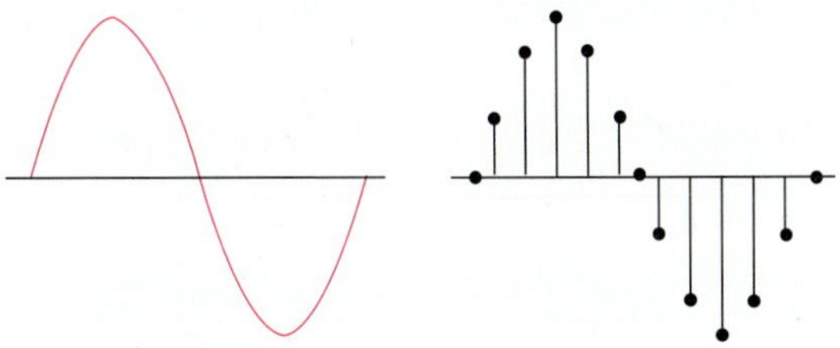

(a) 아날로그 파형 (b) 표본화된 파형

| 그림 4-7 아날로그 사운드의 표본화

표본화율이 높을수록 원음에 가까운 음으로 디지털화되지만 데이터 양이 증가하게 된다. 실제로 표본화하는 예를 보면 다음과 같다.

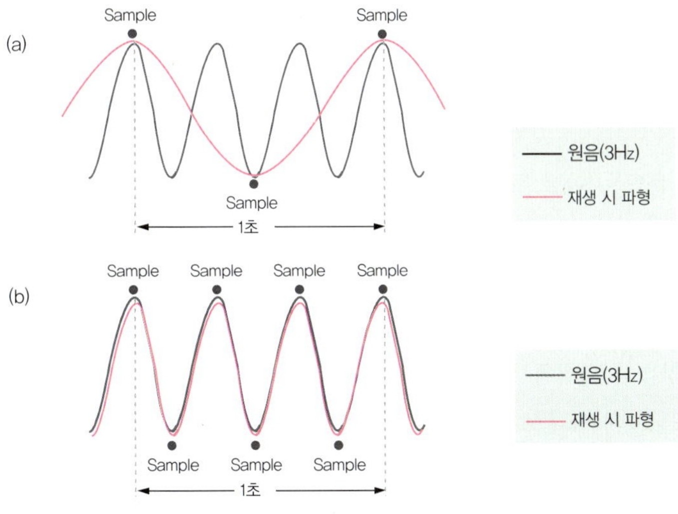

| 그림 4-8 표본화율의 차이

그림 4-8(a)는 3Hz인 원음을 2Hz로 표본화한 것으로 표본화되는 샘플의 중간 중간의 음이 반영되지 않는다. 그러나 그림 4-8(b)에서는 원음의 두 배인 6Hz로 표본화한

것으로 중간의 음도 표현이 되어 원음에 더 가깝게 표현할 수 있다. 표본화를 많이 할수록 원음을 잘 표현할 수 있으나 데이터 저장을 위한 메모리 용량을 많이 차지하게 되고, 표본화를 작게 하면 메모리 용량은 작아지지만 원음을 그대로 반영하지 못하게 된다. 따라서 원음을 재생하기 위한 최소한의 표본화율을 알아야 되는데, 이는 1920년대 후반 나이키스트(Harry Nyquist)에 의해 밝혀졌다.

나이키스트 정리(Nyquist Theorem)

표본화를 할 때 원음을 그대로 반영하기 위해서는 원음이 가지는 최고 주파수의 2배 이상으로 표본화해야 한다. 나이키스트 정리가 실제로 적용된 예로 우리가 많이 듣고 있는 음악 CD의 경우 표본화율은 44.1KHz이다. 그러므로 여기서 재생할 수 있는 최고 주파수는 22.05KHz가 된다. 음악 CD에서 44.1KHz 주파수로 표본화하는 이유는 사람의 귀가 20KHz 이상의 사운드는 감지할 수 없기 때문이다.

(2) 양자화(Quantizing)

표본화율이 아날로그 파형을 어느 정도 자주 디지털화할 것인지를 의미한다면, 양자화는 그 값을 얼마나 자세하게 표현할 것인가와 관련이 있다. 표본화된 각 점에서의 값을 표현하기 위해서는 그 값을 어느 정도의 정밀도로 표현할지를 결정해야 한다. 이러한 정밀도는 바로 그 값을 표현하는 비트 수와 연관된다. 예를 들어, 8bit로 양자화를 하면 256단계로 값을 표현할 수 있지만, 16bit로 양자화를 하면 더 세밀한 65,536단계로 값을 표현할 수 있다.

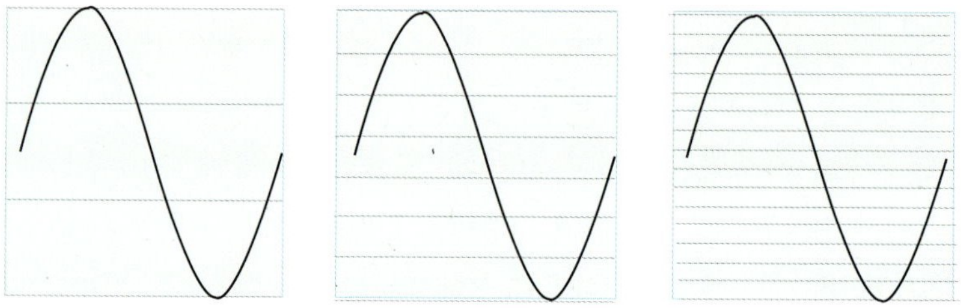

(a) 2bit 양자화(4단계) (b) 3bit 양자화(8단계) (c) 4bit 양자화(16단계)

| 그림 4-9 아날로그 파형의 양자화

그림 4-9는 값을 표현하는 데 각각 2bit, 3bit, 4bit로 표현한 예이다. 예를 들어, 우리가 듣는 음악 CD의 경우는 16bit로 값을 표현하고 있다. 이것은 음을 65,536단계

로 표현하고 있다는 것을 의미한다. 이때 표본화하는 정밀도를 음의 해상도(Sampling Resolution 또는 Sampling Size)라고 한다.

양자화를 할 때 원음(아날로그 음)에 포함되는 잡음(Noise)의 성분보다 높은 정밀도를 사용하는 것은 의미가 없는데, 그 이유는 잡음이 원음에 포함되어 있는 것으로 간주되어 잡음까지 양자화되어 표현되기 때문이다. 따라서 양자화 과정에서 사용되는 비트 수는 신호 대 잡음 비율인 S/N(Signal to Noise)비와 사운드 파형의 진폭 최고점과 최저점 사이의 범위(Dynamic Range)를 고려해서 결정해야 한다.

낮은 표본화와 양자화를 거친 것과 높은 표본화와 양자화를 거친 디지털 파형을 비교해 보면 그림 4-10과 같다.

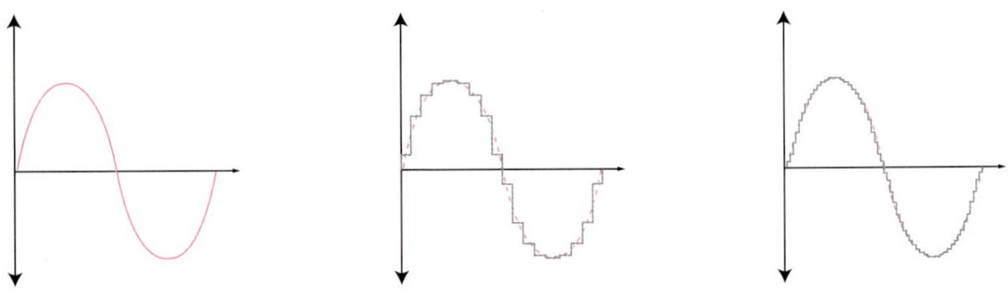

(a) 원래의 파형　　(b) 낮은 표본화와 양자화　　(c) 높은 표본화와 양자화

| 그림 4-10 표본화 및 양자화 정도에 따른 비교

위의 그림을 비교해 보면 높은 표본화와 양자화를 거친 것이 원음에 가깝게 표시가 되는 것을 알 수 있다.

(3) 부호화(Coding)

표본화와 양자화를 거치고 나서 그것을 실제 디지털 정보(Bit Stream)로 표현을 해야 한다. 이러한 과정을 부호화라고 한다. 사운드 파일은 파일의 크기가 크기 때문에 부호화하는 과정에서 일반적으로 압축하여 저장하게 된다. 이러한 부호화 과정은 4.3.1절에서 좀 더 구체적으로 살펴본다.

4.3 사운드의 저장과 고품질화

디지털 사운드 파일은 용량이 매우 크므로 일반적으로 압축하여 저장한다. 이 절에서는 디지털사운드의 압축방식에 대하여 공부하고 표본화 과정과 양자화 과정을 통하여 고품질 사운드를 생성하기 위한 기법에 대하여 설명한다.

4.3.1 디지털 사운드 파형의 저장 방식

아날로그 사운드는 기본적으로 PCM 방식으로 표본화되어 디지털 사운드로 변환된다. 그러나 실질적으로 PCM 방식은 용량이 크기 때문에 ADPCM 방식을 주로 사용한다.

(1) PCM(Pulse Coded Modulation)

PCM 방식은 그림 4-11과 같이 입력된 값을 그대로 저장하는 방법으로 압축하는 과정을 거치지 않기 때문에 용량이 크다. PCM 방식은 CD나 DAT(Digital Audio Tape) 등에서 사용된다.

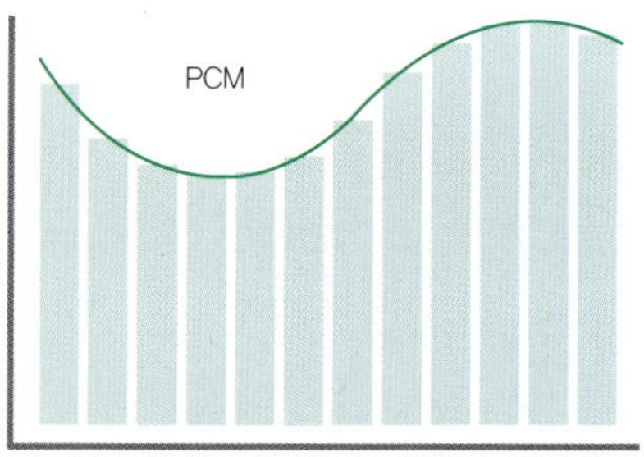

| 그림 4-11 PCM 방식

(2) ADPCM(Adaptive Differential Pulse Coded Modulation)

국제 멀티미디어 협회(IMA: International Multimedia Association)에서 제안한 방식으로 디지털화한 결과를 PCM 방식처럼 그대로 저장하는 것이 아니라, 그림 4-12와 같이 바로 앞 신호와의 차이를 저장하는 방식이다.

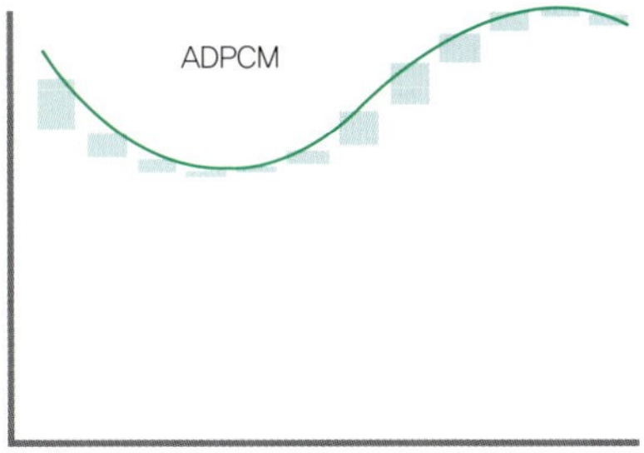

| 그림 4-12 ADPCM 방식

이때, 그 차이를 그대로 저장하는 방법은 DPCM(Differential Pulse Coded Modulation)이라고 한다. 이렇게 DPCM으로 처리하면 그 차이만을 이용하므로 용량이 작아질 수 있다. 그러나 차이가클 경우에는 DPCM의 효율도 떨어지게 된다. 이때는 인접한 값과의 차이가 크면 진폭을 나누는 단계를 크게 하고, 인접한 값과의 차이가 작으면 진폭을 나누는 단계를 작게 하여 정밀하게 표시할 수 있다. 이렇게 가변적으로 진폭의 단계를 나누는 방법을 ADPCM이라고 한다. 이렇게 ADPCM을 이용하면 기본적으로 PCM으로 기록한 것과 내용이 같으나 데이터 압축에 의해 값을 기록하므로 최대 4:1까지 압축이 가능하다. ADPCM은 국제 멀티미디어 협회에서 기본적인 알고리즘을 정의하였으나, 실제적으로 사용될 때는 업체마다 다르게 구현하여 상호 호환성이 없다. 유럽에서 전화를 이용하여 음성을 전달하는 방식으로 G.721이라는 압축방식을 이용하는데 여기에서도 ADPCM 방식이 사용되고 있다.

4.3.2 디지털 사운드 파일의 크기

우리가 일상생활에서 많이 접하게 되는 전화나 AM/FM 라디오, 음악 CD 등을 저장할 때 그 크기가 얼마나 되는지 알아보자. 표본화와 양자화 과정을 거친 후 압축을 전혀하지 않는 PCM 방식으로 파일을 저장하면 표 4-2와 같은 결과를 얻을 수 있다.

| 표 4-2 표본화, 양자화 및 모드에 따른 음질의 비교(1분 길이의 음원)

표본화율(KHz)	해상도(bit)	모드	파일 크기(1분당)	음질
11.025	8	mono	650KB	전화
22.05	8	mono	1.3KB	AM Radio
22.05	8	stereo	2.6KB	
44.1	8	mono	2.6KB	
44.1	8	stereo	5.25KB	
22.05	16	mono	2.6KB	
22.05	16	stereo	5.25KB	FM Radio
44.1	16	mono	5.25KB	
44.1	16	stereo	10.5KB	CD
48	16	stereo	11.5KB	DAT

파일의 크기는 얼마나 자주 표본화할 것(Sampling Rate)인지와 양자화 시 그 값의 정밀도를 얼마로 정할 것(Sampling Resolution)인지에 따라 정해지고, 모노로 할 것인지와 스테레오로 할 것인지에 따라 영향을 받는다. 파일 크기를 구하는 식은 다음과 같다.

파일 크기 = 표본화율×해상도×모드(mono=1, stereo=2)×시간(초)

예를 들어, 1분 길이의 음악 CD의 표본화율이 44,100Hz이고 해상도는 16bit이며 스테레오라고 하자. 이 경우 파일의 크기는 44,100×16×2×60(초)=84,672,000bit=10,584,000byte=10,584KB=10.6MB가 된다. 따라서 일반 CD의 크기가 650MB이므로 그 안에는 약 10곡에서 15곡의 음악(한 곡당 약 4분에서 6분 정도로 가정했을 경우)을 저장할 수 있다.

4.3.3 고품질 사운드의 획득

먼저 사운드를 어디에 사용할 것인지를 생각하여 표본화율과 해상도를 결정한다. 그리고 아날로 그 파형이 들어오면 표본화율보다 높은 고주파 성분을 제거한다. 제거하는 방법은 전처리필터(Prefilter: Low-pass Filter)를 통하여 표본화율의 1/2보다 높은 고주파 성분을 제거한다. 그리고 ADC에서 아날로그 신호를 표본화, 양자화 과정을 거쳐 디지털 신호로 변환, 부호화하고, 이렇게 부호화한 디지털 정보(Bit Stream)를 DSP(Digital Signal Processor)에서 목적에 맞게 편집, 가공한다. 출력 시에는 DAC를 거쳐 디지털 파형을 아날로그 파형으로 변환한다. 이때 DAC를 거치게 되면 가청 주파수보다 높은 고주파 성분이 발생하게 된다. 이러한 고주파 성분은 원래음에 잡음(Noise)으로 존재하게 된다. 따라서 이러한 고주파 성분을 제거시키기 위하여 다시 후처리필터(Postfilter: Low-pass Filter)를 통과하게 된다. 그리하여 최종적인 아날로그 파형으로 변환된다. 전체적인 과정은 그림 4-13과 같다.

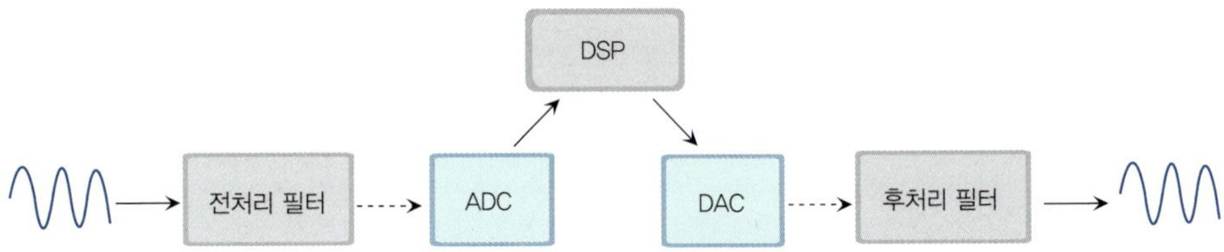

| 그림 4-13 아날로그 파형의 디지털 과정

아날로그 파형을 디지털로 변환할 때 여러 과정에서 잡음이 발생할 수 있다. 입력 과정에서 잡음이 발생할 수 있고, 디지털로 변환하는 과정 및 디지털로 변환된 소리를 가공, 처리하는 과정에서도 발생할 수 있다. 그리고 출력할 때에도 원래의 음을 왜곡시킬 수 있다. 예를 들어, 마이크를 사용하여 입력하는 과정에서 마이크가 원래의 음을 반영시키지 못할 수도 있고, 주위 환경에서 잡음이 들어갈 수도 있다. 그리고 출력 시에도 사운드 카드의 앰프에서 증폭을 할 때 옆의 주변장치(전원장치나 하드디스크 등)에서 잡음이 발생하여 같이 출력될 수도 있다. 입력하는 과정에서 발생하는 잡음은 조용한 스튜디오에서 작업을 하고, 원음을 잘 반영할 수 있는 고급 마이크를 사용하면 방지할 수 있다. 그리고 출력 시에는 디지털 출력을 지원하여 앰프나 스피커에 디지털로 연결시켜 잡음이 중간에 발생하는 것을 방지할 수 있다.

4.4 디지털 오디오 시스템

소리의 파형을 디지털화시킨 것을 디지털 오디오라고 한다. 그리고 앞 절에서처럼 외부에서 음을 입력받아 디지털 오디오로 만드는 과정을 디지털 레코딩이라 한다. 여기서는 컴퓨터에서 디지털 오디오를 처리하기 위한 하드웨어와 소프트웨어에 대하여 알아보자.

4.4.1 사운드 처리 하드웨어

사운드는 마이크나 CD에서 아날로그 파형으로 입력받아 오디오 인터페이스 카드(사운드 카드)에서 디지털 형태로 변환되어 처리된다. 앞에서 언급한 ADC와 DAC 장치를 가지고 있는 곳이 바로 사운드 카드이다. 요즘의 사운드 카드는 이러한 아날로그와 디지털의 변환 기능 외에 음원칩을 내장하여 미디를 지원하거나, DSP(Digital Signal Processor) 칩을 내장하여 사운드 데이터의 가공/편집 등을 할 수 있는 기능을 제공한다(그림 4-14).

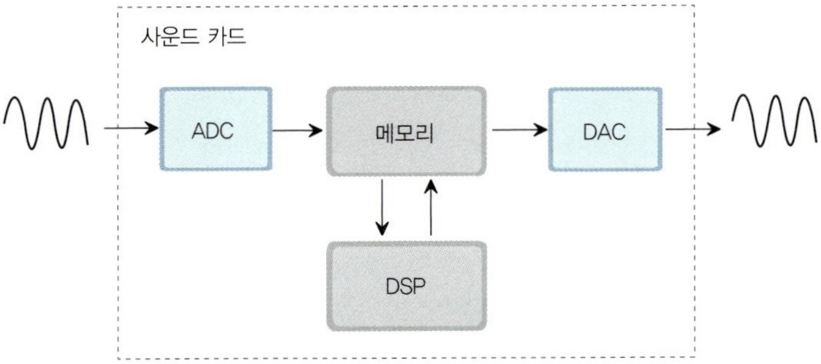

| 그림 4-14 사운드 카드의 개략도

이제 사운드 카드의 구성 요소에 대하여 구체적으로 알아보고, 좀 더 나은 음을 듣기 위한 장비들에 대하여 간략하게 살펴보자.

(1) 사운드 카드

PC에서 사운드가 본격적으로 사용되기 시작된 것은 1987년 캐나다의 Adlib사에서 만든 Adlib이라는 최초의 사운드 카드가 출현하고서부터이다. 그 전까지는 PC XT나 AT에서 삑삑거리는 소리만 나는 스피커가 전부였지만 이 Adlib 카드를 이용하면서 어느 정도 음악적인 소리를 들을 수 있게 되었다. 이 Adlib 카드는 일본의 Yamaha사의 YM-3812 칩을 이용하여 11중 화음의 연주가 가능하였다. 그러나 이 카드는 음원으로 FM음원을 사용하여 소리가 자연스럽지 못하고, 음성을 처리할 수 없는 한계가 있었다.

그 후 싱가포르의 Creative사에서 현재까지도 많이 사용되고 있는 PCM 방식의 음원을 지원하는 SoundBlaster 카드를 발표하였다. 이 사운드 카드는 PC 사운드 카드의 표준이 되다시피하며 대단한 인기를 끌었다. 그 후 사운드 카드는 16bit 및 24bit 사운드 카드로 발전하였고, 좀 더 나은 음원칩을 지원하고 데이터를 전송하는 방식도 기존의 ISA 방식에서 PCI 방식으로 전환되었다. 그리고 고급 오디오나 스피커로 연결하기 위하여 S/PDIF라는 디지털 입/출력 단자를 지원하여 외부와의 음의 전송 시 음의 왜곡이나 손실을 없애주는 기능도 제공하게 되었다. 현재 사운드 카드 업체는 3D 사운드라 하는 입체음향을 효과적으로 제공하기 위하여 노력하고 있다. 3D 사운드에 대해서는 4.5절에서 자세히 살펴보기로 하자.

사운드 카드는 기본적으로 아날로그 파형과 디지털 파형의 상호 변환을 지원하며(ADC 및 DAC), 음원 칩을 내장하여 MIDI를 지원한다. 음원 칩은 FM 음원 칩과 PCM 음원 칩으로 나눌 수 있는데, FM 음원 칩은 기본 음을 합성하여 새로운 음을 생성하는 방법으로 FM 음원 칩으로 생성된 음은 실제 악기의 음과는 많은 차이가 있다. 또한 PCM 방식의 음원 칩은 4.3.1절에서 언급한 PCM 방식으로 음을 저장하는 데, 이 방식을 사용하면 음을 저장하는 데 많은 메모리가 소요된다.

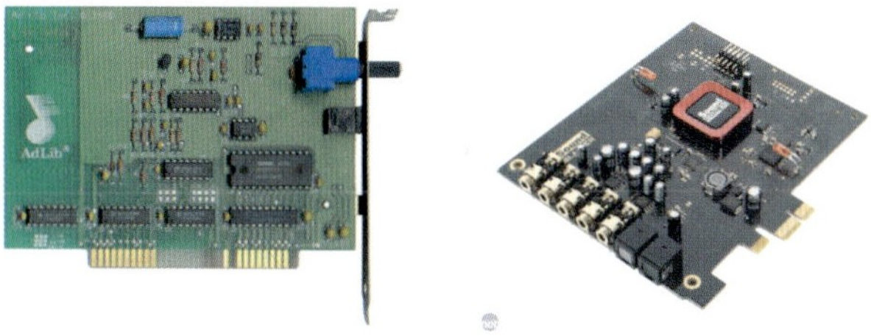

(a) AdLib 뮤직카드　　　(b) SoundBlaster Z 카드

| 그림 4-15 Adlib 카드와 SoundBlaser 카드

(2) 앰프와 스피커

좋은 음의 70% 이상은 스피커가 좌우한다고 해도 과언이 아니다. 즉, 현재 시스템에서 사운드 카드나 다른 것을 바꾸는 것보다 스피커를 좋은 것으로 바꾸면 음질상에 확연한 차이를 느낄 수 있다. 사운드 카드에는 앰프(Amplifier)가 있어 이 앰프를 이용해서 스피커를 통해 증폭된 소리를 들을 수 있으나 일반적으로 사운드 카드에 있는 앰프는 성능이 떨어지고, 증폭이 될 때 주위의 전자파나 진동의 영향으로 잡음이 발생하여 음의 왜곡이 발생할 수 있다. 따라서 사운드 카드에 앰프가 있어도 그것을 사용하는 것보

다 외부에 앰프를 따로 설치하여 사운드 카드에 연결하는 것이 좋다. 요즘에는 돌비 서라운드(Dolby Surround)나 입체음향을 지원하기 위하여 스피커가 4개인 것이 나오고 있고, 좋은 음질의 소리를 듣기 위하여 저음부를 위한 우퍼(Woofer)를 같이 설치하는 경우도 있다.

| 그림 4-16 앰프와 스피커

4.4.2 사운드 처리 소프트웨어

(1) 사운드 편집 소프트웨어

디지털 형태의 사운드를 편집하는 소프트웨어들의 기본 기능은 서로 유사하다. 즉, 사운드를 캡쳐(Capture), 편집, 가공하는 기능, 여러 트랙에 대해 편집하는 기능 등은 대부분의 소프트웨어에서 지원된다. 그 외에 특수 효과(Filtering)의 지원 정도와 기능의 확장성(Plug-in) 등에서 약간의 차이가 있게 된다. 사운드 편집 소프트웨어로는 GoldWave, Audition(Cool Edit Pro), Creative Wave Studio와 무료공개 소프트웨어(Open source)인 Audacity, SoundForge 등이 존재한다.

Audacity

Audacity는 무료 오픈소스 오디오 편집 소프트웨어로 일반적인 오디오 편집 기능인 Cut, Copy, Paste, Delete, Undo/Redo, 멀티트랙 믹싱 기능을 지원하며 Windows, OSX, Linux 등에서 사용할 수 있는 크로스 플랫폼 오디오 편집도구이다. WAV, AIFF, AU, FLAC, MP3 , Ogg Vorbis 파일을 임포트/엑스포트할

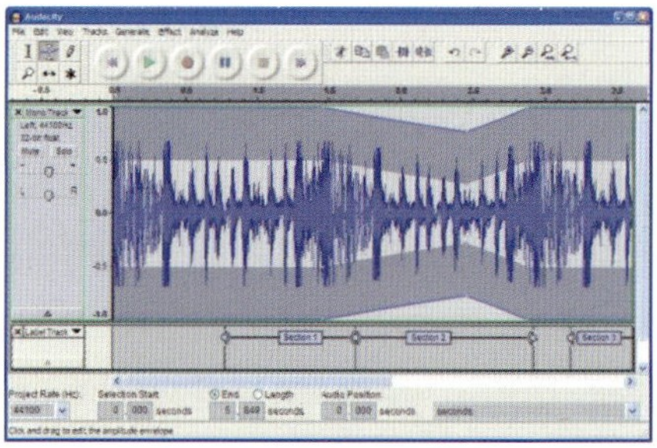

| 그림 4-17 Audacity 작업화면

수 있으며 팟캐스트하기에 적합하다. 또한 손실압축 방식인 WMA, AAC and AC3을 지원할 수 있다. Audacity는 멀티트랙 레코딩 및 오디오 편집, 서라운드 사운드를 비롯하여 다양한 사운드 이펙트와 필터링 기능을 지원한다.

Adobe Audition(Cool Edit Pro)

32비트 파일의 지원과 최대 198KHz까지의 표본화율의 지원, ActiveMovie 및 DirectX 플러그인의 제공, 각 트랙별 진폭 조절 기능과 패닝 조절, 자동 Silence 삭제, CD 재생기 컨트롤, 즐겨찾기 기능, 다단계 Undo 등 전문적인 디지털 오디오 편집 기능을 제공한다. 다른 프로그램에서 찾아보기 힘든 기능으로 FFT 주파수 분석 기능, 스크립트 및 배치 프로세스 기능, 뇌파와 동조시켜 명상의 음을 만들어 주는 특수 기능, 독특한 프리뷰(Preview) 모드 등을 제공하는 강력한 사운드 편집도구이다.

| 그림 4-18 Adobe Audition CC 2014 작업화면

(2) 재생 프로그램

재생 프로그램은 컴퓨터에서 음악을 들을 때 사용하는 프로그램으로, 주로 음악 CD를 듣기나 MP3로 만들어진 음악 파일을 들을 때 사용하는 프로그램들이다. 여기서 소개하는 Winamp 외에도 곰 오디오(Gom Audio), Rhapsody(RealNetworks사), ALSong, 제트오디오(Cowon JetAudio) 등 수많은 오디오 재생 프로그램이 존재하며 그 기능은 유사하다.

Winamp

Nullsoft사에서 만든 재생용 프로그램으로 현재 가장 많이 사용되고 있는 프로그램이다. MP3 재생기의 표준이라 할 수 있는 이 프로그램은 깔끔한 사용자 인터페이스, 디지털 형태의 오디오 스타일 화면 표시창, 강력한 Shuffle 및 Replay, 여러 개의 MP3 파일을 쥬크박스처럼 저장해

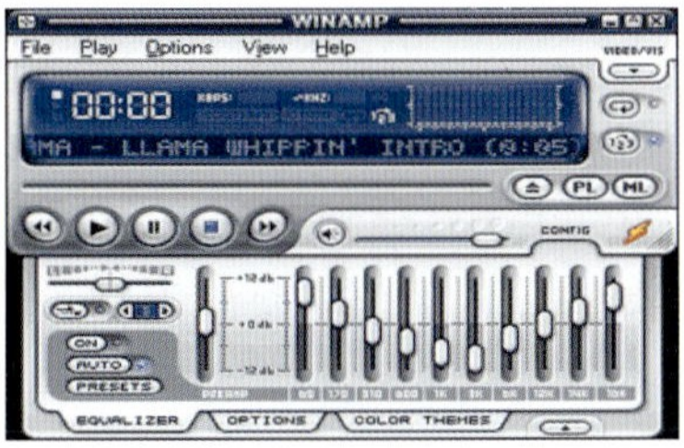

| 그림 4-19 Winamp 5.7의 작업화면

서 사용할 수 있게 하는 Playlist 기능, 대역폭을 조절할 수 있는 그래픽 이퀄라이저(Equalizer) 기능, 시스템 트레이 지원 등의 기능을 지니고 있다. MOD, S3M, MTM, ULT, XM, IT, Xing VBR, WAV 형식의 파일을 재생할 수 있다. 또한 플러그인을 설치하면 AIFF, AU, VOC, RealAudio, ASF, VQF 파일 등의 재생도 가능하다. 특이한 기능으로는 샤우트 캐스트(SHOUTcast)로, 이는 개인이 자신의 서버를 통해 인터넷으로 음악을 서비스할 수 있는 기능이다. 최근 버전에서 쉐어웨어(Shareware)에서 프리웨어(Freeware)로 변경되었다.

Winamp가 지원하는 추가적인 기능으로 DSP 플러그인을 들 수 있다. 이 플러그인을 사용하면 원래의 사운드를 DSP처리하여 사용자가 원하는 음색이나 서라운드 효과를 냄으로써 다양한 음향을 구현할 수 있다.

4.4.3 디지털 사운드의 압축 방식

디지털 사운드를 압축하지 않고 그대로 저장하면 파일의 크기가 매우 커진다. 3분 길이의 음악 한 곡을 CD에 저장하려면 약 30MB 정도가 필요하므로, 멀티미디어 환경에서는 그대로 사용하지 못하고 압축하여 사용해야 한다. 이 절에서 설명하는 디지털 사운드의 압축 방식 대부분은 일반적으로 사운드를 인식할 때, 인간의 인지적 및 음성 심리학적 원리에 기반을 두고 있기 때문에 흔히 인지적 코딩(Perceptual Coding) 방식이라 부른다.

ADPCM

앞에서 설명했던 ADPCM은 이론적으로 표준화되어 있지만 여러 가지 알고리즘이 실제로 사용되어 각 방식 간에는 호환성이 없다. ITU-T(International Telecommunications Union-Telecommunication)에서 ADPCM 방식으로 32Kbps에서 음성을 전송하기 위한 방식으로 G.721을 제정하였는데, G.721에서는 각 표본화값의 차이를 4bit로 표현하고, 표본화율(Sampling Rate)은 8KHz로 사용한다. 이 방식을 좀 더 개량한 방식으로 G.722 방식이 있는데 이 방법은 채널을 두 개의 서브밴드(Subband)로 나누어 처리하는 방식으로 48, 56, 64Kbps에서 전송이 가능하며 표본화율은 16KHz를 사용한다.

A-Law, μ-Law

음성 통신을 목적으로 정한 압축 방식으로 미국, 캐나다, 일본, 필리핀에서 사용되는 μ-Law 방식과 유럽과 그 외의 나라에서 사용되는 A-Law 방식이 있다. 두 방식 모두 양자화 과정에서의 오차를 줄이기 위한 목적으로 만들어졌으며, 서로 거의 비슷한 방식을 사용하고 있다. 사람이 대화 시 큰 소리의 변화보다는 작은 소리의 변화를 잘 감지한다는 사실을 이용하여 작은 소리에 많은 양자화 비트를 할당하고 큰 소리에 적은 양자화 비트를 할당하는 비균등 코딩(Non-uniform Coding) 방식이다.

MP3 또는 MPEG Layer3

동영상 압축 표준인 MPEG에서 오디오 부분의 압축을 의미한다. 앞의 PCM관련의 압축 방식과는 달리 손실 압축(Lossy Compression)방식이다. 현재 MPEG-1과 MPEG-2가 사용되고 있는데 오디오 부분에서는 MPEG-1의 Layer 3이 MP3라는 이름으로 많이 사용되고 있고, MPEG-2의 오디오 부분인 AAC(Advanced Audio Coding)도 사용되기 시작하였다. MP3 압축 방법은 20Hz~20KHz 사이의 가청주파수 영역을 동일한 길이의 32개의 서브밴드(Subband)로 나누고, 각 서브밴드를 다시 18개의 서브밴드로 구분하면 총 576개의 밴드가 생겨난다. 여기서 18개 밴드의 음 중 가장 큰 음을 해당 서브밴드의 대표음으로 선택하고, 대표음의 마스킹(Masking)으로 인하여 가려지는 음들은 삭제한다(그림 4-20 참조). 이러한 과정을 32개의 서브밴드에 반복 적용한다. 마스킹 효과란 음성 심리학적 원리에 기반을 둔 압축방법으로 큰 소리와 작은 소리가 동시에 발생하면 작은 소리가 들리지 않게 되는 것처럼 어떤 소리에 의해 다른 소리가 가려지는 현상을 의미한다. MPEG-1의 오디오 부분은 Layer 1(압축률 4:1 압축), Layer 2(압축률 6:1~8:1 압축), Layer 3(압축률 10:1~12:1 압축)의 세 부분으로 나뉘는데, 레이어가 클수록 CODEC의 압축률과 복잡도가 증가한다. Layer 2의 압축 기능은 Layer 1의 압축 기능을 포함하고, Layer 3는 Layer 2의 압축 기능을 포함한다. 오디오에서는 현재 Layer 3인 MP3가 많이 사용된다.

앞에서 설명한 여러 가지 압축 방식을 사용하기 위해서는 해당하는 압축 코덱이 시스템에 설치되어 있어야 한다. 요즈음 PC에서는 기본적으로 ADPCM, TrueSpeech, MP3, AC3, DTS, WMA, OGG 등의 압축 코덱이 설치되어 있다.

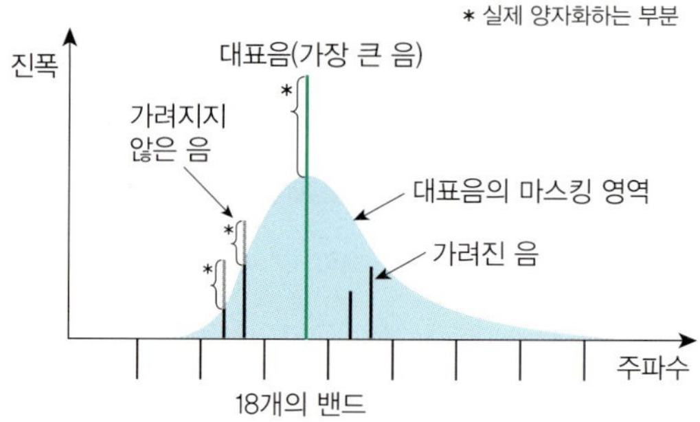

| 그림 4-20 MP3에서 각 서브밴드 내에서의 마스킹 원리

4.4.4 초고음질 오디오('MQS', 'UHQ', 'HRA')

앞의 디지털 사운드 방식들이 사운드 데이터의 압축에 기반하고 있는 데 비하여 초고음질 오디오는 원음을 압축하지 않고 그대로 저장하고 사용한다. MP3와 비교하여 초고음질 오디오의 정보량은 약 20~30배 정도 크다. 예를 들어, 5분 내외의 음악을 저장하는 데 요구되는 정보양이 MP3의 경우는 7~10MB, CD 사운드의 경우는 40~60MB, 초고음질 오디오는 200~300MB 정도 필요하다. MP3는 인간이 잘 들을 수 없는 초저음과 초고음 영역을 삭제하지만 초고음질 오디오는 그대로 살림으로써 보다 섬세하고 입체감 있는 음을 재현할 수 있으며 악기 간 구별이 잘 되는 특성을 가지고 있다. CD 음원이 1초에 44.1kHz 샘플링하고 음을 16비트로 표현하는 데 비해 MQS 방식의 초고음질 오디오는 초당 192kHz 샘플링하고 음을 24비트로 나타낸다. 따라서 압축하지 않은 CD 원음에 비하여 데이터양이 6~7배 증가하게 된다.

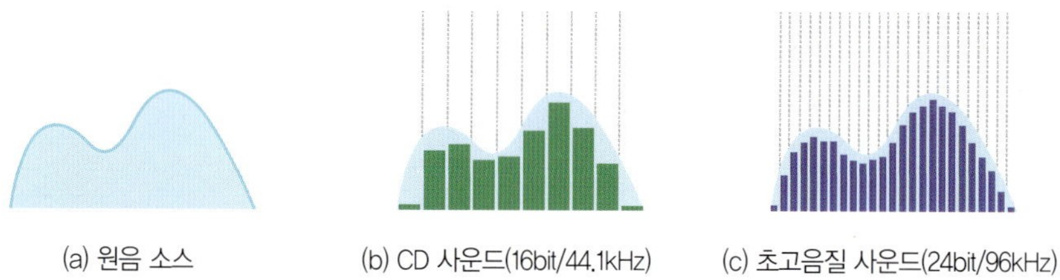

| 그림 4-21 음원의 CD 사운드와 초고음질 오디오

4.4.5 디지털 사운드의 파일 포맷

디지털 사운드를 저장할 때에는 4.4.3절에서 언급한 압축 방식을 이용하여 실제의 파일 포맷으로 저장한다. 디지털 사운드 파일 포맷은 크게 3가지 부류로 나누어 볼 수 있다. 첫째 유형은 WAV(Windows), AIFF(Mac OS), Au와 같이 전혀 압축하지 않은 상태로 사운드를 저장하는 것이고, 두 번째 유형은 압축하되 복원 시 원래의 사운드 데이터를 전혀 잃어버리지 않는 압축 방식(무손실 압축)으로 FLAC, WMA(Windows), TTA(Apple) 등이 있다. 마지막으로, 복원 시에 원래 사운드 정보를 어느 정도 잃는 손실압축 방식으로 MP3, Lossy WMA, AAC 등이 존재한다. 여기서는 WAV, Au, MP3와 RealAudio(.ra)를 소개하기로 한다.

WAV

Microsoft사와 IBM사가 PC 환경에서 사운드 표준 포맷으로 공동 개발한 포맷으로 Windows 기반 PC에서 주로 사용된다. 이 방법은 머리(Header)와 몸체(Body)로 구성되어 머리 부분에서 압축 방식, 표본화율 등의 정보를 설정하고, 몸체 부분에서는 머리 부분에서 정의한 형식에 맞추어 사운드 데이터를 저장한다. 일반적으로 ADPCM 압축 방식으로 많이 저장되고, 그 외에 TrueSpeech나 μ-Law 등의 압축 방식도 많이 이용된다.

Au

μ-Law 방식으로 압축된 사운드 포맷으로 유닉스 환경에서 오래 전부터 사용해 온 가장 일반적인 포맷이고, 다른 포맷으로 변환하기 위한 크로스 플랫폼 형식이다. Sun사나 NeXT사에서 표준으로 채택하였으며, 크로스 플랫폼으로서의 Au파일은 8bit, 모노로 8KHz로 샘플링하여 인코딩된다.

MP2, MP3, AAC

압축 효과가 뛰어나고, 음질도 우수하다. 인터넷상에서 음악을 압축하는 데 많이 사용된다. MPEG-1의 Layer 2는 .mp2, Layer 3는 .mp3의 확장자를 갖는다. 인터넷상의 AOD(Audio on Demand)에서 사용하고 있으며 최근 휴대용으로 MP3 형식의 노래를 들을 수 있는 플레이어가 출시되었다. 저작권에 대한 보호가 없는 것이 약점이다. 이외에도 MPEG-2의 오디오 부분 압축 형식인 AAC는 높은 압축률과 우수한 음질을 지원하여 많이 이용되고 있다.

RealAudio(.ra)

인터넷상에서 스트리밍 기술을 이용, 실시간에 사운드를 전송받으며 플레이할 수 있는 새로운 개념의 사운드 포맷이다. 처음에는 네트워크 대역폭에 따른 압축 파일을 전부 생성해 놓고, 접속이 이루어지면 접속 대역폭에 맞는 파일을 전송하였다. 대역폭에 따라 전송되는 음질이 정해지고, 이것은 접속이 끊어질 때까지 고정되었다. 즉, 이 방식은 대역폭이 고정되어 있다고 가정한 것으로 그후에 대역폭이 동적으로 변하여도 전송되는 파일(음질)은 변하지 않았다. 그래서 대역폭이 좋아져도 양질의 음질을 듣지 못하고, 대역폭이 나빠져도 그 전의 음질 수준으로 전송시켜 중간에 음이 많이 끊겼다. 그러나 그 후 전송속도가 동적으로 변함에 따라 전송되는 음질의 종류도 동적으로 변화시키는 SureStreaming이라는 기술을 이용하여 대역폭이 동적으로 변함에 따라 음질도 동적으로 변화시켜 전송시키는 것이 가능하게 되었다.

앞에서 언급한 일반적인 사운드 형식 이외에, 인터넷에서 실시간으로 음악이나 동화상을 전송받을 때 사용하는 방법으로는 Xing StreamWorks, VivoActive, ASF, VDO Live 등이 있다. 대부분 사운드와 동화상을 동시에 지원하고 있고, 사운드만을 전송하기 위해서는 RealAudio가 많이 사용되고 있다.

4.5 입체음향

모노 사운드로부터 시작한 사운드는 이제 단순한 2D 스테레오 사운드에서 벗어나 실세계와 유사한 느낌을 줄 수 있는 3D 사운드로 발전하고 있다. 이러한 3D 사운드 기술은 영화에서는 오래전부터 활용되어 왔고, 최근에는 컴퓨터 특히 게임 분야에 적용되고 있다.

4.5.1 입체음향 기술

입체음향은 영화나 TV, 오디오 같은 분야에서는 서라운드(Surround)라는 방식으로 제공이 되고 있으며, 컴퓨터 분야에서는 사용자의 입력에 영향을 받는 즉 상호작용을 지원하는 입체음향을 사용하고 있다. 이제 가전 분야에서의 방식과 컴퓨터 분야에서의 방식에 대해 살펴보자.

(1) 서라운드(Surround)

서라운드 시스템으로는 돌비 서라운드(Dolby Surround)가 가장 대표적이다. 이 방법은 사람이 있는 위치를 기준으로 사방에서 소리를 들려준다고 생각하면 이해가 쉽다. 동시에 사방에서 소리가 나오니까 당연히 공간감, 더 나아가서 입체감도 느낄 수가 있다. 서라운드는 3 채널, 4.1 채널, 5.1 채널 등이 있는데 각 0.1 채널은 중저음을 보강하는 서브우퍼(Subwoofer)를 의미한다(그림 4-22). 서라운드 시스템은 돌비 연구소에서 극장용 사운드를 위하여 개발하였으나 현재는 가정용으로도 많이 사용되고 있다. 이 방법도 스테레오와 마찬가지로 청취자가 음의 중심점에 있어야 입체감을 적절하게 느낄 수 있다. 현재의 디지털 기술이 적용된 서라운드 방식으로는 Dolby Digital, AC-3, DTS 등이 있다. AC-3는 DVD에서 음향을 기록할 때에도 사용된다. 이러한 서라운드 시스템은 입체음향을 오디오 등의 가전 분야에서 접근할 때의 최신 기술이다.

| 그림 4-22 서라운드 시스템(5.1 채널)

(2) 입체음향(Interactive 3D Sound)

음원이 움직이거나 청취자가 움직이게 되면 음원과 청취자 간에 상대적인 위치가 변하게 된다. 이러한 상대적인 위치 정보로부터 소리를 실시간으로 생성하여 청취자에게 출력하게 된다. 이것이 청취자와 상호작용을 가능하게 한다. 즉, 음원과 청취자의 상대적인 위치 정보로부터 음원을 청취자의 어느 곳에 위치시킬지를 계산하여 출력하게 되는 것이다. 따라서 입체음향은 사용자의 이동이나 반응에 따라, 또는 음원의 위치가 이동함에 따라 소리가 입체적으로 들리게 된다.

이렇게 실시간으로 음을 생성시키기 위해서는 실시간 파라미터와 모노/스테레오 사운드 소스가 필요하고, 시간과 3차원적인 위치 정보를 계산, 처리할 수 있는 시스템이 필요하다. 이 방법은 주로 상호작용이 필요한 경우, 즉 가상 현실이나 게임 등에서 사용된다. 이러한 입체음향은 Creative사의 EAX와 Aureal사의 A3D, Microsoft사의 DirectSound3D, SRS사의 Wow 등에서 지원된다. Microsoft사의 DirectSound3D는 소리의 음량과 좌·우로 간단히 구분되는 소리의 위치, 음의 높낮이를 실시간으로 제어할 수 있으며, 8개의 8비트 웨이브 파일을 동시에 재생할 수 있다. 또한 8개의 음원의 위치에 대하여 각각의 공간 좌표를 지정할 수 있으며, 샘플링 주파수의 변경과 하드웨어적인 디지털 믹싱(Mixing)을 지원하고 있다.

4.5.2 입체음향의 원리

입체음향(Interactive 3D Sound)이란, 음원이 존재하는 공간에 직접 위치하지 않은 청취자가 재생된 음향을 들었을 때 음향으로부터 공간적 단서(방향감, 거리감 및 공간감)를 지각할 수 있는 음향을 의미한다.

(1) 소리의 전달 경로

소리는 사람의 외부에서의 전달 경로와 내부에서의 전달 경로로 나눌 수 있다.

- 공간 전달계(외부) : 실내의 벽이나 천장 등에 의한 반사, 회절, 산란 등의 현상
- 머리 전달계(내부) : 인간의 머리와 귓바퀴에 의한 반사, 회절, 공진 등의 현상

사람이 음원에 대한 공간적 단서를 지각할 수 있는 것은 머리 전달계의 고유한 특성에 의해 두 귀에 들어오는 두 신호 간의 차이(공간 전달계로 인해 발생된) 때문이다.

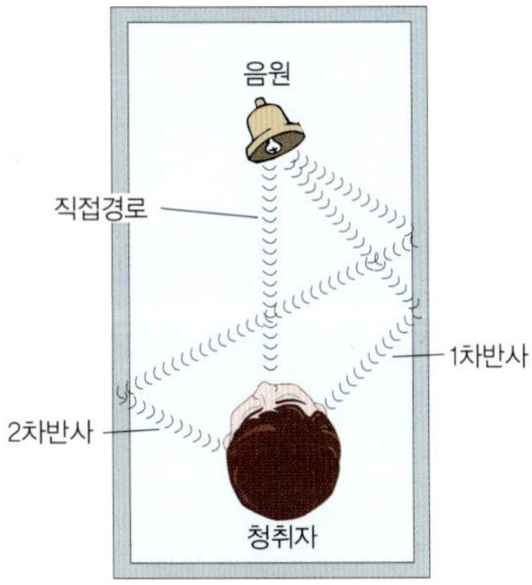

| 그림 4-23 두 귀에 전달되는 신호의 차이

(2) 공간적 단서

사람이 공간적 단서를 인지할 수 있는 요인은 다음과 같다.

① 두 귀에 도달하는 소리의 시간차(ITD: Interaural Time Difference)

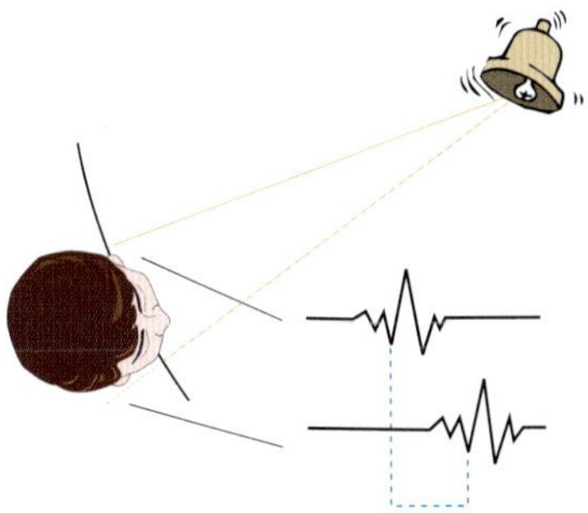

| 그림 4-24 두 귀에 도달하는 소리의 시간차

사람이 음원의 위치에 대한 방향성을 인지할 수 있는 이유는 두 귀에 들어오는 소리에 시간차가 있기 때문이다. 즉, 가까운 방향 쪽에 있는 귀가 먼저 그 소리를 들을 것이다. 따라서 음원의 방향을 알 수 있다.

② 두 귀에 도달하는 소리의 세기차(IID: Interaural Intensity Difference)

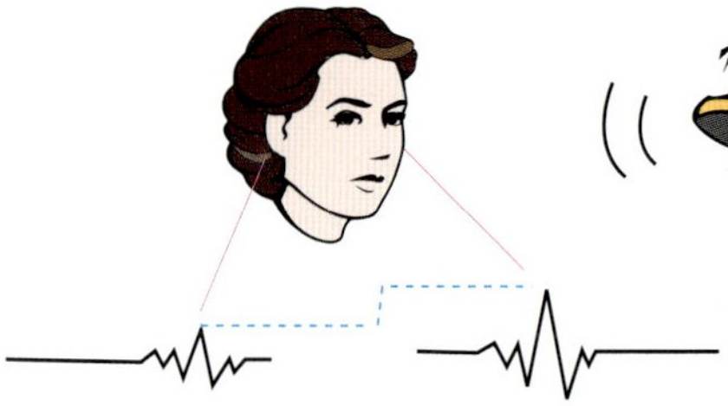

| 그림 4-25 두 귀에 도달하는 소리의 세기차

사람이 음원의 위치를 느낄 수 있는 또 하나의 단서는 소리 크기에 기인한다. 즉, 가까운 곳에서 들리는 음의 크기가 더 클 것이다. 또한 두 귀에 들리는 소리의 크기차로 위치감과 거리감을 느낄 수 있게 된다.

앞의 ①과 ②에서 음원의 위치와 거리감을 알 수 있다. 그 외에 사람이 음원의 위치나 거리를 인지하는 공간적 단서에 영향을 주는 것으로는 시각적 효과, 머리의 움직임, 소리의 종류에 따른 친숙도 등이 있다.

4.5.3 입체음향의 생성 방식

입체음향은 청취자와 음원 간의 위치 정보를 이용하여 생성할 수 있다. 이러한 음원과 청취자에 대한 위치의 변화에 따른 소리를 생성하기 위해서는 먼저 청취자와 음원 간의 위치를 반영한 소리가 필요하다. 이러한 음원과 청취자의 위치에 따른 소리를 녹음하는 방법으로 주로 가짜머리(Dummy Head)를 이용하는 방법이 주로 사용되고 있고, 녹음된 소리로부터 머리 전달함수(HRTF)를 이용하여 입체음향을 생성할 수 있다. 그리고 특정 장소에 따른 입체음향을 생성하기 위해서는 장소에 따른 머리 전달함수와 공간 전달함수를 이용하여 생성할 수 있다.

(1) 음을 녹음하는 방법

이 방법은 그림 4-26에서 보듯이 가짜머리 양쪽 귀에 마이크로 폰을 설치하고 음원을 이동시키면서 소리를 녹음하는 방식이다.

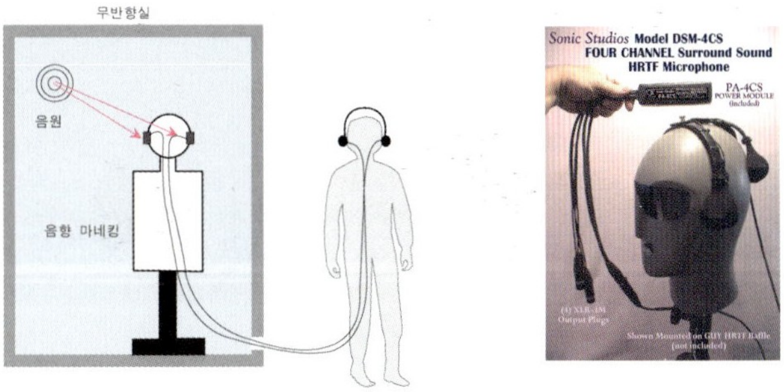

(a) 입체음향의 개념도 (a) 실제 사용되는 가짜머리와 HRTF 마이크 (http://www.sonicstudios.com)

| 그림 4-26 입체음향의 녹음 방법

이 방법의 단점은 사람의 머리 전달계는 각 개인의 특성에 따라 다르기 때문에, 동일 음원에 대하여 두 귀를 사용하는 바이오럴(Biaural) 신호를 녹음할 경우, 각 개인의 머리 모양에 따라 여러 형태의 신호가 생길 수 있다. 가장 이상적인 입체음향의 구현은 청취자 자신의 두 귀에 장착한 마이크로폰으로 녹음된 신호를 이용하는 것이지만, 모든 사람이 자신의 바이오럴 신호를 녹음한다는 것은 불가능하다. 따라서 주로 청각 능력이 뛰어난 음악가나 표준치의 머리 모형인 가짜머리에 장착한 마이크로폰을 통하여 바이오럴 신호를 녹음하는 방식을 이용한다.

(2) 입체음을 생성하는 방법

머리 전달함수(HRTF: Head-Related Transfer Function)

무반향실 내에서 가짜머리를 이용하여 여러 각도에 배치한 스피커에서 나오는 음들을 녹음하여 푸리에(Fourier) 변환한 것을 의미한다. 머리 전달함수는 소리가 들어오는 각도에 따라 달라지기 때문에 여러 위치에서 나오는 음들에 대해 머리 전달함수를 측정하고 이를 데이터베이스로 구축한다. 이 데이터베이스로부터 원하는 위치에 해당하는 머리 전달함수를 선택하여 단순음과 컨볼루션(Convolution)을 수행하면 해당 위치에서의 위치음을 생성시킬 수 있고, 이동음도 생성시킬 수 있다. 그리고 머리 전달함수에 없는 불연속점에서의 소리는 보간법(Interpolation)을 이용하여 구할 수 있다.

공간 전달함수(RTF: Room Transfer Function)

특정 장소에 따른 공간의 크기, 구조, 벽 또는 천장 재질 등에 의해 음원에 대한 직접

음, 초기 반사음, 잔향 패턴 및 잔향 시간 등이 달라지게 된다. 이러한 차이는 장소의 특징에 따라 달라지며 이러한 차이로 인해 청취자는 어떤 장소인지를 알게 된다. 이러한 특정 장소의 효과를 생성하기 위해서는 무반향실이 아닌 특정한 실내에서 머리 전달함수를 측정해야 한다. 이렇게 특정한 장소에서 측정한 머리 전달함수를 공간 전달 함수라고 한다. 이를 이용하면 특정한 장소에 대한 가상의 음장(음원을 둘러싸고 있는 공간)을 생성할 수 있다.

이러한 기술을 차폐(Occlusion) 기술, 앰비언스 리버브(Ambience Reverb) 기술이라 부르며 게임이나 가상공간 등에서 보다 입체감 있고 실감 있는 사운드를 재현 할 수 있다. 그림 4-27은 소스 음원이 벽에 의해 완전히 차단되는 경우, 소스 음원에 직접적으로 노출되어 있지 않지만 벽에 의해 반사가 존재하는 경우, 소스 음원에 노출되나 반사가 존재하지 않는 경우를 보여주고 있다. 각각의 경우 공간전달 함수 기법을 이용하여 다양한 경우에 대한 가상의 음장을 생성할 수 있다.

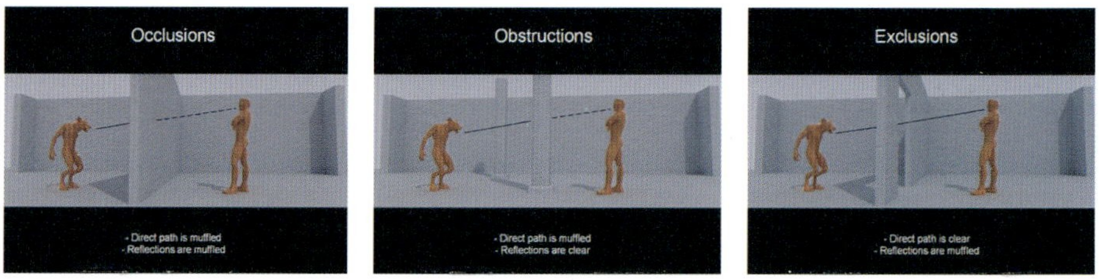

(a) 소스 음원으로부터 차단　(a) 음원으로부터 차단, 벽에 의한 반사　(c) 음원에 노출, 반사 없음

| 그림 4-27 특정한 장소 구성에 대한 가상의 음장 생성
(http://ixbtlabs.com/articles2/sound-technology/)

4.6 미디(MIDI)

MIDI(Musical Instrument Digital Interface)는 1983년 세계 악기 제조업체들이 미국 캘리포니아주 산호세에 모여 제정한 전자악기와 컴퓨터 간의 상호 정보교환을 위한 규약이다. 따라서 미디는 어떤 장비나 프로그램을 의미하는 것이 아니라 통신에 관한 약속을 의미한다. 즉, 미디는 음 자체에 대한 정보가 있는 것이 아니라 음을 어떻게 연주할 것인지에 대한 정보, 다시 말해 음의 높이 및 음표의 길이, 음의 강약 등에 대한 정보를 표현한다. 따라서 실제 음을 듣기 위해서는 그 음을 발생시켜 주는 장치(신디사

이저, Synthesizer)가 필요하다. 신디사이저를 이용하여 미디 자료를 생성, 수정, 삭제하기 위해서는 시퀀서(Sequencer)라는 미디 프로그램이 필요하다.

'미디'라는 통신 규약이 있기 전에는 각 악기마다 독자적인 제어 방식을 갖고 있어서 한 프로그램에서 여러 악기를 한꺼번에 제어하기가 어려웠다. 즉, A라는 회사 제품을 사용하기 위해서는 A라는 회사에서 만들어진 프로그램만을 사용해야 했다. 그래서 여러 회사에서 나온 전자 악기를 제어하기 위해서는 각 회사에서 나온 각각의 프로그램을 사용해야만 했다. 이러한 문제점을 해결하기 위해 컴퓨터와 전자 악기 간의 통신을 표준화시킨 '미디'라는 것이 탄생하게 되었다. 이러한 미디를 이용함으로써 여러 전자 악기들에 대해 일관된 방식으로 제어가 가능하게 되었고, 동시에 여러 악기들도 제어할 수 있게 되었다. 미디가 제정된 이후로 거의 모든 신디사이저들은 이 규약에 맞추어서 생산되고 있다. 최근의 사운드 카드들은 FM 음원 이외에 미디 신호를 수신할 수 있는 음원들을 별도로 장착하고 미디 인터페이스 기능을 가지고 있다.

미디 시스템은 하드웨어인 미디 장치와 하드웨어 간의 통신을 정의하는 미디 메시지로 구성된다. 미디 메세지를 생성시켜 미디장치의 제어를 쉽게 하기 위해서 일반적으로 미디 프로그램을 사용한다.

4.6.1 미디 시스템의 구성

일반적으로 신디사이저에 음원이 있는 경우 그림 4-28과 같은 구조를 갖는다.

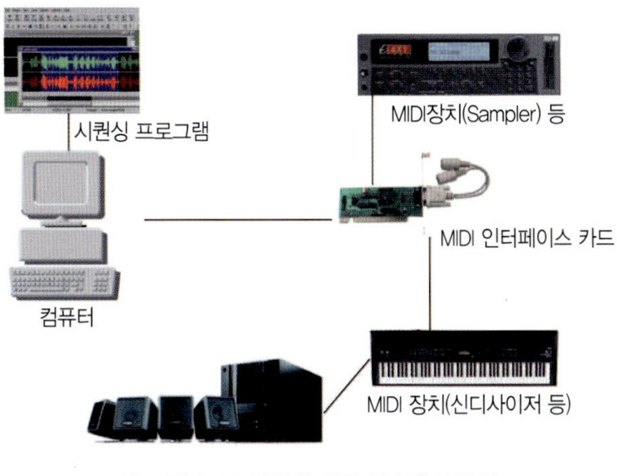

| 그림 4-28 간단한 미디 시스템의 구성

미디 시스템에서 음이 입력되어 처리되고 출력되는 과정은 다음과 같다.

① 음의 입력

샘플러 등의 미디 장치에서 음을 발생 ⇒ 미디(MIDI) 인터페이스 카드 ⇒ 컴퓨터로 전송

② 음의 처리

컴퓨터에서 MIDI 프로그램(시퀀싱 프로그램)을 이용하여 편집

③ 음의 출력

컴퓨터 ⇒ MIDI 인터페이스 카드 ⇒ 신디사이저 등의 미디 장치를 통해 음을 스피커로 출력(앰프를 이용하여 스피커로 출력할 수도 있음)

미디 인터페이스와 신디사이저와 같은 미디 장치들은 자료를 입력받는 MIDI-IN 단자, 처리된 자료를 출력하는 MIDI-OUT 단자, 자료를 다른 미디 장치로 전달(Bypass)하는 MIDI-THRU 단자를 갖는다. 그리고 특별히 좋은 음질을 원할 경우에는 좋은 음원을 따로 두어 신디사이저와 연결하는 경우도 있다.

미디 시스템에서 여러 미디 장치들 간의 동기화를 위해서 미디 클럭(MIDI Clock)을 이용한다. 예를 들어, 여러 시퀀서들이 동시에 연주를 하게 될 때 마스터 시퀀서가 다른 시퀀서들에게 일련의 'Timing Clock' 메시지를 보낸다. 그러면 수신하는 시퀀서는 'Timing Clock'이 도착하는 속도에 맞추어 연주를 하게 된다. 그리고 또 다른 방법으로 SMPTE(Society of Motion Picture and Television Engineers)라는 타임 코드를 이용해도 된다. 이 타임 코드는 시:분:초:프레임 단위로 표현된다.

4.6.2 미디 하드웨어 장비

미디를 연주하기 위한 하드웨어로는 먼저 컴퓨터가 필요하고, 실제 음에 대한 정보와 연주할 수 있는 입력 기기를 갖춘 신디사이저(또는 음원모듈과 마스터 키보드), 이들을 연결시켜 주는 미디 인터페이스 카드와 미디 전용 케이블, 실제로 음을 출력하기 위한 앰프와 스피커가 필요하다.

(1) 신디사이저(Synthesizer)

신디사이저란 전기적인 신호를 합성하여 음을 생성하는 장치를 의미한다. 신디사이저는 소리를 발생시키는 음원부와 음원부를 이용하여 연주하는 건반부로 이루어져 있다. 음원 모듈은 신디사이저에서 건반부를 제외한 것을 의미하고, 건반부만 있는 것을 마스터 키보드라고 한다. 이는 일반 신디사이저보다 건반의 기능이 강화되어 있는 것으로 새로운 악기의 음이 필요할 경우 신디사이저를 새로 구입하지 않고 음원 모듈만을 구입하여 확장시킬 수 있다. 그래서 음원 모듈과 마스터 키보드를 따로 장만하는 것이 더 효율적이다.

음원 모듈에서 음을 합성하는 방법에 따라 크게 세 가지로 나눌 수 있다. FM 방식은 그림 4-29와 같이 정현파(Sine 파)를 기본으로 하여 소리를 합성하는 방식이다. 이 방식은 대체로 기계적이고 신비로운 음색을 잘 구현하는 특징을 갖는다. Yamaha사의 초기의 DX 시리즈와 현재의 TG 시리즈나 MU-80 등이 이 방식을 사용하였다. PCM 방식은 소리를 디지털 데이터로 변환하여 저장하였다가 사용하는 방식으로, 음질은 좋으나 정보의 양이 많고 소리의 변형이 자유롭지는 않지만 원음재현이 뛰어나다. 이러한 장점 때문에 이 방식이 많이 사용되는데 SoundBlaster 카드는 32가지 음을 동시에 생성할 수 있고, 2개의 스피커를 이용한 3D 효과도 지원한다. 마지막으로, PCM 방식과 FM 방식을 합성하는 방식인 AI 방식이 있다. 음향(Acoustic)악기의 원음뿐 아니라 전자 악기소리 등 다양한 음악 장르에 대한 음을 재현한다.

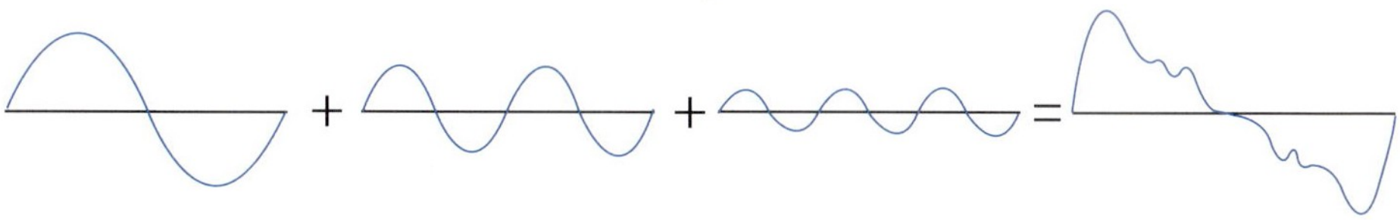

| 그림 4-29 정현파(Sine 파)의 합성

| 그림 4-30 신디사이저 Roland SH-201

(2) 샘플러(Sampler)

| 그림 4-31 Emu사의 샘플러 Emulator 4 Ultra

신디사이저가 각 악기 음의 대표적인 음을 갖고 있는 데 비해, 샘플러는 악기의 모든 음을 갖고 있다. 샘플러는 실제의 소리를 디지털 방식으로 직접 녹음하여 그것을 편집하여 악기나 효과음 등으로 이용할 수 있도록 한 것이다. 이런 샘플러는 샘플된 파일을 저장할 수 있는 하드디스크와 편집 시 사용될 메모리가 필요하다. 샘플러는 좀 더 정교한 음을 사용하고자 할 때나 음원에 없는 새로운 음을 만들고자 할 때 사용된다.

(3) 믹서(Mixer)

믹서는 여러 개의 오디오 출력을 섞어서 하나의 출력으로 만들어 주는 역할을 한다. 여러 입력 단자에 각 악기들의 출력 라인을 하나씩 연결하여 하나의 출력신호로 만들어 스피커나 녹음장치 등으로 보내게 된다. 믹서는 각 출력의 균형 등을 맞추어 주는 이퀄라이저(Equalizer)가 장착되어 있어 음악의 균형을 맞추어 녹음하고 연주하는 데 있어서 필수적인 장비로 이용되고 있다.

(4) 미디 인터페이스 카드(MIDI Interface Card)

| 그림 4-32 미디 인터페이스 카드

시퀀서 프로그램이 실행되는 컴퓨터와 미디 모듈 간의 신호 체계가 다르므로 미디 인터페이스 카드는 이를 연결(번역)해 주는 기능을 한다. 컴퓨터 내부에 카드 형식으로 꼽는 장치와 모듈인 악기들을 연결시켜 주는 상자형 포트로 구성되어 있다. 이런 미디 인터페이스로 Roland사의 MPU-401이라는 제품이 있는데, 이 제품이 거의 표준으로 사용되고 있다. 인터페이스 카드에는 16 채널, 32 채널, 64 채널, 128 채널 등이 있다.

(5) 앰프와 스피커

지금까지 알아본 것들은 주로 미디 입력장치나 음의 생성장치에 해당하는 장비들이다. 음의 출력장치로는 스피커와 앰프가 있을 수 있다. 가정용 오디오 시스템의 스피커에 자신의 미디 장비를 연결하여 바로 사용하는 경우에 스피커에 손상이 갈 수 있는데 그 이유는 미디의 신호가 상당히 강하기 때문이다. 따라서 가급적이면 전압 충격에 강한 앰프와 스피커를 사용하는 것이 좋다.

4.6.3 미디의 표준 모드

미디는 컴퓨터와 전자악기 간의 통신 규약이다. 그런데 MIDI에는 최소한의 규정만 있을 뿐 악기의 번호와 이펙터(음을 연주할 때 특수한 효과를 주는 것)를 조정하는 방식 등에 관한 규정은 없다.

예를 들면, A라는 사람이 첫 번째 채널에는 바이올린, 두 번째 채널에는 플룻, 세 번째 채널에는 클라리넷을 할당하여 곡을 만들어 B라는 사람에게 주었는데, B의 시스템은 첫 번째 채널에는 기타, 두 번째 채널에는 드럼, 세 번째 채널에는 전자 오르간이 할당되어 있다면 그 곡은 이상한 소리로 연주될 것이다. 이렇게 어떤 음을 어떤 악기가 연주하라는 정보가 미디에는 존재하지 않는다. 따라서 MIDI 악기 제조업체들의 모임인 JMSC(Japanese MIDI Standards Committee)와 MMA(MIDI Manufacturers Association)에서 채널별로 악기를 할당하는 방식을 규정하였는데 이 방식을 GM(General MIDI)이라고 한다. 그리고 GS(General Synthesizer, General Standard)는 Roland사가 GM을 좀 더 확장시킨 것이다. 일본 Yamaha사에서는 이러한 GS에 대항하기 위하여 XG(eXtended General, eXtension of the General MIDI)라는 방식을 발표하였다. 이 세 모드의 음악 데이터는 기본적으로 GM을 지원하며 각자 자기 나름대로의 확장성을 지원한다.

MIDI 파일 속에는 단지 외부 기기에 대한 제어 신호만이 담겨 있으며, 실제로 연주되는 소리는 신디사이저에 의해 생성된다. MIDI는 MMA에 의해 제정된 표준 MIDI 파일 포맷인 mid를 따른다. 이 포맷은 헤더 정보와 트랙 정보로 나누어져 헤더 정보에는 트랙의 수에 대한 정보가 있고, 트랙 정보에는 연주에 따라 발생하는 이벤트의 시간 정보와 이벤트 자체에 대한 정보가 기록된다. 곡목과 같이 포함되어야 할 정보를 따로 가지고 있지 않은 문제점이 있으나 모든 미디 프로그램에서 사용할 수 있는 형식이다.

4.6.4 미디 소프트웨어

미디 프로그램은 주요 기능에 따라 다음과 같이 나뉜다.

(1) 작곡용 프로그램(시퀀서, Sequencer)

음원 모듈은 그 자체로서는 아무런 일도 할 수 없다. 이 음원 모듈에 어떤 악기를 얼마의 강도로 얼마나 오랫동안 소리를 내라고 명령하는 것이 시퀀서이다. 즉, 시퀀서는 미디 신호를 입출력할 수 있고, 저장되어 있는 미디 데이터를 연주, 편집하는 기능을 가지고 있다.

미디 신호는 미디 메시지의 형태를 띠는데, 미디 메시지는 미디 장치 간에 정보를 전달하는 역할을 하며 음악적인 사건을 미디 장치 간에 알리는 역할을 한다. 음악적인 사건이란 일반적으로 악기를 연주하면서 연주자가 취하는 동작을 의미한다. 이 동작은 건반을 누르거나, 건반에서 손을 떼는 등의 행동이 될 수 있다. 이러한 미디 메시지는 채널별로 송수신되는 채널 메시지와 미디 시스템 전체를 제어하기 위한 시스템 메시지로 구분된다.

신디사이저에서 어떤 음을 연주하게 되면 해당 메시지가 시퀀서로 오게 되고, 시퀀서에서 이러한 메시지를 미디 파일로 저장할 수 있다. 이러한 메시지를 신디사이저에서 생성(건반을 누르는 행동 등)하는 것이 아니라 시퀀서 프로그램에서 악보를 생성함으로써 생성할 수도 있다. 따라서 시퀀서 프로그램을 이용하여 작곡, 편곡하는 것이 가능하다. 대표적인 시퀀서 프로그램으로는 Cakewalk과 Steinberg사의 CuBase가 있다.

Cakewalk(Cakewalk SONAR X3)

PC로 미디 작곡이나 편곡 등을 하는 데 가장 널리 사용되고 있는 프로그램이다. 미디 편집 기능과 함께 디지털 오디오 편집 기능도 동시에 지원한다. Microsoft ActiveMovie 지원, Realtime Audio Effect의 지원, DirectSound의 지원 등 강력한 미디 사운드와 웨이브 사운드 편집 기능을 사용할 수 있다. 128 트랙의 오디오를 미디와 함께 레코딩할 수 있으며, 256가지의 실시간 이펙트 이용이 가능하다. 또한 24비트 오디오 및 96KHz 표본화율을 지원하며, MIDI FX 플러그인을 통해 실시간 효과를 이용할 수 있고, 오디오 및 미디 트랙과 함께 AVI, MPEG, Quicktime 등의 동화상을 동기화시키는 기능, 믹스 기능 그리고 향상된 인터페이스를 제공한다.

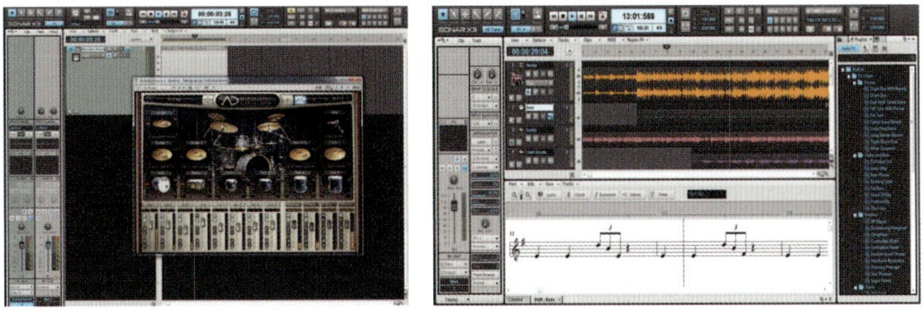

| 그림 4-33 Cakewalk SONAR X3

(2) 악보용 프로그램(Notation, Scoring Program)

악보용 프로그램은 모니터상에 악보를 그리고(Scoring), 프린터로 출력하는 출판용 프로그램이다. 그리고 이러한 기능뿐 아니라 편집 기능도 가능하기 때문에 시퀀서와 더불어 많이 이용되고 있다. 악보용 프로그램으로는 Coda사의 Finale, Passport Design사의 Encore 등이 대표적이다.

(3) 음색편집용 프로그램(Voice Editor, Sound Editing Program)

소리를 편집, 수정하는 프로그램으로 미디 음원 모듈이나 신디사이저에 있는 각종 음색과 효과음들을 바꿀 때 또는 새로 만들 때 사용하는 프로그램이다. OdysseySoft사의 Classic-B, KORG사의 X5DR 등이 있다.

4.7 참고자료

- Digital Multimedia, 3rd Edition / N. Chapman and J. Chapman / John Wiley & Sons, 2009
- Multimedia: Making It Work, 9th Edition / T. Vaughan / McGraw Hill, 2014
- Fundamentals of Multimedia / Z. Li and M. S. Drew / Pearson Education, 2014
- PC 사운드 레코딩 / 이재홍 / 한글과 컴퓨터 / 1998
- Audio on the Web / Jeff Patterson, Ryan Melcher / Peachpit Press / 1998
- 사운드와 동영상 / 김성욱 / 혜지원 / 1998

- 대화로 풀어가는 컴퓨터 음악 (MIDI) / 이승규 / 정보문화사 / 1996
- 사운드 레코딩 테크닉 / 장인석 / 셀룰러 퍼블리싱 / 1996
- 멀티미디어 교과서 / 이만재, 이상선/ 안그라픽스 / 1998
- WinAmp, http://winamp.com
- 음악 재생 프로그램으로 널리 알려진 winamp 공식사이트
- MMA, http://www.midi.org/
- MIDI의 공식 사이트로 미디에 대한 표준과 미디 관련 여러 가지 정보
- Cakewalk SONAR 8, http://www.cakewalk.com/products/sonar/

연습문제

5지 선다형

4-1 나이키스트 정리에 의하면 사람의 가청주파수(20Hz~20KHz)를 재생하기 위한 표본화율은?

(a) 20 KHz (b) 40 KHz (c) 10 KHz (d) 200 KHz (e) 2000 KHz

4-2 음의 표본화율이 44.1 KHz, 해상도가 16비트, 스테레오 모드로 1분 길이의 음을 표현하기 위한 파일의 크기는?

(a) 1.3 MB (b) 2.6 MB (c) 5.25 MB (d) 10.5 MB (e) 650 KB

4-3 다음 중 디지털 사운드의 압축 방식에 속하지 않은 것은?

(a) TIFF (b) ADPCM (c) A–Law (d) AAC (e) TrueSpeech

4-4 압축 표준 MP3와 가장 관련성이 적은 것은?

(a) MPEG–1 Layer 3 (b) 서브 밴드 (c) 대표음의 마스킹
(d) 음성 심리학적 원리 (e) 비균일 코딩

4-5 다음 중 입체음향의 생성 원리와 가장 관련성이 적은 것은?

(a) WAV (b) HRTF (c) RTF
(d) 차폐(Occlusion) 기술 (e) 머리 전달함수

4-6 MIDI 음원 모듈은 그 자체로서는 아무런 일도 할 수 없다. 이 음원 모듈에 어떤 악기를 얼마의 강도로 얼마나 오랫동안 소리를 내라고 명령하는 프로그램으로 미디 신호를 입출력할 수 있고, 저장되어 있는 미디 데이터를 연주, 편집하는 기능을 가진 소프트웨어는?

(a) 샘플러 (b) 믹서 (c) 신디사이저
(d) 시퀀서 (e) 음색편집 프로그램

4-7 3D 사운드(입체 음향)가 가장 유용하게 활용되는 분야는?

(a) 광고 (b) 컴퓨터 게임 (c) MP3 음악
(d) 스트리밍 뮤직 (e) IPTV

4-8 디지털 사운드 파일 포맷에 해당하지 않는 것은?

(a) WAV (b) Au (c) GIF (d) MP3 (e) AAC

4-9 다음 중 사운드 카드의 일반적인 기능과 가장 관련성이 적은 것은?

(a) ADC 기능 (b) DAC 기능 (c) MIDI 지원
(d) 사운드 데이터의 편집 (e) 사운드의 스트리밍 지원

4-10 사운드를 표본화를 할 때 원음을 그대로 반영하기 위해서는 원음이 가지는 최고 주파수의 2배 이상으로 표본화해야 한다는 것을 무엇이라 부르는가?

(a) 무어의 법칙 (b) 길더의 법칙 (c) 섀넌의 정리
(d) 나이키스트 정리 (e) 파레토 법칙

괄호넣기

4-1 (   )는 전자 악기와 컴퓨터 간에 정보를 전송하기 위해 만든 통신 프로토콜로서 음악을 표현하기 위해 사용된다. (   )는 음 자체에 대한 파형정보를 가지고 있는 것이 아니라 음을 연주하는 방법과 연주시기 등에 대한 정보를 가지고 있다.

4-2 사운드는 음의 높낮이와 관련이 있는 (   ), 음의 크기와 관련이 있는 진폭(Amplitude), 각 음의 특성인 음색(Tone Color)의 세 가지 요소로 구성된다.

4-3 일반적으로 사람이 낼 수 있는 주파수대는 약 100Hz~6KHz이다. 또한 가청 주파수대는 약 (   ) 사이이고, 사람의 청각은 1KHz~6KHz에서 가장 민감하다.

4-4 일상적인 사운드는 아날로그 형태인데, 컴퓨터에서 처리하기 위해서는 디지털의 형태로 변환되어야 한다. 이러한 작업은 (   )에서 이루어지는데, 여기서 표본화 및 양자화 과정을 거쳐서 디지털 형태로 출력이 된다.

4-5 나이키스트 정리가 실제로 적용된 예로 우리가 많이 듣고 있는 음악 CD의 경우 표본화율은 44.1KHz이다. 그러므로 여기서 재생할 수 있는 최고 주파수는 (   )가 된다.

4-6 아날로그 사운드를 표본화된 각 점에서의 값을 표현하기 위해서는 그 값을 어느 정도의 정밀도로 표현할지를 결정해야 한다. 이러한 정밀도는 바로 그 값을 표현하는 비트 수와 연관된다. 예를 들어, 8bit로 양자화를 하면 256단계로 값을 표현할 수 있지만, 16bit로 양자화를 하면 더 세밀한 (　　　　)단계로 값을 표현할 수 있다.

4-7 우리가 듣는 음악 CD의 경우 한 시점에서 음의 값을 16 비트로 표현하고 있다. 이때 표본화하는 정밀도를 (　　　　)라고 한다.

4-8 (　　　　)는 동영상 압축 표준인 MPEG에서 오디오 부분의 압축을 의미하며 손실 압축 방식이다. 현재 MPEG-1과 MPEG-2가 사용되고 있는데 오디오 부분에서는 MPEG-1의 Layer 3이 (　　　　)라는 이름으로 많이 사용되고 있고, MPEG-2의 오디오 부분인 AAC도 사용되기 시작하였다.

4-9 (　　　　)이란 음원이 존재하는 공간에 직접 위치하지 않은 청취자가 재생된 음향을 들었을 때 음향으로부터 공간적 단서(방향감, 거리감 및 공간감)를 지각할 수 있는 음향을 의미한다.

4-10 (　　　　)는 무반향실 내에서 가짜머리를 이용하여 여러 각도에 배치한 스피커에서 나오는 음들을 녹음하여 푸리에(Fourier) 변환한 것을 의미한다. (　　　　)는 소리가 들어오는 각도에 따라 달라지기 때문에 여러 위치에서 나오는 음들에 대해 머리 전달함수를 측정하고 이를 데이터베이스로 구축한다.

주관식

4-1 5분 길이의 CD 음악을 표본화율 44.1KHz, 해상도 16bits, 스테레오 모드, PCM 방식으로 저장할 때 사운드 파일의 크기를 구하라. 여기서 표본화율(Sampling rate)을 44.1KHz로 정하는 이유를 설명하라.

4-2 이미지(Image)의 디지털화 과정에서 표본화(Sampling)와 양자화(Quantization)는 무엇을 의미하는가? 또한, 사운드(Sound)의 디지털화 과정에서 발생하는 표준화와 양자화의 의미는 무엇인가?

4-3 사운드의 표본화 과정에서 나이키스트 정리(Nyquist theorem)이 무엇인지 설명하고, 최고주파수 22.05KHz를 원음 그대로 표본화하기 위한 표본화율(Sampling rate)은?

4-4 디지털 사운드 압축방식 MP3는 무엇이며, 그 압축 원리에 대하여 설명하라.

4-5 입체음향에서 머리전달 함수(HRTF: Head-Related Transfer Function)란 무엇인가?

4-6 Wave 파일과 MIDI 파일의 차이점을 설명하고 그 활용분야와 파일의 크기를 비교하라.

4-7 아날로그 사운드 파형은 표본화, 양자화 및 부호화 과정을 거쳐 디지털 사운드로 변환된다. 원음의 최고 주파수가 20KHz이고 길이가 3분인 스테레오 음악파일을 16bit 양자화 과정을 거쳐 PCM 파일로 저장하려 한다. 이때, 생성되는 PCM 음악파일의 크기를 구하고 그 과정을 설명하라.

4-8 디지털 사운드의 압축과 코딩 방식에는 종류와 상황에 따라 여러 가지가 존재한다. 사운드의 종류를 나열하고 각 경우에 어떠한 사운드 코딩 방식이 가장 적절한지 설명하라.

4-9 입체음향을 정의하고 입체음향이 어떤 분야에서 가장 유용하게 쓰일 수 있는지 알아보자.

05
CHAPTER

애니메이션 기술

애니메이션은 컴퓨터 그래픽스 기술을 이용하여 사물의 움직임을 표현하기 위한 기법으로, 특히 어떤 현상의 변화나 움직임을 강조하거나 현실 세계에서 쉽게 만들 수 없는 현상을 보이기 위하여 매우 효과적으로 사용될 수 있다. 뿐만 아니라, 애니메이션은 미적으로도 사람에게 크게 호소할 수 있어 매우 효과적인 미디어이다. 애니메이션은 과거부터 존재해 왔지만 최근 컴퓨터 그래픽스 기술이 발전하면서 훨씬 효과적으로 애니메이션을 생성할 수 있을 뿐 아니라, 모핑, 로토스코핑 및 입자시스템과 같은 특수효과를 가능케 하고 3차원 애니메이션도 용이하게 제작할 수 있게 되었다.

이 장에서는 애니메이션의 종류와 다양한 기법에 대하여 알아보고, 특히 웹 환경에서 애니메이션에 대하여 설명한다. 그리고 애니메이션이 영화, 광고, 게임 및 사이버 캐릭터 분야에서 어떻게 활용되는지 배우고 애니메이션 저작도구들에 대하여 알아보자.

5.1 애니메이션의 개요

애니메이션은 시대와 장소에 따라 그 정의가 조금씩 다르지만, '생명을 불어넣다'라는 어원에 기초하여 해석하면 애니메이션은 생명이 없는 사물에 영혼이나 정신을 부여하는 행위로 정의할 수 있다. 즉, 애니메이션은 생명을 지니지 않은 것이 움직이는 생물인 것처럼 필름이나 VTR, 컴퓨터 등의 영상 매체를 통해 창조되는 기술이나 기법을 일컫는다.

애니메이션은 일련의 정지화상(Still Image)이나 그래픽으로부터 만들어진다. 이러한 정지화상이나 그래픽들을 연속적으로 보여주어, 보는 사람으로 하여금 화상들을 연속된 동작으로 인식하도록 하는 잔상 효과(Persistence of Vision)를 이용한다. 일반적으로 초당 15장 이상의 그림이 보여지면 자연스러운 움직임을 얻을 수 있다. 텔레비전, 영사기, 비디오 플레이어는 각각 디스플레이하는 초당 프레임률이 다르지만 모두 잔상 효과를 이용한다. 그림 5-1은 애니메이션을 구성하는 프레임을 순서대로 보인 것이다. 인접한 프레임들 간에는 약간의 차이밖에 나지 않지만 어는 정도 떨어져 있는 프레임들 간에는 차이를 분명히 인식할 수 있다.

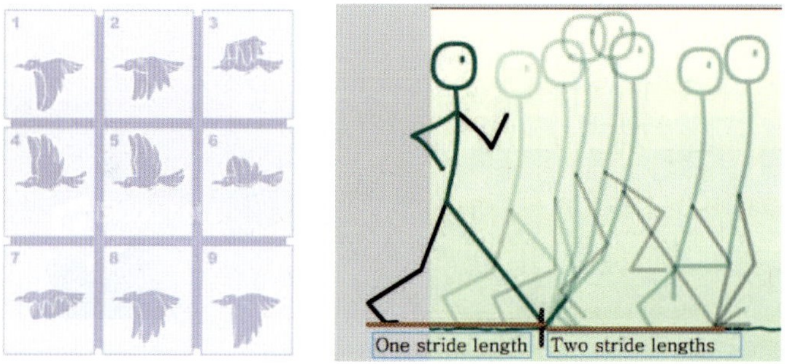

| 그림 5-1 애니메이션을 구성하는 프레임들(istockphoto.com, z.about.com)

애니메이션의 유형

애니메이션은 제작 방식에 따라 컴퓨터가 등장하기 이전부터 존재했던 2차원을 기반으로 하는 전통적인 애니메이션, 컴퓨터에 의해서 만들어지는 애니메이션, 특수 효과(Special Effect)로 나눌 수 있다.

2차원 기반의 전통적인 애니메이션에는 모든 프레임을 일일이 그려야 하는 플립북 애니메이션(Flip-book Animation), 전경과 배경이 분리된 여러 장의 셀(Cel)로부터 애니메이션을 완성시키는 셀 애니메이션(Cel Animation)이 있다. 컴퓨터 애니메이션에는 키 프레임(Key Frame)만을 제작하고 키 프레임 사이에 존재하는 중간 프레임들은 컴퓨터에 의해서 완성되는 키 프레임과 트위닝(Key Frame and Tweening), 캐릭터가 차지하는 영역만을 다시 그리는 스프라이트 애니메이션(Sprite Animation), 스프라이트가 수학적인 공식으로 표현되는 벡터 애니메이션(Vector Animation)이 있다. 3차원 컴퓨터 애니메이션(3D Computer Animation) 기법은 운동학의 원리를 약간 변형하여 움직임을 생성하는 역운동학(Inverse Kinematics)과 인간의 움직임을 실시간으로 포착하여 애니메이션에 적용하는 모션 캡쳐(Motion Capture)가 있다. 특수 효과에는 실제 이미지에 애니메이션을 합성시키는 로토스코핑(Rotoscoping), 한 형태에서 다른 형태로 모양을 변형시키는 모핑(Morphing), 알고리즘을 사용하여 움직임을 생성하는 절차적 방법(Procedural Method)과 입자시스템(Particle System) 등이 존재한다. 그 외 점토를 사용하는 클레이 애니메이션(Clay Animation)과 종이를 이용하는 종이 인형(Paper-stand) 애니메이션 등이 존재한다.

그림 5-2는 여러 가지 애니메이션을 보여주고 있다. 그림 (a)는 셀 애니메이션 기법을 이용하여 제작한 예이고, 그림 (b)는 3차원 애니메이션 기법을 이용하여 만든 애니메이션이다. 그리고 그림 (c)는 진흙으로 제작한 클레이 애니메이션의 한 예이다.

(a) 셀 애니메이션 (clickthecity.com)

(b) 3차원 애니메이션 (jonaz.dk)

(c) 클레이 애니메이션 (stopmotioncentral.com)

| 그림 5-2 여러 가지 애니메이션

애니메이션의 발전

애니메이션은 1908년 프랑스의 에밀 콜(Emil Cohl)의 '판타즈마고리'를 시작으로 1961년에는 존 휘트니 시니어가 세계 최초의 컴퓨터 애니메이션인 '카탈로그(Catalog)'를 제작하였다. 그 후 많은 발전을 이루었고, 다양한 영역에서 애니메이션 기술이 활용되어 왔다. 중요한 역사적인 사건과 발전 과정이 표 5-1에 나타나 있다.

| 표 5-1 애니메이션의 발전 역사와 그 의미

연도	역사적 사건 및 애니메이션	의미
1908	프랑스 에밀 콜의 〈판타즈마고리(Fantasmagorie)〉	공인된 최초의 애니메이션
1913	미국에서 존 랜돌프가 셀 애니메이션 기법 개발	셀 애니메이션 기법이 애니메이션의 표준으로 정착
1937	디즈니의 장편 애니메이션〈백설공주〉	최초의 장편 애니메이션, 디즈니 장편에 알맞는 기획
1961	존 휘트니 시니어의 컴퓨터 그래픽 애니메이션 〈카탈로그(Catalog)〉	최초로 컴퓨터 그래픽 애니메이션 사용
1985	스티브 한의 3차원 애니메이션〈스타체이서〉	최초로 3차원 애니메이션 사용
1995	Disney사의 3차원 애니메이션〈토이스토리〉	최초의 온전한 3차원 애니메이션 (Full 3D Animation)
1998	DreamWorks사의 3차원 애니메이션〈개미〉	실제와 흡사한 얼굴 애니메이션 사용
2002	Disney/Pixar사의〈몬스터 주식회사〉	사실적인 털의 묘사
2010	Disney/Pixar사의〈토이스토리 3〉	최초로 10억 달러 이상의 흥행 수입

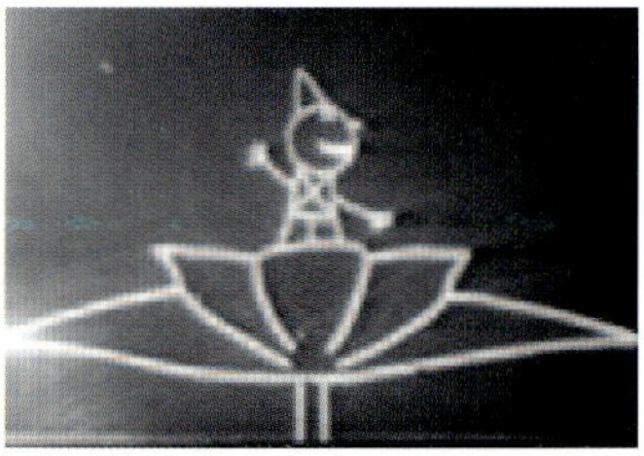

(a) 판타즈마고리(1908년)

(b) 백설공주(1937년)

(c) 토이스토리(1995년)

(d) 몬스터 주식회사(2002년)

| 그림 5-3 애니메이션 발전의 역사적 작품

5.2 전통적인 애니메이션

애니메이션은 전통적인 애니메이션, 컴퓨터 애니메이션 및 특수효과로 크게 나눌 수 있다. 전통적인 애니메이션은 플립북 애니메이션이나 셀 애니메이션을 포함하는데, 디즈니 영화는 셀 애니메이션을 이용하여 제작되기도 한다.

5.2.1 전통적인 애니메이션의 종류

(1) 플립북 애니메이션(Flip-book Animation)

플립북 애니메이션은 가장 단순한 형태의 애니메이션으로 프레임 기반(Frame-based) 애니메이션이라고도 한다. 플립북 애니메이션은 애니메이션을 구성하는 모든 프레임을 일일이 그려나가는 것으로, 그림 5-4(a)에서 보듯이 종이에 그림을 그리고 빠르게 넘길 경우 나타나는 현상을 떠올리면 된다.

플립북 애니메이션은 모든 프레임에 대한 정보를 가지고 있어야 하므로 컴퓨터로 표현할 경우 애니메이션 파일의 크기가 너무 방대해지는 단점이 있다. 파일의 크기가 크기 때문에 인터넷과 같이 제한된 데이터 전송 환경에서는 사용하기 힘들다. 그림 5-4(b)는 해가 떠서 지는 광경을 표현하기 위해 플립북 애니메이션을 프레임별로 나열한 모습이다.

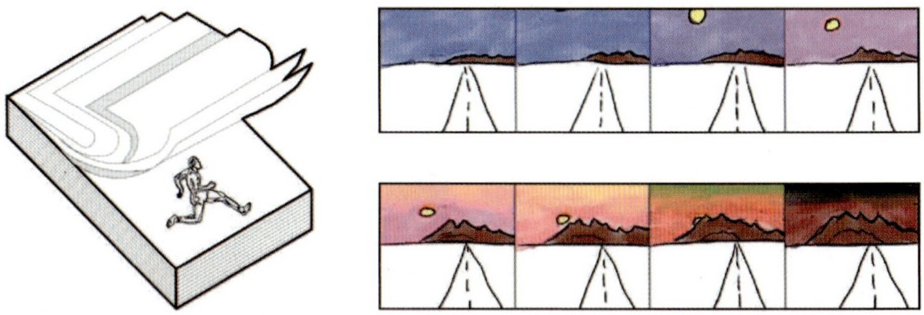

(a) 플립북 애니메이션의 개념 (b) 플립북 애니메이션 기법을 적용하여 만든 프레임들

| 그림 5-4 플립북 애니메이션의 개념과 실제 제작 예

(2) 셀 애니메이션(Cel Animation)

셀 애니메이션은 1913년 존 랜돌프(John Randolph)에 의해 개발되었다. Disney사를 비롯한 많은 제작사들은 아직까지도 2차원 애니메이션을 제작할 때 셀 애니메이션 기법을 사용하고 있다.

셀 애니메이션의 '셀(Cel)' 단어는 투명한 종이를 뜻하는 'Celuloid'를 의미한다. 셀 애니메이션 기법은 초기에 수작업에 의해 이루어졌으나 1960년 Xerox 시스템의 사용으로 한 단계 진보하였다. Xerox 시스템은 반복되는 작업들을 기계화시켰다. Xerox 시스템이란 일반 문서 복사기를 만화영화용 셀도 복사할 수 있도록 Xerox사에서 개조한 기계를 말한다. Xerox 시스템은 만화영화 제작에서 혁명적인 변화를 가져와 1960년대 이후 20년 동안 사용되었다. 1990년 이후의 셀 애니메이션은 컴퓨터를 사용하여 작업을 하는 형태로 발전하였다. 컴퓨터의 활용은 애니메이션 역사에 큰 획을 긋는 사건으로 애니메이션의 표현력을 풍부하게 하였을 뿐만 아니라 제작 기간을 크게 단축시켜 주었다.

셀 애니메이션은 기본적으로 하나의 배경 셀과 여러 장의 전경 셀이 필요하다. 이러한 여러 개의 셀들을 몇 겹의 층으로 구성하여 하나의 프레임을 만들어낸다. 셀을 이용하면 하나의 프레임을 만든 후 연속되는 다음 프레임을 만들때, 변하는 부분만을 다시 그리면 되는 장점이 있다. 예를 들어, 사자가 숲 속을 거니는 장면을 만든다고 할 때, 숲이 그려진 배경 셀은 전경에 해당하는 사자가 움직이는 동안 계속해서 사용될 수 있다. 대부분의 2차원 만화영화는 셀 애니메이션 기법을 이용하여 제작된다. 그림 5-5는 Disney사에서 제작된 셀 애니메이션의 대표적인 작품인 '라이온킹'의 한 장면이다.

| 그림 5-5 디즈니 애니메이션 '라이온킹'

5.2.2 전통적인 기법

앞에서 설명한 애니메이션을 실제 만들기 위해서 다양한 기법들을 적용하게 된다. 이러한 기법들을 사용함으로써 보다 효과적인 애니메이션 결과를 생성할 수 있다.

(1) 양파껍질 효과(Onion-skinning)

셀 애니메이션에서 프레임을 만들기 위해 셀을 여러 장 겹쳐 놓아도 셀 자체가 투명하기 때문에 아래에 있는 셀의 내용도 보이게 된다. 이것은 양파껍질로 무언가를 덮어도 양파껍질이 투명하기 때문에 그 내용물이 보인다는 점에서 이러한 용어가 사용되게 되었다.

전통적인 셀 애니메이션에서 각 프레임은 몇 개의 투명 종이와 셀로 이루어졌다. 애니메이터들은 프레임별로 분리되어 있는 셀들을 사용하여 작업을 하는 것이 아니라, 몇 장의 셀로 하나의 프레임을 만들고 그 다음에 연속되는 프레임은 여러 셀들 중 특정 하나를 움직여 만든다.

셀 애니메이션에서 셀이 가지는 의미는 전경과 배경을 분리할 수 있다는 것 이외에, 시간의 흐름에 따라 애니메이션의 진행 상황을 한눈에 살펴볼 수 있다는 것이다. 양파껍질 효과를 사용하면 한눈에 프레임의 처음부터 끝까지 볼 수 있어 애니메이션이 어떤 식으로 흘러가는지 쉽게 알아볼 수 있다.

Fractal Design Painter, Macromedia사의 Director와 FutureWave사의 CelAnimator와 같은 2차원 애니메이션 프로그램들이 양파껍질 효과를 지원한다. 그림 5-6은 Flash에서 양파껍질 효과를 사용하여 애니메이션을 제작하는 화면이다. 진하게 보이는 부분은 현재 작업하는 프레임이고 흐리게 처리된 부분은 전후 프레임들이다.

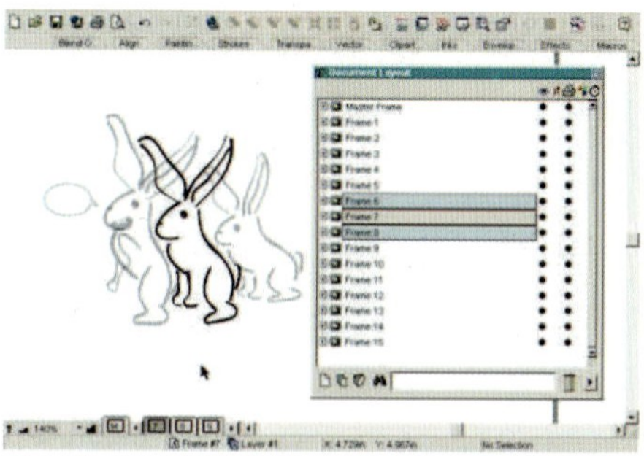

| 그림 5-6 Flash에서의 양파껍질 효과

(2) 도려내기 효과(Cut-out)

도려내기 효과 역시 셀 애니메이션에서 사용되었던 방법으로, 손을 흔드는 것과 같이 캐릭터의 동작이 특정 부분에 한정되어 있는 경우에 캐릭터의 몸 전체를 다시 그리는 것보다는 손만을 다시 그리는 것이 효율적이다. 따라서 캐릭터의 몸은 한 번만 그려서 백그라운드로 사용하고, 분리되어 있는 손과 합성하여 손 흔드는 동작을 만들어 낸다.

Macromedia사의 FreeHand에서는 이러한 도려내기 효과를 쉽게 생성할 수 있도록 지원한다.

| 그림 5-7 도려내기 효과를 이용하여 사람의 걷는 애니메이션을 재현

(3) 가감속(Ease-out/Ease-in)

실세계에서 사물들이 항상 같은 속도로 움직이는 것은 아니다. 예를 들어, 차가 출발할 때는 서서히 가속하고 커브를 돌 때나 주차할 때는 감속된다.

애니메이션에서 출발이나 정지, 회전과 같이 하나의 동작에서 다른 동작으로의 이동은 전형적인 키프레임 기법으로는 제어하기 힘들기 때문에 약간 진보된 형태의 키프레임이 필요하다. 특정한 키프레임을 정해서 그 프레임으로 다가갈 때 속도를 변화시키는 것이다. 즉, 한 물체가 키프레임으로 다가가거나 멀어질 때, 점차 느려지는 것을 감속(Ease-in), 점차 빨라지는 것을 가속(Easeout)이라고 한다.

이러한 속도의 변화를 수작업으로 진행할 수도 있지만 많은 시간과 인력을 필요로 한다. 다행히 이러한 작업은 컴퓨터로부터 많은 도움을 받을 수 있다. 대부분의 애니메이션 프로그램들은 몇 개의 프레임에 걸쳐 나타나는 물체의 가감속을 수치로 나타내 쉽게 제어할 수 있도록 한다. Adobe사의 After Effects 프로그램은 이러한 속도의 변화 제어를 '속도 곡선(Velocity Curve)'이라는 기능을 통하여 지원한다(그림 5-8 참조).

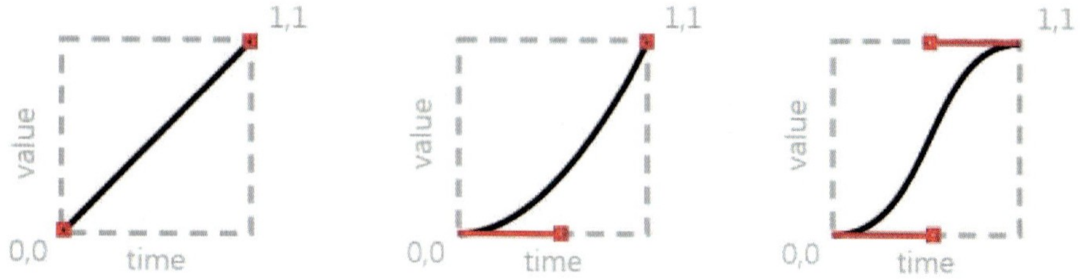

(a) 일정 속도로 이동 (b) 출발 시 점진적 가속 (c) 출발 및 도착 시 가감속

| 그림 5-8 속도 곡선을 이용한 가감속의 표현

(4) 반복(Cycling)

많은 동작들은 반복적이어서 여러 개의 프레임을 하나의 반복(Cycle)이나 루프(Loop)로 만들 수 있다. 가장 기본적인 반복 애니메이션은 걷기 동작이다. 한 번 걷는 동작을 완성시키면 반복을 통해 계속 움직이게 만들 수 있다.

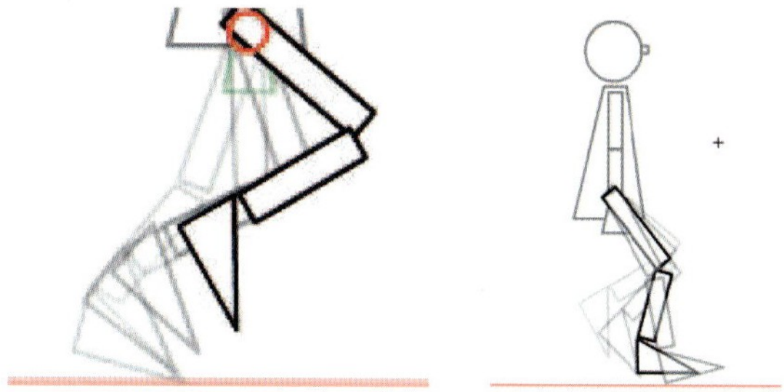

| 그림 5-9 Flash로 제작한 '걷기 사이클'의 예

(5) 계층적 동작(Hierarchical Motion)

계층적 동작은 하나의 물체에 다른 물체를 붙이거나 연결함으로써 만들어진다. 즉, 계층적 동작에서는 어떤 물체가 다른 물체에 종속되어 있기 때문에 하나의 물체가 움직이면 나머지 물체도 따라서 움직이게 된다. 그림 5-10에서는 해머를 들고 있는 인간이 계층적 구조로 구성되어 있어, 몸을 움직이면 팔도 따라 움직이고, 팔이 움직이면 손목과 해머도 따라서 움직이게 된다.

지구가 태양의 주위를 돌고 달이 지구의 주위를 도는 태양계도 계층적 동작의 좋은 예로, 태양이 움직이면 지구와 달도 같이 움직이게 된다. 5.3.3절에서 소개할 역운동학에서는 애니메이션될 개체가 계층적 구조로 모델링되어 있어야 한다.

| 그림 5-10 계층적 구조를 갖는 사이버 인간의 애니메이션

5.2.3 효과적인 애니메이션을 위한 기법

애니메이션은 현실 세계에서 일어나는 움직임과 차이가 있다. 애니메이션을 표현할 때에는 현실에 기반하여 나타내야 하지만 경우에 따라서는 애니메이션의 효과를 극대화하기 위하여 나름대로의 기법을 사용하기도 한다. 여기서는 몇 가지 대표적인 효과적 애니메이션 기법을 소개한다.

(1) 찌그러짐과 늘어남(Squash and Stretch)

찌그러짐과 늘어남은 물체가 유연성이나 탄성을 갖도록 하여 고무와 같이 부드럽고 물컹거리는 느낌을 갖도록 하는 것이다. 따라서 물체가 멈추거나 방향을 바꿀 때 또는 딱딱한 물체에 부딪혔을 때 움직이는 방향으로 물체가 압축되어 눌린다. 찌그러지거나 늘어나는 효과는 움직이는 물체가 무게가 있다는 것을 느끼도록 하거나, 짓눌리고 잡아당겨지는 동작을 강조하기 위해 사용되는 방법이다.

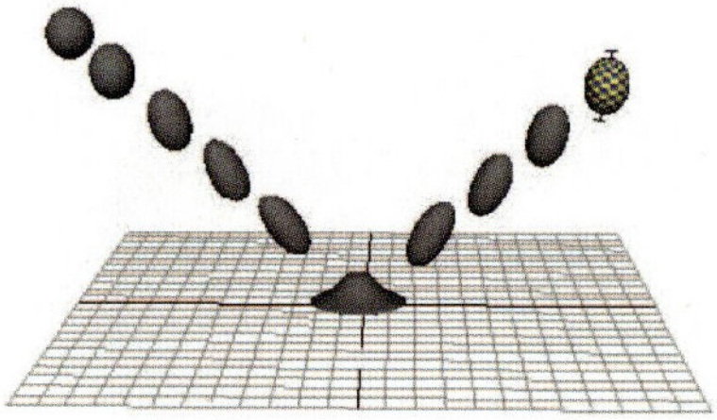

| 그림 5-11 찌그러짐과 늘어남의 예

(2) 보조 액션과 중첩 액션(Secondary Action/Overlapping Action)

보조 액션(Secondary Action)은 주 액션(Main Action)에 더해지는 간단한 동작을 말한다. 예를 들어, 그림 5-12에서 보듯이 한 아이가 연을 날리며 뛰어가는 장면을 생성할 때, 아이의 뛰는 동작은 주 액션이고 따라가는 연의 움직임은 보조 액션에 해당된다.

중첩 액션(Overlapping Action)은 주 액션에 보조 액션을 첨가하여 애니메이션을 완성해 나가는 것을 일컫는다. 그림 5-12에서 아이가 연을 갖고 달려가다 갑자기 멈추어 서는 경우 연이 몇 초간 흔들거리는 현상을 예로 들 수 있다. 아이가 뛰어가는 주 액션에 연이 흔들거리는 보조 액션을 첨가한 것이다.

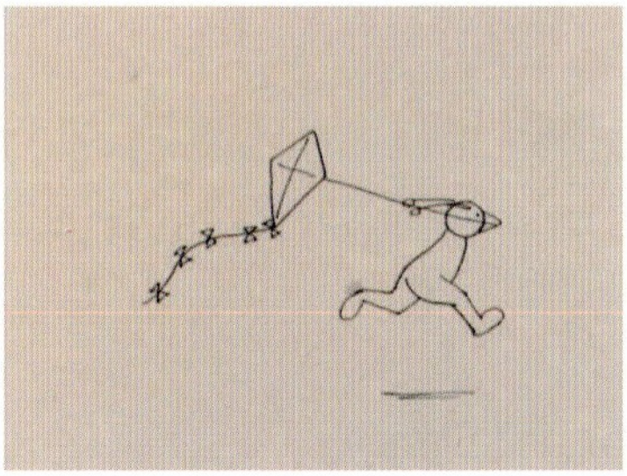

| 그림 5-12 보조 액션의 예

(3) 과장(Exaggeration)

과장 역시 애니메이션에 강한 인상을 심어 줄 수 있는 좋은 방법이다. 특히, 색깔과 동작의 과장을 통해 이용자의 눈에 쉽게 띄도록 해야 한다. 그림 5-13(a)는 디즈니의 동물 캐릭터 도날드덕의 표정을 과장하여 표현한 것이고, 그림 5-13(b)는 사람의 웃는 모습을 과장한 것이다.

(a) 도날드 덕의 과장된 표현

(b) 왼쪽 사람이 과장되게 웃는 모습

| 그림 5-13 동물이나 사람의 표정에 과장을 적용한 예

5.3 컴퓨터 애니메이션

컴퓨터 애니메이션은 벡터 애니메이션이나 트위닝 기법을 이용하여 애니메이션 작업을 자동화함으로써 애니메이터들로 하여금 창조적인 일에 시간을 투자할 수 있도록 해준다. 뿐만 아니라, 모핑이나 입자시스템을 사용하여 현실적으로 실현하기 어려운 특수효과를 구현할 수도 있다.

5.3.1 컴퓨터 애니메이션의 개념

전통적인 애니메이션이 발전을 거듭하는 가운데 컴퓨터가 세상에 등장하였다. 컴퓨터는 애니메이션에 혁명적인 변화를 가져왔다. 단순히 기존 애니메이션의 수작업을 컴퓨터로 대신하는 것에서 시작하여 3차원 애니메이션과 특수효과 등 컴퓨터를 통해서만 제작할 수 있는 새로운 애니메이션을 가능케 하였다. 컴퓨터를 이용한 애니메이션 제작은 여러 가지 장점을 지니고 있다. 주인공을 비롯한 애니메이션의 모든 구성 요소들은 디지털화되어야 하고, 이렇게 디지털화된 애니메이션은 수정 및 편집이 용이하고, 애니메이션의 전송이나 저장이 수월하다. 또한 컴퓨터의 사용은 디지털화된 캐릭터들의 복제를 손쉽게 하므로, 수백 명의 군중이나 수백 마리의 동물들을 기존 애니메이션 방법에 비해 훨씬 쉽게 만들어 낼 수 있다. 이러한 장점들은 애니메이션을 제작하는 애니메이터(Animator)들이 단순 작업에 소모했던 시간을 보다 창조적인 작업에 투자할 수 있도록 해주었다.

(1) 스프라이트 애니메이션(Sprite-based Animation)

스프라이트(Sprite)는 애니메이션에서 독립적으로 움직이는 개체를 말한다. 아케이드 게임 속에 등장하는 캐릭터들의 애니메이션이 이 부류에 속한다.

스프라이트 애니메이션은 플립북 애니메이션과는 달리 스프라이트만을 다시 그려주면 되므로, 파일의 크기나 요구되는 데이터 전송 대역폭도 플립북 애니메이션보다 작다. 일단 스프라이트가 만들어지면 여기에 스크립트 애니메이션(Script Animation)이나 경로기반 애니메이션(Pathbased Animation) 등을 적용할 수 있다. 그림 5-14는 개구리를 이용한 스프라이트 애니메이션이다. 그림 (a)는 스프라이트가 움직이는 모습을 그림 한 장에 보여준 것이고, 그림 (b)는 이렇게 움직임을 보여주기 위하여 대부분의 배경은 그대로 둔 채 변하는 부분만 검은색 사각형으로 나타낸 것이다.

(a) 스프라이트 애니메이션 (b) 다시 그려지는 영역

| 그림 5-14 스프라이트 애니메이션의 예

(2) 벡터 애니메이션(Vector-based Animation)

이 방식은 스프라이트가 비트맵(Bitmap)이 아닌 수학적 함수로 이루어진다는 것을 제외하면 스프라이트 애니메이션과 같다. 벡터 애니메이션은 스프라이트 애니메이션에 비해 다음과 같은 장점이 있다. 우선 스프라이트를 비트맵이 아닌 수식으로 표현하므로 파일의 크기가 스프라이트 애니메이션보다 작으며 또한 이미지를 확대하여도 계단 현상이 나타나지 않는다. 이러한 성질을 확장성(Scalability)이 있다고 한다. 파일의 크기가 작기 때문에 인터넷에서 무리 없이 사용되며 현재 Shockwave 파일 포맷이 이 방법을 사용한다. 그러나 색상이나 물체의 모양 등에 대한 표현력에 한계가 있다. 그림 5-15는 Shockwave로 제작된 벡터 애니메이션을 보여주고 있다.

| 그림 5-15 벡터 애니메이션의 예

(3) 키프레임과 트위닝(Key Frame and Tweening)

일반적인 만화영화 제작에 숙련된 애니메이터는 키프레임(Key Frame)이라는 중요한 장면들만 만들고, 나머지 중간 프레임들은 트위닝 기법을 이용하여 완성한다. 트위닝은 이러한 키프레임 사이를 채우면서 애니메이션을 만든다는 의미의 인비트위닝(In-betweening)에서 유래되었다. 일반적으로 가장 중요한 장면이나 중요한 액션이 등장하는 장면, 또는 액션이나 시점이 변하는 곳이 키프레임으로 설정된다. 다행히 컴퓨터를 이용하여 이러한 방식을 그대로 적용할 수 있다. 애니메이터는 단지 키프레임만을

완성하고 중간에 속해 있는 프레임들은 컴퓨터가 자동으로 생성하는 것이다. 애니메이션을 시간선(Time-line)상에 두고 애니메이터는 시간선 중간 중간에 적당한 간격으로 몇 개의 키프레임을 그리면 되는 것이다. 그림 5-16은 키프레임을 이용한 애니메이션의 원리를 보여주고 있다. 애니메이터가 키프레임 #1, 키프레임 #2 및 키프레임 #3을 그려주면 중간 프레임들은 일정한 시간 간격으로 생성될 수 있음을 알 수 있다. 그림 5-17은 3개의 키프레임을 가진 간단한 애니메이션의 예로, 트위닝 기법을 이용하여 중간 프레임들이 자동적으로 생성되는 사례이다.

키 프레임 애니메이션은 2차원 애니메이션뿐만 아니라 3차원 애니메이션에서도 가장 널리 사용되는 기법으로 스토리보드의 작성, 물체의 표현, 키 프레임의 설정, 인비틴(In-between) 프레임의 생성 과정을 거친다. 스토리보드는 제작할 애니메이션의 전반적인 스케치와 움직임의 모든 과정을 기획하는 것이고, 물체의 표현 과정을 통하여 각 장면에 나타날 3차원 물체들의 모양을 표현한다. 제작자는 애니메이션 소프트웨어를 이용하여 단지 키 프레임만을 생성하고 중간에 속해 있는 프레임(인비틴 프레임)들은 컴퓨터에 의해 자동으로 생성된다.

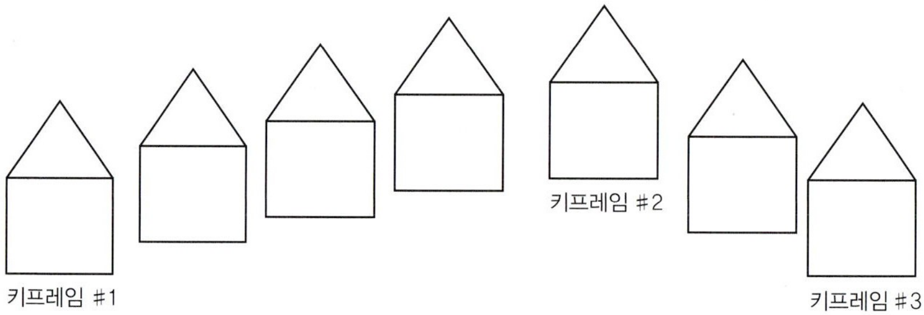

| 그림 5-16 키 프레임을 이용한 애니메이션의 원리

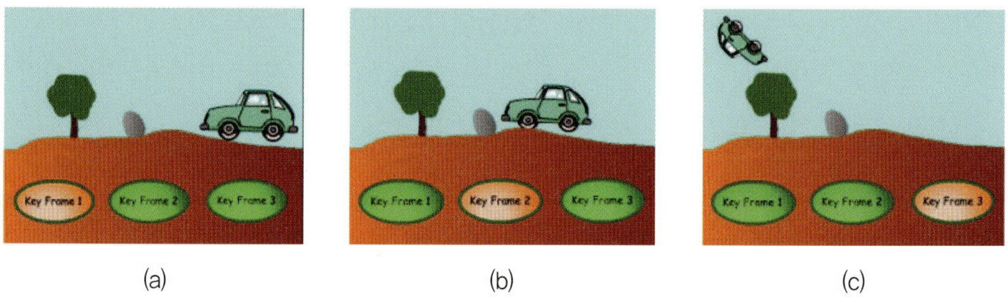

| 그림 5-17 키프레임과 트위닝의 예

5.3.2 특수효과

(1) 모핑(Morphing)

2개의 서로 다른 이미지나 3차원 모델 사이에 점진적으로 변화해 가는 모습을 보여주는 것을 '모핑'이라고 한다. 모핑 기법은 2차원 그림에서는 물론 3차원 그림에서도 적용이 가능하다.

3차원 모핑은 마이클 잭슨의 뮤직 비디오 '댄저러스(Dangerous)'와 영화 '터미네이터 2(Terminator 2)', 우리 나라의 영화 '구미호', '퇴마록', '은행나무 침대' 등을 통해 일반인들에게 알려지기 시작했다.

모핑의 원리는 의외로 간단하다. 모핑의 처음 프레임과 마지막 프레임을 지정해 주고 각 프레임 사이에 서로 매핑되는 점들을 지정한 후, 나머지 작업은 컴퓨터가 수행하도록 하는 것으로 이러한 과정을 '보간법(Interpolation)'이라고 한다. 그림 5-18 중에서 첫 번째, 4번째, 7번째 그림이 실제 만든 프레임이고 나머지 프레임은 보간법에 의해 생성되었다.

| 그림 5-18 2차원 모핑 과정: 사람에서 사람으로

모핑은 흔히 서로 완전히 다른 두 물체 사이의 그림들을 생성한다. 예를 들어, 인간이 괴물로 변한다거나 인간이 물체로 변하는 모습을 모핑 기법을 이용하면 용이하게 만들 수 있다. 그림 5-19(a)는 사람과 개 사이의 변화과정을 모핑 소프트웨어를 이용하여 처리하는 작업을 보여주고 있고, 그림 5-19(b)는 테니스 공과 사람 사이에 모핑 기법을 통해서 생성된 중간 프레임들을 보여주고 있다.

(a) Photo Morpher를 이용한 모핑 과정

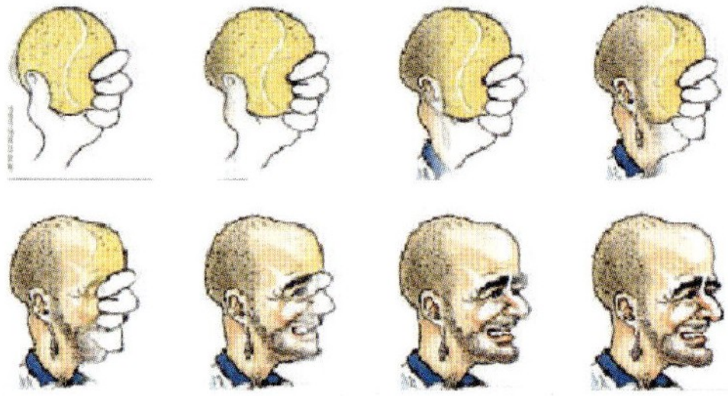

(b) 테니스 공이 사람으로 변하는 모핑

| 그림 5-19 완전히 상이한 물체 간의 모핑의 예

(2) 로토스코핑(Rotoscoping)

로토스코핑은 1915년경 맥스 플라이셔(Max Fleischer)가 베티 부프(Betty Boop)와 뽀빠이(Popeye)에게 생명을 불어넣기 위해 개발하였다.

로토스코핑은 크게 두 가지 의미로 쓰인다. 하나는 실제 영화의 한 장면에 손으로 그린 애니메이션을 삽입하는 셀 애니메이션의 변형을 의미하고, 다른 하나는 액션 장면의 정지 프레임을 사용하여 수동 또는 자동으로 추적하여 움직임을 잡아내는 것을 말한다. 예를 들어, 말의 달리는 동작을 애니메이션으로 제작하려고 할 때 말이 달리는 장면을 연속적인 사진으로 찍는다. 이런 사진 위에 투명 종이를 놓고 말의 동작을 한 장씩 그림으로써 애니메이션화하는 작업을 로토스코핑이라 한다. 다음에 보이는 그림 5-20은 로토스코핑의 사례들을 보여주고 있다.

(a) 영화의 한 장면에 애니메이션을 삽입

(b) 액션 장면의 정지 프레임을 추적

| 그림 5-20 로토스코핑의 예

(3) 입자시스템(Particle System)

비, 불, 연기, 폭발 등의 자연 현상을 애니메이션으로 제작하고자 할 때 입자시스템을 사용한다. 입자시스템에서는 입자들의 집합에 대해 그 행동과 특성을 하나하나 부여하는 것으로 비디오나 영화에서 폭발 등의 특수효과를 내기 위해 사용된다. 영화 '트위스터(Twister)'는 토네이도(Tornado)를 시뮬레이션하기 위해 입자시스템을 사용하였다. 그림 5-21은 입자시스템 기법을 이용하여 불이 나는 장면과 배가 연기를 뿜으며 항해하는 장면을 보여주고 있다.

| 그림 5-21 입자시스템을 사용한 애니메이션의 예

(4) 절차적 애니메이션(Procedural Animation)

특정 물체에 대한 알고리즘을 만들어 움직임을 생성하는 기술을 '절차적 방식에 의한 애니메이션'이라고 한다. 특정한 알고리즘이나 규칙에 의해 애니메이션이 생성되므로 '규칙기반 애니메이션'이라고도 한다.

절차적 방식은 입자시스템(Particle System)이나 유동 표면(Flexible Surface)과 같은 자연 현상이나 사람이 직접 제어하기에는 복잡한 시스템에 적용될 수 있다. 또한 이 방식은 함께 움직이는 물체들, 가령 벌떼, 새떼, 벌판을 달리는 소떼 등과 같이 집단에 대한 움직임을 정의하는 집합 애니메이션(Flock Animation)을 생성할 수 있다.

현재 연구가 활발히 진행되고 있는 물리기반 시뮬레이션(Physics-based Simulation)이나 입자시스템은 절차적 방식에 의한 애니메이션 생성 기법이다.

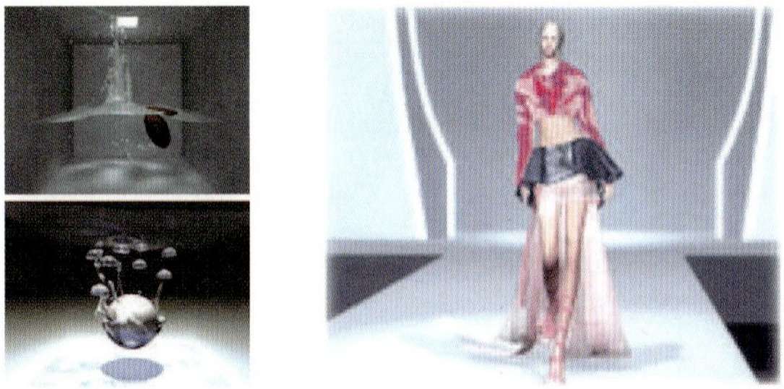

(a) 유동표면에서 물체의 낙하 (b) 사이버 패션쇼에서 의상의 움직임

| 그림 5-22 절차적 애니메이션의 사례

5.3.3 3차원 동작의 애니메이션

인간이나 동물의 움직임이나 행위의 애니메이션을 생성하는 것은 매우 어려운 작업이다. 인간은 많은 관절들로 구성되어 있고 이 관절들이 서로 연계되어 있어 인간의 움직임을 사실적으로 생성하기 위해서는 특별한 기법이 요구된다. 여기서는 역운동학을 소개하고 모션 캡쳐 장비를 이용한 인간 움직임 데이터의 생성에 대하여 알아본다.

(1) 역운동학(Inverse Kinematics)

역운동학은 3차원 모델의 각 부분들을 하나의 모델로 연결하는 방법으로, 인간이나 로보트와 같이 계층적으로 구성된 구조체를 표현하기에 적절한 방법이다.

역운동학을 사용하면 물체의 한 부분이 움직였을 때 연결된 부분들이 자연스럽게 그 부분을 따라가도록 할 수 있다. 역운동학은 운동학(Kinematics)의 발전된 형태이다. 예를 들어, 그림 5-23(a)와 같이 팔을 들어올리는 애니메이션에 운동학을 사용하면 역운동학을 사용할 때와 차이가 있다. 운동학(왼쪽 그림)에서는 움직일 팔꿈치의 각도(α)와 팔이 몸에서 움직일 수 있는 각도(β)를 정해주어야 한다. 그러나 역운동학(오른쪽 그림)을 사용하면 팔의 끝, 즉 손의 위치(A)만을 지정해 주면 그 나머지 관절 부분은 자연스럽게 손을 따라 움직인다.

(a) 운동학(왼쪽)과 역운동학(오른쪽)　　(b) 역운동학의 적용 사례

| 그림 5-23 역운동학의 원리와 적용 사례

이렇듯 역운동학을 이용하면 중간에 있는 관절들의 정확한 움직임을 표현할 필요가 없기 때문에 모션 캡쳐를 사용하고도 움직임 정보를 얻을 수 없는 부분은 역운동학을 이용하여 움직임에 대한 정보를 얻어낼 수 있다. 그러나 역운동학은 관절을 하나씩 제어하는 것이 아니기 때문에 사람의 팔이 뒤로 꺾이는 애니메이션이 만들어지는 등 부자연스러운 움직임이 연출될 수 있다.

(2) 모션 캡쳐(Motion Capture)

인간의 움직임을 만들어내는 가장 자연스러운 방법으로 3차원 컴퓨터 애니메이션의 생성을 위해 가장 많이 사용되는 기술이다. 인간의 움직임을 손으로 그리는 것이 아니라 직접 캡쳐(Capture)하여 움직임의 정보를 3차원으로 저장하며, 움직임을 추적하기 위해 마커(Marker) 또는 트랙커(Tracker)라 불리는 센서를 사용한다.

모션 캡쳐는 크게 광학(Optical) 방식과 자기(Magnetic) 방식으로 구분된다. 자기 방식은 조작이 쉽고 데이터를 실시간에 샘플링하여 얻을 수 있는 장점이 있으나, 자기장이 철 등의 물체에 의해 영향을 받아 신호가 왜곡될 수가 있어 실험실의 환경에 세심한 주의를 기울여야 한다. 그리고 센서가 유선으로 컴퓨터에 연결되어 있어 장비를 착용한 사람(Actor)의 행동에 제약을 주는 단점이 있다. 한편, 광학 방식은 적외선을 쪼이면 발광하는 특수한 물질이 칠해진 적외선 마커를 액터의 관절 부위에 부착하여 반사된 빛을 여러 대의 비디오로 촬영한 후 3차원 공간상에서의 위치를 파악하는 방식이다. 광학 방식은 자기 방식에 비해 성능이 뛰어나지만 데이터를 처리하는 데 많은 시간과 노력이 들고 제작비도 매우 비싸다. 그림 5-24는 Vicon사에서 제공하는 모션 캡쳐 장비인 카메라와 마커를 부착한 사람의 모습을 보여주고 있다.

(a) Vicon사의 카메라

(b) 마커를 부착한 사람

| 그림 5-24 모션 캡쳐에 쓰이는 장비

그림 5-25(a)은 모션 캡쳐 장비를 사용하여 게임을 제작하고 있는 화면이다. 광학 마커를 착용한 액터의 움직임으로부터 발생하는 데이터를 수집한 후 SoftImage를 사용하여 편집하여 게임의 사이버 캐릭터에 적용한다. 그림 5-25(b)는 모션 캡쳐를 통해 사람의 움직임 데이터를 생성한 후, 이 데이터를 편집하여 다수의 군중에 적용한다. 이 그림은 영화 '반지의 제왕'에서 전투 장면의 수많은 군사들이 각자 다른 움직임을 보여

주고 있다. 또한 사이버 캐릭터 'Gollum'의 움직임을 생성하기 위하여 모션 캡쳐 기법을 사용하고 있다.

(a) 모션 캡쳐를 통한 움직임 데이터의 생성 (b) 모션 캡쳐를 군중에 적용한 사례

| 그림 5-25 모션 캡쳐를 사용한 게임과 영화의 제작

5.4 애니메이션의 활용

애니메이션이 활용되는 분야는 매우 다양하고 광범위하다. 여기서는 애니메이션이 가장 많이 이용되는 분야들을 제시하고, 구체적인 적용 예들을 통하여 애니메이션의 활용을 이해하도록 하자.

5.4.1 만화영화

애니메이션이 만화영화 자체를 의미할 만큼 만화영화는 애니메이션을 사용한 대표적인 결과물이다. 초기의 만화영화는 미국을 기점으로 시작하였으며 현재는 일본, 프랑스, 우리나라 등에서도 많이 제작되고 있다.

제작 기법에 있어서도 많은 변화가 있었다. 초기에서부터 현재까지 셀 애니메이션이 가장 많이 사용되고는 있지만, 요즘에는 컴퓨터를 이용한 3차원 애니메이션이 두각을 나타내고 있으며, 인형을 사용하거나 진흙으로 제작하는 클레이(Clay) 애니메이션도 꾸준히 제작되고 있다. 세계의 애니메이션 시장은 크게 미국과 일본에 의해 양분되어 있다.

미국에서 제작되는 만화영화를 일반적으로 애니메이션이라 하고, 일본에서 제작되는 만화영화를 '재패니메이션(Japanimation)' 또는 '아니메(Anime)'라고 한다. 미국은 Disney사를 중심으로 하는 극장용 장편 애니메이션 시장에서 우위를 보이고 있고 일본은 TV 시리즈와 비디오 애니메이션 시장에서 두각을 나타내고 있다. 표 5-2는 세계 각국의 주요 애니메이션 만화영화를 열거한 것이다. 그림 5-26(a)는 2003년에 상영된 Disney/Pixar사가 제작한 '니모를 찾아서'의 한 장면이다. 그림 5-26(b)는 DreamWorks사에서 2007년에 공개한 'Shrek 3'로 뛰어난 3차원 애니메이션을 보여주고 있다. 그림 5-26(c)는 디즈니 애니메이션 스튜디오에서 2013년 제작한 '겨울왕국(Frozen)'으로 역대 최고의 애니메이션 영화 흥행을 이루었고 아카데미 애니메이션상을 수상하였다.

(a) 니모를 찾아서(2003년) (b) 슈렉 3(2007년) (c) 겨울왕국(2013년)

| 그림 5-26 Disney사와 DreamWorks사의 애니메이션 만화영화

| 표 5-2 세계 각국의 주요 애니메이션 만하영하

제목	연도	제작사	특징
백설공주	1937	디즈니	최초의 장편 애니메이션으로 캐릭터의 현실감을 추구함
아톰	1963	데즈카 오사무	2차 세계대전 패배 이후 실의에 빠진 국민들에게 긍지와 희망을 불어넣기 위해 국가적으로 애니메이션 산업을 육성
미녀와 야수	1992	디즈니	컴퓨터로 렌더링된 무도회장에서 2차원 캐릭터가 합성되는 장면으로 3차원 애니메이션 기법의 도입이 본격화됨
토이 스토리	1995	픽사	최초의 완전한 3차원 애니메이션
아기공룡 둘리 -얼음별 대모험	1996	둘리나라	김수정 원작을 애니메이션으로 제작
월령공주	1997	미야자키 하야호	재패니메이션의 붐을 주도하였다고 평가됨
몬스터 주식회사	2001	디즈니/픽사	사실적인 털의 묘사는 3차원 그래픽의 기술적인 진보를 이룬 것으로 평가받고 있음
니모를 찾아서	2003	디즈니/픽사	완벽한 3차원 애니메이션을 적용하였다고 평가됨

슈렉	2001~2007	드림웍스	상업적으로 성공한 성인용 애니메이션 만화영화, 슈렉2, 슈렉3 등의 시리즈 제작
토이스토리 3		디즈니/픽사	최초로 10억 달러 이상의 흥행 수입
겨울왕국 (Frozen)	2013	디즈니 애니메이션 스튜디오	CGI 애니메이션으로 역대 최고의 애니메이션 영화 흥행수입, 아카데미 애니메이션상 수상

5.4.2 영화

컴퓨터 애니메이션이 가장 효과적으로 활용되고 있는 분야로 단연 영화를 들 수 있다(표 5-3 참조). 1998년 미국 10대 흥행 영화 중에서 한 편을 제외한 모든 영화가 컴퓨터 애니메이션을 사용한 경우도 있었다.

조지 루카스의 '스타워즈'를 통해 성공적으로 영화에 도입된 컴퓨터 애니메이션은 과거에는 상상 속에서만 가능했던 갖가지 볼거리들을 화면 속에서 현실화하였다. 할리우드에 도입된 컴퓨터 애니메이션은 초기에 공상 과학영화(SF)에서만 사용되었지만, 그 후 '타이타닉', '포레스트 검프', '사랑과 영혼' 등 일반 영화에서도 사용되고 있다.

우리나라의 경우에는 1993년 '구미호'를 시작으로 최근에는 다수의 영화에서 컴퓨터를 이용한 애니메이션이 사용되고 있다.

(a) 쥬라기공원(1993) (b) '타이타닉'에서 사용된 모션캡쳐 기술 (c) 반지의 제왕(2002)

| 그림 5-27 컴퓨터 애니메이션이 사용된 영화

| 표 5-3 컴퓨터 애니메이션이 사용된 영화

제목	연도	제작사	특징
트론	1982	디즈니	3차원 컴퓨터 그래픽이 본격적으로 도입된 최초의 영화로 알려짐
터미네이터 2	1989	레스튜디오 카넬	컴퓨터 애니메이션이 총 8분 정도의 분량

구미호	1994	신씨네	국내 최초로 컴퓨터 애니메이션 사용
타이타닉	1997	20세기 폭스	사람들이 물에 빠지는 장면을 모션 캡쳐를 이용하여 컴퓨터 애니메이션으로 제작함.
파이널 환타지	2001	콜롬비아 트라이스타	히로노부 사카구치 감독의 작품으로 사람의 목소리를 캐릭터의 목소리로 사용하고 현실감 있는 3차원 그래픽으로 인물의 표정을 세밀히 표현
반지의 제왕	2001~2003	뉴라인 시네마	장대한 규모의 전쟁 장면과 기이한 형태의 다양한 생명체의 모습을 3차원 그래픽으로 처리, 3부작 판타지 영화로 상업적으로 대성공
아바타	2009	20세기 폭스	실제 사진 수준의 3차원 렌더링, 28억 달러에 이르는 흥행수입

5.4.3 광고

(1) 상업 광고

짧은 시간 내에 소비자에게 강한 인상을 남겨야 하는 광고의 속성상 컴퓨터 애니메이션은 매우 유용한 수단으로 인식되고 있다. 왜냐하면 실제 촬영만으로는 불가능한 장면들이 컴퓨터를 사용하면 쉽게 구현될 수 있고, 이렇게 만들어진 장면들은 소비자의 눈길을 끄는 데 유리하기 때문이다. 우리나라에서 제작되는 TV광고 중에 애니메이션을 사용한 것이 절반 이상이다. 우리나라 광고에서 컴퓨터 애니메이션 사용의 시작점은 80년대 말 100% 컴퓨터 그래픽으로 제작된 삼성전자의 '휴먼테크' 광고와 LG전자의 '테크노피아' 광고이다.

컴퓨터 그래픽을 사용한 애니메이션의 도입은 광고의 창작적인 측면에서 하나의 혁명이다. 광고에 주로 쓰이는 컴퓨터 애니메이션 기법으로 모핑이 있으며, 그 외 화면 합성기술과 화면 배경을 바꾸는 기술인 크로마키 기법이 있다.

광고에 자주 등장하는 3B가 있다. 바로 미인(Beauty), 아기(Baby), 동물(Beast)이다. 이들 중 아기와 동물은 촬영하기가 쉽지 않으므로 컴퓨터를 사용하여 원하는 모델을 생성시킬 수 있다. 그림 5-28는 Rhythm & Hues Studios사에서 컴퓨터 애니메이션을 사용하여 제작한 광고이다. 그림 5-28(a)는 Xerox 복사기 판매를 위한 광고이며, 그림 5-28(b)는 California Dairy사의 금붕어 광고이다.

(a) Xerox 복사기 광고

(b) 금붕어 광고

| 그림 5-28 Rhythm & Hues Studios사에서 제작한 애니메이션 광고

(2) 인터넷 광고

웹페이지에 있는 대부분의 광고는 애니메이션 기법을 이용하고 있다. 1989년에 개발된 애니메이션 GIF는 인터넷 광고 시장을 바꾸어 놓았다. 그 후 VRML과 Java 등이 웹을 위해 제안되었고, 이들은 상호작용성을 바탕으로 기존 애니메이션 GIF 광고의 단순함을 극복하였다. VRML과 Java가 상호작용성이 뛰어나 사용자의 흥미를 유발시킬 수 있지만, 로딩(Loading)시간이 길고 추가적인 플러그인이 필요하다는 단점이 있다. 웹에서 사용되는 광고의 형태는 다음과 같다. 기다란 박스형 광고로 거리의 광고처럼 웹페이지의 상단에 존재하는 배너 광고와 버튼 형식의 작은 직사각형을 웹페이지 하단에 주로 위치시키는 버튼 광고가 있다.

5.4.4 게임

컴퓨터 게임은 상품의 전달 매체 자체가 컴퓨터이며 디지털로 처리된다는 점에서 컴퓨터 애니메이션이 본격적으로 활용되는 분야라 할 수 있다. 게임 산업은 부가가치율이 70%에 이르는 전형적인 고부가가치 두뇌 집약 산업이다. 또한 미래형 엔터테인먼트 산업으로 성장 가능성이 매우 높은 분야이다. 현재 게임의 세계 시장은 미국과 일본이 양분하여 점유하고 있다. PC 게임 시장은 미국이 주도하고 있는 가운데 70% 이상의 점유율을 보이고 있으며, 그 외 일본과 영국 등의 유럽 국가 그리고 우리나라가 참여하고 있다. 비디오 및 아케이드 게임 시장에서는 일본이 세계 시장의 90% 이상을 점유하고 있다.

인터넷의 발달과 더불어 Blizzard사의 '디아블로(Diablo)'나 '스타크래프트(Starcraft)'와 같이 인터넷을 이용한 네트워크 게임이 붐을 이루고 있다. 그리고 자바 애플릿이나

Dynamic HTML, VRML 및 그 외의 플러그인을 사용하여 웹 브라우저상에서 수행될 수 있도록 만들어진 게임도 있다. 미래 게임의 핵심 기술은 컴퓨터를 이용한 3차원 애니메이션과 네트워크 기술 및 가상현실 기술이다. 그림 5-29는 Sega사의 3차원 대전 게임 '버추아 파이터(Virtua Fighter)'와 남코(Namco)사의 '철권(Tekken)'의 장면들이며 이 게임에서의 캐릭터는 모두 모션캡처를 사용하여 만들어졌다.

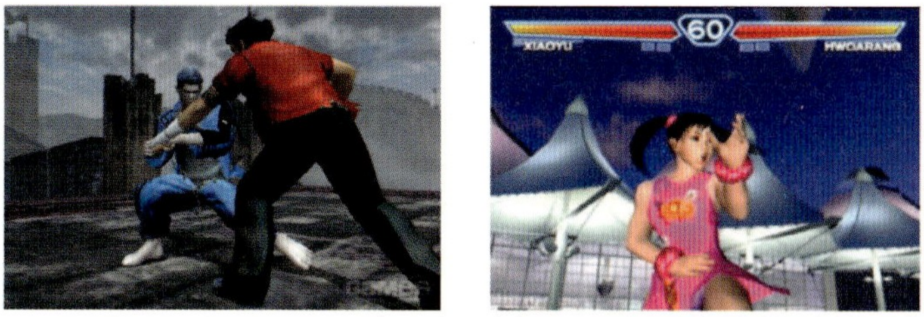

| 그림 5-29 버추어 파이터와 철권의 게임 화면(http://www.computerandvideogames.com/)

PC에서 실행되는 인터넷 게임 이외에도 최근 모바일 환경이 급속히 발전함에 따라 휴대폰 게임이 인기를 얻고 있다. 휴대폰 게임은 휴대폰에서 작동되는 가상기계(Virtual Machine)에 따라 주로 Java나 C언어로 개발하고 있다. 화면 크기와 메모리의 제약에도 불구하고, 단순한 아케이드 게임에서부터 RPG(Role Playing Game) 또는 네트워크 게임까지 보급되고 있다.

5.5 애니메이션 저작도구

애니메이션을 제작하기 위하여 일반적으로 애니메이션 저작도구가 이용되는데, 저작도구는 그 용도에 따라 2차원 애니메이션 저작도구와 3차원 애니메이션 저작도구로 구분할 수 있다. 최근 개발된 애니메이션 저작도구는 매우 강력한 기능을 가지고 있어 뛰어난 애니메이션 결과물을 생성할 수 있다. 이 절에서는 웹 환경에서 자주 이용되는 애니메이션 저작도구를 몇 가지 소개한다.

5.5.1 2차원 애니메이션 저작도구

Animo

Cambridge Animation Systems사가 개발한 만화영화 제작용 전문 소프트웨어이다. 이 회사는 2009년 캐나다의 ToonBoom사에 합병되었다. Animo에서의 캐릭터 애니메이션은 벡터 포맷이나 해상도 독립 포맷(Resolution-independent Format)으로 만들어지며, 셀 페인팅이나 인비트윈(In-between) 드로잉 없이 키프레임에 기반하여 제작한다. 캐릭터를 벡터화하기 때문에 어느 위치에서라도 카메라 워킹이 가능하다. 이러한 애니메이션은 각 캐릭터가 독립적으로 저장되기 때문에 한 캐릭터의 어떠한 장면도 다른 캐릭터에 적용할 수 있다. 그림 5-30은 Animo를 사용하여 애니메이션을 제작하는 화면이다.

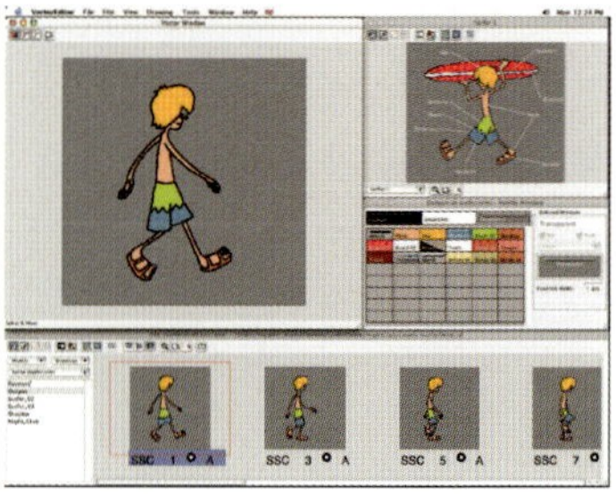

| 그림 5-30 Animo를 사용한 애니메이션 제작 화면

TOONZ

TOONZ는 이탈리아 로마에 위치한 Digital Video사가 개발한 2차원 애니메이션 저작도구이다. 최신버전으로 TOONZ 7.0 Bravo!와 TOONZ 7.0 Harlequin 버전이 존재한다.

| 그림 5-31 TOONZ를 사용한 애니메이션 제작 화면

TOONZ는 전통적인 애니메이션 제작 방법에서의 비능률적이고 시간 소모적인 작업을 향상시키는 강력한 기능을 갖추고 있다. 그리고 SoftImage XSI와 연동할 수 있기 때문에 다양한 특수효과를 지원받을 수 있다. TOONZ는 시스템 수행에 필요한 여러 가지 옵션을 설정하는 Setup, 동화를 스캔하는 Input, 팔레트를 생성하는 PltEdit, 백그라운드를 제작하는 BGTiler, 스캔한 그림을 채색하고 수정하는 Inknpaint, 장면을 편집하거나 모델을 확대, 축소, 회전하거나 디졸브(Dissolve), 페이드(Fade)와 같은 장면전환과 블러(Blur)와 같은 특수효과를 생성하는 Xsheet, 합성할 때 최종 제작 단계를 조절하는 Batches 등으로 구성된다.

5.5.2 3차원 애니메이션 저작도구

Autodesk SoftImage

SoftImage사에서 개발하고 Avid사에서 판매한 3차원 캐릭터 애니메이션 소프트웨어로, 2009년 Autodesk사에 합병되었다. 애니메이션만을 비교해 볼 때 다른 제품에 비해 가장 우수한 성능을 지니고 있으나 모델링은 상대적으로 미흡하다. SoftImage XSI로 제작된 주요 작품에는 '매트릭스(Matrix)', 최초의 TV용 3차원 애니메이션 '리부트(Reboot)', '스타쉽트루퍼스' 등이 있으며 그 외 '쥬라기 공원'의 공룡 애니메이션, '마스크'에서 짐캐리 얼굴이 늑대로 변신하는 장면, '토이스토리'에서 병사들의 행진 장면, '타이타닉'에서 디지털 스턴트 배우의 추락 장면 등이 있다. 그림 5-32는 SoftImage를 사용하여 애니메이션을 제작하는 화면이다.

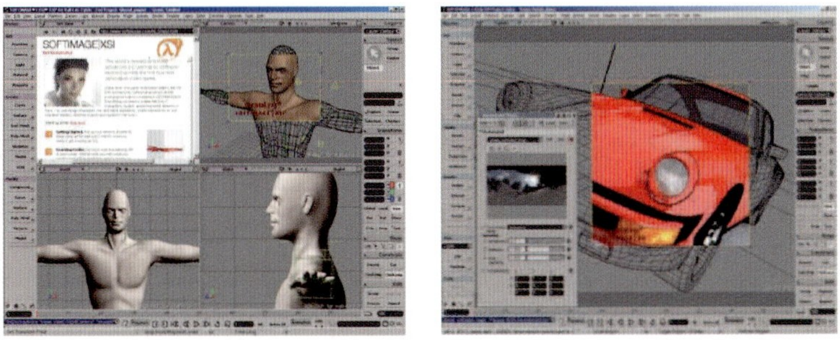

| 그림 5-32 SoftImage로 제작한 예

MAYA

MAYA는 SGI사와 Alias Wavefront사를 합병한 후 처음으로 선보인 소프트웨어로 MAYA는 2005년 Autodesk사에 다시 합병되었다. MAYA의 큰 특징 중 하나는 넙스(NURBS)를 이용한 캐릭터 애니메이션이다. 따라서 모델링된 캐릭터를 움직일 때 이음새가 보이지 않고 자연스럽게 움직일 수 있다. 또한 사용자가 캐릭터의 행동방식을 지정하여, 보다 효율적인 애니메이션을 가능케 하였다. MEL이라는 스크립트 언어를 제공하여 독특한 캐릭터 애니메이션, 동적 효과, 절차적 모델링 그리고 애니메이션을 제작할 수 있다. 기본적으로 제공되지 않는 기능은 MAYA에서 제공하는 C++ API를 사용하여 플러그인으로 제작할 수 있다. 3차원 소프트웨어 중에서 가장 뛰어나다고 평가받고 있으나, 고가로 인해 대형 프로젝트에서만 주로 사용되고 있다. MAYA는 예술가가 사용하는 붓이나 조각 도구의 효과를 내는 Aritisan, 연기, 발자국, 비행기 엔진의 배출가스 등을 소프트 오브젝트로 생성하거나 다른 오브젝트와의 합성을 제공하는 F/X 등으로 구성된다.

3ds MAX

Kinetix사에서 개발한 3차원 모델링 및 애니메이션 도구이다. 비교적 저렴한 가격에 고품질의 기능을 제공하며 일반 PC에서도 사용할 수 있다는 점 때문에, 3차원 그래픽스와 애니메이션 분야에서 가장 많은 사용자를 확보하고 있다. 3ds MAX의 장점 중 하나는 플러그인이다. 별개로 제작된 플러그인도 3ds MAX 내에 완전히 통합되어 사용될 수 있다.

3ds MAX는 대형 프로젝트보다는 주로 중소 CG(Computer Graphics) 프로덕션에서 게임 및 멀티미디어 타이틀을 제작할 때 주로 사용된다. 그림 5-33은 3ds MAX의 작업화면과 결과물을 보여주고 있다.

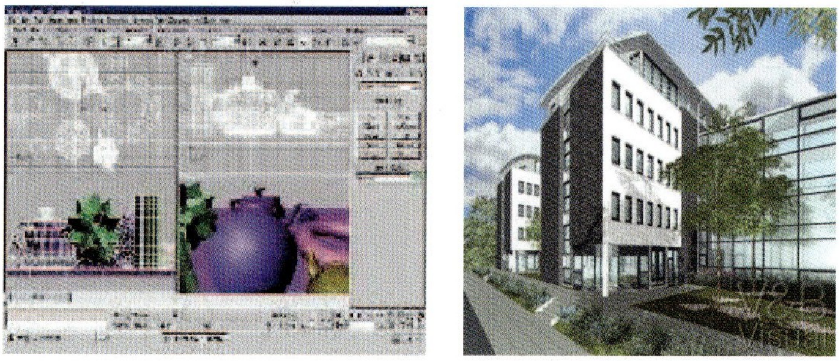

| 그림 5-33 3ds MAX로 제작한 예

Tip • 실제 현장에서의 작업과 소프트웨어

아무리 고가의 소프트웨어라 하더라도 모든 기능을 완벽하게 지원하지는 않기 때문에, 영화와 같은 큰 작품은 하나의 소프트웨어로 제작하기에는 많은 어려움이 있다. 예를 들어, 모델링은 NURBS 기능이 뛰어난 MAYA에서 작업을 하고, 이렇게 모델링된 데이터는 SoftImage로 애니메이션 처리한 후에 Amazon사의 3D Paint로 텍스쳐를 입힌다. 그리고 마지막으로 Pixar사의 RenderMan으로 렌더링 작업을 하게 된다. ILM사나 Digital Domain사와 같이 큰 제작사들은 이러한 상용 소프트웨어와 함께 자체 개발한 소프트웨어도 사용한다. ILM사에서는 '쥬라기 공원' 제작을 위해, 공룡을 애니메이션하기 위한 여러 소프트웨어를 개발하였고, Digital Domain사에서는 '타이타닉' 제작을 위해 디지털 스턴트 배우와 3차원 카메라 트랙킹 소프트웨어 등 여러 소프트웨어를 개발하였으며, PDI사는 '개미' 제작을 위하여 얼굴 표정 애니메이션 소프트웨어를 개발하였다.

5.5.3 웹 애니메이션 저작도구

Adobe Director

Macromedia사에서 개발한 셀 애니메이션과 트위닝 제작을 도와주는 소프트웨어로 Macromedia사가 2005년 Adobe사에 합병되었다. 링고(Lingo)라는 스크립트 언어를 사용하여 다른 미디어와 연결할 수 있고 웹을 위한 애니메이션 제작시 다수 사용자를 지원하는 서버를 제작할 수 있으며 XML, HTTPS 등을 지원한다. 제작한 내용을 자바 코드로 저장할 수 있기 때문에 자바를 모르는 사용자도 자바 애플릿을 만들 수 있다. 비트맵에 대한 압축률을 선택적으로 조절할 수 있다.

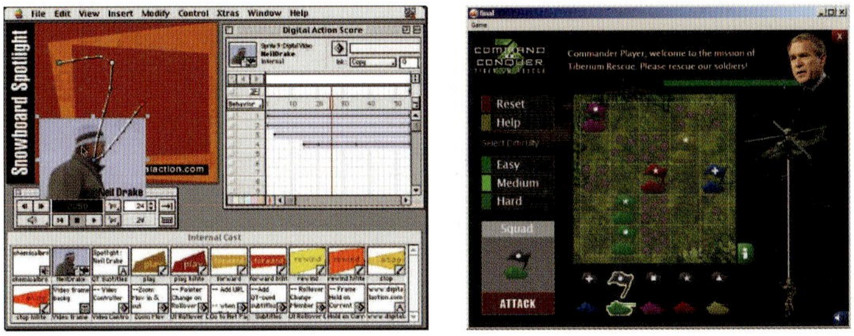

| 그림 5-34 Director 작업화면과 제작 예

Adobe Flash

Macromedia(현재 Adobe사)에서 제작한 트위닝 기법을 사용하여 벡터 애니메이션을 제작하는 소프트웨어이다. Macromedia사는 2005년 Adobe사에 합병되어 지금은 Adobe Flash로 불리고 있다. 상호대화 방식의 홈페이지를 제작할 때 필수적이며, 사용법이 간단하면서 출력물의 결과가 뛰어나 많은 사람들에게 인기 있는 소프트웨어이다. 벡터 기반의 자연스러운 그리기 도구를 제공하며 투명도에 대한 벡터 효과도 제공한다. 움직이는 버튼, 메뉴 그리고 간단한 형태의 모핑을 제공하며, 사용자 임의의 포트를 삽입할 수 있다. 브라우저 없이 동작하는 프로젝터를 제공하며 웹 환경에 알맞도록 스트리밍을 지원한다. Adobe사는 2012년 이후 더 이상 Flash를 지원하지 않기로 결정하였다. 앞으로 웹 환경에서 HTML5가 Flash를 대신할 것으로 예상되며 Adobe사는 Flash를 HTML5로 변환해주는 소프트웨어를 개발하였다.

| 그림 5-35 Flash를 이용하여 만든 애니메이션 eCard(www.ecards.cardiff.ac.uk)

5.6 참고자료

- Digital Multimedia, 3rd Edition / N. Chapman and J. Chapman / John Wiley & Sons, 2009
- Multimedia: Making It Work, 9th Edition / T. Vaughan / McGraw Hill, 2014
- 컴퓨터 그래픽스 배움터(개정3판) / 최윤철, 임순범 / 생능출판사, 2015
- 3D 애니메이션과 영상 / 아이작 빅터 컬로우 / 안그라픽스 / 1998
- Web Animation / David Miller 외 4, / New Riders / 1996
- 첨단 디지털 영상제작 기술 / 고욱 / 정보과학회지, 제17권, 제2호, pp. 4-17 / 1999
- Computer Animation / J. K. Hodgins and J.F.O'Brien / The Encyclopedia of Computer Science 4th edition / 1998
- Animation on the Web / Sean Wagstaff / Peachpit Press / 1999
- Animo, http://www.animo.com
  Animo사의 홈페이지로서 Animo로 제작한 갤러리와 사용법 등의 다양한 정보를 제공
- SoftImage, http://www2.softimage.com
  SoftImage에 대한 제품의 소개 및 다양한 갤러리들을 제공하고 있으며, SoftImage에 대한 교육과 최신 뉴스 제공
- MAYA, http://www.aliaswavefront.com
- MAYA를 제작한 Aliaswavefront사에서 제품과 출판 서적을 함께 소개하고 있고, MAYA로 제작한 갤러리들도 구경할 수 있음
- Blizzard사 홈페이지, http://www.blizzard.com
- Blizzard사에서 제작한 게임 소프트웨어들에 관한 정보와 뉴스를 제공

연습문제

5지 선다형

5-1 다음 중 애니메이션의 전통적인 기법이 아닌 것은?

(a) 양파껍질 효과　(b) 도려내기 효과　(c) 가감속
(d) 반복　(e) 벡터 애니메이션

5-2 다음 중 애니메이션을 위한 효과적인 기법이 아닌 것은?

(a) 찌그러짐　(b) 늘어남　(c) 트위닝　(d) 보조 액션　(e) 과장

5-3 다음 중 컴퓨터 애니메이션 기법에 속하지 않은 것은?

(a) 스프타이트 애니메이션　(b) 벡터 애니메이션　(c) 키프레임 애니메이션
(d) 셀 애니메이션　(e) 모핑

5-4 키프레임 애니메이션에서 사용하는 기법은?

(a) 트위닝　(b) 모핑　(c) 로토스코핑　(d) 입자시스템　(e) 역운동학

5-5 입자시스템 기법을 이용하여 제작할 수 있는 현상과 가장 거리가 먼 것은?

(a) 비　(b) 인간의 움직임　(c) 불　(d) 연기　(e) 폭발

5-6 인간의 움직임을 나타내기 위하여 가장 적합한 기법은?

(a) 입자시스템　(b) 키프레임 애니메이션　(c) 역운동학
(d) 모핑　(e) 벡터 애니메이션

5-7 다음 중 애니메이션의 활용 분야와 가장 거리가 먼 것은?

(a) 광고　(b) 가상현실　(c) 게임　(d) 만화 영화　(e) 영화

5-8 다음 중 2차원 애니메이션 저작도구에 속하는 것은?

(a) Animo　(b) SoftImage　(c) MAYA　(d) 3ds MAX　(e) Painter

5-9 다음 중 3차원 애니메이션 저작도구에 속하는 것은?

(a) Animo (b) Illustrator (c) TOONZ (d) MAYA (e) Painter

5-10 인간의 움직임을 가장 자연스럽게 만들어낼 수 있는 방법은?

(a) 입자시스템 (b) 키프레임 애니메이션 (c) 모핑
(d) 벡터 애니메이션 (e) 모션 캡쳐

괄호넣기

5-1 애니메이션은 일련의 정지화상이나 그래픽으로부터 만들어진다. 이러한 정지화상이나 그래픽들을 연속적으로 보여주어, 보는 사람으로 하여금 화상들을 연속된 동작으로 인식하도록 하는 ( )를 이용한다.

5-2 ( )은 가장 단순한 형태의 애니메이션으로 프레임 기반(Frame-based) 애니메이션이라고도 한다. ( )은 애니메이션을 구성하는 모든 프레임을 일일이 그려나가는 것이다.

5-3 ( )은 기본적으로 하나의 배경 셀과 여러 장의 전경 셀이 필요하다. 이러한 여러 개의 셀들을 몇 겹의 층으로 구성하여 하나의 프레임을 만들어낸다. 셀을 이용하면 하나의 프레임을 만든 후 연속되는 다음 프레임을 만들 때, 변하는 부분만을 다시 그리면 되는 장점이 있다.

5-4 ( )은 스프라이트를 비트맵이 아닌 수학적 함수로 표현하므로 파일의 크기가 스프라이트 애니메이션보다 작으며 또한 이미지를 확대하여도 계단 현상이 나타나지 않는다. 이러한 성질을 확장성이 있다고 한다.

5-5 일반적인 만화영화 제작에 숙련된 애니메이터는 ( )이라는 중요한 장면들만 만들고, 나머지 중간 프레임들은 트위닝 기법을 이용하여 완성한다. 트위닝은 이러한 ( ) 사이를 채우면서 애니메이션을 만든다는 의미의 인비트위닝에서 유래되었다.

5-6 ( )은 액션 장면의 정지 프레임을 사용하여 수동 또는 자동으로 추적하여 움직임을 잡아내는 것을 말한다. 예를 들어, 말의 달리는 동작을 애니메이션으로 제작하려고 할 때 말이 달리는 장면을 연속적인 사진으로 찍는다. 이런 사진 위에 투명 종이를 놓고 말의 동작을 한 장씩 그림으로서 애니메이션화하는 작업을 ( )이라 한다.

5-7 (   )의 처음 프레임과 마지막 프레임을 지정해 주고 각 프레임 사이에 서로 매핑되는 점들을 지정한 후, 나머지 작업은 컴퓨터가 수행하도록 하는 것으로 이러한 과정을 '보간법'이라고 한다.

5-8 비, 불, 연기, 폭발 등의 자연 현상을 애니메이션으로 제작하고자 할 때 (   )을 사용한다. (   )에서는 입자들의 집합에 대해 그 행동과 특성을 하나하나 부여하는 것으로 비디오나 영화에서 폭발 등의 특수효과를 내기 위해 사용된다.

5-9 (   )은 3차원 모델의 각 부분들을 하나의 모델로 연결하는 방법으로, 인간이나 로보트와 같이 계층적으로 구성된 구조체를 표현하기에 적절한 방법이다. (역운동학)을 사용하면 물체의 한 부분이 움직였을 때 연결된 부분들이 자연스럽게 그 부분을 따라가도록 할 수 있다. (   )은 운동학(Kinematics)의 발전된 형태이다.

5-10 (   )는 인간의 움직임을 만들어내는 가장 자연스러운 방법으로 3차원 컴퓨터 애니메이션의 생성을 위해 가장 많이 사용되는 기술이다. 인간의 움직임을 손으로 그리는 것이 아니라 직접 캡쳐(Capture)하여 움직임의 정보를 3차원으로 저장하며, 움직임을 추적하기 위해 마커 또는 트랙커라 불리는 센서를 사용한다.

주관식

5-1 애니메이션과 비디오의 차이를 미디어적 효과 및 적용분야를 비교하여 설명하라. 또한 애니메이션의 생성을 위해서 흔히 이용되는 키프레임과 트위닝 기법이 셀 애니메이션에 비해서 어떠한 장점이 있는지 설명하라.

5-2 키 프레임과 트위닝 기법을 설명하고 이러한 애니메이션 기법이 애니메이션 저작도구인 Flash에서 어떻게 쓰이는지 알아보라.

5-3 모핑 기법에 대하여 설명하고 모핑 기법의 활용 예를 구체적으로 제시하라.

5-4 모션 캡쳐에 대하여 설명하고 모션 캡쳐 방식에 의한 애니메이션이 가장 적절하게 쓰이는 분야에 대하여 설명하라.

5-5 3차원 컴퓨터 애니메이션 기법들에 관하여 비교하고, 특히 키 프레임 애니메이션의 장점에 대하여 논하라.

5-6 애니메이션의 대표적인 활용분야에 대하여 알아보고, 특히 최근 영화에서 애니메이션 기법이 어떻게 활용되는지 설명하라.

06
CHAPTER

비디오 처리 기술

비디오는 한꺼번에 매우 많은 정보를 전달할 뿐 아니라 TV를 매일 접하는 우리에게 매우 익숙한 미디어이다. 과거에는 컴퓨터가 비디오를 디지털화하여 수용하기에는 메모리 용량이 너무 적었을 뿐만 아니라, 컴퓨터가 비디오를 실시간에 처리하기에는 부적절하였다. 그러나 최근 컴퓨터의 성능이 급격히 향상되고 인터넷의 데이터 전송속도가 급격히 빨라지면서 실시간 비디오는 물론 UCC 비디오, IPTV, DMB 방송도 가능하게 되었고 비디오의 이용분야가 매우 빠르게 확산되고 있는 추세이다. 특히, 비디오는 파일의 크기가 엄청나게 크기 때문에 비디오 압축기술은 매우 중요한 핵심기술이라 할 수 있다. 이 장에서는 비디오의 원리와 개념, 비디오 처리장치와 비디오 압축/복원 기법에 대하여 공부하고 비디오 파일 포맷과 비디오 편집 소프트웨어에 대하여 알아보자.

6.1 비디오의 개요

비디오를 흔히 영상, 동영상 또는 동화상(Moving Image)이라고도 부르는데, 영상과 화상의 차이는 화상은 정지 이미지(Still Image)를 의미하나 영상이란 이러한 정지 이미지들의 연속적인(Sequential) 집합체를 의미한다. 대부분의 영상처리 기술은 화상처리에서 이용되는 기술에 기반하여 발전하였다. 기술적으로 영상은 화상의 연장선상에 있다고 생각할 수 있으나, 역사적으로는 TV 기술에 기반한 아날로그 영상 분야와 디지털 영상처리 기술 분야로 병행하여 발전하여 왔다.

비디오를 활용하기 위해서는 그래픽이나 사운드와 같은 미디어보다는 좀 더 복잡하고 어려운 기술들을 필요로 한다. 비디오(동영상)는 멀티미디어 데이터의 구성 요소 중 가장 크기가 크고 처리하기 어려운 미디어이다. 동영상은 일반적으로 비디오와 오디오로 구성되어 있기 때문에 그 자체를 구조화된 멀티미디어로 볼 수 있다. 비디오를 구성하고 있는 이미지 하나하나를 비디오에서는 프레임(Frame)이라고 한다. 비디오는 화면의 크기와 초당 프레임 수로 구분되는데, 전체 화면을 차지하는 비디오를 전화면(Full Screen) 비디오라 하며, 초당 30 프레임을 지원하는 비디오를 전모션(Full Motion) 비디오라 부른다. 비디오 파일의 크기는 프레임의 크기와 초당 프레임 수를 곱한 값으로 표현된다. 일반적으로 컴퓨터의 비디오나 TV는 초당 30 프레임을, 영화의 경우에는 초당 24 프레임을 필요로 한다.

Tip • **동영상과 한글 용어의 선택**

멀티미디어 기술을 설명할 때 가장 어려움을 겪는 점 중의 하나가 적절한 한글 용어의 선택이다. 특히, 동영상과 관련된 한글 용어는 동영상 외에도 동화상(Moving Image), 영상, 비디오(Video) 등이 있다. 영상이라는 단어에 이미 움직임의 의미가 함축되어 있으므로, 동영상이라 함은 움직임을 이중적으로 나타내는 문제점이 있다. 또한 동영상을 흔히 비디오라 부르기도 하고, 'Moving Image'를 그대로 번역하면 '동화상'이 더 적절한 표현일 수도 있다. 그러나 일반적으로 동영상이나 비디오라는 용어를 많이 사용하고 있기 때문에 이 장에서도 동영상과 비디오를 동시에 사용하기로 한다. 다만, 동영상의 두 가지 구성요소인 비디오와 오디오로 구분하여 설명할 때는 '비디오'라는 용어를 사용하기로 한다.

6.1.1 디지털 비디오의 발전

비디오는 영화의 출현으로 그 중요성이 더욱 증대되고 활성화되었다. 또한 텔레비전의 등장으로 아날로그 비디오 처리기술이 급속하게 발전하였고, 디지털 비디오의 등장으로 컴퓨터에서 비디오의 활용이 더욱 활성화되었다. 특히 멀티미디어 분야에서 비디오 데이터의 활용은 눈부시게 발전해 왔고 새로운 기술들이 계속 개발되고 있다.

디지털 비디오

디지털 비디오의 원리가 그림 6-1에 나타나 있다. 디지털 비디오는 비디오 편집 소프트웨어를 이용하여 생성된 디지털 비디오 자료나 디지털 비디오 카메라, VTR, TV, LDP 등의 외부 장치로부터 입력되는 비디오 신호를 비디오 보드가 처리한 후 모니터에 적합한 신호로 변환하여 출력한다.

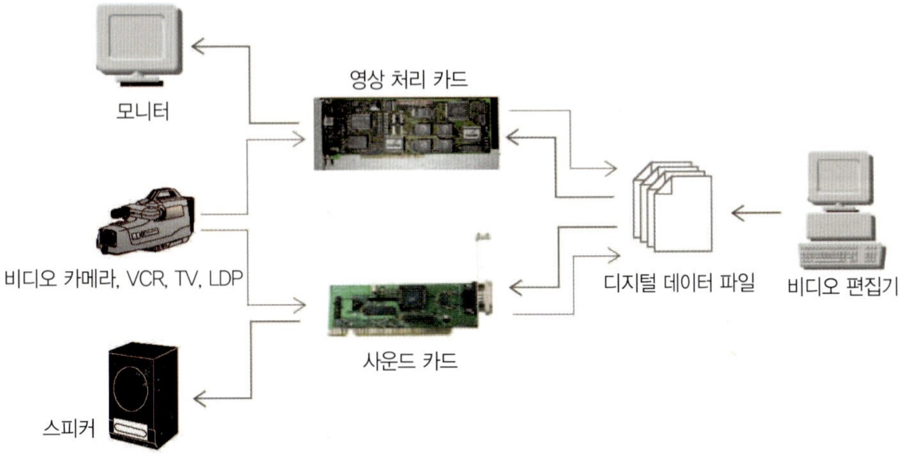

| 그림 6-1 디지털 비디오의 원리

디지털 비디오는 Premiere나 Windows media 편집기와 같은 소프트웨어를 이용하여 편집할 때 비디오 보드를 사용하지 않고 그래픽 카드만 있어도 실행될 수 있다. TV의 경우 525 또는 625 스캔라인을 사용하는 데 반하여 컴퓨터는 480 라인만을 사용하기 때문에 TV 이미지를 디지털화하여 컴퓨터 모니터에 재생하면 모니터 공간이 부족하게 된다. 이러한 현상을 TV에서는 오버스캔(Overscan)이라 하고 컴퓨터에서는 언더스캔(Underscan)이라 하며, 이러한 현상 외에도 TV와 컴퓨터의 색상 표현 방식에 차이가 존재한다.

비디오는 매우 효과적인 정보전달 방식이지만 디지털 비디오 파일의 용량이 방대하므로 과거의 인터넷 환경에서는 디지털 비디오를 받는 데 답답할 정도로 많은 시간이 소요되었다. 인터넷 방송이나 인터넷 신문과 같은 웹페이지에서 디지털 비디오 방송(웹TV)을 받아보기 위하여 일반적으로 다운로드(Download) 방식이 이용되었다. 즉, 비디오 파일을 완전히 전송받은 후에야 플레이가 가능하였다. 그러나 인터넷의 데이터 전송속도가 급격히 빨라지고 비디오 스트리밍 기술이 발전하면서 비디오 세그먼트를 받는 즉시 플레이해 주는 실시간 비디오가 가능하게 되었다. 오늘날, 대부분의 인터넷 방송은 스트리밍 방식을 지원하고 있다.

디지털 비디오의 다양한 활용

디지털 캠코더가 널리 이용되기 시작하면서 일반인도 쉽게 비디오를 촬영하고

Premiere와 같은 비디오 편집 소프트웨어를 이용하여 비디오를 제작할 수 있게 되었다. 이러한 비디오를 UCC(User Created Content) 또는 UGC(User Generated Content)라 부르며, YouTube, PandoraTV와 같은 사이트에 올려서 다른 사람과 공유하게 되었다. 그림 6-2(a)는 YouTube의 화면을 보여주고 있다. YouTube와 같은 사이트에 가면 개인이 취미로 촬영하여 올려 놓은 비디오도 있지만 때로는 개인이 구하기 어려운 비디오 자료나 역사적으로 가치 있는 비디오 자료도 쉽게 발견할 수 있다. 또한 인터넷의 속도가 빨라지면서 과거에 비디오 테이프를 대여하여 영화를 보던 방식을 벗어나 인터넷 사이트에서 원하는 영화를 검색하여 즉시 볼 수 있는 VOD(Video on Demand) 방식이 확산되게 되었다. 그림 6-2(b)는 VOD 사이트의 한 예를 보여주고 있으며, 미국의 경우 Netflix, Hulu, Tivo 등의 회사가 이러한 비즈니스를 서비스하고 있다. 뿐만 아니라, 급격히 빨라진 인터넷의 데이터 전송속도는 화상회의(Video Conferencing)를 일반화하는 데 촉매 역할을 수행하였다. 그림 6-2(c)는 Cisco사의 화상회의 시스템을 보여주고 있다. 이외에도 디지털 비디오는 e-러닝, 온라인 쇼핑, 화상전화 등의 분야에서도 활발히 이용되고 있다.

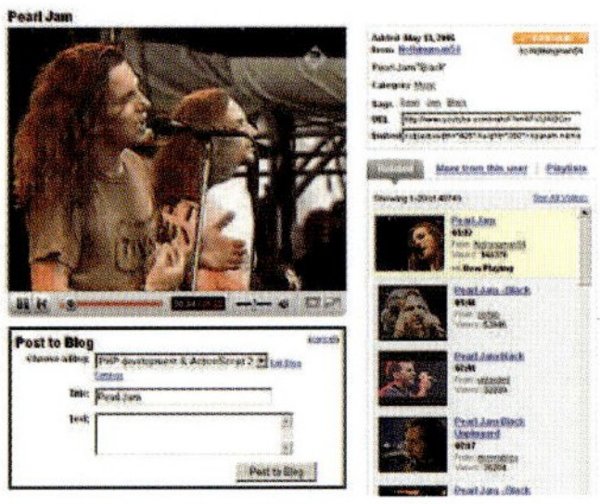

(a) YouTube 사이트

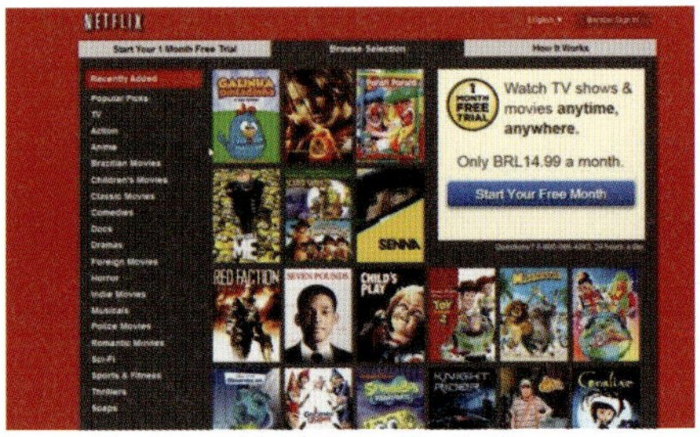

(b) VOD 사이트의 (Netflix)

(c) Cisco사의 화상회의 시스템

| 그림 6-2 디지털 비디오의 다양한 활용 사례

모바일 시대의 비디오

2000년대 접어들면서 우리 사회는 모바일 컴퓨팅 시대를 맞이하게 되었다. 과거에는 휴대폰이 주로 사람의 목소리를 전달하는 목적으로 이용되었으나, 무선인터넷 기술이 발전하면서 사람들이 휴대폰을 정보 단말기로 생각하기 시작하였다. 사람들이 이동 중에 언제 어디서나 원하는 정보를 주고받기를 원하기 때문에 모바일 컴퓨팅은 개인적인 욕구뿐만 아니라 지식정보사회에서 경쟁력을 갖추기 위해서도 필요로 하고 있다. 무선인터넷의 속도가 빨라지면서 휴대폰을 이용하여 문자 외에도 사진이나 비디오와 같은 멀티미디어 정보도 전송할 수 있게 되었다. 한 예로, Apple사는 2007년 iPhone이라는 스마트폰을 출시하여 인터넷 정보는 물론 비디오, 지도, 음악과 같은 정보를 전송 받을 수 있게 되었다.

다른 한편으로는, 모바일 단말기를 이용하여 TV 프로그램이나 비디오 자료를 받아볼 수 있는 DMB 방송이 서비스되기 시작하였다. DMB 방송은 인터넷망을 이용하지 않고 브로드캐스트(Broadcast) 방식을 통하여 비디오 정보를 보내게 된다. DMB 방송의 시청자는 상호대화 방식으로 원하는 DMB 방송 프로그램을 선택하고 때로는 방송과 연관된 부가적 정보도 얻을 수 있다. 앞으로, 인터넷망을 이용한 IPTV가 활성화되면 기존의 모든 비디오 프로그램을 IPTV 단말기를 통하여 상호대화식으로 받아볼 수 있게 된다. DMB 방송이나 IPTV 가 활성화되면서 방송과 통신의 구분이 불분명해지거나 의미가 없어지게 되었다. 그림 6-3은 모바일 환경에서 비디오의 활용인 iPhone과 DMB 방송의 사례를 보여주고 있다.

(a) iPhone의 화면　　(b) DMB 방송의 예

| 그림 6-3 모바일 환경에서 비디오의 활용 사례

비디오와 애니메이션의 비교

비디오는 비디오 카메라를 이용하여 실세계를 촬영한 결과물을 편집하여 사용하는 데 비해, 애니메이션은 애니메이션 만화에서와 같이 컴퓨터를 이용하여 일련의 장면을 인공적으로 생성시킨 것이다. 따라서 비디오는 실제 움직이는 배우, 물체 및 장면을 촬영한 것이고 애니메이션은 컴퓨터로 만든 인공적인 캐릭터와 물체를 움직이는 장면으로 구성한 것이다. 애니메이션에 대해서는 5장에서 자세히 다루었으며, 비디오와의 차이점을 비교한 것이 표 6-1에 나타나 있다.

| 표 6-1 비디오와 애니메이션의 비교

구분	비디오	애니메이션
공통점	• 인간의 감성에 직접적인 자극을 주는 방식 • 흥미를 유발, 어떤 과정을 보이기에 적합	
차이점	• 과도한 정보를 동시에 제공 • 실 예를 들어 보일 경우에 적절 • 제작비용이 많이 듦	• 주제에 초점을 맞추고 특징을 강조 • 제작비용이 비디오에 비해 저렴 • 이미지나 그래픽보다는 고비용

6.2 비디오 처리 하드웨어

비디오가 초당 30 프레임 속도로 플레이되기 위해서는, 실시간에 비디오를 처리할 수 있는 강력한 하드웨어가 요구되고 비디오 파일을 저장할 수 있는 대용량의 저장장치가 필요하다. 여기서는 이를 가능케 하는 비디오 보드와 비디오 저장장치에 대하여 알아보자.

6.2.1 비디오 보드

멀티미디어 컴퓨터는 일반적으로 사운드 카드, 그래픽 카드, 비디오 보드 등을 필요로 하며, 이들 상호간의 구성은 그림 6-4와 같고 이것은 6.1절의 그림 6-1을 다이어그램으로 나타낸 것이다.

즉, 외부의 비디오 카메라나 VTR로부터 입력된 비디오 데이터는 컴퓨터에서 생성된 그래픽이나 이미지 자료와 비디오 보드에서 중첩된 후 모니터에 출력된다. 이때 사운드는 사운드 카드에서 처리되어 스피커나 헤드폰을 통해 사용자에게 제공된다.

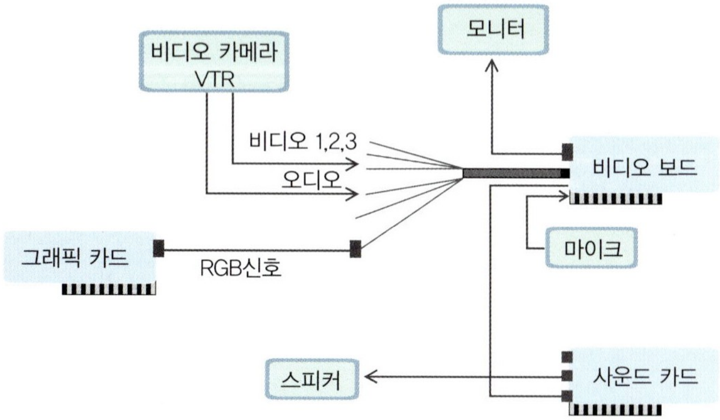

| 그림 6-4 하드웨어 구성도

비디오 보드는 PC에 입력되는 비디오 영상을 처리하여 모니터 화면에 표현해 주는 장치로, 기능에 따라 프레임 그래버 보드(Frame Grabber Board), 비디오 오버레이 보드(Video Overlay Board), 영상 압축/복원 보드로 구분된다.

프레임 그래버 보드는 비디오 카메라나 VTR과 같은 장치로부터 입력되는 영상 신호를 획득하여, 컴퓨터에서 조작 가능한 형태로 변환해 준다. 즉, 아날로그 신호를 PC가 처리할 수 있는 디지털 신호로 변환하는 기능을 수행하고, 이렇게 변환된 영상 데이터를 보드에 내장된 메모리나 인터페이스를 통해 다른 장치로 출력하는 기능을 수행한다. 이 보드를 이용하면 사용자는 비디오를 PC에서 보다가 원하는 장면을 컴퓨터에서 처리할 수 있는 영상 데이터로 저장할 수 있고, 비디오 편집 소프트웨어를 활용하여 편집할 수도 있다. 이 보드는 주로 영상감시 또는 영상인식 시스템에서 널리 이용되고 있으나, 멀티미디어 시스템에서는 영상획득 장치로 이용되고 있다.

비디오 오버레이 보드는 영상중첩 기술을 이용하여 컴퓨터 내부의 정보와 외부에서 유입되는 영상정보를 합성하여 모니터에 표현하는 장치로서, 컴퓨터에서 생성한 텍스트, 그래픽 정보와 외부의 영상정보를 중첩하여 동시에 제공하는 기능을 수행한다. 이러한 비디오 오버레이 보드를 컴퓨터에 설치하면 한 화면에서 텔레비전이나 비디오를 보면서 문서를 동시에 편집할 수 있다.

그리고 최근에는 멀티미디어 영상 작업에 대한 관심의 증가로 VIVO(Video In/Video

Out)기능이 기본적으로 내장된 그래픽 카드도 접할 수 있다. VIVO 그래픽 카드는 외부 아날로그 영상 신호를 모니터 화면에 오버레이로 출력하거나 반대로 모니터 화면을 외부 영상 기기(텔레비전이나 비디오 등)로 출력하는 것이 가능해 기본적인 영상 작업을 저가격에 체험해 볼 수 있다.

또한 영상 정보를 압축하여 기억 장치에 저장한 후 필요시 복원하여 제공하는 기능을 수행하는 영상 압축/복원(Compression/Decompression) 보드도 있다. 영상의 압축은 많은 연산이 필요한 작업으로 과거에는 전적으로 특화된 고가의 하드웨어 장비를 통해서만 가능했다. 그러나 현재는 프로세서와 저장 매체의 속도가 대단히 빨라져 앞서 언급된 오버레이 보드를 통해 입력받은 영상을 소프트웨어적으로 MPEG-1 또는 MPEG-2 등의 코덱으로 실시간에 캡쳐(Capture)하는 것도 가능하다.

6.2.2 비디오 저장장치

비디오 관련장치에는 CD-ROM, CD-R, CD-RW와 같은 저장매체를 재생할 수 있는 CD 드라이브와 보다 고용량의 DVD(Digital Video/Versatile Disk) 저장매체를 재생할 수 있는 DVD 플레이어가 있다. 또한 2000년대 후반 고화질 비디오를 저장할 수 있는 블루레이 디스크가 출현하게 되었다.

CD와 DVD 저장매체

CD의 역사는 1981년 Philips사와 Sony사에 의해 공동으로 개발된 오디오 CD(CD-DA)로부터 시작되었다. 처음 개발된 오디오 CD 관련 기술의 확산을 위해 'Red Book'이라는 표준을 제정하여 CD에 디지털 방식으로 오디오 신호를 기록하고 읽는 방법과 CD를 읽기 위한 CD 플레이어에 관한 규격을 함께 수록하였다.

DVD는 1993년부터 대용량 데이터를 저장할 수 있는 차세대 저장장치로 개발되기 시작하였으며, 주로 고화질 및 고음질의 비디오/오디오를 저장하기 위하여 사용된다. DVD는 MPEG-2 기술을 이용하여 고선명의 화질(720×480픽셀이 기본, Full Screen/Full Motion 비디오)을 지원하고, 오디오는 5.1채널의 돌비(Dolby)서라운드 사운드(AC-3)를 지원함으로써 약 133분의 고품질 비디오/오디오를 단 1장의 DVD에 저장하여 PC나 TV를 통해 재생할 수 있다.

고화질 광디스크

한편, 2006년에는 HDTV 수준의 고화질 비디오의 저장장치로 고화질 광디스크(HD Optical Disc)가 개발되기 시작하였다. 고화질 광디스크의 실질적인 표준이라 할 수 있는 블루레이 디스크는 최대 1920×1080 픽셀의 해상도를 지원하며 25GB(Single Layer) 또는 50GB(Dual Layer)의 데이터를 저장할 수 있는 대용량 저장장치이다. 모든 블루레이 디스크는 MPEG-2 Part 2, H.264/MPEG-4 AVC 및 SMPTE VC-1 압축방식을 지원해야 하며, 블루레이 플레이어가 기존의 DVD도 플레이할 수 있어야 한다. MPEG-2는 DVD의 코덱(CODEC)으로 사용되는 압축표준이고 VC-1은 주로 Microsoft사에서 이용되는 표준이다.

(a) CD (b) DVD (c) 블루레이와 HD DVD

| 그림 6-5 광디스크 저장매체 CD, DVD 및 블루레이 디스크

6.3 디지털 영상 처리

우리는 비디오가 플레이될 때 한 장면에서 다른 장면으로 전환되거나, 두 개 이상의 비디오 영상이 합성되는 경우를 흔히 접하게 된다. 여기서는 영상의 전환과 특수효과 그리고 디지털 영상합성기법에 대하여 설명한다.

6.3.1 영상의 전환과 특수 효과

디지털 영상처리를 위해 각종 영상효과 장치가 이용되고 있다. 이러한 장치를 이용하여 스튜디오로부터 중계현장으로 장면을 전환하기도 하고 특수효과를 줄 수도 있다. 과거에는 방송국과 같은 큰 기관에서만 이러한 고가의 장치를 보유할 수 있었으나, 오늘날은 디지털 기술의 발전에 힘입어 이러한 장치가 소형화되고 가격도 많이 하락하였다. 뿐만 아니라 PC나 워크스테이션에서도 비디오 편집 소프트웨어를 이용하여 다양한 영상전환 기능을 수행할 수 있게 되었다. 멀티미디어 콘텐츠 제작에서도 PC기반 영상효과 소프트웨어를 이용할 수 있으나, 아직까지 소프트웨어만으로 영상전환을 실시간으로 처리할 수는 없다.

영상의 실시간 처리는 영상의 흐름을 중단 없이 처리할 수 있음을 의미한다. 그러나 대부분의 컴퓨터에서는 매우 간단한 영상처리를 제외하고는 실시간 처리가 어려운 실정이다.

(1) 영상의 전환

가장 기본적인 영상효과는 두 개의 영상 간의 화면전환 기능이다. 컴퓨터에서 화면별로 그룹화된 영상을 취급하는 경우는 단순하게 영상의 나열을 전환시점에서 영상 A로부터 영상 B로 변경하면 된다.

그림 6-6은 영상 A로부터 영상 B로 서서히 전환하는 'Fade' 기능을 실현하는 과정을 보여주고 있다. 간단한 승산기와 가산기를 이용하여 이 과정을 수행하기 위해서는 연산의 대상이 되는 영상 A와 영상 B의 데이터가 정확하게 동기화되어야 한다.

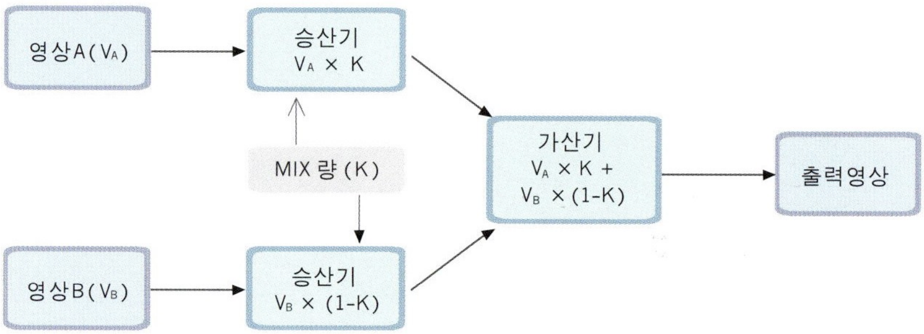

| 그림 6-6 Fade 기능의 원리

(2) 디지털 영상합성 – 크로마키 합성

두 개 이상의 영상을 합성하여 현실에는 존재하지 않는 장면(Scene)을 만드는 기술은 TV가 출현하기 이전부터 사용되어 왔다. 아날로그 기술에 의한 합성에 비해 디지털 기술은 화질의 저하가 극히 적고 수십 회 이상 반복하여 합성하는 다중합성이 가능하게 되었다.

크로마키 합성은 마스크 영상에 해당하는 키 화상(Key Image)을 실시간으로 추출함과 동시에 배경영상과 전경영상을 합성한다(그림 6-7 참조). TV가 흑백에서 컬러로 바뀜에 따라 영상 중의 색차이를 쉽게 검출하여 마스크에 해당하는 키 화상을 생성하면서 영상의 합성이 가능한 장치를 사용하게 되었다. 이러한 장치를 이용하면 마스크 영상을 실시간으로 생성할 수 있으며, 전경영상의 촬영과 동시에 배경영상과의 합성이 가능하다.

크로마키 합성은 키 영상으로서 필요한 전경을 쉽게 추출하기 위해 청색의 배경세트를 이용한다. 이때 청색 대신에 녹색으로 된 배경세트를 사용하기도 하며 이러한 배경세트를 크로마라고 한다, 이 크로마를 배경으로 전경을 촬영하면 색의 대비로 인하여 전경이 뚜렷이 부각되어 나타나게 된다. 이러한 특성을 이용하여 키 화상을 고속으로 쉽게 만들 수 있으며, 이때 한 라인씩 스캔하며 전경화상을 만들면서 스캔 라인별로 배경영상과 장면 스위칭을 번갈아 실행하여 영상을 합성하면 크로마키 합성이 이루어진다. 이때 정확한 전경화상의 생성(키 화상의 생성)을 위해 조명에 상당한 주의를 기울여야 하며, 키 화상에 청색(또는 녹색)이 순간적으로 묻어나는 수가 있으므로 세심한 주의가 요구된다.

현재 이러한 영상합성 기법은 가상현실 기법을 이용한 가상 스튜디오(선거개표 방송, KBS 역사 스페셜 등)에서 사용되고 있다.

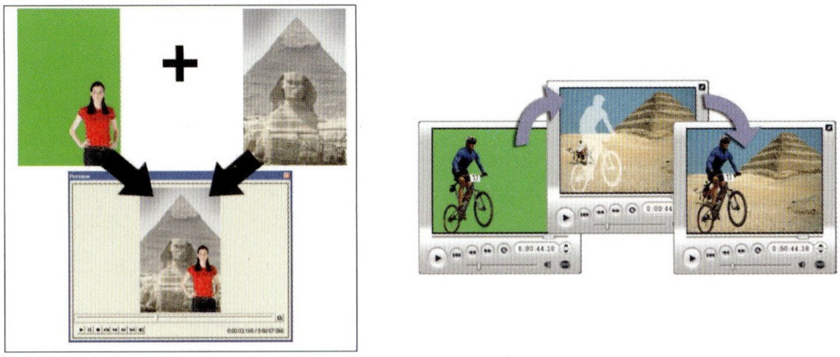

| 그림 6-7 크로마키 영상합성의 예

(3) 특수효과

영상 장치가 디지털화하면서 과거 아날로그 장치로는 불가능하였던 영상효과가 이제는 실현될 수 있게 되었다. 카메라로 촬영한 영상을 구의 표면에 붙이거나 책의 페이지를 넘기는 것과 같이 영상이 바뀌는 등 다양한 영상효과가 이용되고 있다(그림 6-8 참조). 이러한 영상효과를 실현하는 장치를 영상 특수효과 장치라고 하며, 영상의 확대/축소, 위치의 이동과 변형 등 기하적인 처리를 요하기 때문에 기하적 변형장치라 부르기도 한다.

이러한 영상효과를 가능케 하기 위해서는 입력되는 영상을 일단 메모리에 저장한 후 화소의 위치를 제어함으로써, 원래 영상을 변형시키는 기술이 필요하다. 예를 들어,입력 영상의 데이터를 영상의 아래로부터 거꾸로 주사하여 순차적으로 읽어내면 상하가 역전된 출력영상을 얻을 수 있다.

(a) 구의 표면에 붙인 사진 (blogs.worldbank.org)

(b) 페이지 터닝(Page Turning) 효과

| 그림 6-8 특수 영상효과의 예

6.4 비디오의 압축/복원

비디오는 시간적으로 이웃하는 프레임이나 공간적으로 이웃하는 화소 간의 연관성이 매우 큰 특성을 가지고 있어 상호 변화가 비교적 적은 픽셀 값들로 구성되어 있다. 즉, 비디오란 비슷한 밝기와 색상을 가진 점(화소 또는 픽셀)들이 모여 이루어진 집합체라고 할 수 있다. 이러한 비슷한 데이터의 나열을 데이터의 중복성(Redundancy)이라고 하는데, 이 중복성을 가급적 제거함으로써 전체 비디오 파일 크기를 상당히 줄일 수 있다. 이렇게 비디오 데이터의 중복성을 제거하는 일을 비디오 압축(Video Compression) 또는 부호화(Coding)라고 한다.

6.4.1 비디오의 압축과정

비디오 데이터의 압축이 필요하게 된 이유는 여러 가지가 있으나, 앞에서 언급했듯이 초당 30프레임의 TV 화면을 저장하기 위해서는 약 27MB(640픽셀×480픽셀×3바이트/픽셀×30프레임/초)의 메모리가 필요하여, 비디오 파일의 크기가 너무 방대해져 파일 크기의 최소화가 요구되기 때문이다. 또한 네트워크를 통한 비디오 데이터의 전송이나 주변기기의 부하를 감소시킬 필요가 있기 때문이다.

비디오의 압축방법은 데이터의 완전한 복원 가능 여부에 따라 무손실압축(Lossless Compression) 기법과 손실압축(Lossy Compression) 기법으로 구분되며, 소프트웨어에 의한 압축(Indeo, Cinepak, …)과 하드웨어에 의한 압축(JPEG, MPEG, P*64, …)으로 구분할 수 있다.

무손실압축 기법은 원래 영상으로의 완전한 복구가 가능하도록 압축 시 미세한 데이터를 중요시하는 기법으로, X 레이, 단층촬영(CT) 등 의료용 영상과 같은 응용분야에서 활용되며, 압축률은 비교적 낮은 2:1~3:1 정도이다. 이에 비하여, 손실압축 기법은 원래 영상으로의 완전한 복구는 불가능하나 비교적 우수한 영상을 유지하면서 10:1~40:1의 높은 압축률을 얻을 수 있다.

비디오 데이터를 압축할 때 고려할 사항은 초당 프레임 수, 압축률에 따른 화질의 변화, 압축 및 복원 속도, 부가적인 하드웨어 및 스프트웨어의 소요 여부, 통신 채널의 전송속도 등이 있다. 이러한 요소들을 고려하여 압축해야 원하는 결과물을 얻을 수 있다. 일반적으로 비디오의 압축은 다음의 전처리, 변환, 양자화 및 가변길이 부호화 과정을 통해 이루어진다.

(1) 전처리(Preprocessing)

압축을 하기 위한 준비 작업을 수행하는 과정으로 컬러 스페이스(Color Space) 변환, 필터링(Filtering), 컬러 서브샘플링(Color Subsampling) 등의 작업을 수행한다. 컬러 스페이스 변환은 R, G, B의 세 가지 성분으로 이루어진 컬러영상을 명도(Luminance)를 위한 Y 성분과 색상(Chrominance)을 위한 I와 Q 성분으로 변환하는 과정으로,

이는 압축률을 높이기 위한 필수 과정이다. 즉, 컬러 스페이스 변환은 RGB 영상데이터를 YIQ 영상데이터로 변환하는 과정이다.

그리고 필터링은 잡음을 제거하여 압축률을 높이기 위한 과정이다. 컬러 서브샘플링은 사람들의 눈으로 미세한 색의 변화를 감지할 수 없다는 점을 이용하여, 덜 민감한 색 성분을 가지고 있는 I와 Q 성분에서 한 화소씩(데이터 양을 1/2로 줄임) 또는 세 화소씩(데이터 양을 1/4로 줄임) 뛰어넘어 하나의 화소만을 취하여 본래의 영상 데이터의 크기를 1/2 또는 1/4로 줄이는 과정이다.

(2) 변환(Transformation)

이 과정은 영상이 가지고 있는 정보의 중복성을 찾아내는 과정으로 영상신호 자체에서 처리하는 파형(Waveform) 방식과 좌표변환하여 처리하는 변환(Transform) 방식이 있다.

파형 방식에서 인접한 화소의 색상 값의 차이만을 표시하는 가장 대표적인 방식으로는 DPCM(Differential Pulse Coded Modulation)이 있다. DPCM으로 처리된 데이터의 복원은 앞 화소값에 그 차이 값을 더하여 구한다. 보다 높은 압축효과를 얻기 위하여 이를 변형한 ADPCM(Adaptive Differential Pulse Coded Modulation) 변환법도 사용되고 있다.

변환 방식은 영상데이터의 중복성을 제거하기 위해 여러 종류의 수학적 변환방법을 통해 영상을 공간영역(Spatial Domain)으로부터 다른 영역으로 변환하여 압축하는 방법으로 DCT(Discrete Cosine Transform) 방법이 널리 사용되고 있다.

(3) 양자화(Quantization)

이 과정은 앞의 DPCM이나 DCT 과정을 통하여 얻은 화소 값을 상수 값으로 나누어 유효자리의 비트 수를 줄이는 과정이다. 예를 들면, 0에서 255까지의 8비트 데이터 값을 상수 4로 나누면 데이터를 6비트만으로 표시할 수 있다. 이 과정을 거치면 데이터가 변형되어 원래 데이터를 상실하는 데이터의 손실이 발생하나 높은 압축률을 얻을 수 있다. 모든 손실 압축기법은 이 과정을 거친다.

(4) 가변길이 부호화(Variable Length Coding)

이 과정은 데이터의 출현빈도가 높은 데이터의 표현은 적은 비트 수로 표현하고, 출현빈도가 낮은 데이터는 상대적으로 많은 비트 수로 표현함으로써 전체 파일의 크기를 줄이는 방법이다.

현재 컴퓨터에서는 영문자 A부터 Z까지의 모든 문자의 코드를 8비트로 표현하고 있다. 따라서 문자열의 크기는 전체 문자수에 의해 정해진다. 그러나 만일 영문자 26개 중에서 출현빈도가 높은 A, E에는 2~3 비트의 코드를 할당하고, 상대적으로 출현빈도가 낮은 Q, Z에는 10~16비트의 코드를 할당하되, 서로 구분이 되도록 문자코드를 부여한다면 결과적으로 전체 파일의 크기를 줄일 수 있다. 이렇게 출현빈도에 따른 처리방법을 가변길이 부호화 또는 허프만(Huffman) 부호화라고 한다.

6.4.2 비디오 압축기술

비디오 파일의 크기를 줄이는 가장 용이한 방법은 픽셀당 컬러 비트 수(Color Bit Depth)의 축소, 프레임 크기(Number of Pixels)의 축소, 프레임 수(fps)의 축소에 의한 방법이 있다. 그러나 일반적으로 이러한 방법을 이용하면 비디오 파일의 크기는 줄어드나 비디오 질의 하락을 경험하게 된다. 비디오의 질을 크게 손상받지 않고 비디오 파일의 크기를 줄이는 방법은 비디오 압축기술을 적용하는 것이다.

비디오의 압축(부호화)은 프레임 간의 정보를 이용하여 시각적 영향이 적은 부분의 정보량을 줄이는 방법을 사용한다. 이러한 방법에는 앞 프레임의 동일 위치의 화소 값을 이용하여 차이 값만을 기록하는 프레임 간 예측부호화, 전·후 프레임에서 물체의 움직임을 검출하여 그 움직임 성분만큼 앞 프레임에서 예측에 이용하여 화소의 위치를 보정하는 이동보상 프레임 간 예측부호화법 등이 있다.

비디오 압축 표준

비디오의 압축을 위하여 ISO/IEC에서 제정한 MPEG-1(1992년)과 MPEG-2(1994년)는 각각 저해상도 TV(CD, 비디오)와 고해상도 TV(디지털 TV 및 DVD) 프로그램의 압축을 위해서 제정되었다. MPEG-4는 화상회의, 비디오 전화, DMB 방송 등과 같은 상호대화식 멀티미디어 응용을 위해 제정되었으며, MPEG-7은 정보검색을 목적으로, MPEG-21은 전자상거래 환경에서 비디오 콘텐츠를 위해 제정되었다.

| 그림 6-9 MPEG 표준의 종류

비디오 표준을 제정하는 국제기구로는 ISO/IEC 외에도 ITU-T(과거에는 CCITT)가 있다.

ITU-T는 원격화상회의나 비디오폰의 표준을 위해서 1990년 H.261을 제정하였으며, 양방향 비디오 통신이나 방송의 효율적 비디오 코딩을 위해 2003년 H.264(또는 MPEG-4 AVC)를 제정하였다. 그림 6-10은 비디오 압축 표준의 발전과정을 보여주고 있다.

연도	표준	내용
1990	JPEG	정지화상의 코딩
1992	MPEG-1	동영상의 코딩
1994	MPEG-2/H.262	DVD 및 디지털 TV의 코딩
1996	MPEG-4	상호대화식 멀티미디어 객체
2001	MPEG-7	멀티미디어 콘텐츠의 기술
2003	MPEG-4 AVC/H.264	효율적인 비디오 코딩
2004	MPEG-21	전자상거래 프레임워크

| 그림 6-10 비디오 압축표준의 발전

(1) Intel DVI(Digital Video Interactive)

RCA사와 GE사가 디지털 TV를 만들 목적으로 처음 개발한 영상 압축기술로, 그 후 IBM사와 Intel사가 공동 개발하여 표준화한 영상압축 기술이다. DVI의 가장 대표적인 특징은 많은 양의 비디오 및 오디오 정보를 CD에 저장할 수 있도록 한 것이다.

Intel칩을 이용한 최초의 비디오 압축 및 복원 기법이며, 나중에 Indeo Video로 발전하였다. 대량의 비디오 및 오디오 데이터의 압축을 목표로 하였으며 80:1~160:1까지의 압축률을 지원한다. DVI에서 활용하는 압축 방법은 필요 없는 픽셀 수를 줄여 압축하는 단순한 서브샘플링(Subsampling) 방법과 사람의 눈이 밝기(Luminance)보다는 색상(Hue)과 순도(Saturation)에 다소 둔감하다는 사실을 이용한 색상 서브샘플링(Chrominance Subsampling) 방법이 있다.

DVI 보드는 영상압축과 영상 데이터의 복원을 주로 담당하는 전송보드(Delivery Board)와 아날로그 영상을 디지털로 바꿔주는 캡쳐 보드(Capture Board)로 구성되어 있다. 표 6-2는 DVI 기술을 이용하여 CD에 담을 수 있는 각 매체의 데이터 양에 관한 비교 자료이다.

| 표 6-2 CD 한 장에 저장 가능한 정보량의 비교

저장 매체	CD 한 장에 수록할 수 있는 정보량
고음질의 음성	72분의 음성
FM Stereo Audio	5시간의 음악
AM Mono Audio	44시간의 음악
텍스트	A4 용지로 65만 쪽
정지화상(512×480)	10,000장의 그림
비디오	Full-motion Video 72분

(2) JPEG(Joint Photographic Experts Group)

JPEG은 그레이스케일(Grayscale) 이미지 및 컬러 이미지를 위한 압축 및 전송기술의 국제표준으로, 1982년 정지화상의 압축 및 복원을 위한 알고리즘 개발을 위해 제정되었다. ISO-IEC/JTC1/ SC29/WG1에서 1990년 12월 CD(Committee Draft)를 발표하였고 1992년 IS 10918-1 국제 표준으로 인정된 화상압축 방법이다. 일반적인 JPEG의 주요 처리과정은 다음의 7개 과정으로 이루어진다.

① RGB 컬러모델을 YIQ 컬러모델로 변환
② YIQ의 매크로 블록화
③ 매크로 블록을 8×8 블록화
④ DCT(Discrete Cosine Transform) 변환

⑤ 양자화(Quantization)
⑥ 지그재그 스캐닝(Zig-zag Scanning)
⑦ 엔트로피 코딩(Entropy Coding)

위의 7개 과정에 대한 자세한 설명은 이미 3.3.3절에 소개되어 있으므로 여기서 생략하기로 한다. 정지화상의 압축/복원을 위한 JPEG을 비디오의 각 프레임에 적용함으로써 압축효과를 얻을 수 있다.

JPEG 압축은 20:1 정도의 압축률에서 화질에 거의 영향을 주지 않으며, MPEG과는 달리 데이터의 저장을 프레임 간에 독립적으로 수행함으로써 압축률은 MPEG의 1/4 정도이나 프레임 간의 편집이 자유롭다. C-Cube사의 CL-550B 칩은 초당 30 프레임의 영상을 JPEG 방식으로 실시간 압축할 수 있다. 표 6-3은 JPEG 압축률에 따른 영상의 품질에 대한 비교 자료이다.

| 표 6-3 압축률에 따른 영상품질의 비교

픽셀당 비트수	압축률	영상 품질 평가
0.25 ~ 0.5	48 : 1	보통 수준의 화질 제공
0.5 ~ 0.75	32 : 1	일반 응용 프로그램에 사용할 수 있는 수준의 화질 제공
0.75 ~ 1.5	16 : 1	모든 응용 프로그램에서 사용할 수 있는 수준의 양호한 화질 제공
1.5 ~ 2.0	12 : 1	압축 이전의 이미지와 구분할 수 없을 정도의 화질

최근에는 비디오의 프레임 내(Intraframe)에 압축기술을 적용하여 JPEG 방식으로 압축을 수행하는 MJPEG(Motion JPEG) 방식이 있다. 이 방식은 비디오의 이웃하고 있는 각 프레임을 독립적으로 압축함으로써, 각 프레임의 편집, 삭제, 복사 등을 원활하게 수행할 수 있는 장점과 인덱싱(Indexing) 및 정보검색(Retrieval) 속도를 향상시킬 수 있는 기능을 제공하고 있다. Motion JPEG은 보안 및 감시용 영상압축 기술로 널리 쓰이고 있다.

(3) MPEG(Moving Picture Experts Group)

1988년 동영상 표준코드 방식의 제정을 위해 출범하였으며, 비디오 압축과 오디오 압축 그리고 비디오와 오디오 간의 동기화에 관한 표준으로 ISO-IEC/JTC1/SC29/

WG11에서 담당하고 있다. 비디오 부분은 비디오 전화용이나 다양한 수준의 디지털 매체용 압축방식으로 구분되며, 오디오 부분은 CD-Audio 수준의 사운드를 목표로 출발하였다. MPEG 표준의 요구사항은 0.5초 내에 원하는 동영상 프레임의 임의접근(Random Access)이 가능해야 하고 이 프레임을 편집할 수 있어야 하며, 동영상의 역방향 플레이(Reverse Playback)가 가능해야 하며, 압축시간과 복원시간이 비교적 빠르고 단순한 알고리즘으로 구현 가능해야 한다.

MPEG 단체에서 제안하고 있는 동영상 압축기법은 크게 나누어 시간적 중복 및 공간적 중복을 제거하는 기법에 기반하고 있다. MPEG 압축 기법은 이동보상 압축기법을 이용하여 시간적 중복(Temporal Redundancy)을 제거하고, 정지화상의 DCT 압축기술을 이용하여 공간적 중복(Spatial Redundancy)을 제거한다. MPEG 압축은 그림 6-11과 같은 과정을 거쳐 수행된다.

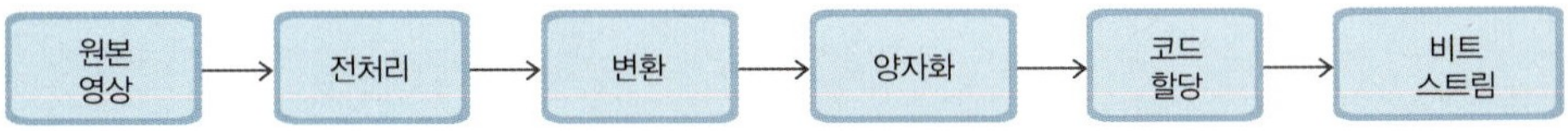

| 그림 6-11 MPEG의 동영상 압축절차

MPEG 압축의 기본 개념

MPEG의 기본 압축기술은 그림 6-12와 같이 프레임들을 I(Intra Coded) Picture, P(Predictive Coded) Picture, B(Bidirectional Predictive Coded) Picture의 세 가지 프레임으로 나누어 부호화를 수행한다. I Picture는 한 프레임 내(Intraframe)의 정보를 부호화한 것으로, I Picture 간에는 서로 독립성이 존재하므로 원래 비디오와 같은 순서로 예측부호화하지 않고 독립적으로 압축(부호화)한다. 하나의 I Picture와 다음 I Picture 사이의 프레임들을 GOP(Group of Picture)라 부르고, 따라서 각 GOP는 이웃 GOP로부터 독립성을 가진다. P Picture는 프레임 간(Interframe)의 순방향 예측부호화(Forward Prediction) 영상으로, 바로 앞의 I 또는 P로부터 추정한 예측신호와의 차를 부호화한다. B Picture는 쌍방향 예측부호화 영상으로, 화면의 전후에 위치한 I 또는 P Picture로부터 추정한 예측신호와의 차를 부호화한 것이다. I Picture는 주기적으로 배치되며 임의 접근(Random Access)과 에러 회복을 위한 기점 역할을 하며, 일반적으로 JPEG 기법을 이용하여 압축한다. 압축된 프레임의 크기는 I Picture가 가장 크고 그 다음이 P Picture이며 B Picture가 가장 작다.

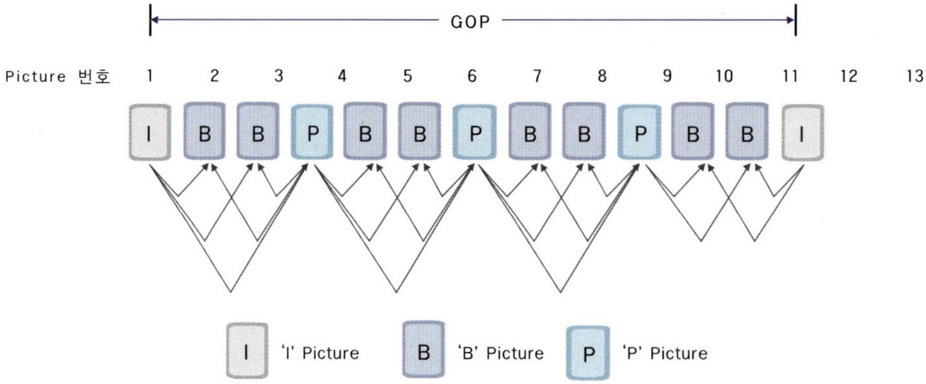

| 그림 6-12 I, P, B Picture 부호화

MPEG 표준안은 비디오 데이터의 압축 알고리즘을 정의한 MPEG-Video, 오디오 데이터의 압축 알고리즘에 대하여 정의한 MPEG-Audio, 비디오와 오디오 데이터 간의 동기화 방식을 정의한 MPEG-System으로 구성되어 정의한 MPEG은 적용분야와 요구 수준에 따라 다음과 같이 여러 가지 MPEG 표준이 존재한다.

MPEG-1

MPEG-1은 VHS 수준의 영상을 CD-ROM에 저장할 목적(데이터 전송속도 1.5Mbps 이하)으로 제정되었다. 즉, MPEG-1은 주로 가정용 TV 수준의 비디오와 CD 수준의 스테레오 음향을 CD-ROM에 저장하고 재생하기 위해 만들어졌으며, 1993년 국제표준으로 채택되었다.

MPEG-1은 비디오 및 오디오 신호들의 비트열의 구성 및 동기화 방식을 기술하고 있는 시스템 부문, DCT와 움직임 추정(Motion Estimation)에 바탕을 둔 비디오 압축 알고리즘에 대하여 기술한 비디오 부문, 서브밴드(Subband) 코딩에 바탕을 둔 사운드 압축 알고리즘에 대하여 기술하고 있는 오디오 부문, 비트열과 복호기의 적합성의 검사에 대하여 기술한 적합성 검사(Compliance Testing) 부문으로 구성되어 있다.

MPEG-2

MPEG-2는 디지털 TV와 DVD 수준의 영상을 목적(데이터 전송속도 2~45Mbps 이상)으로 제정되었으며, 순차주사(Noninterlace) 방식과 격행주사(Interlace) 방식 모두를 지원한다. 광범위한 신호 형식에 대응하기 위해 프로파일(Profile)과 레벨(Level)에 따라 복수 개의 사양이 정해져 있다. 프로파일은 부호화의 방식과 기능에 의한 분류로 5종류가 있으며, 레벨은 부호화 대상인 영상신호 형식으로 표준 TV로부터 HDTV까지 4종류가 있다. 프로파일과 레벨의 여러 조합 중에서 활용 가능성이 있는 11개가 특별히 선정되어 있다. 초기에는 디지털 저장매체로 사용하는 것을 주 목적으로 삼아 왔으나 나중에 HDTV에 관한 요구사항을 추가하였다. 1994년 말에 잠정적인 국제 표준으로 설정되었으며 1995년 주요부문들이 국제 표준으로 정식 채택되었다.

MPEG-2는 세 가지 압축방법을 기본으로 하는데 첫째, MPEG-1과 같이 움직임 추정과 움직임 보상을 이용하여 시간적 중복성을 제거하는 압축 방법을 이용한다. 둘째, DCT와 양자화 알고리즘을 이용하여 공간적 중복성을 제거한다. 마지막으로 앞의 두 가지 압축 방법에 의해 생성된 데이터에 대하여 각 데이터들의 발생빈도에 따라 엔트로피 부호화(Entropy Coding) 방법을 적용하여 최종적으로 압축을 극대화하는 압축 방법을 이용한다. 이러한 엔트로피 부호화를 위하여 주로 허프만 코딩(Huffman Coding)과 RLE(Run Length Encoding) 방법을 이용하고 있다.

MPEG-2 표준은 기술적인 측면에서 MPEG-1의 연장선에 있는 것으로 인식될 수 있으나 상호운용성과 확장성에 있어 MPEG-1보다 뛰어난 평가를 받고 있다. 표 6-4는 MPEG-1과 MPEG-2의 대표적인 기술적 차이를 비교한 것이다.

| 표 6-4 MPEG-1과 MPEG-2의 비교

주요 응용 분야	디지털 저장매체	디지털 저장매체, 방송, 통신
전송로 특성	오류가 없는 환경 요구	오류가 큰 분야 포함
목표 전송률	1.5Mbps	2~45Mbps
영상의 해상도	360×240×30	720×480×30 1,920×1,080×60
주사 방식	순차주사	순차주사 및 격행주사
동작 모드	단일 모드	프로파일 및 레벨에 따른 11가지 동작 모드의 지원
호환성	-	MPEG-1에 대한 순방향 호환성 지원

MPEG-3은 HDTV를 목표로 출발하였으나, MPEG-2의 적용 범위가 확장되면서 MPEG-2로 통합되었다.

MPEG-4

MPEG-4는 1994년 낮은 전송률로 동영상을 보내는 것을 목표로 출발한 영상압축 표준으로, 매초 64Kbps~192Kbps의 저속 전송으로 동영상을 전송할 수 있다. 이는 멀티미디어 통신서비스를 지원하기 위한 것으로, MPEG-4는 인터넷 유선망뿐만 아니라 이동통신망 등 무선망에서 화상회의 시스템과 같은 대화형 멀티미디어, 특히 비디오 전화와 같은 이동통신 시스템에서의 오디오와 비디오의 압축을 위해 제안된 표준이다. 1994년 1차 제안서가 제출되었고, 1997년 11월 CD(Committee Draft), 1998년 3월 DIS(Draft International Standard)에 이어 1998년 11월에 국제표준으로 인정되었다.

MPEG-4 표준은 양방향성, 높은 압축률 및 다양한 접근이 가능한 비디오/오디오의 표준 부호화를 위하여 새로운 기술들에 대한 융통성과 확장성의 제공을 제안하고 있다. 또한 MPEG-4 부호화에서는 기존 영상데이터의 화소값에 대한 압축방식에서 벗어나, 영상에 담긴 객체(Object)들을 객체기반 부호화(Object-based Coding)시키는 방법에 대한 연구가 포함되어 있다(그림 6-13 참조).

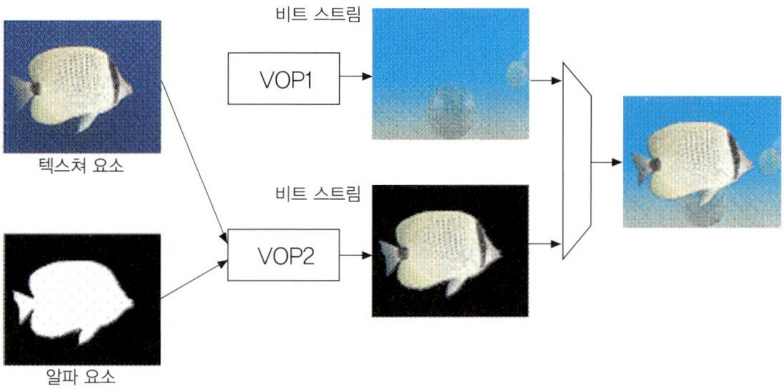

| 그림 6-13 MPEG-4에서 객체기반 부호화의 개념
(http://dsp.ee.ncu.edu.tw/cica/cica_new.htm)

MPEG-7

MPEG-7은 데이터 그 자체가 아닌 멀티미디어 데이터 내용을 표현하는 방법에 관한 표준이다. 앞에서 언급한 MPEG-1은 CD-ROM 저장매체에서 비디오와 오디오에 대한 압축과 복원에 대한 표준을 목표로 하였다. 그리고 MPEG-2는 디지털 TV에 대한 표준을 목표로 하였으며, MPEG-4는 멀티미디어 통신서비스를 위한 표준으로 시청각 정보를 객체 단위로 부호화시키는 것을 목표로 하였다. 이에 비하여, MPEG-7은 정보 검색을 위한 내용 표현을 목표로 하고 있다.

오늘날 세계적으로 수많은 종류와 양의 멀티미디어 정보가 디지털 형태로 존재하고 있고, 이를 효율적으로 이용하려는 요구가 높아지고 있다. 멀티미디어 정보는 기존의 텍스트 정보에 비해 정보검색이 어렵고 검색하는 데도 많은 시간이 소요된다. 이러한 문제점을 해결하기 위하여 멀티미디어 정보를 빠르고 효율적으로 검색하기 위한 내용기반 정보검색(Content-based Information Retrieval) 기법이 제안되었고 이의 표준화 필요성이 제기되었다. MPEG-7은 멀티미디어 정보의 신속하고 효율적인 검색을 위하여 내용기반 검색에 필요한 요소기술들을 제공하는 것을 목표로 제안된 표준이다. 따라서 MPEG-7은 교육 분야에서 멀티미디어 자료의 이용, 여행정보 서비스, 언론사의 기사 검색, 사이버 박물관, 지리정보 시스템, 원격탐지, 사이버 쇼핑, 건축 및 부동산, VOD 등의 분야에 주로 적용될 것이다.

MPEG-7은 1998년 10월 제안서(Call for Proposals)를 제출하였고, 1999년 12월 WD(Working Draft), 2000년 10월 CD(Committee Draft), 2001년 7월 DIS(Draft International Standard), 2001년 11월 IS(International Standard)가 제정되었다.

MPEG-21

오늘날 동영상, 이미지, 그래픽, 음성/오디오, 텍스트 문서 등 다양한 멀티미디어 콘텐츠가 존재하고 있고, 전자상거래를 통한 멀티미디어 콘텐츠를 교환, 전송, 결제, 재산권 보호를 위한 요소 기술들이 개발되고 있다. 그러나 지금까지 이러한 요소 기술들이 각기 독립적으로 개발되고 있어, 이들 기술들의 연관관계를 명확히 하고 통합할 수 있는 표준의 필요성이 증가하고 있다. MPEG-21의 목표는 다양한 네트워크 및 장치에 있는 멀티미디어 콘텐츠 자원을 효율적으로 이용하는 데 있다. 즉, MPEG-21은 전자상거래 환경에서 이러한 멀티미디어 콘텐츠를 무선 근거리 통신망, 광대역 통신망, 위성/케이블 방송 등 다양한 네트워크와 개인용 휴대단말기, PC, 디지털 TV, DVD, IMT-2000 등의 다양한 단말기를 이용하여 사용자가 상호호환 방식으로 쉽고, 편리하게 생성, 배급, 이용할 수 있는 방법을 정의, 구현할 수 있는 국제 표준이다.

MPEG-21 표준은 앞으로 디지털 음악, 영화, 게임 등의 영역에서도 생성에서 소비에 이르기까지 멀티미디어 콘텐츠 유통 시장에 엄청난 기술적 및 경제적 파급효과를 가져오리라 예상된다. 2002년 말에 1차적인 국제 표준의 제정을 목표로 세계 각국에서 활발한 연구를 진행 중이다.

(4) H.26x

ITU-T(과거 CCITT)에서 제정한 비디오 압축표준으로 H.26x 계열이 있다. H.261은 원격화상회의나 비디오폰을 위해 1990년 제정된 첫 번째 표준안으로 ISDN 회선교환망(64Kbps의 정수배로 동작)을 이용하고 있다. H.262는 MPEG-2와 동일한 표준이고, H.263은 H.261의 압축 성능을 향상시키기 위한 표준으로 1995년 제정되었다. 이후, ISO/IEC와 ITU-T의 표준화 작업 중에 겹치는 부분이 많기 때문에 두 기관이 공동 비디오표준위원회(JVT: Joint Video Team)를 결성하여 2003년 H.264(또는 MPEG-4 AVC)를 제정하기에 이르렀다.

H.261(P*64)

H.261은 1988~1990년 사이에 CCITT(International Telegraph and Telephone Consultative Committee)에 의해 개발된 동영상 압축 알고리즘으로, 원격화상회의를 위한 표준안으로 제안되었다. H.261은 ISDN 전화선을 이용한 원격화상회의, 비디오폰 등의 통신분야에서 동영상 압축을 위한 국제 표준으로 이용되고 있다.

H.261 부호화 알고리즘은 MPEG 방식과 기본적으로 같으며 I 및 P Picture의 부호화 방식을 이용하여 64Kbps~1,920Kbps(64Kbps의 정수배, 즉 P*64)의 데이터 전송속도에 맞도록 압축한다. H.261은 높은 압축률(100:1~200:1)로 실시간 압축을 지원한다. 이것은 비교적 낮은 속도의 통신채널을 이용하는 비디오폰이나 화상회의를 위한 것이며 ISDN 채널 용량을 지원한다.

H.261은 시간적 중복성을 제거하기 위해 프레임 간의 예측기법을 사용하고, 공간적 중복성을 제거하기 위해 DCT 변환기법을 사용하며, 동작보상 기법도 옵션으로 추가할 수 있다. 그림 6-14는 H.261 부호화 알고리즘의 주요 과정을 나타낸 것이다.

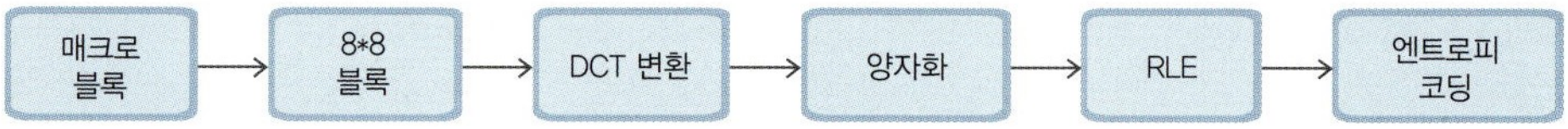

| 그림 6-14 H.261 부호화 알고리즘

H.264(MPEG-4 AVC)

H.264는 MPEG-4의 Part 10에 해당하는 새로운 비디오 표준으로, 기존 MPEG-4에 비해 직사각형 비디오 프레임 압축의 효율성을 높이고 다양한 채널과 네트워크를 통한 신뢰성 있고 강력한 전송효율을 지원할 목적으로 제정되었다. H.264는 양방향 비디오통신(화상회의 또는 화상전화), 방송 또는 고화질 비디오를 위한 압축, 패킷 네트워크를 통한 비디오 스트리밍을 목적으로 개발되었으며, 현재 위성 및 지상파 DMB 표준규격으로 채택되었다. 그림 6-15(a)는 같은 파일의 크기를 가진 압축비디오의 질을 H.264, MPEG-2 및 MPEG-4 간에 비교해 놓은 것이다. 또한 그림 6-15(b)는 비디오 파일을 각각 MPEG-2, MPEG-4 및 H.264 방식으로 압축할 때 파일의 크기를 비교한 그림이다. 이 그림에서 보듯이 H.264 압축표준은 MPEG-2와 MPEG-4에 비해 각각 60%, 30% 이상의 압축효과를 기대할 수 있다.

H.264는 세 가지 프로파일을 지원하는데, Baseline 프로파일은 화상회의와 같은'대화를 위한'응용분야에 유용하고, Main 프로파일은 비디오 방송 및 저장과 같은 소비자 응용제품에 적합한 기능을 포함하며, Extended 프로파일은 네트워크를 통한 비디오 스트리밍에 유용한 추가적 기능을 지원한다.

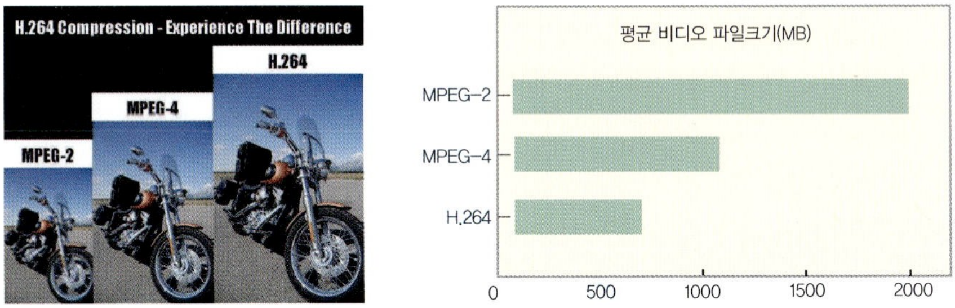

(a) 이미지 질의 비교 (b) 이미지 크기의 비교

| 그림 6-15 H.264와 MPEG-2 및 MPEG-4 간의 이미지의 질(Quality) 및 크기(Size)의 비교

6.4.3 코덱(CODEC)

코덱은 다양한 압축방법을 지원하기 위한 소프트웨어 모듈로 압축(Compression 또는 Encoding)과 복원(Decompression 또는 Decoding)을 동시에 지원한다는 의미로 사용된다. 앞에서 설명한 JPEG, MPEG, H.261 등이 하드웨어에 의한 비디오 데이터의 압축이라면, 코덱은 소프트웨어에 의한 비디오 데이터의 압축이라고 할 수 있다. 코덱은 현재 많은 제품들이 소개되어 사용되고 있고 또한 새로운 제품들이 개발되고 있다.

최근 가장 많이 사용되고 있는 Divx 코덱은 MPEG-4 비디오 압축방식을 기본으로 변형하여 만든 것으로 압축률에 따라 차이는 있지만 보통 영화 한 편을 CD 한 장 또는 두 장, 즉 700MB에서 1.4GB에 저장할 수 있게 해 준다. 과거 VCD도 이와 비슷한 용량을 가졌지만, Divx 코덱의 경우 매우 높은 화질을 유지하면서 파일을 압축한다는 데그 의미가 있다. 이때 소프트웨어적으로 압축 작업을 수행하기 때문에 높은 성능의 프로세서가 필요하다. 현재, DIVX사가 설립되어 Divx 코덱을 상업적으로 지원하기 시작하였다.

6.5 비디오 스트리밍

비디오 파일은 매우 용량이 커서 서버 컴퓨터로부터 비디오 파일을 한꺼번에 다운로드받는 데 너무 많은 시간이 소요된다. 비디오 파일을 앞 절에서 설명한 MPEG이나 코덱을 이용하여 압축하였다 하더라도 역시 사용자가 기다리기에는 너무 많은 지연시간(Delay Time)이 발생한다. 이러한 문제점을 해결하기 위하여 현재 많은 회사들이 실시간 비디오를 위한 스트리밍 소프트웨어들을 제공하고 있다. 또한 최근 웹 컨소시엄(W3C)에서는 멀티미디어 스트리밍의 표준을 위하여 SMIL을 제정한 바 있다.

6.5.1 스트리밍의 개념

사운드와 비디오와 같은 데이터를 인터넷을 통해 전송하는 데는 시간이 많이 소요되므로 일반적으로 데이터를 압축하여 전송하면 수신자 측에서는 이를 복원하여 원래의 정보를 획득한다. 그러나 이와 같은 데이터 송수신 방법은 압축과 전송, 복원에 시간이 소요되므로 원하는 데이터를 전송 즉시 곧바로 획득할 수 없다.

스트리밍이란 통신선로를 통하여 데이터를 분할하여 전송하고 수신하는 즉시 출력장치에 표시함으로써 송수신자 간에 정보를 전달할 때 시간지연을 줄이는 기법이다. 전송하고자 하는 데이터를 데이터1, 데이터2, 데이터3, …으로 분할하여 데이터1을 압축한 후,

데이터2를 압축할 때 데이터1을 전송하고, 데이터3을 압축하며 데이터2를 전송하는 동안 수신자 측에서는 데이터1을 복원하고 재생한다. 이러한 과정을 전체 데이터에 적용한다면 인터넷을 통한 정보전달에 소요되는 시간을 상당히 줄일 수 있을 것이다(그림 6-16 참조).

또한 필요에 따라 압축과 복원 과정을 거치지 않을 수도 있다. 이 경우 데이터의 송수신에 소요되는 전체 시간은 늘어나나 송수신자 간의 정보전달에 지연이 거의 발생하지 않는다는 장점이 있다.

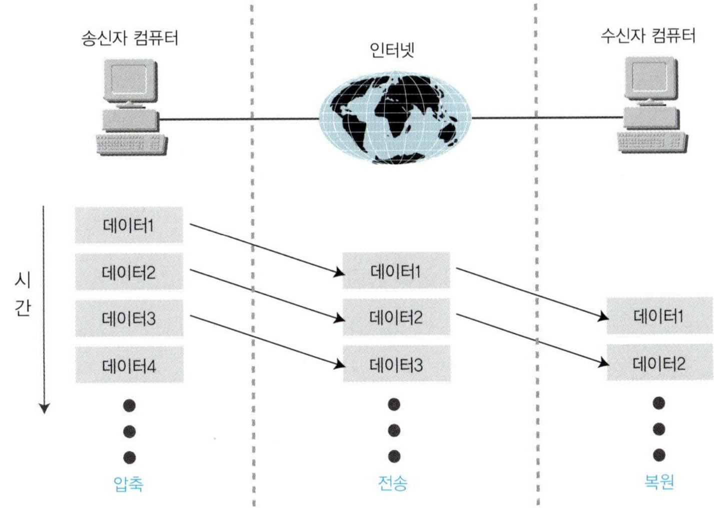

| 그림 6-16 스트리밍에 의한 이미지의 전송

6.5.2 비디오 스트리밍 소프트웨어(Streaming Software)

스트리밍 기술의 등장

스트리밍 기술은 웹상에서 비디오 및 오디오 파일의 처리 효율을 높이기 위해 개발된 방식으로, 제한된 대역폭(Bandwidth)을 갖는 네트워크의 문제를 해결할 수 있는 방안으로 대두되어 활용되고 있다. 일반적인 비디오 파일을 보기 위해서는 해당 파일이 PC에 전부 다운로드되어야 하므로, 예를 들어 5분 정도 분량의 비디오 파일을 다운받기 위해서는 몇 분 또는 수십 분의 시간을 기다려야 한다. 이러한 문제점을 극복하고자 스트리밍 기술이 등장하였다. 여기에서는 파일 전체가 다운로드 될 때까지 기다리지 않고 일정량의 데이터를 수신하면 바로 실행하며, 나머지 데이터들은 실행하면서 계속적으로 다운로드받는다. 비디오 스트리밍은 비디오 파일의 크기가 너무 커서 컴퓨터 메모리에 한꺼번에 저장이 어려울 때나, 웹상에서 다운로드받아 실행하기에는 너무 많은 시간이 소요될 때 매우 효과적인 기술이라 할 수 있다.

스트리밍 기술의 발전

최근 등장한 비디오 처리 소프트웨어들이 스트리밍 방식을 많이 사용하고 있으며, 대표적인 소프트웨어로는 RealNetwork사의 Real Player, Microsoft사의 Windows Media Player 그리고 Apple사의 QuickTime 등이 있다. 인터넷 방송을 실제로 가능케 한 기술이 바로 스트리밍 기술이다. 스트리밍 기술이 이용되기 전에는 비디오 자료를 보려면 AVI 파일 또는 MOV 파일을 완전히 다운로드받은 후에야 볼 수 있었지만, 스트리밍 기술이 이용되면서부터는 비디오를 보기 위해 긴 다운로드 시간을 기다려야 할 필요가 없어졌다. 또한 스트리밍 기술을 이용하면 동영상 데이터가 실시간에 제작되는 생방송을 중계할 수도 있다.

스트리밍 기술이라는 용어가 다소 생소할지는 모르지만 그 개념은 매우 간단하다. 스트리밍이란 비디오 데이터를 인터넷을 통해서 받는 즉시 비디오 자료를 재생하여 보여주는 것을 뜻한다. 기존의 방식과 다른 점은 다운로드 작업과 비디오 재생 작업이 동시에 진행된다는 점이다. 이러한 스트리밍 기술은 이미 상당히 오래전부터 실시간 데이터 처리에서 이용되어 왔으나, 인터넷에서의 활용은 Progressive Network사에서 개발한 RealAudio로부터 시작되었다. RealAudio는 스트리밍 기술을 인터넷에서 사용한 최초의 제품으로서 인터넷 발전에 크게 공헌하였다. 현재는 RealNetwork사의 Real Player에서 통합하여 각종 미디어 스트림을 지원하고 있으며, 오디오를 위한 RealAudio, 비디오를 위한 RealVideo, 텍스트 스트림을 위한 RealText, 이미지 스트림을 위한 RealPix 등이 지원되고 있다. 2013년 부터는 비디오 스트림을 공유하기 위한 클라우드 서비스로 RealPlayer Cloud를 지원하고 있다.

마이크로소프트에서는 Windows98에서부터 ASF 파일포맷을 근간으로 하는 Windows Media 기술을 지원하고 있다. 가장 핵심이 되는 내용은 멀티미디어 데이터의 스트림을 실시간으로 전송하고 재생하기 위한 여러 가지 소프트웨어와 편집도구들을 통합하여 제공한다는 것이다. 이를 위하여 각종 미디어의 재생기능이 통합되어 있는 Windows Media Player가 기본적으로 제공되며, 비디오/오디오를 실시간으로 인코딩하여 전송하는 소프트웨어인 Windows Media Encoder 및 각종 도구, 미디어 콘텐츠 표현을 위한 ASF 및 Windows Media Format, 응용프로그램 개발용 SDK까지 제공하고 있다.

(a) Apple QuickTime　　(b) Real Player　　(c) GOM Player

| 그림 6-17 비디오를 위한 다양한 미디어 플레이어

6.5.3 멀티미디어의 동기화와 SMIL

일반적으로 웹 환경에서 대용량의 멀티미디어 정보를 실시간에 효과적으로 전송 및 출력하기 위해서는 스트리밍(Streaming) 기법을 이용하여야 한다. 그러나 이러한 솔루션들은 웹상에서 이미지, 동영상, 사운드 미디어 등과 같은 멀티미디어 데이터를 동시에 전달할 수는 있지만, 정교한 프로그래밍이 없이 각 미디어 요소를 다른 미디어들로부터 분리하거나 각 미디어 요소들과 상호작용을 수행할 수는 없다. 따라서 W3C에서는 이와 같은 단점을 해결하기 위하여 멀티미디어 프리젠테이션 표준인 SMIL(Synchronized Multimedia Integration Language)을 제정하였다. 이는 결과적으로 일반사용자들도 비디오, 사운드 및 정지화상 등의 각 미디어 요소들을 편리하게 상호작용이 가능한 정보로 표현할 수 있도록 하기 위함이다.

SMIL은 멀티미디어 데이터의 효과적인 동기적 표현 및 교환을 위한 마크업(Markup) 언어로서, 웹 컨소시엄의 XML 1.0 형식을 따르며 현재 SMIL 버전 2.0이 드래프트로 제정되어 있다. SMIL은 URL 및 CSS 기반의 레이아웃(Layout)과 HTML 기반의 하이퍼링킹, XML 기반의 문법을 제공하기 때문에 SMIL의 구문 규칙은 SMIL DTD로 선언된다. SMIL의 확장자는 .smil 혹은 .smi이고 SMIL 데이터를 재생하기 위해서는 그림 6-18과 같이 Real Player 또는 SOJA Player 등을 사용한다.

```
<smil>
  <head>
    <meta name="title" content="인도의 모습" />
  </head>
  <body>
    <par>
      <img src="rpsample.rp" />
      <audio src="adagio.rm?end=00:50" />
    </par>
  </body>
</smil>
```

(a) SMIL 소스코드

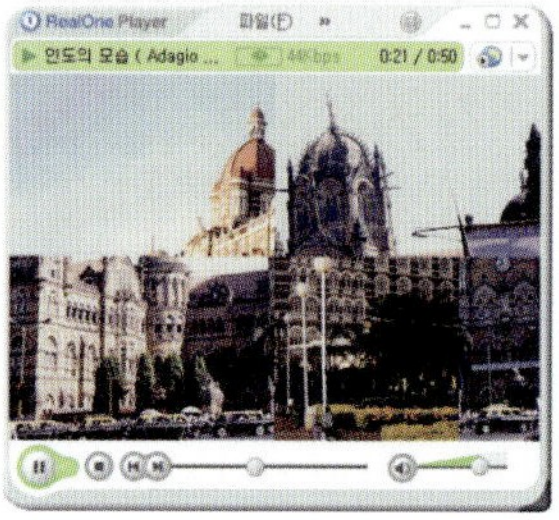

(b) 실행화면

| 그림 6-18 Real Player를 이용한 SMIL의 실행 예

SMIL의 시·공간적 동기화

SMIL을 이용하면 비디오, 이미지, 사운드 등과 같은 개별적인 미디어 객체들을 시·공간적으로 동기화된 하나의 멀티미디어 프리젠테이션으로 통합할 수 있다. 즉, 웹상에서 멀티미디어 스트리밍 서비스를 하기 위해서는 많은 기술들을 필요로 하고, 표현 방법도 다양하지만 이러한 것을 SMIL로 통합함으로써 보다 쉽고 효율적으로 멀티미디어 문서를 제작할 수 있게 된다. 또한 각 미디어 객체의 재생시간 조작과 스크린상의 위치(Layout)를 기술할 수 있고 SMIL 작성자는 텍스트 편집기 등을 이용하여 쉽게 만들 수 있다. 시간적 동기화(Temporal Synchronization)는 미디어 간의 수행 순서를 의미하며, 공간적 동기화(Spatial Synchronization)는 각 미디어의 공간적인 배치 방식(Layout)을 의미한다.

이 밖에도 강력한 동기화(순차, 병렬, 이벤트 기반 동기화) 기능과 각국 언어와 다양한 컴퓨터 사양에 맞는 대역폭 등의 선택이 가능하고 다양한 매체를 통합하여 보다 동적인 영상으로 제공할 수 있다. 단순히 텍스트를 삽입함으로써 영화, 외국 드라마, 애니메이션, 뮤직 비디오에 자막을 넣거나 공지사항 등을 제공할 수 있으며, 이미지를 삽입하여 배너광고 효과도 내거나 Flash 파일의 플레이도 가능하다. 동영상이 아닌 단순한 이미지 몇 개로 또는 이미지 파일과 사운드 파일을 함께 사용해 동적인 영상을 만들 수 있고 파워포인트와 같은 프리젠테이션 슬라이드 쇼도 구현할 수 있다.

6.5.4 스트리밍 미디어 기술의 적용

비디오 스트리밍의 종류에는 온-디맨드 스트리밍과 실시간 스트리밍이 있다. 여기서 두 가지 스트리밍 방식의 차이점을 설명하고 각 방식의 활용 예들을 소개한다. 그림 6-21은 이 두 가지 스르리밍의 데이터 전송 방식을 개념적으로 비교한 것이다.

(1) 온-디맨드 스트리밍(Stored Video Clip)

온-디맨드 스트리밍(On-Demand Streaming)에서는 이미 압축되어 저장되어 있는 비디오를 저장파일로부터 수신자가 원하는 시간에 전송하는 방식이다. 그림 6-21(a)에서 보듯이 온-디맨드 스트리밍에서는 클라이언트가 서버에게 원하는 비디오를 요청하면(① 요청), 서버는 저장된 파일을 찾아서(② 액세스) 이용자에게 비디오 스트림을 전송해 준다(③ 스트림 전송). 뉴스, 뮤직 비디오, 영화 예고편 등의 활용 분야가 온-디맨드 스트리밍의 활용 예에 속한다. 그림 6-19는 온-디맨드 스트리밍의 활용 예로 웹페이지를 통한 웹TV 방송과 YouTube를 이용한 비디오의 시청을 보여주고 있다.

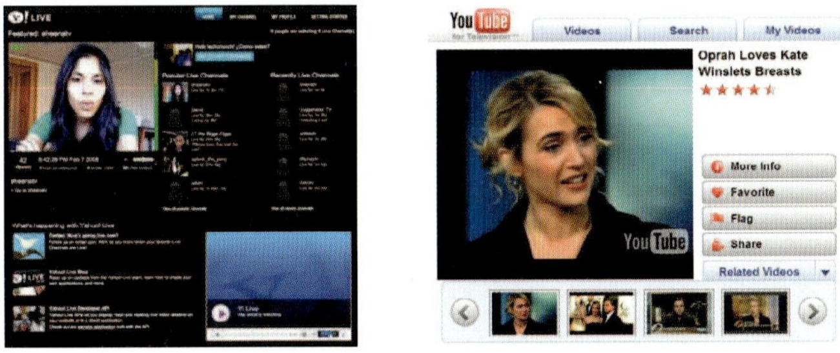

(a) 웹페이지에서의 웹TV 방송 (www.masternewmedia.org)　　(b) YouTube에서의 비디오

| 그림 6-19 온-디맨드 스트리밍 방식의 비디오 활용 예

(2) 실시간 스트리밍(Live Video)

실시간 스트리밍(Live Streaming)에서는 비디오가 실시간에 압축되어 패킷 형태의 미디어 스트림으로 수신자에게 전송된다. 그림 6-21(b)는 실시간 스트리밍의 작동 원리를 설명한 것으로, 비디오 인코더는 항상 실시간에 비디오 스트림을 생성하고 있으며(① 실시간 스트림의 생성) 클라이언트로부터 비디오의 요청이 들어오는 경우(② 요청)에 서버는 실시간 비디오 패킷을 이용자에게 전송한다(③ 스트림 전송). 도로여건 정보의 전송, 실시간 스포츠 중계방송, 콘서트 방송, 화상회의 등이 실시간 스트리밍 기술의 활용 예이다. 그림 6-20은 실시간 스트리밍의 활용 예들을 보여주고 있다.

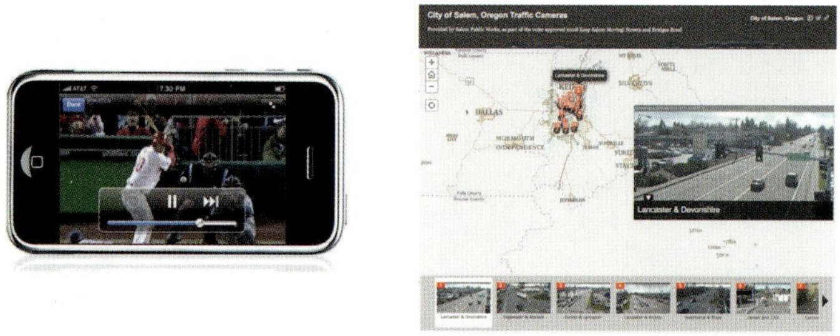

(a) 실시간 스포츠 중계방송 (b) 도로여건 정보의 방송

| 그림 6-20 실시간 스트리밍 방식의 비디오 활용 예

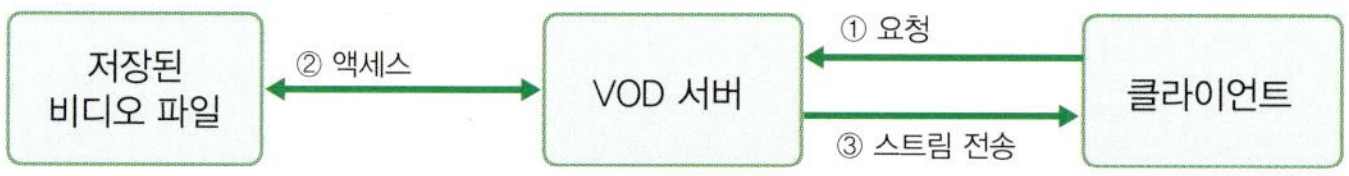

(a) 온-디맨드 스트리밍

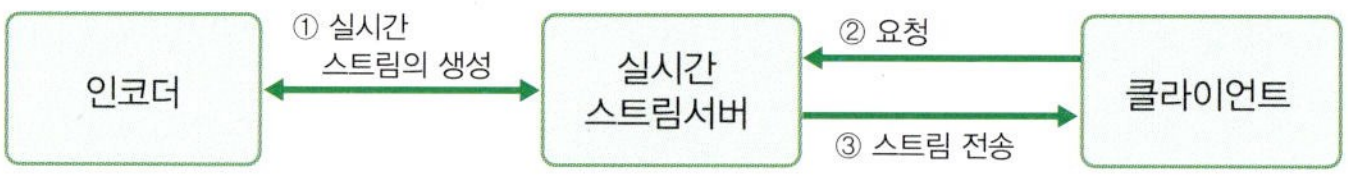

(b) 실시간 스트리밍

| 그림 6-21 온-디맨드 스트리밍과 실시간 스트리밍

최근에는 스마트폰을 이용한 실시간 스트리밍 SNS가 인기를 끌고 있다. 대표적인 예로 페리스코프(Periscope), 미어캣(Meerkat), Facebook Live, YouTube Live Streaming과 같은 소프트웨어는 스마트폰 환경에서 동영상을 손쉽게 촬영하고 편집하여 다른 사람과 공유할 수 있게 해준다(그림 6-22 참조). 이러한 소프트웨어를 이용하면 이용자가 불특정 다수 이용자들에게 동영상을 실시간으로 스트리밍 할 수 있어 현장에서 일어나는 사건을 세계 어디서나 지연없이 실시간 중계할 수 있게 해준다. 한편, 스냅챗(Snapchat)은 사진과 동영상을 실시간 스트리밍 방식으로 전송하고 수신자 화면에서 10초 후 자동으로 사라지는 방식으로 많은 이용자를 확보하고 있다.

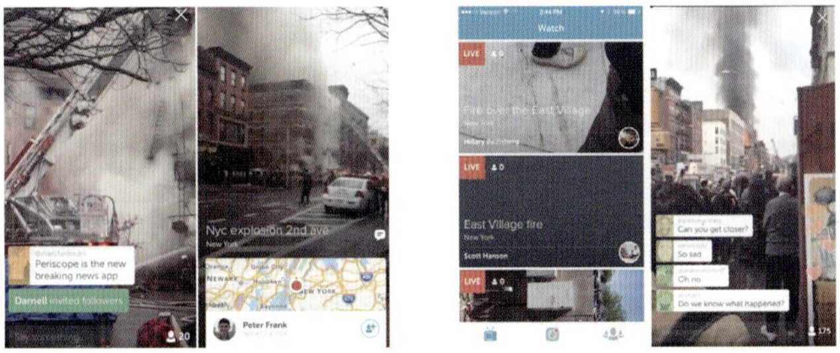

(a) Periscope를 통한 뉴욕시 화재 장면 (b) Meerkat를 통한 현장 중계

| 그림 6-22 실시간 스트리밍 SNS를 통한 현장의 실시간 중계

6.6 디지털 TV와 IPTV

TV는 사람이 가장 많은 시간을 보내는 미디어 장치로서 과거 아날로그 TV가 디지털 TV로 변화하면서 상호작용성을 지원할 수 있게 되었다. 이러한 상호작용성은 IPTV의 매우 핵심적인 기능의 하나가 되었다. 앞으로, IPTV의 급격한 확산이 기대되며 IPTV는 멀티미디어 응용의 'Killer Application'이 될 것이다.

6.6.1 디지털 TV

요즈음 각 가정에서 시청하고 있는 TV는 다양한 형태로 서비스되고 있다. TV 방송국에서 TV 신호를 송출하는 전송매체에 따라 TV의 서비스 형태는 전통적인 지상파방송, 유선으로 연결되는 케이블방송, 최근에 서비스를 시작한 위성방송의 3가지로 구분된다. TV신호를 송출하는 방식을 살펴보면, 지상파방송과 케이블방송은 아날로그 방식으로 시작하여 디지털 방식으로 전환하였으며 위성방송은 디지털 방식으로 시작하였다.

과거 아날로그 TV 시대에는 TV의 표준 방식으로 NTSC, PAL 및 SECAM 방식이 존재했으나 지금은 대부분의 선진국을 중심으로 더 이상 아날로그 TV 방식은 사라지고 이미 디지털 방식으로 전환된 상황이다. 따라서 디지털 TV 방식에 대하여 설명하기로 한다.

디지털 TV의 전송 방식

디지털 TV는 1980년대 출현한 기술로 시청자에게 과거보다 훨씬 선명한 화질의 TV 방송 서비스를 제공한다는 취지에서 출발하였다. 종전의 아날로그 TV에 비해 디지털 TV는 잡음과 화면 겹침(Ghost)을 줄일 수 있고, 전송과정에서 발생한 신호오류를 자동으로 교정할 수 있기 때문에 화질과 음질을 획기적으로 향상시킬 수 있다. 디지털 TV는 정보의 손실 없이 신호를 압축하여 보다 많은 정보량을 전송할 수 있다.

특히, 디지털 TV는 시청자와 방송국 간에 양방향 서비스를 지원함으로써 시청자로 하여금 방송 프로그램에 대한 상호대화식(Interactivity) 제어가 가능하게 되었다(그림 6-23 참조). 아날로그 TV의 경우 시청자는 방송국에서 보내는 화면을 일방적으로 받아보는 데(Passive) 비하여, 디지털 TV는 상호대화 방식을 지원함으로써 사용자가 전자상거래, 홈쇼핑, 인터넷 기능을 수행할 수 있는 장점이 있다.

이러한 디지털 TV의 방송형태는 크게 SDTV(표준방식)과 HDTV(고화질방식)로 구분할 수 있다. SDTV 방식과 HDTV 방식은 무엇보다도 화질에 있어서 차이가 있다. SDTV는 기존의 아날로그 TV에 비해 화질면에서 다소 우수한 정도이나 HDTV는 매우 개선된 고화질 방송화면을 제공받을 수 있다. 최근 개발된 UHDTV(Ultra HTDV), 는 7680×4320 픽셀의 고화질을 지원하고 있다.

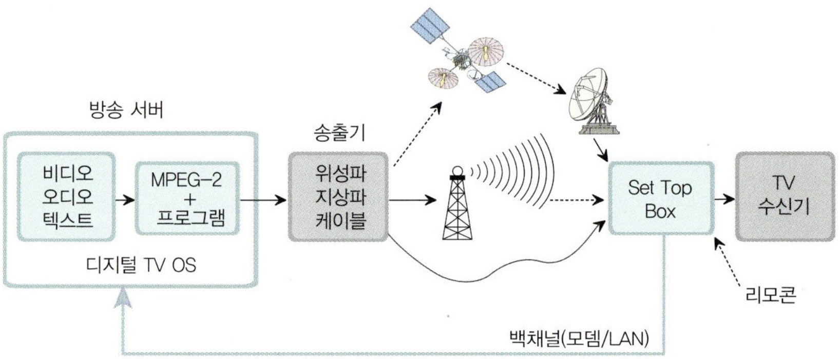

| 그림 6-23 디지털 방송의 송수신 개념도

디지털 TV는 제작·편집·전송·수신 등 방송의 전 단계를 0과 1의 디지털신호로 처리하는 TV 방식이라 정의할 수 있으며, 이는 정보의 종류(영상, 음성, 문자 등)에 따라 서로 다른 신호로 처리하는 아날로그 TV와 대비되는 개념이다. 이미 전화, PC 등 다른 통신 부문은 디지털로 전환되었고, 현재 TV 분야가 가장 늦게 디지털로 전환되고 있는 추세

이며 이에 따라 세계 선진 각국은 TV 및 방송 분야의 디지털화에 주력해왔다. 디지털 TV 방송은 전송방식의 표준규격에 따라 현재 미국방식(ATSC), 유럽방식(DVB), 일본방식(ISDB)으로 구분된다. ATSC 방식은 1982년 발족한 ATSC(Advanced Television Systems Committee)에서 개발한 것으로 1996년 12월 미국 표준방식으로 채택하였다. 유럽의 DVB 방식은 1993년 구성된 DVB(Digital Video Broadcasting) 컨소시엄에서 범유럽에 사용할 표준으로 개발한 것으로 1997년 3월 유럽표준화기구(ETSI)에서 채택하였다. 일본의 ISDB(Integrated Services Digital Broadcasting) 방식은 유럽방식을 다소 변형·수정하여 개발한 것이다.

ATSC 방식은 디지털로의 전환이 용이하고 HDTV 방송에 유리하며 서비스영역이 넓은 장점이 있고, DVB 방식은 이동수신 및 다중경로수신이 우수하고 산악지형에 적합하다는 장점이 있다(표 6-5 참조). 우리나라는 수신기 및 셋톱박스의 가격이 상대적으로 저렴하며, 적은 출력으로 넓은 지역에 서비스가 가능한 ATSC 방식을 지상파 방송의 디지털 TV 방식으로 채택하였다. 그러나 ATSC 방식은 모바일 통신에 약하며 산악지형에 적합하지 않다는 점이 단점으로 지적되고 있다. 한편, 디지털 위성 TV 방송에는 DVB 방식을 채택하여 방송을 시작하였고, 케이블 TV 방송에는 OpenCable 등의 방식을 검토 중이다.

| 표 6-5 ATSC 방식과 DVB 방식의 비교

구분	미국방식(ATSC)	유럽방식(DVB)
HDTV 방송	유리	불리
특징	기존의 NTSC와 공존가능	PAL 방식에 기반
이동수신	어려움	가능
서비스 영역 및 송 · 중계시설 투자비용	넓음 저렴	좁음 상대적으로 높음
다중경로수신 성능	중간	좋음
표준화의 일관성	지상파 위주	지상파방송, 위성방송, 케이블방송 간의 일관성
디지털전환의 용이성	높음	낮음
가정 내 전자파 잡음 내성	강함	약함
국내기술 경쟁력	높음(일본과 동등 이상)	낮음

고화질 TV(HDTV)

1980년대 말에서 1990년대 초에 개발되기 시작한 TV 방송 형태로 사용자가 집에서도 영화관에서 영화를 보는 것과 같은 서비스를 제공하기 위해 등장하였다. 최근 CD의 음질 및 DVD 수준의 영상이 일반화되면서 사용자들이 고화질과 고음질의 영상을 요구하게 되었고, 기존 NTSC 방식이나 PAL 방식으로 대표되는 아날로그 TV로는 이러한 요구를 충족할 수 없었다.

HDTV(Full HDTV의 경우)의 주사선 수는 1080 라인으로 아날로그 TV(NTSC 방식)의 525 라인의 두 배 정도이고, 사람이 근본적으로 수평지향적 시야를 가진 점을 고려하여 화면의 가로대 세로의 비율을 현행 TV의 4:3에서 16:9로 변경하였다. 따라서 시청자는 이전보다 훨씬 역동적인 영상을 즐길 수 있다. 영화필름의 화면비율은 대부분 16:9이기 때문에 지금까지 아날로그 TV로 영화를 시청하기 위해서는 텔레씨네라는 과정을 통해 화면을 편집하여서 화면 양쪽 끝 부분이 잘리는 문제점이 있었다. SDTV가 HDTV로 발전하면서 화면의 해상도와 화면의 크기가 모두 증가하였다. 그림 6-24에서 보듯이 SDTV 화면의 해상도가 (640×480) 픽셀에서 HDTV의 경우 (1280×720) 픽셀로, Full HDTV의 경우 (1920×1080) 픽셀로 증가하였으며, 4K UHDTV의 경우 (2160×3840), 8K UHDTV의 경우 (4320×4320) 픽셀의 고화질을 지원하고 있다(그림 6-24 참조).

또한 기존의 방송형태와는 달리 아날로그 대신 디지털 전송방식을 사용하며 MPEG-2 파일 형식과 압축표준을 사용하여 화상의 질을 35mm 영화 수준을 목표로 하였다. 사운드 또한 아날로그 TV의 2개의 스피커를 지원하는 FM스테레오 방식 대신에 CD 수준을 목표로 5.1 채널의 돌비디지털 서라운드를 통해 고음질을 제공한다. 돌비디지털 사운드는 1992년 돌비(Dolby)연구소에서 기존 영화관에서 사용하던 돌비서라운드를 홈시어터(Home Theater)에 적합하도록 개발한 진일보한 5.1 채널(5개의 서라운드 스피커와 1개의 우퍼로 구성) 방식으로 AC-3 방식이라고도 부른다.

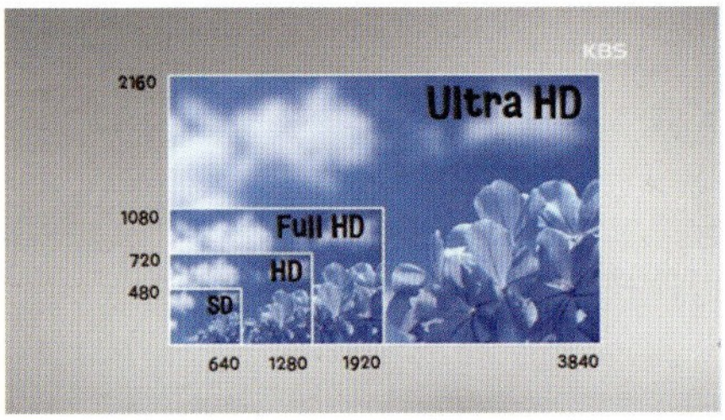

(a) SDTV, HDTV, Full HDTV, UHDTV의 해상도 비교
(http://www.media.ge/en)

(b) 해상도에 따른 화면의 질 비교
(https://www.amazon.it)

| 그림 6-24 고화질 TV의 화면 비교

데이터 방송

디지털 TV 기술은 다채널화, 고화질, 고음질의 실현을 주요 특징으로 기술발전이 전개되어 왔다. 그러나 또 다른 측면에서는 기존의 동영상 신호 이외에 데이터의 전송이 가능하다는 점 때문에 소위 데이터 방송이라는 새로운 장르가 등장하였다. 국내에서는 2003년 6월부터 서비스가 실시된 데이터 방송은 전파를 통해 디지털 데이터를 전달하고 이를 수신장치에서 해석하여 실행함으로써 마치 인터넷의 웹에서와 같은 다양한 서비스를 TV에서도 구현한 것이다. 기능적으로 시청자의 반응이나 선택을 반영할 수 있다는 특징 때문에 인터랙티브 방송 혹은 iTV(Interactive TV)라고 불리기도 한다. 데이터 방송 채널의 대표적인 서비스 장르에는 쇼핑, 홈뱅킹 외에도 게임, 뉴스, 날씨, 퀴즈, 교통정보, 복권 등이 있다.

데이터 방송의 수신을 위해서는 프로그램 형태로 되어 있는 데이터를 해석하여 실행할 수 있는 특별한 미들웨어가 디지털방송 수신기(Set Top Box)에 탑재되어 있어야 한다. 가장 먼저 데이터 방송 서비스를 정착시킨 유럽에서는 OpenTV, Canal+, Liberate 등의 미들웨어가 많이 사용되고 있으나, 표준화 필요성이 매우 높게 요구되고 있다. 현재 데이터 방송의 표준안으로는 DVB 전송방식에서 정의한 DVB-MHP(Digital Video Broadcasting - Multimedia Home Platform), ATSC에서의 ATSC-DASE(Advanced Television Systems Committee - DTV Application Software Environment), 케이블 방송에서 주로 사용하는 OCAP(OpenCable Applications Platform) 등이 있다.

(a) 데이터 방송의 예

(b) iTV 뉴스 스크린

| 그림 6-25 데이터 방송의 상호작용성

6.6.2 IPTV

인터넷TV(IPTV: Internet Protocol Television)는 IP 네트워크, 즉 인터넷망을 통하여 방송 프로그램을 패킷(Packet) 방식으로 나누어 전송하는 디지털 TV방송을 의미한다. IPTV는 인터넷망을 이용함으로써 TV방송 외에도 인터넷 서비스 및 VoIP에 기반한 전화도 동시에 지원할 수 있는 환경을 제공한다. 이와 같이 비디오, 데이터 및 음성을 동시에 서비스하는 것을 'TPS(Triple Play Service)'라 부른다. 또한 인터넷망을 이용함으로써 사용자와 방송국 간에 양방향 TV 서비스의 구현이 용이하게 되었다. 그림 6-26은 IPTV망의 'Triple Play' 서비스 개념을 보여주고 있다.

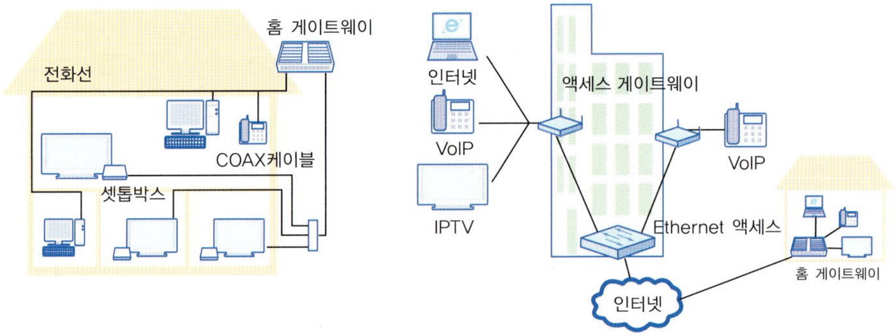

| 그림 6-26 IPTV의 Triple-Play 서비스

전용 네트워크를 이용한 IPTV 서비스

IPTV는 방송과 통신을 융합하는 서비스로 주로 대형 통신업체들에 의하여 제공된다. 통신업체들은 광통신망을 기반으로 전용 네트워크(Proprietary Network)를 구축하여 서비스를 제공하고 있다. IPTV를 지원하는 인터넷망은 일반 공공망(Public Network)과는 달리 서비스 가입자만 프로그램을 시청할 수 있으며 보안성이 보장되는 네트워크이다. IPTV서비스는 일종의 폐쇄망(Closed Network)으로 사용자의 프로그램 선택 등과 같은 이용기록을 모니터하고 이러한 정보를 타겟광고의 용도로 이용할 수 있다. 세계 IT업계는 IPTV가 지난 1990년대의 인터넷처럼 IT산업의 미래를 이끌어 나갈 'Killer Application'이 될 것으로 기대하고 있다.

IPTV 서비스는 네트워크, 서비스 및 콘텐츠를 하나로 묶어야 성공할 수 있다. 특히, 차별화된 콘텐츠의 확보는 매우 중요하다. 따라서 IPTV 사업자들은 소니, 폭스, 디즈니,

워너브라더스와 같은 대형 엔터테인먼트 기업과의 제휴를 통해 영화, 게임과 같은 콘텐츠를 확보하기 위해 노력하고 있다. IPTV 서비스가 확산되면서 기존의 방송과 통신 간의 경계가 무너져서 새로운 법규의 제정이 요구되고 있다.

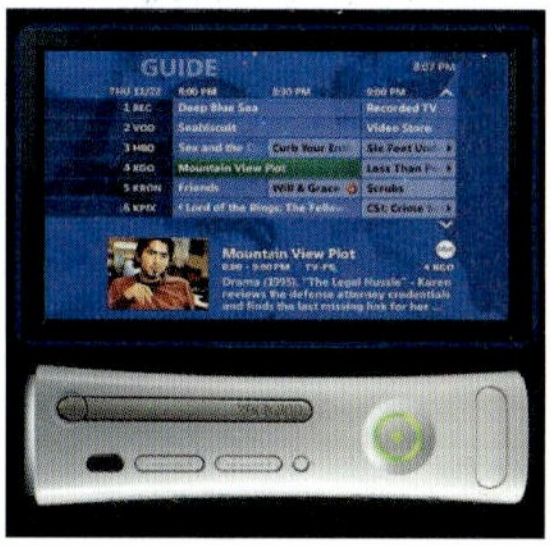

(a) Xbox 360 플랫폼에서 IPTV

(b) 상호작용성을 지원하는 IPTV 화면

| 그림 6-27 IPTV 서비스의 예

6.7 비디오 편집 소프트웨어

비디오가 웹상에서 그 활용이 점차 활성화되면서, 이를 처리하기 위한 다양한 소프트웨어들이 등장하여 널리 사용되고 있다. 이들을 크게 Windows 기반의 소프트웨어와 매킨토시 기반의 소프트웨어로 나눌 수 있고, 앞에서 언급한 비디오 스트리밍을 위한 소프트웨어와 한 가지 파일 포맷을 다른 파일 포맷으로 변환해 주는 소프트웨어도 존재한다.

6.7.1 Windows Movie Maker

Windows XP에서 본격적으로 제공하기 시작한 Windows Movie Maker는 전문 편집도구는 아니지만 아주 쉽게 비디오를 제작하고 편집할 수 있는 도구를 포함하고 있다(그림 6-28). 기존 이미지 파일과 오디오 파일을 이용하여 슬라이드 형태의 동영상을 만들 수 있는데, 이는 WIA라고 불리는 이미지 인식도구를 이용하여 디지털 카메

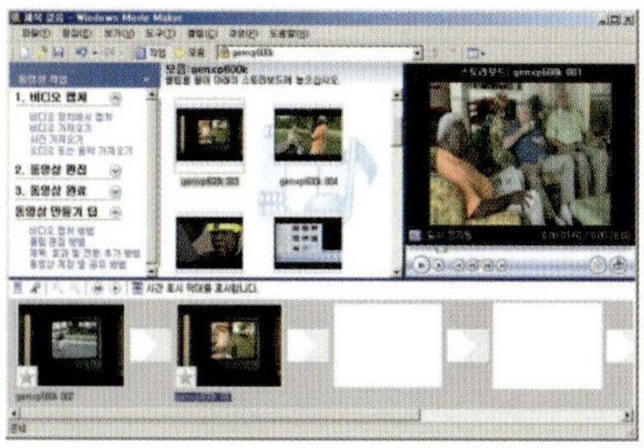

| 그림 6-28 Windows Movie Maker의 작업과정

라와 스캐너를 통해 생성된 사진이나 스틸 이미지를 쉽게 가져올 수 있기 때문이다. 또한 IEEE 1394 포트를 사용하여 컴퓨터와 디지털 카메라를 연결하고 컴퓨터상에서 디지털 카메라를 직접 제어할 수도 있다. 그리고 새로운 기능인 My Pictures 폴더를 제공하여 썸 네일(Thumb Nail) 이미지로 저장된 사진을 통해 원하는 이미지를 쉽게 찾아볼 수 있으며 간단한 슬라이드 쇼를 연출해 볼 수도 있다. 비디오 제작 전문가가 아니더라도 Windows Movie Maker를 이용하여 스토리보드를 만든 다음 녹화한 비디오를 편집하고 오디오 파일을 첨가하면 상당한 수준의 비디오를 손쉽게 제작할 수 있다.

6.7.2 Adobe Premiere Pro

Adobe Premiere Pro는 PC용 비디오 편집 소프트웨어 중 가장 많은 사람들이 이용하는 프로그램으로 현재 Premiere Pro CC 버전7이 나와 있다. QuickTime의 MOV파일, Windows의 AVI 파일 및 VDOLive 코덱을 지원한다.

| 그림 6-29 Adobe Premiere Pro CC의 작업화면

Premiere의 특징은 비디오 클립을 연속적인 필름 형식으로 보여 주는 기능과 화면전환 효과를 직접 보여 주며 프레임마다 적용할 수 있는 다양한 필터들을 제공한다. Premiere가 지원하는 기능은 매우 많으나 대표적인 기능으로는 필터링, 화면전환, 수퍼임포즈, 타이틀 및 모션 기능을 들 수 있다.

필터링(Filtering)이란 편집할 때 비디오 프레임에 적절한 효과를 주어 비디오 작업 결과를 더욱 돋보이게 하기 위한 것을 말한다. 그림 6-30은 벤딩(Bending) 필터링 효과를 적용한 결과이다.

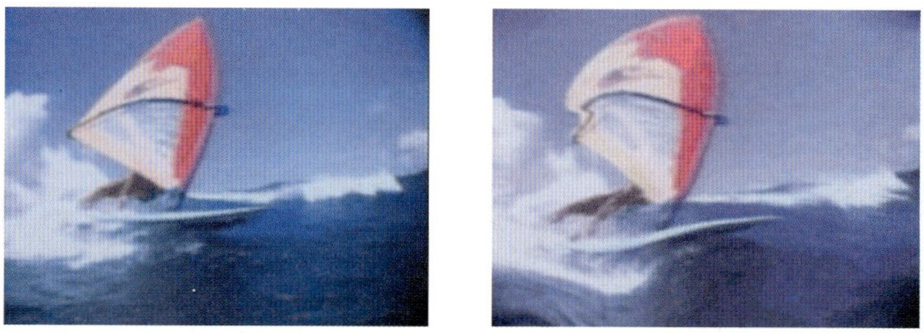

(a) 원본 영상　　(b) Bending 필터링 효과

| 그림 6-30 Bending 필터링

화면전환(Transition)은 서로 다른 비디오 클립 A와 B를 이어서 재생할 때, 연결 부분에 여러 가지 효과를 주어 화면이 자연스럽게 바뀌도록 하는 것을 말하며 장면전환 효과라고도 한다. Premiere에서는 A 영상이 흐려지면서 B 영상이 나타나게 하는 Additive Dissolve 트랜지션을 포함하여 75개의 전환 기법을 제공한다. 그림 6-31(a)는 가운데서부터 꽃잎이 벗겨지면서 다른 화면이 나타나도록 효과를 준 Center Peel 트랜지션의 결과를 보여준다.

수퍼임포즈(Superimpose)는 A, B, T 트랙을 제외한 나머지 트랙(합성채널)을 이용하여 여러 가지 효과를 낼 수 있다. 이러한 나머지 트랙을 이용하여 Fade-in/Fade-out 효과나, 하나의 영상 위에 또 다른 영상을 움직이게 하거나, 모션 설정을 통하여 다양한 형태로 영상이 출력되도록 하는 것을 말한다. 이러한 효과를 수퍼임포즈 트랙(S)을 이용하여 지정할 수 있다. 그림 6-31(b)는 수퍼임포즈 효과를 이용하여 하나의 화면 위에서 동영상을 실행시킨 화면이다. 그림 6-31(c)는 모션 설정을 통하여 영상이 다양한 형태로 움직이며 재생되도록 한 화면을 보여주고 있다.

(a) Center Peel 트랜지션　　(b) 수퍼임포즈 효과　　(c) 모션 설정

| 그림 6-31 Premiere가 지원하는 다양한 효과

Premiere의 비디오 출력 옵션을 선택하면 비디오의 크기나 유형, 오디오 포맷 등을 지정하고 압축 시 출력 옵션을 설정할 수 있다. 옵션 지정에 있어 중요한 것은 압축 방법의 선택이며, 이는 코덱(CODEC)의 선택을 의미한다.

6.7.3 비디오 파일 포맷

AVI(Audio Video Interleaved)

AVI는 비디오 파일의 저장방식으로 사용되고 있으며, Microsoft사가 개발한 파일 형식이다. 오디오와 비디오 데이터가 내부적으로 번갈아 기록되기 때문에 'Interleaved'

라고 이름 지어졌다. AVI 파일은 CD/DVD 타이틀에서 자주 사용되고 있다.

MOV

MOV 파일 포맷은 QuickTime Movie라고도 불리며, 원래 Apple사가 매킨토시 컴퓨터용으로 개발된 QuickTime 프로그램에서 지원되는 파일 형식이나 Windows 환경에서도 사용할 수 있도록 재생 프로그램을 지원하고 있다. 따라서 매킨토시와 Windows 환경에서 모두 이용되도록 개발된 타이틀은 MOV 파일 형식을 주로 사용한다. 그림 6-32는 Windows 환경의 QuickTime Player에서 재생되는 MOV 파일을 보여주고 있다.

| 그림 6-32 QuickTime Player로 재생되는 MOV 파일

MPEG

MPEG 파일 포맷은 비디오 신호의 압축과 재생을 위한 알고리즘 개발에 주목적을 두고 활동하는 MPEG 표준화 그룹에서 제안한 파일 형식이다.

MPEG은 AVI 및 MOV와는 달리 비디오의 재생에 필요한 규격만을 정했기 때문에 다양한 압축 방식의 파일을 지원할 수 있다. MPEG-1과 MPEG-2는 100MHz 이상의 프로세서가 필요하며 플랫폼에 무관하게 지원하고 있다.

ASF(Advanced Systems Format)

Microsoft사에서 제안한 스트림 포맷으로 Windows Media 기술에서 사용되고 있으며, 스트림 포맷의 표준으로 사용될 가능성이 높다. ASF 파일 포맷은 인터넷 환경에서 최적화되어 있으며, 인터넷 방송국, 비디오 광고, 뮤직 비디오 등에서 활용된다.

RA/RV(RealAudio/ RealVideo)

비디오 스트리밍 방식을 위한 포맷으로, 최초에는 오디오를 목표로 출발하였으나 이후에 비디오 처리 기능을 추가하였다.

6.8 참고자료

- Digital Multimedia, 3rd Edition / N. Chapman and J. Chapman / John Wiley & Sons, 2009
- Multimedia: Making It Work, 9th Edition / T. Vaughan / McGraw Hill, 2014
- Understanding MPEG-4 / K. Diepold and S. Moeritz / Elsevier, 2005
- Fundamentals of Multimedia / Z. Li and M. S. Drew / Pearson Education, 2014
- H.264 and MPEG-4 / I. Richardson, 조중휘, 손요안 공역(공릉과학출판사) / John Wiley & Sons, 2003
- Streaming Media / T. Kunkel / Pearson Education Deutschland, 2001
- 멀티미디어 개념 및 응용 / 김명호, 이윤준 / 홍릉과학 / 1996
- 디지털 데이터 방송의 게임 컨텐츠 개발 기술 / 정재훈, 임순범 / 한국정보처리학회지 / 2002.5
- Multimedia Basic & Element Technique: Systems / 멀티미디어 표준 텍스트북 편집위원회 / 일본 CG-ARTS 협회 / 1998
- ATSC(Advanced Television Standards Committee), http:// www.atsc.org 미국 차세대 TV 표준위원회
- 비디오 압축 및 CODEC
  JPEG, http://www.jpeg.org/
  JPEG의 국제 표준 홈페이지로 JPEG에 관한 일반적인 자료 제공
- MPEG, http://www.mpeg.org/
  MPEG의 국제 표준 홈페이지로 MPEG에 관한 일반적인 모든 자료를 제공
- QuickTime, http://www.apple.com/quicktime/
  QuickTime의 홈페이지로 QuickTime이 제공하는 CODEC을 비롯한 다양한 정보
- RealMedia, http://www.realmedia.com
  RealMedia사의 홈페이지로 RM(.ra, .rv)파일에 대한 다양한 정보 제공
- Adobe Premiere, http://www.adobe.com/products/premiere/main.html
  Adobe사의 홈페이지로 자회사의 소프트웨어에 대한 다양한 정보 및 자료를 제공
- Windows Movie Maker, http://www.microsoft/korea/windowsxp/moviemaker

연습문제

5지 선다형

6-1 애니메이션에 비해 비디오의 특성이라 할 수 있는 것은?

(a) 인간의 감성에 직접적으로 자극　(b) 실 예를 들어 보일 경우에 적절
(c) 저작 비용이 저렴　(d) 흥미를 유발　(e) 어떤 과정을 보일 때 적절

6-2 다음 중 무손실압축(Lossless Compression)에 가장 적합한 분야는?

(a) 영화　(b) 스포츠　(c) 사진
(d) X 레이　(e) 애니메이션 만화

6-3 비디오의 이웃하고 있는 각 프레임을 독립적으로 압축함으로써, 각 프레임의 편집, 삭제, 복사 등을 원활하게 수행할 수 있는 장점과 인덱싱 및 정보검색 속도를 향상시킬 수 있는 압축 기법은?

(a) MPEG–1　(b) MPEG–2　(c) Motion JPEG
(d) MPEG–4　(e) H.264

6-4 화상회의, 비디오 전화, DMB 방송 등과 같은 상호대화식 멀티미디어 응용을 위해 제정된 비디오 압축 표준은?

(a) MPEG–1　(b) MPEG–2　(c) Motion JPEG
(d) MPEG–4　(e) H.264

6-5 데이터 그 자체가 아닌 멀티미디어 데이터 내용을 표현하기 위한 방법으로 정보검색에 적합한 비디오 압축 표준은?

(a) MPEG–2　(b) MPEG–4　(c) MPEG–7
(d) MPEG–21　(e) H.264

6-6 전자상거래 환경에서 비디오 콘텐츠를 다양한 네트워크와 다양한 단말기를 이용하여 사용자가 상호호환 방식으로 쉽고, 편리하게 생성, 배급, 이용할 수 있는 방법을 정의, 구현할 수 있는 국제 표준은?

(a) MPEG-2 (b) MPEG-4 (c) MPEG-7
(d) MPEG-21 (e) H.264

6-7 다음 중 비디오를 스트리밍 방식으로 전송하기 위한 소프트웨어가 아닌 것은?

(a) Cakewalk (b) Real Player (c) Window Media Player
(d) QuickTime (e) RealVideo

6-8 MPEG 압축과 가장 관련성이 적은 것은?

(a) DCT 압축 (b) 예측 부호화 (c) 시간적 중복성
(d) 공간적 중복성 (e) 무손실압축

6-9 웹 환경에서 비디오, 이미지, 사운드 등과 같은 개별적인 미디어 객체들을 시·공간적으로 동기화된 하나의 멀티미디어 프리젠테이션으로 통합할 수 표준은?

(a) SVG (b) SMIL (c) OpenGL
(d) MPEG-2 (e) XML

6-10 다음 중 비디오 편집 소프트웨어는?

(a) Adobe Photoshop (b) Cakewalk (c) Adobe Premier
(d) Adobe Director (e) 3ds MAX

괄호넣기

6-1 비디오(동영상)는 멀티미디어 데이터의 구성 요소 중 가장 크기가 크고 처리하기 어려운 미디어이다. 동영상은 일반적으로 비디오와 오디오로 구성되어 있기 때문에 그 자체를 구조화된 멀티미디어로 볼 수 있다. 비디오를 구성하고 있는 이미지 하나하나를 비디오에서는 (   )이라고 한다.

6-2 (   )은 키 영상으로서 필요한 전경을 쉽게 추출하기 위해 청색의 배경세트를 이용한다. 이때 청색 대신에 녹색으로 된 배경세트를 사용하기도 하며 이러한 배경세트를 크로마라고 한다. 이 크로마를 배경으로 전경을 촬영하면 색의 대비로 인하여 전경이 뚜렷이 부각되어 나타나게 된다.

6-3 비디오는 시간적으로 이웃하는 프레임이나 공간적으로 이웃하는 화소 간의 연관성이 매우 큰 특성을 가지고 있어 상호 변화가 비교적 적은 픽셀 값들로 구성되어 있다. 이러한 비슷한 데이터의 나열을 데이터의 ( )이라고 하는데, 이 ( )을 가급적 제거함으로써 전체 비디오 파일 크기를 상당히 줄일 수 있다.

6-4 비디오 압축과정에서 변환 방식은 영상데이터의 중복성을 제거하기 위해 여러 종류의 수학적 변환방법을 통해 영상을 공간영역으로부터 다른 영역으로 변환하여 압축하는 방법으로 ( ) 방법이 널리 사용되고 있다.

6-5 비디오의 압축을 위하여 ISO/IEC에서 제정한 MPEG-1(1992년)과 MPEG-2(1994년)는 각각 저해상도 TV(CD, 비디오)와 고해상도 TV(디지털 TV 및 DVD) 프로그램의 압축을 위해서 제정되었다. ( )는 화상회의, 비디오 전화, DMB 방송 등과 같은 상호대화식 멀티미디어 응용을 위해 제정되었다.

6-6 최근에는 비디오의 프레임 내(Intraframe)에 압축기술을 적용하여 JPEG 방식으로 압축을 수행하는 ( ) 방식이 있다. 이 방식은 비디오의 이웃하고 있는 각 프레임을 독립적으로 압축함으로써, 각 프레임의 편집, 삭제, 복사 등을 원활하게 수행할 수 있는 장점과 인덱싱 및 정보검색 속도를 향상시킬 수 있는 기능을 제공하고 있다.

6-7 MPEG 단체에서 제안하고 있는 동영상 압축기법은 크게 나누어 시간적 중복 및 ( )을 제거하는 기법에 기반하고 있다. MPEG 압축 기법은 이동보상 압축기법을 이용하여 시간적 중복을 제거하고, 정지화상의 DCT 압축기술을 이용하여 ( )을 제거한다.

6-8 ( )는 MPEG-4의 Part 10에 해당하는 새로운 비디오 표준으로, 양방향 비디오 통신(화상회의 또는 화상전화), 방송 또는 고화질 비디오를 위한 압축, 패킷 네트워크를 통한 비디오 스트리밍을 목적으로 개발되었으며, 현재 위성 및 지상파 DMB 표준규격으로 채택되었다.

6-9 웹 환경에서 정교한 프로그래밍이 없이 각 미디어 요소를 다른 미디어들로부터 분리하거나 각 미디어 요소들과 상호작용을 수행할 수는 없다. 따라서 W3C에서는 이와 같은 단점을 해결하기 위하여 멀티미디어 프리젠테이션 표준인 ( )을 제정하였다.

6-10 (　　　　)는 방송과 통신을 융합하는 서비스로 주로 대형 통신업체들에 의하여 제공된다. 통신업체들은 광통신망을 기반으로 전용 네트워크를 구축하여 서비스를 제공하고 있다. (　　　　)를 지원하는 인터넷망은 일반 공공망과는 달리 서비스 가입자만 프로그램을 시청할 수 있으며 보안성이 보장되는 네트워크이다.

주관식

6-1 비디오와 애니메이션의 개념적 차이를 설명하고 이러한 기법들이 어떠한 경우에 가장 적절하게 적용될 수 있는지 설명하라. 또한 비디오와 애니메이션 활용의 기대효과는 무엇인가?

6-2 MPEG 압축기술의 원리를 설명하고, MPEG-1, MPEG-2, MPEG-4, MPEG-7 및 MPEG-21 표준의 특성과 용도에 대하여 비교/설명하라.

6-3 MPEG 표준의 종류와 적용분야를 기술하고, 특히 MPEG-4가 DMB 방송이나 IPTV 영역에 적용하기에 적합한 이유가 무엇이라고 생각하는지 본인의 의견을 제시하라.

6-4 비디오 스트리밍의 원리가 무엇이며, 온-디맨드 스트리밍과 실시간 스트리밍이 어떻게 다른지 간단히 설명하라. 또한, 실시간 스트리밍 기법이 요구되는 활용 예들을 제시하라.

6-6 비디오 스트리밍의 의미를 기술하고 비디오 스트리밍의 효과를 설명하라.

6-6 비디오 편집 기능 중 필터링(Filtering), 화면진환(Transition), 수퍼임포즈(Superimpose) 및 모션(Motion) 기능에 대하여 설명하라.

6-7 Adobe사의 비디오 편집 소프트웨어인 Premiere의 기능을 알아보고 Premiere가 가장 자주 쓰이는 활용 분야에 대하여 조사하라.

03
PART

멀티미디어 기술의 활용 환경

07
CHAPTER

인터넷 환경과 멀티미디어

인터넷의 사용이 활성화되고 웹 브라우저의 기능이 향상됨에 따라, 보다 다양한 멀티미디어 정보가 인터넷을 통하여 제공되고 있다. 초기의 인터넷을 통한 멀티미디어 정보는 통신 선로의 제약으로 인하여 텍스트와 간단한 이미지가 대부분을 차지하였으나, 점차 애니메이션, 사운드, 동영상 등과 같은 다양한 데이터를 이용하기에 이르렀다. 최근에는 휴대폰과 같은 무선장비를 통한 멀티미디어 정보의 송수신도 가능하게 되었다. 이와 같이 멀티미디어 정보는 통신망을 통하여 시간과 공간의 제약을 뛰어넘어 매우 급속히 그리고 점차 다양한 형태로 전달되고 있다.

이 장에서는 멀티미디어 정보의 전달 매체인 인터넷에 대하여 공부하고, 웹 개념의 기반이 되는 하이퍼미디어 기법과 웹기반 서비스를 공부한다. 또한, 인터넷 환경에서 멀티미디어가 어떻게 활용되고 있는지 알아보자. 마지막으로, 최근까지도 많은 관심을 끌고 있는 웹2.0의 개념과 웹2.0 서비스에 대하여 이해한다.

7.1 인터넷의 개요

인터넷은 컴퓨터 네트워크를 이용하여 사람들이 서로 메시지를 전달하고 다양한 형태의 정보를 공유하기 위해 존재한다. 인터넷이 일상생활의 일부분이 되기 전인 1990년대 초반까지는 통신선의 데이터 전송속도의 제한으로 사용자의 실시간 정보수집 요구가 충족되지 못하였다. 뿐만 아니라, 초기에는 인터넷상에 쓸만한 정보가 그리 많지 않았다. 그러나 인터넷의 성능이 점차 향상되고 인터넷의 급격한 발전과 확산에 힘입어 점진적으로 CD-ROM보다 네트워크를 이용한 정보의 공유가 더 중요하게 되었다. 이에 따라 패키지형 멀티미디어 정보보다 네트워크형 멀티미디어 정보의 개발에 대한 요구가 절대적으로 중요하게 되었다.

멀티미디어 정보를 CD/DVD와 같은 저장장치에 저장하여 다른 사람들에게 배포할 수 있다. 그러나 이러한 CD/DVD에 저장된 패키지형 멀티미디어 정보는 배포가 간편하다는 장점과 함께 한번 CD/DVD에 저장한 정보를 수정하기 어렵다는 점과 CD/DVD 용량이 제한되어 있다는 단점이 있다. 그러나 네트워크의 발전은 이와 같은 단점을 극복하였으며 다수의 사용자는 거의 실시간에 방대한 정보를 공유할 수 있게 되었다. 그리고 인터넷상의 정보는 항상 용이하게 변화되고 수정(Upgrade)되기 쉽다는 장점을 가지고 있다. 이러한 이유로 1990년대 중반까지는 CD 타이틀과 같은 패키지형 소프트웨어의 수요가 높았으나, 그 이후로는 네트워크형 소프트웨어의 수요가 급속히 증가하게 되었다.

7.1.1 인터넷이란?

정보통신망을 통해 멀티미디어 정보를 송수신할 때 데이터를 효율적으로 주고받으며 하드웨어 및 소프트웨어에 의한 각종 장애를 예방, 극복하기 위하여 다양한 전송규약(Protocol)이 존재한다. 전송규약에 따라 형성된 네트워크도 Bitnet, DECnet, Internet 등 매우 다양하다. 이 가운데 인터넷이란 IP(Internet Protocol)라는 전송규약을 사용하여 연결된 모든 네트워크를 말한다. 이미 형성된 네트워크 가운데 많은 사용자가 IP 전송규약을 이용하여 정보를 주고받고 있으며, 각국의 주요한 네트워크가 거의 모두 연결되어 있기 때문에 인터넷은 전 세계를 포함하는 네트워크라고 할 수 있다. 그러나 넓은 의미로는 이러한 인터넷과 상호 연결되어 사용되고 있는 다른 종류의 네트워크를 모두 포함하여 인터넷이라 한다.

(a) 인터넷은 전 세계의 모든 컴퓨터를 연결　　　　(b) 인터넷의 IP주소

| 그림 7-1 IP 전송규약을 통해 전 세계의 모든 컴퓨터를 연결해 주는 인터넷

인터넷의 역사

인터넷은 1969년 ARPAnet을 시작으로 현재에 이르기까지 여러 종류의 네트워크를 통합해 가며 발전하였다. 그리고 점차 IP 전송규약이 보편적으로 사용되면서 인터넷이 컴퓨터 네트워크의 대명사가 되었다. 또한 플랫폼에 독립적인 웹 브라우저도 개발되었으며 GUI 기능이 강화되고 통신 속도가 급속히 향상되면서 점차 많은 사람이 인터넷을 손쉽게 이용할 수 있게 되었다(그림 7-2 참조).

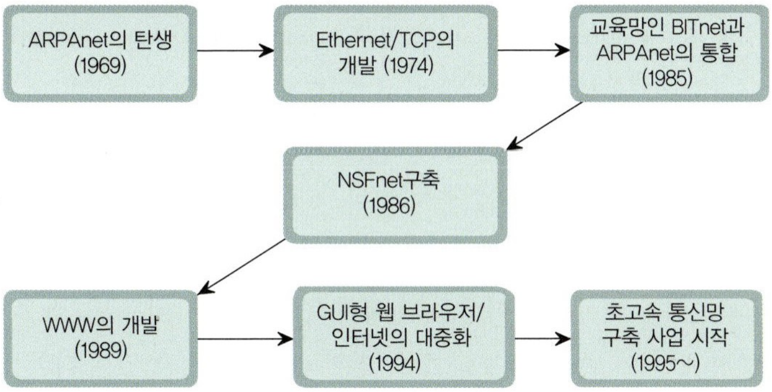

| 그림 7-2 인터넷의 발전과정

1) ARPAnet: 인터넷의 탄생(1969)

인터넷은 30여 년 전 구소련 스투프니크 인공위성 발사를 계기로, 미국 국방성이 유사시 군사적 통신 정보의 공유를 목적으로 개발한 ARPAnet에 기원을 두고 있다. ARPAnet은 컴퓨터간에 데이터를 전송하기 위해 IP 전송규약을 사용하여 구성하였다.

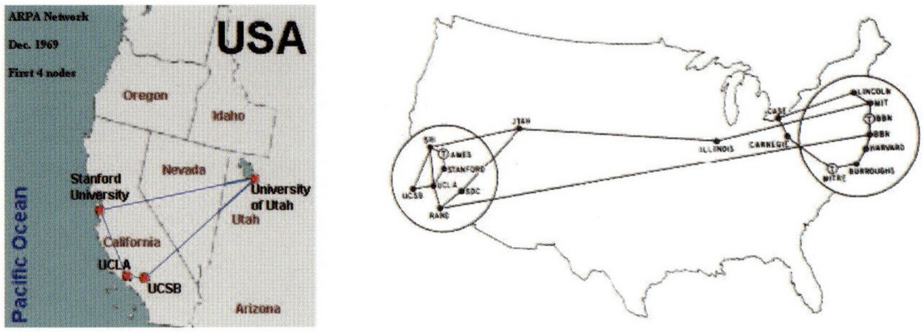

(a) 1969년 4 사이트로 시작 (b) 1971년 19 노드로 확산

| 그림 7-3 초창기 인터넷 사이트의 연결

2) Ethernet LAN(Local Area Network)의 활성화

ARPAnet이 구축된지 약 10여 년 후 Ethernet LAN과 워크스테이션이 활발히 보급되었다. Ethernet은 대학 및 연구소들 간에 연구결과를 공유하기 위해 개발되었다. 그 당시 많은 워크스테이션들이 UNIX 운영체제를 사용하였다. UNIX가 지니는 특징 가운데 하나는 텍스트 형식의 전자메일을 송수신할 수 있는 기능이었다. 그리고 전자 메일의 송수신시 통신망의 신뢰성을 높이기 위해 TCP/IP(Transmission Control Protocol /Internet Protocol) 전송규약을 사용하였다. 워크스테이션의 급속한 보급과 함께 Ethernet LAN은 매우 빠른 속도로 확산되었다.

3) NSFnet(National Science Foundation Network)의 구축(1986)

Ethernet LAN이 점차 확산되는 1986년경 미국에서는 IP 전송규약을 사용하는 5곳의 슈퍼컴퓨터 센터를 연결하는 케이블 망을 구축하였는데 이것이 NSFnet이다. 또한 미국내의 각 슈퍼컴퓨터 센터는 인근 지역의 대학과 회사의 LAN을 연결하여 이들 상호간에 인터넷 통신이 가능하게 되었다. 이러한 NSFnet은 미국내 인터넷의 백본 네트워크(Backbone Network)로 사용되었다.

4) 웹과 웹 브라우저의 출현

Ethernet LAN과 NSFnet의 등장으로 많은 네트워크가 인터넷에 연결되게 되었지만 인터넷을 사용한다는 것은 여전히 어려운 일이었다. 1989년 웹(WWW) 서비스의 개발이 인터넷을 매우 쉽고 편리하게 사용할 수 있는 계기가 되었다. 웹 서비스 개발 초기에는 키보드를 이용하여 텍스트 정보를 주로 사용하였기 때문에 사용자의 수가 적었지만 1993년 마우스와 GUI를 지원하는 Mosaic이라는 브라우저가 개발되자 사용자의 수가 급속히 증가하기 시작했다. 또한 최근 초고속 정보통신망 사업과 같은 고속의 인터넷 인프라를 구축하려는 노력이 세계 각국에 의해 경쟁적으로 진행되고 있다.

7.1.2 웹(WWW: World Wide Web)의 발전

인터넷 환경에서 하이퍼텍스트란 상호관련이 있는 텍스트 데이터가 공간적으로 분리된 장소에 존재하나, 이를 검색하여 이용하는데 공간적 거리감을 전혀 느끼지 않으면서 사용할 수 있도록 구성된 텍스트 정보를 말한다. 이와 같이 데이터들을 연결시키기 위해 하이퍼링크를 사용한다. 한 장소에 위치한 정보라도 정보간에 상호연관성이 있어 하이퍼링크로 연결한다면 이것도 하이퍼텍스트라 할 수 있다.

WWW 또는 W3라고도 불리우는 웹(World Wide Web)은 1989년 스위스의 CERN 연구소에서 팀 버너스 리(Tim Berners Lee)가 주도하여 개발한 인터넷 상의 정보교환을 위한 최초의 분산형 멀티미디어 하이퍼텍스트 시스템(Distributed Multimedia Hypertext System)이다. 그러나, 당시 사용자들의 플랫폼이 상이하여 수신자 측에서 전송한 정보를 받기 어려운 경우가 발생하였다. 1993년 미국 일리노이대학의 NCSA(National Center for Supercomputer Applications)의 연구원인 Marc Andreessen이 Mosaic이라는 브라우저를 개발함으로써 멀티미디어 정보를 플랫폼에 독립적으로 수신할 수 있게 되었다. 이후 브라우저의 기능이 점차 다양해지고 성능이 향상되어 현재는 많은 사람들이 Netscape Navigator와 Internet Explorer를 이용하여 멀티미디어 정보를 활용할 수 있게 되었다. 그림 7-4에서 보듯이 사용자는 HTTP 프로토콜을 이용하여 인터넷상에 산재한 웹서버의 정보를 검색하여 자신의 컴퓨터에 내장된 브라우저를 통하여 받아볼 수 있다.

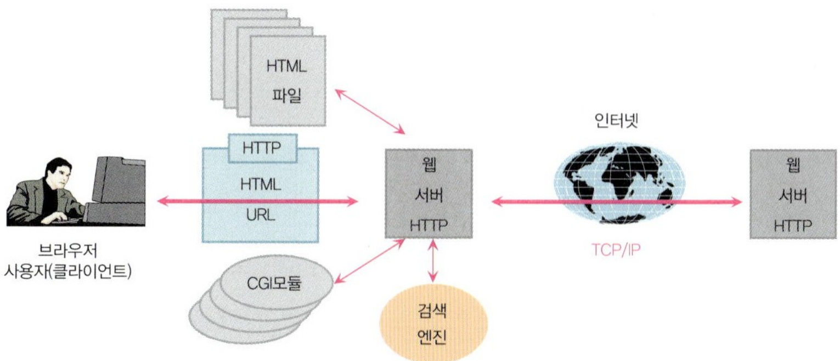

| 그림 7-4 웹의 작동 원리

웹의 특징은 서비스 프로토콜로 HTTP(HyperText Transfer Protocol) 규약을 사용하고, HTML(HyperText Markup Language) 표준으로 문서를 작성한다는 점이다. 서비스 프로토콜이라는 것은 TCP/IP 통신 프로토콜 위에서 인터넷 어플리케이션이 서비스되기 위한 규약이다. 웹이 등장하기 이전부터 지금까지도 인터넷에서 사용하고 있는 e-mail, FTP, Telnet, Gopher 등이 여기에 해당한다.

또 하나의 특징으로, 인터넷의 다양한 서비스에 접근할 수 있도록 URL(Uniform Resource Locator)이라는 표준 주소표기 방식을 이용하였다는 점이다. URL은 "프로토콜://컴퓨터주소/파일경로" 형태를 가지므로 웹의 기본 서비스인 HTTP 뿐만 아니라 기존의 다른 서비스 프로토콜도 웹 브라우저 내에서 이용할 수 있다. 예를 들어, URL은 "http://www.google.com/index.html"와 같이 일반적으로 http 프로토콜을 사용하여 접속하며, 필요에 따라서 "ftp://www.google.com/download" 또는 "telnet://rainbow.google.com"과 같이 표기하여 사용할 수 있다.

7.1.3 인터넷의 구성

(1) 통신 프로토콜

통신 프로토콜이란 컴퓨터 통신을 위한 규약이라고 정의할 수 있는데, 컴퓨터간에 정보를 전달하기 위해 필요한 규칙 및 약속의 집합을 말한다. 이러한 통신 프로토콜은 여러 종류의 컴퓨터를 상호 연결하여 데이터를 오류없이 주고받을 수 있도록 한다. 송수신되는 데이터는 송신자에 따라 크기가 다양하므로 이를 일정한 크기의 정보 조각들로 나누는데, 이러한 조각을 패킷(Packet)이라 한다. 그림 7-5에서 보듯이 네트워크란 데이터가 이동하는 통로를 말하며 패킷이란 일정한 크기의 데이터 그룹을 의미한다. 또한 프로토콜이란 패킷을 수신지에 정확하고 빠르게 전달하기 위한 규약이다. 프로토콜은 전달하고자 하는 데이터의 내용과 형식에 따라 여러 종류가 존재하기 때문에 프로토콜에 따라 각기 다른 서비스를 이용할 수 있다.

| 그림 7-5 네트워크에서 프로토콜과 패킷의 개념

(2) Transmission Control Protocol(TCP)과 Internet Protocol(IP)

TCP/IP는 인터넷에서 사용되는 데이터 전송규약이다. TCP는 데이터의 흐름을 관리하고 수신된 데이터가 정확한지 확인하는 기능을 수행하며, IP는 데이터를 목적지에 전송하기 위한 역할을 한다. IP는 주어진 송수신지 표기방법에 관한 규약으로서 데이터를 정확한 위치로 이동시킬 수 있도록 한다. IP에서의 주소는 128.174.5.6처럼 255 이하의 숫자 4개를 마침표로 구분하여 표기한다.

송신되는 데이터는 시스템이 일정 크기 이하의 패킷으로 나누어 여러 번에 걸쳐 전송한다. 패킷은 송신자의 주소와 수신자의 주소를 가지고 전송되는데, 우선 송신자 주소를 이용하여 서버 컴퓨터로 보내진 후, 여기서 수신자의 서버 컴퓨터로 전달된 다음 다시 수신자의 컴퓨터로 전달된다.

IP가 사용하는 한 패킷은 일반적으로 1500 문자 이하이다. 따라서 1500개 이상의 문자 정보를 주고받기 위해서는 송신자는 정보를 패킷으로 잘라서 나누고, 이를 수신하는 측에서는 각 패킷을 원래 순서대로 재정렬하여 원상태로 복구해 주어야 한다. 이러한 역할을 하는 것이 TCP이다. 그림 7-6에 TCP와 IP의 역할을 알기 쉽게 표현하였다.

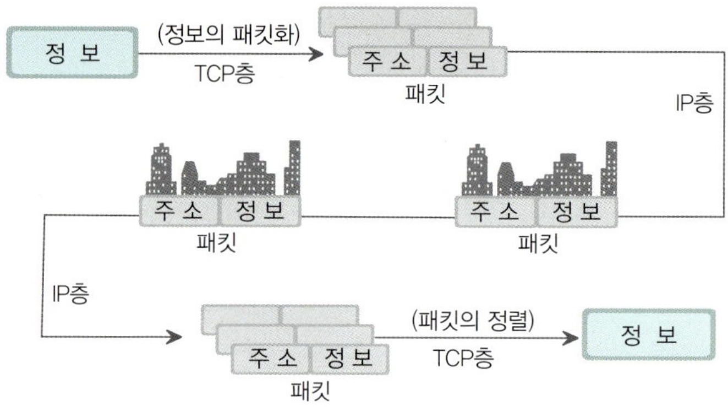

| 그림 7-6 TCP와 IP의 역할

(3) URL과 도메인 네임(Domain Name)

인터넷상의 임의의 장소에 있는 다양한 서비스에 접근하기 위해서는 URL(Uniform Resource Locator)이라는 표준 주소표기 방식을 이용한다. URL은 protocol://server address/object path의 형태를 가진다.

IP 주소는 사용자가 기억하기 어려우므로 숫자에 대응하는 별도의 이름을 사용하는데 이를 도메인 네임이라 한다. rainbow.yonsei.ac.kr이라는 도메인 네임이 있다고 하자. 이 도메인 네임은 IP 주소 123.45.67.89에 대응된다. 도메인 네임에서 rainbow는 호스트 컴퓨터 이름, yonsei는 기관 이름, ac는 기관의 성격, kr은 국가를 나타낸다. 도메인 네임의 구조는 '컴퓨터이름.소속단체.단체의성격.소속국가' 순으로 규모에 따라 계층적으로 나열되어 있음을 알 수 있다.

도메인 네임을 정하기 위한 규칙이 정해져 있으며, 그 중 몇 가지 예를 들면 다음과 같다. 국가명의 경우 kr(한국), au(호주), ca(캐나다), fr(프랑스) 등을 사용하며, 미국의 경우에는 기관을 구분하기 위하여 edu(학교), com(회사), gov(정부기관), org(비영리단체) 등을 사용하고 있다. 도메인 네임 서버(DNS: Domain Name Server)는 도메인 네임을 IP 주소로 변환하는 역할을 하는 컴퓨터를 말한다.

(4) 인터넷 접속

인터넷에 접속하기 위해서는 컴퓨터를 인터넷까지 연결시키기 위한 별도의 통신선로가 필요하다. 그러나 이러한 통신선로를 구축하는 데 많은 비용이 소요된다. 네트워크의 사용빈도가 많은 기관에서는 별도의 비용을 투입하여 전용선로를 구축할 수 있으나 일반인은 전용선로를 가지기가 어렵다. 과거에 대부분의 일반인은 모뎀을 이용하여 전화선을 통하여 인터넷에 접속하였다. LAN을 이용하여 구축된 네트워크 환경과 모뎀을 이용하여 구축한 네트워크 환경은 인터넷을 통하여 상호정보교환이 가능하다.

인터넷을 이용하기 위해서는 도메인 네임 서버 등과 같은 특수 역할을 하는 컴퓨터가 필요하다. 따라서 인터넷 서비스를 전문적으로 제공하는 회사인 프로바이더(Provider)가 존재한다. 프로바이더 가운데는 ISP(Internet Service Provider)가 있어 일반인에게 인터넷 서비스를 직접 제공한다.

전화망을 구성하기 위해 교환기가 필요한 것처럼 컴퓨터 네트워크를 구성하기 위해서는 다음과 같은 연결 장비들이 필요하다(그림 7-7).

- 라우터(Router) : 전달된 패킷의 주소를 읽고 가장 적절한 네트워크 통로를 이용하여 원하는 장소로 전송하는 장치.
- 게이트웨이(Gateway) : 서로 다른 종류의 프로토콜을 사용하는 네트워크를 연결하는 장치.
- 허브(Hub) : 다수의 컴퓨터를 LAN으로 연결시키는 역할을 한다.
- 모뎀(Modem) : 컴퓨터에서 보내지는 디지털 데이터를 전화선을 통하여 전송되도록 아날로그 신호로 바꾸는 역할을 담당하며, 전화선을 통하여 수신되는 아날로그 신호를 컴퓨터가 이용할 수 있도록 디지털 데이터로 바꾸어 주는 장치

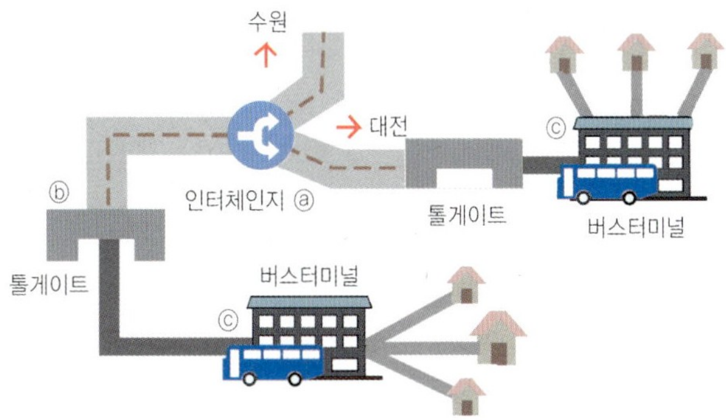

| 그림 7-7 네트워크 장비(ⓐ라우터 ⓑ게이트웨이 ⓒ허브)

인터넷 통신에 사용하는 통신선로는 회선의 재질에 따라 데이터의 전송속도가 다르다. 과거에 대부분의 일반인은 가정에서 모뎀을 이용하여 인터넷을 이용하여 왔으나, 요즈음은 ADSL/VDSL 및 케이블 모뎀(Cable Modem) 기술이 개발되면서 초고속 인터넷

서비스를 제공하고 있다. 정부기관이나 대기업 및 대학들은 T1이나 T3 통신망을 이용하여 구성원들에게 일반적으로 가정에서보다 빠른 인터넷 서비스를 제공하고 있다. 그리고, 광섬유(Optical Fiber) 통신선로는 지역과 지역 또는 도시와 도시 사이를 연결하는 백본 네트워크를 위해 이용된다.

7.1.4 인터넷의 확산

인터넷은 빠르게 증식하고 있는 생명체처럼 전세계에서 대다수의 컴퓨터가 인터넷에 연결되어 있으며 인터넷을 사용하는 사람이 꾸준히 늘어가고 있다. 인터넷에 연결되어 있는 호스트 컴퓨터의 수는 1969년 ARPANET의 4대에서 시작하여 1987년 10,000대, 1997년 2,000만대, 2001년 1억대, 2008년 5억대, 2014년 10억대를 돌파하는 성장세를 보이고 있다. Internet World Statistics의 자료에 의하면 1996년 1,600만 명이던 인터넷 사용 인구는 1998년 1억, 2006년 10억 명, 2014년에는 30억 명을 넘어 현재 전세계 인구의 약 40% 이상이 인터넷을 사용하고 있는 것으로 조사되고 있다.

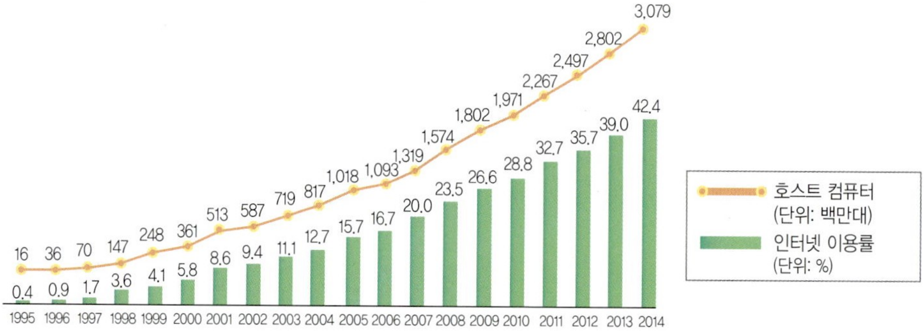

| 그림 7-8 전 세계 인터넷의 이용현황 (출처: Internet)

국내의 경우 한국인터넷진흥원의 자료에 따르면 인터넷 사용 인구가 1999년에 1,000만 명을, 2004년 3,000만 명, 2014년에는 4000만 명 이상이 인터넷을 이용하고 있다. 한편, 인터넷 이용률은 2013년부터 80% 넘어서는 것으로 집계되고 있어 전 세계에서 최고 수준의 인터넷 보급률을 보이고 있다.

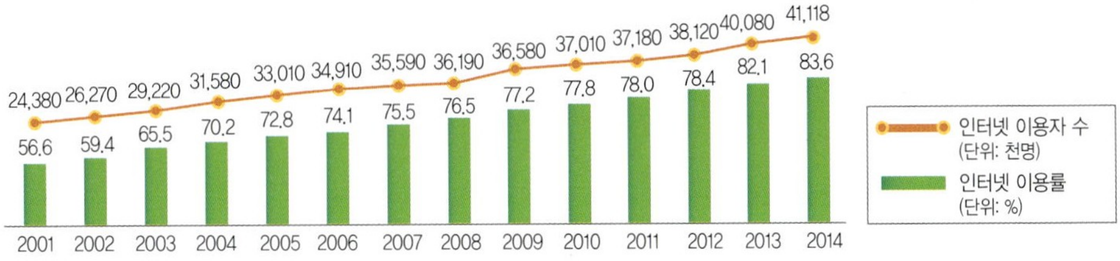

| 그림 7-9 국내 인터넷의 이용현황 (출처: 한국인터넷진흥원)

7.2 하이퍼미디어(Hypermedia)와 웹(WWW)

하이퍼미디어란 연관된 여러 미디어 데이터를 링크로 연결하여 사용자가 필요한 정보를 탐색할 수 있게 도와주는 정보탐색 구조를 말한다. 하이퍼미디어는 1960년대 하이퍼텍스트의 개념에 기반한 것으로, 최근에는 웹 브라우저 상에서 미디어 데이터를 탐색할 수 있게 되었다. 이 절에서는 하이퍼텍스트/하이퍼미디어 등에 사용되는 용어와 역사, 구성방법에 대하여 간략하게 알아본다.

7.2.1 하이퍼미디어의 개념

하이퍼미디어는 하이퍼텍스트의 개념에서 유래한다. 하이퍼텍스트는 텍스트 위주의 문서가 링크로 연결되어 있는 것을 말하며, 하이퍼미디어는 텍스트뿐만 아니라 이미지, 그래픽, 사운드, 동영상 등을 포함한 정보가 링크로 서로 연결되어 있는 것을 말한다. 그러나 경우에 따라서는 하이퍼텍스트의 의미가 확대되어 하이퍼미디어를 일컫기도 한다.

(1) 하이퍼텍스트(Hypertext)

하이퍼텍스트는 상호연관(Association)된 텍스트 조각(Text Fragment)들을 비순차적(Nonsequential)으로 연결하여 구성한 정보이다. 그림 7-10에서 보듯이 전통적인 책(Text)은 순차적으로 구성되어 있으나, 하이퍼텍스트는 정보 조각들간에 비순차적으로 연결되어 있음을 알 수 있다. 이때 텍스트 정보의 단위를 노드(Node)라고 하며 이러한 노드를 연결하는 포인터를 링크(Link)라고 한다.

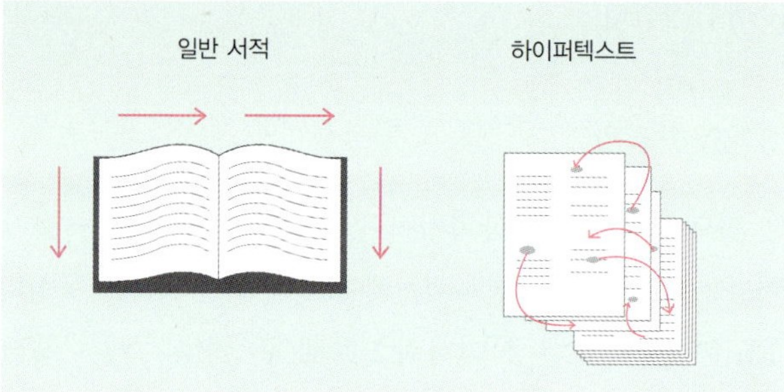

| 그림 7-10 하이퍼텍스트의 구조

(2) 하이퍼미디어

하이퍼텍스트의 노드는 원칙적으로 텍스트와 이미지로만 구성되어 있다. 이를 확장하여 노드가 그래픽, 사운드, 애니메이션, 비디오 등의 멀티미디어 정보를 가지고 있을 때 이를 하이퍼미디어라고 한다. 그러나 요즘은 멀티미디어가 보편화됨에 따라 이 두 단어가 혼용되어 사용되고 있다. 각 정보단위는 하나의 윈도우에 표시되며 이러한 정보단위는 링크에 의해 상호 연결된다. 하나의 정보가 몇 페이지에 걸쳐서 나타나는 경우에도 다음 페이지의 내용과는 링크로 연결되어 있다. 따라서 모든 정보의 열람은 반드시 연결 링크를 선택하여 탐색항해(Navigation)함으로써 이루어진다. 그림 7-11은 링크를 따라 멀티미디어 정보단위들이 서로 연결된 모습을 보여주고 있다.

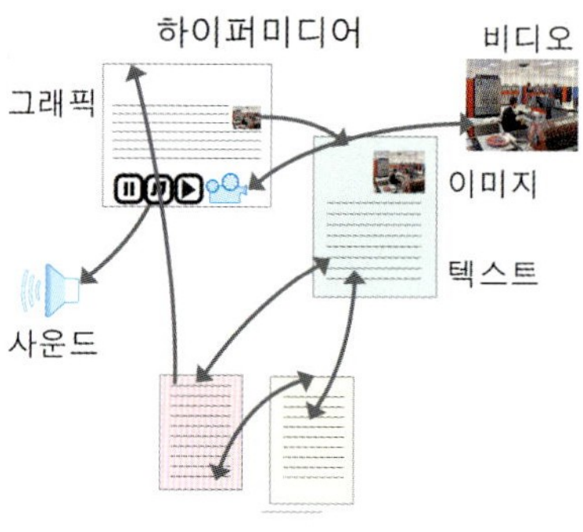

| 그림 7-11 하이퍼미디어의 구조

하이퍼미디어 정보를 저작하는 사람은 다양한 미디어 정보를 생성, 편집, 수정할 수 있어야 함은 물론 이들간의 링크, 즉 탐색구조를 생성, 편집, 수정할 수 있어야 한다. 저작자는 사용자가 원하는 정보를 편리하고 효율적으로 탐색할 수 있도록 링크구조를 설계하여야 한다. 또 GUI를 이용하여 탐색 도중에 다른 종류의 정보를 손쉽게 검색할 수

있도록 하는 것도 바람직하다.

Shneiderman의 3가지 황금율

모든 정보를 항상 하이퍼텍스트나 하이퍼미디어 형태로 구성하는 것이 바람직한 것은 아니다. 예를 들어, 소설책을 읽는 경우 각 페이지가 순차적으로 구성되어도 전혀 문제가 없을 것이다. Shneiderman은 하이퍼텍스트로 구성할 수 있는 적절한 정보는 다음과 같은 3가지 조건을 만족해야 한다고 제안하였다.

- 정보는 작은 조각으로 구성될 수 있어야 한다.
- 각 정보 조각(Information Fragment)은 서로 연관성이 있어야 한다.
- 사용자는 특정 시점에서 정보의 일부분만을 필요로 한다.

7.2.2 하이퍼미디어의 발전

하이퍼미디어는 1945년 하이퍼텍스트의 개념이 생겨난 이래 하드웨어와 소프트웨어의 발전에 힘입어 하이퍼텍스트가 꾸준히 발전되어 온 개념이다. 여기서 하이퍼미디어의 발전과정을 간단히 알아보자(그림 7-12).

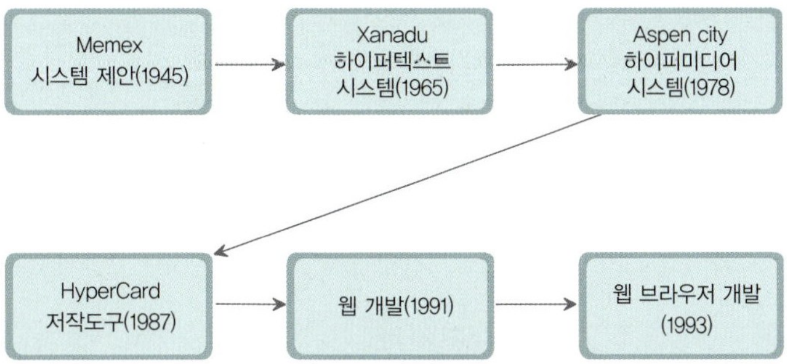

| 그림 7-12 하이퍼미디어의 발전과정

1) Memex(1945)

Memex는 Vannevar Bush에 의해 제시된 최초의 하이퍼텍스트 개념에 입각한 시스템으로 대규모의 온라인 텍스트 및 그래픽 데이터를 기록하고 브라우징하기 위한 가상적인 기계였다. 그러나 Memex 시스템은 하나의 논문으로 그쳤을 뿐 실제 구현되지는 못했다.

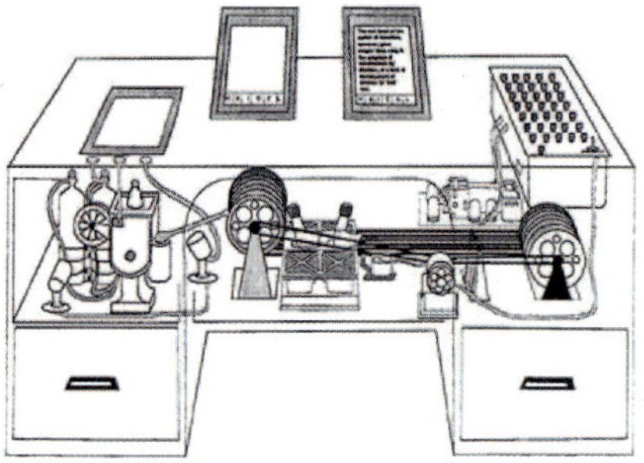

| 그림 7-13 Vannevar Bush가 제안한 Memex 시스템의 개념

2) Xanadu(1965)

Ted Nelson이 제안한 시스템으로 처음으로 하이퍼텍스트라는 용어가 사용되었다. 그는 세계의 모든 문헌을 하나의 하이퍼텍스트로 묶겠다는 계획을 세웠으나 완전히 구현하지는 못하였다. 이 시스템은 다중 사용자 기능과 다중 윈도우 기능을 지원하였다. 이러한 Nelson의 시도는 현재 인터넷과 HTML의 등장으로 어느 정도 현실화되었다고 할 수 있다.

3) Aspen Movie Map(1978)

MIT의 Andrew Lippman이 개발한 최초의 하이퍼미디어 시스템으로 이미지간의 브라우징을 제시하였다. 미국 콜로라도주 Aspen시를 가상적으로 여행할 수 있도록 구성하여, 도시 전체에 대한 지도를 보여주는 화면과 현재 위치에서의 광경을 보여주는 화면으로 구성되었다. 사용자가 방향을 선택하면 그 방향의 사진을 보여주거나 그곳으로 이동하도록 되어 있다.

4) HyperCard(1987)

Apple 사에서 개발한 가장 대중적인 하이퍼미디어 저작도구로서 카드방식(Card Metaphor)에 기반하여 하이퍼미디어 시스템을 개발하도록 해준다. 이 저작도구는 Hypertalk이라는 스크립트 언어를 지원하며 그 당시 널리 보급되어 사용되었다.

(a) Aspen Movie Map　　(b) HyperCard

| 그림 7-14 Aspen Movie Map과 HyperCard의 실행화면

5) 웹(1989)

CERN(European Center for Nuclear Physics Research)에서 개발한 인터넷 상에서의 정보 교환을 위한 최초의 세계적 하이퍼텍스트 시스템이다. HTML을 사용하여 문서를 구축하였으며 초기에는 텍스트 위주의 하이퍼텍스트라 할 수 있다.

1993년 NCSA(National Center for Supercomputing Applications)에서 GUI 방식의 브라우저인 Mosaic이 개발되면서 웹은 급격히 보급되었으며, 넷스케이프와 인터넷 익스플로러 등이 그후 개발되어 많은 사람이 편리하게 이용할 수 있게 되었다.

7.2.3 하이퍼미디어 시스템의 구성

하이퍼미디어 정보는 노드와 링크로 구성되어 있다. 노드는 일반적으로 정보 내용을 의미하며 링크는 노드들을 연결하여 탐색이 가능토록 하는 구성요소이다. 앵커란 링크의 출발점(Source)과 도착점(Destination)을 의미하며 앵커가 설정되어 있는 영역을 앵커 영역이라 한다(그림 7-15).

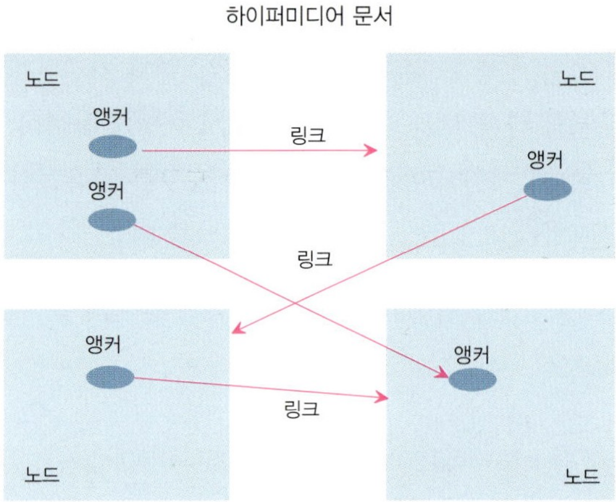

| 그림 7-15 노드와 링크

(1) 노드

노드와 링크는 하이퍼미디어의 기본 구성요소로서 문자, 이미지, 사운드 등의 정보 또는 이들로 구성된 페이지나 프레임을 의미한다. 노드는 멀티미디어 타이틀에서 목표로 하는 주제를 표현하기 위한 기본단위이며 정보의 저장 단위이다. 노드는 다른 노드와 링크로 연결되어 하이퍼미디어 시스템을 구성한다.

정보를 효율적으로 전달하기 위한 노드의 크기가 절대적으로 정해져 있는 것이 아니다. 노드는 하나의 간단한 이슈를 포함하도록 구성하여 사용자가 노드 내에서 자신이 원하는 정보를 손쉽게 찾을 수 있어야 한다.

(2) 링크

링크는 노드간의 연결 관계를 형성하는 역할을 하며 이는 버튼과 같은 시각적인 인터페이스를 이용해서도 표현할 수 있다. 사용자는 이러한 링크들을 통해 여러 노드 간을 탐색할 수 있게 된다. 링크는 버튼 이외에도 아이콘이나 이미지 맵을 이용하여 표현할 수도 있다.

브라우징(Browsing)과 탐색(Navigation) 도구

하이퍼시스템에서 정보를 보기 위해서는 정보의 위치를 파악하고 정보를 재생하기 위한 브라우징 도구가 필요하다. 이러한 브라우징 도구는 다수의 사용자가 쉽게 이용할 수 있도록 만들어져야 한다. 탐색 기능은 사용자가 링크를 따라가며 원하는 정보만을 계속 탐색할 수 있도록 도와준다. 탐색 기능이 열악한 브라우징 도구로 사용자가 멀티미디어 문서를 장시간 동안 탐색하는 경우, 사용자는 현재 자신이 문서의 어느 부분을 참조하고 있는지, 문서의 다른 부분을 현재 위치에서 어떻게 찾아야 하는지 알 수 없게 된다. 적절한 탐색 기능이 지원되지 않는 브라우징 도구를 사용하면 사용자는 이와 같은 위치 및 방향상실(Disorientation) 현상을 경험하게 된다.

하이퍼미디어 시스템에서 원활한 탐색을 위한 브라우징 기능은 다음과 같은 것들이 있다.

- 전역 다이어그램(Overview Diagram)과 지역 맵(Local Map)

브라우저는 하이퍼미디어 정보의 구성를 표현하는 다이어그램을 제공하여 방향 및 위치 상실현상이 발생하지 않도록 한다. 하이퍼미디어의 전체 구성을 보여주는 전역 다이어그램과 인접한 노드들만을 보여주는 지역 맵이 있다. 하이퍼미디어 정보의 크기가 방대할 경우에는 중간 단계의 다이어그램을 이용할 수 있다.

- 백 트래킹(Backtracking)과 경로 히스토리(Path History)

경로 히스토리란 하이퍼미디어 시스템에 의해 순차적으로 저장된 사용자의 탐색 경로로서, 방문한 노드들에 대한 정보를 유지하고 있다가 원하는 경우 되돌아갈 수 있게 해준다. 방문한 노드에 대한 방문 시간, 혹은 해당 노드를 읽는데 할애한 시간 등을 알려주는 타임 스탬프(Time Stamp) 기능을 함께 사용할 수도 있다.

- 발자취(Footprint) 또는 책갈피(Bookmark)

사용자가 방문한 노드 중에 표시를 남겨두어 다시 돌아갈 때 이용하는 기법이다. 전역 다이어그램에 기록한 표시를 발자취라고 한다. 표시를 남긴 노드에 대한 정보를 따로 모아 관리할 경우가 있는데 이를 책갈피라 한다.

- 용어사전(Glossary) 또는 색인(Index)

시스템에서 사용된 중요 어휘나 구절을 모아 관련된 노드와 링크하여둠으로써 검색의 효과를 얻을 수 있다.

7.2.4 웹과 멀티미디어

웹을 통해 제공되는 데이터는 텍스트와 이미지 같은 정적 데이터뿐만 아니라 애니메이션, 비디오와 같은 동적 데이터를 포함한다. 일반적으로 정적 데이터를 보기 위해서는 가장 기본적인 웹 브라우저만으로도 충분하다. 그러나 동적 데이터를 보려면 이를 화면에 표시해주는 소프트웨어가 필요하다. 동적 데이터를 웹 브라우저 상에서 나타내기 위해서는 이러한 소프트웨어가 웹 브라우저 상에서 연동되어야 한다. 이러한 기능을 가지는 소프트웨어를 플러그인(Plug-in)이라 한다.

웹을 통한 멀티미디어 정보의 공유를 가능케 하는 플러그인은 종류와 목적이 매우 다양하다. 이 가운데 2차원 애니메이션을 위한 플러그인으로는 Animated GIF와 Shockwave Flash, 실시간 오디오/비디오를 위한 플러그인으로는 Real Player가 가장 대표적인 것들이다. Animated GIF는 컴퓨터 시스템에 큰 부담을 주지 않으면서 간단한 애니메이션 효과를 연출할 수 있으며, Real Player는 오디오/비디오의 압축과 복원, 실시간 전송능력이 뛰어나 인터넷 방송에서 많이 사용하고 있다. 현재 웹상에서 3차원 그래픽 데이터의 처리 기술에 대한 연구가 활발히 진행되고 있으며, VRML을 이용하여 현실감 있는 실험적인 사이버스페이스도 구축되어 있다.

멀티미디어 데이터는 대규모의 저장공간을 필요로 한다. 예를 들어, 512×512 픽셀의 컬러 이미지를 압축하지 않고 픽셀당 24비트를 사용하여 색상을 표현한다면, 한 장의 컬러 이미지를 위해 512×512×3byte = 768KB의 저장공간이 필요하게 된다. 초당 16프레임의 비디오를 10초 동안 시청하려면 768KB×16×10 = 120MB의 저장공간이 요구된다. 물론 영상 압축기술을 이용하여 데이터 양을 줄이면 이보다 훨씬 작은 저장공간으로 충분하지만, 그래도 멀티미디어 데이터의 크기는 기존 텍스트 정보에 비해 엄청나게 크다. 멀티미디어 데이터는 텍스트뿐만 아니라 그래픽, 사운드, 애니메이션, 동화상과 같은 다양한 미디어를 포함하고 있으므로 멀티미디어는 매우 큰 저장공간을 필요로 한다. 표 7-1은 멀티미디어 데이터의 크기를 간략하게 비교한 것이다.

| 표 7-1 멀티미디어 데이터의 크기 비교

멀티미디어 데이터 종류	크기
700페이지의 소설	1MB
대학사전	5MB
셰익스피어 전집	5MB
몇 일 분 신문기사	5MB
큰 GIF 이미지(비압축)	0.5MB
큰 GIF 이미지(압축)	0.1MB
13초의 영화	4MB 이상

7.2.5 웹 브라우저

Mosaic 브라우저

웹 브라우저란 사용자가 웹 서버로부터 받은 하이퍼텍스트 문서를 볼 수 있게 해주는 클라이언트 프로그램이다. 1993년 미국 일리노이 대학의 NCSA 연구센터에서 당시 학생이었던 마크 안드레센(Marc Andreessen)과 에릭 비나(Eric Bina)가 개발한 Mosaic 프로그램이 멀티미디어 환경을 지원하는 최초의 웹 브라우저이다. Mosaic 브라우저는 MS Windows, Unix, Mac 등 여러 가지 플랫폼 버전으로 개발되었고, 멀티미디어를 지원하며 GUI 방식으로 사용이 편리하며 일반인에게 무료로 공개되었다. 이후 여러 가지 브라우저가 개발되고 성능이 향상되면서 웹을 대중화시키는데 커다란 기여를 하였다.

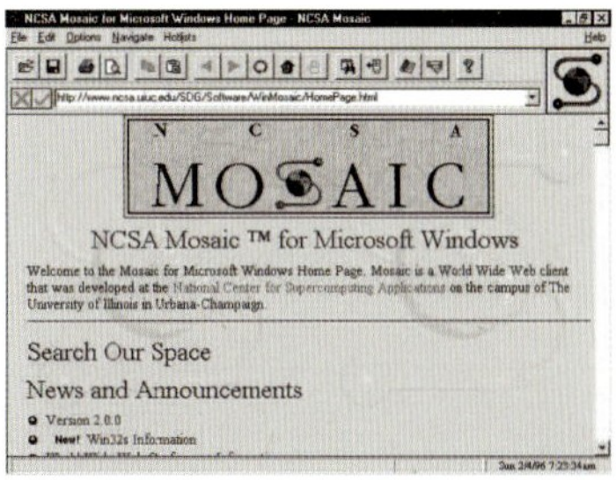

| 그림 7-16 Mosaic 웹 브라우저와 Mosaic 기념비 (출처: wikipedia)

Navigator와 Explorer

Mosaic을 개발하였던 안드레센(Marc Andreessen)이 짐 클락(Jim Clark)과 함께 Netscape사를 설립하여 1994년 Mosaic을 개량한 웹 브라우저인 Navigator를 상품화하여 웹의 대중화에 결정적인 기여를 하였다. 웹의 폭발적인 보급과 함께 Netscape 사의 주가 상승은 인터넷 사업의 붐을 이루는 계기가 되었다.

Microsoft사의 Internet Explorer는 후발주자이었지만 MS Windows 환경을 최대로 활용할 수 있다는 장점으로 널리 보급되었다. 특히, Windows 운영체제의 독점력을 이용해 무료로 끼워주기를 한 결과 Netscape Navigator를 물리치고 시장을 독점하다시피 하였다. 그러나 끼워팔기가 문제가 되어 2000년 미국 법원에서 반독점금지법에 저촉된다는 판결을 받았다. 지금은 MS Windows 운영체제와 별도로 판매하고 있으며, 더욱이 미국 공공기관에서 사용하는 컴퓨터에는 Explorer 이외에 다른 웹 브라우저도 같이 구비해 놓아야 한다. 이로 인하여 최근 다양한 브라우저가 다시 출현하게 된 계기가 되었다.

| 그림 7-17 Netscape Navigator, Internet Explorer, Mozilla Firefox의 정보 화면

Mozilla Firefox, Google Chrome, Apple Safari

시장경쟁에서 밀리던 Netscape사는 시장에서 완전히 사라지기 직전인 1998년 소스코드를 공개하기로 결정하였다. 이때 공개된 소스를 기반으로 Mozilla 협회가 결성되고 2002년 Mozilla 1.0 브라우저가 발표되었다. 이후 브라우저 명칭이 Phoenix와 Firebird를 거쳐 2004년부터 Firefox라는 명칭으로 배포되고 있다. 또한, 2008년 12월 Google사에 의하여 출시된 웹 브라우저 Chrome은 지속적으로 점유율이 증가하여 2012년 이후 전 세계 1위의 브라우저로 자리 잡았다. 한편, Mac용 브라우저로는 Apple사에서 개발한 Safari가 널리 사용되고 있다. 그림 7-18에서 보듯이 웹 브라우저의 시장 점유율은 Chrome 1위, Internet Explorer 2위, Firefox 3위, 그리고

Safari가 4위를 차지하고 있다.

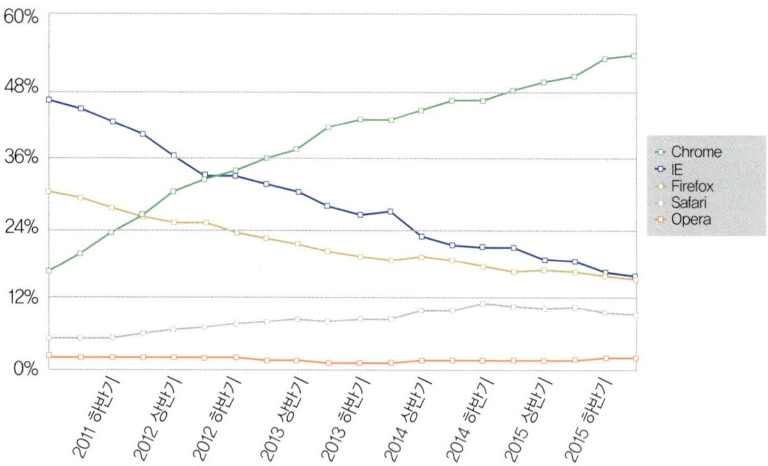

| 그림 7-18 최근 웹 브라우저의 시장 변화(출처: gs.statcounter.com)

7.3 인터넷/웹 기반 서비스

우리가 사용하는 인터넷 환경에는 잘 알려진 웹 방식 이외에도 다양한 유형의 서비스가 실행되고 있다. 우선 기존 방식의 인터넷 서비스를 살펴보고 나서, 최근 널리 보급되고 있는 포털사이트, 메신저 서비스, 인터넷 신문 및 방송 등의 서비스를 소개한다.

7.3.1 기존의 인터넷 서비스

인터넷을 이용하여 어떤 정보를 얻는다고 하면 대부분의 사람들은 웹(WWW)을 연상하게 된다. 실제로 인터넷에서 오고가는 교통량 중 대부분은 웹브라우저를 위한 HTTP 방식의 데이터 송수신이지만, 전자우편을 위한 e-메일이나 파일전송을 위한 FTP 서비스 프로토콜을 사용하는 경우가 상당히 있다. 이 외에도 원격접속을 위한 Telnet, 접속확인을 위한 Ping, 채팅을 위한 IRC(Internet Relay Chat) 등의 서비스가 웹 방식이 탄생하기 이전부터 사용되어 왔다.

전자우편(e-Mail)

전자우편은 흔히 e-메일이라고도 호칭하는데 다른 인터넷 사용자들과 편지를 주고받을 수 있는 서비스이다. 특정기관이나 단체 또는 e-메일 서비스 업체에 가입하면 자신만이 쓸 수 있는 메일 주소와 아이디를 받아서 원하는 상대방과 전자 편지를 주고받을 수 있다. 전자우편 기능을 이용하려면 반드시 자신의 아이디가 메일 서버에 등록되어 있어야 하며, 전자우편의 주소는 "사용자_아이디@메일서버_주소"의 형식을 가지고 있다. 예를 들어 다음과 같이 전자우편주소를 사용할 수 있다.

sblim1@gmail.com
ycchoy@yonsei.ac.kr

전자우편 서비스 프로그램으로는 마이크로소프트사의 Outlook Express가 많이 사용되고 있다. 그림 7-19(a)에서 보듯이 MS Windows 운영체제에서 실행되며 메일의 수신, 발신, 저장 등 다양한 기능을 제공하고 있다. 한편, 웹 브라우저 상에서 실행되는 소위 웹 메일 시스템도 많이 사용되고 있다. 그림 7-19(b)는 웹 메일 시스템 중에서 많이 사용되고 있는 Gmail 시스템의 실행화면이다.

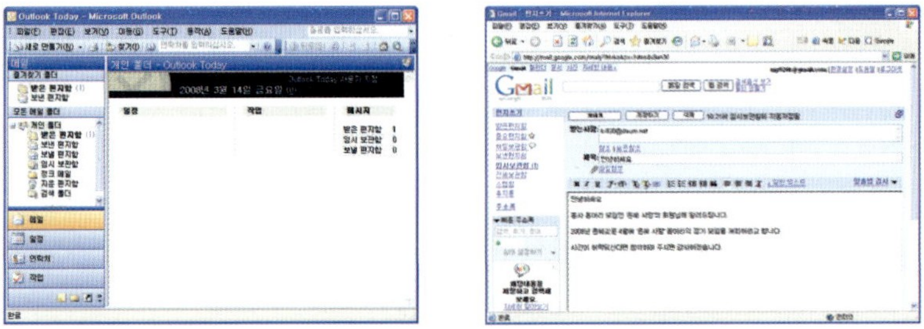

(a) Outlook Express　　　　(b) Gmail 시스템

| 그림 7-19 Outlook Express 및 웹 메일 시스템의 실행화면

FTP(File Transfer Protocol)

다른 곳에 있는 컴퓨터로부터 데이터 파일이나 프로그램 등을 받아 볼 수 있게 해주는 서비스이다. 웹이 탄생하기 이전에 전자우편과 함께 가장 인기 있는 서비스이었으며 여전히 많은 사람들이 사용하고 있다. 주로 프로그램이나 데이터를 파일형태로 다운로드

받거나 웹 페이지를 만들기 위해 파일을 웹 서버에 전송하는 경우에 이용한다. FTP를 이용하면 전자우편으로 전송하기 어려운 대용량의 파일들을 쉽게 주고받을 수 있기 때문에 여러 가지로 유용하다.

FTP는 파일전송 프로토콜(File Transfer Protocol)의 약자로서 인터넷 환경에서 파일을 송수신하기 위한 인터넷 표준 프로토콜이다. FTP는 인터넷 서비스의 이름이자 이를 이용하기 위한 클라이언트 프로그램의 이름도 FTP라고 부른다. Windows 환경이 널리 사용되기 이전에 Unix나 DOS 환경에서는 직접 명령어를 입력하여 FTP 서비스를 사용하였다. 그러나 근래에는 그림 7-20(b)와 같은 메뉴 방식의 FTP 클라이언트 프로그램들이 제공되고 있어서 사용하기가 매우 편리하다. MS Windows용 FTP 프로그램으로는 WS_FTP나 국내의 경우 알_FTP가 많이 사용되고 있다.

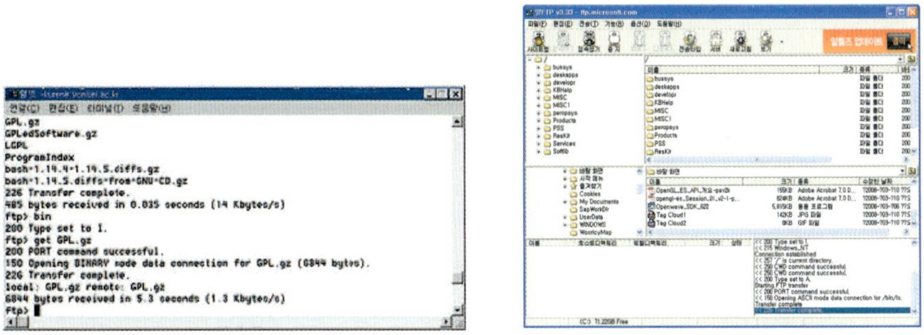

(a) 기존 방식의 FTP (b) 메뉴방식의 알FTP

| 그림 7-20 FTP 및 알FTP의 실행화면

7.3.2 포털사이트와 검색엔진

포털사이트(Portal Site)

1990년대 중반 야후(Yahoo)에서 웹사이트에 대한 검색서비스를 제공한 이래 검색기능의 발전과 함께 e-메일, 뉴스, 커뮤니티 제공 등 종합적인 서비스를 제공하는 포털사이트의 형태로 발전하였다. 포털(Portal)의 사전적인 의미가 '현관' 또는 '관문'을 뜻하듯이 포털사이트란 사용자가 인터넷에 접속할 때 현관처럼 반드시 거쳐야 하는 사이트를 말한다. 일반적으로 인터넷에 접속하면 웹 브라우저에 포털사이트가 처음 나타나도록 설정하므로 사용자가 필요로 하는 다양한 서비스를 모아 놓는다. 정보검색이나, 뉴스,

카페, 블로그와 같이 정기적으로 이용하는 서비스를 제공하여 많은 수의 고정 방문객을 확보하게 되면 포털사이트 입장에서는 광고수익이나 사용자 정보를 이용한 마케팅 수입이 증가하게 된다.

1990년대 초반 야후, 심마니, 까치네 등의 검색엔진으로 시작하여 2000년대 초 라이코스, 알타비스타가 나오면서 검색엔진 사이트가 포털의 형태로 발전하기 시작하였다. 2007년 11월 한국인터넷진흥원 자료에 따르면 국내에서 많은 방문자를 확보하고 있는 포털사이트는 네이버, 다음, 네이트, 싸이월드, 야후, 엠파스, 파란, 구글의 순이며, 해외에서는 구글, 야후, MSN 등이 강세를 보이고 있다.

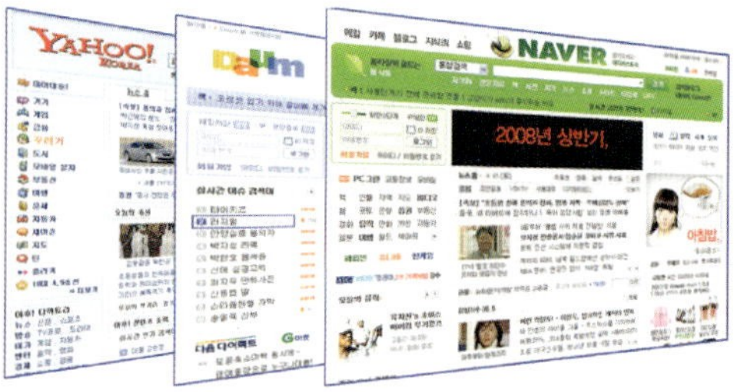

| 그림 7-21 포털사이트의 실행화면

검색엔진(Search Engine)

포털사이트에서 핵심적인 역할을 차지하고 있는 검색엔진은 인터넷 상에서 자료를 쉽게 찾을 수 있도록 도와주는 프로그램을 말한다. 웹 검색엔진의 도움없이 인터넷에서 정보를 검색하는 것은 모래밭에서 바늘을 찾는 격이나 마찬가지일 것이다. 검색엔진에서는 정보수집 프로그램을 이용하여 웹페이지를 수집하여 데이터베이스에 저장하고, 자동 색인 프로그램에서 사용자가 정보를 찾아갈 수 있는 형태로 만들어준다. 검색하는 방법에 따라 웹 검색엔진은 몇 가지로 구분할 수 있는데, 인덱스(Index) 방식과 디렉토리(Directory) 방식 등이 있다. 인덱스 방식은 웹 로봇 프로그램이 웹문서를 자동으로 수집하여 검색이 가능하도록 하며, 디렉토리 방식은 정보들을 각종 영역별로 분류하고 대항목부터 소항목까지 계층적인 접근구조를 제공하여 사용자가 쉽게 정보를 얻을 수 있게 해 준다.

최근에는 멀티미디어 환경이 활성화됨에 따라 텍스트 검색뿐만 아니라 이미지나 동영상 검색까지도 지원해주고 있다. 이미지나 동영상 검색의 경우 주로 관리정보를 별도로 기록해 놓은 메타데이터에 의한 검색에 많이 의존하지만 경우에 따라서는 내용을 분석하여 검색하는 내용기반 검색기법이 적용되기도 한다.

(a) Google 검색엔진　　　(b) 네이버, 다음, 야후의 검색엔진

| 그림 7-22 검색엔진의 실행화면

7.3.3 커뮤니케이션 서비스

채팅(Chatting)

채팅은 다수의 사용자가 네트워크상에 개설된 대화방 내에서 실시간으로 메시지를 주고받는 대화를 말한다. 과거 PC 통신 시절부터 많은 사람들이 즐기던 인터넷 서비스로, 채팅 사이트에서 원하는 대화방을 선택한 후 그 방에 들어온 사람들과 동시에 이야기를 하는 방식이다. 웹이 등장하기 이전에는 IRC(Internet Relay Chat) 방식이 많이 사용되었는데, 이는 인터넷의 TCP/IP 프로토콜 위에서 실시간 채팅이 가능하도록 해주는 서비스 프로토콜이다. IRC 서버에 개설된 채팅방에 여러 사용자가 모여 실시간으로 문자 대화를 나누는데 이용되며, 경우에 따라서는 파일을 주고받을 수도 있어서 파일 공유에 이용되기도 한다.

웹 환경의 발전으로 채팅 전용 프로그램이 없이도 브라우저 자체에서 실행되는 웹 채팅이 등장하고 그래픽 기술의 발전으로 인하여 3차원 아바타가 등장하는 채팅 서비스도 실시되고 있다. 특히, 온라인 게임에서 대화기능을 위하여 채팅이 사용됨에 따라 채팅 기술이 더욱 빠른 속도로 발전하고 있다. IRC 서버에서는 텍스트 채팅을 위주로 했지만, 최근에는 컴퓨터 하드웨어의 발달로 음성채팅 및 화상채팅 같은 멀티미디어 채팅이 가능해졌다. 한편, 대화방을 사용하지 않는 간편한 방식의 인스턴트 메신저가 나옴에 따라 채팅사이트가 아닌 메신저에서 바로 채팅기능을 수행하는 경우가 많이 발생하고 있다.

메신저(Messenger) 프로그램

웹이 등장하기 이전 Unix의 'talk' 명령이 인스턴트 메신저 프로그램의 전신이며, 본격적인 메신저 프로그램은 채팅 프로그램으로부터 발전하였다. 1996년 미국의 AOL(America OnLine)사에서 회원의 접속 상태를 보여주고 실시간 대화를 기능하게 한 것이 시초이다. 인스턴트 메신저란 다수의 사용자가 인터넷에서 별도의 대화방을 개설하지 않고 실시간으로 메시지와 데이터를 주고받을 수 있는 클라이언트 프로그램을 말한다. 사용자는 서로 인터넷에 접속해 있는지 확인할 수 있으므로 즉각적인 대화가 이루어진다는 점에서 전자우편과는 차이가 있다. "인스턴트 메신저"라는 단어는 AOL의 등록된 서비스 명칭이므로 인터넷 메신저 또는 메신저 프로그램이 더 적합한 용어이다.

최근 국내에서 많이 사용되는 메신저는 그림 7-24에서 보듯이 네이트온 메신저와 MSN 메신저가 있으며 해외에서는 MSN 메신저, 야후 메신저, 구글 토크 등이 많이 사용되고 있다. 요즈음 대부분의 메신저 프로그램들이 일대일 대화와 다자간 그룹 채팅은 물론이고 음성채팅 및 화상회의 기능도 지원하고 있다. 최근 스마트폰의 보급 이후 인스턴트 메신저의 특성상 모바일 환경 혹은 유무선 연동 환경에서 더 널리 사용되고 있다.

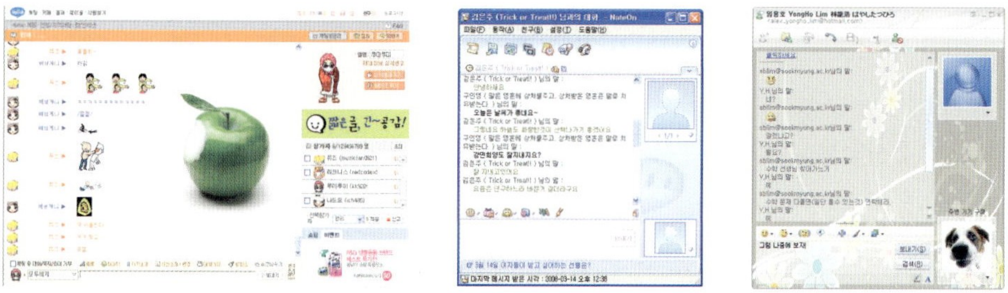

(a) 채팅사이트 세이클럽 (b) 네이트온 메신저 (c) MSN 웹 메신저

| 그림 7-23 채팅사이트 및 메신저 프로그램의 실행화면

블로그 서비스

웹(Web)과 로그(Log)의 합성어인 블로그는 네티즌 자신의 관심사에 따라 일지를 작성하듯이 정보를 기록하고 저장하는 서비스이다. 블로그는 개인출판의 성격일 뿐 아니라 대표적인 개인 중심 커뮤니티 서비스 도구이다. 자신이 게시한 콘텐츠에 대해 갱신된 내용의 알림기능이나 댓글 달기 기능 등으로 또 다른 커뮤니티 서비스 기능을 제공하고 있다. 실제 국내에서 실시되고 있는 블로그 서비스로는 네이버 블로그가 널리 사용되며 다음, 네이트, 야후, 엠파스 등에서 서비스를 제공하고 있다.

(a) 네이버 블로그

(b) 다음 블로그

| 그림 7-24 블로그 서비스의 실행화면

7.3.4 정보제공 서비스

요즘 네티즌 중에는 신문이나 TV 대신 인터넷에서 뉴스를 보는 사람이 많이 늘고 있다. 이러한 추세에 따라 대부분의 언론사들은 인터넷 버전의 서비스를 제공하고 있으며 이를 인터넷 신문, 또는 잡지인 경우 웹진이라고 부르며, 경우에 따라서는 포털사이트가 이 역할을 담당하여 뉴스 정보를 제공하고 있다. 인터넷 신문은 주기적으로 뉴스 내용이 갱신되므로 일반신문에 비해 빠르고 간편하게 정보를 얻을 수 있다. 또한 인터넷 신문은 배달 비용을 줄일 수 있고 쓰레기를 배출하지 않으므로 자원을 절약하고 자연환경을 보호하는 효과를 가진다.

(a) KBS 인터넷 방송

(b) 인터넷 동아일보

| 그림 7-25 인터넷 신문 및 인터넷 방송의 실행화면

기존의 방송 매체들도 인터넷에서 멀티미디어 기술이 발전함에 따라 동영상 스트림을 제공하는 인터넷 방송 서비스를 실시하고 있다. 기존의 방송은 공중 무선망을 이용하여 불특정 다수에게 정보를 전송하는 방식이었으나, 인터넷 방송은 인터넷망을 통하여 접속하는 사용자에게만 동영상 스트리밍 기법을 이용하여 정보를 전송한다. 또 기존의 공중파 방송은 정보가 방송국으로부터 사용자에게 일방적으로 전달되는 단방향 방식이나, 인터넷 방송은 사용자가 상호대화식으로 방송국에 피드백을 보낼 수 있는 쌍방향 방식으로 작동된다. 또한 이미 방송된 내용도 검색이나 주문형 비디오(VOD: Video On Demand)를 통해 사용자가 원하는 시간에 언제든지 시청이 가능하다.

인터넷 라디오의 경우는 RealAudio가 주로 사용되는데, 이를 위해서는 적어도 28.8Kbps 이상의 모뎀이 필요하며 FM 방송에 해당하는 고품질 라디오 방송의 청취가 가능하다. 그림 7-26(a)는 음악과 영화를 제공하고 있는 아시아 뮤직넷이라는 인터넷 방송국의 화면이며, 그림 7-26(b)는 생중계 서비스를 하고 있는 iMBC 방송 화면이다.

(a) 아시아 뮤직넷 사이트

(b) iMBC 방송 서비스

| 그림 7-26 인터넷 방송

7.3.5 전자상거래(e-Commerce)

전자상거래는 인터넷의 활용 사례 중에서 가장 대표적인 것이다. 이전에는 기업이나 개인이 물품을 구입하려고 할 때 물품을 구매하는 곳으로 직접 방문하여 구매하거나 통신 판매 등을 이용하여 구매하였다. 그러나 근래에는 인터넷 쇼핑 사이트를 통하여 무엇이든지 살 수 있을 정도로 전자상거래가 매우 활발히 이용되고 있다. 이에 따라, 각 기업이나 상품 판매자들이 경쟁적으로 인터넷 판매를 할 수 있도록 상거래 사이트를 마련하고 있으며, 이는 인터넷을 이용한 전자상거래가 앞으로 상품의 주된 구매방식의 하나로 자리를 잡을 것이 확실시되기 때문이다. 이미 은행의 경우에는 인터넷 사이트에서 금융거래를 하는 인터넷뱅킹이 일반인들에게도 매우 폭넓게 사용되고 있다.

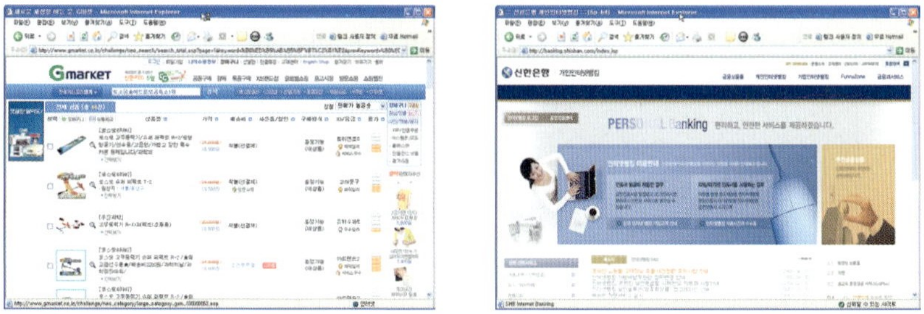

(a) G마켓 쇼핑몰 (b) 신한은행 인터넷뱅킹

| 그림 7-27 전자상거래 사이트의 실행화면

인터넷상에서의 원격 쇼핑을 위해 상품 정보를 멀티미디어를 이용하여 제공한다. 인터넷 쇼핑을 위해서는 웹서버와 쇼핑몰 엔진, 데이터베이스를 통한 상품정보 제공 및 고객정보 관리 등의 기능이 필요하다. 인터넷 쇼핑은 시간과 장소에 구애받지 않고 쇼핑이 가능하며 쇼핑시간을 절약할 수 있다는 장점이 있지만, 상품을 직접 볼 수 없으며 충분한 상품 정보를 제공하는 데 한계가 있다.

대부분의 인터넷 쇼핑몰(Shopping Mall) 사이트는 이미지 위주의 상품 정보를 제공하고 있으나 3차원 그래픽 형태의 쇼핑몰을 모델링한 사이트도 있다(그림 7-28). 3차원 쇼핑몰은 VRML 등으로 개발되어 있으며, 앞으로는 이를 통해 가상 공간에서의 쇼핑이 가능해질 것이다.

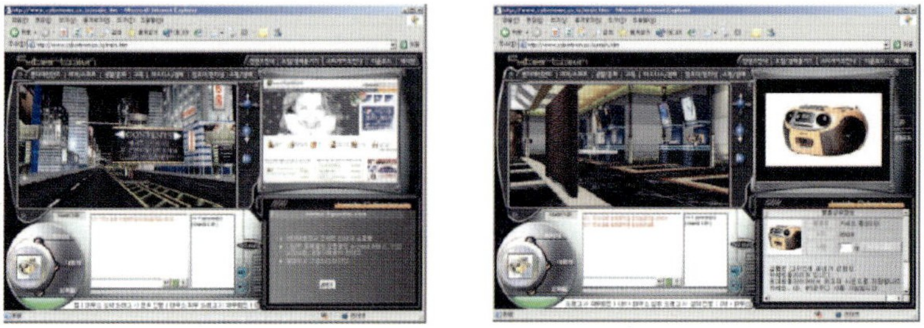

(a) Cybertown에서 쇼핑상가 둘러보기　　(b) 쇼핑상가 내부에서 상품 둘러보기

| 그림 7-28 3차원 가상공간으로 구축한 쇼핑몰(http://www.cybertown.co.kr)

7.4 웹 2.0

이 절에서는 최근 많은 주목을 받고 있는 웹 2.0을 소개한다. 참여, 공유, 개방으로 대표되는 웹 2.0의 개념과 탄생배경을 설명하고, 웹 2.0에 적용된 기본 기술을 소개한다. 그리고, 웹 2.0 환경에서 실행되는 대표적인 서비스와 향후 발전방향을 살펴본다.

7.4.1 웹 2.0의 개념

웹 2.0의 탄생 배경

그동안 고속으로 성장하던 인터넷 관련 업체들이 2000년대 초 닷컴(.com) 버블의 붕괴로 말미암아 많이 사라져갔다. 그러나 인터넷 벤처기업의 거품이 붕괴되는 가운데에서도 구글이나 아마존 같은 회사들은 오히려 더 성장하였다. 2004년 10월 미국 오라일리(O'Reilly) 사가 주최한 컨퍼런스에서 모인 사람들이 인터넷에서 약 10년간 발생한 웹의 환경 변화와 발전 방향을 정의한 것을 웹 2.0으로 부르기로 하였다. 일반 상품이나 서비스 등에서의 버전 2.0이라는 뜻이 아니라 제 2세대 웹이라는 의미가 더 가깝다.

웹 2.0 시대 인터넷 기업들의 독특한 특징 중 하나는 '파레토 법칙' 또는 '20:80 법칙'이 적용되지 않는다는 것이다. 대부분 오프라인 기업에서는 잘 팔리는 20%의 상품이 전체 매출의 80%를 차지한다는 법칙이 있다. 그러나 인터넷 쇼핑의 대표적인 기업 Amazon사의 경우 그와는 다르게 잘 팔리는 20%의 인기 상품 매출보다 하위 80%의 평범한 상품 매출 합계가 더 크다는 분석이 나왔다. 그림 7-29에서 보듯이 꼬리에 해당하는 매출이 중요해졌다는 의미로 "롱테일(Long Tail) 법칙"이라고 부른다.

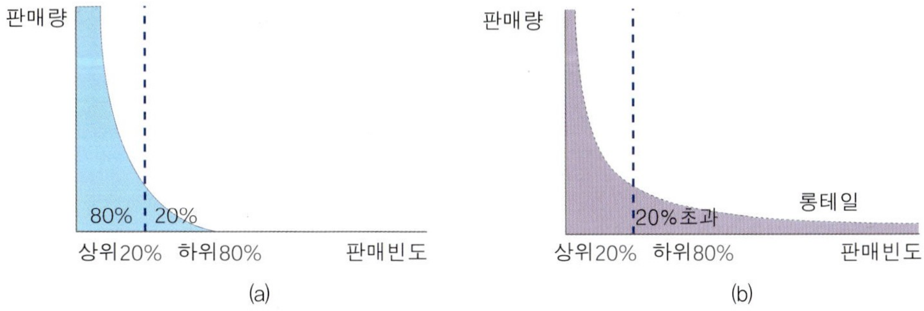

| 그림 7-29 롱테일 법칙

웹 2.0의 기본 개념

웹 2.0 시대에 인터넷 사용 방법의 가장 큰 변화는 "플랫폼으로서의 웹(Web as Platform)" 환경에서 네티즌들은 "집단지성(Collective Intelligence)"을 활용하여 콘텐츠를 제공하고 공유한다는 것이다. 이러한 웹 2.0의 특징은 그림 7-30과 같이 참여, 개방, 공유, 분산 등의 개념으로 정리될 수 있다.

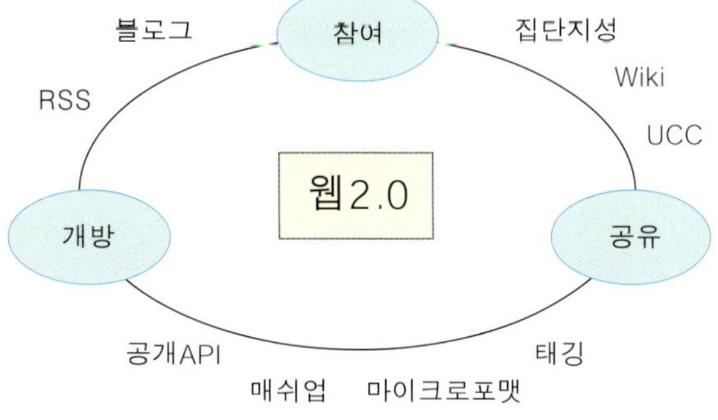

| 그림 7-30 웹 2.0의 기본 개념

웹 2.0 콘텐츠의 생성은 개인의 참여와 서로간의 상호작용에 의해서 이루어질 뿐 아니라 사용자 집단의 능동적인 참여와 공유에 의해서 더욱 가치가 증가되고 있다. 이러한 사용자 생산 콘텐츠를 UCC(User Created Contents) 또는 UGC(User Generated Contents)라고 부르며 사용자들은 콘텐츠의 공급자인 동시에 소비자이므로 프로슈머

(Prosumer)라는 용어로 부르기도 한다. 사용자 참여 콘텐츠의 대표적인 예로는 블로깅과 위키피디아가 있다. 위키피디아는 누구나 참여하여 콘텐츠를 수정할 수 있는 온라인 백과사전이며, 사진이나 동영상을 공유하는 Instagram, Pinterest, Flickr 및 YouTube라는 UCC 사이트도 있다. 한편, 브라우저에 저장하던 북마킹을 여러 사람이 공유하자는 소셜북마킹은 태깅(Tagging)이라는 개념으로 발전하여 집단지성에 의한 웹 콘텐츠의 자동분류가 가능하게 되었다.

웹 2.0은 개방적이다. 전통적인 기존 웹사이트들은 자신의 데이터를 폐쇄적으로 운영하였지만 웹 2.0에서는 어느 누구도 데이터를 독점하지 않고 모든 사람들이 공유하여 사용할 수 있는 플랫폼을 제공한다. 데이터 개방을 위한 기술로는 RSS 형식이 많이 사용되는데, 초기에는 블로그 뉴스를 주 대상으로 하였으나 요즘에는 RSS를 통해 수집되고 유통되는 콘텐츠의 형태가 다양해지고 있다. 반면 공개 API는 서비스를 공유하기 위한 개방형 포맷이다. 구글이나 야후, 네이버 등은 자신의 검색엔진이나 서비스의 API를 공개하여 다른 응용에서 이를 이용할 수 있다. 대표적인 예로 자동차 서비스 업체가 자신의 고객이 가까운 정비소를 검색하고 찾아가도록 도와주는 웹 사이트를 구글 맵과 검색엔진을 사용하여 구현할 수 있다.

7.4.2 웹 2.0 기술과 활용

웹 2.0 기술은 특정기술의 표준이 아니라 끊임없이 진화하고 있는 웹의 연장선상에 있는 기술들을 지칭한다. 이제 웹에서는 대부분의 콘텐츠가 XML 기술을 근간으로 하여 표현되며, 그 중에서 많은 관심을 받고 있는 기술들을 살펴보면 RSS, 태깅, 공개 API, 매쉬업, AJAX 등이 있다.

RSS

기존의 웹 콘텐츠는 생산자가 자신의 홈페이지에 게시를 해 놓거나 혹은 보다 적극적으로 이메일 전송을 해주면 일반 사용자는 이를 받아보고 나서 해석을 하는 단계를 거쳤다. 이러한 경우에 해당 홈페이지를 직접 방문하여 언제 어떤 콘텐츠가 새로 갱신되었는지 파악하는 것은 쉽지 않으며 또한 웹문서 내에 사용된 다양한 콘텐츠의 갱신 여부를 파악하기에 더더욱 많은 수고가 필요하였다. 이러한 콘텐츠 유통 과정에 혁신을 가져온 RSS 기술은 해당 사이트에서 업데이트 되는 정보를 RSS 피드라는 형식으로 배포하여 원하는 웹사이트의 갱신 여부를 쉽게 알 수 있도록 해 주었다.

RSS는 형식의 종류에 따라 'RDF Site Summary', 'Really Simple Syndication', 또는 'Rich Site Summary'의 약자를 의미하며 웹 사이트간의 콘텐츠를 교환하기 위한 XML 기반의 표현형식이다. RSS 서비스를 이용하려면 먼저 RSS를 지원하는 사이트의 URL 주소를 포함하는 사이트 정보를 RSS 리더에 등록한다. 그림 7-31(b)에서 보듯이 RSS 리더라는 프로그램에서 사용자는 해당 사이트에서 제공하는 RSS 피드를 통하여 사이트의 갱신유무를 확인할 수 있다. RSS의 활용은 텍스트 및 이미지 위주의 웹 사이트에 국한되지 않고 멀티미디어 자료의 유통에도 적용되고 있으며, 대표적인 예가 iPod의 PodCasting이다. 사용자 개인의 iPod에서 사용할 MP3 파일을 iTunes라는 프로그램에서 RSS 형식으로 배포해 준다.

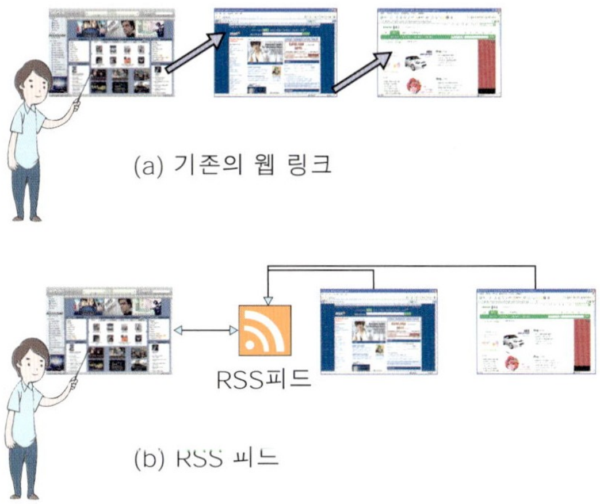

| 그림 7-31 RSS의 기본 개념

소셜 태깅(Social Tagging) 과 폭소노미(Foxonomy)

예전에 웹 검색의 경우 미리 정해져 있는 카테고리에 따라 자료를 분류하여 검색하는 디렉토리 방식의 검색 서비스를 하였다. 소셜 태깅은 미리 정의된 카테고리에 따라 분류하는 것이 아니라 사용자가 키워드를 임의의 태그로 붙이고 이들을 검색하는 기법을 말한다. 사용자가 자유롭게 붙인 태그는 그대로 레이블링을 하여 정보를 분류하므로 이를 참여자들이 분류한다는 의미로 폭소노미(Folksonomy: Folk + Taxonomy)라고 부른다.

태그는 웹 사이트나 이미지 등의 자료에 원하는 수만큼 붙일 수 있기 때문에 여러 분류에 속할 수 있으며, 이미지나 동영상의 경우 태그를 이용한 내용검색이 가능하게 된다. 태그를 적용한 대표적인 서비스로 소셜 북마킹 사이트인 딜리셔스(del.icio.us)와 이미지 블로그 사이트인 플리커(Flickr)가 있다. 그림 7-32는 사용자들이 달아놓은 태그들을 한눈에 보이도록 표시한 태그 구름(Tag Cloud)으로 많이 사람이 사용한 태그는 큰 글자로 표시되어 있다. 국내의 사례로 네이버나 다음 등의 검색 사이트 및 UCC 사이트에서 구름형태의 태그목록을 사용하고 있다.

| 그림 7-32 폭소노미의 개념 및 태그 구름

공개 API(Open API)와 매쉬업(Mashup)

Google Map은 자신의 API(Application Program Interface)를 공개함으로써 다른 웹사이트에서 Google Map의 지도를 활용하여 자신들의 서비스를 더 풍부하게 할 수 있었다. API라는 것은 다른 응용 프로그램을 개발할 때 해당 모듈을 쉽게 사용할 수 있도록 해주는 개발환경으로서 보통 라이브러리 형태나 이를 활용할 규약의 형태로 제공된다. 자신의 사이트에서 제공되는 웹 서비스 기능을 다른 사이트에서 활용할 수 있도록 API를 제공해 주는 것을 공개 API라고 한다.

공개된 API를 이용하여 두 가지 이상의 웹 서비스를 조합하여 새로운 웹 서비스를 제공하는 방법을 매쉬업(Mashup)이라고 한다. 최초의 매쉬업 서비스로 알려져 있는 HousingMaps는 지도를 제공하는 Google Map과 부동산정보를 제공하는 Craigslist의 공개 API를 이용하여 그림 7-33에서 보듯이 지도위에서 가격이나 집안 사진을 제공하는 서비스를 구현하였다. 매쉬업 서비스는 기존의 공개된 API를 이용하여 새로운 서비스를 구축하므로 추가의 개발비용이 매우 적다는 장점이 있다.

현재 Google Map 뿐만 아니라 Google 검색 등 다양한 API를 공개하고 있으며, Amazon의 다양한 상품검색 및 구매 기능, Yahoo의 경우에도 다양한 기능의 공개

API를 제공하고 있다. 해외의 적극적인 공개 API 추세에 발맞추어 국내에서도 네이버, 다음 등 포털사이트를 중심으로 API를 공개하고 있다.

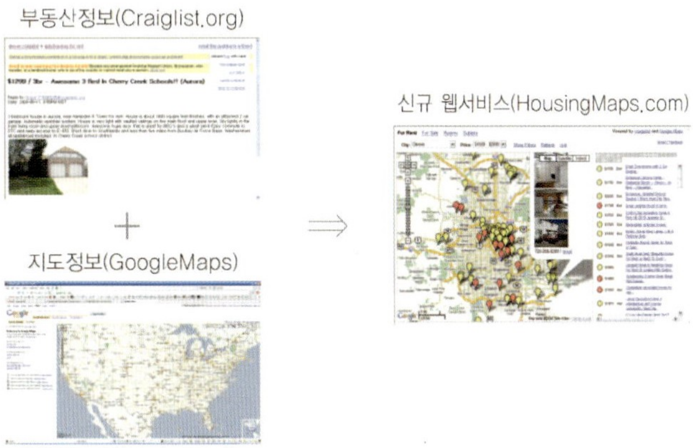

| 그림 7-33 매쉬업 사례 HousingMaps의 실행화면

7.4.3 멀티미디어와 웹 2.0 서비스

웹 2.0은 새롭게 정의된 기술이 아니라 그동안의 변화를 지칭하므로 이미 대부분의 인터넷 기업들은 웹 2.0 서비스를 실시하고 있다. 그 중에서도 웹 2.0 기술을 대표할 수 있는 주요 서비스를 살펴본다.

검색서비스의 진화와 Google

1998년 스탠포드 대학의 대학원생인 페이지(Lawrence Page)와 브린(Sergey Brin)이 설립한 Google사는 웹 2.0 시대의 가장 대표적인 기업으로 성장하였으며, 웹 1.0 시대의 대표적인 Microsoft사에 필적할 만큼 주목을 받고 있다. Microsoft사는 MS Windows 운영체제라는 플랫폼에서 소프트웨어 분야의 절대 강자로 존재하였으나, Google사는 웹이라는 플랫폼에서 기술을 선도하며 사업을 전개하고 있다.

Google사의 설립 당시 검색서비스 분야에서 Yahoo사는 경쟁자가 없을 정도의 아성을 지키고 있었다. 그러나 급속도로 팽창하는 웹 데이터의 성장 속도를 따라가지 못해 Yahoo 검색의 정밀도가 떨어지는 문제점이 나타났다. 이에 대한 해결책으로 Google에서는 검색결과를 보여줄 때 문서의 중요도에 따라 결과 페이지의 상위에 나열하는 '페이지 랭크(Page Rank)' 개념을 적용하였다. 즉, 페이지를 링크로 참조하는 페이지의 중요도에 따라 가중치로 모두 더하여 해당 페이지의 점수를 계산하는 알고리즘이다. 이렇게 개발한 Google 검색엔진을 여러 포털사이트들에게 공급하는 비즈니스를 전개한 것이 큰 전환점이었으며, 이를 계기로 Google사의 지명도가 급격하게 올라갔던 것이다. 그림 7-34는 검색엔진의 세계시장 점유율을 보여주고 있다. 그림 7-34(a)에 의하면 2014년~2015년 기간 중 Google의 점유율은 60%~70%를 차지하고 중국 인터넷 사용의 증가로 Baidu의 점유율이 증가하고 있는 추세이다. 그림7-34(b)에 의하면 2016년 1월 현재 Google 65.4%, Bing 15.8%, Baidu 8.3%, Yahoo 8.3%를 보이고 있다.

한편 Google사의 주 수익원은 검색서비스에 연동한 '애드센스(AdSense)' 광고가 가장 큰 부분을 차지하고 있다. 웹 사이트 소유자가 애드센스에 가입하면, Google에서 검색결과를 보여줄 때 한쪽 측면에 검색어와 관련된 스폰서링크를 보여주어 사용자가 이를 클릭하는 횟수만큼 광고비를 지불하는 방식이다.

검색엔진 이외에 Google의 대표적인 웹 2.0 서비스로는 Gmail, Google Maps, 미니홈피와 비슷한 Google Base가 있다. 최근에는 Linux를 기반으로 하고 공개 소프트웨어 방식으로 구현한 Google Phone도 발표하였다.

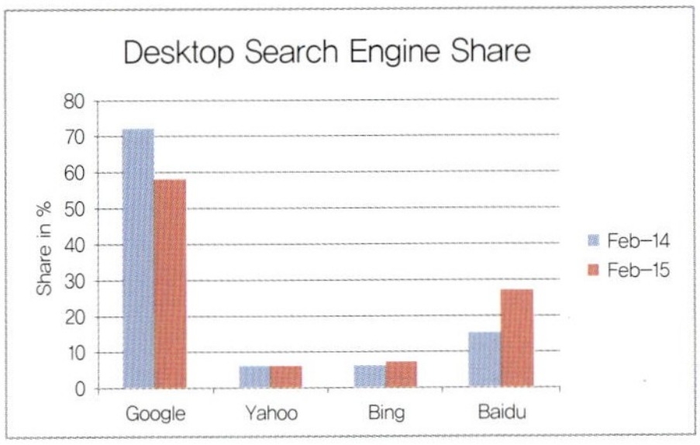

(a) 2014~2015년 검색엔진 점유율 추이

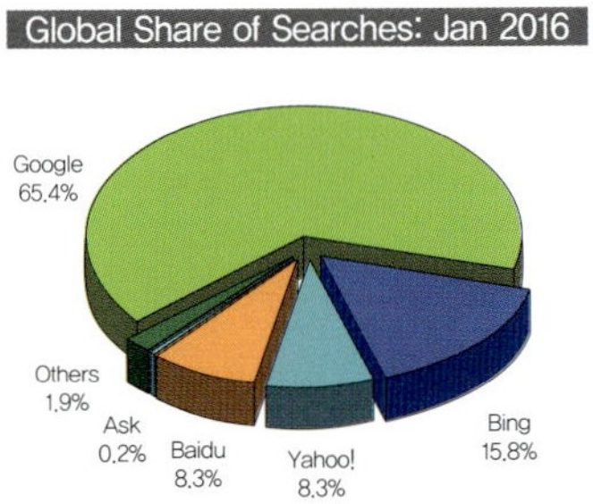

(b) 2016년 세계 검색엔진 점유율

| 그림 7-34 검색엔진 세계시장 점유율 추이 (출처 : www.netmarketshare.com)

iTunes와 팟캐스팅(PodCasting)

Apple사에서 2004년 시작한 iTunes는 음악 콘텐츠 서비스의 후발주자에 속하지만, 웹 2.0 시대의 디지털 콘텐츠 분야에서 유통혁명을 일으킨 정도로 큰 영향을 주고 있다. iTunes 뮤직 스토어에서 사용자가 자신이 원하는 콘텐츠를 설정해두면 콘텐츠가 갱신될 때 RSS 피드를 통해 뮤직스토어에 다운로드된다. 사용자는 MP3 단말기인 iPod를 PC에 접속하여 해당 콘텐츠를 단말기에 전송할 수 있다. 이 때 iPod이라는 단말기에 방송되는 것처럼 배포된다 하여 팟캐스팅이라는 용어도 탄생하였다. 최근 음악뿐만 아니라 비디오도 배포되며, iPod과 무선인터넷 개념이 적용된 휴대폰인 iPhone도 발표하였다. 그림 7-35는 팟캐스팅의 개념을 보여주고 있다.

| 그림 7-35 팟캐스팅(Podcasting)의 개념

위키피디아(Wikipedia)

위키(Wiki)라는 단어는 위키 백과사전의 줄임말이 아니라 그 이전에 탄생한 개념으로 웹페이지의 내용을 누구나 자유롭게 추가할 수 있는 일종의 공개 게시판 형식을 뜻한다. 원래 'WikiWiki'는 하와이 말로 '빨리빨리'라는 의미이다.

| 그림 7-36 위키피디아 온라인 백과사전

위키 서비스의 대표적인 예가 온라인 백과사전인 위키피디아(Wikipedia)로서 우리말 버전으로는 위키백과라고 명명하고 있다. 커뮤니티에 가입하면 누구나 사전편찬 작업에 참여할 수 있는 백과사전으로서 집단지성으로 작성되는 UCC의 대표적인 사례이다. 미국의 과학잡지 네이처가 조사한 결과 정확도면에서 위키피디아가 브리태니커 백과사전에 필적하는 것으로 보고되고 있다.

UCC 또는 UGC 사이트

미국의 유명한 시사주간지 타임이 2006년 올해의 인물로 '유(You)'를 선정하고 "블로그나 미디어 영역에서 영향력을 키워나가는 평범한 당신이 올해의 주인공"이라고 발표하였다. 이와 같이 사용자가 직접 제작한 콘텐츠인 UCC(User-Created Content) 또는 UGC(User-Generated Content)가 새로운 문화의 추세로 인정받고 있는 것이다. 대표적인 사례는 바로 앞에서 소개한 위키피디아로서 집단지성을 활용한 UCC 콘텐츠로 백과사전을 제작하는 서비스이다. 또한 태깅 기술로 잘 알려져 있는 Flickr는 사용자가 제공하는 이미지 공유 사이트이며, 소셜 북마킹으로 알려진 del.icio.us는 사용자의 태깅을 공유할 수 있게 해준다.

UCC 콘텐츠는 텍스트, 이미지, 오디오, 동영상 등 다양하지만 UCC는 동영상이라고 착각할만큼 동영상 UCC 콘텐츠가 많이 제작되고 있다. 특히 동영상 UCC 서비스로 널리 알려져 있는 미국의 YouTube가 2006년 구글에 인수되면서 더욱 활발해졌고, 이 당시 유튜브에 올려지는 콘텐츠의 양이 방송사가 제작하는 콘텐츠의 양을 앞질렀다고 한다. 국내 시장은 YouTube가 절대적인 강자로 군림하고 있으며 국내 사이트로 TV팟, 아프리카TV, 판도라TV 등이 대표적인 사이트다.

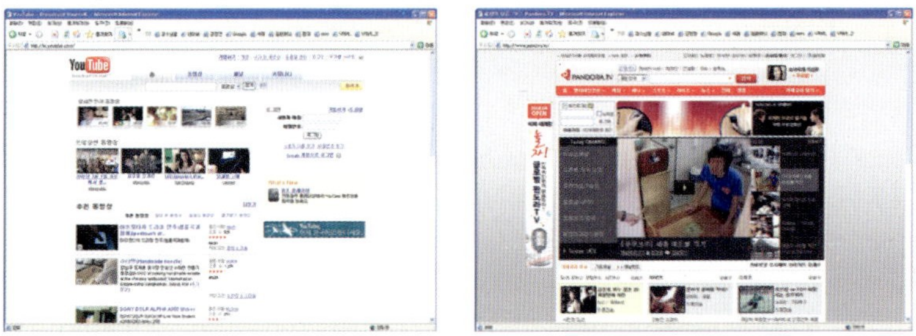

| 그림 7-37 YouTube와 판도라 TV의 실행화면

소셜 네트워크 서비스(SNS: Social Networking Service)

사용자들이 커뮤니티를 형성하여 서로 참여하는 사이트로서 클럽 서비스, 블로그 서비스, 미니홈피 등의 온라인 커뮤니티 서비스가 발전하여 웹 2.0 환경에서 소셜 네트워크 서비스(SNS) 사이트라 한다. 특히 사용자들 사이에 친구, 선후배, 동료 등의 사회적 관계를 구축해주고 이들끼리 친소 정도에 따라 차별되는 커뮤니케이션을 할 수 있는 기능을 지원해 준다. 잘 알려진 SNS 사이트로는 미국의 Facebook, Twitter, YouTube 등이 이 범주에 속한다. 2015년 1월 현재 Facebook의 이용자 수는 13억 6천만 명이고 Twitter는 2억 8천만 명이며 YouTube를 조회하는 수는 매일 40억 회를 넘어서서 세계에서 두 번째 인기 있는 사이트가 되었다. 이외에도, Google+, Twitter, Tumblr,

LinkedIn, Instagram, 중국의 QZONE등이 잘 알려진 SNS 사이트이다(그림 7-38 참조).

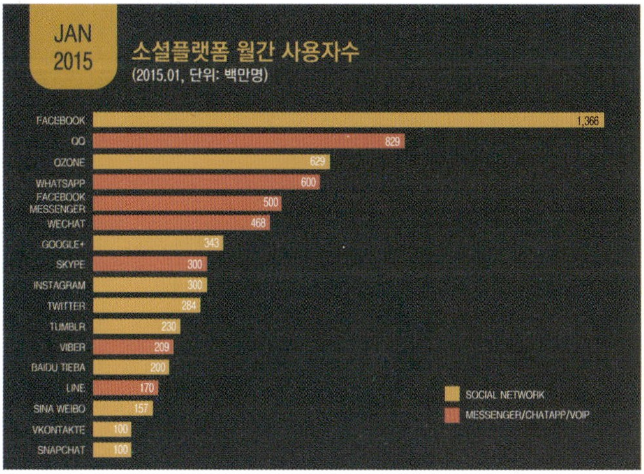

| 그림 7-38 대표적인 소셜네트워크 서비스(2015년) (출처 : wearesocial.com)

7.5 참고자료

- digital.life ITU Internet Report 2006 / International Telecommunication Union, 2006
- 인터넷 이해 / 최윤철, 임순범 / 생능출판사, 2013
- 2008 한국인터넷백서 / 한국인터넷 진흥원, 2008
- 국가정보화백서 / 한국정보사회진흥원, 2007
- 웹2.0 이노베이션 / 오가와히로시 외 / 브라이언&컴퍼니, 2006
- 당신은 웹2.0 개발자입니까? / 박지강 / 한빛미디어, 2007
- Multimedia and Hypertext / Jakob Nielsen / AP Professional / 1995
- 웹 표준, http://www.w3c.org, 웹에서 사용되는 HTML, XML 문서 및 관련 기술의 표준을 정하는 컨소시엄
- 정보통신정책연구원, http://www.kisdi.re.kr, 정보통신 분야의 정책 및 자료 제공
- Real Player, http://www.real.com, 오디오/동화상 재생기 Real Player에 관한

정보가 수록되어 있으며 다운로드 가능

- Adobe, http://www.adobe.com/support/downloads, SVG Viewer 다운로드
- Acrobat PDF, http://www.adobe.com, PDF Reader 다운로드 가능

연습문제

5지 선다형

7-1 인터넷에 관한 설명으로 맞지 않는 것은?

(a) 전세계 누구나 정보를 쉽고 빠르게 교환할 수 있는 개방형 구조이다.
(b) 중앙에 어떠한 통제기구도 없이 자발적으로 운영된다.
(c) 전 세계 컴퓨터를 하나로 연결한다는 의미의 인터네트워크라는 용어에서 시작되었다.
(d) 인터넷 서버는 유닉스 운영체제에서만 사용된다.
(e) TCP/IP를 표준 프로토콜로 사용하고 있다.

7-2 WWW 혹은 W3C라고도 불리는 웹을 제안하고 아직도 웹 컨소시엄을 주도적으로 이끌고 있는 사람은 누구인가?

(a) 빌 게이츠 (b) 스티브 잡스 (c) 팀 버너스 리
(d) 고든 무어 (e) 마크 안데르센

7-3 인터넷 주소의 도메인 네임에서 국가명으로 잘못 사용된 것은?

(a) 한국: kr (b) 중국: cn (c) 일본: jp (d) 영국: uk (e) 독일: gr

7-4 다음 중 인터넷 서비스가 아닌 것은?

(a) html (b) ftp (c) telnet (d) gopher (e) e-mail

7-5 개인 또는 기관에게 전화선이나 전용회선을 통하여 인터넷에 접속하는 서비스를 제공해 주는 영리기관을 무엇이라 하는가?

(a) ISP (b) WWW (c) NIC (d) NIPA (e) W3C

7-6 하이퍼미디어 노드로 표현하는 객체에 해당하지 않는 것은?

(a) 텍스트 (b) 그래픽 (c) 사운드 (d) 링크 (e) 애니메이션

7-7 인터넷에 연결된 웹서버에 저장되어 있는 하이퍼미디어 정보를 불러와서 사용자의 컴퓨터 화면에 보여주는 프로그램을 무엇이라고 하는가?

(a) 웹 미디어 (b) 웹 브라우저 (c) 웹 플러그인
(d) 웹 프로그램 (e) 웹 스타일시트

7-8 웹2.0 시대 인터넷 기업의 독특한 특징을 보여주는 경제법칙의 명칭은 무엇인가?

(a) 파레토법칙 (b) 네트워크 법칙 (c) 20:80 법칙
(d) 롱테일 법칙 (e) 칵테일 법칙

7-9 웹2.0 시대의 특징을 잘 표현하고 있는 개념이 아닌 것은?

(a) 참여 (b) 지능 (c) 공유
(d) 분산 (e) 개방

7-10 콘텐츠 유통을 위하여 제공되는 RSS 기술에서 원하는 사이트의 주소를 등록하면 주기적으로 RSS 파일을 읽어오는 프로그램은 무엇인가?

(a) 웹 사이트 (b) 블로그 (c) RSS 배포
(d) RSS 피드 (e) RSS 리더

괄호넣기

7-1 인터넷은 1969년 구소련 스투프니크 인공위성 발사를 계기로, 미국 국방성이 유사시 군사적 통신 정보의 공유를 목적으로 개발한 (   )에 기원을 두고 있다. 이 네트워크는 컴퓨터 간에 데이터를 전송하기 위해 IP 전송규약을 사용하여 구성하였다.

7-2 인터넷에서 사용되는 데이터 전송규약으로 (   )는 데이터의 흐름을 관리하고 수신된 데이터가 정확한지 확인하는 기능을 수행하며, (   )는 데이터를 목적지에 전송하기 위한 역할을 한다.

7-3 웹의 특징은 서비스 프로토콜로 HTTP 규약을 사용하고 있으며, 인터넷의 다양한 서비스에 접근할 수 있도록 (   )이라는 표준 주소표기 방식을 이용하였다.

7-4 하이퍼미디어는 하이퍼텍스트의 개념에서 유래한다. 하이퍼텍스트는 상호연관된 텍스트 조각들을 (   )적으로 연결하여 구성한 정보이다.

7-5 1993년 미국 일리노이 대학의 NCSA 연구센터에서 당시 학생이었던 마크 안드레센(Marc Andreessen)과 에릭 비나(Eric Bina)가 개발한 (　　　　) 프로그램이 멀티미디어 환경을 지원하는 최초의 웹 브라우저이다.

7-6 (　　　　)는 다른 곳에 있는 컴퓨터로부터 데이터 파일이나 프로그램 등을 받아 볼 수 있게 해주는 서비스이다. 웹이 탄생하기 이전에 전자우편과 함께 가장 인기 있는 서비스이며, 주로 프로그램이나 데이터를 파일형태로 다운로드 받거나 웹 페이지를 만들기 위해 파일을 웹 서버에 전송하는 경우에 이용한다.

7-7 기존의 방송은 공중 무선망을 이용하여 불특정 다수에게 정보를 전송하는 방식이었으나, 인터넷 방송은 인터넷망을 통하여 접속하는 사용자에게만 동영상 (　　　　) 기법을 이용하여 정보를 전송한다.

7-8 웹 2.0 콘텐츠의 생성은 사용자 집단의 능동적인 참여와 공유에 의해서 더욱 가치가 증가되고 있다. 이러한 사용자 생산 콘텐츠를 UCC 또는 UGC 라고 부르며 사용자들은 콘텐츠의 공급자인 동시에 소비자이므로 (　　　　)라는 용어로 부르기도 한다.

7-9 기존의 웹 콘텐츠는 생산자가 자신의 홈페이지에 게시를 해 놓거나 혹은 이메일 전송을 해주면 일반 사용자는 이를 보고 나서 해석을 하는 단계를 거쳤다. 이러한 콘텐츠 유통 과정에 혁신을 가져온 기술은 해당 사이트에서 업데이트 되는 정보를 (　　　　) 피드라는 형식으로 배포하여 원하는 웹사이트의 갱신 여부를 쉽게 알 수 있도록 해 주었다.

7-10 예전에 웹 검색의 경우 미리 정해져 있는 카테고리에 따라 자료를 분류하여 검색하는 디렉토리 방식의 검색 서비스를 하였다. 소셜 태깅은 사용자가 키워드를 임의의 태그로 붙이고 이들을 검색하는 기법을 말한다. 이 때 일반 사용자 대중이 자유롭게 붙인 태그에 따라 정보를 분류한다는 의미로 (　　　　)라고 부른다.

주관식

7-1 1969년 탄생된 인터넷의 발전 역사를 알아보고, 특히 인터넷 활용 영역의 발전에 대하여 서술하라.

7-2 정보를 하이퍼텍스트/하이퍼미디어 형태로 적절히 구성하기 위하여 Shneiderman이 제시한 3가지 황금률에 대하여 설명하라.

7-3 하이퍼텍스트/하이퍼미디어 시스템에서 노드(Node), 링크(Link), 앵커(Anchor) 개념을 간단히 기술하고, 어떤 경우나 여건에서 디지털 정보나 콘텐츠를 하이퍼텍스트/하이퍼미디어 시스템으로 구성하는 것이 가장 적절한지 설명하라.

7-4 인터넷을 가능케 하는 네트워크 장치 중 라우터, 게이트웨이, 허브 및 모뎀에 대하여 설명하라.

7-5 인터넷 환경에서 가장 자주 이용되는 플러그인 다섯 가지를 다운로드 받고 멀티미디어 데이터를 플러그인을 이용하여 재생시켜 보자.

7-6 웹 2.0은 참여(Participation), 개방(Openness), 공유(Sharing)의 개념에 의한 웹 서비스라 한다. 웹 2.0의 참여, 개방, 공유의 개념을 기술하되 구체적인 실 예들을 통해서 설명하라.

7-7 웹 2.0 서비스를 구현하기 위한 대표적인 웹 2.0 기술들을 간단히 소개하고 설명하라.

08

CHAPTER

모바일 멀티미디어

지금까지 PC를 이용하여 인터넷에서 e-메일을 전송하고 웹 정보를 활용하는 것이 가장 보편적인 이용형태였지만, 이제는 모바일 기기를 이용하여 무선으로 인터넷을 이용하고 비즈니스를 처리하는 '모바일 혁명' 시대에 접어들었다. 정보사회에서 이러한 추세를 이끌어갈 모바일 환경이 구축되고 있고 사회적, 경제적, 개인적 욕구가 모바일 시대를 요구하고 있다. 이동통신 인프라가 급속히 발전하면서 과거 음성 및 이미지 위주의 모바일 활용에서 이제는 휴대폰이나 PDA를 이용하여 실시간으로 멀티미디어 데이터의 활용이 가능하게 되었다.

이 장에서는 모바일 멀티미디어의 개념을 소개하고 모바일 환경의 추세와 발전을 설명하며 모바일 환경에서 멀티미디어 기술의 특성을 공부한다. 또한, 모바일 콘텐츠의 특성과 국내외 모바일 콘텐츠의 동향을 전망한다. 특히, 모바일 환경의 대표적인 멀티미디어 활용 콘텐츠 MMS, LBS, DMB에 대하여 각각의 특징을 살펴본다.

8.1 모바일 멀티미디어의 개요

우리는 이미 '모바일 멀티미디어' 사회에 살고 있지만 이 개념을 이해하는 방향은 사람에 따라 현저한 차이가 있다. 따라서, 모바일 멀티미디어의 개념을 정의하고 그 구성요소인 단말기, 모바일 네트워크, 플랫폼 및 콘텐츠를 설명한다. 또한 '모바일 혁명'을 촉진하는 사회, 경제적 요인과 개인적 욕구 및 기술적 측면을 생각해 보기로 하자.

8.1.1 모바일 멀티미디어의 개념

'모바일 멀티미디어'는 '모바일'과 '멀티미디어'의 합성어로 오늘날 지식정보사회에서 통상적으로 쓰이고 있는 용어임에도 불구하고 이 용어를 사용하는 사람마다 그 의미에 어느 정도 차이가 존재한다. 이제, '모바일 멀티미디어'의 개념을 보다 공식적으로 정의하고 활용 예를 통해 그 의미를 이해하자.

모바일 멀티미디어의 정의

'모바일(Mobile)'의 사전적 의미는 장소 불문하고 언제 어디서나 휴대가능하며 케이블이나 회선의 연결 없이도 휴대폰이나 PDA와 같은 무선통신기기를 이용하여 정보와 데이터를 주고받을 수 있는 개념을 의미한다. 그 의미를 보다 분명히 정의하면 모바일이란 단어는 휴대용(Portability)기기를 이용하여 이동 중에 실시간으로 디지털 데이터(음성, 멀티미디어 데이터, GPS 데이터 등)의 상호교환을 수행할 수 있는 능력을 뜻한다. 이러한 측면에서 볼 때 휴대용 디지털 TV는 디지털 데이터의 상호교환 기능이 없으므로 휴대성은 있으나 모바일 기기라 할 수 없다. 만일 MP3 기기가 PC로부터 단순히 음악파일을 다운로드 받아 사용한다면 모바일 기기라 할 수 없으나 이동 중에 실시간으로 원하는 음악을 찾아서 플레이 할 수 있는 기능을 가지고 있다면 모바일 기기라 할 수 있다.

모바일 기기는 이동성(Mobility)을 가지며 필요에 따라 위치기반(Location-based)의 특성을 가질 수 있다. 위치기반이란 모바일 기기의 사용자 위치에 따라 무선으로 전송되어 오는 정보가 다르다는 것을 의미한다. 예를 들어, GPS칩을 장착한 휴대전화를 이용하여 이용자의 현 지점 부근에 위치한 음식점 관련 정보 서비스를 제공받는 경우 이는 위치기반의 특성을 가진다고 한다.

'멀티미디어(Multimedia)'의 원래 의미는 두 종류 이상의 미디어(텍스트, 이미지, 그래픽/애니메이션, 사운드, 비디오 등의 복합적인 디지털 미디어)를 디지털 방식으로 생성, 표현, 저장 및 전송하는 것을 의미하며, 일반적으로 상호작용성(Interactivity)을 지원한다.

모바일 멀티미디어의 활용 예로는 휴대폰을 이용한 사진이나 SMS/MMS 메시지의 전송, 이동 중에 MP3 음악 파일이나 3D 게임 받기, 스마트폰을 이용한 카내비게이션 및 실시간 교통정보 이용, 휴대폰을 이용한 화상전화(Mobile Video Telephony) 등 많은 형태의 활용이 존재한다. 최근 DMB폰을 이용하여 위성TV나 지상파TV 프로그램을 시청하거나 부가서비스를 받는 것도 이용자가 이동 중에 개인적인 서비스를 제공받을 수 있고 일반적인 TV와는 달리 쌍방향의 상호작용이 가능하므로 모바일 멀티미디어의 범주에 포함된다고 할 수 있다. 그림 8-1은 모바일 멀티미디어 정보의 활용 예들을 보여주고 있다.

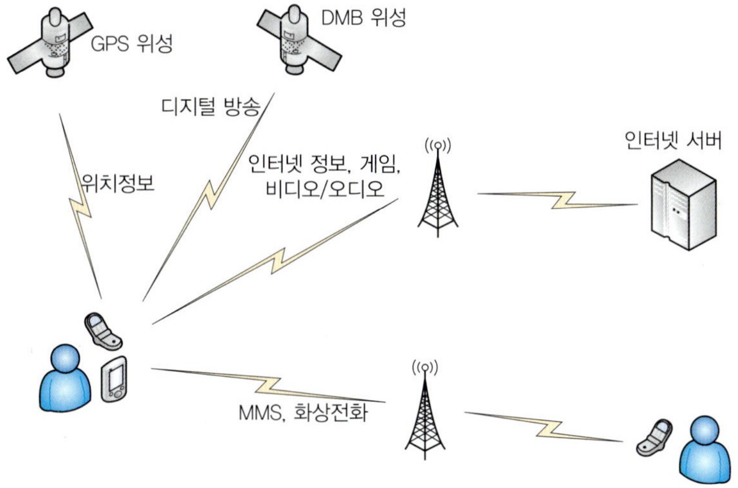

| 그림 8-1 모바일 멀티미디어의 활용

모바일 멀티미디어의 구성요소

모바일 멀티미디어 서비스가 가능하기 위해서는 여러 가지 다양한 구성요소가 필요하다. 이용자가 멀티미디어 정보를 받을 수 있는 단말기를 가지고 있어야하고 멀티미디어 정보를 효과적으로 전달할 수 있는 모바일 네트워크가 구성되어 있어야 한다. 또한 모바일 네트워크를 통해 전송될 콘텐츠가 존재해야하며 이러한 모바일 콘텐츠를 작성하고 멀티미디어 정보를 플레이 해줄 플랫폼과 3D 그래픽스 엔진 등이 요구된다. 그림 8-2는 이러한 구성요소들이 통합적 환경에서 어떤 역할을 수행하는지 보여주고 있다. 아래에 모바일 멀티미디어의 각 구성요소의 다양한 예들을 나열하였다.

1) 단말기: 휴대폰, 스마트폰, 태블릿 PC, eBook 단말기
2) 네트워크: 이동통신망, 위성통신망, 무선 LAN, 휴대인터넷망
3) 플랫폼: 모바일 운영체제, 모바일 웹브라우저, 앱 스토어
4) 콘텐츠(애플리케이션 및 데이터): 정보, 엔터테인먼트, 커뮤니케이션 등

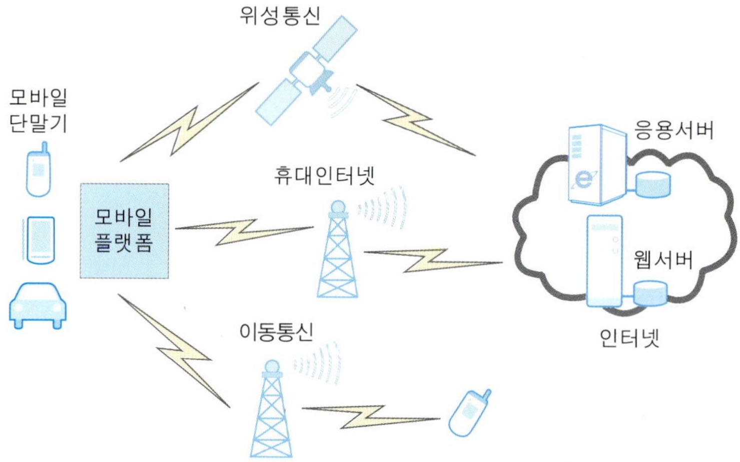

| 그림 8-2 모바일 멀티미디어의 구성요소

8.1.2 정보사회의 변화와 모바일 환경의 추세

정보사회의 변화

컴퓨팅 환경의 발전에 따라 정보사회의 흐름은 그림 8-3과 같이 지속적으로 변화해 왔다. 60년대와 70년대에는 메인프레임 컴퓨터를 이용하여 정보처리를 수행하였으나 80년대에는 워크스테이션을 이용한 정보처리가 하나의 주요 흐름으로 대두되었다. 80~90년대에는 일반 대중들에게 PC의 활용이 확산되었으며, 2000년대에 들어서면서 모바일 컴퓨팅 시대를 맞이하고 있다. 사람들이 이동 중에 언제 어디서나 원하는 정보를 주고받기를 원하기 때문에 모바일 컴퓨팅은 개인적인 욕구뿐만 아니라 지식정보사회에서 경쟁력을 갖추기 위해서도 필요로 하고 있다.

| 그림 8-3 컴퓨팅 환경에 따른 정보사회의 변화

Microsoft사의 빌 게이츠 회장은 IT혁명의 후속타로 제2의 IT붐은 '모바일 혁명'이 될 것으로 예측하였다. 그는 "앞으로 다양한 형태의 PC가 새로운 흐름의 중심을 이루며 웹서비스의 혁명을 가져올 것"이라고 말하였다. 새로운 형태의 PC란 데스크탑이나 노트북 이외에 태블릿 PC, 휴대용 단말기, 스마트 폰 등의 모바일 기기를 포괄하며, 웹서비스의 혁명이란 이른바 'Three Any'로 특징이 설명되는 유비쿼터스 환경의 실현을 말한다. 즉 언제(Any Time), 어디서나(Any Where), 어떤 단말기(Any Device)를 이용하더라도 자유롭게 인터넷에 접속하여 하고 싶은 일을 마음대로 할 수 있는 환경을 의미한다. 한편, Apple사의 스티브 잡스 회장은 2007년 초 iPod과 인터넷 및 휴대폰을 결합한 iPhone을 발표하였고 Apple사는 모바일 혁명을 주도하고 있다.

(a) Windows mobile 실행화면

(b) iPhone

| 그림 8-4 Microsoft사와 Apple사의 모바일 제품 동향

모바일 서비스 환경의 발전방향

우선 개인 생활이나 사회적인 측면에서 보면, 모바일 기기를 이용해서 더 빨리, 보다 편리하게 적은 비용으로 정보를 획득하고 전달하는 것이 가능하게 되었다. 예를 들어, 최근에 학생들은 PC에서 e-메일을 전송하는 것보다 휴대전화로 문자 메시지를 전달하는 방법을 더 자주 이용하고 있다. 또한 모바일 서비스를 적절히 활용하여 삶의 질에 대한 향상을 기대할 수 있다. 예를 들어, 모바일 기기를 이용하여 디지털 홈을 원격제어하거나 교육이나 여가에 활용할 때 개인의 생활에서 모바일 서비스가 유용하게 적용될 수 있다.

기술적인 측면에서 살펴볼 때, 모바일 기기의 성능이 향상됨으로써 새로운 활용분야가 출현하게 되었다. 예를 들어, 대부분의 휴대전화가 디지털 카메라 기능을 가지게 됨에 따라 사진이나 멀티미디어 메시지의 전송이 가능하게 되었고, 단말기 프로세서의 속도가 빨라지는 것에 비례하여 비디오나 3D 게임 등과 같은 다양한 멀티미디어 콘텐츠의 활용이 중요시되는 추세이다.

8.2 모바일 멀티미디어 환경

양질의 모바일 멀티미디어 서비스는 이를 받쳐주는 이동통신 인프라가 있을 때 가능한 것이다. 이 절에서는 디지털 이동통신의 방식과 무선 인터넷 서비스의 발전과정을 설명한다. 또한 모바일 단말기의 유형으로 일반 휴대폰, 스마트폰, 태블릿 PC, 전자책 단말기 등의 특성도 살펴본다.

8.2.1 이동통신 기술의 발전

이동통신은 Motorola사가 개발한 세계 최초의 휴대폰인 DynaTac이 1983년 상용화된 이후 매우 빠르게 발전을 이루어 왔다. 전세계 전기통신연합체인 ITU는 이동통신 서비스를 4세대로 구분하여 규정하고 있다. 아날로그 방식의 1세대 휴대폰은 1991년경 디지털 방식의 2세대 휴대폰으로 발전하였고, 2000년에 IMT-2000에 해당하는 3세대를 거쳐 2011년 이후 4세대 휴대폰 시대가 시작되었다. 그림 8-5는 우리나라 경우의 이동통신 발전 상황에 따른 각 세대별 통신망 기술과 대표적인 서비스를 보여주고 있다.

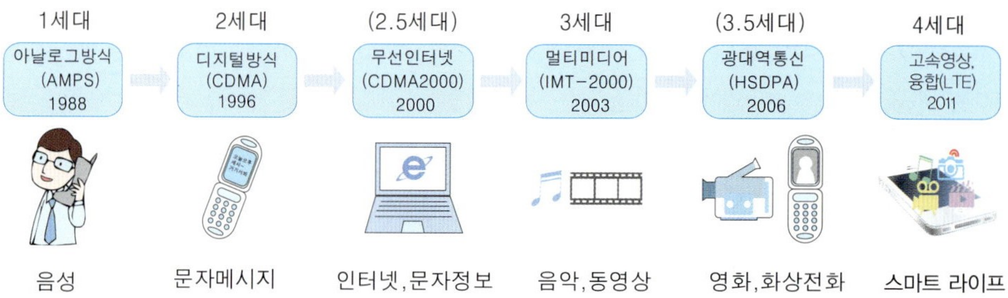

| 그림 8-5 국내 이동통신 시스템 방식의 발전

(1) 1세대: 아날로그 이동통신

1세대인 아날로그 방식은 음성통화를 목적으로 개발되었고 미국의 AMPS 방식과 유럽의 TACS 방식이 대표적이다. 그림 8-6은 1983년 세계 최초로 상용화된 Motorola사의 DynaTac 8000 모델과 삼성전자가 1988년 국내 처음으로 서비스를 시작한 SH-100 모델을 보여주고 있다.

| 그림 8-6 Motorola의 DynaTac 8000과 삼성전자의 SH-100

(2) 2세대 및 2.5세대: 디지털 이동통신

| 그림 8-7 Motorola의 StarTAC과 삼성전자의 SCH-100

1990년대 초에 상용화된 2세대 이동통신 시스템은 디지털 방식으로 음성 외에도 데이터의 송수신이 가능해졌다. 2세대 이동통신은 비동기식인 TDMA 방식과 동기식인 CDMA 방식으로 구분된다. TDMA는 주파수 대역을 시간 구간으로 나누어 순차적으로 이용하는 시간분할 다중접속방식으로서 유럽의 GSM 방식이 대표적이다. 반면에 CDMA는 여러 사용자가 코드를 분할하여 구분하는 코드분할 다중접속 방식으로 미국 일부와 한국, 호주 등 아시아 태평양 지역에서 많이 사용되고 있다.

이후 2000년대에 접어들면서 기술적으로 한단계 진화되어 2.5세대에 해당하는 CDMA2000 방식이 개발되어 모바일 기기에서 무선인터넷 서비스가 시작되고 컬러휴대폰이 출시되기 시작하였다. 그림 8-7은 Motorola StarTAC과 삼성전자의 SCH-100을 보여주고 있다.

(3) 3세대 및 3.5세대: 멀티미디어 시대의 시작

2003년 경 3세대 이동통신 시대로 접어들면서 음악이나 동영상과 같은 멀티미디어 서비스 시대가 시작되었다. 3세대 이동통신 기술은 IMT-2000이라 명명하여 개발되었으며, 우리나라 및 미국에서 사용되는 동기식인 CDMA2000 방식, 유럽의 GSM 및 TDMA 기술을 기반으로 한 비동기식인 W-CDMA 방식이 대표적이다. 원래 IMT-2000은 전세계가 공통 주파수를 사용하여 자유롭게 모바일 단말기까지 호환되는 글로벌 로밍을 목표로 하였으나 각 국가의 이해관계와 시스템의 미비로 인하여 완전히 실현되지는 못하였다.

3세대 W-CDMA나 CDMA2000 기술의 전송속도로는 사용자가 원하는 품질의 멀티미디어 서비스를 충족시키기에는 미흡하였다. 2007년 3월부터 상용화 서비스가 시작된 HSDPA 기술은 W-CDMA 기술에서 전송속도를 획기적으로 개선하여 3.5세대 이동통신 기술이라 불린다(그림 8-8). 최대 다운로드 속도 14Mbps 및 업로드 속도 5.76Mbps를 지원함으로써, SK텔레콤의 '3G+' 및 KT의 '쇼'와 같은 멀티미디어 서비스가 가능하게 되었다. 한편, 휴대인터넷을 위해 개발된 LTE와 WiBro는 고속으로 이동하는 도중에도 무선인터넷이 가능하므로 휴대전화의 무선인터넷 서비스에 적용하고 있다.

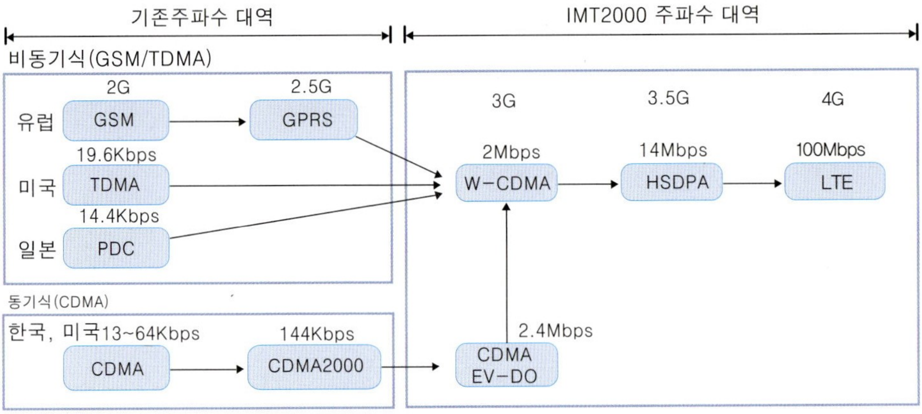

| 그림 8-8 이동통신 기술표준의 진화과정

(4) 4세대: 스마트 라이프 시대

ITU의 정의에 따르면 4세대 이동통신은 정지시 1Gbps 및 고속 이동시 100Mbps의 데이터 전송속도를 지원하는 것으로 규정하였다. 국내에서는 2011년 7월 SK텔레콤과 LG U+에서 4G LTE(Long Term Evolution) 서비스를 시작하고 2012년 1월 KTF에서 4G WiBro(Wide Broadband) 서비스를 시작하면서 본격적인 4G 이동통신 시대가 개막되었다. 4G 통신망에서는 높은 전송속도를 지원하여 온라인 게임, 모바일 TV, 각종 스트리밍 콘텐츠 등의 초고속의 고화질 멀티미디어 서비스가 가능해져서 진정한 스마트폰 혁명이 예상되고 있다.

8.2.2 무선인터넷 환경과 멀티미디어

무선인터넷이란 무선 이동통신과 인터넷 서비스의 결합으로서, 이동 중에 무선으로 모바일 단말기를 이용하여 인터넷 환경의 정보나 멀티미디어 데이터를 송수신하는 것을 말한다. 현재 무선인터넷의 전송속도는 유선인터넷에 비해 많이 느리기 때문에 주로 텍스트나 이미지 위주의 정보, 또는 일부 동영상 정보로 제한되어 있다. 그러나 무선인터넷의 전송속도가 빨라지는 추세이므로 앞으로 보다 다양한 멀티미디어 정보의 활용이 가능해질 것이다.

무선인터넷 서비스의 유형

무선인터넷 서비스에는 그림 8-9에서 보듯이 무선 LAN이나 핫스팟(Hot Spot)과 같이 제한된 구역 내에서 이용이 가능한 고정형 무선인터넷과 이동 중에도 이용이 가능한 이동형 무선인터넷으로 나뉜다. 고정형 무선인터넷의 경우 학교, 공공기관, 기업 등에서 정해진 구역에 설치된 무선 LAN이나 역, 공항, 카페 등 핫스팟 지역을 설치하여 인터넷 서비스를 가능하게 한다. 무선인터넷에 접속이 된 경우 지정된 구역 내에서는 이동이 가능하고 지역을 벗어나는 순간 서비스가 중단된다. 고정형 무선 인터넷은 주로 노트북 컴퓨터에서 인터넷을 접속하는데 널리 사용되고 있다.

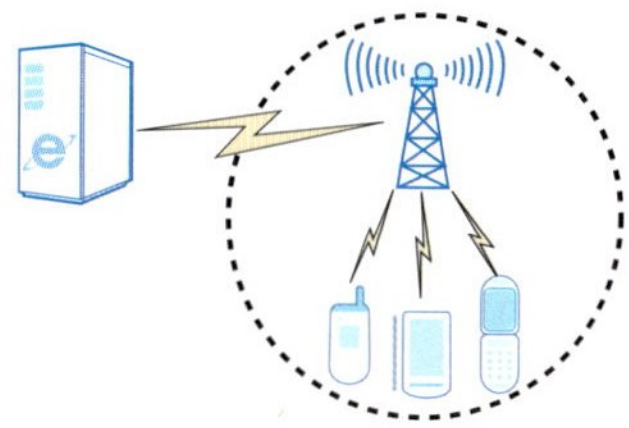
(a) 고정형 무선인터넷 서비스

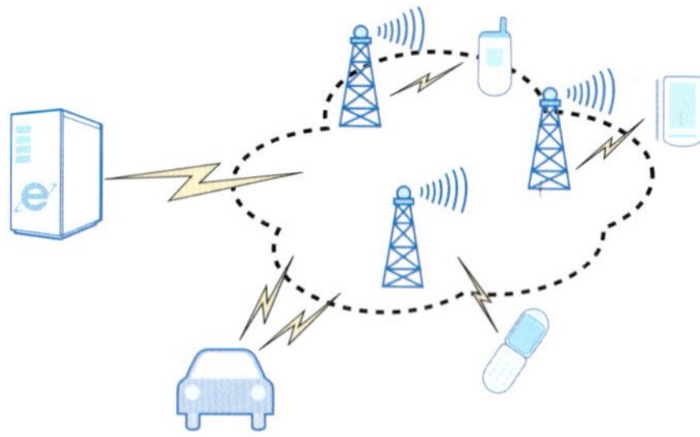
(b) 이동형 무선인터넷 서비스

| 그림 8-9 무선인터넷 서비스의 유형

이동형 무선인터넷은 이동통신망을 이용한 인터넷 서비스로서 사용료가 이용시간과 데이터 전송량에 따라 부과되므로 많은 비용부담이 발생하는 특성이 있다. 우리가 보통 모바일 활용분야에서 언급하는 협의의 무선인터넷은 휴대폰이나 PDA 등 모바일 단말기를 이용하여 인터넷에 접속하는 이동형 무선인터넷 서비스를 의미한다. 3세대 이동통신망에서는 속도가 느렸지만 3.5세대 이동통신망에서는 HSDPA나 WiBro 기술을 이용하여 데이터 전송속도가 훨씬 빨라졌다.

8.2.3 모바일 정보기기

모바일 기기의 한계점

모바일 기기는 PC나 노트북에 비해 이동성이 있고 휴대하기 간편하다는 이점이 있는 대신 여러 가지 한계성도 가지고 있다. 우선 모바일 기기는 휴대하기 편하도록 크기가 작아야하고 무게도 가벼워야 한다. 따라서 화면의 크기가 작고 CPU와 프로세서의 가격과 성능도 PC에 비해 차이가 난다. 무선방식으로 데이터를 송수신하므로 전송속도도 떨어지며, 배터리의 전력충전 능력이 가장 큰 제약사항이므로 전력소모량이 큰

CPU나 프로세서의 장착이 어렵다.

모바일 기기는 휴대하고 다니기 때문에 PC에서 사용하는 크기의 키보드 장치를 사용할 수 없다. 이러한 이유로 모바일 기기의 입력 수단은 몇 개의 버튼, 터치스크린, 펜 입력장치 등을 이용해야 하는 한계성을 지니고 있다. 일반적으로 모바일 기기는 실내뿐 아니라 야외나 이동 중에도 사용하고, 사용시간도 지속적이지 않고 잠시 사용하는 등 이용여건이 안정적이지 못하다. 따라서 모바일기기의 효과적인 사용을 위해서는 무엇보다도 편리한 사용자 인터페이스 기법이 요구된다.

이동통신 단말기의 종류

1) 일반 휴대폰

휴대폰의 원래 목적은 음성통신 기능이지만 요즈음 '피쳐폰(Feature Phone)'이라고 불리는 대부분의 3G 혹은 3.5G 휴대폰은 무선인터넷 및 정보처리를 위한 컴퓨팅 기능을 내장하여 제공하고 있다. 또한 대부분의 피쳐폰에서 카메라 기능과 위치정보를 제공하는 GPS 기능도 내장하고 있다.

2) 스마트폰

스마트폰(Smart Phone)은 단순 음성통화를 위한 기기라고 하기보다는 일반 PC와 같이 고기능의 범용 운영체제를 탑재하여 인터넷, 이메일, 전자책, 게임 등 다양한 애플리케이션을 자유롭게 설치하여 실행할 수 있는 고기능 휴대폰을 말한다. 일반 휴대폰에 비해 넓은 화면과 터치 기능 등 편리한 인터페이스와 멀티미디어 기능을 지원하여 '손 안의 PC'라고도 불린다. 현재 스마트폰 시장은 애플의 아이폰과 삼성전자의 갤럭시폰이 강세를 보이고 있다.

3) 태블릿 PC

2010년 4월 애플사에서 9.7인치 화면에 약 0.5인치 두께의 아이패드(iPad)를 발표하면서 태블릿PC(Tablet PC) 시장이 새롭게 열리게 되었다. 가볍고 큰 화면으로 주로 들고 다니며 모바일 인터넷을 통해 멀티미디어를 감상하거나 이메일 송수신 등의 간단한 업무를 처리할 수 있어서 스마트라이프 혁명에 큰 역할을 하고 있다. 이후 삼성전자에서 출시한 7인치 크기의 갤럭시탭, 애플사의 아이패드2, 아이패드3에 이어서 나온 아이패드 미니, 구글사의 넥서스탭이 태블릿 PC 시장에서 치열한 경쟁을 하고 있다.

4) 전자책 단말기

2007년 아마존에서 발표한 전자책 단말기인 Kindle은 전자책 시장이 본격적으로 형성되는 촉매제 역할을 하였다. 아마존 Kindle은 전자책이나 신문 등의 출판 콘텐츠를 무선 인터넷으로 받아 볼 수 있어서 이동 중에 휴대형 단말기를 통해 출판물을 구독할 수 있게 되었다. 최근 발표된 아마존 Kindle Fire는 출판물뿐만 아니라 멀티미디어 데이터도 모바일 인터넷을 통해 받아 보는 등 태블릿 PC와 동등한 수준의 모바일 인터넷 기능을 제공하고 있다.

(a) 일반 휴대폰 (b) 스마트폰 (c) iPad (d) Kindle Fire

| 그림 8-10 다양한 모바일 단말기

8.2.4 모바일 플랫폼

모바일 단말기가 구동하기 위해서는 일반적인 컴퓨터 시스템과 마찬가지로 모바일 단말기용 시스템 소프트웨어를 필요로 하며 이 역할을 모바일 운영체제(OS, Operating System)에서 수행하고 있다. 모바일 기기에서 실행되는 콘텐츠는 그림 8-11에서 보듯이 다음의 세 가지 유형으로 구분할 수 있다. 다운로드 애플리케이션은 사용자가 인터넷이나 앱스토어에서 직접 다운로드하여 실행하는 소프트웨어로서 게임, 음악, e러닝, 교통정보 등 다양한 종류의 앱(App)이 있으며 모바일 운영체제 상에서 실행되고 있다. 한편, 인터넷 서버로부터 제공받는 각종 모바일 콘텐츠는 모바일 기기에서 실행되는 모바일 웹 브라우저를 통해 실행이 된다. 마지막으로 단말기 고유의 내장 애플리케이션은 모바일 운영체제 위에서 직접 구현된 프로그램으로 바탕화면 등 휴대폰 자체에 내장된 기능을 위하여 사용된다.

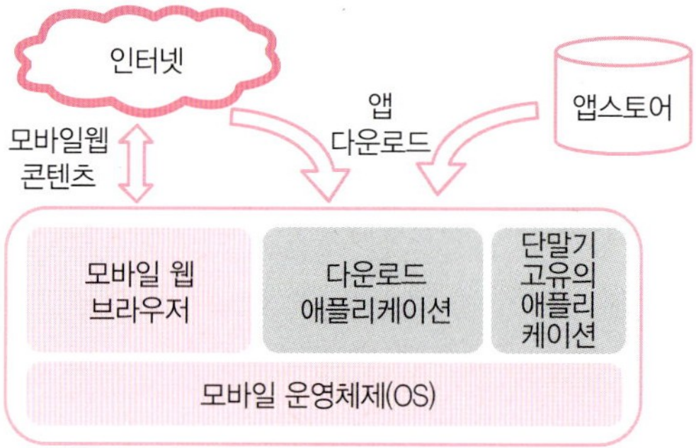

| 그림 8-11 모바일 기기 소프트웨어의 구성

모바일 운영체제

모바일 운영체제(OS)는 휴대폰에서 PC의 운영체제와 같은 역할을 수행하며 스마트폰을 구성하고 있는 프로세서, 메모리, 화면 등의 하드웨어를 관리하고 운영하는 프로그램으로서 모바일 플랫폼이라고도 불린다. 운영체제의 역할은 하드웨어 구동 이외에 다양한 응용 서비스를 포함하는 모바일 애플리케이션이 실행되는 소프트웨어 플랫폼 역할을 한다.

스마트폰 이전의 모바일 운영체제는 이동통신 사업자나 단말기에 종속되어 폐쇄적인 형태로 일부 단말기 모델들에 적용되었으나, 최근의 공개형 플랫폼에서는 모바일 애플리케이션을 개발하는데 필요한 API(Application Program Interface)를 제공하여 누구나 해당 플랫폼의 애플리케이션을 개발하는 것이 가능해졌다. 애플, 구글, 마이크로소프트 등 모바일 운영체제 사업자들은 개발자들에게 API 및 개발도구를 무료로 제공해주어 자신의 모바일 운영체제에서 실행되는 애플리케이션이 더 많이 개발되도록 공개 전략을 추진하고 있다.

현재 모바일 운영체제 시장에서 구글 안드로이드(Android) 플랫폼을 탑재한 안드로이드 폰의 비중이 매우 큰 것으로 조사되고 있다. 다음으로는 애플의 iPhone이 있으며, 그 외의 모바일 운영체제로는 Microsoft Windows, Blackberry 등이 있다.

| 그림 8-12 대표적인 모바일 운영체제

모바일 웹 브라우저

휴대폰에서 애플리케이션이 실행되는 운영체제 이외에 또 하나의 중요한 플랫폼은 웹 콘텐츠를 볼 수 있는 모바일 웹브라우저이다. 모바일 브라우저 혹은 모바일 웹브라우저는 휴대폰이나 PDA, 태블릿 PC와 같은 모바일 기기에서 이용할 수 있도록 설계되어 인터넷의 자료나 모바일 웹 서비스에 접속할 수 있도록 한다.

초기 2G 내지 2.5G 휴대폰에서 인터넷을 웹 방식으로 접속하기에는 프로세서의 속도나 화면의 크기 등 모바일 단말기의 성능이 너무 부족하였다. 그 후 3G 휴대폰에서는 기기의 성능이 발전함에 따라 기존의 유선 인터넷 서비스를 휴대폰에서 데스크탑 화면과 같이 볼 수 있다는 의미의 풀 브라우징(Full Browsing) 방식의 서비스가 시작되었다. 그러나, 휴대폰에서 데스크탑 화면을 그대로 보여주기에는 화면이 작고 속도가 느리며 일부 호환이 되지 않는 콘텐츠가 있어서 불편함이 있었다.

이후 스마트폰이 출현하면서 진정한 의미의 풀 브라우징이 가능하게 되었다. 모바일 단말기 특징에 맞추어 작은 화면에서도 최적화된 인터페이스로 구현하였으며 모바일 기기의 특성에 맞추어 빠른 속도로 인터넷 브라우징이 가능하게 되었다. 향후에는 모바일 웹 브라우저에 HTML5 기능을 완전히 탑재하여 모바일 기기의 하드웨어까지 제어가 가능한 각종 모바일 웹 애플리케이션 실행이 가능해질 것으로 기대되고 있다.

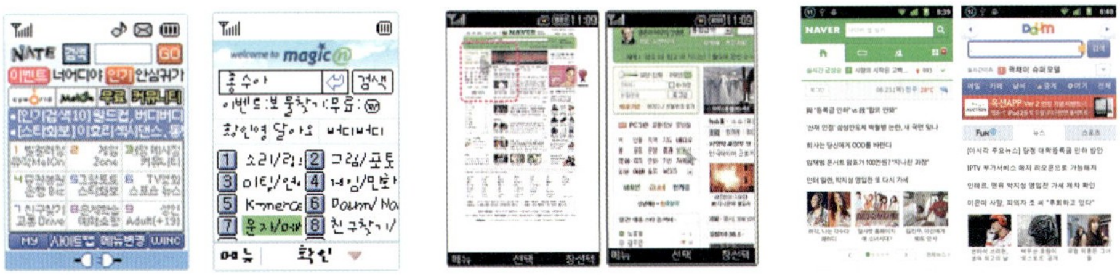

(a) 2G 브라우저 (SK Nate, KT MagicN) (b) 3G 풀 브라우저 (LGT OZ) (c) 스마트폰 웹 브라우저 (안드로이드 기본 브라우저)

| 그림 8-13 모바일 브라우저의 발전 과정

8.2.5 모바일 애플리케이션

모바일 애플리케이션이란 휴대폰이나 태블릿PC 등 모바일 기기의 플랫폼에서 실행되는 소프트웨어로서 최근 스마트폰의 확산에 힘입어 우리의 일상생활을 바꾸어 놓고 있다. 모바일 애플리케이션을 크게 구분해 보면 모바일 네이티브(Native) 애플리케이션과 모바일 웹 애플리케이션, 그리고 두 방식을 혼합한 모바일 하이브리드 애플리케이션의 3가지로 구분할 수 있다.

모바일 앱

모바일 네이티브 애플리케이션은 iPhone이나 안드로이드 등 특정 운영체제에서 제공하는 환경에서 개발된 애플리케이션으로 보통 줄여서 모바일 앱(App)이라고 부른다. 안드로이드 앱 개발에는 주로 Java 언어가 사용되고 있으며, iOS 에서는 Objective-C 언어나 최근 선보인 Swift 언어가 많이 사용되고 있다. 모바일 앱은 이와 같이 특정 운영체제에 종속되어 개발되어야 하므로 개발 비용과 시간이 많이 소요된다는 단점이 있지만 카메라나 GPS 기능 등 모바일 단말기의 기능에 최적화된 애플리케이션 개발이 가능하다는 장점이 있다. 이러한 모바일 앱은 각 플랫폼 업체들이 운영하는 모바일 앱 마켓에서 원하는 앱을 다운로드 받아 실행할 수 있다. 모바일 애플리케이션 마켓으로 널리 알려져 있는 앱스토어(App Store)는 'Application Store'의 준말로 모바일 애플리케이션을 자유롭게 사고 팔 수 있는 온라인 상의 장터(Market Place)를 의미한다.

모바일 웹

모바일 앱은 인터넷이나 앱스토어를 통해 다운로드하여 모바일 단말기에 설치한 후 콘텐츠를 사용하는 반면에 모바일 웹은 웹 브라우저를 통해 애플리케이션에 접속하여 콘텐츠를 이용하게 된다. 모바일 웹 애플리케이션은 HTML5, CSS, Javascript, PHP 등의 웹 표준기술을 이용하여 작성되고 웹 브라우저를 기반으로 실행이 된다. 모바일 웹은 사용자가 애플리케이션을 서버에서 다운로드 받아서 실행하는 것이 아니라 모바일 웹 브라우저에서 접속하여 서버의 데이터를 이용하게 된다. 모바일 앱은 모바일 미디어에 최적화하여 처리속도가 빠르며 모바일 단말기의 기능을 효율적으로 제어하는 등 많은 장점이 있다. 그러나 모바일 앱이 특정 운영체제에서만 실행되는 단점이 있는 반면, 모바일 웹은 플랫폼에 종속적이지 않고 웹 표준을 따르므로 다수의 단말기를 보유한 사용자들이 여러 플랫폼에서 동일한 웹 애플리케이션을 이용할 수 있다.

하이브리드 앱

한편, 모바일 웹과 모바일 앱 방식의 장점을 최대한 살린 하이브리드 앱 방식이 등장하였다. 다양한 모바일 플랫폼에서 실행이 가능한 모바일 웹 방식과 모바일 단말기의 특성을 극대화하고 쉽게 배포가 가능한 모바일 앱 방식을 절충한 것이다. 웹 기술을 주로 이용하여 애플리케이션의 내부 구조와 인터페이스를 작성하고 단말기 센서 등 단말기 제어 기능은 전용 API를 사용하여 코딩한 후, 일반 모바일 앱처럼 단말기에서 실행이 되도록 패키징을 한 것이다. 즉, 알맹이는 웹이고 포장은 일반 앱의 형태로 개발이나 배포가 쉬우면서도 여러 플랫폼에서 핵심 기능을 같이 사용한다는 장점이 있다.

사용자 입장에서 실행 절차는 그림 8-14에서 보듯이 모바일 웹은 다운로드 없이 모바일 웹 브라우저로 접속하여 실행하고, 원하는 모바일 앱은 다운로드받아 설치후 실행하면 된다. 하이브리드 앱은 모바일 앱처럼 앱 마켓에서 다운로드하여 설치하지만 앱이 시작되고 나면 모바일 웹과 마찬가지의 방식으로 작동된다.

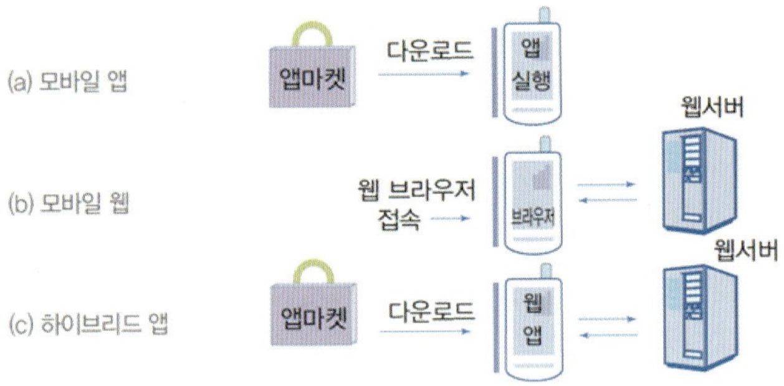

| 그림 8-14 모바일 앱, 모바일 웹, 하이브리드 앱의 실행 과정

8.3 모바일 멀티미디어의 요소기술

모바일 콘텐츠가 서비스가 되려면 우선 다양한 멀티미디어 기술을 적용하여 콘텐츠를 제작하여야 하며 이들이 실행될 플랫폼이 필요하다. 이 절에서는 모바일 콘텐츠가 서비스되기 위해 필요한 멀티미디어 요소기술로 이미지 처리, 그래픽 기술, 사운드 및 비디오 처리 기술을 살펴보기로 하자.

8.3.1 이미지 및 그래픽스 처리기술

일반적인 컴퓨터 애플리케이션과 마찬가지로 모바일 단말기에서도 문자만 보여주는 것보다 이미지나 그림을 통하여 의사를 전달하는 것이 훨씬 효율적이다. 2D 그래픽스는 모바일 멀티미디어의 가장 기본적인 요소로서 이미지 처리기술과 2D 벡터 그래픽스 처리기술이 포함된다. 3D 그래픽스는 2D 그래픽스보다 훨씬 복잡한 기술을 필요로 하지만, 단말기 화면에서 보다 실감나는 그림을 보기 위하여 사용하고 있다.

디스플레이 화면의 해상도

초창기 디지털 방식인 제2세대 이동통신 환경의 모바일 단말기에서는 적은 양의 문자 데이터만 표시하면 되었으나, 2.5세대에는 무선인터넷이 적용되어 많은 양의 문자 및 이미지 데이터를 표시할 필요에 따라 해상도가 증가되었다. 보통 65×101에서 120×160 크기의 화면을 사용하였으며 4~8레벨 그레이 또는 컬러를 적용하였다.

3세대의 멀티미디어 무선통신 환경에서는 디스플레이 해상도가 더욱 증가하여 보통 120×160의 QQVGA에서 240×320의 QVGA급 화면에 4096 내지 256K 컬러를 사용하였다. 최근 3.5세대 비디오 환경에서는 화상전화, 스트림 비디오, DMB 방송 등 더 높은 해상도의 디스플레이 화면을 요구하고 있다. 최근 고기능의 휴대폰이나 스마트폰의 디스플레이 화면은 초창기 PC에서 적용하던 640×480의 VGA보다 폭이 넓은 800×480 크기의 WVGA급의 해상도를 채택하고 있다. 표 8-1에 모바일 단말기 화면의 해상도 종류에 대해 정리하였다.

| 표 8-1 디스플레이 화면 해상도의 명칭

명칭	화면 해상도 사양	특징
QQVGA (Quarter QVGA)	120×160 픽셀	• VGA의 1/4×1/4
QCIF (Quarter Common Interchange Format)	176×144~176×220 픽셀	• CIF는 비디오 화면 표준으로 PAL의 경우 352×288, NTSC의 경우 352×240
QVGA (Quarter VGA)	320×240 픽셀, 256K 컬러	• VGA의 절반 크기 • 256K (=262K) : 24bit 중 18bit 사용
WQVGA (Wide QVGA)	384×240~432×240 픽셀	• 16:10~9:5 비율
WVGA (Wide VGA)	800×480~854×480 픽셀	• 16:10~9:5 비율

이미지 처리 기술

모바일 기기에서 래스터 방식의 이미지를 표현하기 위해 많이 사용되는 파일 형식으로는 WBMP, SIS, GIF, JPEG, PNG 등이 있다. WBMP(Wireless BitMaP)와 SIS(Simple Image Solution)는 모바일 단말기의 제한된 메모리에서 사용하기 적합한 파일형식으로 3G 모바일 환경에서 널리 사용되었다. 그러나 최근에는 모바일 단말기의 성능이 향상됨에 따라 기존의 데스크탑 PC에서 널리 사용되고 있는 GIF나 JPEG, PNG 등의 이미지 형식이 많이 사용되고 있으며, 이 경우 PC와 모바일 콘텐츠 간의 호환이 용이하다는 장점이 있다.

2D 벡터 그래픽스 기술

모바일 환경에서 사용되는 대표적인 벡터 그래픽스 파일 형식으로는 mobile SVG가 있다. mobile SVG(Scalable Vector Graphics)는 W3C에서 모바일 기기용으로 제정한 2D 벡터 그래픽스의 표준 규격으로, 웹 문서에서 표준으로 사용되는 SVG의 부분집합이므로 유무선 확장성이 좋으며 공개된 표준규약이라는 장점이 있다. 이러한 2D 벡터 그래픽스 기술은 그림 8-15에서 보듯이 애니메이션, 게임, 지도 서비스, 전자책 단말기 뷰어 등에 활용되고 있다.

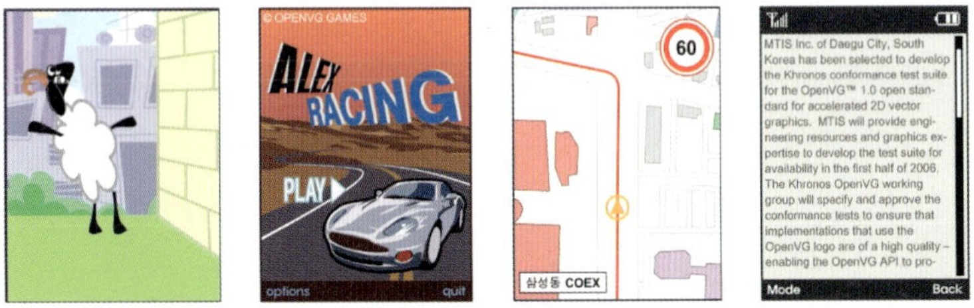

| 그림 8-15 2D 그래픽스 기술의 활용 예 (출처: 휴원)

3D 그래픽스 기술

모바일 단말기에서 3D 그래픽스를 구현할 때 화면의 크기나 해상도가 부족하여 복잡한 그림을 제대로 볼 수 없는 경우도 있으며, 처리해야 할 계산량이 많아서 속도가 느려지는 경우도 있다. 이러한 경우, 3D 그래픽스의 핵심적인 기능을 별도의 소프트웨어로 개발한 그래픽스 엔진에서 처리해 주는 것이 효율적이다. 이들 엔진을 이용하여 응용 프로그램을 개발하기 위한 대표적인 모바일 3D 그래픽스 API로는 OpenGL ES가 있다. OpenGL ES는 모바일 관련 회사들의 컨소시엄인 Khronos 그룹에서 OpenGL을 임베디드 시스템용으로 축소하여 개발하였다. 그림 8-16에서 보듯이 3D 그래픽스의 활용 분야로는 대표적으로 3D 게임이나 3D UI가 있으며, 최근 VR/AR 분야에서 3D 캐릭터 서비스나 3D 맵 서비스 등이 증가하고 있는 추세이다.

| 그림 8-16 3D 그래픽스 기술의 활용 예 (출처: Khronos)

8.3.2 사운드 처리기술

모바일 콘텐츠를 개발하기 위해서는 플랫폼 기술 뿐 아니라 다양한 멀티미디어 요소기술이 요구된다. 사운드를 처리하기 위한 기술로서 벨소리와 통화대기음을 구현하기 위해 MP3, AAC, MIDI와 같은 압축 기술이 이용되고 있다.

사운드 압축기술

모바일 콘텐츠에서 음악 파일을 압축하기 위한 표준으로 MP3와 AAC(Advanced Audio Coding) 표준이 이용되고 있다. MP3는 동영상 표준인 MPEG-1에서 오디오 부분의 Layer 3를 의미한다. MP3는 2채널의 스테레오 방식으로 압축률은 1/10~1/12 정도이고 CD 수준의 음질을 지원한다. 반면, AAC는 MPEG-2의 오디오 부분에 해당하며 5.1 채널의 돌비 방식으로 MPEG-4의 오디오 표준으로도 채택되었다. AAC는 우수한 압축기법을 사용하여 MP3에 비해 파일의 크기가 약 30% 정도 줄어들고 음질도 향상되었다.

MIDI 표준

MIDI(Musical Instrument Digital Interface) 표준도 음악이나 벨소리에 사용된다. MIDI는 음 자체를 압축하여 저장하는 것이 아니라 음을 어떻게 연주할 것인지에 관한 정보를 저장한다. 즉, 음의 높이, 음표의 길이, 음의 강약, 연주할 악기 등 악보에 해당하는 정보를 표현하고, 실제 소리는 단말기 내에 장착된 음의 발생장치(Synthesizer)에 의해 생성된다. MIDI 표준은 주로 벨소리나 음악 등에 사용되고 있다.

8.3.3 비디오 처리기술 및 활용

비디오 압축의 표준을 제정하는 국제기구로는 PC의 동영상 표준을 제정하는 ISO/IEC와 비디오 폰과 같은 통신환경의 비디오 표준을 제정하는 ITU-T가 있다.

비디오 압축기술

모바일 콘텐츠에 적용되는 중요한 비디오 표준으로는 ISO/IEC가 제정한 MPEG-2 및 MPEG-4 Visual이 있으며 ITU-T에서 제정한 H.264가 있다. MPEG-2 표준은 디지털 방송과 HDTV 및 DVD 수준의 영상을 표현할 목적으로 제정되었다. MPEG-4 표준은 인터넷 유선망뿐만 아니라 이동통신 무선망에서 화상회의 및 비디오 전화와 같은 대화형 멀티미디어의 압축을 목적으로 제정되었고, MPEG-4 표준의 Visual 부분은 캠코더폰의 비디오 압축 및 VOD 서비스 등에 적용되고 있다. ISO/IEC와 ITU-T가 공동으로 작업하여 MPEG-4 표준의 AVC(Advanced Video Coding) 부분과 H.264는 동일하게 제정되었으며, 화상회의나 화상전화의 비디오 압축, 위성 및 지상파 DMB 등에 적용되고 있다.

스트리밍(Streaming) 기술

오디오나 비디오와 같이 시간 흐름에 연속적인 데이터는 용량이 커서 데이터를 전송하는데 많은 시간이 소요된다. 이러한 데이터를 다운로드 방식으로 전송하면 데이터를 다 받은 후에야 재생이 가능하므로 다운로드 동안 시간의 지연이 발생할 수밖에 없다. 이에 비해 스트리밍 방식은 데이터를 적당한 크기로 분할하여 압축해서 전송하면 수신자 측에서는 데이터 조각을 받는대로 즉시 복원하여 재생한다. 따라서 스트리밍 방식에서는 데이터 재생 시작 시간의 지연을 대폭 줄일 수 있다.

스트리밍 서비스에는 서비스 시점에 따라 온-디맨드(On-Demand) 스트리밍과 실시간(Live) 스트리밍이 있다. 온-디맨드 스트리밍은 이미 압축되어 저장되어 있는 비디오 파일로부터 수신자가 원하는 시간에 전송하는 방식이다. 뉴스, 스포츠 방송, 뮤직 비디오, 영화 예고편 등의 분야에 활용되고 있다. 실시간 스트리밍에서는 비디오 스트림이 실시간으로 압축되어 수신자에게 전송되며, 도로정보의 전송, 실황중계 방송, 화상회의 등에 활용된다.

8.4 모바일 환경에서 디지털 콘텐츠

모바일 시대의 발전에 부응하기 위해서는 모바일 인프라의 활용분야를 발굴하고 각 활용 영역의 다양한 모바일 콘텐츠 개발이 요구된다. 모바일 콘텐츠 산업은 기존의 다른 산업과는 판이한 특성을 가지는 고부가가치 산업이다. 이 절에서는 모바일 콘텐츠의 전반적인 개념을 이해하고, 특히 모바일 멀티미디어 콘텐츠 활용 분야를 살펴보기로 한다.

8.4.1 모바일 콘텐츠의 개요

모바일 콘텐츠 산업은 디지털 콘텐츠와 마찬가지로 크게 히트하면 많은 수익이 보장되지만 히트할 확률이 매우 낮은 투기성이 있으며 벤처성 산업의 특성을 가지고 있다. 또한 모바일 콘텐츠는 원소스멀티유스(One Source Multi Use)의 성격을 가지고 있어, 콘텐츠를 한번 개발하면 여러 가지 목적과 유형으로 활용할 수 있다. 이동통신사들은 '콘텐츠 서비스 경쟁'에 돌입하여 영화, 음악, 게임 등 다양한 콘텐츠의 확보를 위해 노력하고 있다.

모바일 콘텐츠는 무선통신의 이동성을 지원하는 환경에서 활용하는 디지털 콘텐츠를 의미하며, 이동성, 위치기반, 고객차별성, 개인성 등의 특성을 가진다. 모바일 콘텐츠의 핵심요소는 그림 8-17에서 보듯이 상호작용성(Communicability), 즉시연결성(Instant connectivity), 지역성(Localization), 개인성(Personalization)이다. 모바일 콘텐츠를 이용하여 응용서버나 다른 이용자와 실시간 데이터를 주고받을 수 있는 상호작용성을 지원하며, 이용자가 연결하고 싶을 때 상대방과 즉시 연결할 수 있어야 한다. 또한 이용자에게 제공되는 모바일 콘텐츠는 이용자의 현재 위치에 따라 제공되는 내용이 달라지는 지역성 또는 이동성의 특성을 가지며, 이용자 개개인의 요구사항과 상황에 따라 차별화된 콘텐츠 내용이 제공될 수 있다.

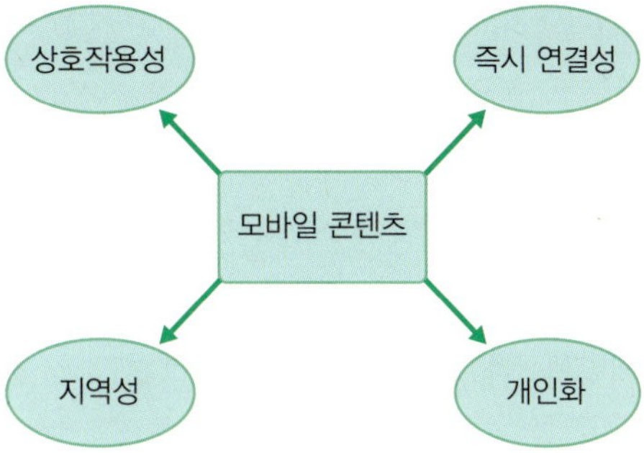

| 그림 8-17 모바일 콘텐츠의 핵심요소

한편, 모바일 콘텐츠는 단말기 기능과 성능의 제약성으로 인하여 일반적인 디지털 콘텐츠에 비하여 콘텐츠의 크기, 기능, 품질이 제한적이다. 모바일 콘텐츠의 이용자도 비교적 짧은 시간 동안 이용하는 경향이 있고 이용환경도 제한적인 경우가 많다. 표 8-2는 유선인터넷 환경에서 제공되는 디지털 콘텐츠와 모바일 콘텐츠의 차이점과 특성을 비교한 것이다.

| 표 8-2 디지털 콘텐츠와 모바일 콘텐츠의 비교

구분	디지털 콘텐츠	모바일 콘텐츠
대표적 콘텐츠	• 유선인터넷 콘텐츠, PC용 프로그램	• 휴대폰, PDA용 콘텐츠
기본 특징	• 고정 설치된 단말기를 통한 콘텐츠 이용	• 휴대성을 강조한 이동통신 단말기 이용
차이점/제약성	• 단말기가 설치된 장소에서만 이용 가능 • 대중화된 콘텐츠로 이용료가 상대적으로 낮음 • 콘텐츠의 질과 사용하는 하드웨어 환경이 우수함	• 항상 휴대하므로 공간적 제약이 없음 • 작은 디스플레이 공간, 프로세서의 처리 속도 • 한정된 사운드, 제한된 입력장치 등 한계성

8.4.2 모바일 콘텐츠와 스마트 혁명

일반적으로 우리가 접하는 디지털 콘텐츠는 사용매체의 발전에 따라 인터넷 콘텐츠, 모바일 콘텐츠, 스마트 기기 콘텐츠로 구분해 볼 수 있다. 유선 인터넷을 통해 제공되던 인터넷 콘텐츠는 휴대전화나 노트PC와 같은 모바일 단말기에서 제공되는 모바일 콘텐츠로 발전하였고, 최근 스마트폰이나 태블릿PC, 스마트TV와 같은 스마트기기에 적합한 디지털 콘텐츠로 발전하고 있다. 여기에서는 콘텐츠 산업분야별로 스마트 기기 콘텐츠의 특징을 살펴보기로 한다.

출판 콘텐츠

스마트폰이 나오기 전에는 휴대폰의 작은 화면으로 전자책을 보기에는 불편함이 많았지만, 스마트폰이나 태블릿PC에서는 큰 화면으로 인해 충분히 가독성이 개선되었다. 특히 전자책 전용 단말기인 Amazone사의 Kindle이나 태블릿PC인 애플사의 iPad는 전자출판 시장의 활성화에 큰 기여를 하였다. 이와 같은 스마트기기 환경에서 앱마켓을 통해 전자출판물 콘텐츠가 유통되거나 대형 출판콘텐츠 유통사가 출판물 보급에 나서고 있어서 향후 전자출판 시장이 더욱 확대될 것으로 예상되고 있다. 애플사에서는 'iBooks'라는 이름으로 전자책 앱마켓을 운영하고 있으며, 구글사에서도 'Google Play Books'라는 이름으로 전자출판물 콘텐츠 서비스를 시작하였다.

게임 콘텐츠

스마트폰 앱마켓에서 출판콘텐츠 다음으로 많이 찾는 콘텐츠는 스마트폰 게임 분야이다. 스마트폰 게임에는 기존의 모바일 게임과 유사한 형태의 간단한 게임도 있지만 스마트폰의 기능을 반영한 특징적인 게임도 많이 있다. 스마트폰 시장에서 많은 인기를 모으고 있는 '앵그리버드'와 같이 터치센서를 이용하거나 '템플런'이나 '바운싱볼'과 같이 중력센서 등 스마트폰의 각종 기능을 이용한 게임도 많이 선보이고 있다. 최근 많은 사람들이 즐기는 '애니팡'이나 '드래곤플라이트'의 경우 '카카오톡'과 연계되어 더 큰 인기를 얻고 있다. 한편, 화면이 커지고 해상도가 증가함에 따라 Gameloft사의 '던전헌터'와 같은 고품질 화면의 대형 모바일 RPG 게임도 개발되고 있다.

(a) 앵그리버드

(b) 애니팡

(c) 던전헌터

| 그림 8-18 스마트폰 게임 사례

음악 콘텐츠

음악 서비스는 모바일콘텐츠에서 가장 활성화된 분야 중 하나로, 모바일 음악서비스는 SKT의 '멜론'이나 KT의 '도시락' 등 주로 이동통신사에서 제공하는 사이트에서 이용되었다. 스마트폰 환경에서는 이동통신사 뿐 아니라 다양한 음원 서비스 업체로부터 음악콘텐츠를 제공받을 수 있게 되었고, 다운로드 중심의 사용패턴에서 스마트기기의 기능향상으로 인해 스트리밍 서비스의 사용 비중이 많이 증가하였다.

영상/애니메이션 콘텐츠

영화나 방송 서비스 분야는 기존 휴대폰에서 화면 크기와 콘텐츠의 대용량 문제로 크게 활성화되지 못하였으나, 고속의 무선인터넷의 접속이 가능하고 큰 화면을 가진 스마트 기기의 출현으로 본격적인 서비스가 기대되고 있다. 무료 WiFi 등 무선 인터넷 이용요금의 하락과 스트리밍 방식 서비스의 확대는 영상콘텐츠 서비스의 활성화로 이어지고 있다. 특히, 큰 화면을 가지고 있는 태블릿PC는 영상이나 방송 콘텐츠를 즐기기에 최적의 스마트기기로 환영받고 있다.

정보 콘텐츠

스마트폰에서 사용되는 정보콘텐츠 중 관심이 많은 분야는 e러닝 분야이다. 출판 콘텐츠와 마찬가지로 e러닝 콘텐츠는 스마트기기에서 큰 화면으로 인해 가독성이나 멀티미디어 처리 기능 및 인터넷 접속성이 향상되어 학생들의 교과학습이나 일반인들의 어학학습에 여러 가지 편리성을 제공하고 있다. 이 외에도 우리의 일상생활에 필요한 생활정보, 금융 법률 등 전문정보, 공연이나 취미와 같은 오락정보 등 다양한 정보를 스마트기기에서 보다 풍부한 콘텐츠로 제공하는 애플리케이션이 많이 이용되고 있다. 이러한 다양한 애플리케이션은 우리의 생활을 혁신적으로 변화시켜 스마트 라이프 및 스마트 워크 시대로 이끌고 있다.

8.4.3 모바일 멀티미디어의 활용

앞 절에서는 모바일 콘텐츠를 다양한 산업분야별로 나누어 활용분야를 살펴보았다. 이 절에서는 스마트 기기 환경에서 멀티미디어 기술을 적용하는 콘텐츠 중에서 가장 대표적인 사례로 커뮤니케이션, 위치기반, 증강현실 및 DMB에 대하여 설명한다.

모바일 커뮤니케이션 서비스

원래 휴대폰은 음성통화나 화상통화 이외에도 문자메시지 서비스(SMS)나 멀티미디어 메시지 서비스(MMS)를 통하여 사용자간 데이터에 기반한 커뮤니케이션을 할 수 있다. SMS나 MMS가 이동통신망을 통하여 메시지 데이터를 전송하는 반면에 모바일 인스턴트 메신저는 스마트폰에서 무선인터넷을 통하여 현재의 접속자들과 실시간 문자로 대화하도록 해주는 서비스이다. 국내에서 사용되는 모바일 인스턴트 메신저 서비스로는 '카카오톡'이 가장 대표적이며, 전세계적으로는 '와츠앱(WhatsApp)'과 '텔레그램(Telegram)'을 많이 사용하며, 중국에서는 '위챗(WeChat)', 일본에서는 우리나라 네이버가 개발한 '라인(Line)'을 많이 이용하고 있다.

한편, PC에서 시작한 소셜네트워크서비스(SNS)는 모바일 단말기와 연동되며 더욱 사용자들의 인기를 얻고 있다. SNS 서비스로 전 세계적으로 가장 유명한 '페이스북(Facebook)'의 경우 PC에서는 의사소통에 어느 정도 시간차가 발생하지만, 스마트폰에서는 찍은 사진이나 글을 곧바로 올리고 실시간에 댓글을 다는 행위가 가능해진 것이다. 또한 '트위터(Twitter)'는 짧은 문장에 기반한 모바일 SNS 서비스로 의견교류와 인맥관리의 목적으로 널리 사용되고 있다.

(a) 카카오톡 (b) 모바일 페이스북 (c) 트위터

| 그림 8-19 모바일 커뮤니케이션 서비스 사례

위치기반 서비스(LBS, Location Based Service)

위치기반 서비스는 사용자의 휴대폰에서 제공해주는 위치정보와 주변 지리정보를 이용하여 무선 인터넷을 통해 교통정보, 게임, 위치추적, 광고 등을 제공하는 서비스이다. 요즘 휴대폰에는 소형이면서도 가격이 저렴한 GPS(Global Positioning System)칩이 기본으로 탑재되어 스마트폰의 핵심 서비스로 자리 잡고 있다.

위치기반 서비스의 대표적인 애플리케이션 유형으로는 위치정보에 기반한 정보제공, 오락, 안전보장, 위치추적, 상거래 서비스가 있다. 위치기반 정보제공 서비스에는 교통정보나 도로상황, 길안내, 주변정보 검색 서비스 등이 있으며, 지도 서비스에서 부근 식당이나 목적지를 찾아주는 서비스가 대표적이다. 최근 많은 관심을 받는 분야로 위치기반 게임 서비스 및 미팅 서비스 등도 있다. 가족 간 혹은 연인 간 상대방의 위치를 파악하여 개인 신변의 안전을 보장하는 서비스로는 '안심귀가', 'i-Kids', '긴급호출' 등이 있다. 전자상거래시 물류의 배송상태이나, 친구의 위치 찾기, 분실폰 찾기 등 사람이나 차량, 물류 등의 위치를 추적할 수 있는 서비스도 대표적이며, 최근에는 위치기반의 광고나 주변 상점에서 할인쿠폰을 제공하는 서비스도 볼 수 있다.

(a) SK T맵 서비스 (b) 안드로이드 앱 – 스마트 안심귀가

| 그림 8-20 모바일 위치기반 서비스 사례

증강현실(Augmented Reality) 애플리케이션

가상현실(VR; Virtual Reaity)은 사용자로 하여금 가상의 3D 공간에서 가상의 물체를 보고 체험할 수 있는 반면 증강현실(AR; Augmented Reality)은 사용자가 눈으로 직접 보고있는 현실세계에 추가적인 가상정보를 제공해 주는 개념이다. 증강현실 서비스를 실현하려면 눈으로 보는 것을 재현할 수 있는 카메라 및 고해상도 디스플레이 기능과 가상정보 제공을 위한 위치인식 기능이 필요하다. 이러한 기능을 겸비하고 있는 스마트폰 단말기가 확산되면서 증강현실 앱이 많은 각광을 받고 있다. 대표적인 증강현실 서비스로는 위치정보에 기반하여 지역에 부가적인 정보를 제공해 주는 서비스와 교육이나 게임 등의 애플리케이션에서 특정 마크를 인식하면 모바일 화면에서 3차원 캐릭터 애니메이션이 재현되는 서비스가 있다.

최근 착용이 편리한 웨어러블 기기가 개발됨에 따라 증강현실 기술이 더욱 주목을 받게 되었다. 대표적으로 구글에서 발표한 구글글래스에서는 사용자에게 길안내나 앞에 보이는 물체에 대한 정보를 안경에 디스플레이 해주어 진정한 의미의 증강현실 서비스를 실현하게 되었다. 또한 스마트 자동차와 같은 모바일 장치에서도 도로 안내나 운전 정보를 앞면 유리창에 디스플레이 해주고 있다.

(a) 위치기반 정보제공 서비스(출처: 삼성전자)　　(b) AR 캐릭터 애니메이션(출처: 애니펜)

| 그림 8-21 모바일 증강현실 애플리케이션 사례

모바일 TV (DMB 서비스)

모바일 TV란 이동환경에서 DMB 휴대폰이나 차량용 단말기 등의 모바일 단말기를 통해 시청할 수 있는 디지털 방식의 멀티미디어 방송을 의미한다. 우리나라가 세계 최초로 개발한 DMB(Digital Multimedia Broadcasting) 서비스는 모바일 환경에서 고화질, 고음질, 다채널의 멀티미디어 방송을 의미하며 쌍방향의 데이터 서비스가 가능하다. 지상파로 방송을 송출하는 지상파 DMB 서비스는 3개의 공중파 회사(KBS, MBC, SBS)와 3개의 비공중파 회사(YTN DMB, KMMB, Korea DMB)가 세계 최초로 2005년 12월 본방송을 개시하였다. 한편, 위성을 통해 방송을 송신하는 위성 DMB 서비스는 2005년 5월 유료 상용서비스를 개시하였다가 수익성 문제로 2012년 8월 서비스를 종료하였다.

DMB 방송 서비스는 디지털 방식의 오디오, 비디오 외에도 다양한 데이터 정보의 서비스를 지향하고 있다. 오디오는 뉴스, 음악 등을 전송할 때 이미지도 동시에 제공함으로써 '보는 라디오(Visible Radio)'서비스를 가능케 하였다. 비디오 서비스에는 지상파 뉴스, 스포츠, 드라마, 교양물 등이 있고, 데이터 서비스는 교통, 날씨, 금융, 부동산과 같은 독립 데이터를 비롯하여 프로그램과 관련된 부가 데이터 서비스 및 라디오 프로그램과 연계한 안내서비스를 제공한다. 그림 8-22는 DMB 방송의 다양한 서비스 유형을 보여주고 있다.

(a) 비디오 서비스 (b) 오디오 서비스 (c) 데이터 서비스

| 그림 8-22 DMB 방송의 유형(출처: YTN, SBS)

8.5 참고자료

- 모바일 멀티미디어 / 최윤철, 임순범 / 생능출판사, 2007
- 컴퓨터와 IT기술의 이해 / 최윤철, 한탁돈, 임순범 / 생능출판사, 2016
- 2014년 무선인터넷이용실태조사 / 한국인터넷진흥원 / 2014.12
- 스마트콘텐츠 시장조사 / 한국콘텐츠진흥원 / 2014.12
- digital.life ITU Internet Report 2006 / International Telecommunication Union / 2006
- Apple iPhone, www.apple.com/iphone
- 안드로이드 운영체제, http://www.google.com
- Khronos 그룹, www.khronos.org, 3D 그래픽스 및 모바일 3D 게임의 예
- 휴원, www.hu1.com, 2D 벡터 그래픽스의 예
- SK텔레콤 T맵, http://www.tmap.co.kr/
- 스마트 안심귀가, http://www.petaframe.com/
- 삼성전자, www.samsung.com, 위치기반 정보제공 서비스
- 애니펜, www.anipen.com, AR 캐릭터 애니메이션
- 카카오톡, http://www.kakao.com/talk
- 모바일 페이스북, http://m.facebook.com/
- 트위터, http://www.twitter.com/
- 앵그리버드, http://www.rovio.com/
- 애니팡, http://corp.sundaytoz.com/
- 던전헌터, http://www.gameloft.com/iphone-games/dungeon-hunter-3

연습문제

5지 선다형

8-1 이동통신 기술의 발전에 따라 통신 방식이 발전해 왔다. 다음 중 이동통신을 위해 사용된 통신 방식이 아닌 것은?

(a) CDMA　　(b) TDMA　　(c) WiFi
(d) WiBro　　(e) IMT-2000

8-2 모바일 멀티미디어 서비스 산업 환경에서 모바일 게임, 전자책, 모바일 결제, 모바일 쿠폰, 모바일 광고 시장 등을 포함하는 구성요소는 무엇인가?

(a) 단말기　　(b) 네트워크　　(c) 플랫폼
(d) 패키징　　(e) 콘텐츠

8-3 다음 중 모바일 플랫폼에 대한 설명으로 틀린 것은?

(a) iOS 개발자는 모든 아이폰을 대상으로 테스트 및 버전관리를 해야 하는 부담이 있다.
(b) iOS와 Android는 스마트폰뿐만 아니라 애플TV, 구글TV와 같은 스마트TV에도 탑재된다.
(c) iOS는 애플사의 기기에만 탑재되어 있다.
(d) Android는 오픈소스 전략을 통하여 여러 회사의 스마트폰에 탑재가능하다.
(e) Android는 스마트폰 개발 회사가 자신의 회사에 맞도록 커스터마이징 할 수 있다.

8-4 다음 중 전 세계 모바일 폰 시장 점유율 1위에 해당하는 운영체제로 알맞은 것은?

(a) iOS　　(b) Android　　(c) Chrome
(d) Blackberry　　(e) Tizen

8-5 다음 중 모바일 기기에서 래스터 방식의 이미지를 표현하는데 사용되는 형식이 아닌 것은?

(a) GIF　　(b) JPEG　　(c) PNG
(d) SVG　　(e) SIS

8-6 다음 중 구글에서 운영하는 온라인상의 스토어 이름으로 알맞은 것은?

(a) App Store　　(b) Play Store　　(c) T Store
(d) One Store　　(e) Marketplace

8-7 다음 중 하이브리드 앱에 대한 설명으로 틀린 것은?

(a) 하이브리드 앱은 주로 HTML5, Javascript, CSS3로 개발한다.
(b) 하이브리드 앱은 카메라, GPS등 모바일 기기의 하드웨어 자원을 사용하지 못한다.
(c) 하이브리드 앱은 앱스토어를 통해 판매가 가능하다.
(d) 하이브리드 앱은 웹의 장점과 앱의 장점을 모두 가지고 있다.
(e) 하이브리드 앱은 콘텐츠 부분을 다른 플랫폼에서도 재활용 가능하다.

8-8 다음 중 모바일 애플리케이션에서 모바일 환경에 따른 특징이 아닌 것은?

(a) 신속성　　(b) 지역성　　(c) 개인화
(d) 즉시 연결성　　(e) 전달성

8-9 이동통신망의 GPS 측위 및 Wi-Fi 측위가 가능한 스마트폰의 확산에 따라 긴급구조 등에 활용이 증가하고 있는 모바일 기술은 무엇인가?

(a) 커뮤니케이션 서비스　　(b) 증강현실 서비스　　(c) 위치기반서비스
(d) 모바일 클라우드 서비스　　(e) 소셜네트워크 서비스

8-10 다음중 LBS 기술을 이용한 사례로 가장 알맞은 것은?

(a) 물건에 부착된 바코드를 스마트폰으로 검색하여 관련 정보를 얻었다.
(b) 자동차를 타고 가면서 모바일 단말기를 통해 DMB 방송을 시청하였다.
(c) QR 코드를 스마트폰으로 검색하여 웹사이트에 접속하였다.
(d) 스마트폰을 이용해서 물건 값을 결제하였다.
(e) 페이스북의 체크인 기능을 이용해서 내가 현재 위치한 장소를 SNS에 게시하였다.

괄호넣기

8-1 웹서비스의 혁명이란 이른바 'Three Any'로 특징이 설명되는 유비쿼터스 환경의 실현을 말한다. 즉 (　　　　　　), (　　　　　　　), 어떤 단말기(Any Device)를 이용하더라도 자유롭게 인터넷에 접속하여 하고 싶은 일을 마음대로 할 수 있는 환경을 의미한다.

8-2 국내에서 4세대 이동통신은 2011년 7월 SK텔레콤과 LG U+에서 4G (　　　) 서비스를 시작하고 2012년 1월 KTF에서 4G (　　　) 서비스를 시작하면서 본격적인 4G 이동통신 시대가 개막되었다.

8-3 무선인터넷 서비스에는 무선 LAN이나 핫스팟(Hot Spot)과 같이 제한된 구역 내에서 이용이 가능한 (　　　) 무선인터넷과 이동 중에도 이용이 가능한 (　　　) 무선인터넷으로 나뉜다.

8-4 모바일 기기는 휴대하고 다니기 때문에 PC에서 사용하는 크기의 키보드 장치를 사용할 수 없다. 이러한 이유로 모바일 기기의 입력 수단은 몇 개의 버튼, 터치스크린, 펜 입력장치 등을 이용해야 하는 한계성을 지니고 있다. 따라서 모바일기기의 효과적인 사용을 위해서는 무엇보다도 편리한 (　　　　　) 기법이 요구된다.

8-5 (　　　)은 단순 음성통화를 위한 기기라고 하기보다는 일반 PC와 같이 고기능의 범용 운영체제를 탑재하여 인터넷, 이메일, 전자책, 게임 등 다양한 애플리케이션을 자유롭게 설치하여 실행할 수 있는 고기능 휴대폰을 말한다.

8-6 애플, 구글, 마이크로소프트 등 모바일 운영체제 사업자들은 개발자들에게 (　　) 및 개발도구를 무료로 제공해주어 자신의 모바일 운영체제에서 실행되는 애플리케이션이 더 많이 개발되도록 공개 전략을 추진하고 있다.

8-7 최근 고기능의 휴대폰이나 스마트폰 환경에서는 화상전화, 스트림 비디오, DMB 방송 등 더 높은 해상도의 디스플레이 화면을 요구하고 있으며, 초창기 PC에서 적용하던 640×480의 VGA보다 폭이 넓은 800×480 크기의 (　　　)급의 해상도를 채택하고 있다.

8-8 모바일 단말기에서 3D 그래픽스를 구현할 때 처리해야 할 계산량이 많아서 속도가 느려지는 경우도 있다. 이러한 경우 그래픽스 엔진에서 처리해 주는 것이 효율적이며, 그래픽스 엔진을 이용하기 위하여 사용되는 대표적인 모바일 3D 그래픽스 API로는 (　　　　)가 있다.

8-9 SMS나 MMS가 이동통신망을 통하여 사용자 간에 문자 메시지 데이터를 전송하는 반면에 모바일 (　　　　　　　)는 스마트폰에서 무선인터넷을 통하여 현재의 접속자들과 실시간 문자로 대화하도록 해주는 서비스로 국내에서는 '카카오톡'이 가장 대표적이다.

8-10 (　　　　　)은 사용자로 하여금 가상의 3D 공간에서 가상의 물체를 보고 체험할 수 있는 반면 (　　　　　)은 사용자가 눈으로 직접 보고있는 현실세계에 추가적인 가상정보를 제공해 주는 개념이다.

주관식

8-1 모바일 기기의 가장 큰 특징으로는 휴대성(Portability)과 이동성(Mobility)을 들 수 있다. 이들 개념에 대해 사례를 통하여 설명하라.

8-2 모바일 멀티미디어 서비스가 모바일기기 및 네트워크 측면에서 어떠한 제약성이 있는지 기술하고 이용환경 측면에서 특성과 제약성을 설명하라.

8-3 모바일 기기에서 무선으로 인터넷에 접속하는 환경은 크게 고정형 무선인터넷 서비스와 이동형 무선인터넷 서비스 환경이 있다. 두 가지 서비스 환경의 특징을 비교하고 각 방식에 해당하는 무선인터넷 서비스 사례를 열거하라.

8-4 모바일 단말기에서 서비스가 가능한 프로그램을 크게 구분해 보면 웹 브라우저에서 실행되는 애플리케이션과 모바일 플랫폼(OS)에서 다운로드하여 실행하는 애플리케이션이 있다. 이들 두 가지 방식의 특징과 차이점을 설명하라.

8-5 모바일 콘텐츠를 서비스하는 데에는 사운드 압축 및 비디오 압축 기술이 많이 사용되고 있다. 모바일 콘텐츠의 사운드 및 비디오를 압축하는 데에는 어떤 표준이 사용되는지 설명하고 각 표준이 적용되는 서비스 사례를 열거하라.

8-6 모바일 콘텐츠의 특성 및 핵심요소에 대하여 기술하고, 모바일 콘텐츠를 활용분야 별로 분류하고 간단히 설명하라.

8-7 LBS(Location Based Service)의 활용분야를 설명하고, Microsoft Virtual Earth와 Google Maps/Google Earth에서 LBS 활용을 위해 어떠한 기능 및 서비스를 제공하고 있는지 간단히 기술하라.

09
CHAPTER

가상환경과 멀티미디어

전통적으로 멀티미디어는 텍스트, 이미지/그래픽, 사운드, 애니메이션 및 비디오 등의 미디어를 의미한다. 그러나 최근 PC, 스마트폰 및 인터넷 환경에서도 가상현실(VR)의 실현이 가능하게 됨에 따라 가상현실이 중요한 미디어의 한 가지로 인식되게 되었다. 특히 2010년대 중반 이후 고성능 HMD의 개발과 인터랙션 기술의 발전에 따라 몰입형 가상현실이 매우 효과적인 미디어로 자리잡게 되었다. 가상현실 기술은 최근 매우 중요한 미디어로 부상하고 있으며 그 활용 가치와 가상현실 시장이 빠르게 성장 할 것으로 기대된다. 가상현실 기술 뿐 아니라 증강현실(AR) 기술이 급격히 발전하여 앞으로 더욱 활용이 확대 될 것으로 예상된다. 이 장에서는 가상현실 및 증강현실의 개념을 설명하고 가상현실 시스템의 구성을 설명하며 실제 활용 예들을 소개한다.

9.1 가상현실의 소개

가상현실(VR: Virtual Reality)이라는 말은 이미 우리에게 생소한 단어가 아니다. TV 프로그램에서 현재 진행 중인 가상현실 연구를 소개하기도 하고, 영화에서는 몇 년 뒤에나 실현 가능할 미래의 가상현실까지 보여주고 있다. 이 절에서는 가상현실이 무엇인지 이해하고, 가상현실 시스템의 종류를 설명하며, 가상현실 시스템의 요구사항에 대하여 알아보자.

9.1.1 가상현실(Virtual Reality)의 개념

가상현실의 세계란 가상의 세계를 현실과 같이 만들어 내고 인체의 모든 감각기관(눈, 코, 귀, 입, 피부 등)이 인위적으로 창조한 세계에 몰입됨으로써 자신이 바로 그 곳에 있는 것처럼 느낄 수 있는 세계를 말한다. 흔히 가상환경(VE: Virtual Environment)이라고도 부른다. 가상현실 세계에서는 현실 세계의 시뮬레이션은 물론, 현실세계에서 불가능한 체험을 가능하게 해줄 수 있다. 예를 들면, 분자 구조나 DNA 구조와 같은 눈으로 볼 수 없는 가상의 세계를 구축하거나, 화성 탐사와 같은 미지의 세계를 탐험하는 데에도 이용될 수 있다.

가상현실이 가능하기 위해서는 예술과 기술이 조화된 3차원 컴퓨터 그래픽스 기술과 상황의 변화에 따라 영상을 생성할 수 있는 실시간 렌더링 기술, 사용자의 요구에 적절히 반응할 수 있는 상호작용 등의 요소가 조화를 이루어야 한다. 아울러 멀티미디어 기술의 발전도 가상현실의 실현에 큰 영향을 미친다. 미래에는 멀티미디어 데이터 처리 기술의 발전과 초고속통신망의 확장과 같은 네트워크 기술의 발전을 통해 가상현실에 좀 더 쉽게 접근할 수 있게 될 것이다.

가상현실은 전통적인 시뮬레이션과 구별되는 특징으로 임장감과 몰입감, 상호작용성 및 자율성을 갖는다(그림 9-1 참조). 또한 원칙적으로 가상현실은 컴퓨터가 생성(Computer genarated)한 가상의 공간과 객체들을 의미한다.

임장감(Presence)과 몰입감(Immersion)

효과적인 가상현실을 제공하기 위해서는 사용자가 3차원 공간에 직접 있는 것과 같은 임장감과 실감나는 정보제시를 통하여 몰입감을 높여주어야 한다. 가상현실에서 사용자의 감각은 시스템 설계자가 창조한 가상적인 정보를 통해 실제 세계에 빠져있는 듯한 느낌을 받는다. 몰입을 위한 대표적인 장치들로는 HMD(Head Mounted Display), 데이터 글러브(Data Glove), 3D 위치 트래킹(Position Tracking) 등이 있으며, 이러한 장치를 이용해 사용자에게 전자적인 피드백(Feedback)을 통해 감각을 형성한다. 따라서 임장감과 몰입감은 일차적으로 하드웨어에 의해 지원된다. 가령, 비행 시뮬레이션의 경우 몰입을 제공하기 위해 각 비행장의 모든 상황을 그대로 재현하여 보여주는 것도 임장감과 몰입감을 높이기 위한 방법이다.

상호작용성(Interactivity)

사용자는 가상환경을 능동적으로 조작하고 적절한 피드백을 받을 수 있어야 한다. 즉, 원하는 곳을 자유롭게 돌아다닐 수 있는 탐색항해(Navigation) 기능과 가상공간 안에서 문을 열고, 불을 켜거나 의자를 옮기는 등의 조작(Manipulation)이 가능해야 한다. 이러한 특성을 지니는 가상현실을 '상호작용할 수 있는 전자적 표현'이라 할 수 있다. 즉, 가상현실은 상황전개나 정보의 흐름을 컴퓨터뿐만 아니라 사용자도 제어할 수 있는 메카니즘의 의미를 지니고 있다.

자율성(Autonomy)

가상환경 내에서는 실세계와 같은 자연법칙(예, 중력법칙)이 적용되거나 자율적인 행동을 수행하는 물체가 존재할 수 있다. 즉, 가상환경 내의 물체나 생명체가 외부의 자극과 스스로의 욕구에 의해 자율적으로 움직일 수 있다는 것을 의미한다.

그림 9-1은 가상현실 시스템의 요구사항을 보여주고 있다.

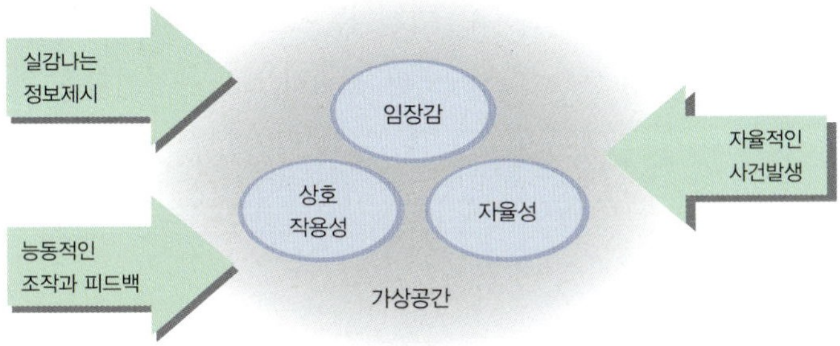

| 그림 9-1 가상현실 시스템의 요구사항

9.1.2 가상현실의 종류

가상현실의 종류는 몰입의 정도에 따라 몰입형 가상현실 시스템, 비몰입형 가상현실 시스템, 증강현실의 세 가지로 나눌 수 있다. 이외에도 엄밀한 의미의 가상현실은 아니지만 가상현실과 유사한 효과를 제공하는 이미지기반 VR(360 VR)에 대하여 알아보자.

(1) 몰입형 가상현실 시스템(Immersive VR System)

몰입형 가상현실이란 컴퓨터에 의해 만들어진 3차원 환경에 HMD 등의 몰입형 장비를 착용하여 가상의 세계를 경험하고 상호 대화식으로 정보를 주고받는 시스템이다. 그림 9-2(a)에서 볼 수 있듯이 사용자는 장비를 착용하고 현실과는 완전히 차단된 가상 환경만을 볼 수 있도록 하는 것으로 가장 이상적인 형태이다. 그러나 고가의 장비를 필요로 하기 때문에 주로 연구 실험용으로 사용되고 있는 실정이다.

방과 같은 공간의 벽에 영상을 투시하여 마치 동굴 내에서 가상환경에 몰입되는 듯한 환경을 제공하는 CAVE(Cave Automatic Virtual Environment)를 이용하여 가상현실 시스템을 구현하기도 한다. CAVE는 방 크기의 공간에 앞, 위, 왼쪽, 오른쪽에 세워진 벽을 스크린 삼아 4개의 면에 프로젝터로부터 입체영상을 투시하여 몰입형 영상을 제공하는 가상현실을 위한 영상표시장치이다(그림 9-2(b) 참조). 보통 2~5명이 가벼운 스테레오 안경을 쓰고 CAVE 안에서 움직이게 되는데, HMD에 비해 오류도 적고 보이는 이미지의 왜곡 없이 실감나게 가상공간을 체험할 수 있는 장점이 있다.

(a) 가상공간에 몰입하고 있는 참여자
(http://www.jvrb.org)

(b) CAVE 시스템의 예

| 그림 9-2 몰입형 가상현실 시스템

(2) 비몰입형 가상현실 시스템(Non-immersive VR System)

비몰입형 가상현실 시스템이란 PC나 노트북 또는 모바일 기기의 화면에 나타난 영상을 사용자가 보면서 가상현실을 체험하는 방식을 의미한다. 가상세계에 대한 몰입감이 떨어지는 등 부족한 면은 많으나 PC 등 저가의 장비를 이용해 쉽게 실현할 수 있고 개발하기 용이하다. 그림 9-3은 PC에서 가상현실 사례들을 보여주고 있다.

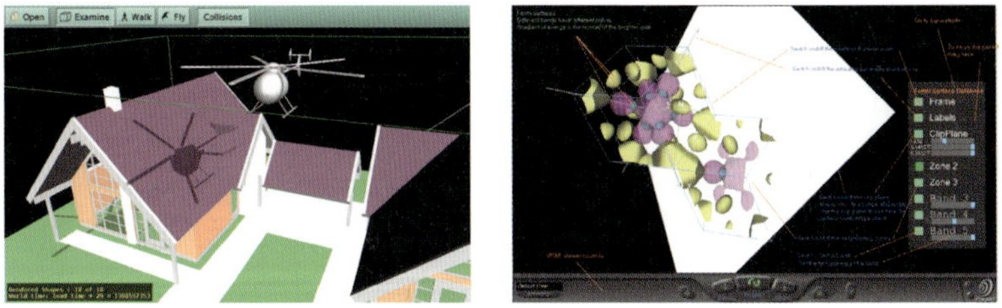

| 그림 9-3 비몰입형 가상현실 시스템

(3) 증강현실(AR: Augmented Reality)

증강현실이란 실세계와 가상 세계가 중첩되는 혼합형 가상현실 시스템(MR: Mixed Reality System)을 말한다. 즉, 사용자가 보는 현실 세계에 컴퓨터가 만들어 낸 가상 세계 정보를 합성하여 보여주는 것이다. 증강현실 기술은 현재 위치에서 보이는 실세계의 이미지에 부가적인 정보를 중첩시켜 보여줌으로써 그 활용가치가 매우 높다. 현실 세계의 이미지를 가상세계의 정보로 보완해 준다는 개념을 도입한 것으로 최근 활발한 연구가 진행되고 있는 분야이다.

그림 9-4(a)는 스마트폰 상에 현재 위치에 보여지는 장면에 관한 부가적인 정보를 증강현실 기술을 통하여 보여주며 그림 9-4(b)는 수술하는 의사가 특수한 안경을 착용하고 환자를 보면서 수술하는 장면을 보여주고 있다.

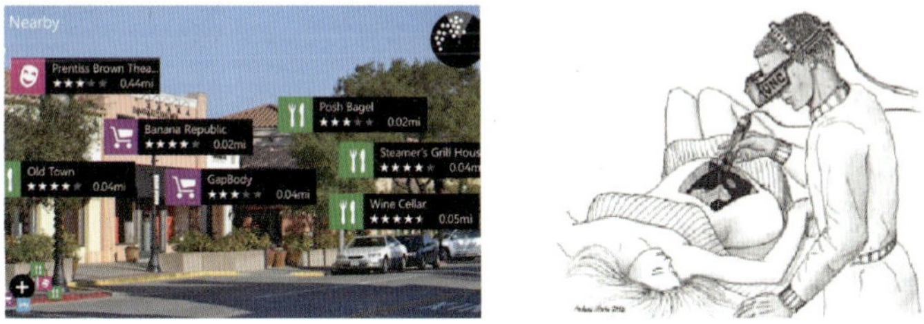

(a) 스마트폰을 통해 보이는 화면 (http://www.apptoyou.it)　　(b) 장비를 착용하고 수술에 임하는 의사

| 그림 9-4 증강현실(AR)의 활용 예

(4) 이미지기반 VR 및 360 VR

이미지기반 VR과 360 VR은 컴퓨터가 생성한 장면(Computer-generated Scene)이 아니고 각각 사진과 동영상(비디오)을 기반으로 제작되므로 엄밀한 의미의 가상현실(VR)이라 할 수 없다. 이미지기반 VR은 360도 회전하면서 연속적으로 촬영한 사진들

을 연결하여 이용자가 주위의 모습을 돌려가면서 볼 수 있는 기술이다.

이미지기반 VR

Apple사가 1995년경 개발한 QuickTime VR이 가장 대표적인 이미지기반 VR로서 QuickTime VR의 특징은 3차원 모델링 데이터를 사용하지 않고 연속적인 사진 이미지를 사용하여 소프트웨어적으로 구현하는 기술이다. QuickTime VR을 파노라마 VR이라고도 불리며 연속적인 사진을 파노라마 형식으로 배열하여 탐색항해 효과를 연출하는 방식을 사용한다. 가령 방을 대상으로 하는 경우, 방안 내부를 사진으로 연속적으로 찍어 이미지들을 파노라마(Panorama) 형식으로 연결시켜 놓고 확대(Zoom-in), 축소(Zoom-out), 회전(Rotation) 기능을 이용해 방안을 둘러보는 효과를 연출한다. 제작 방법은 그림 9-5(a)와 같고 그림 9-5(b)는 파노라마 방식으로 호텔의 실내 모습을 둘러볼 수 있게 만든 예이다.

(a) 카메라로 60도 마다 촬영 (b) QuickTime VR로 제작된 파노라마 뷰

| 그림 9-5 파노라마 QuickTime VR의 제작 과정과 파노라마 뷰

360 VR(360도 비디오)

이에 비해 360 VR (360도 비디오)은 이비지기반 VR과 개념적으로 유사하나 사진을 연결하여 제작한 것이 아니고 360도 카메라를 이용하여 동영상을 촬영하고 동영상을 연결(Stitching)하여 마치 가상현실과 같은 효과를 얻을 수 있게 제작한 것이다. 그러나 이미지기반 VR과 마찬가지로 가상환경을 3차원으로 모델링 한 것이 아니고 어디까지나 동영상을 촬영하여 소프트웨어적으로 연결한 것이다. HMD(VR 헤드셋)를 사용하면 몰입성을 느낄 수 있으나 촬영한 비디오만 볼 수 있으므로 온전한 가상현실(VR)이라 할 수 없다. 최근 고성능, 저가의 HMD와 360도 비디오 카메라가 개발되면서 많은 관심을 끌고 있다.

(a) 다양한 360 VR 카메라 (b) 360도 비디오

| 그림 9-6 360도 VR 카메라와 360도 동영상

9.2 가상현실 기술의 실현 환경

효과적인 가상현실을 경험하기 위해서는 적절한 시스템이 갖춰져야 한다. 효과적인 가상현실 시스템이란 입력(컴퓨터에 전달되는 데이터)과 출력(컴퓨터로부터 나오는 데이터)이 밀접한 대응을 갖고 동작하는 시스템을 말한다. 이 절에서는 가상현실 시스템이 어떻게 구성되고 작동하는지 살펴보도록 하자.

가상현실 시스템의 구성

가상현실 시스템은 크게 입력장치, 렌더링(Rendering) 시스템, 출력장치 등의 하드웨어 장비와 3차원 모델링 데이터베이스, 가상현실 응용개발 소프트웨어, 3차원 모델링(Modeling) 소프트웨어와 같은 소프트웨어들로 구성된다. 입력장치는 참여자의 위치, 방향 및 행위로 인한 이벤트 정보를 전송하고, 렌더링 시스템은 입력장치에서 받아들인 참여자의 정보를 월드 데이터베이스에 반영하여 실시간으로 새롭게 변화된 3D 영상과 음향을 재생해낸다. 출력장치는 렌더링 시스템이 만들어 낸 3차원 영상, 음향, 촉각(Force Feedback) 등의 출력을 사용자에게 전달한다. 월드 데이터베이스에서는 3차원 환경을 모델링한 데이터를 저장하고 관리한다. 그림 9-7은 가상현실 시스템의 각 부분이 어떻게 작동하는지를 나타내고 있다.

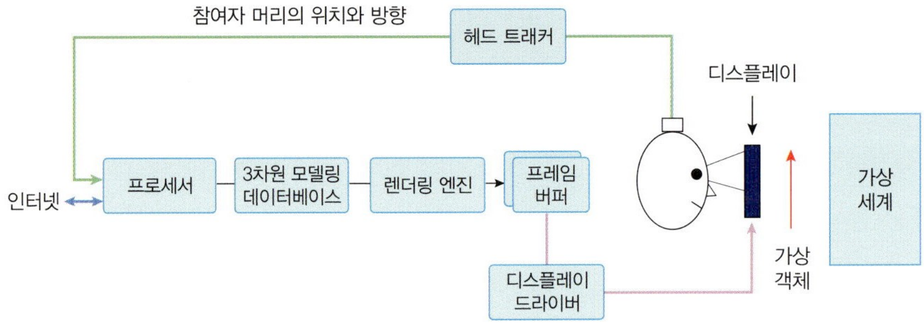

| 그림 9-7 몰입형 가상현실 시스템의 구성과 처리과정(출처: http://www.hitlabnz.org)

9.2.1 가상현실 시스템의 구성요소

(1) 그래픽 렌더링 시스템

렌더링 시스템에서는 입력 정보와 월드 데이터베이스를 이용하여 가상환경을 실시간에 만들어 낸다. 여기에는 3D 영상과 3D 음향, 촉감뿐만 아니라 미래에는 맛과 냄새 등도 포함할는지 모르지만, 지금까지 가상현실 시스템에서는 시각과 청각을 위한 3D 영상과 3D 음향의 렌더링을 주로 한다.

렌더링을 위한 컴퓨터로 과거에는 실시간 그래픽 렌더링을 위해 SGI 그래픽 워크스테이션과 같은 고가의 시스템이 필요했으나 지금은 PC, 노트북 또는 스마트폰 상에서도 실시간 그래픽 렌더링을 처리할 수 있다. 3차원 그래픽을 빠른 속도로 렌더링해 주기 위하여 3D 그래픽 가속기(3D Graphic Accelerator)가 이용되기도 한다. 가상세계의 참여자가 움직이면 렌더링 시스템에서는 그 움직임에 따라 보여지는 화면을 계속해서 렌더링 해 주어야 하는데, 참여자에게 자연스러운 화면을 보여주기 위해서는 초당 25~30장의 연속된 화면을 만들어내야 한다. 3D 그래픽 가속기는 3차원 그래픽을 병렬처리 하는 기능을 지원하며 대표적인 가속기로 NVIDIA사나 AMD사의 GPU(Graphic Processing Unit)칩이나 GPGPU(General-Purpose GPU)칩이 있다.

(2) 입력장치

3차원 공간상의 참여자의 위치, 방향 및 행위 정보를 VR 시스템에 효과적으로 전달하기 위해 다양한 장비가 사용된다. 데이터 글러브(Data Glove)는 섬유굴절 케이블을 이용하여 각 손가락의 굽힘과 뻗침을 측정하여 측정된 정보를 전달해 주는 대표적인 입력장치이다(그림 9-8(a)). 데이터 글러브의 작동 원리는 손가락 부분에 광섬유를 삽입하고 여기에 일정한 세기의 빛을 통과시킨다. 데이터 글러브의 손가락의 관절에 해당하는 부분이 구부러지면 광섬유를 통과하던 빛이 굴곡에 의해 일부 손실된다. 따라서 손가락이 곧게 뻗어있는 부분과 구부러진 부분의 광섬유를 통과한 빛의 세기가 달라지므로 이 차이를 이용해서 손가락의 움직임을 감지한다. 이외에도 3D 마우스(3D Mouse)와 스페이스 볼(Spaceball)은 3차원 위치와 방향 좌표 입력이 가능한 장치로 3차원 가상세계를 구축하거나 가상현실 속에서 탐색항해를 할 때 사용된다(그림 9-8(b)).

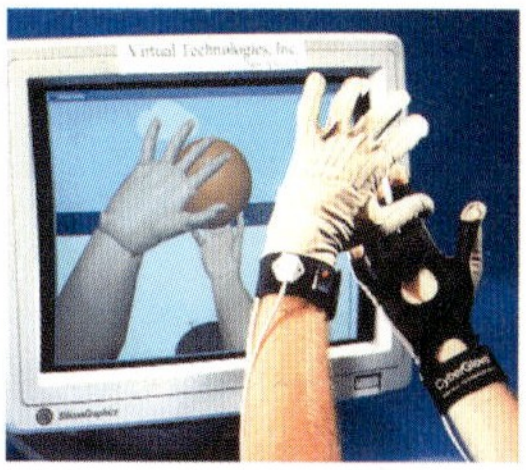

(a) 데이터 글러브

(b) 3D 마우스

| 그림 9-8 3차원 가상공간에서의 입력장치

가상환경에서 자유롭게 탐색항해 하거나 가상환경 내 어떤 물체와 상호작용하거나 작업을 수행할 때 흔히 제스처나 음성을 통한 NUI(Natural User Interface) 방식의 상호작용이 요구된다. 특히 게임 환경과 같은 경우에 제스처는 매우 효과적인 상호작용성을 지원할 수 있다. 그림 9-9(a)는 마이크로소프트사의 게임기 Xbox에서 사용되는 Kinect를 이용한 제스처 인식으로 사람의 움직임을 인식한다. 그림 9-9(b)는 Leap Motion으로 인간의 관절 움직임을 인식하여 제스처를 인식하는 기기이다.

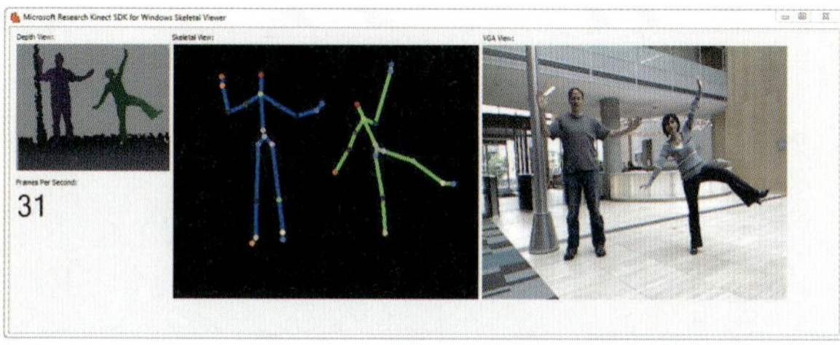

(a) Kinect에서 제스처 인식

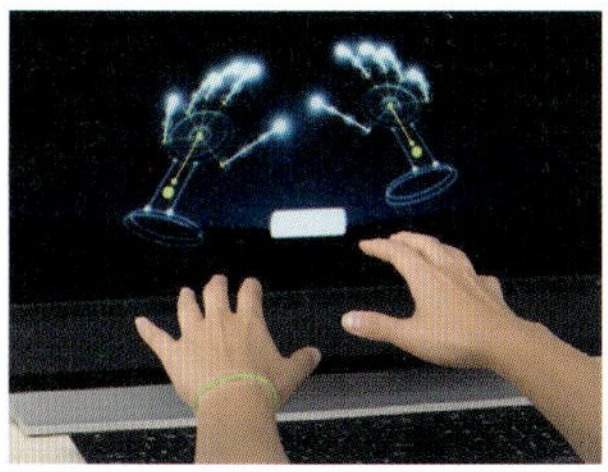

(b) Leap Motion

| 그림 9-9 Kinect와 Leap Motion을 통한 제스처 인식

(3) 출력장치

HMD(Head Mounted Display)란 가상공간에서 몰입효과를 얻을 수 있는 대표적인 디스플레이장치이다(그림 9-10(a)). HMD는 착용하고 있는 사용자의 주시방향을 탐지하여 지속적으로 가상환경을 변화시키는 추적기능을 갖는다. 단점으로는 착용감과 해상도가 떨어지며, 장시간 착용시 멀미(Motion Sickness)를 유발시킬 수 있다. 크리스털 아이(Crystal Eyes)란 컴퓨터 스크린 상의 이미지를 3차원 입체화상으로 보여주는 입체안경으로, 적외선 센서에 의한 LCD 안경의 셔터 컨트롤(Shutter Control) 방식을 사용하고 있다(그림 9-10(b)). 완전한 몰입감은 느낄 수 없지만 2차원 화면과 3차원 입체화면의 전환이 용이하고, 센서 범위 내에 있는 여러 사람이 동시에 사용 가능하다는 장점을 가진다.

(a) Oculus Rift를 착용한 모습

(b) 크리스털 아이를 착용한 사람들

| 그림 9-10 HMD와 크리스털 아이를 이용한 가상현실 세계

가상현실의 출력장치 중에는 이와 같은 시각적인 정보 전달 뿐만 아니라 몰입감을 보다 높이기 위해 청각, 촉각 및 후각 정보를 사용자에게 전달하는 것들이 있다. 청각의 경우 HRTF(Head-Related Transfer Function)이라는 계산법을 이용하여 가상환경에서의 소리가 사람의 귀에 전달되는 것을 실제 세계에서 들리는 것처럼 생동감 있게 전달하는 사운드 기기들이 있으며, 촉각은 햅틱장치(Haptic Device)를 이용하는데 일반적으로 촉각이나 압력에 대한 감각을 제시할 수 있는 장치를 말한다(그림 9-11). 기본적인 햅틱장치로는 센서 글러브(Sensor Glove) 등이 있는데 이것은 가상 환경에서 만지는 객체의 형태나 압력 등을 느낄 수 있게 해준다. 이외에도 바디슈트(Body Suit) 등 여러 햅틱장치들이 개발되고 있으며 의료, 우주/해양 탐사 등의 분야에 적용되고 있다. 후각의 경우 여러 방법들이 시도되고 있으나 다른 감각에 비해 전달 효과나 방법이 까다로워 향후 많은 개발이 필요한 상태이다.

| 그림 9-11 햅틱장치로 3차원 물체를 제작(http://www.vrac.iastate.edu)

9.2.2 가상현실 저작 소프트웨어

VR 소프트웨어는 가상공간의 3차원 물체를 생성, 편집하는 3차원 모델링 소프트웨어와 VR SDK의 플랫폼 역할을 하는 게임 엔진, 그리고 VR 시스템의 구성요소(입출력장치, 가상환경 모델링 등)를 통합, 제어, 관리하는 VR SDK 소프트웨어로 나눌 수 있다.

(1) 3D 모델링 및 게임 엔진

가상세계를 구성하는 3차원 물체를 생성하고 편집할 수 있는 소프트웨어이다. 3차원 모델링 소프트웨어는 영화, 광고용 3차원 애니메이션 제작에 많이 사용되고 있으며, 기능에 따라 저가에서 고가의 다양한 제품이 사용되고 있다. 3차원 모델링 소프트웨어는 3차원 물체를 모델링하고 텍스쳐 매핑, 다양한 특수효과, 애니메이션 기능 등을 지원한다. 대표적인 모델링 소프트웨어로는 SGI사의 MAYA, SoftImage XSI, 3D Studio MAX, Light Wave 3D 등이 있다.

게임 엔진은 가상세계를 구축하는 플랫폼 역할을 수행하며 3차원 그래픽스 기능과 물체간의 상호작용을 용이하게 구축할 수 있는 모든 기능을 제공한다. Unity3D, Unreal Engine, 및 UDK와 같은 게임 엔진을 이용하면 용이하게 3차원 게임, 3차원 애니메이션 및 3차원 시뮬레이션과 같은 환경을 구축할 수 있다. 이러한 게임 엔진은 API 라이브러리를 지원함으로써 이용자가 게임 엔진 상에 3차원 그래픽 응용을 개발할 수 있는 환경을 지원한다.

(2) VR SDK

VR SDK(Software Development Kit)은 특정한 VR 응용 프로그램을 개발할 수 있는 환경을 제공하고 있다. VR SDK는 일반적으로 게임 엔진 상에서 작동하도록 개발되어 있으며 가상현실 시스템의 개발에 필요한 다양한 기능들을 지원하고 있다. 일반적으로 VR SDK는 새로운 VR 프로젝트를 생성하는 기능과 가상환경의 장면을 구성하는 기능을 지원한다. 그리고 가상환경의 다양한 객체들을 모델링하고 렌더링하는 기능, 가상환경에서 다양한 조명 기능, 가상환경에서 텍스처를 입히는 기능을 제공한다. 이외에도 불, 연기, 안개와 같은 특수효과를 지원하는 파티클 기능, 3차원 서라운드 사운드 기능도 지원한다. 또한 외부 세계로부터 3차원 모델을 임포트 할 수도 있다.

VR SDK는 HMD의 위치와 향하는 방향을 트래킹 해주고 360도 카메라를 세팅 해주며 가상환경에서 정해진 시나리오에 따라 액터들의 행동을 지정하는 기능도 지원하고 있다. 많이 이용되는 VR SDK로 Google Daydream VR(VR Platform), Oculus Rift Development Kit 2(DK2), Gear VR Framework(GearVRf), Valve's SteamVR, NVIDIA VRWorks 등이 있다.

| 그림 9-12 Google Daydream VR(VR Platform)로 개발한 VR의 사례

9.2.3 VR 콘텐츠의 제작

VR 콘텐츠는 3차원 그래픽스 기술을 이용하여 제작된 3D 모델을 기반으로 한 VR 콘텐츠와 360도 카메라로 모든 방향의 영상을 촬영하여 제작하는 VR 콘텐츠로 구분할 수 있다. 9.1.2절에서 설명하였듯이 이미지기반 VR/360 VR은 엄밀한 의미의 VR 콘텐츠라 할 수 없으나 여기서는 두 가지를 모두 설명하기로 한다.

(1) 3D 모델 기반 VR 콘텐츠

이러한 방식은 3차원 그래픽스 소프트웨어, 게임 엔진 및 VR SDK를 이용하여 VR 콘텐츠를 제작한다. 그러나 VR 콘텐츠를 제작하기 위해서 많은 시간과 비용이 요구된다. VR 콘텐츠의 가상공간과 모든 가상 객체들을 컴퓨터 그래픽스 기술을 이용하여 생성하게(Computer generated) 한다. 일반적으로 Unity3D, Unreal Engine와 같은 게임 엔진을 이용하여 3차원 가상공간과 가상 객체들을 모델링하고 렌더링 한다. 게임 엔진은 OpenGL과 같은 그래픽 언어를 사용하지 않고도 용이하게 3차원 환경을 제작할 수 있게 해 준다. Unity3D와 같은 게임 엔진은 게임의 구성요소인 게임 객체(Game object)의 모델링과 렌더링을 가능케 하고 객체는 다시 컴포넌트(Component)들로 구성되는데 컴포넌트는 객체들의 움직임과 객체들 간의 상호작용을 JavaScript와 같은 스크립트 언어를 사용하여 지원한다. 게임 엔진은 애니메이션 및 조명은 물론 물리 효과와 중력도 지원할 수 있다.

VR SDK는 Unity3D, Unreal Engine과 같은 게임 엔진을 기반으로 VR 콘텐츠에서 요구되는 몇 가지 기능들을 지원한다. VR SDK를 이용하여 HMD의 헤드 트래킹, 3D 서라운드 사운드 기능을 가능케 하며 VR 콘텐츠 이용자의 상호작용을 지원하는 API를 통하여 제스처 인식과 같은 기능을 VR 콘텐츠에 지원 할 수 있다. VR 게임, 엔터테인먼트나 애니메이션은 실감나는 환경과 높은 상호작용성을 요구하고 가상공간 상에서 이용자가 마음대로 탐색하고 이동하는 기능이 필요하므로 3차원 그래픽스 기반 VR 콘텐츠로 제작된다. 그림 9-13은 이러한 방식으로 제작된 콘텐츠를 보여주고 있다.

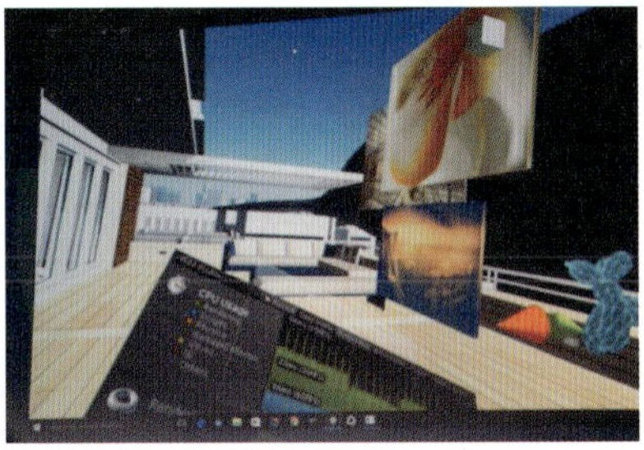

| 그림 9-13 Unity VR Scene Editor를 이용하여 개발한 VR 콘텐츠

(2) 360 VR 콘텐츠(360도 동영상)

360 VR은 360도 카메라를 이용하여 모든 방향의 동영상을 동시에 촬영하고 추후 동영상 장면들을 서로 연결하여 이용자가 360도 모든 방향의 장면을 볼 수 있게 해 준다. 360도 카메라는 다수의 카메라를 장착하고 있으며 이동하면서 실세계의 장면을 스테레오로 촬영할 수 있다. 그림 9-14(a)는 Hero 360을 이용한 GoPro 카메라로 각 카메라가 촬영하는 각도를 시야각(Fov: Field of View)이라 하며 시야각에 들어오는 장면들을 합쳐서 360도 동영상을 제작한다. 합치는 과정을 스티칭(Stitching)이라 부

르며 동영상을 프레임 단위로 분석하여 공통부분을 자동으로 연결해 준다. 스티칭 처리를 위해 사용하는 대표적인 소프트웨어로 Kolor사의 Autopano, Videostitch사의 Videostitch 등이 있다(그림 9-15). 각 카메라가 담당하는 시야각이 너무 큰 경우 동영상들을 연결 할 때 왜곡현상이 발생할 수 있다. 스티칭 과정으로 합쳐진 동영상은 방향 설정 및 수평 맞추기 등의 편집과정을 거친다. 동영상은 다시 자막, 그래픽 등의 편집 및 영상효과 과정을 거치고 사운드 처리과정에서 서라운드 사운드를 디자인한다.

360도 동영상 콘텐츠는 현장에 있는 듯한 몰입감을 지원하지만 때로는 어지럼증이나 멀미 현상을 일으키기도 한다. HMD의 머리를 돌렸을 때 새로운 장면이 나타나기까지 지연시간(Latency)가 20ms 이내여야 한다. HMD는 약 100도~110도 정도의 시야각을 제공하며 이는 인간의 시야각 210도에 비하면 아직 적은 편이다. 360 VR은 스포츠 중계나 뉴스 제작에서 현장중계(VR 저널리즘 이라 부른다)에 생동감과 현장감을 주기 때문에 매우 적합한 활용 분야이다. NextVR사는 스포츠 중계를 실시간 스트리밍 방식으로 제공하고 있다. 또한 YouTube나 Facebook은 이용자가 360 VR 콘텐츠를 올려서 공유할 수 있는 플랫폼(360 VR Publishing platform)을 제공하고 있다.

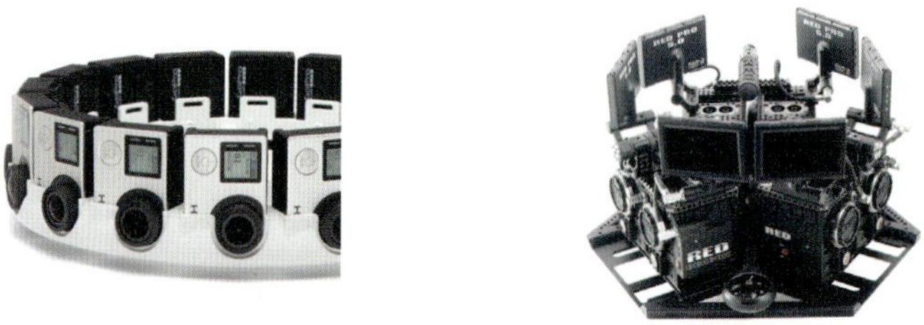

(a) GoPro의 360 VR 카메라　　(b) NextVR의 실시간 중계를 위한 360 VR 카메라

| 그림 9-14 다수의 카메라를 장착한 360도 VR 카메라

| 그림 9-15 Kolor사의 Autopano를 이용한 스티칭

9.3 가상환경의 사례

가상현실 기술은 건축/설계 분야, 과학/공학 분야, 사이버 쇼핑몰, 교육 및 엔터테인먼트 등 다양한 분야에서 이용되고 있다. 또한 광범위한 가상 세계를 구축하고 아바타를 통하여 상호 교류하는 사례들도 존재한다. 이 절에서 이러한 가상현실의 대표적인 활용 예를 소개하고 가상현실 기술의 활용에 대하여 생각해 본다.

9.3.1 가상현실 기술의 활용

(1) 설계/도시계획 분야

설계 분야에서는 기존의 설계 환경에 비해 입체적 시각측면에서 두 배에서 네 배까지 설계의 정확도를 향상시키고, 설계 오류와 변경을 감소시켜 준다. 건물의 시공 전에 가상의 모델하우스를 구축하여 설계상의 오류나 인테리어 디자인에 대한 소비자의 반응을 미리 예측할 수 있다. 이러한 방법은 CAD/CAM, 분자 모델링, 3차원 지도 제작 등 모든 설계 응용 분야에 적용될 수 있다.

또한 소비자는 가상 모델하우스에서 벽지, 조명 등을 바꾸어가며 취향에 맞는 분위기를 선택할 수 있다. 이러한 방식을 따른다면 비용과 노력을 상당히 감소시켜 줄 것이다.

그림 9-16은 이미 구축되어 사용되고 있는 가상 모델하우스와 도시 환경에서의 시뮬레이션을 보여주고 있다.

(a) 가상 모델하우스　　(b) 도시 거리에서의 시뮬레이션

| 그림 9-16 설계/도시계획 분야에서 VR기술의 활용

(2) 과학/공학

VR 기술은 개발할 새로운 제품을 빠른 시간 내에 다수의 설계자가 동시에 가상환경에

서 설계하고 테스트하며 새롭게 개선해 나갈 수 있는 환경을 지원한다. 또한 과학 분야의 현상을 이해하고 실험하며 그 결과를 테스트할 수 있는 환경을 지원하기도 한다. 이러한 환경에서 이용자가 같은 물리적 환경에 있거나 경우에 따라서는 원거리에 위치한 다수의 이용자가 인터넷으로 연결된 가상환경에서 서로 토론하고 협업할 수 있는 환경을 지원한다.

| 그림 9-17 자동차 제조과정 및 과학 분야에서 VR 기술의 활용
(http://www.engineering.com)

(3) 사이버 쇼핑몰

3차원 공간상에 쇼핑몰을 만들어 놓고 각종 시설물과 상품을 배치하여 고객이 내부에서 자유로운 쇼핑을 할 수 있도록 한다. 단순히 둘러보기만 하는 것이 아니고 진열돼 있는 상품도 자유롭게 여러 방향으로 돌려보며 확인할 수 있다. 또한 전자상거래 시스템과 연결되어 직접 물건을 살 수 있는 온라인 쇼핑을 가능하게 한다. 그림 9-18은 가상으로 모델링된 쇼핑몰의 모습이다.

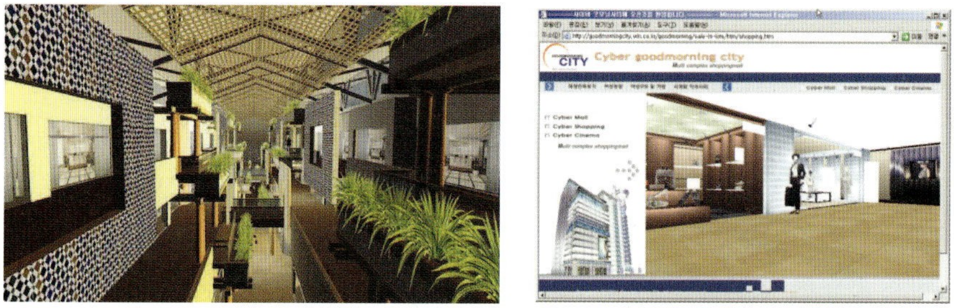

| 그림 9-18 가상현실을 활용한 온라인 쇼핑몰

(4) 교육, 훈련, 엔터테인먼트

시뮬레이션을 통한 훈련 및 교육은 가상현실을 탄생시킨 분야로 우리에게 익숙한 실내 운전연습기(Driving Simulator)를 비롯하여 비행 훈련시스템(Flight Simulator) 및 3차원 게임 등의 다양한 분야에서 가상현실이 이용되고 있다(그림 9-19).

(a) 비행 시뮬레이터
(http://www.bioteams.com)

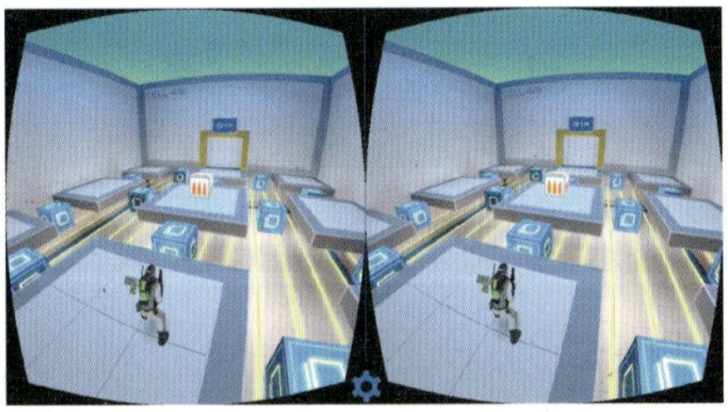

(b) VR 게임

| 그림 9-19 비행 시뮬레이터와 VR 게임의 예

(5) 원격존재(Telepresence)

원거리에서 마치 눈앞에 있는 것처럼 조정하고 제어하는 것을 의미한다. 증강현실(AR)에서는 현재 위치의 실세계 이미지에 추가적인 정보를 보여주는 데 비하여 원격존재는 원격의 실세계 이미지 상에서 이용자가 원하는 대로 조정하고 제어한다. 따라서 인간이 직접 작업할 수 없는 환경에 적용될 수 있는 분야로, 예를 들면 직접 손으로 취급할 수 없는 방사능 물질을 로봇을 통해 제어할 수도 있고, 의사가 환자가 있는 곳에 없더라고 원격의료 시스템을 통하여 치료할 수도 있다. 그림 9-20(a)는 로봇을 원격으로 제어하여 원하는 작업을 수행하는 장면이고, 그림 9-20(b)는 미래의 '원격수술(Telesurgery)' 모습을 보여주고 있다.

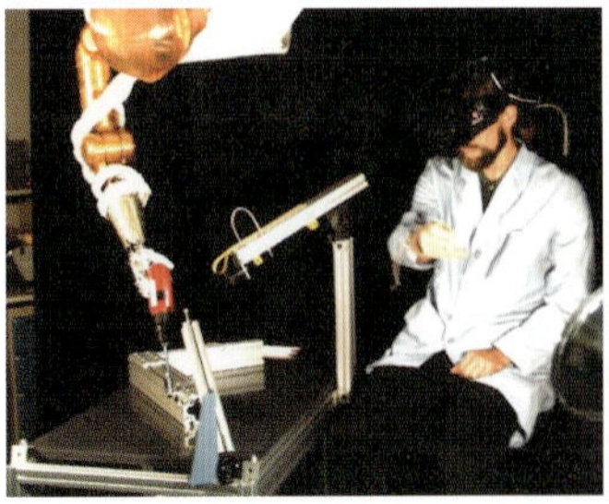

(a) 로봇의 원격제어 장면

(b) 미래의 원격수술 장면

| 그림 9-20 VR기술을 이용한 원격존재의 예

9.3.2 가상 세계(Virtual World)와 아바타

가상 세계는 현실 세계와는 또 다른 하나의 세계로 가상현실 기술을 기반으로 개발되며 아바타들을 통하여 서로 만나고 대화하고 놀고 배우고 작업할 수 있는 세상을 의미한다. 가상 세계는 현실 세계와 매우 유사할 수도 있고 경우에 따라서는 현실적으로 존재할 수 없는 새로운 세계일 수도 있다. 가상 세계의 참여자는 이러한 세계를 통하여 새로운 방식의 커뮤니케이션을 수행하고 새로운 경험을 하게 된다.

가상 세계에서는 아바타(Avatar)를 통하여 다른 사용자와 실시간으로 의사소통이 가능하다. 가상 세계의 의사소통 방법에는 기존의 의사소통 방법과는 다른 새로운 방법이 존재할 수 있다. 가상 세계에서는 아바타의 이동, 보는 것, 듣는 것, 이야기하는 것 등이 가능하며, 현실 공간과는 다른 또 하나의 체험 공간이 될 가능성을 지니고 있다.

가상 세계를 제작하는 설계자는 자신이 단순한 인공공간의 구조설계에 머무는 것이 아니라, 사회 자체와 사람의 생활을 디자인하는 것이다. 따라서 아바타를 설계할 때는 아바타의 배경에 문화적/사회적인 경험을 가진 실체로서 사람이 있다는 것을 고려해야 한다. 또한 가상 세계를 설계할 때도 가상 세계에서의 새로운 인간 관계와 이러한 것이 현실의 사회 공간에 어떻게 반영될 수 있는가 등에 대해서도 고려하여 설계할 필요가 있다.

이러한 설계원칙에 따라 구축된 것이 가상도시인데, 가상도시는 사람과 사람이 만나 정보를 공유하는 커뮤니케이션형 서비스를 핵심으로, 온라인 쇼핑의 편리성을 추구하는 비즈니스형 서비스와 게임과 영화 등 놀이를 연출한 엔터테인먼트형 서비스를 제공하고 있다. 가상도시는 인터넷의 풍부한 자원을 활용하여 지금 현실 세계에서 일어나고 있는 일을 실시간으로 가상 세계에 반영시킨다. 또한 정기적인 이벤트를 개최하여 일정 시간과 장소에서만 얻을 수 있는 정보를 공유할 수 있고, 게임, 영화, TV, 잡지 등의 각종 미디어를 삽입하여 종합적인 미디어 세계를 실현하는 것을 목표로 하고 있다.

사용자가 익숙하여 친숙해진 현실의 도시환경을 근간으로, 가상세계와 현실세계로 구성된 '하이브리드 스페이스(Hybrid Space)'를 실현한다. 또한 사용자가 자기를 표현하기 위한 기술, 즉 사용자가 스스로 공간을 상호작용식으로 확장시킬 수 있는 공간생성 기술과 자신을 연출하기 위한 집과 자신의 가게 등을 구축할 수 있다.

참여자는 아바타를 이용하여 비언어적 표현을 포함하는 커뮤니케이션을 실현하고, 나아가 텍스트, 음성, 동작 등에 의한 커뮤니케이션 채널의 확장과 각 미디어의 특성을 활용하여 보다 효과적인 사용자 인터페이스를 실현한다.

여기에서 설명한 가상도시의 개념을 구체화시킨 사례가 그림 9-21에 나타나 있다.

| 그림 9-21 가상 도시의 사례

아바타

아바타는 '분신' 또는 '화신'을 뜻하는 단어로 사이버공간에서 사용자를 대신해서 활동하는 개체로 대리인의 의미를 지니고 있다. 아바타는 컴퓨터에 의해서 만들어진 사람 형상을 가진 모델의 한 종류로 가상환경 내에서 다른 참여자들에게 자신을 나타내는 중요한 역할을 담당한다. 과거 네티즌들은 인터넷이라는 사이버공간의 익명성에 끌렸으나 이제는 자기 자신을 표현하고자 하는 욕구가 생겨남에 따라 아바타가 관심과 인기를 얻게 되었다.

인간 모습을 한 아바타를 때로는 가상인간(Virtual Human)이라고도 부른다. Thalmann은 가상인간을 움직임 제어와 상호작용에 따라 순수 아바타(Pure Avatar 또는 Clone), 가이드 아바타(Guided Avatar), 자주적 아바타(Autonomous Avatar)로 분류하였다. 순수 아바타는 인간의 실물에 가까운 몸과 얼굴을 가지며 사용자와 일치하는 움직임을 지원한다. 현실적으로 순수 아바타의 움직임은 모션캡쳐 장비를 이용

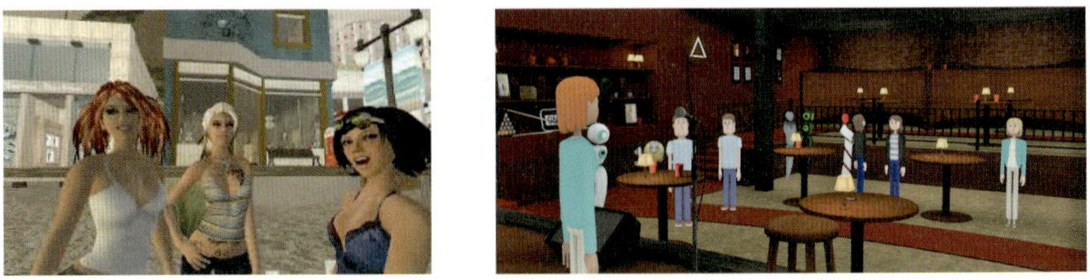

(a) Second Life (b) AltspaceVR

| 그림 9-22 가상 세계에서 다양한 아바타와 상호작용

하여 생성되기 때문에 매우 자연스러운 동작을 재현하지만 단순히 동작 애니메이션에 지나지 않는다. 가이드 아바타는 인터넷 환경에서 사용자가 가장 자주 접하게 되는 아바타로 사용자의 입력에 따른 몇 가지 정해진 동작을 재현할 수 있다. 이에 비하여, 자주적 아바타는 주위 환경과 입력 데이터에 따라 자신의 행동 양식에 따른 동작을 어느 정도 자주적으로 수행하는 아바타로 동작의 제어가 핵심기술로 연구되고 있다.

9.4 증강현실(AR: Augmented Reality)

컴퓨터 기술의 발전으로 눈에 보이는 사물에 부가적 정보를 디스플레이하여 사용자에게 증강현실(AR)을 제공하려는 움직임이 활발하게 전개되고 있다. 이러한 증강현실 기술에 대하여 살펴보도록 하자.

9.4.1 증강현실의 개념

혼합현실(MR)

Paul Milgram과 Fumio Kishino은 1994년 현실환경과 가상환경을 연결시켜 놓은 가상화 연속성(Virtuality Continuum)이라는 개념을 제시하였다. 혼합현실(MR: Mixed Reality)이란 현실세계와 가상세계를 혼합한 것으로, 현실세계의 이미지와 컴퓨터가 생성한 가상의 이미지, 그래픽 또는 부가정보를 합쳐놓은(Merge) 것을 의미한다. 그림 9-23에서 보듯이 실세계와 가상세계를 연결한 가상화 연속성 상에서 왼쪽 끝에는 실세계가 존재하고 오른쪽 끝에는 가상세계가 존재하여 이 사이에 있는 모든 세계를 혼합현실(MR)이라 부른다. 여기서 현실에 기반한 가상화를 증강현실(AR)이라 부르며, 가상세계를 기반으로 그 위에 현실세계 정보를 추가한 경우를 증강가상(AV: Augmented Virtuality)이라 부른다. 따라서 증강현실(AR)은 현실세계에 보다 근접한 개념으로 부가정보가 현실에 겹쳐 보이도록 하는 개념이다.

| 그림 9-23 실세계과 가상세계로부터 새로운 환경을 실현하는 혼합현실(MR)

증강현실(AR)

컴퓨터 3차원 그래픽스 기술은 지난 30년간 지속적으로 발전하여 왔다. 이미 컴퓨터 게임은 아주 정교해져서, 이제는 사실보다 더 정교한 화면을 만들어 내고 있다. 이처럼 컴퓨터 안에서 생성된 가상 세계를 통하여 상호작용하는 기술을 가상현실(VR: Virtual Reality)이라 한다. 그러나 미래의 컴퓨팅 환경은 컴퓨터 화면 안에서만 실행되는 것이 아니라, 그림 9-24(b)와 같이 물리적인 환경에서 컴퓨터가 가지고 있는 정보나 서비스를 합쳐서 더 실감 나고 유용하게 현실과 상호작용하게 해주는 증강현실(AR: Augmented Reality)로 발전하고 있다. 이러한 증강현실은 가상현실이 더욱 확장된 개념으로, 실세계와 컴퓨터가 생성한 가상세계가 동시에 존재하여 사용자가 실세계 위에 가상세계의 정보를 겹쳐 바라볼 수 있도록 하는 것이다. 즉, 실제 현실세계에 컴퓨터에서 생성한 소리, 촉감, 냄새, 영상 등의 부가적인 정보를 증강하여, 컴퓨터가 만든 가상현실에 비해서 사실적이면서도 실제 환경에서 지원하지 못하는 부가적이고 유용한 정보를 제공하여 편리하게 상호작용 하도록 하는 기술이다. AR장비는 흔히 모션트래킹(Motion Tracking) 장치나 GPS 장치를 가지고 있어, 사용자가 어디를 바라보는지, 사용자의 현 위치가 어딘지를 파악하여 거기에 합당한 정보를 디스플레이한다.

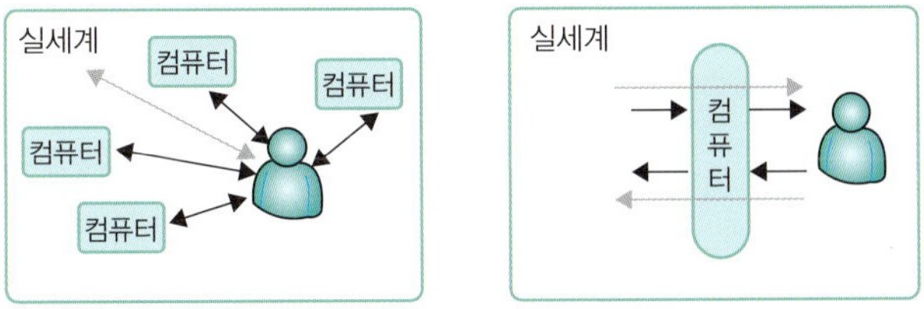

(a) 가상현실 환경 (b) 증강현실 환경

| 그림 9-24 가상현실과 증강현실 개념 비교(참조: Billinghurst)

9.4.2 증강현실 시스템의 구성

증강현실 시스템은 그림 9-25와 같이 실세계를 받아드리는 부분과 가상 그래픽 이미지를 생성하는 부분 그리고 실세계 이미지를 가상의 그래픽 이미지와 합성하는 부분으로 구성된다. 여기서 가장 중요한 부분이 실세계와 가상 세계를 오차 없이 중첩(Overlay)시키는 부분이다.

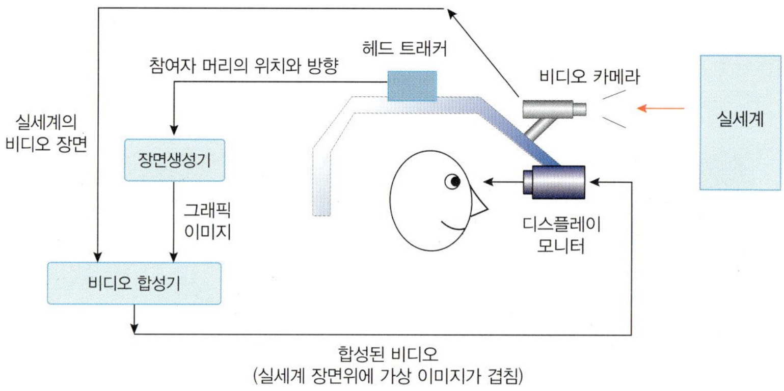

| 그림 9-25 증강현실 시스템의 원리와 구성
(출처: Ronald T. Azuma, 'A Survey of Augmented Reality', 1997)

위치 및 방향의 트래킹

HMD에 디스플레이할 실세계 부분의 이미지를 알기 위해서는 HMD가 어디를 바라보고 있는 위치와 방향을 알아야 한다. HMD 이용자의 위치 (x, y, z)와 바라보는 방향(r: roll, p: pitch, y: yaw)을 알기 위해 자이로스코프, 가속센서 등을 이용한다. HMD의 위치 및 방향을 추적하는 것을 트래킹(Tracking)이라 하며 AR에서 매우 중요한 부분이다(그림 9-25 참조). 또한 트래킹으로 인하여 HMD의 화면이 일정한 지체시간(Latency) 내에 변해야 한다.

이미지 정합과정

트래킹이 성공적으로 이루어진 후 가상적인 정보가 실세계 이미지 상에 정확히 위치시키는 과정을 이미지 정합(Image Registration)이라 부른다. 정합 과정에서 여러 가지 어려운 문제가 발생하기 때문에 여러 가지 기법들이 이용된다. 예를 들어 마커기반 AR(Maker-based AR) 방식에서는 실세계의 위치를 이해하기 위해서 특수한 마커를 이용하게 되는데 AR HMD가 이러한 마커의 위치와 방향을 정확히 인식함으로써 그 위에 디스플레이할 가상 객체의 위치를 정할 수 있게 해준다(그림 9-26(a)). 이에 비하여 마커리스 AR 방식(Markerless AR)에서는 마커를 사용하지 않고 카메라가 깊이를 이해하며 실세계 객체들을 트래킹하는 방식이다(그림 9-26(b)). 디지털 카메라, GPS, 가속기센서, 컴퍼스, 깊이 센서(Depth sensor) 등을 이용하거나 자이로센서를 이용한 SLAM(Simultaneous Location and Mapping) 기법을 사용한다. 마커기반 AR 방식에 비해 정확도는 떨어지나 모든 상황에서 사용할 수 있기 때문에 여러 면에서 편리한 장점을 가지고 있다.

(a) 마커를 이용한 AR (b) 실세계 객체를 트래킹하는 마커리스 AR

| 그림 9-26 마커기반 AR 방식과 마커리스 AR 방식의 예(https://www.youtube.com)

AR 저작도구

AR을 저작하기 위한 소프트웨어 도구는 앞에서 언급한 HMD의 트래킹과 가상 객체의 실세계상에 등록 과정은 물론 3차원 가상 객체를 생성하는 기능을 지원한다. AR 저작도구로는 마커기반 AR 방식의 ARToolKit와 DART 등이 있다. 또한 Qualcomm사의 Vuforia, Apple사의 Metaio SDK, Google Goggles, Layar, Wikitude 등이 많이 이용되고 있는 AR SDK 이다. 특히 Layar는 모바일 기기에서 사용되는 AR SDK로 모바일 기기의 GPS, 컴퍼스, 지도 정보, 카메라 뷰 등을 이용하여 현 위치와 사물을 인식한다.

9.4.3 증강현실 기술의 활용

복잡한 작업에서 AR의 활용

증강현실의 활용영역으로는 의료, 제조, 교육/훈련, 내비게이션, 군사적 응용, 건축 등 다양한 분야가 있다. 증강현실(AR)은 복잡한 작업을 수행할 때 컴퓨터가 제공하는 부가적인 정보를 현실세계 상에 겹쳐보이도록 디스플레이 함으로써 작업수행에 큰 도움을 준다. 의료분야에서는 의사가 증강현실 기능이 있는 웨어러블 컴퓨터 디스플레이가 설치된 안경을 착용하고 환자를 볼 때 환자의 신체에 X레이 사진이나 신체 내부 기관의 이미지가 겹쳐 보이게 된다. 제조 분야에서도 조립과정에서 조립 중인 기계부품에 부가적인 가상이미지나 정보를 디스플레이 함으로써 조립이나 수리를 효율적으로 수행할 수 있다. 그림 9-27(a)는 실제 제품 위에 도면을 증강시켜 수리 등에 유용하게 사용하는 모습을 보여주고, 그림 9-27(b)에서는 자동차의 수리 중에 관련된 그래픽 정보를 디스플레이 함으로써 수리공이 쉽고 정확하게 작업을 수행할 수 있게 도와준다.

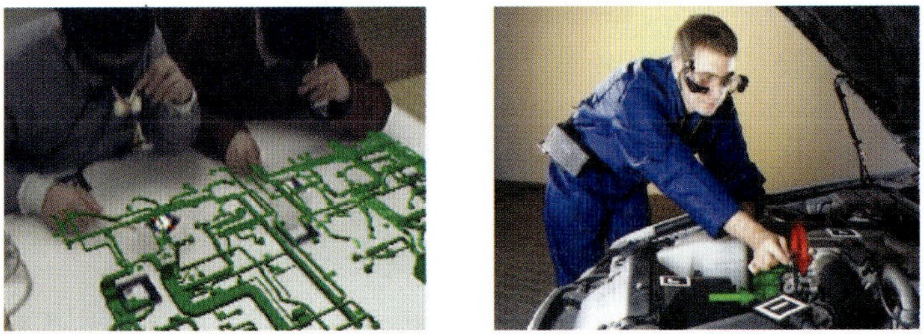

(a) 도면 증강현실

(b) AR 도움을 통한 자동차 수리
(elianealhadeff.blogspot.com)

| 그림 9-27 복잡한 작업 수행시 AR이 부가적인 정보를 제공

AR을 이용한 안내정보의 디스플레이

AR 기술을 이용하면 관광 정보제공을 위해 박물관이나 도서관에서 착용하고 있는 휴대단말기에 안내 정보를 보여주거나 부가적인 정보를 제공하기도 한다. 군사 영역에서는 전장 주변 정보 등을 병사들에게 실시간으로 제공하는 등 다양한 방면으로 활용되고 있다. 또한 소방대원이나 응급구조사가 웨어러블 시스템의 디스플레이 화면을 통해 지도, 도면, 지시사항을 실시간에 볼 수도 있다. 이외에도, AR기술은 제품홍보, 교육/훈련, 시뮬레이션, 협업 등의 분야에서도 매우 유용하게 활용될 수 있다. 그림 9-28(a)는 실제 건물 주변에 공간 및 지도 정보를 부가적으로 보여주는 예이다. 그림 9-28(b)는 컬럼비아 대학의 캠퍼스를 설계하기 위하여 다수의 참여자가 협업을 통해 설계에 참여하는 모습이다. 또한, 그림 9-28(c)는 보행자가 모바일폰의 GPS, 가속센서, 컴퍼스 등을 통해서 현재 위치를 파악하고 관련 정보를 제공받음으로써 길을 찾는 내비게이션 시스템이다. 미래에는 이러한 컴퓨팅 기술을 이용하여 사용자가 좀 더 편리하게 컴퓨터 및 주변 환경과 상호작용하며 정보를 이용하고, 서비스를 제공받을 수 있게 될 것이다.

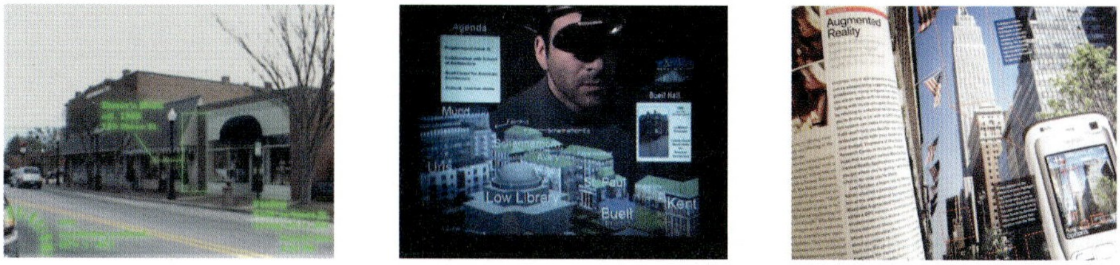

(a) 건물 주변의 부가정보 (howstuffworks.com)　(b) 협업을 통한 빌딩 프로젝트 (graphics.cs.columbia.edu)　(c) 내비게이션을 위한 모바일AR

| 그림 9-28 관광, 단지 설계, 내비게이션 등에 사용되는 AR 활용의 예

구글 글래스

한편 구글 글래스(Google Glass)는 그림 9-29와 같은 간편한 안경을 쓰고 다양한 정보를 얻을 수 있게 해 준다. 예를 들어 외국여행 시 교통표지판을 자국의 언어로 번역하고, 여행 중 새로운 건축물이나 목적물에 관한 정보를 보여주며 피트니스와 스포츠 중 이용자에게 필요한 정보를 제시하며 교통상황과 일기에 관한 정보도 구글 글래스를 통해 즉시 제공해 준다. 구글 글래스는 현지의 표지판이나 건축물을 바라볼 때 추가 정보를 제공함으로써 증강현실 기능을 지원하고 있다.

(a) 구글 글래스를 통한 정보의 디스플레이　(b) 외국여행 시 교통표지판의 번역

| 그림 9-29 증강현실(AR) 기술을 이용한 구글 글래스

9.5 웹에서 가상현실 기술의 활용

9.5.1 VRML/X3D의 소개

VRML은 웹 환경에서 동적인 3차원 환경을 개발하기 위해 표준으로 제안된 스크립

트 형식의 언어로, 가장 대표적인 3차원 모델링 언어이다. C++이나 Java와 같은 프로그래밍 언어도 아니고, HTML과 같은 마크업 언어(Markup Language)도 아닌 3차원 공간을 구성할 수 있는 모델링 언어(Modeling Language)이다. VRML과 기존의 그래픽 언어 사이의 가장 큰 차이점은 사용자 입력에 의한 상호작용과 탐색항해(Navigation)가 가능하다는 점과 웹을 기반으로 하고 있다는 점이다. 이러한 특징 때문에 VRML로 가상현실을 구현할 수 있는 것이다. 현재 VRML 1.0을 거쳐 VRML 2.0과 VRML 97까지 발표되어 있으며, 기능을 보완하여 XML 형식에 기반한 X3D로 발전하였다.

VRML/X3D는 사용자와의 상호작용이 가능한 3차원 그래픽스 장면들을 묘사하기 위한 언어이며, ASCII 형태의 텍스트 파일로 표현되기 때문에 적은 사이즈의 데이터로 웹상에서 효과적으로 3D그래픽 데이터를 처리할 수 있다. 그러나 이러한 VRML의 장점에도 불구하고 지금까지 게임, CAD 등과 같은 3D 그래픽스 응용분야에서는 대부분 강력한 상용 제품이 그 기능을 담당하고 있으며 개방형 웹 문서 환경에서도 VRML이 큰 역할을 수행하지 못하고 있다. 이러한 현상의 가장 큰 이유는 웹 문서 환경에서의 VRML 정보는 단순히 3D 그래픽 데이터일 뿐, 더 이상 다양하고 광범위한 웹 환경에서 재사용이나 재활용되기 어려운 기능적 한계성을 가지고 있기 때문이다. 따라서 Web3D 컨소시엄에서는 X3D 태스크 그룹(X3D Task Group)과 브라우저 워킹 그룹(BWG: Browser Working Group)을 통한 다년간의 연구를 수행하여 2002년 7월 X3D 표준을 최종 드래프트로 제정하였다.

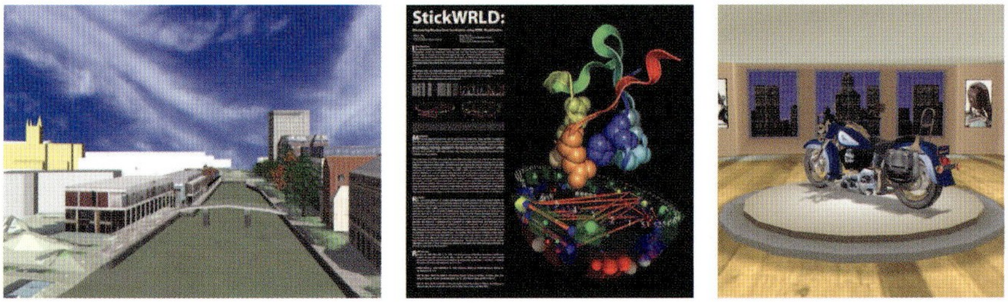

| 그림 9-30 웹 환경에서 X3D를 이용한 다양한 활용 예

VRML 및 X3D는 웹상에서 3차원 세계를 구현할 수 있는 언어이다. 이전에도 3차원 세계를 만들어 낼 수 있는 그래픽스 언어가 존재해 왔고 다양한 모델링 도구가 이미 나와 있었다. 그럼에도 불구하고 뒤늦게 등장한 VRML/X3D가 주목을 받는 이유는 무언가 특별한 요소들을 지니고 있기 때문이다. 여기에서는 VRML/X3D가 무엇인지 그 특

징과 역사에 대해 알아보도록 한다. 또 VRML/X3D와 다른 멀티미디어 매체를 비교해 보도록 한다.

VRML/X3D의 특징

VRML/X3D와 기존의 그래픽 언어 사이의 가장 큰 차이점은 사용자 입력에 의한 상호작용과 탐색항해가 가능하다는 점과 웹을 기반으로 하고 있다는 점이다. 상호작용과 탐색항해는 VRML이 가상현실을 구현할 수 있도록 해 주는 요소이다. 그렇다면 웹을 기반으로 하고 있다는 것은 무엇을 의미하는 것일까? 이것은 인터넷을 통해 여러 참여자를 지원하는 가상환경이 구축될 수 있다는 것을 의미한다.

이 밖에도 웹에서의 사용을 전제로 하기 때문에 VRML 파일이 갖는 특징들이 여러 가지 있다. 가장 기본적으로 기존의 그래픽 언어들은 특정 시스템과 프로그램을 위해 개발되었던 것과는 달리 VRML은 웹에서 사용되는 언어이므로 플랫폼에 독립적이다. 그리고 실시간으로 네트워크를 통해 전송되어야 하므로 파일 크기가 작아야 한다. 이러한 이유 때문에 VRML 파일은 ASCII파일 형태로 되어 있다. 그러므로 어떠한 시스템에서든지 일반적인 텍스트 에디터만 가지고도 VRML 월드를 만들어 낼 수 있고, VRML 파일을 보기 위해서는 웹 브라우저에 VRML을 보기 위한 플러그인만 설치하면 된다.

VRML/X3D의 또 다른 특징은 다른 VRML 문서나 HTML 문서와 연결되어 사용된다는 것이다. 그림 9-31에서 볼 수 있는 것과 같이 VRML의 앵커(Anchor)를 통해 다른 HTML이나 VRML 문서를 부를 수 있다. 또한 그림 9-32에서처럼 HTML 문서에서 VRML 문서로 연결하기 위해서는 VRML 월드가 HTML 문서의 일부로서 포함(Embed)되도록 하거나 HTML 문서의 하이퍼링크를 통해 VRML 문서를 불러들일 수도 있다.

(a) 다른 VRML 문서로의 연결 (b) HTML 문서로의 연결

| 그림 9-31 VRML 문서에서 다른 문서로의 연결

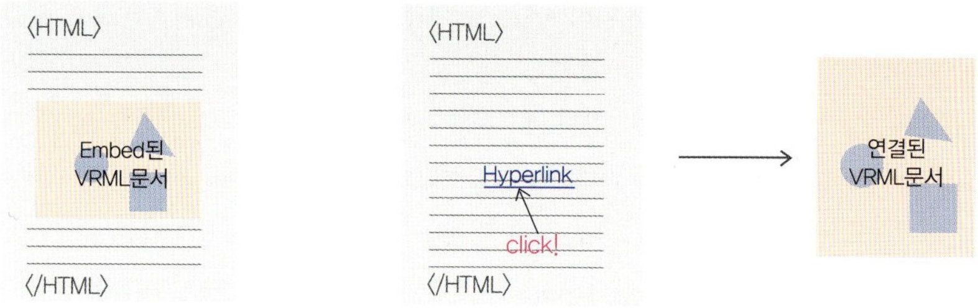

(a) HTML 문서 안에 포함

(b) 링크로 연결하기

| 그림 9-32 HTML 문서에서 VRML 문서 부르기

VRML/X3D 문서는 이렇게 HTML 문서와 결합될 뿐만 아니라, Java나 JavaScript와도 결합할 수 있어 웹 관련 표준 언어를 모두 수용할 수 있다. 이렇게 웹과 잘 통합되는 면을 이용하여 VRML을 이용한 사이버 쇼핑몰을 만들거나 3차원 채팅 사이트, 가상 학교 등을 만들 수 있다.

VRML/X3D와 다른 미디어의 비교

VRML/X3D는 3차원 가상공간을 구축하기 위해 데이터 전송 시간이 비교적 적게 소요된다. Quick Time형식 등의 동영상 파일은 비교적 짧은 동영상 파일을 읽어 들이는데도 상당한 시간이 필요하다. 이에 비하여 VRML은 3차원 공간을 기술한 텍스트 데이터(ASCII 파일 형식)를 전송하기 때문에 시간적으로 유리하다. VRML 언어 사양 개발자는 "14.4Kbps의 모뎀을 사용한 접속에서도 실용적으로 견뎌낼 수 있도록 설계하였다."고 말한다. 따라서 다이얼업 사용자(Dial-up User)를 지향하는 방식이라 할 수 있다. VRML은 웹에서 쓰이는 다른 멀티미디어 매체와는 많은 점에서 차이가 있다. 표 9-1은 VRML/X3D와 다른 매체와의 차이를 비교한 것이다.

| 표 9-1 VRML과 다른 미디어의 비교

	VRML	Animation	Video	Graphic	QuickTime VR
상호작용성	가능	불가능	불가능	불가능	제한적 가능
탐색항해	가능	불가능	불가능	불가능	제한적 가능
장면의 구성	실시간에 만들어냄	미리 생성된 장면	미리 녹화된 장면	그려진 그림	녹화 또는 실시간
가상성	사물을 모델링	인공적으로 그림	실제 장면의 녹화	그림 혹은 사진	사진
파일 형식	Text	Binary	Binary	Binary	Binary
파일 크기	작다	크다	크다	작다	크다

9.5.2 VRML/X3D의 노드

VRML/X3D에서 가상공간을 이루는 장면(Scene)이라는 것은 실제로 그 세계를 구성하는 객체(Object)들과 그 사물들을 비추는 빛(Light), 그리고 그것을 바라보는 관찰자의 시점(Viewpoint)과 사용자와의 상호작용을 가능하게 해주는 이벤트(Event)에 의해서 결정된다. 이러한 장면의 요소들을 표현하기 위한 방법으로 VRML/X3D에서는 노드(Node)라는 것을 이용한다. 노드는 VRML/X3D에서 어떤 기능을 수행하는 부분에 해당하며 VRML/X3D 가상 세계는 이러한 노드들을 이용하여 구성된다. VRML/X3D의 노드들은 총 54개로 구성되어 있으며, 이들은 다음의 8가지 분류로 나누어 볼 수 있다. 3차원 물체 생성(Shape 노드), 물체의 재질 지정(Texture 노드), 센서 노드(Sensor 노드), 광원 효과 지정(Light 노드), 3차원 사운드, 텍스쳐 매핑, 애니메이션, 기타 노드의 8가지로 분류된다.

예를 들어, 3차원 물체를 생성하는 Shape 노드는 VRML에서 물체를 표현하는 데 쓰이는 대표적인 노드이다. 직육면체(Box), 원기둥(Cylinder), 구(Sphere), 원뿔(Cone)과 같은 기본 기하모형이나, 점과 선의 집합인 IndexedFaceSet 노드가 Shape 노드에 포함된다. 이밖에 물체에 색을 입히거나 질감을 주는 효과도 Shape 노드에서 처리해 준다. 그림 9-33은 Shape 노드를 이용하여 다양한 물체를 표현한 모습이다.

| 그림 9-33 Shape 노드를 사용하여 만든 다양한 물체들의 모습(http://www.xml.com/pub)

9.6 참고자료

- 가상현실 세상이 온다/ 서기만, 김정현 등/ 한스미디어/ 2016
- Essential Virtual Reality / John Vince / Springer / 1998
- The QuickTime VR Book / Susan Kitchens / Peachpit Press / 1998

- AR 소개,
  http://mashable.com/category/augmented-reality/
  http://www.slideshare.net/nobby/augmented-reality-with-open-source-software
  http://www.slideshare.net/marknb00/2013-lecture3-ar-tracking
- VR 소개
  http://mashable.com/category/virtual-reality/
  https://en.wikipedia.org/wiki/Virtual_reality
  http://www.cnet.com/news/virtual-reality-terminology-vr-vs-ar-vs-360-video/
- AR 저작도구 AR Toolkit, http://www.artoolkit.org/
- 360 VR,
  http://www.360heros.com/
  http://www.360spin.co.uk/qtvr/itvleeds/
  http://www.cnet.com/news/virtual-reality-terminology-vr-vs-ar-vs-360-video/
- 가상도시의 예, Digital City Kyoto: Social Information Infrastructure for Everyday Life / Toru Ishida / Communications of the ACM (CACM), Vol. 45, No. 7, 2002
- nVidia사, http://www.nvidia.com
  그래픽 가속보드에 관한 정보 제공
- MIT Media Lab, http://www.media.mit.edu/research/ResearchPubWeb.pl?ID=24
  Synthetic Character Group의 홈페이지
- Web 3D 컨소시엄, http://www.web3d.org
  VRML/X3D,
  https://en.wikipedia.org/wiki/X3D

연습문제

5지 선다형

9-1 다음 중 가상현실의 요구사항과 가장 거리가 먼 것은?

(a) 임장감 (b) 속도감 (c) 상호작용성 (d) 자율성 (e) 몰입감

9-2 다음 중 몰입형 가상현실 시스템에 해당하는 것은?

(a) 노트북기반 VR (b) 이미지기반 VR (c) CAVE
(d) 360도 비디오 (e) QuickTime VR

9-3 다음 중 몰입형 가상현실 시스템과 가장 관련성이 적은 것은?

(a) 헤드 트래커 (b) 3D 음향 (c) 3D 그래픽 가속기
(d) 360도 카메라 (e) VR SDK

9-4 다음 중 HMD의 문제점과 가장 관련성이 적은 사항은?

(a) 화면의 크기 (b) 지연 시간 (c) 시야각
(d) 멀미현상 (e) 착용감

9-5 다음 중 가상현실(VR)의 활용 분야와 가장 거리가 먼 것은?

(a) 엔터테인먼트 (b) 3D 모델링 (c) 도시계획
(d) 엔지니어링(제조과정) (e) 훈련

9-6 증강현실(AR)보다 더 가상세계를 기반으로 하는 개념은?

(a) 혼합현실 (b) 증강 실세계 (c) 증강가상
(d) 혼합가상 (e) 원격존재

9-7 다음 중 증강현실(AR) 시스템의 구성 및 원리와 가장 거리가 먼 것은?

(a) 위치 트래킹 (b) 가속기 센서 (c) 방향 트래킹
(d) 이미지 정합 (e) 동영상 스티칭

9-8 웹 환경에서 가상현실 시스템을 구현하기 위한 표준 언어는?

(a) X3D (b) HTML5 (c) Unity 3D
(d) 3ds MAX (e) QuickTimeVR

9-9 다음 중 텍스트 파일 형식을 가지는 미디어 형식은?

(a) 애니메이션 (b) 비디오 (c) 그래픽
(d) X3D(VRML) (e) QuickTimeVR

9-10 다음 중 컴퓨터가 생성한 장면과 가장 관련성이 적은 것은?

(a) 몰입형 가상현실 (b) X3D 장면 (c) 증강현실
(d) 비몰입형 가상현실 (e) 360도 VR

괄호넣기

9-1 가상현실에서 몰입을 위한 대표적인 장치들로는 ( ), 데이터 글러브, 3D 위치 트래킹 등이 있으며, 이러한 장치를 이용해 사용자에게 전자적인 피드백을 통해 감각을 형성한다.

9-2 방과 같은 공간의 벽에 영상을 투시하여 마치 동굴 내에서 가상환경에 몰입되는 듯한 환경을 제공하는 ( )를 이용하여 가상현실 시스템을 구현하기도 한다.

9-3 Apple사가 1995년경 개발한 ( )이 가장 대표적인 이미지기반 VR로서 ( )의 특징은 3차원 모델링 데이터를 사용하지 않고 연속적인 사진 이미지를 사용하여 소프트웨어적으로 구현하는 기술이다.

9-4 ( )는 이비지기반 VR과 개념적으로 유사하나 사진을 연결하여 제작한 것이 아니고 360도 카메라를 이용하여 동영상을 촬영하고 동영상을 연결(Stitching)하여 마치 가상현실과 같은 효과를 얻을 수 있게 제작한 것이다.

9-5 가상환경에서 자유롭게 탐색항해 하거나 가상환경 내 어떤 물체와 상호작용하거나 작업을 수행할 때 흔히 제스처나 음성을 통한 ( )의 상호작용이 요구된다.

9-6 가상현실의 출력장치 중에는 이와 같은 시각적인 정보 전달뿐만 아니라 몰입감을 보다 높이기 위해 청각, 촉각 및 후각 정보를 사용자에게 전달하는 것들이 있다. 청각의 경우 ( )라는 계산법을 이용하여 가상환경에서의 소리가 사람의 귀에 전달되는 것을 실제 세계에서 들리는 것처럼 생동감 있게 3D 서라운드 사운드를 생성한다.

9-7 증강현실(AR)에서는 현재 위치의 실세계 이미지에 추가적인 정보를 보여주는 데 비하여 (　　　　)는 원격의 실세계 이미지 상에서 이용자가 원하는 대로 조정하고 제어한다.

9-8 (　　　　)는 '분신' 또는 '화신'을 뜻하는 단어로 사이버공간에서 사용자를 대신해서 활동하는 개체로 대리인의 의미를 지니고 있다. (　　　　)는 컴퓨터에 의해서 만들어진 사람 형상을 가진 모델의 한 종류로 가상환경 내에서 다른 참여자들에게 자신을 나타내는 중요한 역할을 담당한다.

9-9 (　　　　)이란 현실세계와 가상세계를 혼합한 것으로, 현실세계의 이미지와 컴퓨터가 생성한 가상의 이미지, 그래픽 또는 부가정보를 합쳐놓은(Merge) 것을 의미한다.

9-10 (　　　　)는 웹 환경에서 동적인 3차원 환경을 개발하기 위해 표준으로 제안된 스크립트 형식의 언어로, 가장 대표적인 3차원 모델링 언어이다. C++이나 Java와 같은 프로그래밍 언어도 아니고, HTML과 같은 마크업 언어도 아닌 3차원 공간을 구성할 수 있는 모델링 언어이다.

주관식

9-1 몰입형 가상현실과 비몰입형 가상현실의 차이점을 설명하고 각 경우에 사용되는 VR 관련 장비에 대하여 조사하라.

9-2 가상현실(VR)과 증강현실(AR)의 차이점이 무엇인지 설명하고 증강현실 기술의 활용분야에 대하여 기술하라.

9-3 QuickTime VR의 특성을 조사하고 QuickTime VR이 동영상이나 VRML/X3D에 비하여 어떤 장점이 있는지 설명하라.

9-4 애니메이션, 동영상(비디오), QuickTime VR, VRML/X3D의 차이점을 비교하고, 각각 어떠한 경우에 이러한 기술이 가장 효과적이고 효율적인 선택이 될 수 있는지 자신의 의견을 기술하라.

9-5 증강현실(AR: Augmented Reality)이란 무엇인지 그 개념을 간단히 설명하고, 증강현실 기술의 응용분야는 무엇인가?

9-6 증강현실(AR)의 원리를 설명하고 실세계와 가상 세계를 오차 없이 중첩(Overlay)시키는지 그 과정을 설명하라.

9-7 증강현실 기술이 모바일 환경에서 어떻게 사용되고 있는지 그 활용 예들을 찾아서 설명하라.

9-8 가상현실의 NUI 방식의 입력장치에는 어떤 것들이 있는지 찾아보고 각 입력장치의 유용성에 대하여 설명하라.

04
PART

멀티미디어 콘텐츠

10
CHAPTER

디지털 콘텐츠와 멀티미디어

과거에는 컴퓨터나 네트워크 장비 등의 하드웨어 산업이 정보통신산업의 중심이었으나 최근에는 정보산업의 중심이 소프트웨어 산업 및 디지털 콘텐츠 산업으로 전환되고 있다. 특히 디지털 콘텐츠 산업이 21세기 고부가가치 산업으로 인식되면서 선진국들을 중심으로 디지털 산업에 적극적으로 투자하며 육성하고 있다. 디지털 콘텐츠 산업은 제조 산업은 물론 다른 서비스 산업과 상이한 특성을 가지고 있다.

우리는 앞에서 이미지/그래픽, 사운드, 애니메이션 및 비디오의 개념과 원리, 처리 기법 및 이용에 관하여 광범위하게 공부하였다. 이제 이러한 다양한 미디어들을 통합하여 하나의 디지털 콘텐츠로 제작하는 과정에 대하여 생각해 보자. 이 장에서는 우선 디지털 콘텐츠의 개념과 제작환경 및 저작권관리에 대해 설명한다. 다음으로, 게임 분야, 디지털 방송 및 영상 분야, 교육 및 출판 분야 등 각 분야별 디지털 콘텐츠의 특성을 살펴보고, 마지막으로는 문화와 디지털 콘텐츠가 만나는 문화콘텐츠에 대해 소개한다.

10.1 디지털 콘텐츠의 개요

이 절에서는 디지털 콘텐츠를 설명하고 기존의 콘텐츠에 대한 디지털 콘텐츠의 특징, 콘텐츠의 제작 환경과 바람직한 배포방식에 대해서 알아본다. 또한 콘텐츠의 바람직한 유통환경은 매우 중요하기 때문에 디지털 콘텐츠 유통을 위한 저작권보호 기술을 소개한다.

10.1.1 디지털 콘텐츠란?

디지털 콘텐츠의 정의

정보콘텐츠는 텍스트, 사운드, 그래픽, 애니메이션, 비디오 등의 정보형태를 포함하는 아날로그 형태 및 디지털 형태의 정보 내용물이나 이와 관련된 서비스를 포괄적으로 의미한다. 예를 들어, 단행본, 정기 간행물, 신문, 전자출판 등의 출판콘텐츠나 영화, 비디오, 음반, 만화, 애니메이션, 게임 등의 영상콘텐츠 등이 정보콘텐츠에 속한다. 이 때 디지털 콘텐츠는 이와 같은 콘텐츠를 디지털화하여 정보기기로 생산, 유통, 소비되는 형태의 정보콘텐츠와, 정보통신망을 통해 쌍방향으로 송수신되는 형태의 정보콘텐츠 등을 의미한다. 즉, 교육, 학습 등의 목적으로 제작된 멀티미디어 타이틀이나, 영화, 만화, 광고물 중 디지털화된 첨단 영상물, 멀티미디어 출판물, 각종 전자 게임과 온라인 또는 인터넷 형태로 제공되는 멀티미디어 서비스의 내용물이 모두 디지털 콘텐츠에 속한다.

기술적 측면에서 디지털 콘텐츠의 정의는 그림 10-1에서 보듯이 텍스트, 이미지, 사운드, 비디오, 애니메이션 등의 멀티미디어 구성요소와 각 구성요소의 행위나 상호작용을 규정하는 제어요소들의 결합된 형태를 의미한다.

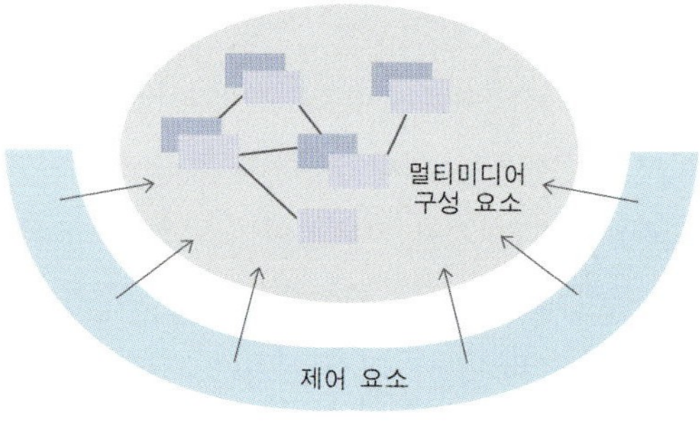

| 그림 10-1 디지털 콘텐츠

기존의 콘텐츠와 디지털 콘텐츠

디지털 콘텐츠는 앞의 정의에서 보듯이 특정한 미디어만을 대상으로 하는 것이 아니다. 즉 기존의 콘텐츠가 단일 미디어에 의한 저작물의 형태로 의미를 갖는데 비해, 디지털 콘텐츠는 원하는 형태의 저작물을 구성하기 위해 다양한 미디어들을 적절히 활용하고 통합하여 정보콘텐츠를 만든다. 또한 기존의 콘텐츠에 비해 디지털 콘텐츠가 가지는 가장 큰 특징은 사용자와 저작물 간의 상호작용성이다. 그리고 멀티미디어는 특성상 컴퓨터를 기반으로 하는 것이므로 데이터는 반드시 디지털화되어야 한다. 또한 다양한 미디어를 통해 배포되므로 시·공간적 제약이 덜하다는 점 등이 기존의 콘텐츠와는 다른 디지털 콘텐츠가 갖는 특징이다. 표 10-1은 기존의 콘텐츠와 디지털 콘텐츠의 차이점을 간략하게 비교하여 보여주고 있다.

| 표 10-1 기존의 콘텐츠와 디지털 콘텐츠의 비교

기존의 콘텐츠	디지털 콘텐츠
책, 신문, 라디오, TV, 영화 등의 전통적인 미디어로 제공된 콘텐츠	총체적인 미디어를 활용하여 재창출시킨 콘텐츠
아날로그	디지털
단방향으로 제공	쌍방향으로 제공
콘텐츠의 제공자와 이용자가 명확히 구분됨	정보 이용자가 동시에 정보 제공자가 될 수 있음
시 · 공간의 제약을 받음	시 · 공간의 제약이 비교적 없음
콘텐츠 수정 비용이 높음	콘텐츠의 수정이 쉽고 그 비용이 저렴함
순차적인 방법에 의해 정보 제공	정보의 습득 과정이 비순차적

디지털 콘텐츠 산업의 특징

기존의 콘텐츠 산업은 미디어 영역별로 구분되어 미디어에 종속적으로 제작하고 서비스하는 구조였으나, 디지털 콘텐츠는 미디어로부터 독립적이 되어간다는 것이 디지털 콘텐츠의 가장 큰 특징이다. 즉, 디지털 콘텐츠의 서비스가 하나의 미디어에 국한되지 않고 미디어간의 장벽이 점차 낮아진다는 것이다. 예를 들어, TV 드라마를 PC에서 다운로드 받아 보거나 스트리밍 방식으로 직접 시청할 수도 있으며, 모바일 환경에서는 VOD 서비스를 통해 외국에서도 한국 TV 드라마의 시청이 가능하다.

디지털 콘텐츠에 대한 미디어 간의 장벽이 낮아져감에 따라 콘텐츠의 재사용이 쉬워지고 미디어 융합적인 성격의 디지털 콘텐츠도 제작되고 있다. 앞의 예에서와 같이 디지털 영화는 TV나 PC 또는 모바일 환경에서 별다른 변환과정이 없이 서비스가 가능해졌으며, 대중가요 역시 음반대신 디지털 음악으로 제작됨으로써 디지털 환경의 여러 미디어에서 곧바로 감상할 수 있다. 이와 같이 디지털 콘텐츠 산업에서는 미디어 플랫폼의 다각화로 다양한 수익모델을 창출하려고 노력하고 있다.

디지털 콘텐츠 산업의 또 하나의 큰 특징은 하나의 콘텐츠로 다양한 미디어에서 서비스하는 것을 넘어서 다양한 사업 분야로까지 전개하는 것으로 보통 원소스멀티유스(OSMU: One Source Multi Use)라 한다. 하나의 소설이 영화로 제작되고, 영화 상영 후 비디오로 판매되고, 영화 흥행에 따라서 영화 속 등장인물에 대한 캐릭터 상품들이 판매되며 소설 속 줄거리에 따라 다양한 파생상품을 만들어 판매한다. 하나의 콘텐츠 소스로부터 다양한 판매상품에 사용한다는 의미로 원소스멀티유스라고 부른다. 그림 10-2는 원소스멀티유스의 대표적인 사례를 보여주고 있다. '스타워즈'는 흥행에 대성공한 영화로 디지털 영상기법으로 각종 신기한 장면을 실감나게 제작한 사례로 유명하다.

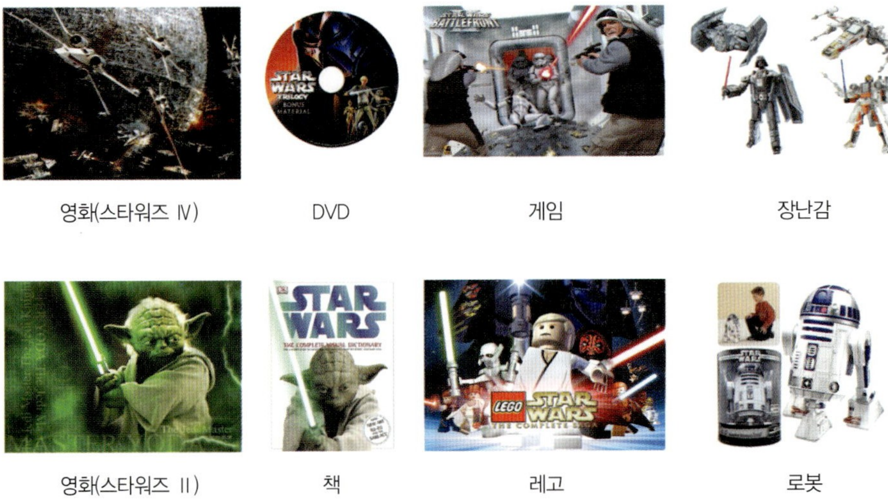

| 그림 10-2 스타워즈 영화의 원소스멀티유스 사례

10.1.2 디지털 콘텐츠의 제작환경 및 배포방식

디지털 콘텐츠를 제작하기 위해서는, 컴퓨터 뿐만 아니라 멀티미디어 데이터를 생성하기 위한 하드웨어 장치들이 필요하다. 또한 멀티미디어 데이터를 편집하고 통합하기 위한 소프트웨어 도구가 필요하다. 이러한 하드웨어 및 소프트웨어 환경에서 프로듀서, 미디어 전문가, 프로그래머 등으로 구성된 멀티미디어 제작팀은 주어진 시나리오와 스토리보드에 따라 콘텐츠를 제작하게 된다. 제작과정에서 미디어 데이터를 직접 제작하기도 하지만, 많은 경우에는 외부에서 구입하거나 획득한다. 그리고 이러한 미디어 자원을 활용하기 위하여 적절한 관리가 필요하다.

하드웨어 환경

디지털 콘텐츠의 제작을 위해 요구되는 컴퓨터의 기본 사양을 명확히 정의해 놓은 표준은 아직 없다. 그러나 콘텐츠 제작을 위해 요구되는 컴퓨터 사양은 재생을 위해 요구되는 사양을 기본적으로 모두 포함한다고 볼 수 있으며 추가적인 하드웨어도 요구된다. 특히 많은 양의 미디어 파일을 저장하기 위해 충분한 저장공간이 필수적이다. 콘텐츠의 제작과정 중에 제작된 디지털 콘텐츠 데이터를 백업(Backup) 받는다든지 CD/DVD 타이틀 형태로 콘텐츠를 제작하여 배포하려고 할 경우 CD/DVD 레코더가 필요하다.

멀티미디어 데이터를 생성하기 위한 장비로서 이미지 데이터를 생성하기 위해서는 일반적으로 스캐너와 디지털 카메라가 가장 유용하다. 또한 아날로그 사운드를 디지털 사운드로 변환하기 위해 사운드 카드가 필요하다. 비디오 데이터를 생성하기 위해서는 기존의 비디오를 비디오 카드를 이용하여 초당 15~30 프레임의 디지털 비디오 데이터로 변환하며, 이때 MPEG 압축카드 등을 이용하여 디지털 데이터를 압축하여 하드디스크에 저장하거나, 디지털 비디오 카메라를 이용하여 직접 디지털 형태로 입력을 받아들일 수도 있다.

소프트웨어 환경

디지털 콘텐츠의 제작을 위한 소프트웨어도 앞서 하드웨어 환경과 마찬가지로 제작하려고 하는 저작물의 종류나 특징에 따라 매우 다양하다. 그러나 디지털 콘텐츠의 제작은 텍스트, 사운드, 애니메이션, 그래픽, 비디오 등과 같은 단일 미디어 데이터를 기반으로 하기 때문에 각 미디어의 제작을 위해 사용되는 소프트웨어들(텍스트 편집 도구, 이미지 편집 도구, 비디오 편집 도구, 사운드 편집 도구, 애니메이션 제작 도구 등)이 실제로 콘텐츠의 제작을 위해서도 모두 사용된다.

이외에 특별히 디지털 콘텐츠의 제작을 위한 전용 소프트웨어로서 멀티미디어 저작도구(Multimedia Authoring Tool)가 있는데, 이러한 도구가 갖는 주된 기능은 기존에 만들어진 단일 미디어 데이터를 통합하고 이들간의 연관관계를 설정하여 원하는 형태의 저작물을 제작할 수 있게 하는 통합된 개발 환경을 제공하는 것이다.

CD/DVD 타이틀의 제작을 위한 소프트웨어로 현재 상용화되어 있는 대표적인 소프트웨어에는 ToolBook, Authorware, Director 등이 있다. 이러한 도구들은 대부분 CD/DVD 타이틀 제작용으로 소개되었으나, 최근에 와서 웹의 대중화와 함께 웹을 통한 콘텐츠의 배포를 지원하기 위한 기능들을 추가하고 있다. 콘텐츠의 배포를 CD/DVD 형태가 아닌 웹 환경에서의 활용을 목적으로 한다면 웹 개발도구들을 사용한다. 현재 상용화되어 있는 대표적인 웹 개발도구로서는 Adobe사의 Dreamweaver, Microsoft사의 FrontPage와 국내에서 개발되어 비교적 많은 사용자층을 확보하고 있는 나모 웹에디터 등이 있다.

콘텐츠의 배포 방식

좋은 콘텐츠를 만들기 위해 고려해야 할 사항들은 매우 많다. 콘텐츠의 배포 또는 전달 방식을 정하는 일도 그 중의 하나로서, 제작 및 기획 단계에서 고려해야 할 사항이다. 제작할 아이템이 선정된 이후에는 전반적인 제작 기획 단계에 들어가게 되는데, 이 단계에서 고려해야 할 중요한 요소 중의 하나가 바로 콘텐츠를 담을 매체와 그 기술에 대한 이해이다. 즉 콘텐츠를 웹페이지와 같은 온라인(On-line) 형태로 제작하여 사용자에게 전달할 것인지 혹은 CD/DVD 타이틀과 같은 오프라인(Off-line) 형태로 제작하여 배포할 것인지에 대한 결정은 해당 배포 매체와 소개하고자 하는 내용이 갖는 특징들에 대한 정확한 이해를 바탕으로 한다. 예를 들어, 그림 10-3과 같은 기업 홍보용 콘텐츠는 시·공간의 제약 없이 대중이 쉽게 접근할 수 있는 웹 페이지 형태로 배포 매체를 정하는 것이 바람직하다.

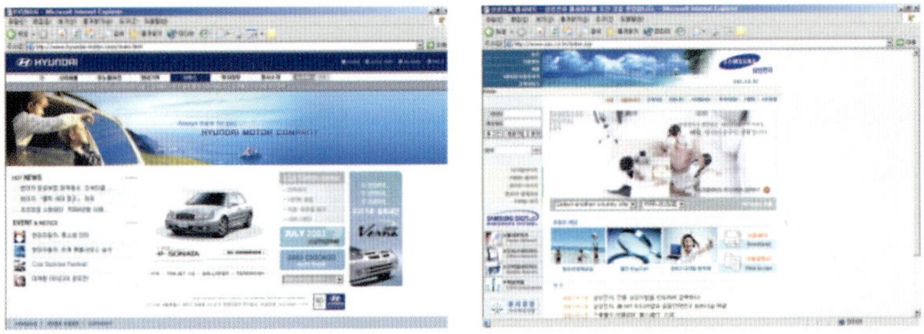

(a) http://www.hyundai-motor.com (b) http://www.sec.co.kr

| 그림 10-3 기업 홍보용 콘텐츠의 예

다음은 이러한 배포 매체를 선정하기 위해 고려해야 할 사항들이다.

1) 제작 이후 콘텐츠의 수정이 빈번한가?

콘텐츠에 따라서는 처음 제작 이후 정보의 갱신을 위해 지속적인 수정 작업을 해야 하는 것들이 있는데, 이러한 콘텐츠는 CD/DVD-ROM이 아닌 웹페이지 형식을 취하는 것이 바람직하다.

2) 콘텐츠의 사용빈도 및 보관

구성할 콘텐츠가 용량이 큰 멀티미디어 데이터를 많이 가지고 있는 경우, 웹을 배포매체로 사용한다면 네트워크 상의 멀티미디어 데이터 전송에 있어 사용자로 하여금 상당한 인내를 요구하게 된다. 따라서 이런 경우는 CD/DVD 매체를 이용하는 것이 바람직하다. 멀티미디어 콘텐츠를 사용자가 자주 이용하거나 영구히 보관해야 할 필요가 있을 경우에는 CD/DVD 매체를 이용하는 것이 바람직하다. 또한, 콘텐츠의 제작자가 다수의 사용자에게 직접 배포하고 싶은 경우에도 CD/DVD 매체를 이용하면 편리하다.

3) 콘텐츠의 공공성, 대중성 및 실용성

콘텐츠의 장르가 기업 등의 홍보나 상품 소개를 위한 것인지, 또는 교육 등의 목적으로 사용하는 것인지에 따라 그에 따른 효율적인 배포 매체가 결정될 수 있다. 예를 들어, 기업 홍보를 목적으로 하는 콘텐츠의 경우, 많은 사용자들이 제한 없이 접근할 수 있는 웹을 배포 매체로 사용하는 것이 바람직하다. 또한 웹 페이지의 경우에는 다양한 미디어들을 사용하여 예술적 요소와 디자인 측면을 강조하는 것도 필요하지만, 네트워크의 데이터 전송속도를 고려한 실용적인 측면도 염두에 두어야 한다.

4) 콘텐츠를 이용할 사용자의 시스템 환경

웹은 많은 사용자들이 시·공간적인 제약이 없이 접근할 수 있다는 장점을 가지고 있는 반면 용량이 큰 멀티미디어 데이터를 제한된 네트워크 대역폭 상에서 전송해야 한다는 제약을 갖는다. 따라서 사용자의 콘텐츠 사용환경을 충분히 고려해야 한다.

10.1.3 콘텐츠의 유통을 위한 디지털 저작권 관리

지난 2000년부터 국내 사이트인 '소리바다'에서는 무료로 음악 파일 공유 서비스를 실시하여 큰 인기를 끌었다. 그러나 음반의 판매가 감소됨에 따라 음반회사들은 저작권 침해를 이유로 '소리바다' 서비스의 중단을 요구하고 법원에 소송까지 하였다. 2007년 서울고등법원은 저작권 침해를 인정하여 '소리바다'의 불법유통 서비스를 중단하라고 결정하였다. 이 사례에서 보듯이 디지털 콘텐츠가 제대로 유통되기 위해서는 저작권 등 지적소유권의 보호가 중요한 요건이 되고 있다.

기존의 음반이나 비디오테이프의 경우에는 반복적으로 사용하면 품질이 떨어지지만 디지털 콘텐츠는 무한 반복하여 사용을 해도 품질이 떨어지지 않는다는 특징이 있다. 또한 디지털 파일은 복사나 수정이 용이하고 더 나아가 네트워크를 통해 대량으로 유통시키는 것이 가능하다. 이러한 특징은 디지털 콘텐츠 유통을 위하여 복제를 하여도 품질에 손실이 없고 재가공이 쉬우며 사용자들은 네트워크를 통해 접근이 용이하다는 장점이 된다. 반면에 이와 같은 특징으로 인한 부작용으로는 불법복제를 하면 지적재산권에 대한 피해가 증가한다는 사실이다. 콘텐츠 제공자나 원 저작자에게 피해가 되며, 이는 앞의 사례에서와 같이 디지털 콘텐츠에 대한 분쟁으로 연결되고 결국 시장이 활성화되는데 걸림돌로 작용한다. 따라서 디지털 콘텐츠의 유통을 위하여 저작권 보호 기술과 제도적 장치가 필요한 것이다.

디지털 저작권 관리(DRM: Digital Rights Management)

디지털 콘텐츠의 저작권 관리를 의미하는 DRM은 각종 디지털 콘텐츠를 생성하고 이용하는 유통의 전 과정에서 불법복제로부터 보호하여 저작권자의 권리를 보호하고 디지털 콘텐츠 유통 산업의 활성화를 목적으로 하는 기술 및 서비스를 의미한다. 한번 암호를 풀면 누구나 해독된 콘텐츠를 사용할 수 있는 보안기술과 비교하여 DRM은 더 포괄적인 개념으로 사용자에게 주어진 권한에 따라 콘텐츠의 이용을 통제하는 기술이다. 그림 10-4에서는 DRM 보호를 받는 콘텐츠는 자물쇠를 채워놓고 사용권을 허락받는 것에 비유하고 있으며, DRM free 모델은 누구나 마음대로 사용할 권한을 주는 것이므로 자물쇠가 없는 경우에 비유하고 있다.

(a) DRM 보호 모델　　(b) DRM free 모델

| 그림 10-4 디지털 저작권 관리(DRM)의 개념

디지털 저작권을 보호하는 방식에는 수동적인 보호 방식과 능동적인 보호 방식이 있다. 수동적인 보호는 사용자로 하여금 법적 도덕적 자각심을 유도하여 스스로 불법행위를 자제하는 효과를 기대하는 방식으로 크리에이티브 커먼즈 라이선스나 디지털 워터마킹 등이 대표적인 기술이다. 능동적인 보호 방식은 암호화 기술을 적용하여 사용권한에 따라 사용자에게 디지털콘텐츠의 접근을 차단하거나 제어하는 기술을 이용하며, 기술적인 특성에 따라 복제방지 방식, 접근제어 방식, 사용제어 방식으로 구분된다.

크리에이티브 커먼즈 라이선스(CCL: Creative Commons License)

디지털 저작물에 지적재산권 사용허가 범위를 표시하자는 크리에이티브 커먼즈 라이선스가 수동적 입장의 저작권 보호방식으로 대표적인 경우이다. CCL은 자신의 저작물에 대하여 저작자표시 의무, 비영리 사용제한, 변경 금지, 동일조건 변경허락 등 '이용방법 및 조건'을 콘텐츠에 표시할 수 있도록 표 10-2에서와 같은 아이콘을 제시하고 있다. 결국 저작자들이 자신의 콘텐츠에 이용범위를 설정함으로서 여러 사람이 혼동하지 않고 콘텐츠를 공유할 수 있는 여건을 제공해 준다. 특히 UCC 환경과 같이 여러 사람이 콘텐츠를 제작하거나 블로깅을 할 때 남의 콘텐츠를 활용하는 경우에 적용하면 저작권 침해 문제를 많이 방지할 수 있다는 전망이다. 국내에서도 2008년부터 네이버나 다음 등의 블로그 사이트에 적용하기 시작하였다.

| 표 10-2 크리에이티브 커먼즈 라이선스의 구성요소 (참조: CCL Korea)

	종류	의미
CCL 구성요소 및 의미	저작자표시	저작물의 원작품이나 복제물을 공표하거나 이용하려면 반드시 저작자의 성명을 표시해야 한다.
	비영리	저작물을 영리 목적으로 이용할 수 없다. 영리 목적으로 이용하려면 저작자와 별도 계약이 필요하다.
	변경금지	저작물을 이용한 2차 저작물은 물론 저작물의 내용, 형식 등의 단순 변경도 금지한다.
	동일조건변경허락	2차적 저작물의 작성을 허용하되 원 저작물과 동일한 내용의 라이선스를 적용해야 한다.
표시사례	BY / BY NC SA / BY SA (저작자가 원하는 조건만 표시)	

디지털 워터마킹 및 디지털 핑거프린팅

디지털 워터마킹(Watermarking)은 인간이 쉽게 감지할 수 없는 표식을 문서, 그래픽, 오디오, 비디오 등의 디지털 콘텐츠 내에 삽입하여 불법복제를 방지하자는 기술이다. 지폐나 중요 서류의 위조를 막기 위하여 물에 젖은 상태에서 인쇄한 표식을 의미하는 워터마크에서 유래한 기술로서 디지털 콘텐츠에 저작권자 또는 판매권자의 정보를 다양한 방법으로 삽입한다. 지적재산권 분쟁이 일어날 경우 원본의 출처를 확인할 수 있으며, 전자상거래나 각종 증명서 발급에도 많이 활용되고 있다. 그림 10-5는 가시적인 워터마크가 삽입된 콘텐츠의 예를 보여준다.

한편, 디지털 핑거프린팅(Fingerprinting)은 저작자나 판매자 정보가 아니라 디지털 콘텐츠를 구매하는 사용자의 정보를 콘텐츠에 삽입을 하는 기술이다. 인간이 감지하기 어려운 표식을 한다는 점에서는 워터마킹과 유사한 기술이지만 유통과정에서 불법으로 배포되는 것을 추적하여 방지할 수 있다는 점에서 차이가 있다. 물건이 유통될 때 만진 사람의 지문이 상품에 찍힌다는 점에서 핑거프린트라는 이름이 유래되었다.

| 그림 10-5 가시적인 워터마크가 적용된 예 (출처: Watermark Factory)

적극적 보호 방식의 DRM 기술

단순히 지적재산권을 표시하는 것에서 더 나아가 적극적으로 보호를 하여 불법사용을 통제하는 기술은 복제방지 기술, 접근제어 기술, 사용제어 기술로 구분할 수 있다.

복제방지 기술은 주로 디지털 콘텐츠를 저장매체나 재생장치에 연동된 암호 키를 사용하여 암호화하여 다른 장치에서 사용할 수 없도록 하거나 복제된 콘텐츠를 사용할 수 없도록 한다. 경우에 따라서는 암호 키가 없으면 복제 자체를 할 수 없도록 한다. 그러나 다양한 형태의 복제행위를 방지하는 데는 한계가 있으며 유통모델과의 연동도 불가능하다는 제약점이 있다.

두 번째로, 디지털 콘텐츠를 사용하기 위한 접근을 제어하는 방식이 있다. 유료 방송 채널을 보호하고 사용료를 징수하는 CAS(Conditional Access System)가 대표적인 기술이다. 디지털 콘텐츠에 대해 정당한 사용권을 가진 사용자만이 접근을 할 수 있도록 접근권한을 제어해 주는 기술로서 주로 방송콘텐츠의 수신권한 통제에 적용되고 있다.

마지막으로, 지적재산권 관리를 위한 방법을 통칭하여 DRM 기술이라 할 수 있지만 협의의 DRM 기술로서 디지털 콘텐츠의 사용을 제어하는 기술이 있다. 단순히 복제방지를 위한 보안기술은 한번 암호를 풀면 누구나 암호가 해독된 콘텐츠를 사용할 수 있지만 협의의 DRM은 다른 사용자가 별도의 권한을 허락받아야만 콘텐츠를 이용할 수 있도록 하는 기술이다. 즉, DRM 서비스는 허가된 사용권한에 따라 디지털콘텐츠의 사용을 통제하여 콘텐츠의 생성에서부터 이용까지의 전체 유통과정에서 다양한 형태의 요금을 부과할 수 있다.

10.2 디지털 콘텐츠의 종류

디지털 콘텐츠는 게임이나 영화, TV, 교육, 출판, 음악, 정보 서비스 등 매우 다양한 분야의 내용을 대상으로 제작될 수 있다. 이 절에서는 디지털 콘텐츠를 내용에 따라 종류를 구분하여 각 디지털 콘텐즈 분야별로 특싱을 살펴보기로 하사.

10.2.1 게임

게임 산업은 최근 시장의 성장세가 주춤하는 경향이 있지만 그 동안 디지털 콘텐츠 산업의 중심으로 성장해왔다. 특히 PC게임이나 온라인게임은 학생들은 물론이고 일반 사회인까지도 게임에 몰두함으로 사회적인 영향을 미치기도 한다. 게임을 유형별로 구분해 보면 콘솔게임, 아케이드게임, PC게임, 온라인게임 등이 있으며, 모바일게임과 TV게임 등 신종 미디어에서의 게임 분야도 대두되고 있다. 플레이 성격에 따라 구분하는 게임 장르에는 롤플레잉(RPG), 시뮬레이션, 어드벤처, 액션, 대전게임, 보드게임 등이 있다.

콘솔(Console)게임

콘솔게임이란 PC가 아닌 전용게임기 등의 별도 기기에 TV나 모니터를 연결시켜 작동하는 게임이다. 게임전용으로 최적화되어 있으므로 대체로 그래픽 화면의 품질이 우수하고 긴박감 넘치는 다양한 인터페이스를 제공한다. 최근 게임용 기기로 Microsoft사에서는 Xbox One을 출시하였고, Sony사에서는 새로운 버전인 PlayStation4를 출시하였다. Nitendo사에서는 실제로 사용자의 동작을 따라하는 스포츠게임으로 화제를 몰고 온 게임기인 Wii U를 출시하여 콘솔게임 시장에서 본격적인 경쟁 구도를 형성하였다.

(a) XBOX One (b) PlayStation4 (c) Wii U

| 그림 10-6 최근 발표된 게임기기

아케이드게임 및 PC게임

아케이드게임은 오락실, 게임센터, 테마파크 등 특정한 공간에서 모니터를 포함한 전용게임 장비로 즐기는 게임이다. 한편, PC게임은 CD 또는 DVD 형태로 출시되어 사용자가 구입한 CD/DVD를 개인용 컴퓨터에 설치하여 실행하는 게임이다.

온라인게임

온라인게임은 네트워크 상에서 사용자가 서버에 접속하여 다수의 사용자가 같이 즐기는 게임이다. 여러 사용자가 접속하여 진행하므로 MUD(Multi User Dungeon)라고 부르기도 한다. 다양한 장르의 게임이 존재하지만 주로 RPG(Role Playing Game) 형태의 게임이나 액션게임이 주류를 이루고 있다. 최근에는 매우 많은 사용자가 접속하는 MMORPG(Massively Multiplayer Online RPG) 유형과 사용자의 1인칭 시점에서 화면을 보여주며 게임을 진행하는 FPS(First Person Shooting) 유형의 게임이 주목을 받고 있다.

게임시장의 추세

스마트폰이나 태블릿 PC 등의 모바일 기기에서 실행되는 모바일게임은 모바일 콘텐츠 시장이 활성화되는데 큰 기여를 하였다. 최근에는 양방향 디지털 방송에서도 게임을 서비스하고 있으며, 향후에는 바둑게임과 같이 네트워크에 기반한 디지털 TV게임도 등장할 전망이다. 모바일게임이 활성화됨에 따라 유무선 연동게임의 수요도 증가하고 있으며, 더 나아가 멀티 플랫폼을 지원하는 게임이 개발 되고 있다.

10.2.2 디지털 방송 및 디지털 영상

2002년 디지털 위성 방송이 서비스된 이후 지상파 방송과 유선방송이 디지털로 전환하였고 2005년부터는 모바일 단말기에 DMB 서비스를 실시하였다. 최근에는 인터넷망을 이용하는 방송으로 IPTV와 스마트 TV 서비스가 시작되었다.

디지털 데이터방송

디지털방송에서는 단순히 비디오 화면만 디지털화 한 것 뿐 아니라 소위 데이터 방송까지도 가능하여 프로그램 가이드, 게임, 일기예보, TV 쇼핑 등의 데이터 콘텐츠 서비스까지 실시하고 있다. 데이터방송 콘텐츠의 유형은 TV에서 비디오 화면과 관련된 내용을 부가적으로 보여주는 비디오 연동형 콘텐츠와 배경에 비디오가 없이 화면 전체를 데이터 콘텐츠로 구성하는 독립형 콘텐츠로 구분된다. 그림 10-7은 프로그램 가이드와 연동형 및 독립형 데이터 방송의 사례를 보여주고 있다.

(a) 프로그램 가이드 (b) 비디오 연동형 방송 (c) 독립형 데이터 방송: 게임

| 그림 10-7 데이터 방송의 예 (출처: 보라존)

인터넷 방송 및 IPTV

데스크탑 컴퓨터에서 인터넷의 스트리밍 기술을 활용하여 방송 콘텐츠를 송신하거나

시청하는 환경을 인터넷 방송 또는 웹방송이라 한다. 기존의 방송국이나 주요 사이트에서 자신들의 방송콘텐츠를 인터넷 사용자들에게 제공하는 것이 주요 목적이며, 일반 개인이 기존의 방송사와는 상관없이 방송제작 시스템을 갖추어 방송을 실행하기도 한다.

한편, IPTV 방송은 초고속통신망으로 연결된 인터넷을 통해 PC가 아니라 TV 모니터에서 방송을 시청하는 서비스로 2007년부터 시범서비스를 실시하였다. 초고속인터넷서비스 가입자가 IPTV용 셋탑박스를 설치하여 인터넷 망과 TV를 연결하면 비디오 방송 콘텐츠 및 데이터 방송 콘텐츠를 서비스받을 수 있다.

디지털 영상 콘텐츠

디지털영상은 주로 컴퓨터 그래픽스 기술을 활용하여 제작된 영상 콘텐츠로 극장 뿐 아니라 네트워크, CD/DVD 등의 디지털 미디어를 통해 유통되고 있다. 영상물 전체를 컴퓨터 그래픽스로 제작한 3D 애니메이션 영화와 일반 영화용 특수효과 애니메이션으로 구분된다. 최초의 컴퓨터 그래픽스 애니메이션 영화는 1982년도에 제작된 'TRON'으로 당시에 큰 반응을 얻었으며, 영화 전체가 3D 컴퓨터 그래픽스로 제작된 최초의 장편 애니메이션 영화는 1995년에 픽사(Pixar)에서 선보인 '토이스토리'로 인형 및 사람의 동작까지도 컴퓨터로 생성되었다. 이후 픽사에서는 'BugsLife', '몬스터 주식회사', '니모를 찾아서' 등을 제작하였고 경쟁사인 드림워크(Dreamworks)사에서는 '개미', '슈렉', '빙하시대' 등을 3D 애니메이션 영화로 제작하였다(그림 10-8).

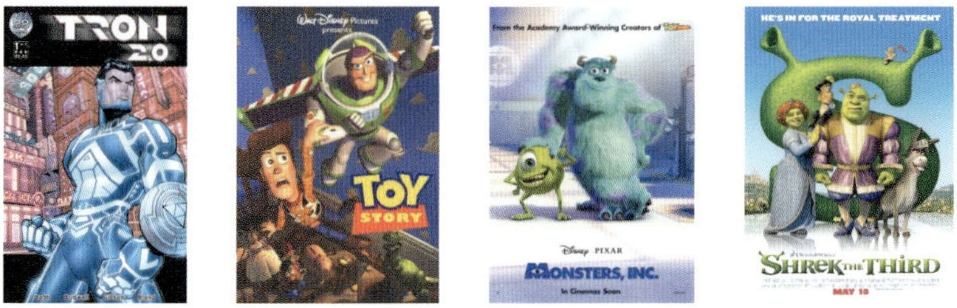

(a) 트론 (b) 토이스토리 (c) 몬스터주식회사 (d) 슈렉

| 그림 10-8 3D 애니메이션 영화

1977년 개봉된 '스타워즈'의 우주선 전쟁장면은 컴퓨터 그래픽스로 제작된 특수효과로 유명하였으며, 이후 '쥬라기공원'의 공룡들, '터미네이터'에서 액체변신 로봇인간, '반지

의제왕'에서 골룸 및 괴물들, '아바타'의 나비족들은 모두 컴퓨터 그래픽스로 제작된 대표적인 장면들이다. 요즘은 컴퓨터 그래픽스 기술이 매우 발달하여 각종 특수효과를 일반사람들이 구분하지 못할 정도이며 대다수의 영화제작에 적용하고 있다. 우리나라에서도 1994년 최초로 국내기술에 의해 제작된 '구미호'를 시작으로 디지털 영상물에 다양한 특수효과가 제작되었으며, 최근 사례로는 '괴물'이나 '디워'에서 괴물의 모습을 디지털영상으로 제작하였다(그림 10-9).

(a) 쥬라기 공원 (b) 아바타 (c) 구미호

| 그림 10-9 특수효과로 제작된 디지털 영상물

10.2.3 e-러닝 및 전자책

e-러닝 콘텐츠

e-러닝이란 인터넷을 기반으로 하여 학습자 중심의 수준별 맞춤형 학습을 할 수 있는 시스템을 말한다. 원격교육은 교사와 학생이 공간적으로 떨어져있거나 다른 시간대에 이루어진다는 점에서 비슷하지만 인터넷 이외에 인쇄물, 라디오, TV 등 각종 전자매체를 활용한다는 점에서 인터넷을 기반으로 하는 e-러닝과는 차이가 있다. 한편 온라인 교육, 사이버교육, 웹기반 교육이라는 용어는 개념상에 큰 차이가 없어서 점차 e-러닝이란 용어로 통합되어 가는 추세이다.

e-러닝 콘텐츠는 웹페이지, 동영상, 오디오, 아바타 등 다양한 멀티미디어 요소를 사용하여 교육효과를 높이고 있다. 그러나 현재 많이 사용되는 e-러닝 콘텐츠들이 인터넷 동영상 서비스에 치중된 경향이 있어서 일반 사용자들이 e-러닝 개념에 대해 혼동할 우려가 있다. 보다 다양한 멀티미디어 기법을 활용하여 학습자 상호작용을 극대화함으로써 자기주도적 학습환경을 제공할 수 있는 진정한 e-러닝 콘텐츠가 개발되기를 많은 사람들이 기대하고 있다.

최근에는 모바일 환경이나 디지털 방송 환경이 급속히 발전함에 따라 이들 다양한 매체에서 e-러닝 시장이 확대되고 있다. 모바일 환경에서의 e-러닝을 m-러닝이라 하며, 디지털방송에서는 t-러닝, 유비쿼터스 환경에서의 u-러닝으로까지 발전하고 있다.

| 그림 10-10 e-러닝 콘텐츠의 사례: Reader Rabbit's (http://www.mpgkorea.com)

전자책

전자책은 종이책과 유사한 인터페이스를 제공하는 디지털콘텐츠를 말한다. 즉, 도서나 간행물 등의 저작물을 종이책 대신 디지털 파일로 글을 읽는 서적으로서 e-Book이라고도 한다. 전자책은 일반적으로 인터넷 언어를 이용해 만든 디지털화된 책으로 PC나 전용단말기에서 뷰어를 이용하여 내용을 보거나 들을 수 있다. 현재 유통되고 있는 전자책 콘텐츠는 HTML 또는 XML 기반이거나, PDF, Flash 등의 형식으로 제작되어 서비스되고 있다.

전자책 단말기의 경우 데스크탑에서는 PC가 주로 이용되고 있으며 휴대용으로는 최근 새로운 전용단말기가 출시되며 전자책 단말기 시장이 활성화될 것으로 예상된다. 2007년 말 Amazon사에서 Kindle이라는 전자책을 출시하여 많은 관심을 모았고 2011년에는 미니태블릿 형태의 Kindle Fire를 출시하였다. e-Ink 기술을 적용한 전자책 전용 단말기에 이동통신을 이용한 무선인터넷 기능을 탑재하여 사용자가 원하는 전자책을 다운로드 받도록 하였다. 디지털음악 시장에서의 iPhone과 iTunes 모델을 도서 판매에서도 적용해보자는 시도로 많은 사람들의 관심을 끌고 있다.

(a) Sony사 전자책 단말기

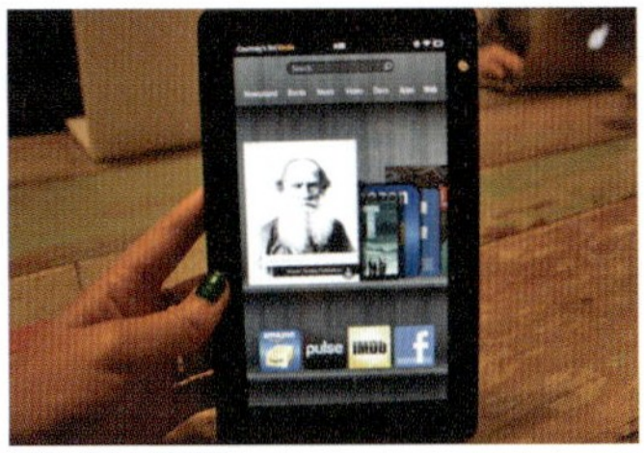

(b) Amazone사의 전자책 'Kindle Fire'

| 그림 10-11 전자책 단말기

10.2.4 디지털 음악

인터넷이 발전하면서 기존의 오프라인 미디어 시장에 가장 큰 영향을 미친 분야가 음악 산업이다. 음악 콘텐츠의 유통을 위한 매체로 레코드, 카세트테이프, CD 등이 사용되었으나 최근에는 이들 오프라인 매체보다는 인터넷을 기반으로 하여 디지털 음악을 다운로드 또는 스트리밍 방식으로 실행하는 온라인 서비스가 더 큰 비중을 차지하고 있다. 디지털 음악의 판매 방식으로는 iTunes처럼 다운로드하는 곡당 금액을 지불하는 방식, Rhapsody의 경우와 같이 회원가입 후 정액제로 지불하는 방식, Napster와 같이 광고기반으로 무료 음악을 서비스하는 방식 등이 있다. 최근에는 벨소리나 통화음 등 모바일 콘텐츠 시장도 주요 시장으로 부상하였다.

국내의 디지털 음악 콘텐츠 유통 시장은 무료 다운로드로 인한 저작권 침해가 가장 큰 장애요소로 작용하고 있다. 국내에서 소리바다로 대표되는 디지털 음악 P2P(Peer-to-peer) 파일공유 서비스가 2007년 저작권 침해가 된다는 판결을 받았다. 이후 유료 고객을 확보하고 DRM 기능을 탑재하여 유료 서비스를 하고 있지만 아직 DRM 서비스 방식에 대해 분쟁의 여지가 남아있다.

한편, 미국에서는 PodCasting이란 개념이 정립되었듯이 단말기와 디지털 음악 콘텐츠를 연계하는 비즈니스 모델이 발전하였다. 그림 10-12에서 보듯이 Apple사의 iPod과 iTunes에서 시작하여 iPhone까지, Nokia사의 뮤직폰, Sony 워크맨의 뮤직폰 등이 콘텐츠와의 연계 모델을 바탕으로 디지털 음악 서비스를 하고 있다.

| 그림 10-12 Apple의 iTunes 프로그램과 iPod nano 플레이어

10.2.5 온라인 정보콘텐츠

온라인 정보콘텐츠를 광의로 해석하면 웹에 존재하는 모든 콘텐츠로 각종 생활 정보까지 포함할 수 있지만 디지털 콘텐츠 산업의 한 분야로서 정보콘텐츠는 전문화되어 유료로 서비스되는 정보 콘텐츠를 의미한다. 정보콘텐츠 산업은 표 10-3에서 보듯이 종합정보, 금융경제, 생활정보, 오락정보, 의료건강, 법률, 위치기반정보 등 7개 분야로 구분된다. 정보콘텐츠 시장에서 가장 큰 비중은 금융이나 증권 등 경제 분야의 콘텐츠 서비스이며, 웹진이나 인터넷 신문 등에서 각종 뉴스를 제공하는 종합정보 콘텐츠와 여행, 패션, 날씨, 취업, 육아, 운세 등 생활정보 및 오락정보 콘텐츠 서비스가 꾸준히 성장하고 있다. 최근에는 모바일 환경의 발전에 따라 위치기반정보의 서비스도 큰 폭으로 성장하고 있다.

| 표 10-3 국내 정보콘텐츠 시장의 분류 (출처: 문화체육관광부, 2010)

분류	정의
종합정보	기사가 업데이트 서비스되는 모든 인터넷 간행물 (디지털 신문/웹진 및 온라인 잡지) 서비스
금융/경제	온라인에서 제공되는 증권, 부동산, 은행, 대출 등 경제 관련 정보 서비스
생활정보	여성, 육아, 패션, 컴퓨터, 여행, 취업, 날씨 등 실생활 관련 정보 서비스
오락정보	영화/연예/공연, 스포츠, 퀴즈/경품, 운세, 취미 등 오락성 정보 서비스
의료(건강)	온라인으로 제공되는 의학, 약학, 한방, 민간요법, 헬스케어 등 건강 관련 정보 서비스
법률정보	온라인으로 제공되는 법률 관련 정보 서비스
위치기반정보	위치확인 정보 및 이와 연동된 정보 서비스

10.3 문화와 디지털 콘텐츠

우리나라 정부에서 선정한 '국가 6대 핵심기술' 중의 하나인 CT(Culture Technology)는 문화와 기술이 결합된 새로운 기술분야로서 문화콘텐츠 기술 또는 문화산업 기술이라고 불린다. 외국에서는 CT를 Creative Technology 또는 Entertainment Technology라는 명칭으로 부르고 있다.

10.3.1 문화콘텐츠와 문화기술(CT) 산업

미국 MIT 미디어랩에서는 첨단 기술을 동원한 오페라를 무대에 올리겠다고 준비하고 있다. 다양한 디지털 기기가 동원될 계획으로 공학 전문가와 함께 저명한 예술가, 작가, 조명전문가가 한 팀이 되어 공연을 준비하고 있다. 무대 중앙에 스스로 소리를 내는 음악장치가 설치되고 로봇이 공연을 주도하며 자연스러운 소리를 재생하는 첨단 멀티미디어 기기가 적용될 것이다. 그림 10-13(a)는 MIT 미디어랩에서 준비 중인 '디지털 퍼포먼스'의 모형을 보여주고 있다. 그림 10-13(b)는 미술과 과학의 만남으로 일본 도쿄 인터커뮤니케이션 센터(ICC)에서 전시중인 '입체유화'로서 특수 컴퓨터 프로그램으로 디자인한 뒤 3D 입체 프린터로 출력한 것이다. 이웃한 동그라미가 서로 위아래로 엇갈려 지나가도록 보인다.

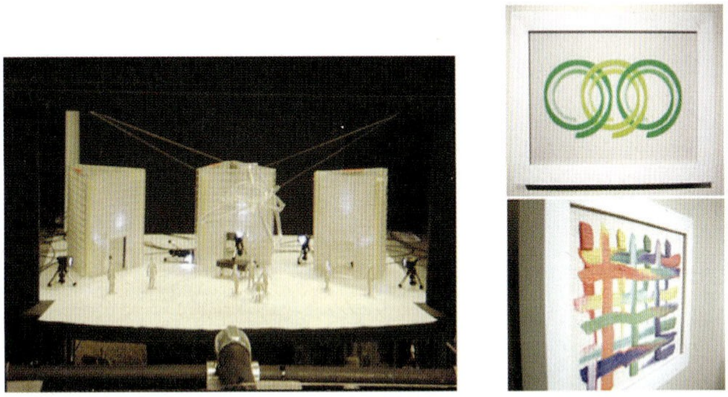

(a) MIT 미디어랩, 미래의 오페라 공연모형　　(b) 컴퓨터로 만든 입체유화

| 그림 10-13 예술과 과학의 만남

문화콘텐츠란 일반적인 디지털콘텐츠에서 더 나아가 예술, 디자인, 인문사회학 등의 문화적 요소를 창의성과 기술을 바탕으로 디지털화 한 콘텐츠를 말한다. 창의력과 상상

력을 바탕으로 기획되는 문화콘텐츠에는 생활양식, 예술, 문학, 전통문화, 역사기록 등 다양한 문화적 요소가 포함된다. 문화콘텐츠의 분야에는 애니메이션, 영화, 게임, 캐릭터, 음악, 출판, 만화, 방송 등 기존의 디지털콘텐츠 분야 뿐 아니라 공연, 디자인, 패션, 문화재, 생활문화 등 유무형의 문화 분야까지 포함하고 있다.

문화콘텐츠산업 또는 문화기술산업은 문화콘텐츠를 기획하여 제작하고 유통하는 서비스 산업을 말한다. 문화콘텐츠 상품을 구상하고 원형을 창작하는 기획단계, 콘텐츠를 적절한 미디어에 개발하고 제작하는 상품화 단계, 이를 전달하고 마케팅을 수행하는 유통 단계로 구분된다.

문화기술(CT: Culture Technology)

문화기술산업의 핵심기술을 분야별로 구분해 보면 CT 기반기술, CT 응용기술, CT 공공기술로 구분할 수 있다.

CT 기반기술로는 기획단계의 창작기술, 상품화단계에서 표현기술, 유통 및 서비스기술이 적용된다. 창작기술은 문화콘텐츠 제작의 초기단계에서 창의력과 상상력을 바탕으로 효과적인 원천소스를 확보하여 콘텐츠의 품질을 향상시키는 기술이다. 최근에는 각본이나 시나리오를 표현하는 스토리텔링 기술이 많은 주목을 받고 있다. 문화콘텐츠의 표현기술은 일반적인 디지털화 기술뿐만 아니라 인간의 오감을 기술적으로 재현하기 위하여 감성 및 재현 기술을 요구하고 있다. 유통 및 서비스 기술은 일반적인 디지털콘텐츠 서비스 기술과 유사하다. 저작권보호를 위한 DRM 기술, 유통을 위한 압축 및 패키징 기술, 전송기술, 과금 기술, 사용자 환경을 위한 양방향 인터페이스 기술 등 다양한 서비스 기술을 필요로 한다.

CT 응용기술은 애니메이션, 방송, 음악, 게임, 영화 등 콘텐츠 장르별로 특화된 기술을 말하며, CT 공공기술에는 문화산업의 공공성을 강화하기 위하여 문화유산의 디지털복원과 관련한 '문화유산기술'과 장애인 및 문화소외계층을 위한 '문화복지기술'이 포함된다.

10.3.2 디지털 문화재

문화유산을 복원하는 기술이란 현재 존재하는 유무형의 문화재와 기억 속에 존재하는 무형의 문화재를 디지털 기술로 가시화하여 디지털 문화원형으로 복원하는 기술을 말한다. 디지털화된 문화원형을 기반으로 디지털 문화재를 재현하여 체험할 수 있게 개발하는 원천기술과 이를 바탕으로 다양한 소비자 수요에 맞는 문화유산 상품을 개발하는 경우까지 포함할 수 있다. 디지털 문화재로 복원되는 문화원형에는 건축물과 같은 유형의 문화재도 있지만 전설, 행사의례, 의복이나 민속놀이 등 무형의 문화재도 포함된다. 그림 10-14에서 (a)는 고려시대의 전통복식을 복원한 경우이며, (b)는 전래설화에 나오는 내용을 캐릭터로 표현하여 복원한 경우이다. (c)는 조선시대 임금의 행사의례를 애니메이션으로 복원해 놓은 문화원형으로 영화 '왕의남자'에서 실제로 이를 참조하여 영화를 제작하였다.

(a) 고려복식 복원　(b) 전래설화 복원　(c) 의례절차 복원 '디지털 한양'

| 그림 10-14 디지털 문화재 원형복원 (출처: 한국콘텐츠진흥원)

디지털문화재 기술을 구분해보면 우선 유무형의 문화유산을 발굴하여 디지털로 측정하는 기술과 측정된 디지털 데이터를 기반으로 문화재를 복원하는 기술이 필요하다. 그리고 첨단 IT 기술에 인문, 사회, 역사, 예술지식을 기반으로 하여 문화유산을 재현하고 실제 체험해보는 기술과 디지털 박물관 등의 형태로 볼 수 있게 하는 전시 기술을 필요로 한다.

디지털 문화재 복원기술은 문화유산이 현존하는 것과 현존하지 않는 것에 따라 적용되는 기술이 다르다. 석굴암이나 운주사 석불, 다비드 조각상 등 현존하는 문화유산은 실측하거나 3D 스캔 기술을 이용하여 가상공간으로 구축한다. 10-15(a)는 '미켈란젤로 프로젝트'에서 다비드 조각상을 3D 스캐너로 입력하는 장면이다. 여러 가지 이유로 소실되어 현존하지 않는 문화유산은 역사 기록을 바탕으로 3D 모델링 작업을 통해 가상공간에 구축을 하게 된다. 고려시대 몽고군의 침략으로 소실된 경주 황룡사 9층 목탑이 대표적인 사례이며 그림 10-15(b)에서 보듯이 KAIST 문화기술연구센터에서 각종 사료를 바탕으로 하고 3D 모델링 기술을 이용하여 복원을 하였다. 한편 불완전하게 남아있는 문화유산은 스캐닝기술과 모델링 기술을 적절히 배합하여 가상공간에 디지털자료로 복원하면 된다. 대표적인 사례로 로마의 유적들을 가상공간에 원상태로 복원하자는 '로마 리본(Reborn)' 프로젝트가 있다(그림 10-15(c)).

(a) 미켈란젤로 프로젝트　　(b) 경주 황룡사 9층 목탑 복원　　(c) 로마 리본(Rome Reborn) 프로젝트

| 그림 10-15 문화유산 복원 사례

10.3.3 미디어 아트와 디지털 사이니지

미디어 아트

미디어 아트는 컴퓨터 그래픽스 및 애니메이션, 인터넷 예술, 가상 예술, 대화식 예술, 로봇 등을 포함하는 뉴미디어 기술을 기반으로 창조된 예술 분야로 전통적인 예술에 대비된다. 일반적으로 미디어 아트는 ICT기술을 활용하며 관객과의 상호대화성을 중요시한다. 또한 미디어 아트는 인터넷 및 통신미디어에 연결되어 상황에 따라 디스플레이가 변화하고 관객의 참여와 소셜 교류를 추구하는 예술 방식이다. 그림 10-16은 미디어 아트의 몇 가지 사례를 보여주고 있다.

| 그림 10-16 미디어 아트의 사례(http://www.zak.kit.edu, http://www.artinasia.com)

전시기술과 디지털 사이니지

최근에는 미디어 아트와 전시기술이 융합하여 공공장소 디스플레이, 디지털 사이니지,

공연, 예술 전시회 등 다양한 분야에 적용되고 있다. 대표적인 사례로 최근 LA 국제공항을 대대적으로 리모델링하면서 여행객 대합실의 최첨단 디스플레이 장치에 여행객 정보를 접목한 미디어 아트 콘텐츠를 전시하고 있다. 그림 10-17(a)에서 보듯이 사진 왼편의 멀티스크린에는 환영 메시지를 대화식 멀티미디어 콘텐츠로 구성하고 전시하고 있고, 오른쪽의 시계탑에는 시시각각으로 변화하는 미디어 아트를 디스플레이하고 있다. 또한 전시공간이 하나의 벽면에 국한하지 않고 여러 개의 건물 외벽에 멀티미디어 콘텐츠를 전시하기도 하는 미디어파사드(Media Facade)라는 융합기술이 주목 받고 있다. 그림 10-17(b)는 호주 시드니의 오페라하우스의 외벽에 적용한 미디어파사드의 사례를 보여주고 있다.

(a) LA 국제공항의 여객 대합실

(b) 시드니 오페라하우스의 미디어파사드
(http://www.webdesignerdepot.com)

| 그림 10-17 미디어 아트와 융합된 전시기술의 사례

한편 디지털 사이니지(Digital Signage) 분야는 공공시설물이나 대형 디스플레이에 대화식 멀티미디어 콘텐츠로 광고를 전시하는 기술 개발이 활발히 이루어지고 있다. 디지털 사이니지는 미디어와 ICT기술을 융합하여 공공장소나 상업공간에 인터넷을 통해 정보, 광고, 문화, 오락 등의 콘텐츠를 디스플레이하는 영역으로 앞으로 이 분야 산업이 빠르게 성장할 것으로 기대된다. 디지털 사이니지는 인터넷에 연결되어 이용자의 상황 및 개인화 서비스가 가능하고 상호작용성을 지원하는 스마트 미디어의 특성을 가지고 있다.

10.4 참고자료

- 컴퓨터와 IT기술의 이해(개정판) / 최윤철, 한탁돈, 임순범 / 생능출판사, 2016

- 2014 콘텐츠산업백서 / 한국소프트웨어진흥원, 2015
- Digital.life ITU Internet Report 2006 / International Telecommunication Union / 2006
- CT(Culture Technology)의 개념 및 동향 / 김원제 / 전자부품연구원 / 2007
- DRM(Digital Rights Management) / 강호갑 / TTA Journal No.103 / 2006
- 크리에이티브 커먼즈 라이선스, www.creativecommons.or.kr
- Microsoft, www.microsoft.com/xbox, XBOX
- Sony, www.playstation.com, Playstation 3
- Nintendo, www.nintendo.com/wii, WII
- Pixar Systems, www.pixar.com, 3D 애니메이션 영화
- Dreamworks, www.dreamworks.com, 3D 애니메이션 영화
- E-Ink, www.sonystyle.com, e-ink 디스플레이
- Amazone, www.amazone.com, 'Kindle' 전자책 단말기
- 한국콘텐츠진흥원, www.kocca.or.kr, 디지털문화재 원형복원
- 미켈란제로 프로젝트, www.washington.edu/alumni/columns/sept99/david.html, 외국의 문화유산 복원 사례
- 로마 리본(Rome Reborn) 프로젝트, www.romereborn.virginia.edu/, 외국의 문화유산 복원 사례

연습문제

5지 선다형

10-1 기존 콘텐츠에 비해 디지털 콘텐츠의 특징이라 할 수 없는 것은?

(a) 쌍방향으로 제공 (b) 정보 이용자가 동시에 정보 제공자가 될 수 있음
(c) 콘텐츠의 수정 비용이 높음 (d) 시공간적 제약이 비교적 없음
(e) 정보의 습득 과정이 비순차적

10-2 디지털 콘텐츠의 배포 매체를 선정하기 위해 고려해야 할 사항과 가장 거리가 먼 것은?

(a) 제작 이후 콘텐츠의 수정이 빈번한가? (b) 콘텐츠의 사용빈도
(c) 콘텐츠의 공공성 및 대중성 (d) 콘텐츠의 복잡도
(e) 콘텐츠를 이용할 사용자의 시스템 환경

10-3 자신의 저작물에 대하여 저작자표시 의무, 비영리 사용제한, 변경 금지, 동일조건 변경 허락 등 '이용방법 및 조건'을 콘텐츠에 표시할 수 있도록 아이콘으로 제시하는 것을 무엇이라 하는가?

(a) CCL (b) DRM (c) 디지털 워터마킹
(d) CCITT (e) UGC

10-4 인간이 쉽게 감지할 수 없는 표식을 문서, 그래픽, 오디오, 비디오 등의 디지털 콘텐츠 내에 삽입하여 불법복제를 방지하자는 기술을 무엇이라 하는가?

(a) 디지털 핑거프린팅 (b) CCL (c) DRM
(d) UGC (e) 디지털 워터마킹

10-5 다음 중 문화콘텐츠와 가장 관련성이 적은 것은?

(a) 디지털 문화재 (b) 미디어 아트 (c) 증강현실
(d) 미디어파사드 (e) 디지털 사이니지

10-6 다음 중 디지털 콘텐츠 산업의 특성과 가장 관련성이 적은 것은?

(a) 미디어 간의 장벽이 낮다　　(b) 제작 비용이 높음
(c) 원소스멀티유스(OSMU)　　(d) 콘텐츠의 재사용이 쉬움
(e) 융합적인 성격의 디지털 콘텐츠 제작이 쉬움

괄호넣기

10-1 디지털 콘텐츠 산업의 또 하나의 큰 특징은 하나의 콘텐츠로 다양한 미디어에서 서비스하는 것을 넘어서 다양한 사업 분야로까지 전개하는 것으로 보통 (　　　　　)라 한다.

10-2 디지털 콘텐츠의 저작권 관리를 의미하는 (　　　　　)은 각종 디지털 콘텐츠를 생성하고 이용하는 유통의 전 과정에서 불법복제로부터 보호하여 저작권자의 권리를 보호하고 디지털 콘텐츠 유통 산업의 활성화를 목적으로 하는 기술 및 서비스를 의미한다.

10-3 디지털 저작물에 지적재산권 사용허가 범위를 표시하자는 (　　　　　)가 수동적 입장의 저작권 보호방식으로 대표적인 경우이다. (　　　　　)은 자신의 저작물에 대하여 저작자표시 의무, 비영리 사용제한, 변경 금지, 동일조건 변경허락 등 '이용방법 및 조건'을 콘텐츠에 표시할 수 있도록 아이콘으로 제시하고 있다.

10-4 (　　　　　)은 인간이 쉽게 감지할 수 없는 표식을 문서, 그래픽, 오디오, 비디오 등의 디지털 콘텐츠 내에 삽입하여 불법복제를 방지하자는 기술이다.

10-5 국내의 디지털 음악 콘텐츠 유통 시장은 무료 다운로드로 인한 저작권 침해가 가장 큰 장애요소로 작용하고 있다. 국내에서 소리바다로 대표되는 디지털 음악 (　　　　　) 파일공유 서비스가 2007년 저작권 침해가 된다는 판결을 받았다.

10-6 (　　　　　)란 일반적인 디지털콘텐츠에서 더 나아가 예술, 디자인, 인문사회학 등의 문화적 요소를 창의성과 기술을 바탕으로 디지털화 한 콘텐츠를 말한다.

10-7 (　　　　　) 분야는 공공시설물이나 대형 디스플레이에 대화식 멀티미디어 콘텐츠로 광고를 전시하는 기술 개발이 활발히 이루어지고 있다. (　　　　　)는 미디어와 ICT 기술을 융합하여 공공장소나 상업공간에 인터넷을 통해 정보, 광고, 문화, 오락 등의 콘텐츠를 디스플레이하는 영역으로 앞으로 이 분야 산업이 빠르게 성장할 것으로 기대된다.

주관식

10-1 DRM(Digital Rights Management)와 CCL(Creative Commons License)에 대하여 간단히 설명하라.

10-2 디지털 콘텐츠가 기존의 콘텐츠(아날로그 콘텐츠 포함)에 비해서 어떠한 특성을 가지는지 설명하라.

10-3 10.1절에서 원소스멀티유스 사례로 스타워즈를 소개하였다. 스타워즈 이외의 원소스멀티유스 사례를 찾아서 어떠한 이유로 멀티유스인지 예를 들어 설명하라.

10-4 '소리바다'의 사례에서 보듯이 디지털콘텐츠의 유통에서는 저작권보호는 큰 이슈가 되고 있다. 콘텐츠 서비스 업자의 입장에서는 자유로이 유통하는 편을 선호하지만 콘텐츠 저작자 입장에서는 저작권을 보호받으려는 경우가 많다. 디지털 콘텐츠 유통을 위해 저작권 보호가 왜 필요한지 자신의 의견을 논하라.

10-5 국내에서도 디지털 저작권 보호를 위한 표시방법의 하나인 크리에이티브 커먼즈 라이선스(CCL) 표기를 2008년부터 적용하기 시작하였다. CCL의 국내 적용 사례를 조사하고 그 유용성에 대해 기술하라.

10-6 디지털 저작권 보호를 위한 표식방법으로 디지털 워터마킹과 디지털 핑거프린팅 기법이 사용되고 있다. 두 가지 기법의 특징과 차이점을 설명하라.

10-7 현재 인터넷 환경에서 다양한 방송 서비스가 시행되고 있다. 그 중에서 인터넷 방송(또는 웹 방송)과 IPTV의 대표적인 사례를 조사하고 두 방식의 차이점을 설명하라.

10-8 각 국가에서 향후의 핵심기술로서 문화기술(CT)을 포함하여 정책을 수립하고 있다. 미래의 기술로서 문화산업 기술을 중요시하는 이유가 무엇인지 논하라.

10-9 문화 콘텐츠 중에서 공공목적의 콘텐츠인 디지털 문화재는 유무형의 문화유산을 디지털로 복원하여 다양한 목적으로 활용하자는 것이 궁극적인 목표이다. 공공목적 이외에 어떤 분야에 어떻게 활용이 가능할 것인지 기술하라.

11
CHAPTER

멀티미디어 콘텐츠의 제작

우리는 2부에서 이미지/그래픽, 사운드, 애니메이션 및 비디오의 개념과 원리, 처리 기법 및 이용에 관하여 광범위하게 공부하였다. 이제 이러한 다양한 미디어들을 통합하여 하나의 멀티미디어 콘텐츠로 제작하는 방법에 대하여 생각해 보자. 이를 위하여 콘텐츠의 개념을 정의하고 정보를 디자인하며 사용자 인터페이스를 디자인하는 제작기획 과정을 공부하자. 또한 멀티미디어를 웹페이지에 적용하기 위한 기술들을 알아보고 멀티미디어 문서의 표준을 이해하자.

11.1 디지털 콘텐츠의 제작과정

멀티미디어 콘텐츠를 제작하는 일은 기존의 책을 출판하거나 영화를 제작하는 것과 매우 유사하다. 즉 제작 목적에 근거해서 무엇을 제작할 것인지가 결정이 되면 구체적으로 제작을 위한 세부 계획을 설정하는 제작기획 단계에 들어가게 되며, 이것을 기반으로 실제 내용을 제작하는 단계를 거치고 나면 제작된 내용을 어떻게 배포할 것이며 제작 이후의 관리는 어떻게 할 것인가 하는 등의 마무리 작업을 수행하게 된다.

그림 11-1은 이러한 콘텐츠 제작의 세부적인 전 과정을 도식적으로 표현한 것이다.

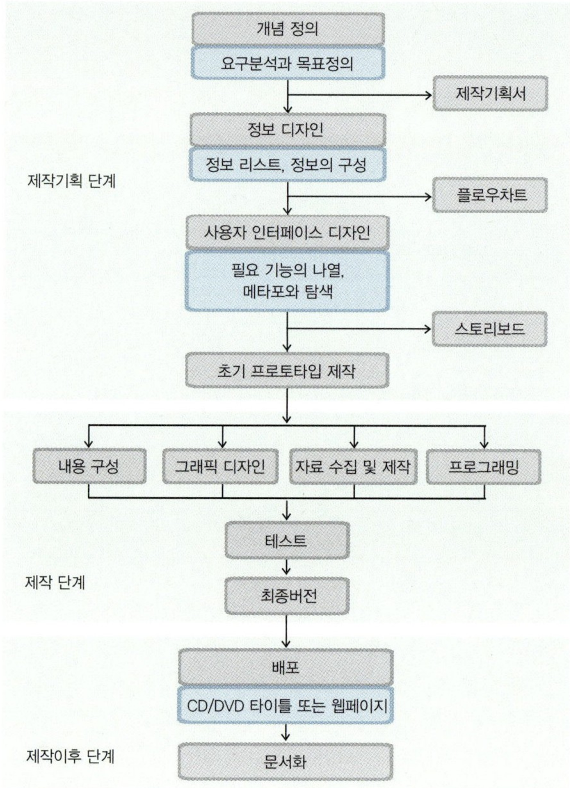

| 그림 11-1 콘텐츠 제작 과정

이번 절에서는 콘텐츠의 제작을 위한 세 단계, 즉 기획, 제작, 제작이후 단계들에 대해서 설명한다.

11.1.1 제작기획 단계

기획은 한 프로젝트를 성공적으로 수행하기 위한 가장 중요한 요소로 프로젝트의 성공과 실패를 결정하는 주된 요인이 된다.

멀티미디어는 텍스트, 이미지, 그래픽, 애니메이션, 사운드, 비디오 등 다수의 미디어들이 한 시스템 상에서 동시에 상호작용하여 진행되는 것을 의미한다. 이때 이러한 멀티미디어 데이터를 대상으로 하는 제작기획은 목표로 하는 저작물의 제작을 위해 기존 미디어들에 상호작용성을 부여하면서, 과학적이고 체계적으로 구성하고 표현될 수 있도록 전 과정을 체계화하는 시스템 작업을 의미한다.

기획은 일반적으로 표 11-1과 같은 '6W3H'원칙을 고려해야 한다.

| 표 11-1 제작기획 단계에서의 '6W3H'원칙

Why(목적, 용도)	어떠한 목적과 용도로 만들 것인가?
What(내용)	어떠한 내용을 보여줄 것인가?
Whom(대상)	누구를 대상으로 만들 것인가?
Who(주체)	어떤 개발자들을 투입할 것인가?
When(시기)	제작물을 배포하는 시점을 언제로 할 것인가?
Where(장소)	콘텐츠의 제작작업은 어디에서 할 것인가?
How(방법)	어떠한 장비와 프로그램을 활용하여 구체적으로 어떻게 제작할 것인가?
How-much(예산)	지원되는 총 제작비용은?
How-long(기간)	총 제작 기간은?

제작기획 단계에서는 내부적으로 다음과 같은 세부 작업들을 수행하게 된다.

(1) 개념 정의

고객이 제시한 무형의 요구나 가치를 유형의 결과물로 형상화하기 위한 단계이다. 고객의 요구와 목표의 분석을 통해 만들어낼 결과물이 구체적으로 무엇인가를 결정하고, 브레인스토밍(Brainstorming)을 거쳐 결과물의 형상을 제작 기획서와 같은 문서 형태로서 정리한다. 이 작업은 주로 콘텐츠 개발의 총 책임을 맡는 프로젝트 관리자와 고객, 제작자가 주체가 된다.

(2) 정보 디자인

실제로 저작물에 포함될 낱낱의 데이터를 정보로서의 가치를 지니도록 계획하고 조직하는 단계이다. 필요한 정보들을 일일이 나열해 보고 이들간의 상호 유기적인 연관 관계를 조사한 후 필요한 내용이 결정되면 이들 내용의 구조와 서로간의 유기적인 관계를 도표 형태의 순서도(Flowchart)로 작성한다.

순서도는 콘텐츠를 구성하는 각각의 페이지들 간의 상관관계와 전체적인 제어의 흐름을 보여주고 있다. 스토리보드는 각각의 페이지 내에 들어가는 구체적인 내용으로 콘텐츠에서 사용자에게 전달하고자 하는 내용이 된다.

(3) 사용자 인터페이스(User Interface)의 설계

구성된 내용이 어떻게 사용자와 상호작용적으로 동작할 것인가를 규정하는 단계이다. 상호작용의 디자인과 인터페이스 디자인은 서로 밀접하게 관련되어 있어, 프로듀서와 디자이너가 함께 공유해야 하는 업무 영역이다. 상호작용의 디자인이 주로 동작의 논리적 전개와 관련된 것이라면 인터페이스 디자인은 일관성을 부여하면서 구체적으로 동작의 논리를 화면단위로 구현해 내는 일이다.

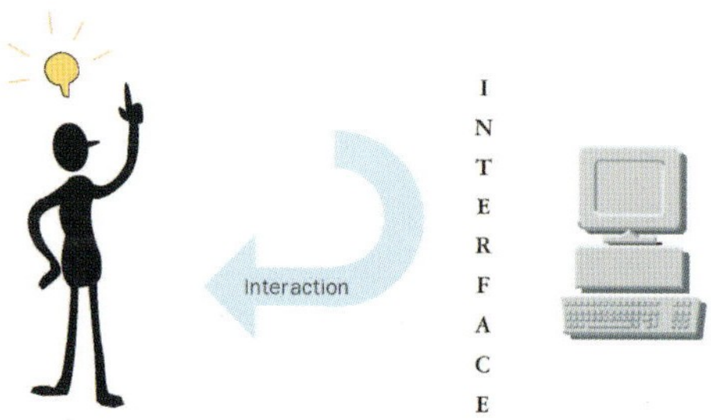

| 그림 11-2 상호작용과 사용자 인터페이스

상호작용의 디자인에 있어 고려해야 할 중요한 요소로서 다음과 같은 것들이 있다.

메타포(Metaphor)

구성된 내용을 그 특성과 기능에 맞게 효율적이고 직관적으로 사용자에게 전달시킬 수 있는 그래픽 사용자 인터페이스(GUI)를 설정하는 일로서, 사용자가 자주 접하는 익숙한 환경을 콘텐츠 각각의 구성요소에 비유하는 것이다.

탐색항해(Navigation)

사용자의 현재 위치나 사용자가 원하는 콘텐츠에 접근할 수 있게 하는 기능이다. 멀티미디어 시스템 내에서는 다양한 경로로 원하는 정보에 접근할 수가 있기 때문에 정보의 위치 파악을 위한 브라우징 도구가 반드시 요구되며 적절한 브라우징 도구가 제공되지 않을 경우, 방향상실(Disorientation)이 발생할 수 있다. 효과적인 브라우징 도구가 갖추어야 할 기본적인 속성으로서, 학습성(Learnability), 사용성(Usability), 일관성(Consistency), 융통성(Flexibility) 등이 있는데, 이는 전체적인 브라우징 방법이 일관되고 융통성 있게 운영됨으로써 사용자로 하여금 쉽게 사용할 수 있게 하며, 이미 알고있는 방법을 통해 새로운 방법을 자연스럽게 배울 수 있게 해야 한다는 것이다.

(4) 스토리보드(Storyboard)

스토리보드란 소설을 쓰거나 영화를 만들 때 전체적인 스토리를 그림으로 나타내는 것을 의미하는데, 멀티미디어 콘텐츠의 제작에서도 각각의 요소들이 어떤 역할을 하고, 그곳에 어떤 내용이 들어가며, 화면 구성은 어떻게 할 것인지를 전체적으로 나타내는 데 스토리보드를 사용한다. 이러한 스토리보드는 저작물을 구성하는 각 페이지의 주제, 페이지간의 연결, 사용법, 화면구성 등을 나타내는 지표가 된다. 순서도(Flowchart)와의 차이는 순서도가 콘텐츠를 구성하는 여러 정보간의 상호 유기적인 관계와 전체적인 제어의 흐름을 명시하는 기능을 갖는데 비해, 스토리보드는 실질적으로 그 안에 들어가는 내용물의 구성을 명세하는 기능을 갖는다.

그림 11-3은 특정 페이지에 대한 스토리보드의 예를 보인 것이다.

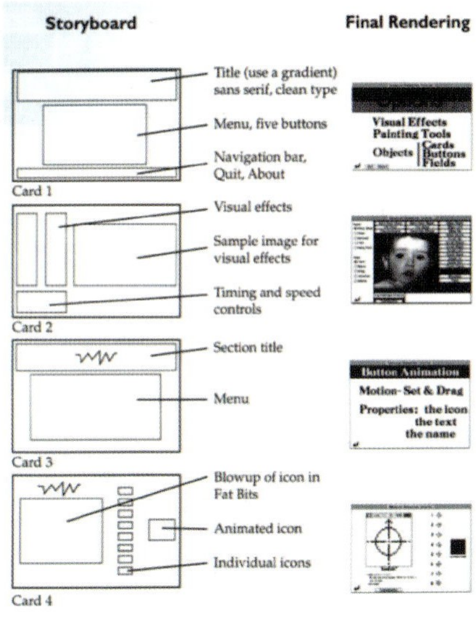

| 그림 11-3 스토리보드(왼쪽)와 실제 제작된 화면(오른쪽)의 예

(5) 초기 프로토타입(Prototype)

본격적인 제작에 착수하기 전 제작기획 방향이 적합한 것인가를 의사 결정권자에게 확인받고 각 분야의 제작자들이 각자의 업무를 분명히 파악하기 위한 단계이다. 이 단계에서 가장 핵심적인 역할을 해야 하는 구성원은 프로젝트의 총 책임을 맡고 있는 프로젝트 관리자로서, 고객이 원하는 바가 충분히 기획에 반영이 되었는지를 고객과 충분히 의견을 교환한다. 만일 프로토타입(Prototype)이 고객이 원하는 요구사항을 충분히 만족시키지 못했을 경우에는 고객의 피드백(Feedback)을 받아들여 적절히 수정해야 하며, 실질적으로 제작단계에서 작업하게 될 구체적인 내용들이 모두 이 프로토타입에 충분히 포함되어 있어야 한다.

11.1.2 제작 단계

프로젝트 관리자(또는 프로듀서)를 중심으로 콘텐츠 기획가, 디자이너, 프로그래머, 각 분야의 전문가들이 각자의 부문에서 본격적인 콘텐츠의 제작 작업에 착수하는 단계이다. 멀티미디어의 제작과정은 각 분야의 역할이 유기적으로 연관되어 있기 때문에 어느 한 부문에서의 작업 지연이 다른 부문에 연속적으로 영향을 미쳐 전체적인 제작 작업의 지연을 초래할 수 있다. 따라서 제작의 전체적인 진행을 책임지는 프로젝트 관리자의 역량이 특히 필요한 단계이다. 제작단계에서는 내부적으로 다음과 같은 세부 작업들을 수행하게 된다.

(1) 내용 구성

저작물에서 사용자에게 전달하고자 하는 내용을 새롭게 작성하거나, 기존에 이미 작성된 내용을 활용하기 위해 자료를 수집하는 단계이다.

(2) 그래픽 디자인

디자인은 사용자가 콘텐츠를 이해하고 이용하는데 있어 직관력을 제공해줄 수 있는 조형작업으로서, 반드시 내용에 대한 전반적인 이해를 기반으로 해야 한다.

그림 11-4(a)는 취학 전부터 초등학생까지의 어린이를 대상으로 영어학습 자료들을 제공하는 'Ready 2 Use'라는 웹 사이트로서, 영어학습을 위한 다양한 기능들이 어린이의 수준에서 보고 이해할 수 있는 그래픽 인터페이스로 디자인되어 있다. 그림 11-4(b)는 어린이를 대상으로 한 'Yes Insurance' 사이트로 어린이들이 좋아하도록 카툰 스타일의 배경 그림을 넣었고 웹페이지의 전반적인 분위기를 밝고 명랑하게 유지하도록 설계하였다.

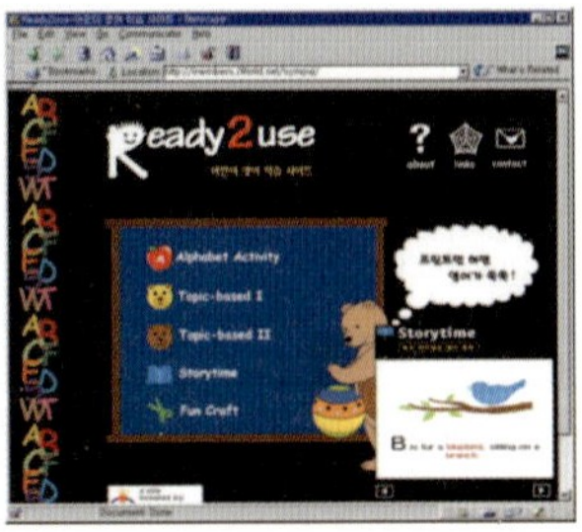

(a) "Ready 2Use"

(b) Yes Insurance 사이트

| 그림 11-4 콘텐츠의 내용을 반영한 디자인의 예

(3) 자료수집, 제작 및 프로그래밍

이 단계에서는 멀티미디어 콘텐츠 개발을 위한 다양한 저작도구나 프로그램 언어를 활용하여 준비된 텍스트, 미디어 데이터, 기능, 디자인 결과물 등을 하나로 통합한다. 저작도구나 프로그램 언어의 선정은 제작할 콘텐츠의 성격에 따라 결정된다.

(4) 테스트

테스트 단계는 제작 이후에 이루어지는 작업이 아니라 제작 단계의 일부분이다. 이 단계의 작업이 어려운 이유는 제작된 저작물이 재생될 환경이 사용자에 따라서 매우 다양하기 때문이다. 이 단계에서는 테스트를 수행하는 하드웨어 시스템 사양과 저작물이 최종적으로 재생될 사용자 시스템 사양간의 불일치로 발생할 수 있는 오류에 대해서 미리 점검하여야 한다. 특히 웹페이지와 같은 저작물인 경우 사용자 시스템이 접속하고 있는 다양한 통신 대역폭 환경과 사용 브라우저의 특성에 대해서도 고려해야 한다.

11.1.3 제작이후 단계

모든 제작이 완료되고 나면 저작물의 배포단계에 들어가게 되는데, 제작된 저작물을 어떠한 형식으로 배포할 것인지에 대해서는 기획단계에서 이미 결정되어 있어야 한다. 초기에는 멀티미디어를 전달할 수 있는 유일한 매체가 CD-ROM 뿐이었으므로 선택의 여지가 없었으나 오늘날 저작물의 배포형식은 웹, 키오스크 등과 같이 매우 다양할 수 있다.

저작물의 배포와 관련해서 기획 단계에서 고려해야 할 사항은 멀티미디어의 정의는 배포 수단에 있는 것이 아니라 정보의 디지털화와 상호작용 등에 초점을 맞춰야하며 배포매체는 이의 가장 효율적인 전달을 위한 수단이라는 것이다. 제작과정 전반에 걸친 관련문서를 정리하는 일도 이 단계에서 해야 할 일이다. 이렇게 정리된 문서는 차후에 비슷한 종류의 저작물 제작을 위한 지침서 역할을 할 수 있으며, 제작 이후의 시스템 관리를 위한 매뉴얼로도 사용될 수 있다.

이외에도 데이터를 백업 받거나 저작물의 성격상 지속적인 관리가 필요하다면 이러한 서비스를 담당할 운영자에 대한 교육도 이 단계에서 해야 할 일이다.

11.1.4 제작팀의 구성

멀티미디어 제작팀은 기존의 어떠한 조직보다 능동적이고 개방적인 구조를 가져야 한다. 이는 멀티미디어 콘텐츠의 제작 분야가 성격상 창의적인 요소가 매우 중요할 뿐만 아니라 각 분야의 최고 전문가들이 투입되어야만 좋은 최종 결과물을 얻을 수 있는 특징을 가지고 있기 때문이다.

제작팀의 각 구성원은 제작하려고 하는 콘텐츠의 종류나 제작 규모 등에 따라 매우 다양할 수 있으나, 어느 정도 규모 있는 콘텐츠의 제작을 위해서는 그림 11-5에 나열된 각 구성원들이 투입되어야 한다.

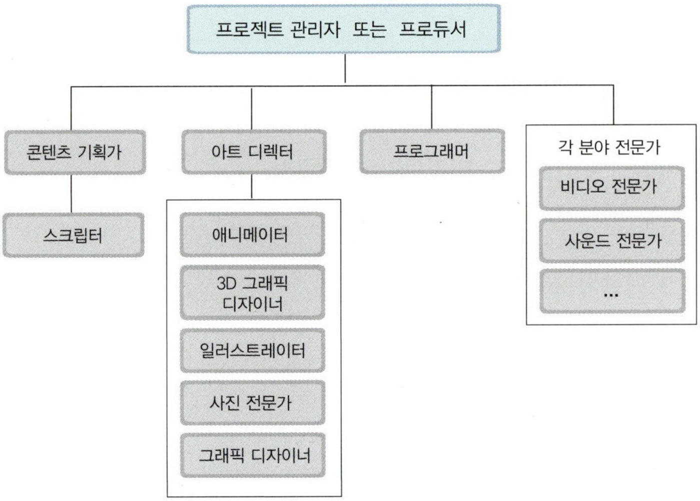

| 그림 11-5 콘텐츠 제작팀의 구성

이들 각 구성원의 역할을 보면 다음과 같다.

(1) 프로젝트 관리자(Project Manager) 또는 프로듀서(Producer)

프로젝트 매니저는 가장 많은 책임이 따르는 직책으로 프로젝트의 전체적인 관리와 작업의 스케쥴링 및 할당 등의 업무를 수행하며, 이를 위해 제작상의 전반적인 모든 사항을 완벽하게 숙지하고 있어야 한다.

프로젝트 매니저의 주요 업무는 크게 두 가지로 구분할 수 있는데, 그 중 첫째는 대외적인 업무로서, 프로젝트의 전체적인 흐름을 파악하고 필요한 예산과 제작 인원을 산출함은 물론이고 필요에 따라 제안서나 기획안 등을 만들어야 한다. 둘째로 대내적 업무로서, 제작에 투입된 인적 자원들을 효율적으로 관리하여 제작팀들이 자신의 능력을 최대한 발휘하여 최고의 결과물을 만들 수 있도록 이끄는 역할, 각 분야 간의 적절한 의사소통을 지원하는 일 등이다.

(2) 콘텐츠 기획가(Content Planner)와 스크립터(Scriptor)

스크립터는 콘텐츠의 줄거리, 주인공, 사건 전개 등과 같은 전체적인 기획과 설계, 즉 콘텐츠에서 실질적으로 전달하고자 하는 내용 설계를 담당하고, 콘텐츠 기획가는 이것에 근거해서 내용에 적절한 구조와 그 구조를 뒷받침할 설계 요소들을 결정하는 일을 한다. 특히, 이 분야의 구성원들은 콘텐츠의 전체적인 구성과 흐름을 설계할 뿐만 아니라 세부적인 내용 안배까지도 충분히 고려해야 하기 때문에, 매우 논리적이면서도 다방면의 폭넓은 상식과 경험이 풍부한 사람들로 구성되어 있어야 한다.

(3) 아트 디렉터(Art Director) 및 각 분야의 디자이너

기술의 발전에 의해 제품의 성능이 어느 정도 평준화된 오늘날, 사람들은 제품의 질보다는 외형적인 디자인 요소를 보고 제품을 선택하는 경향이 강하므로 내용의 시각화를 담당하는 디자이너의 역할은 매우 중요하다고 할 수 있다. 디자인 작업은 주로 그래픽 도구를 이용하여 이루어지는데, 각 분야의 디자이너들은 주어진 콘텐츠를 가장 효과적으로 시각화하기 위해 사용하는 소프트웨어 도구에 대한 정확한 이해와 적절한 활용능력을 갖추고 있어야 한다. 아트 디렉터는 전체 프로젝트에 있어 프로젝트 매니저의 역할과 비슷하며, 각 디자인 분야 구성원들 간에 또는 디자인 분야와 다른 분야와의 적절한 의사소통을 위한 창구 역할을 담당한다.

(4) 프로그래머

저작도구나 프로그램 언어를 사용하여 그래픽 데이터, 사운드 데이터 등과 같은 다양한 미디어들을 배치, 통합하여 최종적인 결과물로 완성시키는 역할을 수행한다. 따라서 프로그래머는 각 미디어들이 갖는 특성을 정확히 이해하고 있어야 한다.

우수한 멀티미디어 프로그래머라면 그래픽 디자이너 못지않은 색상과 화면 전개 감각을 가지고 있어야 하며, 완성된 저작물이 어떠한 시스템 상황에서도 최적의 속도로 안정적으로 실행될 수 있도록 프로그램을 구현할 수 있어야 한다. 따라서 완성된 저작물의 정확한 동작에 대한 최종 책임은 프로그래머의 몫이라고 할 수 있다.

(5) 각 분야별 전문가: 비디오 전문가, 사운드 전문가 등

비디오 전문가는 저작물에 포함된 요소 중 동영상과 관련해서 개념 설계에서부터 촬영 및 최종 편집단계에 이르기까지의 모든 작업을 담당한다. 사운드 전문가는 배경음악, 음향효과, 혹은 저작물에 등장하는 캐릭터의 대사와 설명, 나레이션(Narration) 등의 사운드 부분과 관련하여 적절한 사운드와 음향을 설정하고 이를 녹음, 편집하는 작업을 담당한다.

11.2 멀티미디어를 활용한 웹페이지 제작

최근 웹(WWW)이 많은 컴퓨터 사용자들에게 급속하게 보급됨에 따라 멀티미디어 정보를 웹 페이지를 통해 전달하는 경향이 커지고 있다. 멀티미디어 CD/DVD 타이틀과 비교해 볼 때 웹 페이지는 모든 사람에게 공개되어 있어 정보의 공유를 실현할 수 있으며, 언제라도 내용을 갱신할 수 있으므로 최신의 정보를 제공할 수 있다는 것이 장점이다. 이 절에서는 웹 페이지의 작성을 위해 필요한 HTML의 기본 사항과 웹페이지 디자인 방법, 웹에서의 멀티미디어 데이터의 활용에 대해 공부하고 웹페이지에 상호작용을 지원하는 기술에 대해서도 알아보기로 한다.

11.2.1 HTML과 웹페이지

이 절에서는 먼저 HTML문서란 무엇인지 간단히 알아보고, HTML문서의 핵심 개념인 하이퍼텍스트 개념에 대하여 언급한다. HTML의 구조와 HTML문서의 실제적 작성에 대해서는 인터넷 관련 서적에 자세히 다루어져 있으므로 여기서는 생략하기로 한다.

HTML이란?

HTML은 HyperText Markup Language의 약자로 웹페이지를 만들기 위한 기본 언어 또는 규약이라 할 수 있다. HTML은 원래 뜻에서 알 수 있듯이 하이퍼텍스트이며 동시에 마크업 언어이다. 하이퍼텍스트란 책처럼 처음부터 끝까지 순차적으로 읽어가는 구조가 아니라, 원하는 부분을 클릭(Click)하면 그 곳으로 바로 이동하여 사용자가 관심 있는 영역만을 찾아 볼 수 있는 구조로 짜여진 문서이다. 그리고 마크업 언어란 문자열의 앞뒤에 일종의 해석 기호를 붙여 그 문자열의 특성을 나타내 주는 언어로서 이 해석 기호는 태그(Tag)라 불리우며 문서의 형식을 지정한다.

HTML의 뿌리를 거슬러 올라가면 SGML(Standard Generalized Markup Language)이 있다. SGML은 마크업 언어를 정의할 수 있는 메타언어로서, 문서의 논리적인 구조를 기술하기 위한 표준이다. 즉, HTML은 SGML 표준에 따라 구현한 문서 양식으로서 웹 문서의 구조를 기술하기 위해 사용된다. HTML 문서는 일반 텍스트 문서와 마찬가지로 ASCII 파일이며, 확장자는 htm 또는 html을 사용한다.

앞에서 언급하였듯이 태그는 문자열의 특성을 나타내는 기호이다. HTML의 경우 문서의 본문 내용에 '이것은 제목이고, 이것은 문단, 저것은 표…'라는 식으로 문서의 형식을 지정하는 것으로 일종의 명령어라고 볼 수도 있다. 태그에는 문자열의 시작을 나타내는 시작 태그와 끝을 나타내는 끝 태그가 있다.

시작 태그의 형식 : 〈"태그이름"〉
끝 태그의 형식 : 〈/"태그이름"〉

시작 태그와 끝 태그 사이에 문서의 내용에 해당하는 문자열이 온다.

```
〈TITLE〉 HTML 문서 〈/TITLE〉
```

시작 태그 안에는 '속성 이름="속성값"'의 쌍으로 태그의 속성을 지정하기도 한다.

```
〈BODY text="red"〉
      .......
〈/BODY〉
```

HTML의 태그는 시작 태그와 끝 태그를 둘 다 써야 하는 경우와 둘 중 하나만 쓰면 되는 경우가 있으며, 대소문자를 구별하지 않는다.

HTML 문서

HTML 문서는 표 11-2와 같은 형태를 취한다.

| 표 11-2 HTML 문서의 예

HTML 문서	왼쪽의 문서를 읽은 브라우저
〈HTML〉 〈HEAD〉 〈TITLE〉 간단한 HTML문서 〈/TITLE〉 〈/HEAD〉 〈BODY〉 Body 태그 안의 내용이 브라우저에 나타납니다.〈BR〉 줄을 건너 뛰었습니다.〈BR〉 〈H1〉Heading 1〈/H1〉 〈H3〉Heading 3 / 제목: 간단한 웹 페이지〈/H3〉〈BR〉 〈FONT size=2〉Font 크기 2〈/FONT〉〈BR〉 〈FONT size=6〉Font 크기 6〈/FONT〉〈BR〉 〈/BODY〉 〈/HTML〉	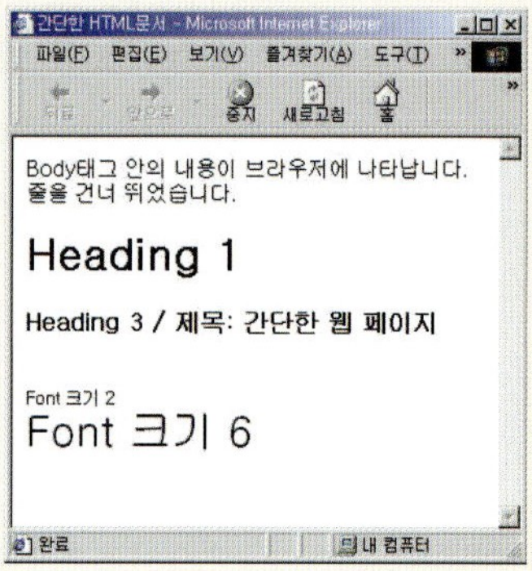

먼저, HTML문서는 자신이 HTML 문서임을 알려주는 시작 태그 〈HTML〉로 시작하여 끝 태그 〈/HTML〉로 끝난다. 이 안에 문서에 대한 정보를 가지고 있는 HEAD 부분과 브라우저 화면에 실제로 보여지는 BODY 부분이 들어감으로써 기본적인 HTML 문서의 형태가 갖추어진다. 〈HEAD〉 태그 안에 있는 〈TITLE〉 태그는 HTML 문서의 제목을 나타내 주는 것으로, 〈TITLE〉과 〈/TITLE〉 사이에 들어간 문장은 브라우저의 타이틀 바에 나타난다. HTML 문서는 기본적으로 화면의 맨 위 왼쪽에서 시작하여 문서 내 요소들이 차례로 출력된다.

하이퍼링크(Hyperlink)

하이퍼텍스트(Hypertext)란 텍스트를 읽는 도중 연관된 자료를 즉시 볼 수 있는 비선형 구조의 텍스트를 말한다. 웹 서비스는 이러한 하이퍼텍스트 개념을 사용하여 인터넷에 분산되어 있는 정보로 쉽게 이동할 수 있도록 지원해 주기 때문에 하이퍼텍스트 기반 서비스라고도 한다. 하이퍼텍스트를 지원하려면, 즉 여기저기 원하는 곳으로 이동하려면 그곳으로 이동할 수 있는 길을 만들어 주어야 한다. 이것이 바로 링크 또는 하이퍼링크이다. 웹에서의 하이퍼링크는 〈A〉 태그에 의해 만들어진다. 〈A〉 태그를 앵커(Anchor)라고 부르며, 〈A〉태그의 href 속성에 방문하고자 하는 곳의 주소를 지정한다.

링크가 삽입된 텍스트는 보통 푸른색으로 표시되며, 밑줄이 생기게 된다. 이 링크를 클릭하면 해당되는 URL(href에 명시된 주소)에 있는 문서가 열리게 된다. 다른 웹 사이트로 링크하고자 할 경우에는 완전한 URL 주소를 명시해 주어야 한다. 즉, 주소 아래와 같이 'http:// '로 시작하도록 해야 한다.

```
〈A href="http://www.snoopy.com"〉
Snoopy.com으로의 링크
〈/A〉
```

자신의 디렉토리 또는 자신의 계정 내에서 링크할 경우는 절대경로 대신 상대주소만 지정해 주어도 된다. 같은 폴더 내에 있을 때는 '파일 이름만', 하위 폴더로 이동할 때는 '폴더이름/파일이름', 상위 폴더로 이동할 때는 '../폴더이름/파일이름'을 사용한다.

하위 폴더의 경우: 〈A href="example/travel.htm"〉
상위 폴더의 경우: 〈A href="../게시판/게시판.html"〉

링크는 텍스트에만 지원되는 것은 아니다. 웹은 정확히 말한다면 하이퍼텍스트가 아니라 하이퍼미디어 기반 서비스이다. 즉, 텍스트뿐 아니라 웹 페이지 내의 각종 멀티미디어 정보들 사이에도 링크가 가능하다. 그림에도 링크를 만들 수 있어서, 〈IMG〉 태그를 〈A〉와 〈/A〉 태그로 둘러싸면 그림을 클릭했을 때 링크가 작동하게 된다.

11.2.2 웹페이지에서 멀티미디어 기술의 적용

(1) 이미지의 활용

이 절에서는 이미지의 특성과 그 활용법에 대해 알아보기로 하자. 이미지를 잘 활용해야 보기 좋고 충실한 웹페이지를 만들 수 있으나, 화려한 웹페이지를 만드는 일에만 치중하여 너무 많은 이미지를 사용하게 되면 로딩시간이 길어지므로 좋지 않다. 이미지는 꼭 필요한 경우에만 사용하고 가능한 한 크기를 줄이도록 한다.

웹페이지에 이미지를 삽입할 때에는 다음과 같은 형식을 사용한다.

〈IMG src="이미지 파일 이름 또는 URL"〉

웹페이지에 사용할 수 있는 이미지 형식은 크게 GIF, JPEG의 두 가지이다. 일반적으로 크기가 작고 색상의 반복이 적은 그림이나 버튼, 메뉴 등에 사용하는 이미지는 GIF 형식을, 미묘한 색의 변화가 많은 사진에는 JPEG 형식을 사용한다. 단순한 그림인 경우는 GIF가, 섬세한 사진의 경우는 JPEG이 압축률이 높아서 효율적임을 알 수 있다.

GIF 형식에는 Interlaced GIF가 있다. Interlaced GIF는 이미지의 대략적인 모습을 먼저 보여주고, 차츰 세부적인 모습을 보여주는 GIF 파일 형식이다. 파일 크기가 큰 이미지를 사용해야만 할 때 이미지를 다운로드하는 데에 시간이 많이 걸리므로 Interlaced GIF를 사용하도록 한다. 이렇게 하면 파일이 완전히 전송되기를 기다리지 않고도 이미지의 대략적인 모습을 볼 수 있어 좋다. Photoshop 등의 그래픽 도구에서

GIF 파일로 저장할 때 Interlaced GIF로 저장하는 옵션을 선택하면 된다.

배경 이미지는 웹페이지의 배경에 그림을 타일 형식으로 나타내는데 사용되는 이미지를 말한다. 〈BODY〉태그 안에 background 속성을 주어 지정할 수 있다. 타일 형식으로 이미지가 연이어 나타나므로, 반복되어도 가장자리가 잘 맞고 어색하지 않은 이미지를 사용하는 것이 좋다. 주의할 점은 배경 이미지가 너무 복잡하거나 실제 내용보다 두드러져 보이는 것은 곤란하다는 것이다. 그림 11-6은 텍스트 내용과 배경 이미지가 서로 잘 어울리는 예를 보여주고 있다.

〈BODY background="파일 이름 또는 URL"〉

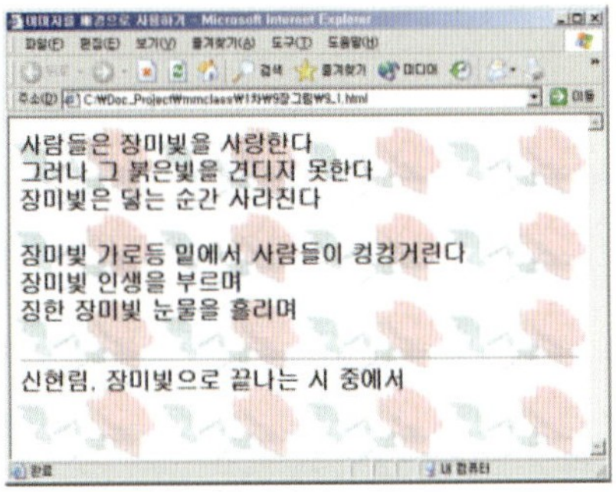

| 그림 11-6 배경 이미지 사용하기

웹페이지에 배경색이나 배경이미지를 넣으면 웹페이지에 사용된 그림과 배경이 달라 어색해 보이는 경우가 있다. GIF 파일은 투명색을 설정할 수 있어 배경을 투명하게 할 수 있는데, 이러한 투명 GIF를 이용하면 이러한 문제점을 해결할 수 있다. 투명 GIF(Transparent GIF)를 이용하면 GIF 파일의 256색 중 하나를 투명색으로 지정하여 배경이 드러나 보이게 할 수 있다.

앞에서 잠시 언급하였듯이 이미지에도 다른 페이지로 이동할 수 있는 링크를 넣을 수 있다. 〈IMG〉태그의 바깥쪽에 〈A〉태그를 이용해 링크를 넣는다. 그림에 링크를 넣으면 자동으로 링크를 의미하는 테두리가 생기며 이 테두리를 없애기 위해서는 〈IMG〉태그의 border 속성을 0으로 설정하면 된다.

이미지 전체를 링크로 설정할 수 있지만, 이와는 달리 이미지 안에 몇 개의 링크를 만들 수도 있는데 이것을 '이미지 맵'이라 부른다. 이미지 맵은 하나의 이미지를 메뉴처럼 사용하는 것으로 이미지상의 특정 지역을 링크시킴으로써 클릭하면 해당 페이지로 가게 만든 것이다. 형식은 다음과 같다.

```
〈MAP name="이미지 맵의 이름"〉
    〈AREA shape="rect, circle 또는 poly"coords="모양에 맞는 좌표"〉
〈/MAP〉
〈IMG usemap="#앞에서 정의한 이미지맵 이름"
      src="이미지맵으로 사용할 그림의 URL"〉
```

지정한 영역 위에 마우스를 가져가면 마우스 포인터가 손 모양으로 변하며, 영역은 사각형, 원 등 다양한 모양을 지정하여 사용할 수 있다.

(2) 애니메이션의 활용

웹의 활용 범위가 급속히 커지면서, 기존의 텍스트 위주의 페이지는 거의 찾아볼 수 없게 되었다. 또한 이제는 정적인 이미지만을 활용한 웹 페이지가 아니라 살아 움직이는 동적인 웹페이지가 주를 이루고 있다. 이 절에서는 웹페이지에 동적인 요소를 추가하기 위해 사용되는 대표적인 방법 몇 가지를 소개하기로 한다.

Animated GIF

Animated GIF는 움직이는 GIF 파일로서 여러 장의 GIF를 모아 시간 간격을 두고 차례로 보여주어 애니메이션 효과를 내는 방법이다. 간단하게 애니메이션을 만들 수 있고 시스템에 무리를 주지 않기 때문에 많이 사용된다. Animated GIF 역시 GIF 파일의 일종이므로 보통 이미지처럼 〈IMG〉 태그를 사용하여 페이지에 삽입하면 된다.

| 그림 11-7 Animated GIF의 원리

Dynamic HTML과 JavaScript

Dynamic HTML은 기존의 정적인 HTML에 동적인 요소를 추가하기 위해 개발된 것으로, 문서의 각 요소를 객체로 정의하여 위치와 스타일을 지정할 수 있으며, 사용자와의 상호작용을 첨가하거나 움직이게 할 수도 있다. 서버에 부담을 주는 CGI 등과 달리 자바스크립트(JavaScript)를 기반으로 하여 클라이언트에서 수행되므로 빠르고 편리하다.

Dynamic HTML을 이용할 때 가장 많이 사용하는 기능은 애니메이션을 만드는 것이다. 그림 11-8은 레이어(Layer)를 이용하여 바다 속 풍경을 만든 결과이다. 바다 속 풍경은 모두 몇 개의 레이어로 이루어져 잇는데, 바다 속을 나타내는 레이어, 수초들을 나타내는 레이어, 물고기를 나타내는 레이어, 바위를 나타내는 레이어로 이루어져 있다. 이렇게 레이어로 배경을 만들면 레이어들 사이에 앞뒤 관계를 줄 수 있다는 장점이 있다. 즉, 물고기가 움직일 때 수초 뒤를 지나갈 수도 있고 수초 앞을 지나갈 수도 있다. 레이어를 사용하면 이러한 앞뒤 관계를 제어할 수 있지만 이미지로 만들면 이러한 효과는 불가능하다.

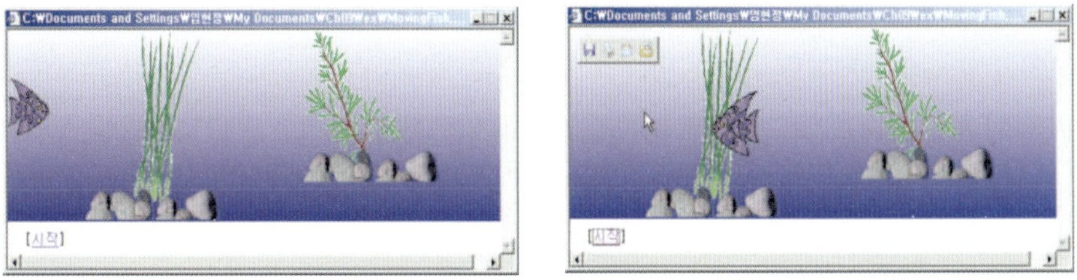

| 그림 11-8 움직이는 물고기

Java Applet

웹에서 사용되는 자바 어플리케이션인 자바 애플릿은 미리 컴파일된 자바 프로그램이다. JavaScript와 Dynamic HTML에 비해 느리고 만들기도 힘들지만, 상호작용과 인터페이스를 제공할 수 있기 때문에 여러 분야에서 활용되고 있다. 자바 애플릿을 웹 문서에 삽입하기 위해 사용되는 태그는 〈APPLET〉이며, 삽입된 애플릿에 정보를 전달하기 위해서는 〈PARAM〉태그를 이용한다. 그림 11-9는 자바 애플릿으로 만든 불꽃놀이 애니메이션이다.

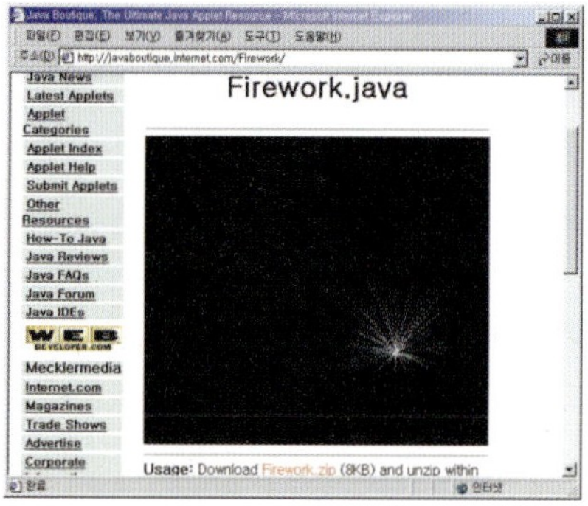

| 그림 11-9 불꽃놀이 자바 애플릿

Java Applet과 JavaScript는 이름이 유사하여 다소 혼동스러울지 모른다. 표 11-3은 이 둘의 차이점을 보여준다. 크게 볼 때 자바 애플릿과 스크립트의 차이는 독립적인 애플리케이션과 스크립트 언어의 차이이다. 다시 말하면, 애플릿은 미리 만들어져 사용되는 독립된 프로그램의 성격이 강하고, JavaScript는 필요할 때마다 호출되어 기능을 수행하는 간단한 명령어들의 집합이라 할 수 있다.

| 표 11-3 JavaScript와 Java Applet의 차이점

	자바 애플릿	자바스크립트
실행 과정	서버에서 컴파일하고 클라이언트에서 실행	클라이언트에서 해석하고 실행
클래스	있음	없음
HTML과의 관계	HTML 외에 별도로 존재	HTML코드 안에 포함됨
변수 선언	꼭 변수형을 선언해야 함	변수형을 선언할 필요 없음

SVG 및 SMIL

웹 문서 환경에서 벡터 방식의 애니메이션을 지원하기 위해서는 웹 문서 표준에 기반한 SVG를 이용할 수 있다. SVG를 이용한 애니메이션은 Flash와는 달리 그 내용을 쉽게 수정할 수 있으며 다양한 컴퓨터 및 하드웨어 환경에서도 완벽한 호환이 가능하다. SVG의 기본적인 문서 포맷은 XML에 근거한 SVG 표준사양에 기반하며 기하적 객체, 링크, 삽입, 컬러, 애니메이션 등과 같은 다양한 객체 요소들로 구성되어 있다. 따라서 SVG 파일은 XML 및 HTML 문서 내부에 삽입이 가능하며, 현재 SVG를 실행하기 위해서는 사용하고 있는 웹 브라우저에 Adobe사 등에서 제작한 SVG 뷰어와 관련된 플러그인을 설치하면 된다. 또한 SMIL에서도 SVG와 동일한 애니메이션 기능을 SMIL 문서 내에 삽입하여 사용할 수 있다.

(a) SVG를 이용한 약도 (b) SMIL을 이용한 노래방 화면

| 그림 11-10 SVG 및 SMIL 애니메이션의 예

(3) 사운드와 비디오의 활용

앞에서 언급하였듯이 HTML은 하이퍼미디어를 지원한다. 즉, 비디오나 사운드와 같은 멀티미디어 자료의 연결이 가능하다. 인간은 정보를 습득함에 있어 일반적으로 보는 것의 10%, 듣는 것의 20%, 보고 듣는 것의 50%, 보고 듣고 실습하는 것(상호작용형 멀티미디어)의 80%를 기억하는 것으로 알려져 있다. 따라서 웹 페이지 역시 비디오나 사운드와 같은 미디어를 적절히 사용하면 사용자의 이해를 높일 수 있다.

웹에서 지원하는 사운드와 비디오 파일

사운드 파일의 종류에는 Windows에서 기본적으로 지원하는 파일 형식으로 별도의 플러그인 없이 사용할 수 있는 WAV 파일(확장자 .wav)과 스트리밍 기술을 이용한 실시간 전송이 가능하여 다운로드와 동시에 음악을 들을 수 있기 때문에 현재 많이 이용되고 RealAudio 파일(확장자 .ra 또는 .rm)이 있다.

또한 WAV파일에 비해 용량이 매우 작아서 웹 페이지에 배경음악을 넣는 일에 많이 이용되는 MIDI 파일과 동영상 압축표준의 하나인 MPEG-1 의 오디오 부분 압축 레이어 중 Layer 3를 이용하여 사운드를 압축한 것으로 12:1 정도의 높은 압축률을 지원하는 MP3 파일이 있다. MP3 파일은 압축효과가 뛰어나고 음질이 우수하기 때문에 인터넷 상에서 음악을 압축하는데 자주 사용된다.

비디오 파일로는 WAV 파일과 마찬가지로 윈도우에서 기본적으로 지원하는 형식이므로 별도의 플러그인 없이 사용할 수 있는 AVI파일(확장자 .avi)과 RealAudio와 마찬가지로 실시간 전송이 가능하며, 음악 사이트의 뮤직 비디오나 실시간 방송에 사용하는 RealVideo파일(확장자 .rm)이 있다. 또한 Apple사의 동영상 압축기술로 개발된 QuickTime파일(확장자 mov 또는 qt)과 MPEG 압축기술을 이용해 만들어진 MPEG 파일(확장자 .mpg)이 있다. MPEG은 압축률이 매우 뛰어나기 때문에 많이 사용되며 QuickTime 플러그인이나 Media Player 플러그인을 설치하면 들을 수 있다.

웹 페이지 내에 사운드나 비디오를 추가하는 방법에는 크게 두 가지가 있는데, 하나는 〈EMBED〉태그를 사용하여 문서 내에 포함시키는 방법이고 다른 하나는 〈A〉태그를 사용하여, 하이퍼링크로 연결하는 방식이다.

〈EMBED〉태그를 사용하면 미디어 파일이 페이지 내에서 바로 보이게 된다. 그림 11-11은 AVI 파일을 삽입한 예이다.

```
〈EMBED src="사운드 또는 비디오 파일의 URL"〉
```

〈EMBED〉태그는 파일의 종류에 관계없이 사용할 수 있으며, 태그 안에 여러 가지 속성을 주어 크기나 기타 기능을 지정할 수 있다. 콘트롤의 크기는 브라우저나 플러그인에 따라 기본값이 다르게 설정되어 있으므로, 직접 지정해 주는 것이 좋다.

```
〈HTML〉
  〈HEAD〉
    〈TITLE〉AVI 파일의 삽입〈/TITLE〉
  〈/HEAD〉
  〈BODY〉
    〈P〉
      〈EMBED width="300" height="200"
      src="../video/billy.avi"〉
    〈/P〉
  〈/BODY〉
〈/HTML〉
```

| 그림 11-11 동영상 파일의 삽입

비디오 또는 사운드 파일로의 하이퍼링크를 만드는 방법은 텍스트 내에서 하이퍼링크를 만드는 것과 동일하다.

```
〈BODY background="파일 이름 또는 URL"〉
```

위와 같은 형식으로 사운드나 비디오 파일로의 링크를 만들어 놓으면 그 링크를 클릭하여 소리를 듣거나 동영상을 볼 수 있다. 링크를 만들 때는 어떠한 플러그인이 필요한지 명시해 주는 것이 좋다. 이렇게 하면 필요한 플러그인이 브라우저에 설치되어 있는 사용자만 실행하게 되므로 플러그인이 설치되어 있지 않아 발생하는 에러를 막을 수 있다.

11.2.3 웹페이지의 디자인

웹페이지를 설계하는 일은 기본적으로는 책 등의 다른 매체를 설계하는 것과 크게 다르지 않다. 뚜렷한 주제를 가지고 그에 맞는 충실한 내용을 만들면 되는 것이다. 그리고 이 내용을 효과적으로 전달하기 위한 시각적인 디자인 역시 중요하다. 특히, 다른 매체와 달리 웹에서 중시되는 것은 탐색 구조와 인터페이스이다. 책처럼 일정한 순서와 형식으로만 보는 매체와 달리 웹은 거의 무한하다고 할 수 있을 정도로 다양한 표현이 가능하다. 이처럼 다양한 가능성 안에서 시각적으로 보기 좋으며, 동시에 사용자가 손쉽게 내용을 살펴보고 이해할 수 있는 인터페이스 구조를 만드는 일이 웹 디자인의 요점이다.

웹페이지의 개발 과정

이제 웹페이지의 일반적인 개발 과정을 알아보자. 그림 11-12에서 보듯이 웹페이지의 개발 과정은 크게 다섯 단계로 나눌 수 있는데, 이 중에서 특히 '내용의 구성' 및 '웹페이지 작성의 준비' 단계에서 웹페이지의 디자인을 고려해야 한다.

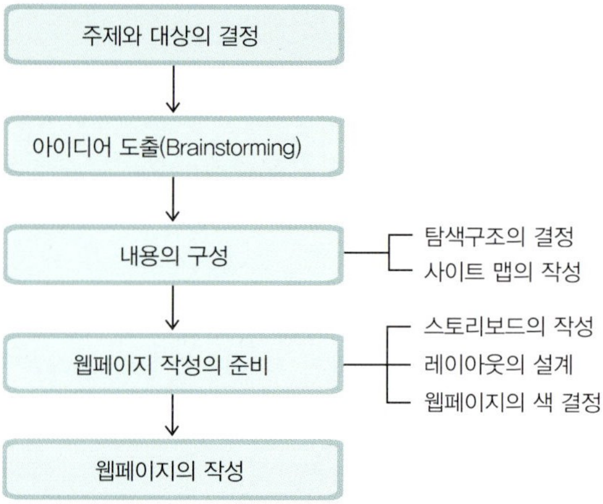

| 그림 11-12 일반적인 웹페이지의 개발 단계

1) 주제와 대상의 결정

웹페이지를 구축할 때 가장 먼저 해야 할 일은 주제를 정하는 일이다. 명확한 주제 없이 잡다한 내용만을 담은 웹페이지는 특별한 효용성이 없으며 찾는 사람도 많지 않을 것이다. 특히 개인 홈페이지를 만들 때 이렇게 되기 쉽다. 개인의 신변을 설명하는 홈페이지라 하더라도 자신이 좋아하는 주제를 택해 그에 관한 정보를 주는 형식으로 구성하는 것이 좋다.

이와 마찬가지로 웹페이지를 접하는 대상을 고려하는 일도 중요하다. 주제에 따라서 주로 접하는 계층이 다를 수 있고 같은 주제라 하더라도 대상에 따라 그 표현방식이 달라지게 되기 때문이다. 대상이 되는 계층을 잘 파악하고 그에 맞는 표현 방식을 택하여 이해하기 쉬운 웹페이지를 설계해야 한다. 그림 11-13은 어린이의 음악교육을 위한 'Let's Play Music' 사이트로 어린이를 대상으로 하기 때문에 밝고 활기찬 느낌이 나도록 설계하였다.

| 그림 11-13 음악이론 교육사이트 Let's Play Music(www.letsplaymusicsite.com)

2) 아이디어 도출(Brainstorming)

이제 선정된 주제와 관련된 것들을 자유롭게 생각해 보고 생각나는 것들은 모두 적어 본다. 한 가지 생각에만 갇혀 있지 않고 다양한 방면으로 생각을 해보면 참신한 아이디어를 얻을 수 있다.

3) 내용의 구성

앞에서 얻은 아이디어를 의미있게 구성하여 사이트 맵을 만든다. 사이트 맵이란 웹 사이트의 구조를 파악할 수 있도록 웹페이지간의 계층 구조를 그림으로 나타낸 것을 말한다. 사이트 맵은 추후에 웹 사이트를 관리하는 데에도 유용하게 사용된다. 이렇게 전체 내용을 분류하고 각각의 웹페이지에 들어갈 내용을 정리하여 사이트 맵을 그려본 다음 그 내용을 검토한다. 사이트 맵에서 웹페이지 하나하나의 내용을 짚어가면서 웹 사이트의 전체적인 흐름에 맞지 않는 것은 삭제하고, 필요에 따라 수정을 하거나 새로운 내용을 추가할 것인지를 결정한다. 이렇게 내용이 정리되면 사이트 맵을 보면서 어떤 페이지와 어떤 페이지 사이에 링크를 넣을 것인지, 즉 웹 페이지의 탐색구조를 결정한다. 그림 11-14는 다양한 사이트 맵의 예이다.

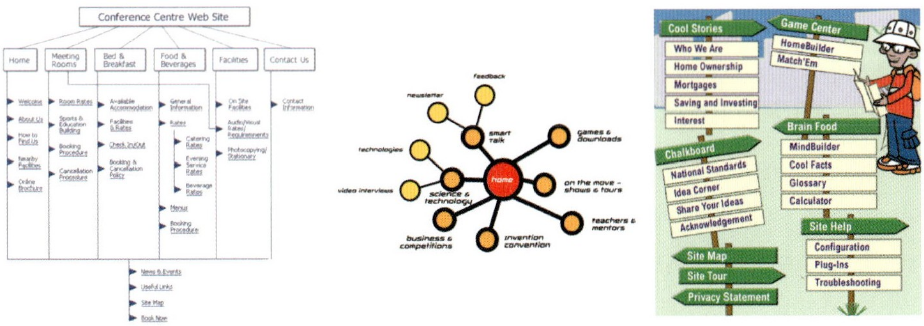

| 그림 11-14 사이트 맵의 예(http://www.gamesoup.net)

4) 웹페이지 작성 준비

지금까지는 전체적인 웹 사이트의 내용을 구성하고 정리하는 방법에 대해 이야기했다. 이제 본격적인 웹페이지 작성을 위한 준비를 해야 한다. 먼저 각 웹페이지에 들어갈 자료를 수집한다. 웹페이지에는 사운드나 비디오 같은 멀티미디어 자료들도 포함시킬 수 있으나 가장 많은 비중을 차지하는 것은 무엇보다도 텍스트와 이미지이다. 자료는 책이나 신문 같은 기존의 인쇄 매체를 통해 얻을 수도 있고, 다른 웹페이지를 통해 얻을 수도 있다. 필요한 자료를 수집할 때에는 다른 사람의 자료를 가져다 사용하는 것이 저작권에 위배되지 않는지 주의를 기울여야 한다.

이제 각 페이지에 들어갈 내용이 완성되었으면 앞으로 만들 각각의 웹페이지를 종이 위에 그려본다. 이렇게 그린 그림을 '스토리보드(Storyboard)'라 한다. 웹페이지의 제목, 그림, 본문 내용 등을 어떤 식으로 배치할 것인지 레이아웃이 여기에서 결정되는 것이다. 각 구성 요소들의 위치 뿐만 아니라 크기, 웹페이지에 사용할 색 등도 여기에서 결정된다. 만들어야 할 모든 웹페이지를 이렇게 일일이 그려 보는 것은 적지 않은 시간이 소요되므로 시간 낭비처럼 보일 수도 있으나, 실제 웹페이지의 작성 단계에서 시간을 단축시켜 주고, 웹페이지를 작성하면서 동시에 디자인을 고려하는 것보다 더 나은 웹페이지를 구성을 할 수 있게 해 준다. 그림 11-15는 요리 홈페이지의 스토리보드이다.

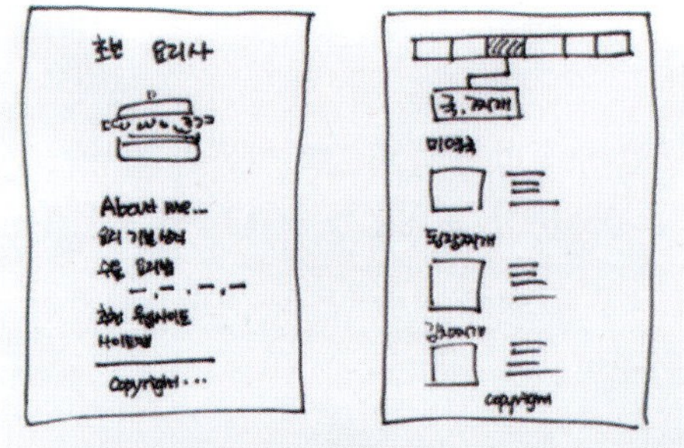

| 그림 11-15 요리 홈페이지의 스토리보드

5) 웹페이지의 작성

마지막 단계는 스토리보드를 따라 웹페이지를 작성하는 일이다. 이제는 스토리보드를 보고 HTML 문서를 작성하기만 하면 되므로 아무런 준비없이 무작정 컴퓨터 앞에 앉아 웹페이지를 만드는 것보다 훨씬 효율적으로 웹페이지를 만들 수 있다. 이때 웹페이지에 사용될 불릿(Bullet), 로고(Logo) 등의 그래픽이나 이미지를 직접 만들고, 기존의 자료를 편집한 후 웹페이지를 작성하는 것이 좋다.

웹페이지의 구성

1) 페이지의 분할

스토리보드 구상 단계에서 정한대로 웹페이지의 내용을 분할한다. 여기서 생각해야 할

점은 스크롤을 여러 번 해야 할 정도로 긴 페이지는 사용자에게 부담을 준다는 점이다. 예를 들어, 소설 한권 분량을 하나의 페이지로 만들었다면 로딩 시간도 오래 걸릴 뿐만 아니라 자신이 읽던 위치를 찾는 것조차 어려울 것이다. 내용을 절대로 나눌 수 없는 부득이한 경우가 아니라면 부담을 주는 긴 페이지는 가급적 피해야 한다. 또한 너무 페이지를 잘게 나누어도 전체 내용을 알기 힘든 단점이 있으므로 적당한 분량을 결정해야 한다.

2) 웹페이지의 탐색구조

페이지의 탐색구조란 웹 사이트 전체에서 웹페이지간의 연결 상태를 말한다. 즉, 현재 페이지에서 다른 페이지로의 링크를 제공할 때 현재 페이지와 어떠한 관계에 있는 페이지로의 링크를 제공할 것인지를 결정하는 것이다. 웹 사이트에 사용되는 대표적인 탐색구조는 그림 11-16의 네 가지 형태로 분류할 수 있다. 그림에서 사각형은 하나의 페이지를 의미하며, 화살표는 하이퍼링크를 나타낸다.

선형구조는 이미 정해진 순서에 따라 앞뒤로만 이동이 가능한 형태이다. 따라서 선형구조를 사용하는 경우에는 사용자가 자유롭게 탐색을 할 수 없다는 것이 단점이지만, 앞의 내용을 거쳐야 뒤의 내용을 이해할 수 있는 강의 노트같이 순서를 지켜야 하는 경우는 선형구조를 사용하기도 한다.

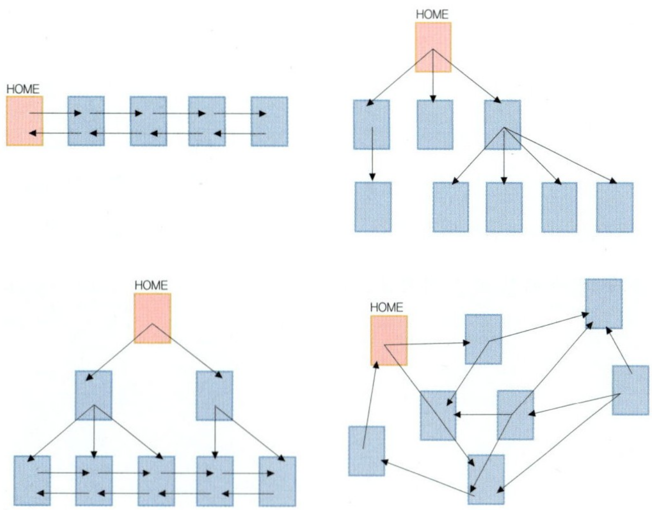

| 그림 11-16 웹 사이트의 일반적인 탐색 구조

계층구조는 내용을 분류하되 상위 메뉴와 각각의 상위 메뉴를 세분화한 하위메뉴로 구성하는 것이다. 계층구조의 장점은 웹 사이트의 전체적인 내용을 구조적으로 보여줄 수 있다는 것이다. 계층구조는 특히 웹 사이트의 규모가 커서 메뉴가 많은 경우에 비슷한 내용의 메뉴끼리 묶어서 사용하면 효과적으로 사용될 수 있다. 실제로는 계층구조와 선형구조를 혼합한 형태가 가장 많이 사용된다. 일반적으로 웹 사이트를 구축할 때 선형구조만을 사용하지 않고, 또한 지나치게 계층적인 구조에 맞추는 경우도 드물다.

한편, 이미지맵(Image Map)을 이용하여 이용자가 원하는 웹페이지로 이동할 수도 있다. 이미지 맵은 그림에서 영역을 지정해 그 부분만을 링크로 만드는 것이다. HTML 문서에서는 원, 사각형뿐만 아니라 다각형의 이미지 맵을 지원하므로 링크로 사용할 모양을 원하는 대로 자유롭게 지정할 수 있고 심지어 별 모양의 링크도 만들 수 있다. 그리고 그림의 일부분만을 링크로 정의하는 것이므로 하나의 이미지에 여러 개의 링크를 정의하여 하나의 이미지에 서로 다른 페이지로의 링크를 만들 수 있다. 그림 11-17은 온라인 디즈니월드의 관람안내 페이지이다. 여기에서는 이미지 맵을 활용하여 관심 분야별로 주제나 놀이 항목을 링크시켜 놓았다.

| 그림 11-17 이미지 맵의 예 (www.disney.go.com)

3) 열거목록(리스트) 및 프레임의 이용

일반적으로 웹페이지는 차근차근 읽어보는 것보다는 한번 훑어보는 경향이 강하고, 자세한 내용은 필요한 경우에만 읽어본다. 따라서 웹페이지의 글은 서술형으로 길게 늘여 쓰기보다는 간결하고 짧게 쓰는 것이 내용 전달에 더 효과적이다. 열거목록은 웹페이지의 내용을 간결하게 나타내기 위해 사용될 수 있다. HTML 문서에서 만들 수 있는 열거목록의 종류로는 각 항목 앞에 불릿이 달린 무순서 목록, 불릿 대신 번호가 붙은 순서목록, 열거되는 항목과 그 항목에 관한 설명으로 구성되는 정의목록이 있다.

한편, 프레임(Frame)은 웹 브라우저의 화면을 여러 화면으로 분할해 주는 기능을 수행한다. 프레임을 사용하면 나누어진 화면에 각기 다른 웹 페이지가 보여진다. 이 프레임을 이용하여 메뉴와 같이 내용이 바뀌지 않는 부분을 한쪽 화면에 그렇지 않은 부분을 다른 화면에 나누어 놓으면 똑같은 내용이 나오는 부분은 다시 전송하지 않고 내용이 바뀌는 부분만을 새로 전송해 줄 수 있어 효율적이다. 그러나 프레임을 지나치게 많이 사용하는 것도 바람직하지 못하므로 가급적 두세 개 이내의 프레임을 사용하는 것이 좋다.

웹페이지의 시각적 요소

웹페이지는 적절한 색상, 텍스트 및 배경 텍스쳐를 통해 가장 적합한 시각적 효과를 달성하고 웹페이지의 목적에 맞는 사진과 이미지를 사용하여야 한다. 또한 일관된 디자인을 통하여 웹페이지의 이용자에게 통일성을 주는 것이 필요하다.

1) 일관성있는 디자인

특별한 목적이 있는 경우가 아니라면 같은 사이트 내의 페이지들은 일관성을 가져야 한다. 동일한 개념의 콘텐츠라면 시각적인 통일성을 가짐으로써 설득력을 얻을 수 있다. 배경, 레이아웃, 아이콘, 헤더 등에서 이미지와 색채를 일관성있게 사용해야 한다. 그림 11-18의 사이트는 강아지의 이미지를 전체 웹 사이트에서 사용함으로써 통일성을 얻고 있다.

| 그림 11-18 강아지와 관련된 그림을 사용한 사이트 (www.digitaldog.com)

2) 텍스트의 사용

화려한 이미지에만 치중하다보면 가장 기본이 되는 텍스트를 잊기 쉽다. 실제로 사용자가 읽는 것은 글자이므로 보기 편한 구성과 글자체를 선택해야 한다. 그리고 내용에 어울리는 글자체와 스타일을 활용해야 효과적으로 내용을 설명할 수 있다. 브라우저 상에서 표현할 수 있는 글자체에는 한계가 있기 때문에 그래픽으로 만들어 놓은 그래픽 문자를 활용하기도 한다. 그래픽 문자는 사이즈가 크기 때문에 모든 텍스트를 그래픽 문자로 하는 것은 바람직하지 않으며, 일반적으로 웹 사이트 전체를 상징하는 머리말, 제목, 메뉴 등에 그래픽 문자를 많이 활용한다.

3) 색상

웹페이지에 있어서 색은 그 페이지의 전체적인 분위기를 좌우한다. 일반적으로 웹페이지의 색은 그 페이지의 내용과 연관지어 결정하게 된다. 예를 들면, 공포 영화를 소재로 한 페이지라면 검은색과 붉은색을, 바다여행에 관한 페이지라면 푸른색을 주로 사용하는 것 등을 볼 수 있다. 또한 전체의 분위기를 좌우하는 색을 정하는 것 외에 사용한 색상들 간의 조화를 생각하는 일도 중요하며, 색에 의해 내용이 강조될 수 있다는 점도 고려해야 한다.

4) 텍스쳐

텍스쳐(Texture)란 점, 선, 면과 같은 객체를 특별한 느낌이 나도록 형태를 그리거나 웹페이지의 배경에 어떤 느낌이나 분위기가 나도록 배경을 지정해 주는 것을 말한다. 예를 들어, 웹페이지의 배경에 어떤 반복적인 패턴을 넣음으로써 시각적 효과나 분위기를 연출할 수 있다. 그림 11-19는 낚시와 관련된 'Tattered Fly' 사이트로 흙색계통의 배경색을 통하여 자연을 연상시키고 낡고 오래된 느낌을 주고 있다. 또 왼쪽 상단에 가장자리가 낡아 해진 종이를 붙여서 옛 생각이 나는 텍스쳐로 디자인 하였다.

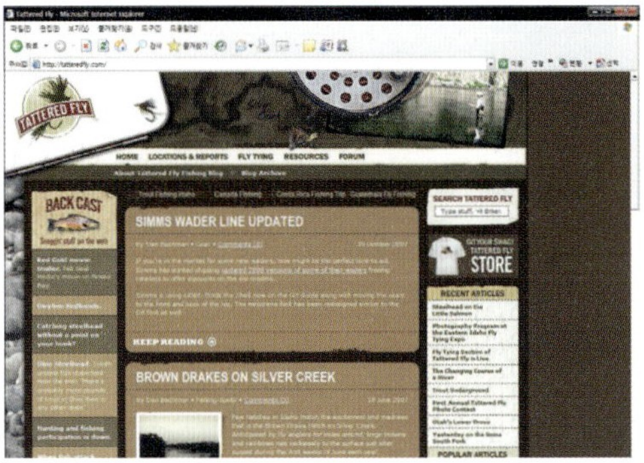

| 그림 11-19 낡고 옛 생각이 나는 느낌을 주는 사이트의 예 (http://tatteredfly.com)

11.3 웹 환경에서 멀티미디어 문서의 표현

이 절에서는 HTML문서의 기반이라 할 수 있는 SGML 표준에 대하여 알아보고, SGML의 활용 분야에 대하여 설명한다. 또한 앞으로 웹 문서의 발전 방향이라 생각되는 XML에 대하여 알아보고, SGML, XML, HTML의 관계에 대하여 알아보기로 한다.

11.3.1 기존 전자문서의 문제점과 표준

컴퓨터가 보급되면서 기존의 종이로 된 문서 대신 컴퓨터 파일로 된 전자문서가 점차 많아지게 되었고, 최근에는 그래픽, 오디오, 비디오 등을 포함하는 멀티미디어 데이터까지 문서에 포함되게 되었다. 그러나 전자문서는 다음과 같은 문제점을 안고 있다.

첫째, 특정 응용프로그램으로 작성되어 있어 서로 다른 프로그램에서 작성된 문서와 호환이 되지 않는다.

둘째, 문서를 작성한 응용 프로그램의 새로운 버전이 나오면, 기존의 문서도 새로운 버전에 맞게 변환되어야 한다. 대부분의 프로그램은 이전 버전의 파일까지 읽을 수 있는 기능을 제공하고 있으나, 오래된 버전의 파일까지 읽는 기능은 제공하지 않는다.

셋째, 파일 형식이 시스템에 의존적이므로 서로 다른 기종의 컴퓨터 간에 파일을 주고받을 수 없다. 네트워크가 발전하기 이전에는 이것이 별 문제가 되지 않았으나, 모든 컴퓨터가 네트워크로 연결되고 있는 현 시점에서는 다른 기종의 시스템 간에도 파일이 호환될 필요가 점차 커지고 있다.

이러한 기존 전자문서의 문제점 때문에 응용 프로그램과 시스템으로부터 독립적인 문서의 필요성이 대두되었고, 이러한 요구에 따라 ISO(International Standard Organization: 국제 표준기구)에서 문서의 논리적 구조에 관한 표준인 SGML(Standard Generalized Markup Language, ISO 8879) 표준을 1986년 제정하였다. 이제 SGML은 멀티미디어 문서뿐만 아니라 모든 전자문서의 구조를 기술하기 위해 사용되는 구조적 마크업 언어를 정의하기 위한 실질적인 표준이 되었다.

마크업 언어(Markup Language)

마크업이란 문자열의 앞뒤에 일종의 해석 기호를 붙여 그 문자열의 특성을 나타내 주는 방식으로, 좀 더 포괄적으로 정의하면 문서에서 문서의 실질적인 본문 내용 외에 문서 처리를 위해 필요한 사항들을 덧붙인 것을 말한다. 마크업은 책을 출판할 때 원고에 빨간펜으로 처리해야 할 사항을 표시하는(Mark-up) 출판업계의 관행에서 비롯된 말이다. HTML 역시 앞서 말한대로 마크업 언어의 하나이다.

마크업에는 절차적 마크업(Procedural Markup)과 구조적 마크업(Descriptive Markup 또는 Generic Markup)의 두 가지가 있다. 절차적 마크업은 일반적으로 문서의 외형을 지정해주는 데 사용하는 방식이다. 예를 들면, 특정한 곳에 글자의 크기는 12 포인트로 하고, 글자체는 명조체를 사용하라는 식으로 설명을 덧붙이는 것을 말한다(그림 11-20(a)).

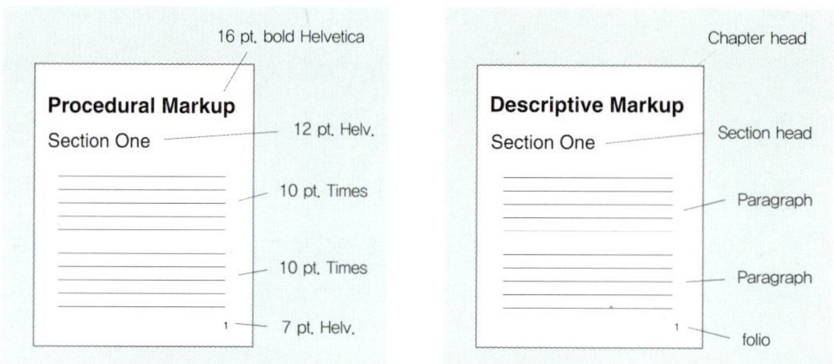

(a) 절차적 마크업 (b) 구조적 마크업

| 그림 11-20 전자문서의 마크업 언어

구조적 마크업은 이와 달리 문서의 외형을 하나하나 지정해 주는 것이 아니라 문서의

논리적인 구조만을 기술하는 것이다(그림 11-20(b) 참조). 예를 들어, 책을 쓰고자 한다면 장의 제목, 절의 제목, 문단, 꼬리말과 같이 문장의 속성만을 지정해 주고, 그 외형은 이 문서를 사용하는 응용 프로그램에서 자체적으로 처리하도록 하는 것이다. 문서의 구조와 형식이 분리되며, 특정 프로그램에 종속적이지 않으므로 다른 시스템 간에도 호환이 쉽다.

구조적 마크업은 구조와 형식이 분리되므로 절차적 마크업보다 문서의 외형을 처리하는 데에 드는 시간을 단축시킬 수 있다. 절차적 마크업을 사용한다면 10개의 제목에 같은 스타일을 적용하기 위해 똑같은 마크업을 10번 써야 하지만, 구조적 마크업을 사용할 경우에는 10개의 제목에 각각 제목임을 표시하기만 하고, 제목에 대한 스타일은 별도로 정의해 놓으면 된다. 여기까지는 두 가지 방법에 별로 차이가 없어 보인다. 그러나 만약에 제목의 스타일을 변경하고자 한다면 구조적 마크업을 사용했다면 제목에 대한 스타일의 정의 하나만을 바꾸면 되지만, 절차적 마크업을 사용한 문서는 10개의 제목을 모두 수정해야 하므로 구조적 마크업이 훨씬 효율적임을 알 수 있다.

11.3.2 SGML(Standard Generalized Markup Language)

SGML은 언어를 정의하는 언어, 즉 메타언어(Meta Language)이다. 자세히 설명하자면 문서의 논리적 구조를 기술하는 마크업 언어를 정의하기 위한 언어의 표준으로, 구조적 마크업을 생성하는 기법을 제공하며 문서의 내용이나 구조를 정의하기 위한 언어라 볼 수 있다.

SGML은 그 자체가 마크업 언어가 아니라 마크업 언어를 정의하기 위한 메타언어이며, 처리 방법에 대한 표준이 아니라 논리적인 정보만을 제공하므로 포맷 정보를 제공하지 않는다. 즉, '이곳은 제목, 이곳은 본문, 이것은 작가의 이름' 식으로 구조를 알려 줄 뿐 '제목을 굵은 글자로 처리하라'와 같은 스타일에 관련된 정보는 들어 있지 않다. 그림 11-21(a)는 문서 구조의 예이다. 구조적 문서는 보통 그림 11-21(b)처럼 트리 형태로 묘사된다.

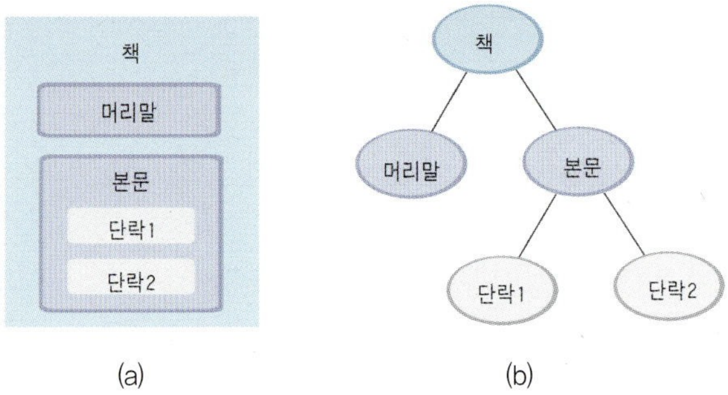

| 그림 11-21 문서의 구조

SGML 문서는 태그를 이용해 마크업을 기술하며 크게 SGML 선언부, DTD (Document Type Definition), 마크업된 데이터(DI: Document Instance)의 세 부분으로 구성된다. SGML 선언부는 문서에서 사용하는 문자와 문서에서 사용할 수 있는 SGML의 기능의 범위 등을 선언하는 곳으로, 별도로 선언하지 않으면 기본값이 적용되며 일반적으로 기본값 그대로 사용한다.

실제 SGML문서의 핵심은 DTD로서, 문서의 논리구조를 정의한 부분이다. 즉 사용할 태그의 종류, 태그 간의 관계 및 속성을 정의한다. 이 DTD를 어떻게 잘 구성하는가에 따라 효과적인 전자문서를 만들 수도 있고, 그렇지 못할 수도 있다.

DI(Document Instance)는 실질적인 문서의 내용과 마크업이 들어가는 부분이다. 마크업은 DTD 부분에서 정의된 형식을 따르므로, DI는 DTD에 의해 만들어진 문서라 할 수 있다. DTD는 문서의 구조에 따라 정의하는 것이므로 간단한 메모나 편지에서부터 논문, 책에 이르기까지 문서의 종류에 따라 무한히 많이 만들어 낼 수 있다.

11.3.3 XML과 HTML5

(1) XML(Extensible Markup Language)

XML은 웹에서 SGML을 보다 간단하고, 효율적으로 사용하기 위해 고안된 것이다. SGML 문서를 작성하기 위하여 DTD를 정의하는데 많은 노력이 소요될 뿐 아니라, SGML은 기능과 구조가 매우 방대하기 때문에 응용 프로그램을 개발하는 것이 어렵다. 따라서 XML은 SGML의 기능 중 기본적인 것만을 제공하고, 불필요한 옵션을 없애서 간단하게 만든 것이다. 현재는 HTML문서가 웹 문서의 주종을 이루고 있으나, 문서의 구조를 잘 나타내 주지 못한다는 한계점 때문에, 다양한 문서의 구조를 나타낼 수 있는 XML이 등장하게 되었다.

XML에서 문서구조에 대한 개념은 SGML에서와 유사하나 많이 간소화되었다. XML에서 문서의 구조를 정의한 부분을 DTD(Data Type Definition)라 하고, 이 DTD에 따라 작성된 실제 문서를 DI(Document Instance)라고 부른다. XML 문서는 계층적인 구조를 가지고 있는데, 이러한 구조가 DTD에 정의되어 있어 DTD만 보고도 문서의 구조를 쉽게 파악할 수 있다. XML DTD에서 는 태그를 ELEMENT로 정의하며 태그의 속성은 ATTLIST로 정의한다. 다음의 예는 그림 11-22와 같이 간단한 계층구조를 가지는 XML 문서의 DTD와 실제 문서이다.

```
〈?xml version="1.0"encoding="EUC-KR"?〉
〈!DOCTYPE 방명록 [
   〈!ELEMENT 방명록 (성명, 전자우편, 내용)〉
   〈!ELEMENT 성명 (성, 이름)〉
        〈!ELEMENT 성 (#PCDATA)〉
        〈!ELEMENT 이름 (#PCDATA)〉
   〈!ELEMENT 전자우편 (#PCDATA)〉
   〈!ELEMENT 내용 (#PCDATA)〉
   〈!ATTLIST 내용 종류 (TEXT|HTML)" HTML"〉
]〉
〈방명록〉
   〈성명〉
        〈성〉홍〈/성〉 〈이름〉길동〈/이름〉
   〈/성명〉
   〈전자우편〉gildong@email.com〈/전자우편〉
   〈내용 종류="HTML"〉
        안녕하세요? 만나서 반갑습니다.〈/내용〉
〈/방명록〉
```

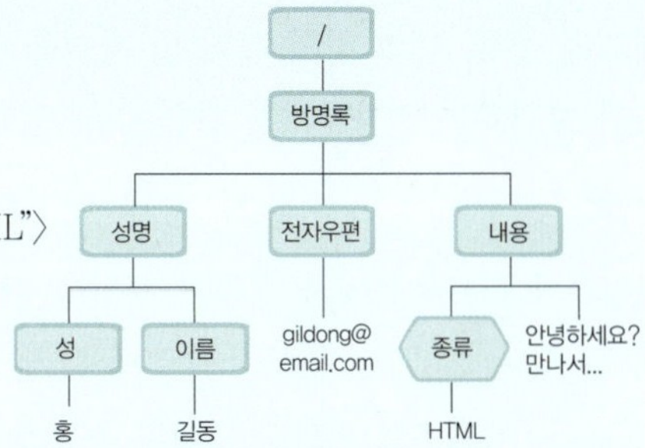

| 그림 11-22 XML 문서 트리

XML에서 문서구조와 내용은 XML 문서에 들어 있으나 실제 출력양식인 스타일시트는 XSL(XML Stylesheet Language)에 의하여 정의된다. 원래 SGML에서는 문서의 스타일 지정을 위해 DSSSL(Document Style Semantics and Specification

Language)이라는 표준을 사용하였으나, DSSSL은 너무 복잡하여 이를 간소화하여 XSL을 제정하였다. XSL은 XML 문서의 각 요소가 어디에 배치(layout)되고 어떤 형태로 보여지는지(display) 지정하거나 변환하도록 작성된다. 또한, XML 문서는 HTML에서 문서의 출력을 위해 사용하는 CSS(Cascade Style Sheet)에 의하여 문서의 스타일을 지정할 수도 있다. 따라서 XML은 문서의 논리적 구조(Logical Structure) 및 내용(Contents Information)과 출력형식(Physical Structure)을 분리하는 것을 원칙으로 설계되었다.

XML의 활용

최근 XML이 활성화되면서 가장 많이 활용되는 분야는 전자도서관이나 전자출판과 같은 문서교환이 필요한 분야와 전자상거래나 내용기반 검색 등 데이터 교환이 주로 필요한 분야가 있다. 이와 같이 XML은 광범위한 응용분야 사이의 정보교환 언어로 발전하고 있다. XML은 그 자체로도 활용가치가 뛰어나지만, 활용분야에 가장 적합한 DTD를 정의함으로써 새로운 마크업 언어를 생성하여 사용한다. 그 예로, 인터넷환경에서 수학식을 표현하기 위한 MathML이 있고, 분자 정보나 화학식을 표현하기 위한 마크업언어로 CML(Chemical Markup Language)이 있다.

이외에도, 전자상거래의 표준언어로 추진 중에 있는 ebXML이 있으며, 2차원 그래픽의 표현을 위한 SVG, 멀티미디어 구성요소의 동기화를 위한 SMIL, VRML의 후속으로 가상공간을 표현하기 위한 X3D 등이 있다.

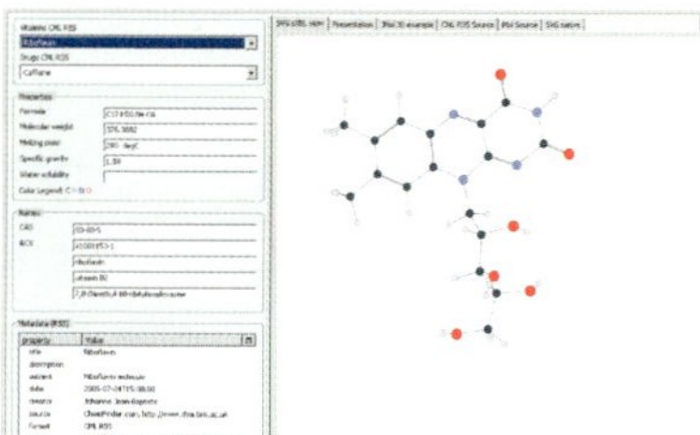

(a) CML을 SVG로 출력한 예
(http://www.adobe.com/svg/)

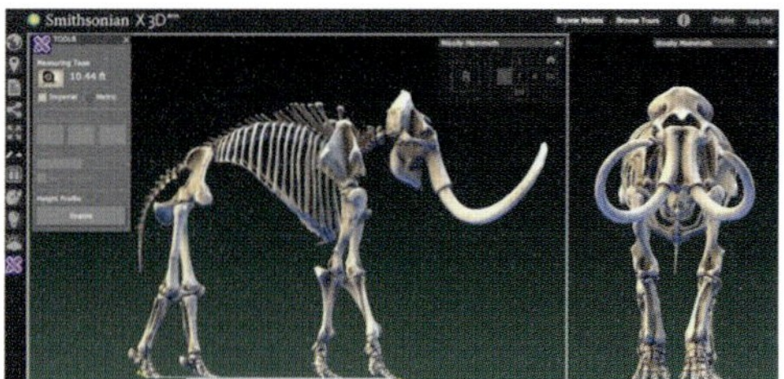

(b) X3D의 예
(http://www.realtimevisual.co.kr)

| 그림 11-23 XML 활용 예

SGML, XML, HTML의 관계

SGML의 가장 큰 장점은 자유로움에 있다. 어떤 내용의 문서이든 표현이 가능하고 유연성이 크며 시스템이나 플랫폼에 독립적으로 운용된다. 하지만 모든 것을 표현가능하도록 만들려고 했기 때문에 구문이 매우 복잡하고 실제 상용 시스템을 개발하기가 대단히 어렵다.

HTML은 한 가지 형태의 웹 문서만을 기술하기 위해서 만들어진 것으로 SGML을 이용해 정의한 하나의 문서 양식이다. 웹상에서 빠르게 정보를 제공할 수 있으며 무엇보다 사용하고 만들기 쉽다는 점에서 급속도로 사용자가 증가했다. 그러나 고정된 태그 집합만을 사용하고, 복잡한 구조를 갖는 문서를 작성할 수가 없기 때문에 한계에 부딪히고 있다.

XML은 SGML에서의 복잡성을 제거하고 HTML의 고정된 태그를 벗어나 사용자가 문서 구조를 정의하여 사용할 수 있는 언어이며, SGML과 HTML의 단점들을 상호 보완하여 중간자적 입장에서 개발한 문서 기술 언어이다. XML은 SGML의 복잡한 특성을 모두 지원하지는 못하지만 웹상에서 정보를 제공할 수 있고, DTD를 사용자가 정의할 수 있으며 다양한 링크 유형을 제공하는 장점을 갖는다.

SGML, HTML, XML은 각각의 특성과 주력하는 응용분야에 차이가 있기 때문에, 한 가지가 다른 것들을 대체하는 형태보다는 상호보완적 관계에서 발전해 나갈 것으로 예측된다.

(2) HTML5

HTML 언어는 매우 간단하여 배우기 쉽고 사용하기 편리하여 인터넷의 대중화에 매우 큰 기여를 하였다. 웹 컨소시엄(W3C)이 결성되던 1994년 HTML 버전 2.0이 제정되었으며, 1997년 HTML 3.2와 HTML 4.0 버전이 제정되었다. HTML은 사용하기 간편한 반면에 사용가능한 태그가 제한적이고 확장성이나 유연성이 부족하고 정교한 페이지를 표현하기에는 부족하였다. 따라서 HTML 4.0에서는 동적 HTML(Dynamic HTML) 문서를 표현하기 위해 스타일시트(Stylesheet)를 설정하는 CSS 기능과 상호작용의 스크립팅을 위한 자바스크립트(Javascript) 언어가 추가되었다.

그러나 HTML 웹브라우저들은 서로 호환되지 않는 경우가 많이 발생하였고, 또한 웹에서 단순히 문서를 표현하는데 그치지 않고 문서나 자료의 공유가 필요한 경우

HTML 언어로는 부족하여 새로운 언어의 요구가 대두되었다. 이러한 이유로 SGML을 간소화한 XML이 1998년 제정되었고, HTML 언어도 1999년 4.01 버전이 제정된 이후 그림 11-24에서 보듯이 XML에 기반한 XHTML로 발전하였다.

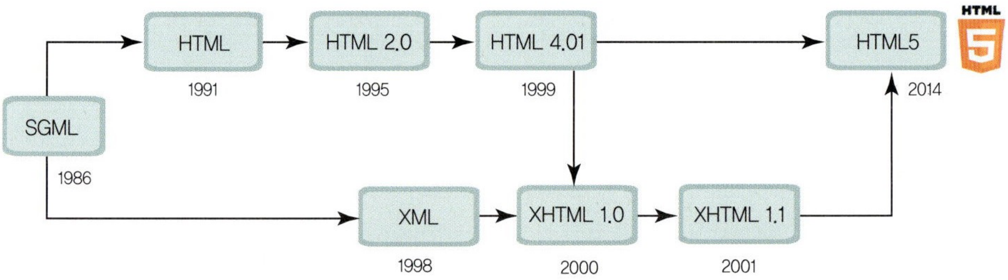

| 그림 11-24 HTML의 발전 역사

그 이후 웹문서 표현 기능의 발전을 위하여 HTML/XHTML의 개발을 진행하는데 많은 요구가 있었으나 W3C에서 이를 적절히 수용하지 못하였다. 2006년 웹 하이퍼텍스트 워킹그룹(WHATWG)이라는 공개 커뮤니티를 결성되어 W3C와 별도로 HTML 후속 모델을 논의하였다. 그 후 WHATWG와 W3C가 협력하여 공동으로 HTML을 발전시키기로 하고 2007년 HTML5 워킹그룹을 신설하였다. 그동안 많은 논의를 거쳐 최종 후보안이 2014년 표준으로 확정되었다.

HTML5 이전에는 다양한 인터페이스를 구현하는데 필요한 기능을 HTML만으로는 충분히 제공하지 못하였다. 이에 대한 해결책으로 Adobe사의 Flash, MS사의 Silverlight 등의 플러그인을 이용하여 리치 사용자 인터페이스를 구현하였다. 그러나 이러한 플러그인들은 표준이 아니기 때문에 특정한 플랫폼에서만 실행된다는 단점이 있었다. HTML5는 리치 인터넷 애플리케이션(RIA)을 웹 표준 기술로 사용하여 개발하자는 시도에 따라 다양한 API를 별도로 제공하고 HTML5에서 연동하여 사용할 수 있도록 하였으며 위치관련 및 오프라인 등 모바일 환경까지 고려한 API를 제공한다. 또한, HTML5는 멀티미디어 및 그래픽스 관련 기능을 강화하였다. 따라서 별도의 플러그인 설치 없이 모든 플랫폼에서 사용할 수 있는 웹 페이지를 HTML5만으로 구현할 수 있게 되었다.

11.4 CD/DVD 타이틀의 제작

11.4.1 CD/DVD의 특성과 활용

CD/DVD 타이틀은 다양한 미디어 요소들을 적절히 생성, 배치, 통합함으로써 일정한 목적을 달성하도록 하는 콘텐츠로서, 특별히 CD 또는 DVD라는 저장매체를 이용한다. 이와 비슷한 의미로 사용되는 멀티미디어 타이틀이라는 용어는 보다 광범위하고 포괄적인 의미로서, CD/DVD 타이틀을 포함하여 키오스크에 사용되는 멀티미디어 정보나 웹 서비스에 사용되는 멀티미디어 정보가 모두 여기에 해당된다.

그림 11-25는 이러한 멀티미디어 타이틀의 적용 분야가 어떻게 변천해 왔는지를 보여주고 있다. 그림에서 보듯이 초기에는 멀티미디어 타이틀과 CD 타이틀의 개념이 거의 같은 의미로 사용된 것을 알 수 있는데, 이는 CD-ROM이 멀티미디어 저작물의 저장매체나 배포수단으로서 가장 일반적인 선택이었기 때문이다.

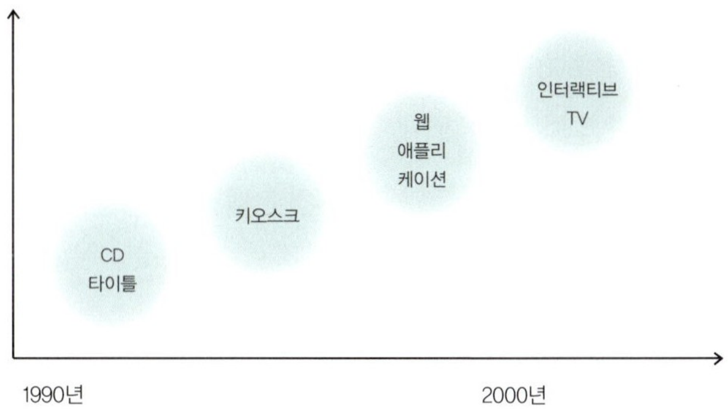

| 그림 11-25 멀티미디어 타이틀의 적용 분야

CD/DVD 타이틀의 활용분야

CD/DVD 타이틀은 CD나 DVD가 갖는 매체의 특성상 특정 부류의 사용자들에게 정보를 배포하거나 정보가 한번 기록된 이후에 변화의 폭이 작은 응용분야 등에 주로 이용된다. CD/DVD 타이틀의 활용은 전통적으로 교육 및 정보전달 분야에 많이 이용되어 왔으며, 이들 각 분야에 CD/DVD 타이틀이 어떻게 효과적으로 활용될 수 있는지를 아래에 설명한다.

1) 교육 및 학습용 타이틀

CAI(Computer Aided Instruction), CBT(Computer Based Training) 등과 같이 컴퓨터를 교육분야에 활용하는 응용분야에서는 과거에는 물론 현재까지도 CD/DVD 타이틀을 많이 이용하고 있는데, 이는 CD나 DVD가 갖는 몇 가지 장점 때문이다. CD/DVD 타이틀이 컴퓨터를 교육분야에 활용하기 위한 유일한 교육매체라고 볼 수는 없지만, 교육내용, 다양한 사용자의 시·공간적 환경과 시스템 환경, 제작비용 등을 감안할 때 CD/DVD 타이틀은 이들 분야에 매우 효과적으로 활용될 수 있다.

(a) 과학교육용 타이틀 '과학나라'

(b) 유아 음악교육용 타이틀 '유리누리'

| 그림 11-26 교육용 타이틀의 예

2) 정보전달용 타이틀

정보전달을 위한 대표적인 CD/DVD 타이틀 응용의 예로서 사전이나 백과사전 등의 제작을 들 수 있다. 이러한 분야가 갖는 특징은 한번 제작된 정보가 상당 기간동안 변화 없이 그대로 사용될 수 있다는 정보의 지속성을 의미한다. 또한 대용량 자료의 기록을 위한 저장매체가 필요하다는 것도 특징으로 들 수 있는데, CD/DVD 타이틀은 이러한 요구 사항들을 정확히 만족시킬 수 있는 수단이라고 볼 수 있다.

이외에도 CD/DVD 타이틀은 홍보용 배포 매체로 이용될 수 있는데, 많은 학교나 기관, 기업 등에서 홍보용 CD/DVD 타이틀을 제작하여 배포하고 있다.

이렇게 CD/DVD 타이틀을 이용한 정보의 전달방식은 기존의 인쇄물을 이용한 방식에 비해 보다 효과적이고 경제적인 장점을 지니고 있다.

(a) 백과사전 타이틀 '동물 백과사전' (b) 사전 타이틀 '윈도우 사전'

| 그림 11-27 정보전달용 CD/DVD 타이틀의 예

11.4.2 CD/DVD 타이틀 저작도구

저작도구는 상호대화식 멀티미디어 타이틀의 개발을 위해 서로 독립적인 미디어들을 하나로 통합시켜 편집하고 이들간의 관계를 적절히 정의할 수 있는 기능과 환경을 제공하는 소프트웨어이다.

초기에는 멀티미디어 저작도구라 하면 일반적으로 CD/DVD 타이틀 저작도구를 의미하였으나, 근래에는 저작물의 배포 매체가 다양화됨으로써 반드시 CD/DVD 타이틀 저작도구만을 의미하지는 않는다. 따라서 저작물의 배포매체가 특별히 CD/DVD가 되는 타이틀의 저작을 위한 도구를 CD/DVD 타이틀 저작도구라 한다.

이러한 저작도구를 사용하는 이유는 저작도구가 맨 처음 개발된 배경에 대해 알아보면 쉽게 이해될 수 있다. 초기의 CD/DVD 타이틀은 주로 교육용으로 제작된 것이 많았는데, 교육적인 목적의 코스웨어를 비전문 프로그래머나 일반 교사들이 프로그래밍 한다는 것은 매우 힘든 일이었다. 따라서 비전문 프로그래머들이 보다 쉽고 자유롭게 코스웨어를 개발할 수 있는 환경을 제공해주기 위해 개발된 것이 저작도구이다.

현재 상용화되어 있는 저작도구들은 각기 특징적인 메타포(Metaphor)를 가지고 있는데, 아래에 이들 중 대표적인 몇 가지 경우를 설명한다. 저작도구의 메타포라고 하면 저작도구에서 제공하는 프로그래밍 모델을 의미하는데, 저작도구를 이용한 타이틀 제작의 전반에 걸쳐 사용자에게 익숙한 프로그래밍 환경을 제공함으로써 보다 더 직관적이고 효율적으로 원하는 목표를 이룰 수 있게 하는 개념이다.

흐름도 방식(Icon-based 또는 Flowchart형)

그림 11-28에서 보듯이 각 미디어를 제어할 수 있는 다양한 기능의 아이콘 팔레트와 미디어의 동작 순서를 의미하는 각 아이콘들을 연결하는 흐름선(Flow Line)을 이용한다. 각 아이콘에 매개변수(Parameter)값을 지정하여 내용을 추가해 나가는 방식으로 프로그램을 작성한다. 따라서 미디어의 처리와 제어가 아이콘을 이용한 구조화된 방법으로 기술된다.

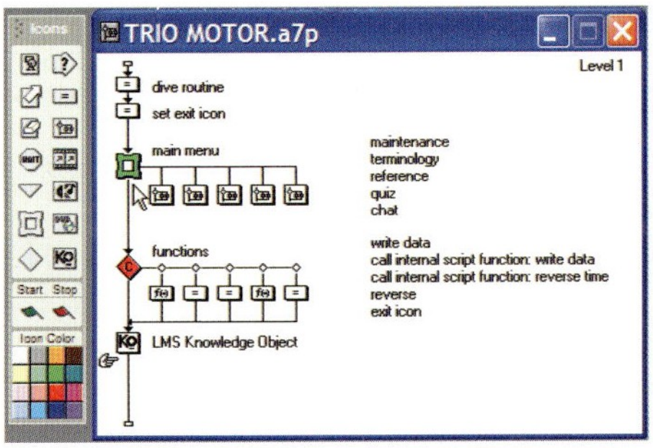

| 그림 11-28 Adobe Authorware: 흐름도 방식의 저작도구

흐름도 방식은 멀티미디어 타이틀의 동적인 제어흐름을 표현하는데 적합하고 스크립트 언어를 사용하지 않고도 타이틀을 쉽게 만들 수 있다. 따라서 가장 빠른 시간 내에 타이틀을 개발할 수 있으며 직관적인 사용환경을 제공함으로써 초보자라도 단시간 내에 원하는 타이틀을 개발할 수 있다. 그러나 제한된 제어구조로 인해 하이퍼미디어 형태의 타이틀 제작에는 부적합하며, 객체지향모델로의 변환도 어려운 것으로 알려져 있다.

이 방식은 주로 제품의 소개를 위한 슬라이드 쇼나 프레젠테이션 등을 목적으로 하는 타이틀의 제작에 적합하며, 대표적인 프로그램에는 Adobe사의 Professional이 있다.

시간선 방식(Time-based 또는 Score형)

각 미디어 요소와 이벤트들을 시간축에 순차적으로 배치하여 시간의 흐름에 따라 미디어들을 재생하는 방식으로 사운드, 비디오, 애니메이션, 그래픽 등의 미디어 데이터를 활용하여 상호대화식으로 타이틀을 제작할 수 있게 한다(그림 11-29 참조).

다른 저작도구에 비해 이 방식이 갖는 장점은 여러 미디어 간의 동기화 관계를 직관적으로 기술할 수 있어 상호대화 방식의 동적 시나리오 표현이 매우 용이하다는 것이다.

이 방식도 앞의 흐름도 방식과 마찬가지로 프레젠테이션이나 신제품 발표를 위한 타이틀의 제작에 적합하며 하이퍼미디어 형태의 타이틀 제작에는 부적합하다.

| 그림 11-29 Adobe Director: 시간선 방식의 저작도구

대표적인 프로그램에는 Adobe사의 Director와 Ktoon이 있다.

책 방식(Page-based 또는 Script형)

타이틀의 제작단위를 페이지 또는 카드와 같은 단위 요소로 구성하여 각 페이지간에 링크를 추가함으로써 타이틀을 구현하는 방식인데, 각 미디어에 대한 제어나 탐색항해(Navigation) 등은 스크립트 언어를 이용해서 기술한다. 각 저작도구마다 스크립트 언어를 제공하는데, 스크립트 언어로는 HyperTalk(HyperCard), SuperTalk(SuperCard), OpenScript(ToolBook) 등이 있다.

스크립트 언어를 사용하여 미디어들을 직접 제어하므로 아이콘 방식의 저작도구에 비해 사용방법이 어려우나 일단 숙달되면 매우 강력한 기능을 발휘하며, 유연하고 확장 가능한 제어구조를 제공한다. 흔히 페이지 단위로 나뉘어지는 개별적인 데이터나 대용량의 도서자료와 관련된 응용분야의 타이틀 제작에 매우 유용한 방식이다.

대표적인 저작도구로 SumTotal사의 ToolBook, Apple사의 HyperCard, Aldus사의 Supercard, Microsoft사의 Impress 등이 있다.

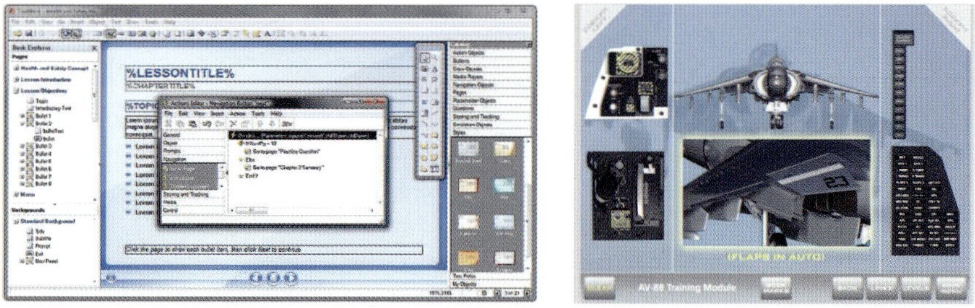

| 그림 11-30 ToolBook: 책 방식의 저작도구

11.5 참고자료

- Beautiful Web Design / J. Beaird, 이광우 옮김(인사이트, 2009) / SitePoint Pty, 2007
- 쇼핑몰 마케팅북 / 임성기/ 한빛미디어, 2007
- 웹 트렌드 & 전략 리포트 / 김지현 / 북앤라이프, 2009
- 멀티미디어 교과서 / 이만재, 이상선 / 안그라픽스 / 1999
- 멀티미디어 컨텐츠 / 한국 멀티미디어 컨텐츠 진흥센터 / 1997.10.11
- 멀티미디어 컨텐츠 기획 / 이영아, 하재구 / 영진출판사 / 1999
- Teach Yourself Great Web Design in A WEEK / Anne-Rae, Vasquez-Peterson, and Paul Chow / Sams Net / 1997

연습문제

5지 선다형

11-1 콘텐츠의 제작 과정에서 제일 먼저 수행해야 하는 것은?

(a) 정보 디자인 (b) 개념의 정의 (c) 사용자 인터페이스 디자인
(d) 초기 프로토타입 제작 (e) 스토리보드 작성

11-2 다음 중 브라우징 도구가 방향상실을 일으키지 않기 위해 요구되는 기본적 속성과 가장 관련성이 적은 것은?

(a) 학습성 (b) 사용성 (c) 일관성 (d) 절대성 (e) 융통성

11-3 멀티미디어 콘텐츠의 제작에서 각각의 요소들이 어떤 역할을 하고, 그곳에 어떤 내용이 들어가며, 화면 구성은 어떻게 할 것인지를 전체적으로 나타내기 위한 도구를 무엇이라 하는가?

(a) 순서도 (b) 초기 프로트타입 (c) 메타포
(d) 정보 디자인 (e) 스토리보드

11-4 웹페이지에서 이미지의 대략적인 모습을 먼저 보여주고, 차츰 세부적인 모습을 보여주는 GIF 파일 형식은?

(a) Animated GIF (b) Dynamic GIF (c) Interlaced GIF
(d) Background GIF (e) Transient GIF

11-5 SGML에 가장 가까운 목적을 가지며 SGML보다 간단하고 효율적으로 사용하기 위하여 고안된 메타 언어는?

(a) HTML (b) XML (c) DTD (d) DI (e) HTML5

11-6 XML에 기반하여 활용 분야에 적합한 DTD를 정의함으로써 생성된 마크업 언어가 아닌 것은?

(a) SMIL (b) SVG (c) HTML (d) ebXML (e) MathML

11-7 웹페이지를 디자인 할 때 가장 적합한 시각적 효과를 달성하기 위하여 고려할 사항과 가장 관련성이 적은 것은?

(a) 일관성 있는 디자인 (b) 텍스트를 적절하게 사용
(c) 색상의 선택 (d) 텍스쳐를 이용한 배경 설정
(e) 적절한 탐색구조의 선택

괄호넣기

11-1 멀티미디어 시스템 내에서는 다양한 경로로 원하는 정보에 접근할 수가 있기 때문에 정보의 위치 파악을 위한 브라우징 도구가 반드시 요구되며 적절한 브라우징 도구가 제공되지 않을 경우, ( )이 발생할 수 있다.

11-2 ( )란 소설을 쓰거나 영화를 만들 때 전체적인 스토리를 그림으로 나타내는 것을 의미하는데, 멀티미디어 콘텐츠의 제작에서도 각각의 요소들이 어떤 역할을 하고, 그곳에 어떤 내용이 들어가며, 화면 구성은 어떻게 할 것인지를 전체적으로 나타내는데 스토리보드를 사용한다.

11-3 하이퍼텍스트(Hypertext)란 텍스트를 읽는 도중 연관된 자료를 즉시 볼 수 있는 비선형 구조의 텍스트를 말한다. 하이퍼텍스트를 지원하려면, 즉 여기저기 원하는 곳으로 이동하려면 그곳으로 이동할 수 있는 길을 만들어 주어야 한다. 이것이 바로 ( )이다.

11-4 GIF 형식에는 ( )가 있다. ( )는 이미지의 대략적인 모습을 먼저 보여주고, 차츰 세부적인 모습을 보여주는 GIF 파일 형식이다. 파일 크기가 큰 이미지를 사용해야만 할 때 이미지를 다운로드하는 데에 시간이 많이 걸리므로 Interlaced GIF를 사용하도록 한다.

11-5 ( )은 기존의 정적인 HTML에 동적인 요소를 추가하기 위해 개발된 것으로, 문서의 각 요소를 객체로 정의하여 위치와 스타일을 지정할 수 있으며, 사용자와의 상호작용을 첨가하거나 움직이게 할 수도 있다.

11-6 웹페이지의 ( )란 웹 사이트 전체에서 웹페이지간의 연결 상태를 말한다. 즉, 현재 페이지에서 다른 페이지로의 링크를 제공할 때 현재 페이지와 어떠한 관계에 있는 페이지로의 링크를 제공할 것인지를 결정하는 것이다.

11-7 (　　　　)는 리치 인터넷 애플리케이션(RIA)을 웹 표준 기술로 사용하여 개발하자는 시도에 따라 다양한 API를 별도로 제공하고 (　　　　)에서 연동하여 사용할 수 있도록 하였으며 위치관련 및 오프라인 등 모바일 환경까지 고려한 API를 제공한다. 또한, (HTML5)는 멀티미디어 및 그래픽스 관련 기능을 강화하였다.

주관식

11-1 웹 환경에서 멀티미디어 문서표준과 관련하여 SGML, XML, HTML 및 HTML5를 비교하여 설명하라.

11-2 멀티미디어 콘텐츠의 제작과정에 대하여 설명하라. 또한 사용자 인터페이스 설계과정에서 메타포(Metaphor)란 무엇을 의미하는가?

11-3 잘 디자인된 웹페이지와 잘못 디자인된 웹 페이지를 하나씩 찾아서 그 이유를 설명하라.

11-4 웹페이지의 탐색항해(Navigation)들을 이해하기 위하여 실제 개발된 웹 페이지들을 조사, 분류하여 구체적인 탐색기법들을 비교, 설명하라.

11-5 웹 문서를 기술하는 언어로 HTML에 비하여 XML의 장점이 무엇인지 논하라. XML에서 DTD(Document Type Definition)와 DI(Document Instance)가 무엇을 의미하는지 설명하고, 웹 환경에서 자주 이용되는 DTD들을 기술하고 그 용도를 설명하라.

11-6 멀티미디어 타이틀 저작도구는 저작도구의 메타포에 따라 흐름도 방식(Icon-based 또는 Flowchart 형), 시간선 방식(Time-based 또는 Score 형) 및 책 방식(Page-based 또는 Script 형)으로 구분할 수 있다. 각 저작 방식의 특성과 장단점에 대하여 비교/설명하라.

05

PART

멀티미디어의 발전과 미래

12

CHAPTER

멀티미디어 환경변화와 미래

멀티미디어 기술은 하루가 다르게 발전하고 있고, 멀티미디어 하드웨어 환경과 소프트웨어 환경이 지속적으로 변하고 있다. 이 장에서는 가까운 미래에 멀티미디어 기술이 우리사회를 어떻게 변화시키고 어떤 영역에서 활용이 확산될 것인지 알아본다. 또한 인터넷의 데이터 전송속도가 어떻게 증가할지 알아보고, 인터넷 환경의 변화가 멀티미디어 기술의 활용에 미치는 영향에 대하여 생각해 보자.

12.1 IT기술과 사회의 변화

1.3절에서 언급하였듯이 IT기술은 과거 하드웨어 중심에서 소프트웨어 중심으로 2000년대 중반 이후 다시 애플리케이션 및 콘텐츠 중심으로 옮겨가고 있다. 이러한 변화의 배경에는 인터넷 특히 모바일 인터넷의 발전과 소셜 미디어의 확산이 큰 역할을 담당하고 있다. IT기술이 사회를 어떻게 변화시키는지 경제적, 사회적 및 산업적 측면에서 몇 가지 특성을 찾을 수 있다. 우리 사회가 초연결사회, 모바일화, 스마트화/지능화 및 감성화/몰입화의 방향으로 변화하고 있으며 이것은 애플리케이션, 콘텐츠 및 미디어의 발전 방향에 큰 영향을 미치고 있다. 초연결사회와 모바일화는 인터넷 환경의 발전과 밀접한 관계가 있고 스마트화/지능화 및 감성화/몰입화는 앞으로 콘텐츠와 미디어가 발전해 나갈 방향이기도 한다. 이러한 배경에서 12.2절 및 12.3절에서 미래의 멀티미디어 기술의 발전 방향과 인터넷 환경의 발전에 관하여 설명하기로 한다.

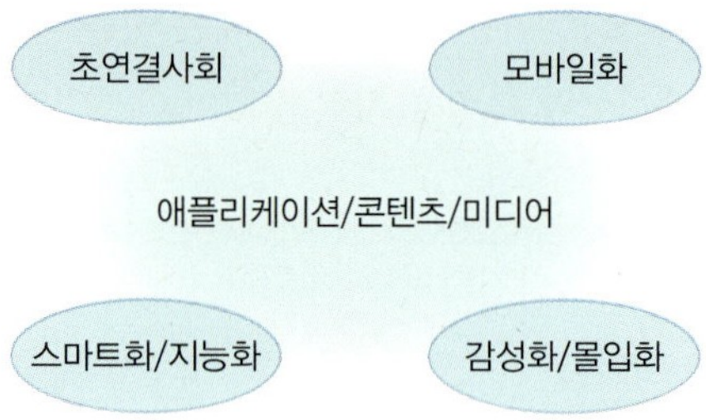

| 그림 12-1 콘텐츠와 미디어의 발전 방향

(1) 초연결사회(Hyper-connected Society)

인터넷의 연결속도가 빠르게 증가하고 비용은 오히려 감소하고 있는 추세이다. 스마트폰, Wi-Fi, 블루투스, 비콘, NFC 등의 기술 발전으로 사람과 사람 간의 연결이 보다 원활하게 되었고 소셜 미디어와 SNS가 확산되었다. 이러한 결과로 소셜 경제(Social Economy)라는 개념이 나타나게 되었다. 또한 사물인터넷(IoT)과 IPv6 기술은 사람과 물체, 물체와 물체 간의 연결을 확산시켰다. Cisco사는 2020년 전 세계적으로 500억 개의 사물이 인터넷에 연결될 것으로 예상하고 있고 또 다른 예측에 의하면 2030년 1조 개의 사물이 인터넷에 연결될 것으로 예상된다. 소셜 미디어, 웨어러블 기기 및 IoT에 의한 연결의 결과로 엄청난 양의 데이터가 생성되게 되었고 이는 빅데이터를 구성하여 IT기술 활용의 지능화에 핵심적 역할을 담당하게 되었다. 세계적 ICT 시장조사 기관인 IDC에 의하면 전 세계에 저장된 정보는 2년마다 2배씩 증가한다. 또한 사람-사물-공간의 초연결화가 빠르게 진행되면서 우리 사회는 과거 직접 소유의 형태를 벗어나 공유 경제(Sharing Economy)로 변화하고 있다. 공유 경제의 예로 우버, 에어비앤비 등 많은 사례가 존재한다.

(2) 모바일화

2000년대 중반 이후 스마트폰의 확산으로 우리사회가 모바일 사회로 변화하며 경제, 사회, 문화, 산업, 교육, 의료는 물론 인간의 삶과 라이프스타일에 커다란 변화를 일으키고 있다. 모바일화로 인하여 모바일 경제 개념이 출현하였고 O2O(Online to Offline), 온디맨드 경제 개념이 나타나게 되었다. O2O 개념은 이용자가 모바일 기기를 통해 온라인 방식으로 주문하면 매우 빠른 시간 내에 오프라인의 상품이나 서비스가 고객의 위치에 상관없이 배달되는 형태로 변화시키고 있다. 또한 온디맨드 개념은 Netflix, Hulu와 같은 OTT(Over The Top) 서비스처럼 이용자의 요구가 생기는 즉시 언제, 어디서나 맞춤형 방식으로 이용자에게 제공되는 것을 의미한다. 모바일화는 이용자의 개인성, 이동성 및 즉시성의 특성을 가지고 있어 O2O 및 온디맨드 개념이 가능하게 되었다.

모바일 인터넷이 3G에서 4G로 발전하였고 2020년경에는 다시 5세대 이동통신(5G)이 가능할 것으로 예상되어 데이터 전송속도가 매우 빠르게 발전할 것으로 예상된다. 이러한 환경의 변화에 힘입어 클라우드 서비스가 미래의 허브 역할을 담당하게 될 것이다. 현재 대부분의 애플리케이션과 콘텐츠는 모바일 기기를 허브로 삼아 이루어지는데 비하여 미래에는 이러한 역할을 클라우드 서비스가 담당하게 될 것이다. 특히 모바일 인터넷의 속도가 빨라지면서 동영상 데이터가 차지하는 비중이 빠르게 증가하고 있다. Cisco사에 의하면 2014년 전체 모바일 동영상 데이터 트래픽이 55%를 차지하나 2019년에는 그 비중이 72%로 증가할 것으로 예상되고 있다.

모바일화의 추세는 최근 빠르게 성장하는 ICT 기업이나 유니콘 기업(기업의 가치가 10억 달러 이상의 비상장 스타트업)의 많은 부분이 모바일 서비스 및 콘텐츠와 연관되어 있다. Facebook, Twitter와 같은 SNS 서비스, 모바일 메신저 서비스, Apple, Google과 같은 모바일 플랫폼, YouTube, Skype, Netflix, Hulu와 같은 동영상 서비스 등이 대표적인 사례이다. 이외에도 Instagram, Pinterest, Flickr와 같은 소셜미디어, Periscope, Meerkat, Sanpchat와 같은 실시간 동영상 스트리밍, 모바일 게임, Buzzfeed와 같은 스낵형 콘텐츠 등 수 많은 사례들이 존재한다.

(3) 스마트화/지능화

IT기술의 활용은 지능화 되고 있다. 사이버스페이스에서 정보를 검색하는 구글과 같은 검색엔진은 지능적으로 발전하고 있다. 모바일 기기들도 현재 위치를 파악하고 상황을 인식하는 방향으로 발전하여 이용자의 개인성과 위치기반 서비스를 더욱 잘 지원할 수 있게 되었다. 센서와 사물인터넷 기술이 발전하고 활용되면서 IT 환경은 더욱 스마트하게 되어 스마트홈, 스마트 시티, 스마트카, 헬스케어는 물론 산업 및 기업 활동도 스마트한 방향으로 변화해 나갈 것으로 기대된다.

우리 사회의 스마트화 및 지능화 현상은 두 가지 기술의 발전에 힘입은 바 크다. 첫째는 사회가 초연결화 되면서 빅데이터가 생성하게 되었고 데이터 분석기술이 발전하면서 다양한 활용영역에서 지능화가 가능하게 되었다. 사물을 보고, 듣고, 이해할 수 있는 딥러닝 기술의 활용도 빅데이터가 존재하기에 가능한 일이다. 미래에 딥러닝 기술을 이용하여 이미지 인식, 음성 인식, 동영상 인식의 정확도가 더욱 증가할 것이다. 두 번째는 GPS, 비콘, 카메라, 자이로센서, 콤파스, 비콘, 가속기센서, 지도 정보를 이용하여 현재의 위치와 주위 상황을 더욱 잘 이해하게 되었고 각종 센서들을 이용하여 가정, 도시, 도로, 산업 등 모든 영역에서 보다 스마트한 활용이 가능하게 되었다. 지능화 추세는 미디어 플랫폼과 서비스에도 큰 영향을 미칠 것이다.

(4) 감성화/몰입화

IT기술이 고도로 발전하면서 컴퓨터가 인간의 감성과 감정을 이해하고 인간과 효과적으로 소통할 수 있는 기술이 개발되고 있다. 감성 정보로 사용되는 정보는 이용자의 음성, 표정, 몸짓 등을 이해하고 이용자의 성향 및 상황을 의미한다. 또한 웨어러블 기기를 통해 체온, 맥박, 혈압, 심전도 등과 같은 신체적 정보도 포함한다. IBM사는 최근 감성커머스(Cognitive Commerce) 기술을 통하여 이용자의 성향 및 상황 그리고 감성적인 정보를 이해하는 e-비즈니스 형태를 개발하고 있다. 지금까지 인간과 컴퓨터 간의 상호작용이 주로 GUI(Graphical User Interface) 방식을 따랐으나 앞으로는 NUI(Natural User Interface) 방식이 더욱 활성화 될 것으로 기대된다. NUI를 통해 이용자는 차별화된 사용자 경험(UX: User Experience)을 추구할 수 있게 될 것이다.

한편, 가상현실(VR) 기술은 이용자에게 보다 현장감 있고 실감나는 형태의 미디어를 제공할 수 있게 되었다. 가상현실 기술은 오래전부터 존재해 왔으나 최근에 와서 비교적 저렴하고 고성능의 HMD 기기가 개발되고 인터넷 속도가 빨라지면서 몰입형 가상현실이 가능하게 되었다. 가상현실 기술은 미디어와 콘텐츠에 새로운 방향을 제시할 것으로 기대된다. 이러한 배경에서 Facebook, Google, Microsoft뿐 아니라 많은 미디어 및 게임 기업이 가상현실 기술의 개발과 활용에 많은 기대를 하고 있다.

12.2 멀티미디어 기술의 발전

멀티미디어 환경은 나날이 발전하고 있다. 이 절에서는 멀티미디어 환경의 변화를 예측하고 멀티미디어 기술이 21세기에 어떠한 분야에서 어떻게 활용될 것인지 생각해 보기로 한다.

12.2.1 멀티미디어 환경의 변화

프로세서와 그래픽 가속기

1.2절에서 마이크로프로세서의 성능과 주기억장치인 DRAM 용량의 급격한 발전이 멀티미디어 발전의 주요한 원동력이 되었다는 사실을 알았다. 컴퓨터 프로세서 세계 1위 제조업체인 INTEL사의 창업자 무어는 1965년 마이크로프로세서의 성능은 18개월마다 두 배씩 증가하고 칩의 트랜지스터 수는 2년마다 두 배씩 증가하며 가격은 매년 1/2씩 떨어진다고 예측하였다. 예를 들면, 1995년부터 2005년 사이에 마이크로프로세서의 속도가 100배 빨라졌고, 2005년과 2015년 사이에 마이크로프로세서의 성능이 100배 증가하였다(그림 12-2). 저명한 컴퓨터 설계자인 고든 벨(Gordon Bell)에 따르면 무어의 법칙은 지난 30년간 대체로 정확하게 맞았으며 앞으로는 마이크로프로세서 칩의 트랜지스터 수가 3년마다 두 배씩 증가할 것으로 예측된다.

또한, 이제는 모든 PC가 그래픽 가속기나 비디오 보드를 장착하는 추세이다. 이 그래픽 가속보드는 OpenGL이나 Direct3D와 같은 그래픽스 라이브러리를 매우 빠른 속도로 처리할 수 있는 기능을 가지고 있어 3차원 그래픽스나 가상현실의 응용분야에 큰 도움이 되고 있다. 비디오 보드는 고해상도의 비디오를 실시간에 압축 및 복원할 수 있는 능력이 있어 비디오 활용 분야가 앞으로도 지속적으로 발전할 것으로 예상되고 있다.

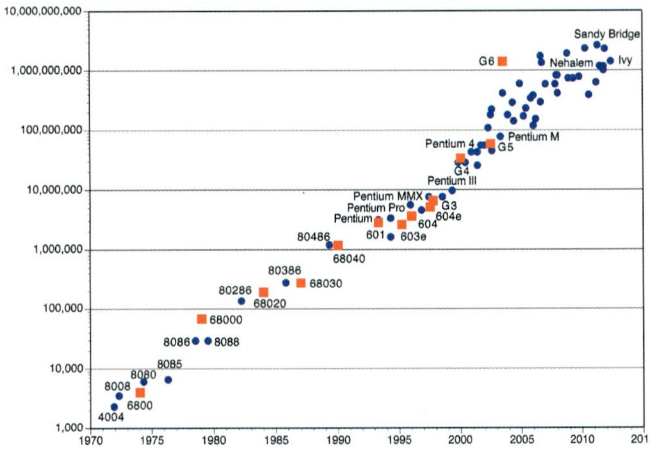

| 그림 12-2 무어 법칙의 적용 – INTEL 마이크로프로세서(파란 점)의 경우
(출처: education.mrsec.wisc.edu)

데이터 저장장치

무어의 법칙은 컴퓨터 프로세서 뿐만 아니라 컴퓨터 메모리와 데이터 저장장치에도 유사하게 적용될 수 있다. Seagate Technology사에 의하면 최근 컴퓨터 하드디스크의 용량은 해마다 40%씩 증가하고 있다. Hitachi사가 제작한 3.5인치 하드디스크는 1조 바이트(TB)의 디스크 용량을 지원하고 있다. DRAM과 플래시 메모리칩의 용량도 매년 두 배씩 증가하고 있으며, 최근에는 고용량의 DVD도 개발되었다. 블루레이 디스크는 기존의 DVD가 4.7GB~8.5GB의 메모리 용량을 갖고 있는데 비해 그의 5~6 배에 해당하는 25GB~50GB의 용량을 가진다. 또한, 차세대 DVD로 Maxwell사의 HDV(Holographic Versatile Disc)와 3D 광데이터 저장장치(3D Optical Data Storage)가 개발 중에 있다. 이러한 하드웨어의 발전에 힘입어 멀티미디어 데이터의 처리능력과 저장할 수 있는 미디어 데이터의 양이 앞으로도 지속적으로 증가할 것으로 기대된다. 이것은 멀티미디어 기술의 활용에 매우 중요한 요소이다.

또한 멀티미디어 데이터를 자체적으로 저장하기보다 앞으로는 모든 대용량 멀티미디어 데이터가 클라우드 서비스를 통해 제공될 것으로 예상된다. Cisco사의 예측에 의하면 2013년 데이터 센터의 데이터 중 54%가 클라우드 서비스인데 비하여 2018년에는 76%가 클라우드 서비스를 통하여 데이터가 서비스 될 것으로 예상된다(그림 12-3). 클라우드 서비스는 위치와 장치에 상관없이 보다 경제적이고 신뢰성 있는 멀티미디어 데이터를 제공 받을 수 있게 한다. 특히, 모바일 환경과 같이 제한된 환경에서는 클라우드 서비스가 매우 바람직한 형태로 데이터를 제공하게 된다.

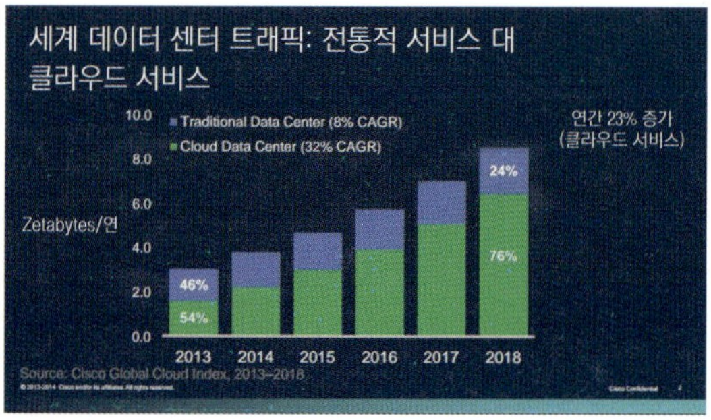

| 그림 12-3 데이터 센터에서 클라우드 서비스가 차지하는 비율의 변화(출처: Cisco)

디스플레이 기술의 발전

최근 능동형 유기발광다이오드(AMOLED) 기술을 이용한 디스플레이가 개발되어 디지털TV, 스마트폰, 태블릿PC 등에 사용되고 있다. AMOLED 디스플레이는 기존의 디스플레이 장치에 비해 얇게 제작이 가능하고 선명도가 높으며 전력소모량이 낮다는 장점을 가지고 있다(그림 12-4(a)). 이외에도, 플렉서블 디스플레이(Flexible Display) 또는 두루마리형 디스플레이(Rollable Display)와 3차원 디스플레이(3D Display)도 개발되고 있다. 그림 12-4(b)는 플렉서블 디스플레이 기술로 개발한 e-Paper로 전자책(e-Book) 단말기로 이용되기에 적합하다.

(a) LG의 AMOLED 디스플레이

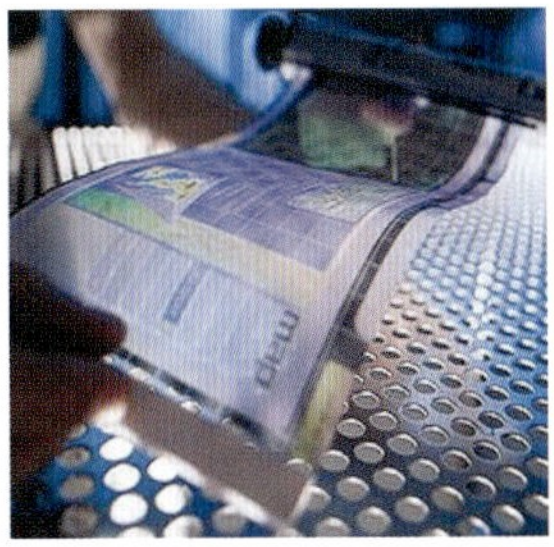

(b) 플렉서블 디스플레이 e-Paper

| 그림 12-4 멀티미디어 활용에 쓰이는 다양한 디스플레이 기술(출처: Flickr)

사용자 인터페이스와 멀티미디어 활용

인간이 컴퓨터를 보다 편리하게 이용할 수 있게 하기 위하여 효과적인 인간-컴퓨터 상호작용(HCI: Human-Computer Interaction) 기술은 미래의 정보화사회에서 매우 핵심적인 기술적 요소로 작용할 것이다. 최근 스마트폰이나 태블릿PC를 비롯한 많은 모바일 단말기에서 이용되고 있는 터치스크린(Touch-Screen) 방식과 스마트폰이나 전자책(e-Book)단말기에서 이용되는 펜을 이용한 스케치기반 인터페이스(Sketch-based Interface)도 성공적인 사용자 인터페이스를 제공하고 있다. 그림 12-5(a)는 일반적인 터치스크린 방식의 사용자 인터페이스이며, 그림 12-5(b)와 (c)는 제스처 인식을 통한 사용자 인터페이스를 보여주고 있다. 앞으로 멀티미디어 시스템의 사용자 인터페이스(UI: User Interface)는 음성 인식, 제스처 인식, 스케치 인식, 멀티터치(Multi-Touch)와 같은 인터페이스를 복합적으로 사용하는 멀티모달 인터페이스(Multimodal Interface)로 발전해 나갈 것이다. 다양한 미디어의 생성, 검색, 이용을 위해 가장 적합한 사용자 인터페이스를 지원하는 것은 멀티미디어의 활용에 매우 중요한 관건이 될 것이다.

(a) 터치스크린 (b) Kinect (c) Leap Motion

| 그림 12-5 터치스크린과 제스처 인식 기법을 이용한 사용자 인터페이스(출처: Multi Touch Technology, Univ. of Southern California)

HCI와 감성공학

미래에는 키보드가 없는 컴퓨터가 출현할 것으로 예상된다. 사람의 오감을 인지하고 이를 컴퓨터와 통신을 통해 전송하는 방식, 사람의 감성을 인지하고 반응하는 감성 컴퓨터, 뇌파로 가전기기를 작동하는 방식 등 다양한 방식의 사용자 인터페이스가 실용화 될 것으로 예상된다. 또한, 촉각을 필요로 하는 활용을 위해서 촉각피드백(Haptic Feedback)을 주는 장치도 개발되어 사용되고 있다. 그림 12-6(a)는 사람의 뇌파로 작동하는 컴퓨터이고, 그림 12-6(b)는 촉각장치의 활용 예를 보여주고 있다.

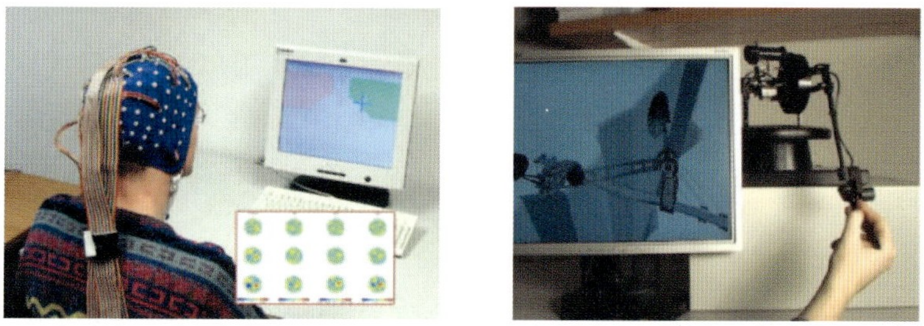

(a) 뇌파를 이용한 컴퓨터 인터페이스 (b) 촉각장치(Haptic device)의 활용 예

| 그림 12-6 미래의 컴퓨터 사용자 인터페이스(출처: Carnegie-Mellon Univ.)

12.2.2 멀티미디어 기술 활용의 발전

전자상거래와 멀티미디어 기술

21세기에 가장 각광받는 멀티미디어의 활용분야는 전자상거래가 될 것으로 예상된다. 21세기 최대의 혁명으로까지 인식되는 전자상거래는 인터넷을 통하여 수요자와 공급자 모두에게 구매비용과 판매비용 절감, 새로운 사업기회의 창출, 소비자의 선택폭과 편리성 증대를 가져다 줄 것으로 전망된다. 인터넷이 세계적인 현상이 된 1980년대 초 이후 인터넷도 기하급수적으로 발전하고 있다. 이 기하급수적 성장을 수용하기 위하여 인터넷의 데이터 전송속도도 길더에 의하면 6개월에 두 배씩 증가하여 왔다. Ethernet LAN의 개발자 메칼프(Robert Metcalfe)에 의하면 "네트워크의 가치는 이용자 수의 제곱에 비례한다(Metcalfe's Law)"고 하였다. 이러한 이유에서 인터넷 경제(Internet Economy)라는 용어가 나왔고, 미래에도 인터넷을 기반으로 한 e-커머스 산업이 지속적인 발전을 거듭할 것으로 기대된다.

현재 이루어지고 있는 대표적인 전자상거래의 예는 인터넷 쇼핑몰과 인터넷 서점이다. 우리나라의 경우 인터넷 쇼핑몰은 1999년부터 본격적으로 도입되기 시작한 후 급성장하여 2003년에는 TV홈쇼핑을 제치고 백화점과 할인점에 이은 3위의 유통매체로 성장하였다. 인터넷쇼핑몰은 다양한 물품들을 구비해 놓고 인터넷을 통해 판매하는 사이트로 처음에는 대부분 텍스트와 이미지 위주로 쇼핑몰이 구성되었으나, 앞으로는 가상현실, 3D 컴퓨터 그래픽스, 사운드와 같은 멀티미디어 기술을 적극 활용하여 쇼핑몰을 사이버스페이스화 한 사이버 쇼핑몰 형태로 발전되어 나갈 것으로 기대된다. 사이버 쇼핑몰에서는 상품의 모습과 실제 작동 등을 가상현실이나 동영상 또는 애니메이션으로 볼 수 있으며 상품에 대한 설명을 음성정보로 들을 수 있게 될 것이다(그림 12-7).

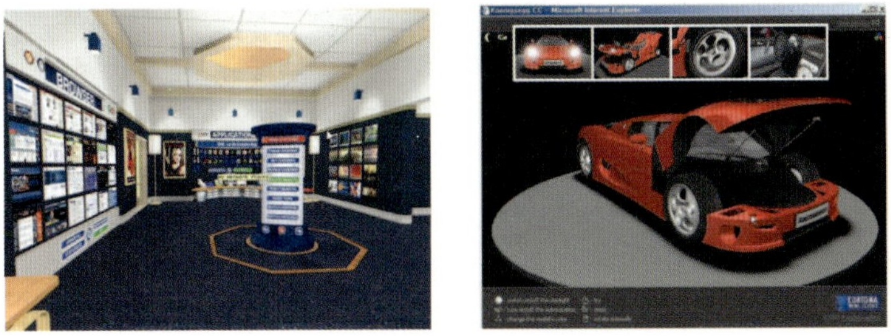

| 그림 12-7 가상현실 및 멀티미디어 기술을 활용한 사이버 쇼핑몰

동영상 서비스의 발전

앞으로 기대되는 또 하나의 멀티미디어 활용분야는 대용량의 멀티미디어 정보시스템이다. 멀티미디어 정보 서비스는 많은 양의 이미지, 사운드, 비디오(VOD 서비스) 등을 클라우드 저장장치에 구축해 놓고 원거리에 있는 사용자의 요구에 따라 원하는 멀티미디어 정보를 찾아 빠른 시간 내에 제공하는 서비스이다.

디지털 도서관이나 언론기관에 구축되어 있는 이미지 데이터베이스로부터 원하는 사진을 찾아오거나 MP3 파일 형태의 음악을 제공받을 수 있다. 또한 최근 들어 각광받고 있는 Netflix 및 Hulu와 같은 동영상 서비스는 비디오 가게에서 비디오를 빌려 보듯이 인터넷을 통해 원하는 비디오를 집이나 모바일 기기를 통해 볼 수 있는 서비스이다. 이러한 동영상 서비스는 비디오 스트리밍 방식을 지원함으로써 시간적 지체없이 이용자가 동영상을 즉시 받아 볼 수 있다. 또한 동영상 서비스가 지능적 분석기능을 통하여 이용자의 성향과 상황을 잘 파악하여 적합한 비디오를 추천할 수 있다.

지능형 멀티미디어 검색기술

대용량의 멀티미디어 데이터를 효율적으로 저장하고 검색하기 위해서는 객체지향 데이터베이스 시스템이나 멀티미디어 데이터베이스 시스템을 이용하는 것이 관리에 효율적일 수 있다. 또한 원하는 미디어 정보를 빠른 시간 내에 찾아올 수 있는 기술개발이 매우 중요한 관건이다. 비디오 정보나 이미지 정보의 경우, 미디어의 내용에 근거하여 미디어 정보를 추출하는 내용기반 정보검색(Content-based Information Retrieval) 기술에 대한 연구 및 개발이 활발히 이루어지고 있다.

멀티미디어 검색기술은 이미지, 비디오, 심지어는 음악까지도 방대한 멀티미디어 데이터베이스로부터 빠른 시간 내에 검색할 수 있다. 그림 12-8에서 보듯이 이용자가 왼쪽의 핸드백을 제시하면 이것과 가장 유사한 모양, 색상, 스타일 등을 가진 핸드백을 찾아서 이용자에게 제시해준다. 최근에 어떤 기업이 개발한 음악 검색기술을 이용하면 이용자가 허밍(Humming)으로 노래나 음악을 부르면 음악의 사운드 신호를 분석하여 가장 가까운 노래나 음악을 검색해 준다. 이러한 멀티미디어 검색기술은 인터넷 상의 대용량 멀티미디어 데이터베이스로부터 원하는 정보를 찾아오는데 필수적인 기술로 앞으로 검색의 정확도가 지속적으로 증가할 것으로 기대된다.

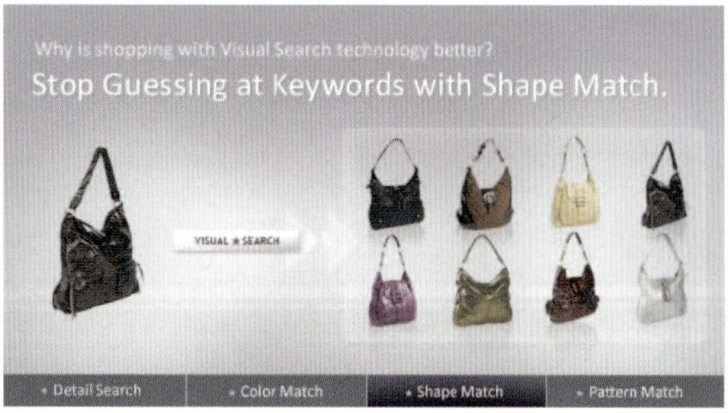

| 그림 12-8 내용기반 검색에 의한 이미지 검색의 예

문화 콘텐츠와 멀티미디어

우리 사회는 과거 농경사회와 산업사회를 거쳐 현재 정보사회에 이르렀고, 앞으로는 멀티미디어 정보가 지식사회를 이끄는 원동력으로 작용할 것이다. 따라서, 미래에는 콘텐츠 산업이 더욱 활성화될 것이며, 많은 정보들이 멀티미디어 성격을 가질 것으로 생각된다. 이러한 과정에서 많은 멀티미디어 콘텐츠가 개발되면서 콘텐츠의 국가적 편중 현상이 문제로 제기될 것이다. 즉 미국을 비롯한 몇몇 선진국들은 좋은 콘텐츠를 개발하기 위한 미디어 자원과 기술력이 풍부한데 비하여, 대부분의 국가들은 현실적으로 그렇지 못하기 때문에 선진국에 대하여 멀티미디어 정보의 의존을 벗어나기 어려울 것으로 생각된다. 이러한 관점에서 우리나라는 문화콘텐츠 산업을 집중적으로 지원하고 관리할 필요가 있다. 문화콘텐츠는 디지털 영상, 애니메이션, 게임, 캐릭터, 문화재 복원, 문화 예술 등의 분야를 포함한다. 우리나라는 풍부한 문화적 자원을 보유하고 있을 뿐만 아니라, 인터넷이나 무선통신 등의 정보화 인프라도 선진국과 비교하여 결코 뒤지지 않는다.

문화콘텐츠의 한 예로 미디어 아트(Media Art 또는 New Media Art)를 들 수 있다. 미디어 아트는 다양한 디지털 미디어를 이용하여 예술적으로 표현한 작품으로 디지털 기술을 이용하여 참여자의 입력이나 행위에 따라 결과물이 스스로 변하는 작품을 의미한다(그림 12-9 참조). 미디어 아트는 이미지, 비디오, 그래픽 및 사운드 기술은 물론 가상현실 기술을 이용하고 때로는 실제 물체를 이용하여 디지털 기술과 합하여 표현하기도 한다. 미디어 아트는 교육, 홍보, 게임 등의 분야에서 어떤 목적을 가지고 창의적으로 표현할 수도 있고, 특별한 목적 없이 예술 작품의 형태로 제작한 콘텐츠일 수도 있다.

또한, 인공지능 기술인 딥러닝 기법을 통하여 특정 화가의 화풍을 이해하여 사진을 이러한 화풍으로 변환해 주는 기술도 존재한다. 이것을 뉴럴 아트(Neural Art)라 부르며 그림 12-9(b)는 고흐의 화풍에 따라 변화된 사진을 보여주고 있다.

(a) 미디어 아트　　(b) 뉴럴 아트

| 그림 12-9 미디어 아트와 뉴럴 아트의 예(http://www.boredpanda.com)

디지털 콘텐츠와 저작권

인터넷상에서 저작권 문제가 커다란 문제점으로 대두되고 있다. 예를 들어, 그 동안 인터넷을 통하여 무료로 음악파일 다운로드 받을 수 있는 인터넷사이트 정보를 알려주던 미국의 냅스터와 우리나라의 소리바다 등이 법적 제재를 받기 시작하였다. 이런 현상이 벌어진 이유는 기존 매체의 저작권과 디지털 콘텐츠에 대한 저작권 사이에는 보호의 대상 및 권리의 관점에서 매우 큰 차이를 갖고 있기 때문이다. 예를 들어, 기존의 저작권 개념은 인쇄물과 같은 유형적인 저작물을 대상으로 하며 복제 및 배포와 관련하여 엄격한 법적 기준이 존재한다. 그러나 디지털 콘텐츠는 저작물의 유통에 있어 자유로운 복제가 가능하며, 사용자간 자유로운 공유를 전제로 하는 경우도 존재한다. 따라서 디지털 콘텐츠의 이용은 저작권의 보호와 이용에 대한 새로운 패러다임을 요구하고 있으며, 실제로도 1996년 개최된 세계지적재산권기구인 WIPO 회의에서는 인터넷상의 저작권 침해행위를 방지하기 위한 새로운 저작권 조약을 제시한 바 있다(그림 12-10 참조).

앞으로 인터넷상의 콘텐츠들은 명확한 유통망을 통하여 배포될 것이며 새로운 관점에서 관리될 것이다. 이러한 관점에서 디지털저작권 관리(DRM: Digital Rights Management)를 위한 다양한 논의가 진행 중이며 디지털 재화감식기(DOI: Digital Object Identifier) 및 워터마킹(Watermarking) 등과 같은 기술 개발이 이루어지고 있다.

| 그림 12-10 WIPO의 공식 웹페이지(http://www.wipo.int)

12.3 인터넷 환경의 변화와 멀티미디어

멀티미디어 기술의 이용은 인터넷 환경과 매우 밀접한 관계가 있다. 이 절에서는 인터넷의 데이터 전송속도의 발전 추세와 인터넷 환경에서 멀티미디어 기술의 발전전망에 대하여 생각해 보자.

12.3.1 인터넷 환경의 변화

인터넷의 데이터 전송속도

앞에서도 언급하였듯이 멀티미디어 활용이 대부분 인터넷 환경에서 멀티미디어 정보의 공유를 염두에 두고 개발되는 추세이고, 멀티미디어 데이터는 원천적으로 데이터의 크기가 텍스트 데이터에 비해 엄청나게 크다. 최근 미디어 데이터의 압축기술이 많이 발전하였다고는 하지만 압축하는 데도 한계가 있기 마련이다.

이러한 측면에서 초고속인터넷 이전의 인터넷 속도는 멀티미디어 데이터를 전송하기에 그리 만족할 만한 수준이라고는 할 수 없다. 더군다나 집에서 전화를 이용하여 인터넷에 접속한다면 그 불만족은 이루 말할 수 없을 것이다. 그러나 통신전문 칼럼니스트인 조지 길더(George Gilder)에 의하면 일반적으로 광섬유의 대역폭, 즉 인터넷의 데이터 전송속도는 12개월에 3배씩 빨라진다고 주장하였다.

인터넷의 데이터 전송속도가 빨라지면서 인터넷 환경에서 전송되는 데이터의 양도 급격히 증가하고 있다. 그림 12-11은 매월 전송되는 데이터 양이 2015년에 3.7

EB(ExaByte)에서 2020년에는 30.6 EB로 증가하여 연간 증가속도가 53%에 이를 것으로 예상하고 있다.

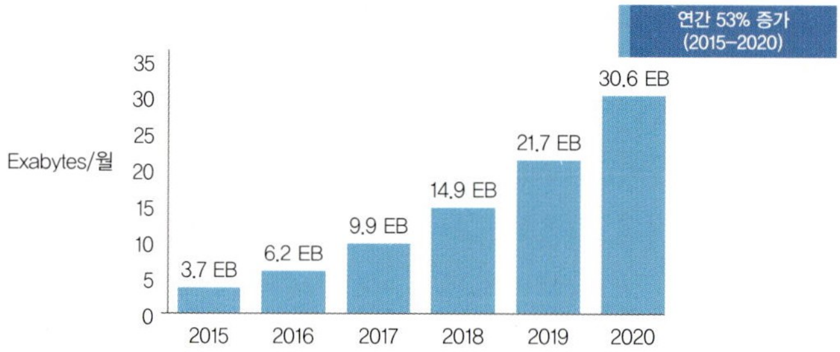

| 그림 12-11 인터넷 데이터 전송량의 증가 속도(http://www.techfever.net)

모바일 트래픽과 동영상

이동통신망의 속도가 빠르게 증가하면서 모바일 환경에서 동영상이 차지하는 비중이 더욱 증가하고 있다. Cisco사의 자료에 의하면 2014년 전체 모바일 동영상 데이터 트래픽에서 동영상이 차지하는 비중이 55%에 그쳤으나 2019년에는 그 비중이 72%로 증가할 것으로 예상되고 있다(그림 12-12 참조). 동영상은 이용자에게 즉흥성과 순간성을 지원함으로써 특히 모바일 환경에 더욱 적합한 미디어 형태이다. 또한, 멀리 떨어져 있는 장면이나 사건에 현장감을 제공할 수 있는 가상현실 기술이 성숙해 가면서 5G 이동통신은 가상현실 콘텐츠를 지원하기에 전혀 무리가 없을 것이다.

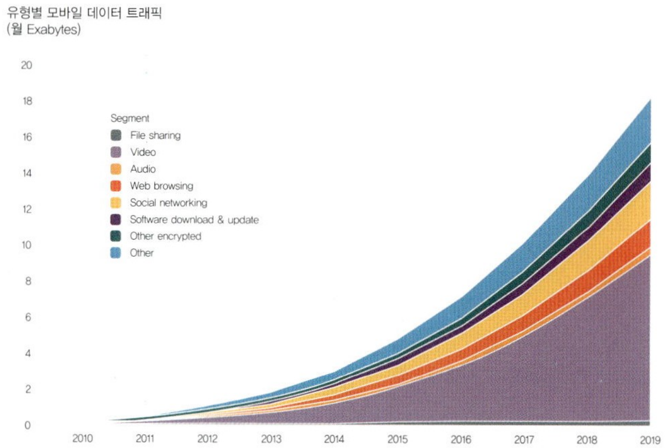

| 그림 12-12 모바일 트래픽에서 각 미디어의 비중(http://www.ericsson.com)

12.3.2 모바일 멀티미디어 기술의 발전

이동통신망의 발전

정보사회를 주도하고 있는 흐름은 지속적으로 발전하여 60, 70년대는 메인프레임 컴퓨터를 이용하여 정보처리를 수행하였으나 80년대 접어들면서 미니컴퓨터나 워크스테이션을 이용한 정보처리가 하나의 주요 흐름으로 대두되었다. 1970년대 후반 PC가 출현하면서 80, 90년대에는 일반 대중들에게 PC의 활용이 확산되게 되었다. 2000년대에 들어서면서 우리는 모바일 시대를 맞이하고 있다. PC와 인터넷 서비스는 일반 대중에게 이미 일반화된 정보서비스이지만 이제 모바일 컴퓨팅이 새로운 이슈로 등장하였다. 사람들이 이동 중에 언제 어디서나 원하는 정보를 주고받을 수 있게 되기를 원하기 때문이다. 모바일 컴퓨팅은 개인적인 욕구뿐만 아니라 지식정보사회에서 경쟁력을 획득하기 위한 필요성에서도 당연한 방향이라 할 수 있다. Microsoft사의 빌 게이츠 회장은 지난 몇 년간 주춤했던 IT혁명의 후속타로 제2의 IT붐을 언급하면서 이것을 '모바일혁명'이라 불렀다. 모바일 컴퓨팅에서는 유·무선망, 위성통신망, 방송망 등이 통합되어 복합적으로 인터넷 서비스를 지원하게 된다.

무선통신의 대역폭은 10년 전 900MHz에서 오늘날은 1~3GHz로 증가되었고, 무선통신을 위해 점진적으로 고주파를 이용하는 추세이므로 대역폭은 앞으로도 계속 증가할 것이다. 특히, 과거 IMT-2000과 같은 3세대 이동통신이 HSDPA과 같은 3.5세대 이동통신 시스템을 거쳐 최근에는 4세대 이동통신인 LTE로 발전하였다. LTE는 100Mbps 이상의 데이터 전송속도를 지원하여 스마트폰(Smart Phone)을 이용한 고속의 멀티미디어 응용에 매우 적합하다. 2020년경 상용화될 것으로 예상되는 5세대 이동통신 기술은 10Gbps 이상의 데이터 전송속도를 지원하여 2시간짜리 비디오 영화를 전송하는 데 걸리는 시간이 불과 몇 초에 지나지 않는다(그림 12-13 참조).

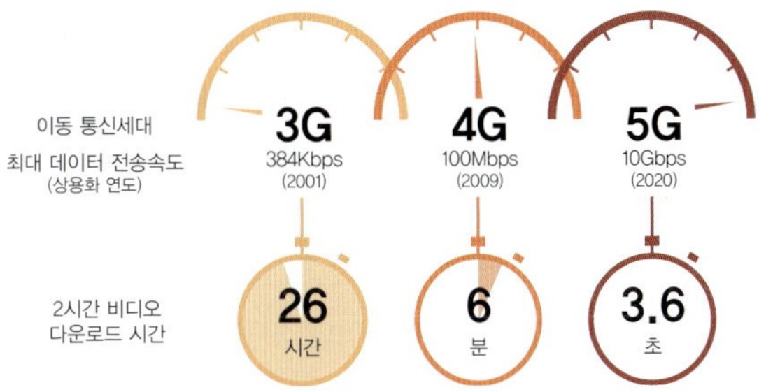

| 그림 12-13 3G, 4G 및 5G 이동통신의 데이터 전송속도 비교(http://www.cnet.com)

사물인터넷(IoT)과 초연결 사회

이러한 무선통신의 기술은 컴퓨터 서버와 가정이나 사무실용 가전기기의 연결 및 제어에도 적용이 가능하다. 이러한 제어기능을 일반적으로 홈네트워킹(Home Networking)이라 칭하며 이는 가정(Home)과 장비들 간의 통신을 위한 망구성(Networking)이란 두 가지 용어가 합쳐진 말이다. 무선통신을 이용하여 가정에 있는 모든 장비들을 연결해 서로 통신을 할 수 있다면, 가족 구성원이 어디서든 가정 장비를 제어하거나 장비 자신들이 스스로 연결되어 새로운 개념의 서비스를 창출할 수 있다. 예를 들어, 거실에서 아이들 방의 불을 끈다거나, 외출하여 휴대폰으로 가전장치를 작동시키는 등 매우 편리한 일상생활을 가능케 할 수 있다. 현재 홈네트워킹과 관련하여 휴대용 장치간의 양방향 근거리통신을 복잡한 케이블 없이 저가격으로 구현하기 위한 근거리 무선통신 기술과 관련 게이트웨이들이 상용으로 개발되고 있다. 최근에는 홈네트워킹이 스마트홈(Smart Home) 개념으로 발전하고 있다. 스마트홈은 가전기기의 제어 뿐만 아니라 에너지 관리 및 홈 시큐리티까지 포함하는 개념이다. 스마트홈은 헬스케어, 스마트카 및 스마트 시티와 함께 사물인터넷(IoT : Internet of Things)의 중요한 활용분야이다(그림 12-14 참조).

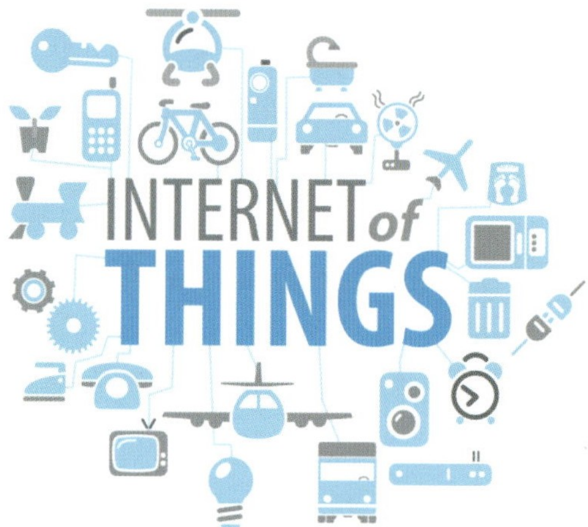

| 그림 12-14 사물인터넷(IoT : Internet of Things)의 개념(출처 : teamarin.net/category/blog/ipv6)

사물인터넷과 IPv6

앞서 살펴본 바와 같이 향후 인터넷에 접속되는 장치는 일반 PC를 비롯하여 모바일 및 사물인터넷을 위한 다양한 전자장비들과 센서들로 그 수가 현재와는 비교가 되지 않을 정도로 급증할 것이다. 그렇지않아도 현재의 인터넷 주소 체계상 네트워크에 할당할 주소가 부족한 상태이며 몇 년 내로 포화 상태에 이를 것으로 예상하고 있다. 따라서 현재의 인터넷 주소체계 프로토콜인 IPv4의 단점이 IPv6(Internet Protocol version 6)의 프로토콜로 업그레이드될 전망이다. IPv4에서는 주소체계가 32비트로 표현되어 모두 약 43억(232)개의 주소가 가능하나, IPv6에서는 128비트로 표현되어 3.4×1038개의 주소가 가능하게 된다. IPv6는 현 IPv4와 호환성이 있으며 점진적으로 현재 버전에서 IPv6로 이전될 것을 기본으로 개발되었다. IPv6는 초고속통신망 뿐만 아니라 무선망에서도 효율적으로 동작하도록 설계되었으며 앞으로 인터넷에서의 새로운 기능을 수행할 수 있도록 개발되었다.

12.4 참고자료

- 초연결시대, 공유경제와 사물인터넷의 미래 / 차두원, 진영현 / 한스미디어, 2015
- 모바일 트렌드 2016 / 커넥팅랩 지음 / 미래의 창, 2015
- 극단적 미래예측 / James Canton (김민주, 송희령 옮김) / 김영사, 2007
- 특이점이 온다 / Ray Kurzweil (김명남, 장시형 옮김) / 김영사, 2007
- The Future of the Internet / J. Zittrain / Yale University Press, 2008
- 컴퓨터와 IT기술의 이해(개정판) / 최윤철, 한탁돈, 임순범 / 생능출판사, 2016
- 3D User Interfaces / D. Bowman, etc. / Pearson Education, 2005
- Multimedia Basic & Element Technique: System / 멀티미디어 표준 텍스트북 편집위원회 / 일본 CG-ARTS 협회 / 1998
- Multimedia Communication Design / 멀티미디어 표준 텍스트북 편집위원회 / 일본 CG-ARTS협회 / 1998
- 뉴럴 아트의 예, http://www.boredpanda.com

연습문제

5지 선다형

12-1 다음 중 엄청난 양의 데이터를 생성하여 초연결사회로 변화시킨 요인과 가장 거리가 먼 것은?

(a) 소셜 미디어 (b) 컴퓨터의 처리 속도 (c) 사물인터넷
(d) 인터넷의 속도 (e) 스마트폰

12-2 미래 멀티미디어의 환경 변화와 가장 관련성이 적은 것은?

(a) 새로운 운영체제 (b) 프로세서와 그래픽 가속기 (c) 데이터 저장장치
(d) 멀티모달 인터페이스 (e) 디스플레이 기술의 발전

12-3 "네트워크의 가치가 이용자 수의 제곱에 비례한다"고 주장한 사람은?

(a) 무어 (b) 조지 길더 (c) 팀 버너스 리 (d) 메칼프 (e) 나이키스트

12-4 멀티모달 인터페이스와 가장 관련성이 적은 것은?

(a) 메뉴방식 (b) 음성 인식 (c) 제스처 인식 (d) 스케치 인식 (e) 멀티터치

12-5 디지털 콘텐츠의 저작권과 가장 관련성이 높은 기술은?

(a) HRTF (b) Bookmarking (c) ADPCM
(d) 하이퍼미디어 (e) 워터마킹

12-6 인터넷의 데이터 전송속도가 12개월에 3배씩 빨라진다고 주장한 사람은?

(a) 팀 버너스 리 (b) 메칼프 (c) 조지 길더
(d) 나이키스트 (e) 무어

12-7 사물인터넷의 발전과 가장 거리가 먼 것은?

(a) 스마트홈 (b) 가상현실 (c) 스마트카 (d) IPv6 (e) 센서 기술

괄호넣기

12-1 사람–사물–공간의 초연결화가 빠르게 진행되면서 우리 사회는 과거 직접 소유의 형태를 벗어나 (　　　　)로 변화하고 있다. (　　　　)의 예로 우버, 에어비앤비 등 많은 사례가 존재한다.

12-2 모바일화로 인하여 모바일 경제 개념이 출현하였고 (　　　　), 온디맨드 경제 개념이 나타나게 되었다. (　　　　) 개념은 이용자가 모바일 기기를 통해 온라인 방식으로 주문하면 매우 빠른 시간 내에 오프라인의 상품이나 서비스가 고객의 위치에 상관없이 배달되는 형태로 변화시키고 있다.

12-3 모바일 인터넷이 3G에서 4G로 발전하였고 2020년경에는 다시 5세대 이동통신(5G)이 가능할 것으로 예상되어 데이터 전송속도가 매우 빠르게 발전할 것으로 예상된다. Cisco사에 의하면 2014년 전체 모바일 (　　　　) 트래픽이 55%를 차지하나 2019년에는 그 비중이 72%로 증가할 것으로 예상되고 있다.

12-4 IBM사는 최근 (　　　　) 기술을 통하여 이용자의 성향 및 상황 그리고 감성적인 정보를 이해하는 e–비즈니스 형태를 개발하고 있다.

12-5 멀티미디어 데이터를 자체적으로 저장하기보다 앞으로는 모든 대용량 멀티미디어 데이터가 (　　　　)를 통해 제공될 것으로 예상된다. Cisco사의 예측에 의하면 2013년 데이터 센터의 데이터 중 54%가 (　　　　)인데 비하여 2018년에는 76%가 (　　　　)를 통하여 데이터가 서비스 될 것으로 예상된다.

12-6 Ethernet LAN의 개발자 메칼프에 의하면 "(　　　　)는 이용자 수의 제곱에 비례한다(　　　　)"고 하였다. 이러한 이유에서 인터넷 경제라는 용어가 나왔고, 미래에도 인터넷을 기반으로 한 e–커머스 산업이 지속적인 발전을 거듭할 것으로 기대된다.

12-7 최근 들어 각광받고 있는 Netflix 및 Hulu와 같은 동영상 서비스는 비디오 가게에서 비디오를 빌려 보듯이 인터넷을 통해 원하는 비디오를 집이나 모바일 기기를 통해 볼 수 있는 서비스이다. 이러한 동영상 서비스는 (　　　　) 방식을 지원함으로써 시간적 지체 없이 이용자가 동영상을 즉시 받아 볼 수 있다.

12-8 비디오 정보나 이미지 정보의 경우, 미디어의 내용에 근거하여 미디어 정보를 추출하는 (　　　　) 기술에 대한 연구 및 개발이 활발히 이루어지고 있다.

12-9 인공지능 기술인 (   ) 기법을 통하여 특정 화가의 화풍을 이해하여 사진을 이러한 화풍으로 변환해 주는 기술도 존재한다. 이것을 뉴럴 아트(Neural Art)라 부르며 예를 들어 어떤 사진을 고흐의 화풍에 따라 변화된 사진을 변화시킬 수 있다.

12-10 2020년경 상용화 될 것으로 예상되는 (   ) 기술은 10 Gbps 이상의 데이터 전송속도를 지원하여 2시간짜리 비디오 영화를 전송하는데 걸리는 시간이 불과 몇 초에 지나지 않는다.

주관식

12-1 비디오 정보나 이미지 정보의 경우, 미디어의 내용에 근거하여 미디어 정보를 추출하는 내용기반 정보검색(Content-based Information Retrieval) 기술에 대한 연구 및 개발이 활발히 이루어지고 있다. 실제 이러한 분야의 기업들이 어떠한 방법으로 비디오 및 이미지 검색을 수행하는지 조사하라. 특히, 최근에 이용자가 허밍(Humming)으로 노래나 음악을 검색해 주는 Midomi나 www.melodis.com 사이트의 방식에 대하여 조사하라.

12-2 이미지나 비디오와 같은 미디어 정보를 검색하기 위한 내용기반 정보검색 기술의 발전과 활용에 대하여 조사하고 앞으로의 발전 추이를 예측해 보라.

12-3 미디어 아트의 예를 찾아서 실제 어떠한 작품들이 존재하는지 알아보고, 최근의 트렌드에 대하여 조사하라. 참고로 미국의 MIT Media Lab이나 일본 도쿄의 인터커뮤니케이션센터(ICC) 사이트를 방문해보라.

12-4 세계 최고의 정보인프라를 지향하는 한국의 초고속 인터넷의 속도(Average speed)와 비용(Price per month of service)이 세계 각국과 비교하여 어느 정도 수준인지 비교하라. 구체적으로 미국, 일본, 유럽 각국과 비교할 때 어떤 수준인가?

12-5 가까운 미래(지금부터 5~10년 후)에 사물인터넷(IoT) 환경에서 멀티미디어 기술이 어떻게 활용될 것인지 본인의 생각을 기술하라. 구체적 예들을 통해 설명해도 좋다.

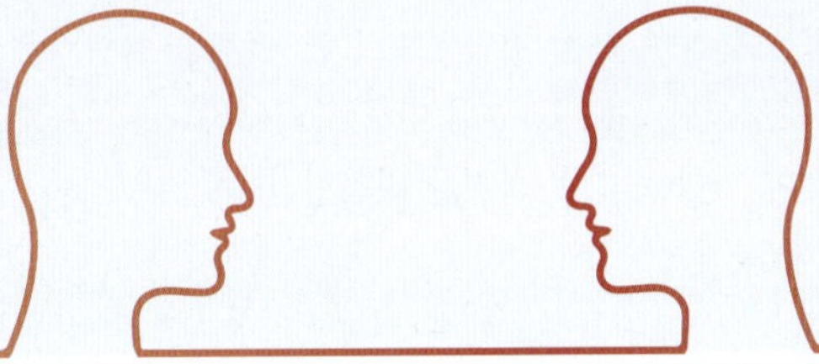

부록 : 멀티미디어 프로젝트

부록에 제시한 4가지 프로젝트는 저자들이 실제 학기중에 학생들에게 준 프로젝트로 그 내용과 수준이 검증되었다. 프로젝트 1과 프로젝트 2는 개인 프로젝트로 학기 중반까지 한 가지를 선택하여 제시할 수 있으며, 프로젝트 3과 프로젝트 4는 그룹 프로젝트로 학기말까지 한 가지를 제시할 수 있다.

1. Android 앱 개발

자신의 스마트폰의 첫 화면을 App으로 개발한다. 이번 과제에서는 Android 플랫폼에서 스마트폰용 App(Application Software)으로 각자 개발한다. 자신이 선호하는 배경사진을 촬영하거나 스캐닝 또는 인터넷에서 가져와 배경으로 삼고, 배경사진 상에 자신의 강아지를 한 마리 만들어 위치시킨다. 사용자가 스마트폰 화면상의 한 지점을 터치할 때 강아지는 짖으면서(barking) 사용자가 선택한 지점으로 달려온다(아래 그림 참조).

이를 위해 배경으로 사용할 사진은 Photoshop을 이용하여 제작자가 원하는 그림으로 편집하고, 강아지의 달려오는 모습은 Flash를 이용한 애니메이션으로 제작하여 사용한다. 또한 강아지의 짖는 소리는 인터넷 환경에서 구하여 CoolEdit와 같은 사운드 에디터를 이용하여 적절히 편집하여 사용한다. 이용자가 스마트폰 화면상의 임의의 지점을

터치할 때 그 위치를 인식하는 모듈은 인터넷상에서 찾아온 프로그램을 적절히 활용한다.

2. SMIL과 SCRATCH 프로그래밍

SMIL 프로그래밍 및 SCRATCH의 두 가지 방식에 따라 창의적인 멀티미디어 콘텐츠를 제작한다. SMIL(Synchronized Multimedia Integration Language)은 XML기반의 스크립트 언어를 이용하여 다양한 미디어(텍스트, 이미지, 사운드, 비디오, 애니메이션)를 공간에 배치하고 시간적으로 동기화한다. 또한 SMIL은 상호대화 기능을 지원함으로써 Interactive Multimedia Content를 제작할 수 있게 해준다. 이에 비해, SCRATCH는 Graphical Programming Language 개념에 근거하여 마치 블록을 서로 붙여서(Building-Block Programming) Interactive Content를 만드는 도구이다. SCRATCH는 이용자가 매우 쉽게 원하는 콘텐츠를 만들 수 있도록 해줌으로써 이용자의 창의성을 증대시켜준다.

이 과제에서는 이 두 가지 방식을 사용하여 멀티미디어 콘텐츠를 제작함으로써 서로 상이한 두 가지 방식의 기능과 특성을 이해한다.

1) SMIL 프로그래밍

SMIL을 이용하여 MMS 형태의 카드(생일카드, 크리스마스카드 등)를 제작한다. 먼저 제작하려는 카드의 스토리를 구상하고, 다양한 미디어를 적절하게 활용하여 흥미롭고 동적인 카드(예, 시간적 동기화, Event-driven 등)를 제작한다. 미디어 편집도구를 사용하여 카드에서 필요한 미디어들을 생성하고 SMIL을 이용하여 통합한다.

SMIL 참조: RealNetworks, "Introduction to Streaming Media with RealOne Player"

2) SCRATCH

좋은 멀티미디어 프로젝트를 제작하기 위해 제작자는 프로젝트를 기획하고 구상(Imagine)한 후, 제작 및 실행(Create, Play)과정을 거쳐, 이용자들로부터 피드백을 반영(Share, Reflect)하여 다시 구상하는 과정을 반복한다. 이 때 가장 중요한 부분이 보다 창의적인 프로젝트(Story, Game, Animation, Simulation 등)를 기획하고 구상하는 과정이다. 이 과제에서는 SCRATCH를 이용하여 각자 원하는 분야의 창의적인 프로젝트를 제작하되, 가급적 기존의 Sprite나 Resource(MIT Site 참조)를 가져다 사용한다.

SCRATCH 참조: MIT Media Lab, http://scratch.mit.edu

3) SMIL 프로그래밍과 SCRATCH의 특성과 적용영역에 대하여 비교하되, 본인의 의견을 적도록 한다.

3. (아동용 영어 인터넷 방송) - 2인 이상 그룹 프로젝트

아동용 영어(English for Children) 인터넷 방송을 SMIL을 이용하여 제작하려 한다. 이 인터넷 방송은 아래 그림과 같은 Layout를 가지고 있다. 즉, 왼쪽 창은 강의자를 보여주는 동영상 부분이 차지하고, 오른쪽 창에는 텍스트 부분이 디스플레이된다. 동영상은 강의자의 모습을 보여주는 비디오와 강의 내용을 설명하는 사운드(오디오)로 구성되어 있다. 왼쪽 창의 동영상과 오른쪽 창의 텍스트 내용이 상호 동기화(Synchronized)되어야 한다. 또한 오른쪽 창의 텍스트 내용은 효과적인 "Interactive content"로 제작되어야 한다(아래의 요구사항 참조). 인터넷 방송은 SMIL로 제작하되 콘텐츠는 RealOne Player를 이용하여 스트리밍 방식으로 실시간에 전송된다(이 프로젝트의 시연 시에는 스트리밍 방식이 큰 의미가 없음). 영어 내용은 어린이를 위한 동화나 회화로 선택하되 동영상의 길이는 약 5분 이내로 한다.

프로젝트의 요구사항

1) 강의자의 목소리와 텍스트의 해당 문장(또는 단락) 간의 상호 동기화
   - 예, 문장의 색상처리, 문장 밑에 밑줄, 현재 위치 표시 등

2) 텍스트의 원하는 위치(미리 지정되어 있는 위치들 중)로 이동 가능

3) 텍스트의 각 문장(또는 단락)을 반복하여 들을 수 있어야 한다.
   - 반복회수 지정 가능

4) 핵심 단어와 숙어가 밑줄로 표시되어 있고, 학습자가 핵심 단어를 선택하면 새로운 창이 뜨고 단어의 의미와 관련 정보(예, 그래픽, 애니메이션, 비디오 등)가 같이 나타난다. 본 프로젝트에서는 이러한 미디어 정보가 종류별로 1회 이상 나타나야 한다. 애니메이션은 Flash를 이용하고 비디오 부분은 Premier를 이용하여 편집한다.

5) Title(자막)이 1회 이상 동영상에 Overlay 되어야 한다.

* 위의 요구사항은 일종의 가이드라인이며, 이외에도 바람직하다고 생각되는 기능을 추가할 수 있다.

4. (사진 앨범의 커버 페이지) - 2인 이상 그룹 프로젝트

사용자가 스마트폰 화면에 원하는 Layout에 따라 사진 앨범의 커버 페이지를 디자인하는 App을 개발한다. 이를 위하여 사용자는 손으로 터치 기법을 이용하여 화면에 디스플레이 할 사진의 부분을 스케치(Sketch)하여 스마트폰의 화면상의 적절한 지점에 위치시킨다. 구체적으로 다음의 기능들을(Options) 지원 할 수 있다. 각 팀은 필요한 따라 기능(Scope)을 축소하거나 새로운 기능을 추가할 수 있다. 특히, 프로젝트 수행 시 사용자에게 편리한 사용자 인터페이스(User-friendly user interface)의 구현을 강조한다.

1) 사진의 원하는 부분을 손을 사용하여 스케치 기법으로 컷(Cut)하여 사진 조각(Photo segment)를 생성한다.
   - 직사각형, 원, 타원 삼각형 모양의 컷만 지원

2) Cut한 사진 조각을 스마트폰 상의 원하는 위치와 방향으로 디스플레이

- 특히, 편리한 사용자 인터페이스의 구현

3) 스마트폰 화면에 디스플레이 된 사진 조각의 원하는 위치에(사진 위나 사진 밑에) 간단한 자막, 시간 등의 정보를 넣기

4) 스마트폰 화면은 사용자가 디자인한 Layout에 따라 다수의 사진 조각들로 구성된다.

- 겹치는(Overlay) 사진 간에 디스플레이 우선순위를 정한다.

5) 이용자가 화면상의 특정 사진 조각을 터치하면 해당 사진이 확대

원본 사진의 Cut

사진 조각들로 구성된 스마트폰 화면

찾아보기

ㅅ

ㅇ

ㅈ

ㅊ

ㅋ

ㅌ

ㅍ

ㅎ

A

B

C

D

저자 소개

최윤철

- 서울대학교 전자공학과 졸업
  University of Pittsburgh(석사)
  University of California, Berkeley(석사 및 공학박사)
  연세대학교 컴퓨터과학과 교수, 명예교수
- 주요 경력
  - Lockheed사 및 Rockwell International사 연구원
  - University of Massachusetts 교환교수
  - 일본 게이오대학 교환교수
  - 한국멀티미디어학회 회장, 명예회장
  - 전자책(eBook) 표준 제정위원장
- 관심분야 : 컴퓨터그래픽스, 멀티미디어 HCI,
  스케치기반 인터페이스 및 모델링(SBIM), 모바일 사용자 인터페이스

임순범

- 서울대학교 계산통계학과 졸업
  한국과학기술원(KAIST) 전산학과(공학박사)
  숙명여자대학교 IT공학과 교수
- 주요 경력
  - 휴먼컴퓨터 창업/연구소장
  - 삼보컴퓨터 프린터개발부 부장
  - 건국대학교 컴퓨터과학과 교수
  - University of Colorado 교환교수
  - 한국멀티미디어학회 회장, 명예회장
  - 한국전자출판학회 회장, 명예회장
  - 한국정보과학회 부회장
  - 한국컴퓨터그래픽스학회 부회장
  - ISO/IEC 국제표준제정위원회 SC34 WG2 분과위원장
- 관심분야 : 컴퓨터그래픽스, 전자출판, 모바일 멀티미디어, 웹3D, HCI

IT융합 시대의 **멀티미디어 배움터**2.0

초판발행 2010년 1월 30일
제3판6쇄 2023년 7월 25일

지은이 최윤철, 임순범
펴낸이 김승기, 김민수
펴낸곳 (주)생능출판사 / **주소** 경기도 파주시 광인사길 143
출판사 등록일 2005년 1월 21일 / **신고번호** 제406-2005-000002호
대표전화 (031)955-0761 / **팩스** (031)955-0768
홈페이지 www.booksr.co.kr

책임편집 신성민 / **편집** 이종무, 유제훈 / **디자인** 유준범
마케팅 최복락, 심수경, 차종필, 백수정, 송성환, 최태웅, 명하나, 김민정
인쇄 성광인쇄(주) / **제본** 은정문화사

ISBN 978-89-7050-876-4 93000
정가 27,000원

- 이 도서의 국립중앙도서관 출판예정도서목록(CIP)은 서지정보유통지원시스템 홈페이지(http://seoji.nl.go.kr)와 국가자료공동목록시스템(http://www.nl.go.kr/kolisnet)에서 이용하실 수 있습니다.
(CIP제어번호: CIP2016018520)